千葉明徳中学校

〈収録内容〉

2024 年度…… 一般入試① （算・理・社・国）
一般入試② （算・理・社・国）
適性検査型 本校会場 （適性Ⅰ・Ⅱ・ⅢA・ⅢB・ⅢC）

2023 年度 一般入試① （算・理・社・国）
一般入試② （算・理・社・国）
適性検査型 本校会場 （適性Ⅰ・Ⅱ・ⅢA・ⅢB・ⅢC）
※一般入試①国語の大問二は、問題に使用された作品の著作権者が二次使用の許可を出していないため、問題を掲載しておりません。

2022 年度…… 一般入試① （算・理・社・国）
適性検査型 本校会場 （適性Ⅰ・Ⅱ・ⅢA・ⅢB・ⅢC）

2021 年度…… 一般入試① （算・理・社・国・英）
適性検査型 （適性Ⅰ・Ⅱ・Ⅲ）
※英語は解答のみ

JN079001

便利な DL コンテンツは右の QR コードから
解答用紙 ⇒

※データのダウンロードは 2025 年 3 月末日まで。
※データへのアクセスには、右記のパスワードの入力が必要となります。 ⇒ 022412

〈合格最低点〉

※学校からの合格最低点の発表はありません。

本書の特長

実戦力がつく入試過去問題集

▶ 問題 ……………… 実際の入試問題を見やすく再編集。

▶ 解答用紙 …… 実戦対応仕様で収録。

▶ 解答解説 …… 詳しくわかりやすい解説には、難易度の目安がわかる「基本・重要・やや難」の分類マーク つき（下記参照）。各科末尾には合格へと導く「ワンポイントアドバイス」を配置。採点に便利な配点つき。

入試に役立つ分類マーク

基本 確実な得点源！
受験生の 90％以上が正解できるような基礎的、かつ平易な問題。
何度もくり返して学習し、ケアレスミスも防げるようにしておこう。

重要 受験生なら何としても正解したい！
入試では典型的な問題で、長年にわたり、多くの学校でよく出題される問題。
各単元の内容理解を深めるのにも役立てよう。

やや難 これが解ければ合格に近づく！
受験生にとっては、かなり手ごたえのある問題。
合格者の正解率が低い場合もあるので、あきらめずにじっくりと取り組んでみよう。

合格への対策、実力錬成のための内容が充実

▶ 各科目の出題傾向の分析、合否を分けた問題の確認で、入試対策を強化！

▶ その他、学校紹介、過去問の効果的な使い方など、学習意欲を高める要素が満載！

解答用紙ダウンロード 解答用紙はプリントアウトしてご利用いただけます。弊社ＨＰの商品詳細ページよりダウンロードしてください。トビラのＱＲコードからアクセス可。

UD FONT 見やすく読みまちがえにくいユニバーサルデザインフォントを採用しています。

千葉明徳中学校

自らの意志で人生を切り拓く『行動する哲人』をめざして

生徒数　241名
〒260-8685
千葉県千葉市中央区南生実町1412
☎043-265-1612
京成千原線学園前駅　徒歩1分
内房線・京葉線蘇我駅　バス15分
外房線鎌取駅　バス10分

URL	https://edu.chibameitoku.ac.jp/junior/

プロフィール

「行動する哲人」

1925(大正14)年、千葉淑徳高等女学校設立。1947(昭和22)年、千葉明徳高等学校と改称。男子部新設、男女共学を経て、2011年に中学校を開設。「明徳を明らかにせん」とする校是に基づき、日々の授業や探究学習、課外活動などの学校生活を通じて知性をみがき、思考力や判断力を養って行動に起こすことができる「行動する哲人」の育成に努めている。

環境

交通の便に恵まれた広大な敷地

京成線で千葉駅から約10分、「学園前」駅から直結する3万坪の広大なキャンパス。JR蘇我駅・鎌取駅からも約10分のバスルートが確保されており、交通の便に大変恵まれている。

校舎はすべて冷暖房完備。中学校校舎屋上の天体ドームに40cmカセグレン式反射望遠鏡を設置しているほか、約160席のメビウスホールや実験道具の揃った4種類の理科室、米や野菜を栽培できる自然フィールドなど、発表や体験を重視した施設・設備が整っている。

体育施設は、県内有数の広さを誇る体育館、天然芝の野球場、人工芝のサッカー・ラグビー場、全天候型陸上トラック、テニスコートのすべてが校舎に隣接。2020年には本格的なトレーニングルームを備えた部室棟も新設した。

カリキュラム

発信力と探究心を6年間で育む

中高6年間を一貫させた体系的・効率的なカリキュラムを編成。朝の1分間スピーチをはじめ、日頃からプレゼンテーションの機会が多く、発信力と創造力を育む工夫がされている。

また、一人1台のiPadとインタラクティブなアプリシステムを活用した学び合いを各教科で実践し、自ら学ぶ姿勢を育てる授業が展開される。また、毎日「朝学習」で家庭学習の成果を確認するテストを行い、放課後には指名制の補習も行う。

英語・数学には授業数を多く割り当てた上で習熟度に合わせたクラス編成を組む。特に英語は中高一貫校向けの教材を用いた授業を展開するほか、ネイティブ教員が主導のティームティーチングによる英会話、提携企業による英会話、オンライン英会話などを実施し、4技能の総合的な向上を図る。

総合・探究では一貫コースならではの取り組みが用意されている。中学1・2年の「土と生命(いのち)の学習」では、グループを組み、農作業をきっかけに持続可能な未来社会を考える。中2の後半からは自分自身で設定したテーマに基づき「課題研究論文」に取り組み、その研究成果は発表会で全員がプレゼンテーションを行う。高校1・2年ではその研究を発展させた探究活動を行い、外部でのコンテストにも挑戦する。

学校生活

豊富な部活動と盛り沢山の行事

約15の部があり、ほぼ全員が加入。運動系には関東大会常連のバドミントン部や剣道部のほか、硬式テニス部、バスケットボール部、サッカー部などがある。高校は全国屈指のチアリーディング部を筆頭に、野球部、サッカー部、柔道部などが熱心に活動している。

行事は文化祭と体育祭をはじめ、校外理科研修、合唱コンクール、林間学校など盛りだくさん。各教科でもレシテーションコンテストやビブリオバトルなど、多くの行事を行っている。修学旅行は中3では関西方面、高2ではハワイを訪れる。

進路

8割以上が4年制大学へ進学

卒業生の8割以上が4年制大学へ進学。2023年度卒業生の主な進学先は、北海道大、東北大、筑波大、千葉大、東京海洋大、早稲田大、上智大、東京理科大、明治大など。

国際化

多彩なグローバルプログラム

全員がTOKYO GLOBAL GATEWAYでの国内留学体験を複数回行うほか、高2のハワイ研修旅行では現地で英語によるプレゼンテーションを行う。希望者にはボストン短期語学研修(中3・高1)、オーストラリア・ホームステイ(高校生)、セブ島の英語合宿(高校生)と、豊富な海外研修の機会があるほか、校内でも英語集中ゼミ(高校生)を実施し、充実している。

2025年度入試要項

試験日　12/1 (第一志望・プレゼン)
1/20 (適性検査型)
1/20, 21, 25, 29, 2/5 (一般)

試験科目　国算／国算理社／適性Ⅰ, Ⅱ, Ⅲ

※詳細は募集要項で確認してください。

2024年度	募集定員	受験者数	合格者数	倍率
第一志望	30	26	24	1.08
ルーブリック	5	10	10	1.0
適性検査型	20	288	260	1.08
一般1	20	41	30	1.37
一般2	15	36	24	1.42
一般3	10	72	20	3.25
一般4	5	29	18	1.39
一般5	若干	5	2	2.5

過去問の効果的な使い方

① **はじめに**　ここでは，受験生のみなさんが，ご家庭で過去問を利用される場合の，一般的な活用法を説明していきます。もし，塾に通われていたり，家庭教師の指導のもとで学習されていたりする場合は，その先生方の指示にしたがって，過去問を活用してください。その理由は，通常，塾のカリキュラムや家庭教師の指導計画の中に過去問学習が含まれており，どの時期から，どのように過去問を活用するのか，という具体的な方法がそれぞれの場合で異なるからです。

② **目的**　言うまでもなく，志望校の入学試験に合格することが，過去問学習の第一の目的です。そのためには，それぞれの志望校の入試問題について，どのようなレベルのどのような分野の問題が何問，出題されているのかを確認し，近年の出題傾向を探り，合格点を得るための試行錯誤をして，各校の入学試験について自分なりの感触を得ることが必要になります。過去問学習は，このための重要な過程であり，合格に向けて，新たに実力を養成していく機会なのです。

③ **開始時期**　過去問との取り組みは，通常，全分野の学習が一通り終了した時期，すなわち6年生の7月から8月にかけて始まります。しかし，各分野の基本が身についていない場合や，反対に短期間で過去問学習をこなせるだけの実力がある場合は，9月以降が過去問学習の開始時期になります。

④ **活用法**　各年度の入試問題を全問マスターしよう，と思う必要はありません。完璧を目標にすると挫折しやすいものです。できるかぎり多くの問題を解けるにこしたことはありませんが，それよりも重要なのは，現実に各志望校に合格するために，どの問題が解けなければいけないか，どの問題は解けなくてもよいか，という眼力を養うことです。

算数

どの問題を解き，どの問題は解けなくてもよいのかを見極めるには相当の実力が必要になりますし，この段階にいきなり到達するのは容易ではないので，この前段階の一般的な過去問学習法，活用法を2つの場合に分けて説明します。

☆偏差値がほぼ55以上ある場合

掲載順の通り，新しい年度から順に年度ごとに3年度分以上，解いていきます。

ポイント1…問題集に直接書き込んで解くのではなく，各問題の計算法や解き方を，明快にわかるように意識してノートに書き記す。

ポイント2…答えの正誤を点検し，解けなかった問題に印をつける。特に，解説の 基本 重要 がついている問題で解けなかった問題をよく復習する。

ポイント3…1回目にできなかった問題を解き直す。同様に，2回目，3回目，…と解けなければいけない問題を解き直す。

ポイント4…難問を解く必要はなく，基本をおろそかにしないこと。

☆偏差値が50前後かそれ以下の場合

ポイント1～4以外に，志望校の出題内容で「計算問題・一行問題」の比重が大きい場合，これらの問題をまず優先してマスターするとか，例えば，大問[2]までをマスターしてしまうとよいでしょう。

理科

理科は1から順番に解くことにほとんど意味はありません。理科は，性格の違う4つの分野が合わさった科目です。また，同じ分野でも単なる知識問題なのか，あるいは実験や観察の考察問題なのかによってもかかる時間がずいぶんちがいます。記述，計算，描図など，出題形式もさまざまです。ですから，解く順番の上手，下手で，10点以上の差がつくこともあります。

過去問を解き始める時も，はじめに1回分の試験問題の全体を見通して，解く順番を決めましょう。得意分野から解くのもよいでしょう。短時間で解けそうな問題を見つけて手をつけるのも効果的です。くれぐれも，難問に時間を取られすぎないように，わからない問題はスキップして，早めに全体を解き終えることを意識しましょう。

社会

社会は1から順番に解いていってかまいません。ただし，時間のかかりそうな，「地形図の読み取り」，「統計の読み取り」，「計算が必要な問題」，「字数の多い論述問題」などは後回しにするのが賢明です。また，3分野(地理・歴史・政治)の中で極端に得意，不得意がある受験生は，得意分野から手をつけるべきです。

過去問を解くときは，試験時間を有効に活用できるよう，時間は常に意識しなければなりません。ただし，時間に追われて雑にならないようにする注意が必要です。“誤っているもの”を選ぶ設問なのに“正しいもの”を選んでしまった，“すべて選びなさい”という設問なのに一つしか選ばなかったなどが致命的なミスになってしまいます。問題文の“正しいもの”，“誤っているもの”，“一つ選び”，“すべて選び”などに下線を引いて，一つ一つ確認しながら問題を解くとよいでしょう。

過去問を解き終わったら，自己採点し，受験生自身でふり返りをしましょう。できなかった問題については，なぜできなかったのかについての分析が必要です。例えば，「知識が必要な問題」ができなかったのか，「問題文や資料から判断する問題」ができなかったのかで，これから取り組むべきことも大きく異なってくるはずです。また，正解できた問題も，「勘で解いた」，「確信が持てない」といったときはふり返りが必要です。問題集の解説を読んでも納得がいかないときは，塾の先生などに質問をして，理解するようにしましょう。

国語

過去問に取り組む一番の目的は，志望校の傾向をつかみ，本番でどのように入試問題と向かい合うべきか考えることです。素材文の傾向，設問の傾向，問題数の傾向など，十分に研究していきましょう。

取り組む際は，まず解答用紙を確認しましょう。漢字や語句問題の量，記述問題の種類や量などが，解答用紙を見て，わかります。次に，ページをめくり，問題用紙全体を確認しましょう。どのような問題配列になっているのか，問題の難度はどの程度か，などを確認して，どの問題から取り組むべきかを判断するとよいでしょう。

一般的に「漢字」→「語句問題」→「読解問題」という形で取り組むと，効率よく時間を使うことができます。

また，解答用紙は，必ず，実際の大きさのものを使用しましょう。字数指定のない記述問題などは，解答欄の大きさから，書く量を考えていきましょう。

算数　出題傾向の分析と合格への対策

●出題傾向と内容

近年の出題数は一般①・②ともに大問4～5題であり，小問にして20～25問前後である。

1は四則計算，2は「数の性質」,「割合」,「速さ」,「鶴亀算」，「場合の数」，「角度」，「面積」などの小問群であり，3～5がそれぞれ独立した大問になっている。

「縮図と拡大図」や複雑な「割合に関する文章題」などについての出題は，これまでのところ少なく，問題のほとんどが基本レベルに近い内容であるが，思考力を試すような長文の応用問題も出題されている。

出題率の高い分野は「平面図形」・「立体図形」・「割合と比」・「数列・規則性」であり，「ニュートン算」や高度な「消去算」の出題率は低い。

学習のポイント

基本レベルの問題を練習して理解し，割合，図形の性質，規則性の問題などをしっかり身につけておこう。

●2025年度の予想と対策

過去問を利用して自力で取り組み，まちがえた問題を反復して解いておこう。

まず基本を確認し，次のレベルの応用問題を解けるようにしておけば，対応できる。平均算，比例配分，平面図形・角度・面積，立体図形，身近な素材を使った問題は毎年出題されるので，基本問題はもちろん，応用問題も解いておくとよい。

まずは，基本公式をきちんと使いこなせるようにすることが大切である。標準レベルの問題を反復練習して苦手分野をなくし，長文の問題に対応できる読解力，思考力を高めておこう。

▼年度別出題内容分類表

※　よく出ている順に☆，◎，○の３段階で示してあります。

出題内容		2022年		2023年		2024年	
		①	②	①	②	①	②
数と計算	四則計算	○	○	○	○	○	○
	概数・単位の換算	○	○	◎		○	◎
	数の性質	○	☆	☆		☆	☆
	演算記号	☆	☆			☆	☆
図形	平面図形	☆	☆	☆	☆	☆	☆
	立体図形	◎	☆	◎	◎	☆	☆
	面積	○		◎	◎	◎	○
	体積と容積	◎	◎	◎	○	◎	○
	縮図と拡大図	○	○				
	図形や点の移動	◎		◎	◎		☆
速さ	三公式と比	○	○	☆	○	○	○
	文章題　旅人算						
	文章題　流水算						
	文章題　通過算・時計算		○	☆			
割合	割合と比	☆	◎	☆	☆	☆	◎
	文章題　相当算・還元算						
	文章題　倍数算						
	文章題　分配算						
	文章題　仕事算・ニュートン算			○		○	
文字と式							
2量の関係(比例・反比例)							
統計・表とグラフ		☆	☆		☆		
場合の数・確からしさ		◎		○	○		○
数列・規則性		☆	○	☆	☆		☆
論理・推理・集合		○	○			○	○
その他の文章題	和差・平均算					○	
	つるかめ・過不足・差集め算		○		○		○
	消去・年令算	◎				○	
	植木・方陣算						

算数 ——グラフで見る最近３ヶ年の傾向——

最近３ヶ年に出題されたすべての問題を内容別に分類・集計し，全体に対して何パーセントくらいの割合になっているかを示しました。

□……50校の平均　■……千葉明徳中学校

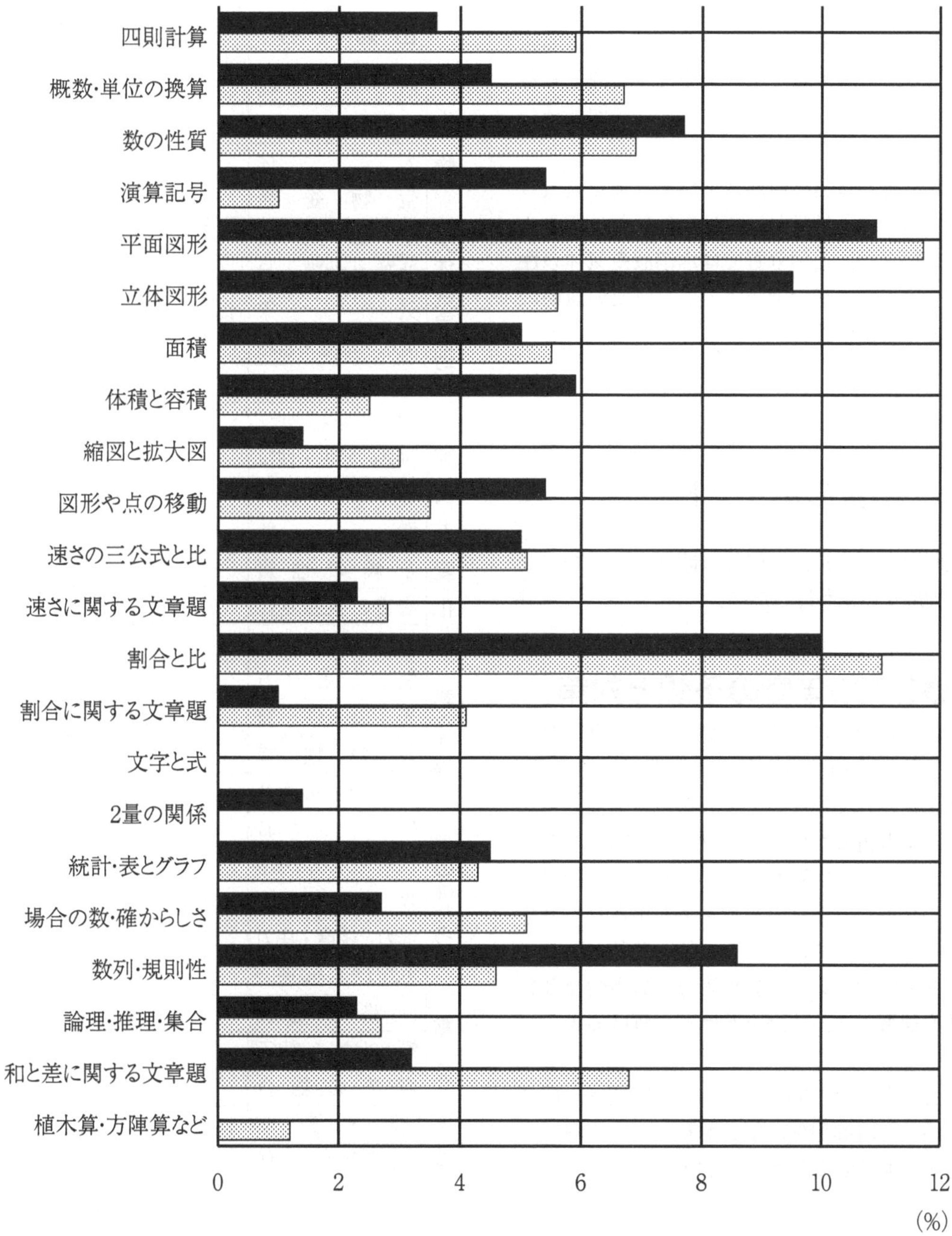

理科　出題傾向の分析と合格への対策

●出題傾向と内容

試験時間は社会と合わせて50分で，問題数は大問が3題であった。そのうち1題は各分野からの小問集合問題であった。ほとんどが基本問題であるが，計算問題や条件を整理する問題もあるため，時間は少なく感じられる。時間配分に気を配りながら解き進めたい。

生物分野では自然観察について，特に昆虫の出題が目立つ。地学分野では自然現象に関する出題が目立つ。化学分野では水溶液や気体の性質について，物理分野ではてこ，物質の運動についての出題が目立つ。

✔学習のポイント

教科書を中心に，基礎的な問題をしっかりと理解するようにしたい。

●2025年度の予想と対策

生物分野では自然に関心を持って，身近な植物や動物についての知識をしっかりと持とう。まだ出題されていない分野もあるが，幅広く基礎知識を習得したい。地学分野も同様で，自然現象に注目した出題が予想される。化学分野は気体の発生や水溶液の性質がよく出される分野である。物理分野はてこや物体の運動についての計算問題が多い。問題集等で，典型的な計算問題を練習して，時間をかけずに解けるようになっておきたい。

社会と合わせて50分という試験時間は，幾分短いので，時間配分に気を配りながら，解ける問題を確実に解くようにしたい。

▼年度別出題内容分類表

※よく出ている順に☆，◎，○の３段階で示してあります。

出題内容		2022年		2023年		2024年	
		①	②	①	②	①	②
生物	植物	○	○	○	◎	◎	○
	動物	○	☆	○	◎	○	○
	人体	○		○	○	○	
	生物総合						
天体・気象・地形	星と星座	○	○		○		○
	地球と太陽・月			☆		◎	
	気象	☆	○		○		☆
	流水・地層・岩石	○	○			○	○
	天体・気象・地形の総合						
物質と変化	水溶液の性質・物質との反応	☆	○				○
	気体の発生・性質			○	○	○	
	ものの溶け方				○	○	
	燃焼		○	○			
	金属の性質	○					
	物質の状態変化					☆	
	物質と変化の総合						
熱・光・音	熱の伝わり方						
	光の性質			○		○	
	音の性質						
	熱・光・音の総合						
力のはたらき	ばね		☆				
	てこ・てんびん・滑車・輪軸	○		☆		○	
	物体の運動		○				
	浮力と密度・圧力			○	☆		
	力のはたらきの総合						
電流	回路と電流			○			☆
	電流のはたらき・電磁石						○
	電流の総合						
実験・観察		☆	◎	○	☆	○	
環境と時事／その他		○			○	○	

千葉明徳中学校

理科 ——グラフで見る最近3ヶ年の傾向——

最近3ヶ年に出題されたすべての問題を内容別に分類・集計し，全体に対して何パーセントくらいの割合になっているかを示しました。

▒…… 50校の平均　　■…… 千葉明徳中学校

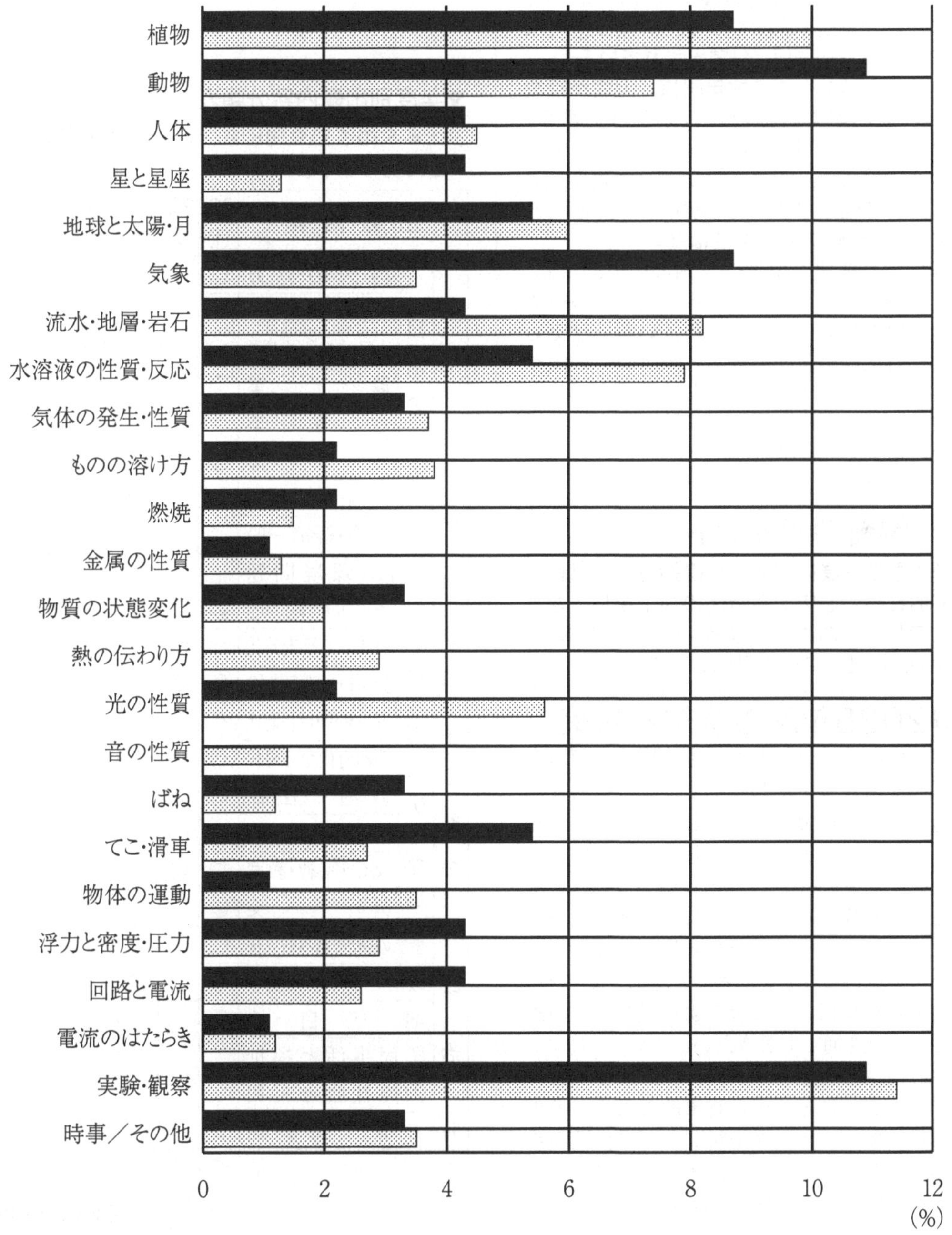

社会　出題傾向の分析と合格への対策

●出題傾向と内容

一般入試①,②は，ともに大問は2問で小問は解答欄の数で①が27で②は39。①では[2]で3行前後の記述が3題出されており，②では①同様の記述が3題と語句記入が4題出されている。

今年度の入試でもここ数年同様，大問が複数の分野にまたがる内容のものになっており，[1],[2]いずれも総合問題で，[1]はどちらも一問一答に近い形式で，[2]は文章や資料を読み，その中の語句に関連する設問を解いていく形式となっている。②の方が難易度は高い。

地理は総合問題と単独の大問の中で，気候，地形，産業，貿易などいろいろな内容について出され世界地理の内容も含まれている。歴史も問われた時代は広範囲で日本と東アジアの国々との関係史についても初歩的な知識は必要である。政治では，憲法や三権，税制，時事的なことなどに関する内容が出された。

学習のポイント

地理：主要産業に関する基礎知識は完璧にしておこう。歴史：各時代の様子をしっかりとつかんでおこう。政治：憲法や政治の仕組み，国連を中心に勉強しておこう。

●2025年度の予想と対策

地理は地図帳を見ながら日本の地形，領域などの基礎知識を確実にした上で，統計資料などを参考に日本の産業の様子をしっかりとつかんでおきたい。ニュースなどで話題になっている国についても基本的なことはおさえておきたい。

歴史は各時代まんべんなく時代の様子をつかんだ上で，その時代の主要な人物やその時代の文化などを資料集などを参考に勉強しておこう。教科書や資料集にある図版をよく見て，その説明などにも目を通しておきたい。

政治は政治の仕組みや人権，国際連合などについてみておくこと。また時事的な事柄も多少問われるので，ニュースや新聞などに日頃から目を通しておくことが大切。また，経済についても基本的なことは理解しておきたい。

▼年度別出題内容分類表

※　よく出ている順に☆，◎，○の３段階で示してあります。

出題内容			2022年		2023年		2024年	
			①	②	①	②	①	②
地理	日本の地理	地図の見方	○					◎
		日本の国土と自然	◎	◎	○	○	◎	☆
		人口・土地利用・資源	○	○		◎		○
		農業	○	○	◎	○	○	○
		水産業						◎
		工業	◎		◎	○	○	◎
		運輸・通信・貿易		○	○		○	○
		商業・経済一般			◎			
	公害・環境問題			○		◎		
	世界の地理		◎	○	◎	○	○	
日本の歴史	時代別	原始から平安時代	◎	◎	◎	◎	◎	◎
		鎌倉・室町時代	◎	◎	◎	◎	○	◎
		安土桃山・江戸時代	◎	○	◎	○	◎	◎
		明治時代から現代	◎	◎	☆	○	☆	☆
	テーマ別	政治・法律	◎	◎	☆	◎	☆	☆
		経済・社会・技術	○	◎	◎	○	○	◎
		文化・宗教・教育	◎	○	◎	○	◎	◎
		外交	◎	○	◎	○		
政治	憲法の原理・基本的人権		○	○		○	◎	◎
	政治のしくみと働き		◎	◎	◎	◎		◎
	地方自治		○					○
	国民生活と福祉					○		
	国際社会と平和				◎	◎	◎	○
時事問題			☆	◎	○	◎	◎	◎
その他			◎	◎		○	◎	◎

千葉明徳中学校

社会 ——グラフで見る最近3ヶ年の傾向——

最近3ヶ年に出題されたすべての問題を内容別に分類・集計し，全体に対して何パーセントくらいの割合になっているかを示しました。

░……50校の平均　■……千葉明徳中学校

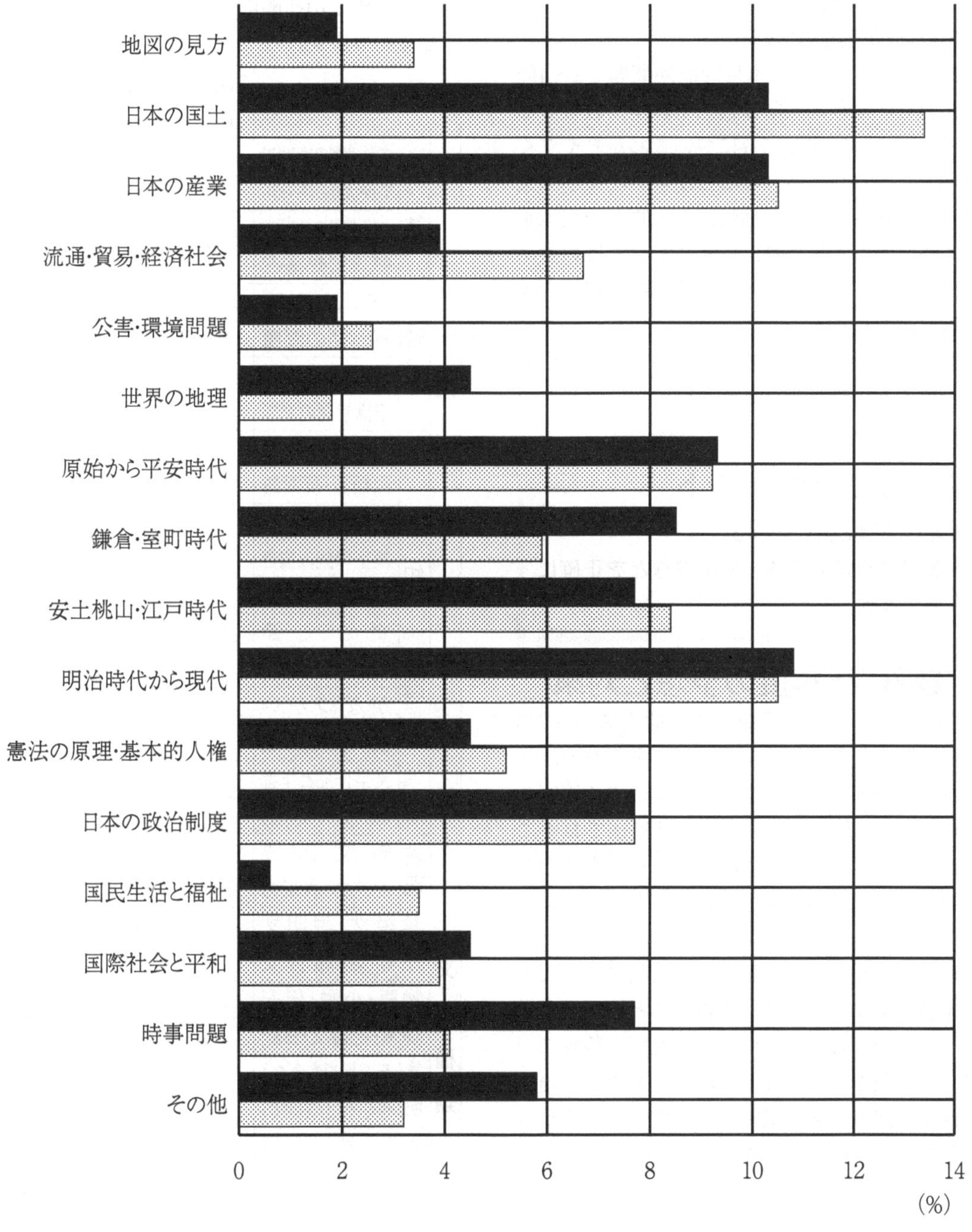

国語　出題傾向の分析と合格への対策

●出題傾向と内容

①・②とも漢字の読み書きや反対語や文学史などの知識問題，論理的文章，文学的文章の大問3題構成が定着している。

長文2題はいずれも本格的記述問題を2～4問程度含む。論理的文章は自然や環境，教育などの社会問題に関する内容についてわかりやすく説明した文章が出されることが多い。文学的文章は，少年期の人物と他世代の人物との交流を描く作品がよく出され，いずれもことばの意味などに加えて，内容理解，心情把握，細部の読み取りが問われる。

知識問題は，漢字の読み書きのほかに熟語などに関する空欄補充の形式が多い。

学習のポイント

・記述問題に強くなろう。
・漢字や語句の意味，慣用句などを正確に覚えよう。

●2025年度の予想と対策

知識分野・論理的文章・文学的文章の大問3題構成は今後も継続するものと考えられる。漢字問題は出題の大半が小学校で学習する範囲なので確実に得点できるように練習しておくこと。長文問題は，全体の話題とテーマをできるだけすばやく読み取る練習を重ねること。また設問はある程度パターン化されているので，過去問練習を重ねて，それぞれの設問タイプごとの解答手順や方法に慣れておくことが大切。自然や環境問題などをあつかった説明・論説文や最新の物語などは進んで読んでおきたい。語句の意味，四字熟語，慣用句などにも日ごろから注意をはらっておくとよい。

▼年度別出題内容分類表

※　よく出ている順に☆，◎，○の３段階で示してあります。

		出題内容	2022年		2023年		2024年	
			①	②	①	②	①	②
内容の分類	読解	主題・表題の読み取り						
内容の分類	読解	要旨・大意の読み取り	○	○	○	○	○	○
内容の分類	読解	心情・情景の読み取り	☆	☆	☆	☆	☆	☆
内容の分類	読解	論理展開・段落構成の読み取り						
内容の分類	読解	文章の細部の読み取り	☆	☆	☆	☆	☆	☆
内容の分類	読解	指示語の問題		○	○	○	○	○
内容の分類	読解	接続語の問題	○	○	○	○	○	○
内容の分類	読解	空欄補充の問題	○	○	○	○	◎	◎
内容の分類	知識	ことばの意味	○	◎	○	◎	○	◎
内容の分類	知識	同類語・反対語			○			○
内容の分類	知識	ことわざ・慣用句・四字熟語	○	◎			○	
内容の分類	知識	漢字の読み書き	◎	◎	◎	◎	☆	☆
内容の分類	知識	筆順・画数・部首						
内容の分類	知識	文と文節	○					
内容の分類	知識	ことばの用法・品詞						
内容の分類	知識	かなづかい						
内容の分類	知識	表現技法						
内容の分類	知識	文学作品と作者						
内容の分類	知識	敬語						
内容の分類	表現	短文作成						
内容の分類	表現	記述力・表現力	☆	☆	☆	☆	☆	☆
文の種類		論説文・説明文	○	○	○	○	○	○
文の種類		記録文・報告文						
文の種類		物語・小説・伝記	○	○	○	○	○	○
文の種類		随筆・紀行文・日記						
文の種類		詩（その解説も含む）						
文の種類		短歌・俳句（その解説も含む）						
文の種類		その他						

千葉明徳中学校

国語 ――グラフで見る最近3ヶ年の傾向――

最近3ヶ年に出題されたすべての問題を内容別に分類・集計し，全体に対して何パーセントくらいの割合になっているかを示しました。

▨…… 50校の平均　　■…… 千葉明徳中学校

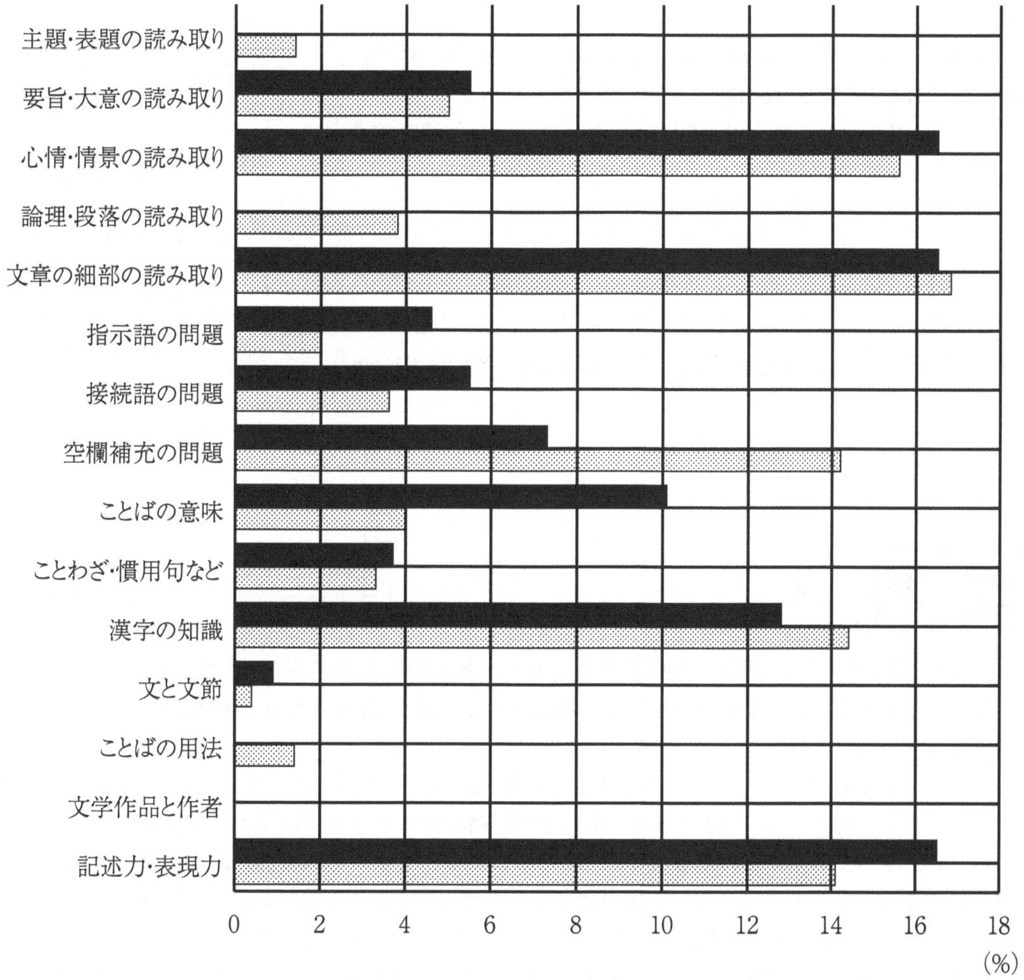

	論説文 説明文	物語・小説 伝記	随筆・紀行 文・日記	詩 (その解説)	短歌・俳句 (その解説)
千葉明徳 中学校	50.0%	50.0%	0%	0%	0%
50校の平均	47.0%	45.0%	8.0%	0%	0%

2024年度 合否の鍵はこの問題だ!!

(一般入試①)

算 数 4 (3)

よく出題されるタイプの問題であり，難しくはないが簡単というわけでもなく，あなどると失敗する。

【問題】

右図のように1辺の長さが1cmの立方体を積んで立体を作る。上から順に1段目1個，2段目3個，3段目5個と積んである。

(3) 同じ規則で立方体を8段積んだときの表面積と体積を求めなさい。

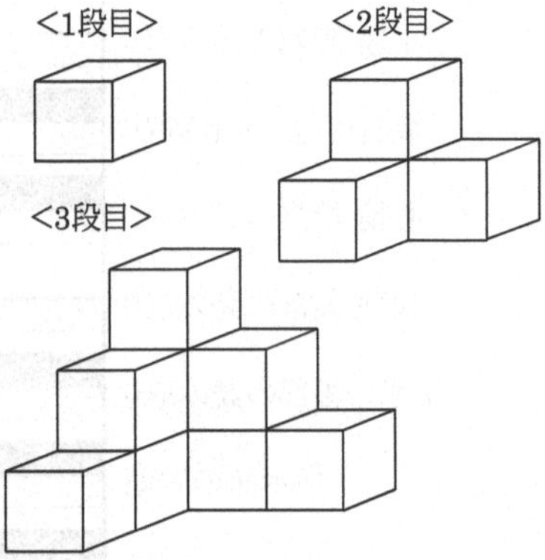

【考え方】

表面積…右下図より，$1\times1\times(8+7+8\times9)\times2=174(\mathrm{cm}^2)$

体積…$1\times1\times1\times(\underline{1+3+5+7+9+11+13+15})=\underline{8\times8}=64(\mathrm{cm}^3)$

注意しよう

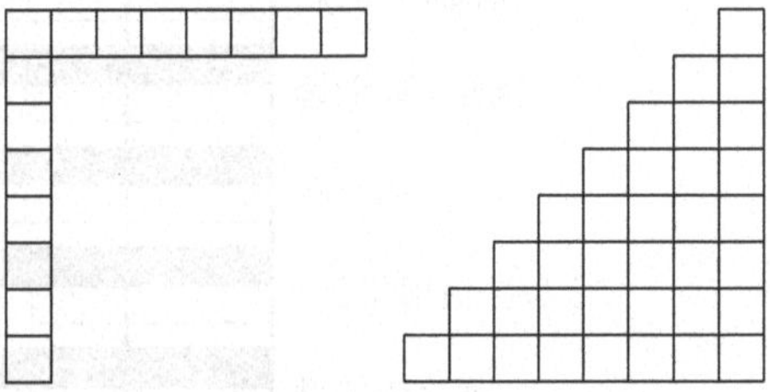

理 科 3

大問が3題でそのうち1題は小問集合問題である。基礎的な問題が多く，それらをいかにミスなく解くかで合否が決まる。この中で合否を分ける問題として，3の(5)を考える。実験に基づくグラフの選択問題である。

100gの氷と400gの水をビーカーに入れ，1分間放置してからビーカーごと加熱し，時間ごとの温度変化をグラフにした。これが図1である。氷と水が一緒に混ざり合っているとき温度は0℃になる。加熱していくと，すべての氷がとけるまで温度は0℃のまま変化せず，その後加熱時間に応じて水温が上がる。沸点に達すると液体の内部からも気体が発生し，すべての水が水蒸気にかわるまで100℃を保つ。

200gの氷と300gの水を混ぜてビーカーを加熱するときのグラフは，図1に比べてどのように変化するかを問う問題である。氷の量が2倍になるので，氷が全てとけるまでにかかる時間は図1の2倍になる。しかし，氷がとける温度は0℃である。氷が全てとけるとどちらの場合も水の量が同じなので，沸騰するまでの時間は等しい。これらより，正しいグラフはイとわかる。

出題される問題は基本的な問題なので，基礎力をしっかり身につけ，ミスの無いように気を付けたい。特に大問1の小問集合は幅広い分野からの出題で，ここでの得点が合否を左右するので，理科全般の幅広い知識を身につけたい。また，実験に基づく設問もあるので，実験器具の扱い方や実験操作の意味などを知っておくようにしたい。

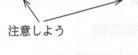

社 会 [2]

[2]は3分野の総合問題で，比較的長い文章を読み，いろいろな資料類を見て考えさせる問題になっている。今年は1，2行程度の記述問題が3題，記号選択の問題が4題で，[1]と合わせても50分という試験時間はじっくり考えることもできる長さであり，学校側も考えさせたいのであろう。

記号選択はいずれも4択で，知識で単純に選べるものが(2)と(3)，難しい知識のものが(4)，考えていかないと選びづらいのが(6)となっている。単純に選べるものは確実に正解しておきたいところ。

この大問で明らかに差がつきそうなのが記述問題。いずれも設問についての答えを知識として知っているという受験生はまずいないものであり，与えられている本文や資料から，知っていることと照らし合わせて考えぬいていかないと答えは出にくい。知識重視の勉強をしている人には苦しい問題といえよう。

国 語 【二】 問九

★合否を分けるポイント

この文章の内容として，ふさわしくないものを選ぶ選択問題である。論の流れをつかみ，本文の内容を的確に読み取れているかがポイントだ。

★選択肢の説明の一言一句を，本文とていねいに照らし合わせる

本文を選択肢とともに整理すると，人間が長く生活を共にするキャラクターは，様々な経験や体験が蓄積された耐久消費財のようなものなので，大人になっても特別なもので手放せなくなる→【子ども時代はしあわせの原風景と呼ぶべきもので，いやなことや退屈なこともたくさんあったが，覚えているのは楽しかったことばかりのしあわせの原風景がキャラクターに詰め込まれている】→実際にはディズニーランドに行ってキャラクターに接したことがなくても，ディズニーランドに懐かしさを感じてしまう(＝ウ)→日本人は，仮想現実下にしか存在しないキャラクターだと理解していながら，強いリアリティを感じ，実際に生きているものとして受容する感覚を持ち合わせており，日本人のキャラクターへの深い愛情は，こういった特異な感覚を日常的に持ち合わせるレベルにまで来ている(＝エ)→常にキャラクターとともに生きてきた日本人は，長い時間の中で「生身の現実」に負けないくらい，「マンガやアニメで描かれた現実」に登場する「キャラクター」に親近感を感じるようになってきた(＝ア)→新井素子が作品化しようとした，「生身の現実」ではなく，「アニメやマンガ世界の現実」のほうにリアルを感じる感覚は，今では多くの日本人たちに共通に「身体化」されつつあり，こういった現実認識の変容を「キャラ化」と呼びたい，という内容になっている。【　】部分で，「覚えているのは楽しかったことばかり」だけでなく，「いやなことや退屈なこともたくさんあった」とも述べているので，「幸福な記憶でしかなく，覚えているのは楽しいことだけ」とあるイはふさわしくないとなる。この選択肢のように，説明のごく一部だけが違う場合が多いので，内容真偽の問題では選択肢の説明を最後までていねいに確認することが重要だ。

MEMO

大切なことはメモしておこうネ！

2024年度

★★★★★★★★★★★★★★★★★★★★★★★★

入　試　問　題

2024年度

千葉明徳中学校入試問題（一般入試①）

【算　数】（50分）　＜満点：100点＞

【注意】　1．携帯電話《けいたいでんわ》，スマートフォン，電卓《でんたく》，計算機能付き時計など電子機器類を使用してはいけません。

2．分数は，約分すべきではない場合を除き，それ以上約分できない分数で答えなさい。また，比は，最も簡単な整数の比で答えなさい。

1　次の計算をしなさい。**なお，解答用紙に答えだけでなく，途中《とちゅう》式も書きなさい。**

(1)　$12\times15+12\times8-12\times23$

(2)　$37-132\div11\times3$

(3)　$9\frac{3}{5}\times0.25-2\frac{1}{10}$

(4)　$\left(5\frac{1}{3}-3\frac{2}{7}\right)\times21$

(5)　$\left\{5\frac{1}{4}\div0.75-\left(0.7+\frac{4}{5}\right)\right\}\div2.2$

2　次の □ にあてはまる数を書きなさい。**なお，解答用紙に答えだけでなく，文章や式，図などを用いて考え方も書きなさい。**

(1)　A町からB町まで９kmの道のりがあります。この区間を時速４kmの速さで歩くと □ 時間 □ 分かかります。

(2)　１本110円のペン６本と１個90円の消しゴム３個を合計金額の３割引きで買うと，代金は □ 円になります。

(3)　３種類の果物リンゴ，バナナ，ミカンがあり，リンゴとバナナ，バナナとミカン，ミカンとリンゴの重さの和がそれぞれ40g，30g，20gです。このとき，リンゴの重さは □ gです。

(4)　１から100までの整数の中に，11の倍数は □ 個あります。

(5)　右の図は，中心角が45°，半径が６cmのおうぎ形と半径が３cmの半円が重なっています。このとき，しゃ線部分の面積は □ cm^2 です。ただし，円周率は3.14とします。

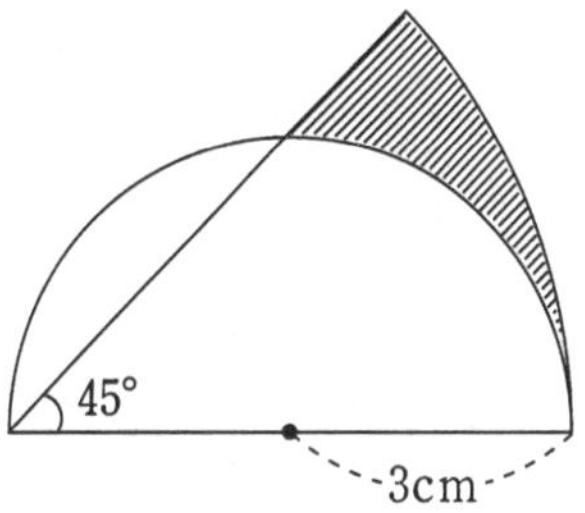

(6)　右の図のように，正六角形の中に三角形が２つ重なっています。このとき，印のついた角度の合計は □ 度です。

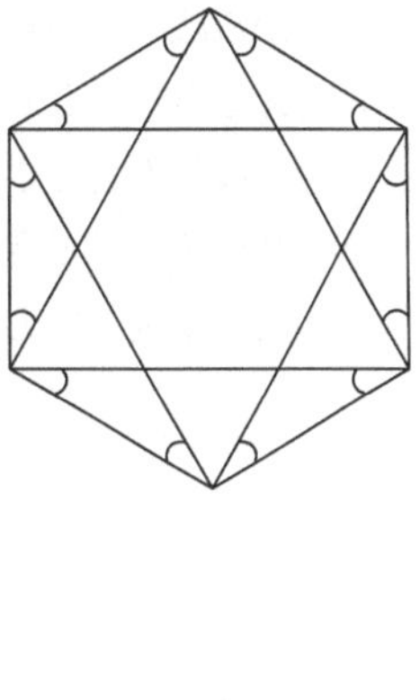

3　A，B，Cの３つの容器に食塩水が入っており，Aの食塩水の濃度は10%です。A，B，Cからそれぞれ200ｇ，300ｇ，400ｇずつ取り出して混ぜると，８％の食塩水㋐ができます。また，A，B，Cからそれぞれ400ｇ，300ｇ，50ｇずつ取り出して混ぜると，９％の食塩水㋑ができます。このとき，次の問いに答えなさい。**なお，解答用紙に答えだけでなく，文章や式，図などを用いて考え方も書きなさい。**

⑴　食塩水㋐，㋑に含まれる塩の量をそれぞれ求めなさい。

⑵　Cの容器に入っている食塩水の濃度を求めなさい。

⑶　Bの容器に入っている食塩水の濃度を求めなさい。

4　下の図のように１辺の長さが１㎝の立方体を積んで立体を作ります。

＜１段目＞

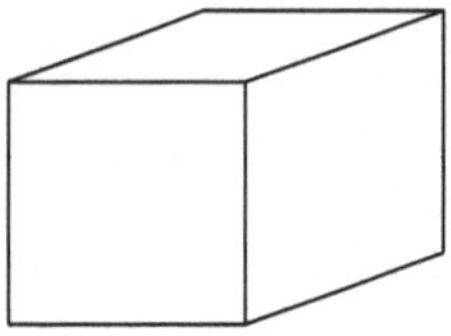

＜２段目＞

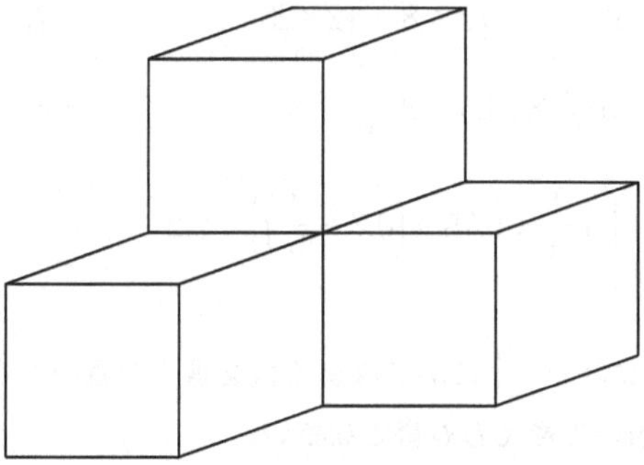

＜３段目＞

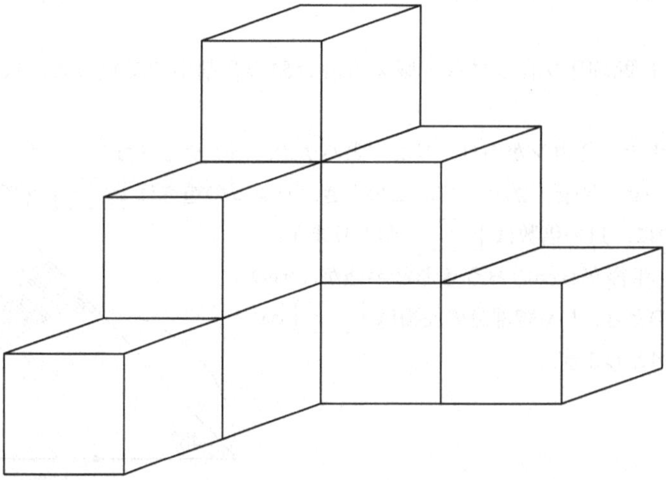

上から順に１段目１個，2段目３個，3段目５個と積んであるものとします。このとき，次の問いに答えなさい。**なお，解答用紙に答えだけでなく，文章や式，図などを用いて考え方も書きなさい。**

⑴　３段積んだときの立体の表面積を求めなさい。

⑵　３段積んだときの立体の体積を求めなさい。

⑶　同じ規則で立方体を８段積んだときの表面積と体積を求めなさい。

5　明夫《あきお》君と徳子《のりこ》さんは整数の約数の個数について話し合っています。２人の会話を読んで，あとの問いに答えなさい。ただし，整数Ａの約数の個数を＜Ａ＞という記号で表すことにします。**なお，(2)と(3)は解答用紙に答えだけでなく，文章や式，図などを用いて考え方も書きなさい。ただし，(1)は解答のみで可です。**

明夫：徳子さん，いろいろな数の約数の個数を調べてみよう。

徳子：じゃあ，９，20，72の３つの数について考えてみましょう。

明夫：９の約数は，「１，３，９」だから＜９＞＝３になるね。

　　20の約数は，「［　ア　］」だから＜20＞＝［イ］になるね。

　　72の約数は・・・が大きくなると難しいな。

徳子：あら，約数を求めるときにはいい方法はあるわよ。

　　ある数の約数を１つ求めて元の数を割ると，その商も約数になるのよ。

　　例えば72÷１＝72 だから１と72は約数，

　　次に　72÷２＝36 だから２と36は約数，

　　このように小さい順にどんどん割っていけば約数が順番に求められるのよ。

明夫：なるほど！　続きをやってみるね。

　　次は　72÷３＝24 だから３と24は約数，

　　　　　72÷４＝18 だから４と18は約数，

　　　　　72÷６＝12 だから６と12は約数，

　　　　　72÷８＝９ だから８と９は約数，これで全部だね。

　　72の約数は「１，２，３，４，６，８，９，12，18，24，36，72」だから＜72＞＝12だね。

　　こうやって見ると約数にはペアとなる数が必ずありそうだね。

　　ということは，約数の個数は必ず偶数になりそうだね。

徳子：いや，そうとも限らないよ。例えば，上の例通り＜９＞＝３となって奇数のものもあるわよ。

明夫：そうだね。なんで偶数にならないときがあるんだろう。もっと調べてみて，㋒約数の個数が奇数になるのはどのようなときなのか考えてみよう。

(1)　［ア］，［イ］にあてはまる数字を求めなさい。

(2)　＜126＞の値を求めなさい。

(3)　下線部㋒について，約数の個数が奇数になるのがどんな数のときか説明し，＜Ａ＞＝15となる最小の数Ａを求めなさい。

【理　科】（社会と合わせて50分）　＜満点：50点＞

1　以下の問いに答えなさい。

(1)　秋になると葉が色づく植物は，次のうちのどれですか。以下のア～エより適当なものを１つ選び，記号で答えなさい。

ア：ツバキ　　イ：サクラ　　ウ：マツ　　エ：クスノキ

(2)　人間のからだにおいて，不要物を体外へ排出《はいしゅつ》することが主なはたらきである器官は，次のうちのどれですか。以下のア～エより適当なものを１つ選び，記号で答えなさい。

ア：腎臓《じんぞう》　　イ：肝《かん》臓　　ウ：小腸　　エ：心臓

(3)　川の流れが遅《おそ》いほど大きくはたらく作用は，次のうちのどれですか。以下のア～エより適当なものを１つ選び，記号で答えなさい。

ア：運搬《うんぱん》　　イ：侵食《しんしょく》　　ウ：堆積《たいせき》　　エ：液状化

(4)　太陽についての説明として**正しくないもの**は，次のうちのどれですか。以下のア～エより適当なものを１つ選び，記号で答えなさい。

ア：表面に黒いしみのようなもの（黒点）が見える。

イ：地球との距離《きょり》は，約38万kmである。

ウ：主にガスでできている。

エ：周期的に満ち欠けをしない。

(5)　新月の月齢《げつれい》を０とすると，下弦《かげん》の月の月齢は次うちのどれですか。以下のア～エより適当なものを１つ選び，記号で答えなさい。

ア：７　　イ：15　　ウ：22　　エ：29

(6)　太さが一様な棒の中心に糸をくくりつけ，天井からつるした。この棒の中心から左に16cmのところに10ｇのおもりをぶら下げた。40ｇのおもりを用いてこの棒を水平につり合うようにするには，どの位置におもりをぶら下げればよいですか。以下のア～エより適当なものを１つ選び，記号で答えなさい。

ア：中心から左に８cm　　イ：中心から右に８cm

ウ：中心から左に４cm　　エ：中心から右に４cm

(7)　２枚の鏡を使って，図のように日光を反射させて壁《かべ》に当てた。手で触《さわ》ると一番あたたかく感じる場所はどれですか。以下のア～エより適当なものを１つ選び，記号で答えなさい。

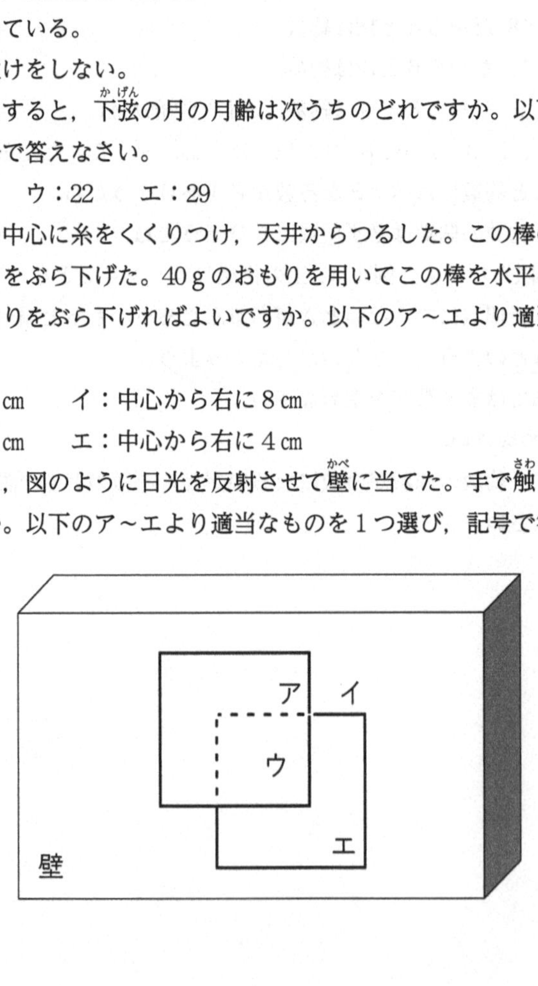

(8)　100 g の水に食塩を50 g 溶《と》かしたところ14 g の溶け残りが出てしまいました。この飽和《ほうわ》水溶液のおもさは何 g ですか。以下のア～エより適当なものを１つ選び，記号で答えなさい。

ア：100 g　　イ：114 g　　ウ：136 g　　エ：150 g

(9)　空気に含《ふく》まれる気体のうち最も多いものはどれですか。以下のア～エより適当なものを１つ選び，記号で答えなさい。

ア：窒素《ちっそ》　　イ：酸素　　ウ：二酸化炭素　　エ：水蒸気

(10)　日本で行われている主な発電とその方法について述べたもののうち，**正しくないもの**はどれですか。以下のア～エより適当なものを１つ選び，記号で答えなさい。

ア：火力発電は，核燃料《かくねんりょう》が核分裂《かくぶんれつ》するときに発生する熱を利用して発電している。

イ：水力発電は，水が高いところから落ちるときの勢いを利用して発電している。

ウ：風力発電は，風が風車を回すことで発電している。

エ：バイオマス発電は，廃材《はいざい》や生ごみなどを燃やしたときに発生する熱を利用して発電している。

2　千葉明徳中学校では，田んぼや畑で野菜作りをしています。中学生のＡくんとＢくんは，畑で話をしています。次の会話文を読み，あとの問いに答えなさい。

Ａ：見て！　①ナスの花がさいたよ！

Ｂ：本当だ，きれいな色だね。②苗《なえ》から育ててきたからうれしいね。

Ａ：そういえば，昨日はカメムシがついていたから，とりのぞいておいたよ。

Ｂ：昆《こん》虫は好きだけど，③カメムシは茎《くき》に口をさして汁《しる》を吸うから，畑にいると困ってしまうね。

Ａ：うん。他にも葉を食べる昆虫や，実を食べる昆虫もいるから，畑をよく見ておかないとね。

Ｂ：水やりや，肥料も野菜の成長には欠かせないね。そういえば，畑には肥料が必要だけど，④森には肥料がなくてもたくさんの植物が育っているね。なぜなんだろう。

Ａ：色々と調べたいことが出てきたね。そういえば，田んぼの方は見た？
アマガエルのオタマジャクシがたくさん泳いでいから，何匹《びき》かつかまえて水といっしょに水そうに入れて，成長する過程を観察しているんだ。たしか，成体になるときは，（　⑤　）あしが出たあとに（　⑥　）あしが出てくるんだよね。

Ｂ：そうそう。しかも呼吸の仕方が（　⑦　）呼吸から（　⑧　）呼吸に変わるから，（　⑥　）あしが出てきたら，水そうの中の環境《かんきょう》を少し変えてあげた方がいいと思うよ。

Ａ：わかった，やってみるね。

(1)　文中の下線部①について，ナスの花ように，花びらがくっついている植物は次のうちどれですか。以下のア～エより適当なものを２つ選び，記号で答えなさい。

ア：トマト　　イ：カボチャ　　ウ：ダイコン　　エ：エンドウ

(2)　文中の下線部②について，畑に苗を植えるとき，苗が出る穴をあけたビニールシートで地面を覆《おお》う場合がある。特に黒いシートは畑で野菜を育てるうえで利点がある。この利点について述べた次の文章中の（Ａ）に当てはまる言葉を答えなさい。

黒いシートは日光を通さないため，（　Ａ　）を防ぐことができるので，栄養分を奪《うば》われることが少なくなる。

⑶　文中の下線部③について，カメムシと同じような口の形をしている昆虫は，次のうちのどれですか。以下のア～エより適当なものを１つ選び，記号で答えなさい。

ア：バッタ　　イ：トンボ　　ウ：カブトムシ　　エ：セミ

⑷　文中の下線部④について，次の文章は，森は肥料によって栄養分をおぎなう必要がない理由の１つを述べたものです。文中の（B）と（C）に当てはまる言葉をそれぞれ答えなさい。

森では，木から落ちた（　B　）や動物の（　C　）などが分解されて栄養分となるため。

⑸　文中の空欄《くうらん》（⑤）～（⑧）に当てはまる語句を答えなさい。

3　氷100ｇと水400ｇをビーカに入れ，室内で１分間放置しました。その後，ビーカーごと加熱しながら温度をはかる実験を行いました。図は加熱を始めてからの時間と温度の変化をグラフにまとめたものです。あとの問いに答えなさい。

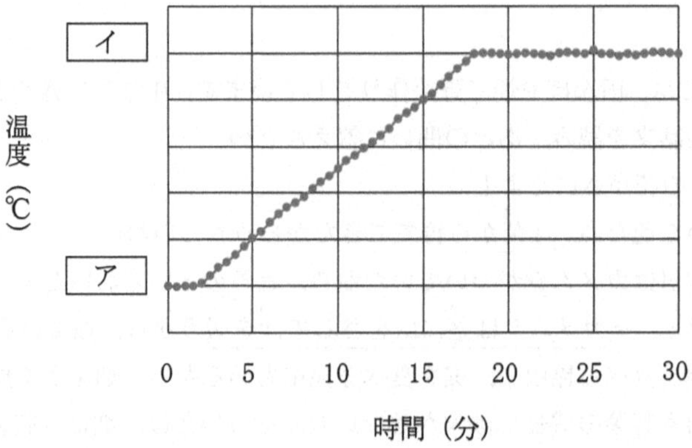

図１　加熱時間と温度変化

⑴　実験を始めて少し経つと，ビーカーの周りに水滴《すいてき》がつきはじめました。この現象が起こる理由を説明しなさい。

⑵　グラフ中の空欄《くうらん》［ア］，［イ］に当てはまる数値を答えなさい。

⑶　加熱を始めてから20分後のビーカーの中のようすはどのようになっていますか。以下のア～エより適当なものを１つ選び，記号で答えなさい。

ア：氷と水　　イ：水だけ　　ウ：水と水蒸気　　エ：水蒸気だけ

⑷　加熱を始めてからしばらく経つと水が沸《ふっ》とうし，大きな気泡《きほう》がビーカーの底からボコボコと浮《う》き上がってきました。また，水面付近に湯気が立ち上がってきました。

①　この気泡に含《ふく》まれる気体は何ですか。

②　この湯気の正体は何ですか。

⑸　氷200ｇと水300ｇにして同様の実験を行いました。このとき得られる実験結果のグラフとして正しいものはどれですか。以下のア～エより適当なものを１つ選び，記号で答えなさい。ただし，縦軸《たてじく》および横軸《よこじく》の目盛りは図１と同じであり，選択肢《せんたくし》アは図１と同じグラフである。

ア

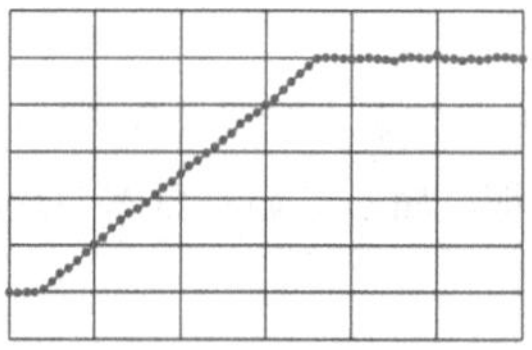

イ

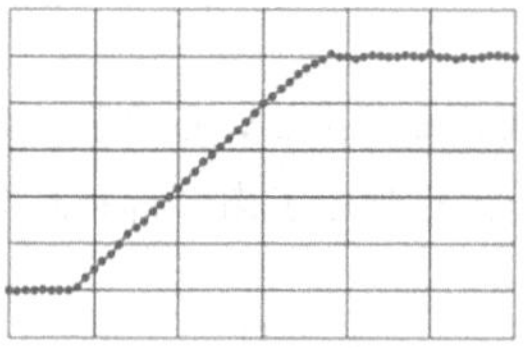

ウ

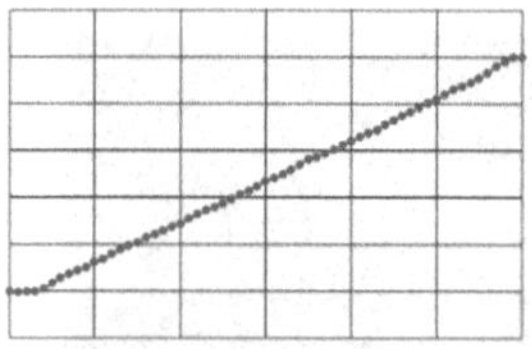

エ

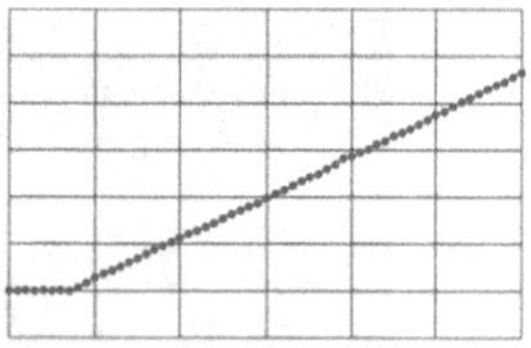

【社　会】（理科と合わせて50分）　＜満点：50点＞

1　(1)～(20)の答えとして正しいものを，次のア～エから１つ選んで答えなさい。

(1)　水没《すいぼつ》しないよう護岸工事が行われており，東京都に属している日本の最南端《さいなんたん》の島はどれですか。

ア　南鳥島《みなみとり》　イ　沖ノ鳥島《おきのとり》　ウ　与那国島《よなぐに》　エ　択捉島《えとろふ》

(2)　東南アジアの熱帯地域の海岸で見られる，下の写真のような森林を何と言いますか。

ア　ジャングル　イ　サバンナ　ウ　マングローブ　エ　オアシス

(3)　第二次世界大戦後，内戦に敗れた国民政府が移り，中華《ちゅうか》民国として自治を行っている地域はどれですか。

ア　台湾《たいわん》　イ　ベトナム　ウ　香港《ホンコン》　エ　シンガポール

(4)　りんごの栽培《さいばい》がさかんな，岩木川流域に広がる青森県西部の平野はどれですか。

ア　濃尾《のうび》平野　イ　庄内《しょうない》平野　ウ　越後《えちご》平野　エ　津軽《つがる》平野

(5)　太平洋ベルトに**含《ふく》まれない**工業地帯・地域はどれですか。

ア　道央《どうおう》工業地域　イ　京浜《けいひん》工業地帯　ウ　東海《とうかい》工業地域　エ　阪神《はんしん》工業地帯

(6)　航空機による輸送の説明として正しいものはどれですか。

ア　安全性が高く，大量輸送に向いているが，決まったところにしか行けない。

イ　速度は速いが，運賃が高く，天候に左右されやすい。

ウ　出発地から目的地へ直接輸送できるが，渋滞《じゅうたい》などにまきこまれることがある。

エ　運賃が安く，大量輸送に向いているが，天候に左右されやすい。

(7)　日本の森林の面積は，国土のどれくらいを占《し》めていますか。

ア　３分の１　イ　３分の２　ウ　４分の１　エ　４分の３

(8)　周りを堀《ほり》で囲み，物見やぐらもつくられた，佐賀県の大規模な環濠《かんごう》集落跡《あと》はどれですか。

ア　三内丸山遺跡《さんないまるやまいせき》　イ　吉野ヶ里《よしのがり》遺跡　ウ　大森貝塚《おおもりかいづか》　エ　板付《いたづけ》遺跡

(9)　701年に，刑部親王《おさかべしんのう》，藤 原不比等《ふじわらのふひと》などが中国の律令にならって制定した，日本初の本格的に整った律令として正しいものはどれですか。

ア　十七条の憲法　イ　大宝《たいほう》律令　ウ　養老《ようろう》律令　エ　近江《おうみ》令

(10)　平安時代の後半に行われた，院政の説明として**誤っているもの**はどれですか。

ア　院政の開始から70年が過ぎると，保元の乱とよばれる朝廷《ちょうてい》内での藤原氏・源氏・平氏の一族の争いがおこった。

イ　院政は，朝廷が天皇側と上皇側に分裂《ぶんれつ》する危険性をかかえていた。

ウ　院政は，11世紀後半，白河上皇によって始められた。

エ　院政は，平氏や源氏の勢力をおさえるために始められた。

(11)　室町幕府８代将軍足利義政の後継《こうけい》問題に，守護大名の勢力争いが絡《から》んで起こった争いはどれですか。

ア　承久《じょうきゅう》の乱　　イ　応仁《おうにん》の乱　　ウ　壬申《じんしん》の乱　　エ　島原《しまばら》の乱

(12)　徳川吉宗《よしむね》が行ったこととして正しいものはどれですか。

ア　江戸《えど》に出稼《でかせ》ぎに出てきていた百姓《ひゃくしょう》に農村へ帰ることを奨励《しょうれい》した。

イ　庶民《しょみん》の意見や不満を拾い上げ，政策に反映するために目安箱を設置した。

ウ　幕府の権威《けんい》の強化と，財政の立て直すために天保の改革を行った。

エ　幕府経済の立て直しのため，蝦夷地《えぞち》の開発などに目をつけた。

(13)　日米修好通商条約が結ばれたことにより，日本の貿易額は増えました。当時，日本の輸出品目のうち最も多かったものはどれですか。

ア　生糸　　イ　毛織物　　ウ　綿織物　　エ　茶

(14)　朝鮮《ちょうせん》を武力で開国させようという征韓《せいかん》論を唱えたものの，政府の中心人物から反対されて故郷《こきょう》の鹿児島に帰り，反乱を起こした人物は誰《だれ》ですか。

ア　西郷隆盛《さいごうたかもり》　　イ　板垣退助《いたがきたいすけ》　　ウ　陸奥宗光《むつむねみつ》　　エ　伊藤博文《いとうひろぶみ》

(15)　第一次世界大戦のきっかけになった出来事はどれですか。

ア　日本がハワイの真珠湾《しんじゅわん》を奇襲《きしゅう》したこと。

イ　ドイツがポーランドに侵攻《しんこう》したこと。

ウ　オーストリアの皇太子がセルビア人の青年に暗殺されたこと。

エ　ロシアで社会主義革命が起こったこと。

(16)　１日８時間労働，男女同一賃金など，労働条件の最低基準を定めた法律はどれですか。

ア　労働基準法　　　　　イ　労働組合法

ウ　男女雇用《こよう》機会均等法　　エ　治安維持《いじ》法

(17)　日本国憲法に定められている国民の義務として**誤っているもの**はどれですか。

ア　納税　　イ　勤労　　ウ　教育　　エ　兵役

(18)　アフリカ大陸には，平均寿命《じゅみょう》が50歳《さい》台にとどまっている国があります。その理由として正しいものはどれですか。

ア　飢《う》えや内戦の影響《えいきょう》と乳幼児の高い死亡率のため。

イ　カロリーの取り過ぎによる肥満のため。

ウ　社会制度が大きく変化し，失業やそれが原因と思われるストレスのため。

エ　社会制度の大きな変化に対応できなくて，飲酒の生活が続いたため。

(19)　国連平和維持活動の略称《りゃくしょう》はどれですか。

ア　NPO　　イ　WTO　　ウ　PKO　　エ　NGO

(20)　1997年，京都で開かれた国際会議で話し合われた主な内容はどれですか。

ア　持続可能な開発　　イ　砂漠《さばく》化

ウ　酸性雨　　　　　　エ　地球温暖化

2　千葉明徳中学校では，朝の会で担当になった生徒がスピーチを行う「１分間スピーチ」という取り組みを行っています。次の会話文は，「私が最近訪れた場所」をテーマにした１分間スピーチと，その後の学級活動の様子を表しています。これを読み，以下の(1)～(7)の設問に答えなさい。

【朝の会】

みちこ：……というわけで，私が最近訪れた場所は横浜《よこはま》でした。とても楽しかったです！

先　生：みちこさん，発表ありがとうございました。スクリーンに映してくれた横浜の風景の写真も，とても素敵ですね。皆《みな》さん，スピーチへの質問や，感想はありますか？

あきら：はい！

先　生：あきらさん，どうぞ。

あきら：写真に，「TICAD2025 横浜」と書かれたタペストリー(注１)が写っていますが，TICADとは何ですか？

みちこ：本当だ！　ちっとも気付かなかったわ。どういう意味なんだろう？

先　生：TICADとは，アフリカ開発会議のことです。2025年のアフリカ開発会議を，横浜で開催《かいさい》するようですね。

あきら：アフリカって日本と接点がなさそうだけど，どうして横浜で開催するのかな？

先　生：アフリカ開発会議は，1993年に日本政府が主導し，国際連合や世界銀行などと共同で開催されるようになった国際会議です。会議の発端《ほったん》は日本にあるので，横浜で開催されても不思議ではないのですが，なぜ日本政府がアフリカ開発会議を主導するようになったのかは，私も説明できないですね……。せっかくですから，次の学級活動の時間に「日本とアフリカの関係」について調べてみましょう。

【学級活動】

先　生：では皆さん，「日本とアフリカの関係」について，この時間に調べたことをお互《たが》いに発表し合いましょう。

あきら：まず私たちの班から発表します。私たちは，なぜ日本がアフリカ開発会議を開くように

資料１　日本によるアフリカ支援の歴史

時期区分	年代	特徴《とくちょう》
第１期	1950年代半ばから1970年代初め	アフリカへの援助《えんじょ》はほとんどなかった。
第２期	1970年代	1974年に日本の外相が初めてアフリカ大陸を訪問し，アフリカに対する援助金額も大幅《おおはば》に増えた。
第３期	1980年代	アフリカ大陸が連続的な干ばつに見《み》舞《ま》われ，多数の難民や死者が出たことから，アフリカの難民支援が日本の市民にも広がった。
第４期	1990年代	アフリカへの経済支援だけでなく，政治の在り方や開発の進め方にも，日本が関《かん》与《よ》するようになった。
第５期	2000年以降	アフリカの持続可能な開発のために，アフリカ支援の重要性が高まっている。

佐藤誠「日本のアフリカ外交－歴史にみるその特質」（アジア経済研究所，2007）より作成

なったのか調べました。すると，その背景には日本によるアフリカ支援《しえん》の歴史が関係していました。立命館《りつめいかん》大学の佐藤《さとう》 誠《まこと》 教授によると，日本によるアフリカ支援の歴史は５つの時期に区分できるそうです。前のページの**資料１**の表は，その時期区分を表したものです。

あきら：日本がアフリカ開発会議を開くようになったのは，日本が経済支援だけでなく，政治の在り方や開発の進め方にも積極的に関わるようになった第４期の時期に該当《がいとう》するそうです。

先　生：今朝の１分間スピーチで生まれた疑問に，しっかりと向き合って調べてくれました。いい発表でしたね。何か質問がある人はいますか？

のぞみ：戦後，日本が復興してから1970年代まで，アフリカに対する援助はほとんどしていないのに，1974年に外相が初めてアフリカを訪問したのはなぜなの？

あきら：それは，［　　　A　　　］からだよ。

のぞみ：なるほど，よくわかったわ！

先　生：では，次の班の発表をお願いします。

やまと：ぼくたちは，アフリカに渡《わた》った歴史上の有名人を調べてみました。調べて出てきたのが……1じゃん！　野口英世です。野口英世は，［　　　B　　　］のため，21927年にアフリカのガーナへ渡り，そこで命を落としました。

先　生：発表ありがとうございます。小道具を使った演出が素晴《すば》らしかったですね。では，次の班の発表をお願いします。

みちこ：私たちの班は，アフリカに観光で行った日本人の感想を，ブログ記事や観光サイトのレビューなどで読みました。すると，「想像以上にスマホ（スマートフォン）やインターネットの普及率《ふきゅうりつ》が高くてびっくりした」という感想をいくつか見かけました。実際，アフリカにはスマホの普及率が90％を超《こ》える地域もありました。一方，アフリカのある国を旅行した人が，「政府によるインターネット遮断《しゃだん》に巻き込《こ》まれて数日間電波が繋《つな》がらなかった」というコメントを投稿《とうこう》していました。日本では想像もつかないことなので，そこは日本と大きく異なっていると感じました。

先　生：スマホの普及率という観点で，日本とアフリカの比較《ひかく》を行ったのですね。政府によるインターネット遮断は，3スマホの普及によって，国民がSNS（会員制交流サイト）を利用できることになったことが背景にあるでしょう。これは，4著しく人権を侵害《しんがい》する大きな問題ですね。では，最後の班の発表をお願いします。

ちあき：私たちは，在留外国人(注２)の統計から，アフリカの人がどれくらい日本で暮らしているのか，調べることにしました。すると，興味深い現象が見えてきました。次の**資料２**の表を見てください。これは，2022年のエチオピア人の統計で，最も在留者が多い５つの都道府県をランキングにしたものです。

資料２　エチオピア人の在留者数ランキング

順位	１位	２位	３位	４位	５位
都道府県	東京都	埼玉県	鳥取県	神奈川県	千葉県
人数	215 人	48 人	32 人	31 人	28 人

在留外国人統計テーブルデータ（出入国在留管理庁，令和４年末現在）より作成

やまと：関東圏《かんとうけん》の地域が多いのはわかるけど，鳥取県が３位なのは意外だな。

ちあき：そうなんです。鳥取県は，アフリカ全体の在留者数では全国29位で，それほど多くないのですが，エチオピア人だけ多く全国３位です。私たちも不思議に思って調べてみたのですが，その理由はよく分かりませんでした。

あきら：先生，なぜエチオピアから鳥取県で暮らしている人が多いのでしょうか？

先　生：おそらく，それは鳥取県独自の環境《かんきょう》が，エチオピアの主要な産業の発展に関係しているからでしょう。**資料３**にヒントとなる図やグラフを載《の》せますから，5 エチオピアの人が鳥取県で暮らしている理由を考えてみてください。

（注１）タペストリーとは，壁《かべ》などに吊《つ》り下げる装飾《そうしょく》用の布や広告物のこと。

（注２）在留外国人とは，日本に３か月以上滞在《たいざい》，または永住する外国人のこと。

資料３-①　鳥取県の砂丘《さきゅう》に広がるらっきょう畑

資料３-②　エチオピアの気候区分

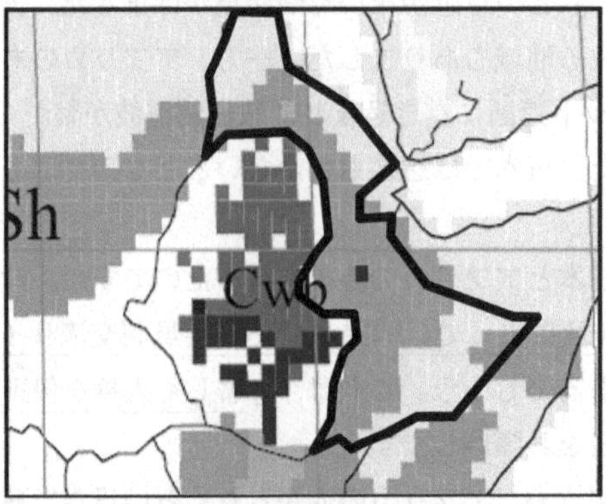

エチオピアの国土の中でも，太枠《ふとわく》で囲った地域は乾燥帯《かんそうたい》に属しており，降水量が少なく，砂漠が広がる場所もある。

資料３-③　エチオピアの産業構成

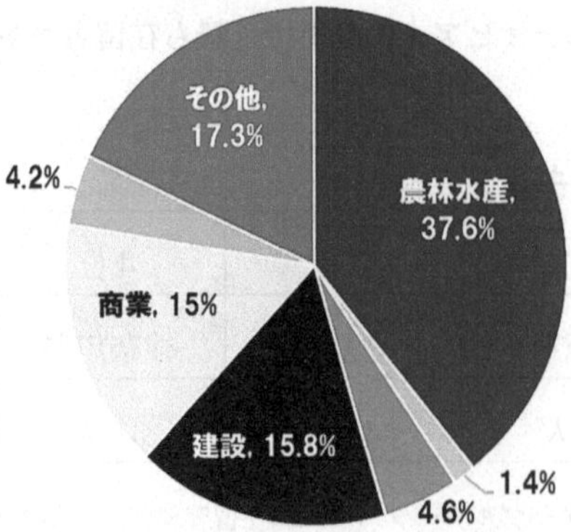

国連 National Accounts, 2021より作成

⑴　会話文の空欄《くうらん》 A にあてはまる内容を，「1974年」という時期と次のグラフを参考にして考え，空欄にあてはまる形で答えなさい。

グラフ：世界の原油確認埋蔵《まいぞう》量（2019年）

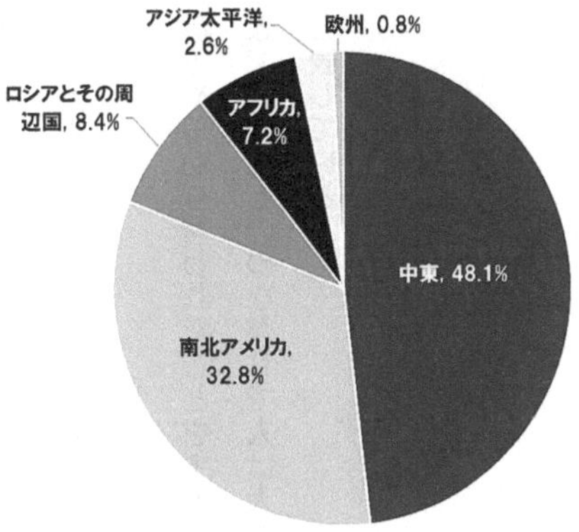

⑵　会話文の下線部1について，この時，やまとさんが取り出した小道具としてふさわしいものを，次の**ア**～**エ**から１つ選んで答えなさい。

ア　日本銀行の建物を上から撮影《さつえい》した写真

イ　小説『たけくらべ』の文庫本

ウ　「天は人の上に人を造らず，人の下に人を造らず」と書かれた掛《か》け軸《じく》

エ　千円札の紙幣《しへい》

⑶　会話文の空欄 B にあてはまる内容を，次の**ア**～**エ**から１つ選んで答えなさい。

ア　破傷風《はしょうふう》の研究　　**イ**　黄熱病《おうねつびょう》の研究　　**ウ**　赤痢菌《せきりきん》の研究　　**エ**　エボラ出血熱《しゅっけつねつ》の研究

⑷　会話文の下線部2について，この年に起きた出来事として正しいものを，次の**ア**～**エ**から１つ選んで答えなさい。

ア　ニューヨークのウォール街で株価が大暴落したことをきっかけに，世界恐慌《せかいきょうこう》が起きた。

イ　関東大震災《だいしんさい》の影響《えいきょう》を受けて，震災恐慌が起きた。

ウ　当時の大蔵大臣による失言をきっかけに，多くの銀行が休業に追い込まれる金融《きんゆう》恐慌が起きた。

エ　第一次世界大戦が終わり，戦後恐慌が起きた。

⑸　会話文の下線部3について，「国民がSNSを利用すること」と「政府がインターネットを遮断すること」には，どのような関係があるでしょうか。SNSがどのような特徴を持つサービスであるのかを踏《ふ》まえ，簡潔に説明しなさい。

⑹　会話文の下線部4について，「インターネット遮断」によって侵害される人権として**誤っているもの**を，次の**ア**～**エ**から１つ選んで答えなさい。

ア　どのような思いを持っても良いとする思想・良心の自由

イ　自分の思いや考えを自由に発信しても良いとする表現の自由

ウ　奴隷《どれい》のように扱《あつか》われたり，無理やり働かせられたりしない自由

エ　自分と同じ意見の人を集め，政府への要望を請願《せいがん》する自由

⑺　会話文の下線部5について，エチオピア人が鳥取県で多く暮らしている理由を，**資料3**の①～③を参照して考え，簡潔に説明しなさい。

ア　夢中になれることがわかって、没頭《ぼっとう》している。
イ　身だしなみには気をつかわず、一生けん命である。
ウ　周りの人たちの声援に、こたえたいと思っている。
エ　やりたいことに向き合わず、冷静なふりをしている。

問十　この文章の特徴《とくちょう》について述べたものとして、もっとも適切なものを、次のア～エの中から一つ選び、記号で答えなさい。

ア　世界がさけぶ様子や競技中トラック上に急に現れる森など現実ではありえないものを描《えが》くことで、主人公の心の繊細《せんさい》さを効果的に表している。
イ　何回も自分に対して「山口拓馬」と言うことによって、主人公が自分自身を客観視し、昔の自分にだんだん親しみを持つ様子を表している。
ウ　情景描写《びょうしゃ》と心情描写を交互《こうご》に描くことで、主人公が走ることを通してだんだん自分の気持ちに気付いていく様子を丁寧《ていねい》に書いている。
エ　同級生や弟から言われたことを主人公が回想する場面を何度も描くことで、他人とのつながりで人は大きく変わっていくことをいきいきと表している。

⑦山口拓馬は、自分自身に向かっていった。

信じられるか？　山口拓馬。悪いけど、いま、おれは本気だ。

（笹生陽子『きのう、火星に行った。』〈講談社〉）

※1　でくちゃん（中上《なかがみ》まもる）……拓馬の同級生。「でくちゃん」はニックネーム。

※2　原田さゆり……拓馬の同級生。

問一　[a]～[d]に入る言葉として、もっとも適切なものを、次のア～エの中からそれぞれ一つ選び、記号で答えなさい。

ア　しんと　イ　ぽやんと　ウ　かっと　エ　ぬーっと

問二　傍線部《ぼうせんぶ》①「原田さゆり」のことを、「拓馬」はどのように思っていると考えられますか。もっとも適切なものを、次のア～エの中から一つ選び、記号で答えなさい。

ア　予選はみんな本気ではないことも知らずにほめてきて、何もわかっていないと思っている。

イ　本選の前で集中したいのに話しかけてきて、早く立ち去ってほしいと思っている。

ウ　応援してもらって気持ちが良いけれど、それを素直に表現するのはかっこわるいと思っている。

エ　原田のことが好きなのでもっと話したいけれど、うまく話せなくて困ったと思っている。

問三　傍線部②「幻」とは、どのような「幻」ですか。もっとも適切なものを、次のア～エの中から一つ選び、記号で答えなさい。

ア　健児の幻　イ　スポーツシューズの幻

ウ　知らない子供の幻　エ　昔の自分の幻

問四　[X]にあてはまる言葉を、次のア～エの中から一つ選び、記号で答えなさい。

ア　ハンマーのように　イ　ナイフのように

ウ　ドリルのように　エ　ミシンのように

問五　傍線部③「ときどき、おれは思うんだ」とありますが、「拓馬」はどのようなことを思ったのですか。本文から四十字以内で抜《ぬ》き出し、「…ということ。」に続くように、始めと終わりの五字で答えなさい。

問六　傍線部④「リズムをつかまえた」とはどういうことですか。もっとも適切なものを、次のア～エの中から一つ選び、記号で答えなさい。

ア　体育大会で流れる音楽に合わせながらハードルを越《こ》えているということ。

イ　ハードルを越えるのが楽しくて仕方がないということ。

ウ　自分の呼吸のリズムに合わせてハードルを越えているということ。

エ　ハードルをテンポよく越えられているということ。

問七　傍線部⑤「でも、気持ち悪いとは思わなかった。みっともないとも思わなかった」とありますが、「拓馬」はなぜそう思ったのですか。「……から。」に続くように、三十字以内で書きなさい。

問八　傍線部⑥「一気にラストスパートをかけた」とありますが、この時の「拓馬」の気持ちを、三十字以内で書きなさい。

問九　傍線部⑦「山口拓馬」について、「小学二年生の時」、「走る前」、「走っている間」の人物像として、もっとも適切なものを、次のア～エの中から、それぞれ一つ選び、記号で答えなさい。

から。自分に都合のよくないことは、無視したほうが楽だから。

ハードルのバーが近づいた。

おれはかかとに力をこめて、振り上げた足をぴんと伸ばして、そのまま前に突っこんだ。

景色が左右にとけて流れた。

バーから足を抜《ぬ》きさると、おれは素早《すばや》く着地して、次のバーに向かって走りはじめた。

踏《ふ》みきり、着地。

踏みきり、着地。

踏みきり、着地。

踏みきり、着地。

おれは④リズムをつかまえた。勢いに乗って加速した。熱でとろけたチーズみたいに、時間が、[c]のびた気がした。

——想像するんだ。

健児の声が、頭のなかでこだました。

——大切なのは、想像力と、集中力と、信じる力。

おれの記憶《きおく》が違ってなければ、そのセリフには、続きがあった。想像力と、集中力と、信じる力と。そしてスピード。

鼻血がひとすじ、頬《ほお》をつたって耳の後ろに流れていった。

生温《なまあたた》かいレバーの味が口いっぱいに広がった。

⑤でも、気持ち悪いとは思わなかった。みっともないとも思わなかった。生きているんだ、とおれは思った。山口拓馬は、生きている。

向かい風が吹《ふ》いてきた。空気がうねって、地面が揺《ゆ》れた。

ゴオオオオオッと世界が叫《さけ》んだ。

ウオオオオオオッと、おれは叫んだ。

砂漠色《さばくいろ》をした校庭がじゅうたんみたいにめくれると、コースのまわりの景色が全部、おれの後ろにふっ飛んだ。

……オオオオオッ。

ひびが入ったレンズの奥で、おれは両目を[d]開いた。めくれ上がった景色の下から現れたのは森だった。まっ黒い土と、草の茂《しげ》みと、背の高い木が、おれを囲《かこ》んだ。アサガオみたいな植物のつるがにょきにょきと長い腕《うで》を伸ばして、地面をすっかり覆《おお》いつくすと、ハードルのバーに絡《から》まった。

なんだか、わけがわからないけど、ものすごいことになってきた。派《は》手《で》にプハッと噴《ふ》きだしたいほど、愉快《ゆかい》な気分になってきた。おれは思いきりにかにか笑って、緑の森をつっきった。走りつづける手足の先に小枝が当たってピシピシいった。

「山口、行けえっ」

森の向こうで、中上《なかがみ》まもるが叫んでた。

「山口くん！」

堀《ほり》先生と原田の声がダブって聞こえた。

ゴールテープが白く光った。

おれは最終ハードルをバーすれすれにクリアして、⑥一気にラストスパートをかけた。呼吸はぜんぜん乱れなかった。手足は、不思議と軽かった。もう止まらずに、どこまでだって走っていけるような気がした。

信じられるか？

がぞろぞろ動きはじめた。

Aグループの六人が、スタートラインに並《なら》んで立った。

「位置について」

おれは両手とひざの片《かた》ほうを地面についた。

「用意」

おしりを静《しず》かに上げて、それから、ゆっくり首を起こした。

まっすぐにのびるコースの上を、そのとき、なにかが横ぎった。左手に赤いバトンを持った、小さな、やせたガキだった。体操服に白の短パン。おろしたてのスポーツシューズ。ひょろりと伸《の》びた、細い足。寝《ね》ぐせがついた、ぼさぼさ頭。たすきを肩からかけているのは、たぶん、リレーのアンカーだから。動きが、ちょっぴりぎごちないのは、そいつが、まだほんのお子さまだから。それでも大きく手足を振《ふ》って、そいつは、必死に走ってた。どうしてそんなにむきになるのか、わけを聞きたくなるくらい、すべての力を出しきるように、弾丸《だんがん》みたいに走ってた。

ハチマキをしたそいつの顔は、山口健児に、よく似《に》てた。

甘《あま》ったるくて、[a]していて、どこかまぬけなガキの顔。

でも、走っていたのは、やつじゃない。誇《ほこ》らしそうに、反《そ》った胸には、フェルトペンで、こう書かれてあった。

二年一組　山口　たくま

おれは、まばたきをひとつした。②幻《まぼろし》は消えて、なくなった。鼻が、すーっとつめたくなった。ふたつの穴の奥《おく》のほうから、水っぽいものがしみだしてきた。すすってみたら、血の味がした。

パンッ。

ピストルの音が空に弾《はじ》けた。おれを含《ふく》めた六人のハードル選手が、いっせいに、前へむかって、とびだした。

ざわめきが急に遠のいた。

あたりは、[b]静まりかえり、固《かた》い地面を蹴《け》りつけている、おれの足音だけがした。

おれは走った。

[X]、ひじで空気を切り裂《さ》きながら、爪先《つまさき》で砂を蹴散らしながら、胸をぐんぐん突《つ》き出した。ほかの選手のことなんて、おれの目には、もう入らなかった。山口拓馬は、山口拓馬のことしか気にしていなかった。

③ときどき、おれは思うんだ。

なんでもできる人間が、この世でいちばん幸せだとはかぎらないんじゃないかって。なんでもできるということは、やりたいことができるというのと、似ているようで、ぜんぜん違《ちが》う種類のものじゃないかって。たとえば、両手にあり余《あま》るほどお金を持たせてもらっても、買いたいものがなにもなければ意味がないのとおんなじで、なにをやってもいいといわれて、実際なんでもできたとしても、やりたいことがなにもなければ、そんなの、やっぱり意味がない。わかっていたけど、わかっていないふりをしながら生きてきた。心にぴっちりふたをして、死んだふりして生きてきた。なぜって、それは、自分にとって都合《つごう》のよくないことだ

イ　存在しないキャラクターでありながら、実際に存在しているとだまされてしまう感覚。
ウ　存在しないキャラクターの特異な動き方に、リアリティと深い愛情を持つ感覚。
エ　存在しないキャラクターよりは、「生身の人間」と強い精神的絆を結ぼうとする感覚。

問七　Ⅰ～Ⅲにあてはまる言葉を、本文からそれぞれ抜き出して答えなさい。ただし、Ⅰ、Ⅱは二字、Ⅲは五字とします。

問八　傍線部⑤「キャラ化」とはどういうことですか。五十字以内で書きなさい。

問九　この文章の内容として、ふさわしくないものを、次のア～エの中から一つ選び、記号で答えなさい。
ア　日本人がキャラクターに親近感を感じるようになったのは、長い歴史の中でキャラクターとともに生きてきたからである。
イ　どんな人にとっても、幼少期の思い出は幸福な記憶でしかなく、覚えているのは楽しいことだけである。
ウ　小さい頃に東京ディズニーランドに行ったことがない人も、ディズニーランドに行くと、懐かしさを感じてしまう。
エ　日本人のキャラクターへの深い愛情は、特異な感覚を日常的に持ち合わせるレベルになっている。

【三】　次の文章を読んで、あとの問いに答えなさい。

山口拓馬《やまぐちたくま》は六年生。以下は、目につけて心に念じるだけで好きなところへワープできる「超時空《ちょうじくう》ミラクルゴーグル」を弟の健児《けんじ》に借りた拓馬が、体育大会のハードル走に出場する場面である。

ハードルの予選レースは、個人走の部の種目のいちばん最後にあった。結果は、おれがAグループで、※1でくちゃんがBグループだった。

「山口くん」

応援席《おうえんせき》でお昼ごはんを食べているとき、撮影係《さつえいがかり》※2の①原田《はらだ》さゆりがおれのところにやってきた。肩《かた》までの髪《かみ》をひとつにまとめて、腕章《わんしょう》をつけていた。

原田の首には、でっかい望遠レンズがついたカメラのひもがかけられていた。

「すごいね、予選、ぶっちぎりのトップじゃなかった？　もしかしてひとごとなのに、にこにこしながら、興奮ぎみに原田はいった。

「たいしたことない。予選のときって、みんな本気で走らないから」

うれしいくせに、それでもやっぱり、山口拓馬はクールにいった。

「じゃあ本選も、頑張って」

「ん」

「あたし、応援してるから」

「ん」

「写真、撮《と》ってもかまわない？」

「ん。でも、フラッシュは、やめといて」

「わかった。あとね、関係ないけど、このまえ、すごくカッコよかった。ほら、体育館でどなったの。あの先生ね、あたしも嫌《きら》い」

ピリピリッ。

本選開始を告げるホイッスルの音がして、応援席からトラックへ選手

けれどもこの新井素子さんの思いつきは実は日本文学史上、画期的《かっきてき》なことだったのです。誰もが現実のような小説を書くことが当たり前だと思っていたのに彼女はアニメのような小説を書こうとしたのです」

新井素子は、おそらく［Ⅰ］世界よりも「ルパン三世」が持つ［Ⅱ］現実世界のほうに強い［Ⅲ］を感じたのではないだろうか。だからこそ、それを作品化しようと考えたのだとぼくには思える。

受賞から三十年以上が経《た》ち、彼女が作品化しようとしたこの感覚、「生身の現実」ではなく、「アニメやマンガ世界の現実」のほうにリアルを感じるという感覚は、今では多くの日本人たちに共通に「身体化」されつつあるのではないだろうか。

ぼくは、今広がりつつある、こういった現実認識の変容《へんよう》を⑤「キャラ化」と呼びたいと思う。

（相原博之『キャラ化するニッポン』〈講談社現代新書〉）

※1　内包……内部にふくみ持つこと。
※2　コンテンツ……中身。内容。
※3　原風景……その人の思想が固まる前の経験で、以後の思想形成に大きな影響《えいきょう》を与《あた》えたイメージ。
※4　リアリティ……現実感。
※5　蜜月関係……親密な関係。
※6　ルパン……「ルパン三世」というモンキー・パンチ原作のマンガ。怪盗ルパンの孫を主人公とし、何度もアニメ化されている。
※7　ノベライズ……ヒットした映画やテレビドラマのシナリオを小説化すること。

問一　波線部A「付加」、B「嬉々として」の意味として、もっとも適切なものを、次のア～エの中からそれぞれ一つ選び、記号で答えなさい。

A　付加
ア　評価　イ　追加　ウ　否定《ひてい》　エ　付属

B　嬉々として
ア　大喜びでことにあたる様子
イ　距離《きょり》をとって触れ合う様子
ウ　喜びを我慢《がまん》しながらことにあたる様子
エ　われ先にと触れ合う様子

問二　［a］～［d］に入る言葉として、もっとも適切なものを、次のア～オの中からそれぞれ一つ選び、記号で答えなさい。
ア　つまり　イ　あるいは　ウ　しかし
エ　まさに　オ　やはり

問三　傍線部《ぼうせんぶ》①「大人になっても特別なもので手放せなくなる」とありますが、それはなぜですか。本文の言葉を使って、「キャラクターは……だから。」という形で答えなさい。

問四　傍線部②「そこ」とはどういうことですか。「……こと。」に続くように、本文から三十四字で抜《ぬ》き出して答えなさい。

問五　傍線部③「それ」の指し示す内容を、本文の言葉を使ってまとめなさい。

問六　傍線部④「高度な受容意識」とは、どのような意識のことですか。説明としてあてはまるものを、次のア～エの中から一つ選び、記号で答えなさい。
ア　存在しないキャラクターに強いリアリティを感じ、実際に存在しているものとして受け入れる感覚。

がキャラクターに詰《つ》め込《こ》まれて、大きな魅力を形成しているのである。

東京ディズニーランドが長く、そして強烈《きょうれつ》な人気を維持《いじ》できる理由も、実は②そこにあると考えられる。

それは、いわば「記憶《きおく》の装置化」とでも呼ぶべきものだ。

誰《だれ》でもディズニーランドに行くと、とても懐《なつ》かしい気分になる。[b]、実際に小さい頃《ころ》そこにあるアトラクションで遊んだり、キャラクターと触《ふ》れ合ったりした人というのはそれほど多くないはずだ。[c]、実際には接したことのなかった空間にいるにもかかわらず、ぼくらは懐かしさを感じてしまう。それは、ディズニーランド自体が、誰にも共通にある幼少期の幸福なイメージ、記憶を装置化し、提供しているからなのだ。

ある人にとって、ディズニーランドは虫取りをした森なのだし、またある人にとっては、裸《はだか》で泳いだ川なのである。

ぼくらが幼少期を思い出して幸福感に浸《ひた》るときの記憶は、実際に行った場所そのものの記憶ではなく、そのときに感じた、楽しかったり、うれしかったりした気分の記憶なのである。ディズニーランドは、そういった幼少期の記号として記憶を、空間として再現したものなのである。これは、キャラクターにしかできない、まさに幸福な記憶の内包作用とも言えるものなのだ。

大人たちは、そのキャラクターが実際に生きているわけではないことをもちろん知っている。もしかしたら、子どもたちだって知っているのかもしれない。さらに、キャラクターたちは一切《いっさい》言葉を喋《しゃべ》らず、身振《みぶ》り、手振りでコミュニケーションをするだけだ。③それにもかかわらず（いや、むしろ、それだからよけいに）、子どもはもちろん、大人でもすっかり興奮し、キャラクターとB嬉々《きき》として握手《あくしゅ》をしたり、抱《だ》き合ったり、写真を撮《と》ったりしてしまうのだ。

これは、キャラクターに対する④高度な受容《じゅよう》意識がなければできないことだ。つまり、ぼくら日本人は、そこにいるのが作り物の、つまりは仮想現実《かそうげんじつ》下にしか存在しないキャラクターだと頭では理解していながら、それに強い※4リアリティを感じ、まるで実際に生きているものとして受容する感覚を持ち合わせているのである。日本人のキャラクターへの深い愛情は、こういった特異《とくい》な感覚を極めて日常的に持ち合わせるレベルにまで来ているとも言えるのだ。

日本人とキャラクターは長い歴史の中で切っても切れない※5蜜月《みつげつ》関係を築いてきた。

戦後六十年の間、日本人は常にマンガやアニメ、キャラクターとともに生きてきた。そして、それらとの間に強い精神的絆《きずな》を結んでもきた。そういった長い時間の中で、いつのまにか、ぼくら日本人は「生身《なまみ》の現実」「生身の人間」に負けないくらい「マンガやアニメで描《えが》かれた現実」[d]、そこに登場する「キャラクター」にリアリティや親近感を感じるようになってきたのである。

評論家《ひょうろんか》の大塚英志《おおつかえいじ》は、作家の新井素子《あらいもとこ》がSF雑誌の新人賞を受賞したときのインタビューで「※6ルパンみたいな小説を書きたかった」と答えたことに注目し、『キャラクター小説の作り方』（講談社現代新書）の中で、次のように書いている。

「彼女《かのじょ》は別にルパンを※7ノベライズしたわけではありませんが、『ルパン』のアニメが与《あた》えてくれる印象を文章で再現しよう、と、その時、どうやら思い立ったようです。それはもう二〇年ぐらい前の出来事です。

【国　語】（五〇分）〈満点：一〇〇点〉

【注意】特別な指示がない限り、句読点、記号はすべて一字とします。

【一】次の問いに答えなさい。

問一　次の①～⑩の傍線部《ぼうせんぶ》のカタカナを漢字に書き直しなさい。

① **ナイカク**が承認する。
② **ツウキン**ラッシュに巻きこまれる。
③ **ジュンシン**無垢《むく》な赤ちゃん。
④ 彼《かれ》はお山の**タイショウ**に過ぎない。
⑤ 来週は**タンジョウ**日だ。
⑥ **テンラン**会に絵を出品する。
⑦ 土地を**ブンカツ**する。
⑧ 服装を**トトノえる**。
⑨ 花**モヨウ**のワンピース。
⑩ 練習の成果を**ハッキ**する。

問二　次の①～⑤の□に、それぞれの意味に合うように体に関係する漢字一字を入れて、ことわざを完成させなさい。

① 馬の□に念仏
［意味］人の意見などを聞き流してしまうため、いっこうに効《き》き目がないこと。

② □に腹《はら》はかえられぬ
［意味］さしせまったことを乗り切るためには、他を犠牲《ぎせい》にするのもしかたない。

③ □からうろこが落ちる
［意味］何かがきっかけになって、急に物事の実態などがよく見え、理解できるようになる。

④ ぬれ□で粟《あわ》
［意味］苦労せずに大きな利益を得ること。

⑤ 仏の□も三度
［意味］おだやかな人も、あまりひどい目にあえば、おこりだすこと。

【二】次の文章を読んで、あとの問いに答えなさい。

キャラクターは人間が幼少期から繰《く》り返し接触《せっしょく》し、耐久消費財《たいきゅうしょうひざい》のように長く生活を共にするものだ。そして、その過程の中で、様々な体験、経験がキャラクターのイメージの中に※1内包《ないほう》され、いわばブランド価値のようなものを形成していく。キャラクターはそうやって、本来の※2コンテンツとしての魅力《みりょく》だけでなく、幼少期の幸福体験のようなものが魅力として A付加《ふか》され、価値が強化されていく。

つまりキャラクターは、様々な経験や体験が蓄積《ちくせき》された耐久消費財のようなものだ。だからこそ、大好きなキャラクターは①大人になっても特別なもので手放せなくなるというわけだ。

女性にとっての「ハローキティ」、男性にとっての「機動戦士ガンダム」などがその代表ケースと言っていい。

大人になって振《ふ》り返る子ども時代というものは、［ａ］しあわせの※3原風景《げんふうけい》とでも呼ぶべきものだ。実際にはいやなこと、退屈《たいくつ》なこともたくさんあったはずだが、覚えているのは楽しかったこと、おもしろかったこと、うれしかったことばかりだろう。そんなしあわせの原風景

MEMO

大切なことはメモしておこうネ！

2024年度

千葉明徳中学校入試問題（一般入試②）

【算　数】（50分）　<満点：100点>

【注意】　1．携帯電話《けいたいでんわ》，スマートフォン，電卓《でんたく》，計算機能付き時計など電子機器類を使用してはいけません。

2．分数は，約分すべきではない場合を除き，それ以上約分できない分数で答えなさい。また，比は，最も簡単な整数の比で答えなさい。

1　次の □ にあてはまる数を書きなさい。**なお，解答用紙に答えだけでなく，途中式《とちゅうしき》も書きなさい。**

(1)　$1+11+111+1111+11111=$ □

(2)　$530\times3.8+12\times53=$ □

(3)　$4\frac{1}{3}\times0.6-2\frac{3}{7}=$ □

(4)　$12\div\left(\frac{19.5-7.5}{8}\right)=$ □

(5)　$\{(6+5)\times4-3\}\div2-1=$ □

2　次の □ にあてはまる数を書きなさい。**なお，解答用紙に答えだけでなく，文章や式，図などを用いて考え方も書きなさい。**

(1)　駅から学校まで分速70mで歩くと20分かかります。このとき，駅から学校までの道のりは □ kmになります。

(2)　500円で仕入れた本に20％の利益を見込《みこ》んで定価をつけました。さらに，定価から１割引きにすると本の売値は □ 円になります。

(3)　数人の子どもたちにみかんを配ります。４個ずつ配ると３個余り，５個ずつ配ると４個足りなくなります。このとき，みかんの個数は □ 個です。

(4)　０，１，２，３の４個の数字から２個の数字を使ってできる２桁《けた》の整数は □ 通りです。

(5)　右の図は扇形《おうぎがた》と直角二等辺三角形を組み合わせた図形です。
しゃ線部分の面積は □ cm^2です。
ただし，円周率は3.14とします。

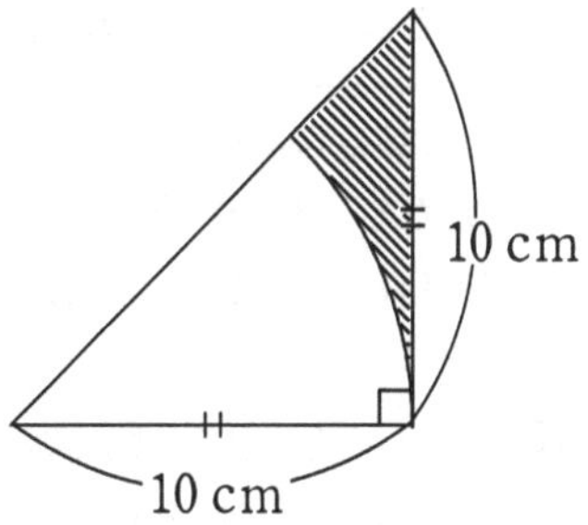

(6)　右の図は１辺の長さが等しい正五角形と正三角形を組み合わせた図形です。
このとき，角アの大きさは □ 度です。

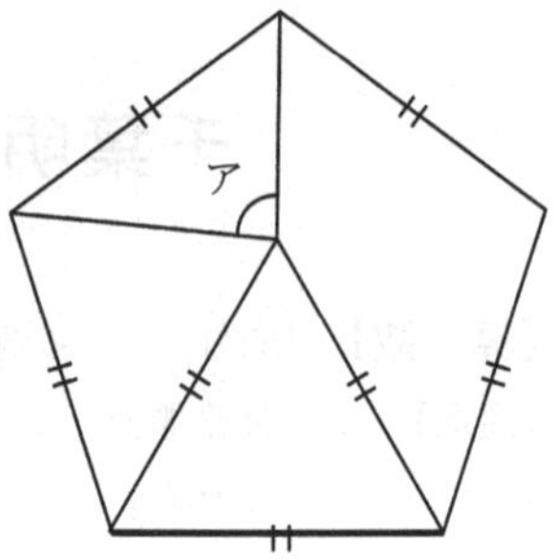

3　整数Aのすべての約数の積を【A】と表すとします。例えば，

【4】＝１×２×４＝８

となります。このとき，次の問いに答えなさい。**なお，解答用紙に答えだけでなく，文章や式，図などを用いて考え方も書きなさい。**

(1)　【10】を求めなさい。

(2)　１から30までの整数の中に【A】＝Aとなる整数は何個ありますか。

(3)　【100】は５で最大何回まで割り切れますか。

4　次の数字の列［B］はある規則に従って並んでいます。

$$\frac{1}{2},\ \frac{4}{4},\ \frac{7}{6},\ \frac{10}{8},\ \frac{13}{10},\ \cdots[\mathrm{B}]$$

このとき，次の問いに答えなさい。**なお，(2)と(3)においては解答用紙に答えだけでなく，文章や式，図などを用いて考え方も書きなさい。(1)に関しては，解答のみで可です。**

(1)　次の文中の ア と イ にあてはまる数を求めなさい。

> $$\frac{1}{2},\ \frac{4}{4},\ \frac{7}{6},\ \frac{10}{8},\ \frac{13}{10},\ \cdots$$
>
> の数字の列の分母の部分だけ取り出した数字の列を考えると，
>
> ２，４，６，８，10，・・・
>
> となります。この数字の列には ア ずつ増えているという規則があります。
>
> 一方，分子の部分だけ取り出した数字の列を考えると，
>
> １，４，７，10，13，・・・
>
> となります。この数字の列には イ ずつ増えているという規則があります。

(2)　［B］において，左から10番目の数を求めなさい。
ただし，約分が必要な場合は約分をしなさい。

(3)　［B］において，左から４番目の数から６番目の数の和を求めなさい。

5　明《あき》人《と》くんと先生は放課後，話をしています。次の会話文を読み，あとの問いに答えなさい。ただし，円周率は3.14とします。**なお，(3)においては解答用紙に答えだけでなく，文章や式，図などを用いて考え方も書きなさい。(1)と(2)に関しては，解答のみで可です。**

明人：昨日，お母さんが買ってきてくれたドーナツを食べました。

先生：それはいいですね。 ドーナツはおいしいですよね！
明人：はい。そのとき，疑問に思ったことがあります。
先生：何ですか？
明人：ドーナツの体積はどうやって求めることができるのかなということです。
先生：確かに気になりますね。円すいの体積を求める公式ならば，

（円すいの体積）＝（底面積）×（高さ）× [ア]

です。しかし，こんな簡単には求まらないですよね。
明人：何か公式があるのですか？
先生：はい。「パップス・ギュルダンの定理」を用いればドーナツ型の立体の体積を求めることができます。「パップス・ギュルダンの定理」とは，次のようになります。

（回転体の体積）＝（回転させる面積）×（重心[注1]の移動距離）

明人：難しそうですね。
先生：では，一緒《いっしょ》に考えていきましょう。ドーナツ型の立体は [イ] をある直線から一定の距離《きょり》を離《はな》して，その直線を軸として一回転することでつくることができます。さて，直径2cmの円Sの面積はいくつですか？
明人：[ウ] cm^2になります。
先生：正解です。続けて質問になりますが，円の重心はどこになりますか？
明人：[エ] になります。
先生：そうです。[エ] から軸までの距離を5cmとすると，[エ] が描《えが》く図形は円なので円の重心の移動距離は [オ] cmになります。そして，円Sを [エ] から軸までの距離を5cmとして，軸の回りに一回転してできる立体の体積をVとします。ここまでのことをまとめるとVは，

V＝ [ウ] × [オ]

で求めることができます。すなわち，Vはどうなりますか？
明人：V＝ [カ] cm^3になります。
先生：すばらしい，正解です。
明人：おもしろかったです。先生，ありがとうございました。

［注1］重心…物体を傾《かたむ》くことなく支えることができる点。

(1) 会話文中の [ア]，[ウ]，[オ]，[カ] にあてはまる数を求めなさい。ただし，[カ] は小数第3位を四捨五入して解答しなさい。

(2) 会話文中の [イ]，[エ] にあてはまる語句を以下の選択群から選び，記号で答えなさい。

① 正方形　② 円　③ 正三角形
④ 円の中心　⑤ 円の半径　⑥ 円の中心角

(3) 右の図のような長方形ABCDを軸 l の回りに一回転してできる立体の体積を「パップス・ギュルダンの定理」を用いて求めなさい。ただし，長方形の重心が対角線の交点であることを用いても構《かま》いません。

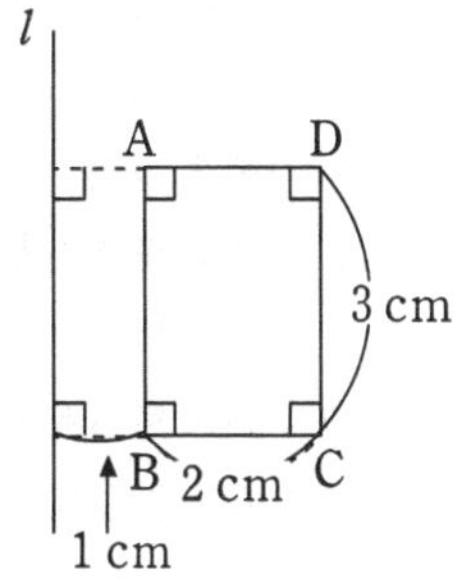

【理　科】（社会と合わせて50分）　＜満点：50点＞

1　以下の問いに答えなさい。

(1)　幼虫と成虫の生活する場所が大きく異《こと》なるのは，次のうちのどれですか。以下のア～エより適当なものを１つ選び，記号で答えなさい。

ア：コオロギ　イ：バッタ　ウ：トンボ　エ：カマキリ

(2)　体外受精を行う動物は，次のうちのどれですか。以下のア～エより適当なものを１つ選び，記号で答えなさい。

ア：ニワトリ　イ：ウマ　ウ：ウサギ　エ：メダカ

(3)　植物の根が行うはたらきとして最も適切なものは，次のうちのどれですか。以下のア～エより１つ選び，記号で答えなさい。

ア：二酸化炭素を取り入れる。　イ：水を取り入れる。

ウ：水蒸気を排出《はいしゅつ》する(蒸散)。　エ：日光のエネルギーを吸収する。

(4)　ある場所でサンゴの化石が見つかった場合，その場所の昔の様子についてどのようなことがわかりますか。以下のア～エより適当なものを１つ選び，記号で答えなさい。

ア：あたたかい気候であった　イ：寒い気候であった

ウ：深い海の底であった　エ：浅い川であった

(5)　赤っぽく見える星は，次のうちのどれですか。以下のア～エより適当なものを１つ選び，記号で答えなさい。

ア：リゲル　イ：ベテルギウス　ウ：スピカ　エ：シリウス

(6)　図のように，鉄くぎに導線を巻きつけ乾電池《かんでんち》につなげて電磁石をつくった。この電磁石に方位磁針を近づけたところ，針は図のように動いた。この方位磁針を点Aの位置に移動させたとき，方位磁針の針はどのようになりますか。以下のア～エより適当なものを１つ選び，記号で答えなさい。

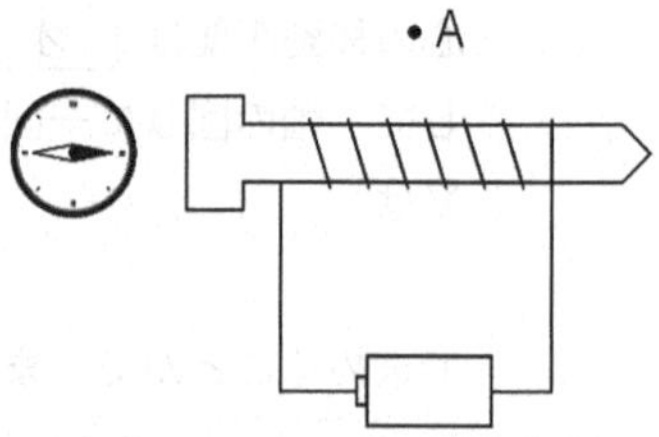

ア 　イ 　ウ 　エ 

(7)　次のうち，酸性の水溶液《すいようえき》はどれですか。以下のア～エより適当なものを１つ選び，記号で答えなさい。

ア：アンモニア水　イ：うすい水酸化ナトリウム水溶液

ウ：砂糖水　エ：炭酸水

(8)　空気鉄砲《てっぽう》で玉を最も遠くに飛ばすにはどのようにすればよいですか。以下のア～エより適当なものを１つ選び，記号で答えなさい。

ア：筒《つつ》の長さを短くして，勢いをつけて押《お》し棒を押す。

イ：筒の長さを長くして，勢いをつけないで押し棒を押す。

ウ：筒の長さを短くして，勢いをつけないで押し棒を押す。

エ：筒の長さを長くして，勢いをつけて押し棒を押す。

(9)　振《ふ》り子が１往復するのにかかる時間を短くするにはどのようにすればよいですか。以下のア～エより適当なものを１つ選び，記号で答えなさい。

ア：おもりの重さを軽くする。　イ：おもりの重さを重くする。

ウ：振り子の長さを短くする。　エ：振れ幅《はば》を小さくする。

(10)　木が燃えるときの空気中の気体の変化として正しいものはどれですか。以下のア～エより適当なものを１つ選び，記号で答えなさい。

ア：木が燃えるときに空気中の酸素が使われ，ものが燃えると窒素《ちっそ》ができる。

イ：木が燃えるときに空気中の酸素が使われ，ものが燃えると二酸化炭素ができる。

ウ：木が燃えるときに空気中の窒素が使われ，ものが燃えると酸素ができる。

エ：木が燃えるときに空気中の窒素が使われ，ものが燃えると二酸化炭素ができる。

2　次の文章を読み，あとの問いに答えなさい。

日本においては，夏～秋にかけて（　①　）が近づくことが多く，大きな被害《ひがい》が出ることもある。赤道付近の熱帯の太平洋の上では，太陽からの強い熱を受けて海面温度が高くなっており，海面からは水蒸気が大量に発生する。あたためられた水蒸気は（②：上しょう・下降）し，（　②　）気流により積乱雲が発生する。積乱雲は集まってうずを巻くようになり，熱帯（③：低気圧・高気圧）となる。このうち最大風速が秒速17.2m以上に達したものを（　①　）と呼ぶ。これまでの（　①　）の一般《いっぱん》的な進路は，発生した赤道付近あたりからは北に向かって進行し，その後（　④　）という風によって北東の方向に大きく進路を変える。

また，冬になると日本は（⑤：あたたかく・冷たく），（⑥：乾燥《かんそう》した・しめった）空気のシベリア気団におおわれ，（　⑦　）の季節風がふく。日本海側では，海で水蒸気をふくんだ風が，日本列島の中央に連なる高い山々にぶつかって上しょうし，上空で冷えて雲となるため，雨や雪を降らせる。

(1)　文中の空欄《くうらん》（①）～（⑦　）に当てはまる語句を答えなさい。なお，（②），（③），（⑤），（⑥）については（　）の中からそれぞれ選んで答えなさい。

(2)　日本付近における（①）の地表付近での風のふき方を表しているものを，以下のア～エより適当なものを１つ選び，記号で答えなさい。

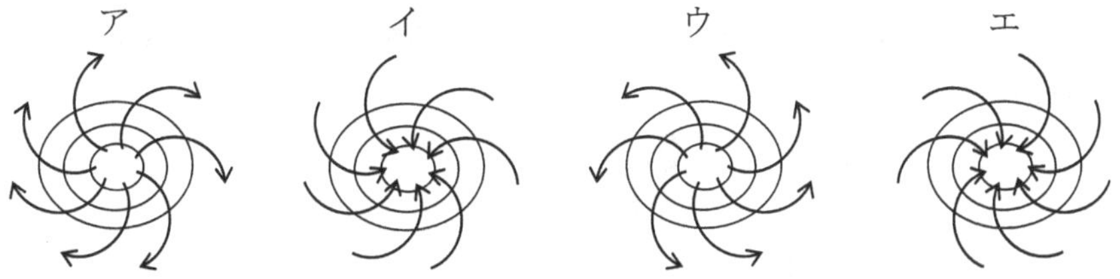

(3)　（①）によって海面がもちあげられ，水位が異常《いじょう》に高くなる現象を何といいますか。

(4)　（①）の進路について，次の文中の【A】に当てはまるのは，右側・左側のどちらですか。

> （　①　）が進んでいるとき，（　①　）の進行方向の【　A　】の方が風が強くなる。これは，（　①　）の進行方向と風の向きが一致《いっち》するためである。

(5)　文中の下線部について，太平洋側では冬にはどのような天気になりますか。以下のア～エより適当なものを１つ選び，記号で答えなさい。

ア：しめった晴れの日が続く。　　イ：乾《かわ》いた晴れの日が続く。

ウ：雨や雪が多い日が続く。　　　エ：天気が周期的に変化する。

(6)　さまざまな気象を観測するために打ち上げられた，日本の気象衛星の名前を答えなさい。

３　豆電球３つを使って，図１～３のような回路を作りました。豆電球や電池はすべて同じものとして，あとの問いに答えなさい。

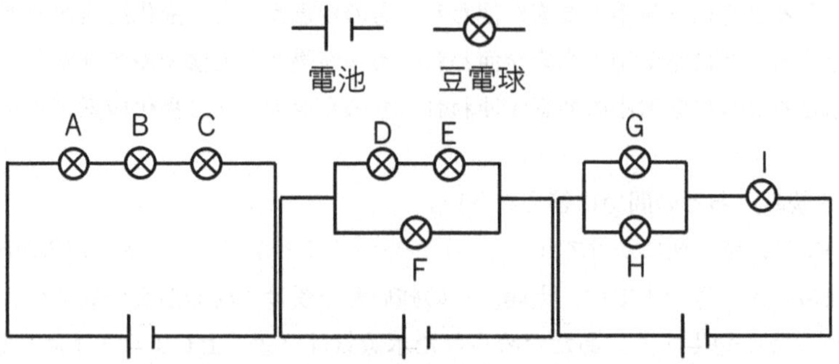

図１　　図2　　図3

(1)　豆電球Ａ～Ｉの中で，一番明るいものを選び記号で答えなさい。あてはまるものが２つ以上あるときは，すべて答えなさい。

(2)　豆電球Ｈと同じ明るさの電球を選び記号で答えなさい。あてはまるものが２つ以上あるときは，すべて答えなさい。

(3)　豆電球ＢとＤに流れる電流の大きさを，一番簡単な整数の比で答えなさい。

(4)　図１～３の回路につながっている豆電球の光り続ける時間について正しく述べているものを，以下のア～キより適当なものを１つ選び，記号で答えなさい。

ア：図１が一番短くて，図２が一番長い。　イ：図２が一番短くて，図３が一番長い。

ウ：図３が一番短くて，図１が一番長い。　エ：図２が一番短くて，図１が一番長い。

オ：図３が一番短くて，図２が一番長い。　カ：図１が一番短くて，図３が一番長い。

キ：どの図も同じである。

豆電球Ａ～Ｃ，電池，スイッチⅠ～Ⅲを使って図のような回路を作りました。これについて，あとの問いに答えなさい。

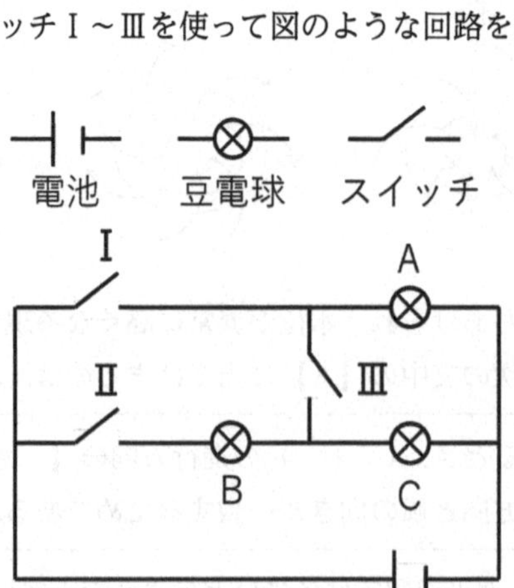

⑸　スイッチⅠだけを閉じると，豆電球Aが点灯した。続いてスイッチⅡも閉じた。このとき，豆電球Aの明るさはスイッチⅡを閉じる前に比べてどのようになりますか。以下のア～エより適当なものを１つ選び，記号で答えなさい。

ア：明るくなる　　イ：暗くなる　　ウ：消える　　エ：明るさは変わらない

⑹　⑸のあと，スイッチⅢも閉じると，豆電球A～Cの明るさはどのようになりますか。以下のア～オより適当なものをそれぞれ１つ選び，記号で答えなさい。

ア：明るくなる　　イ：暗くなる　　ウ：消える

エ：明るさは変わらない　　オ：消えていたが，点灯した

【社　会】（理科と合わせて50分）　＜満点：50点＞

1　(1)～(20)の答えとして正しいものを，次のア～エから１つ選んで答えなさい。

(1)　関東地方の内陸部では，からっ風を防ぐために家の周りに木を植えています。これを屋敷森《やしきもり》と言いますが，木は家のどの方向に植えられていますか。

ア　北と東　　イ　北と西　　ウ　南と東　　エ　南と西

(2)　次の都市のうち，政令指定都市として**誤っているもの**はどれですか。

ア　岡山市　　イ　金沢《かなざわ》市　　ウ　熊本市　　エ　新潟市

(3)　日本で最も広く作付けされている米の品種は何ですか。

ア　あきたこまち　　イ　コシヒカリ　　ウ　ササニシキ　　エ　はえぬき

(4)　かつおは主にどの漁法で漁獲《ぎょかく》されていますか。

ア

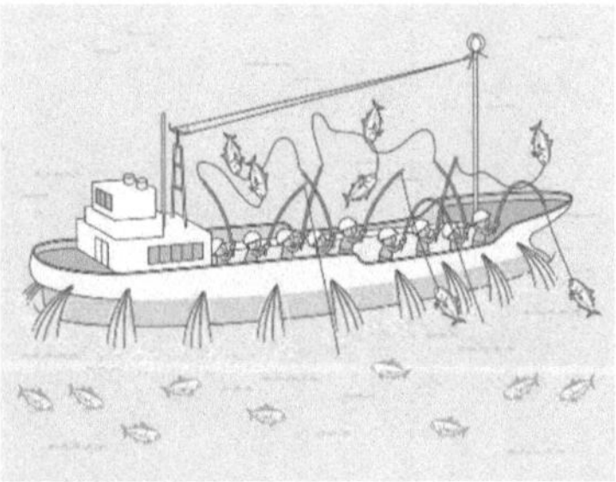

イ

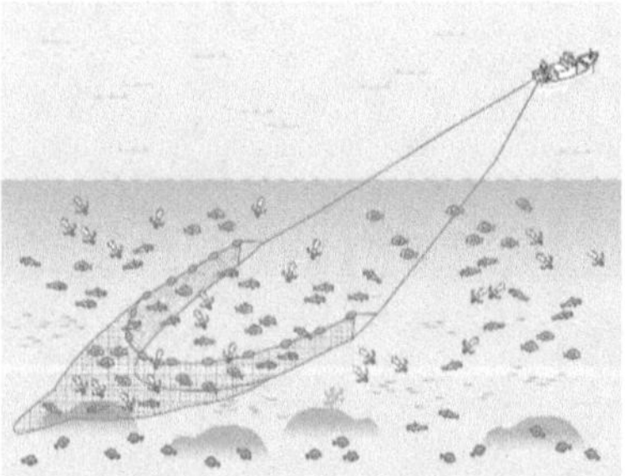

ウ

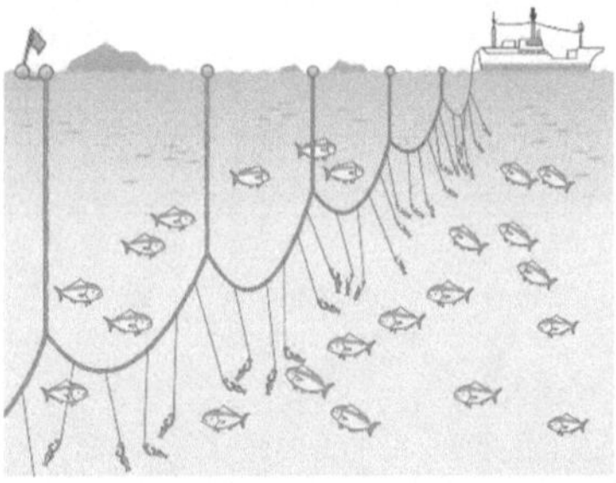

エ

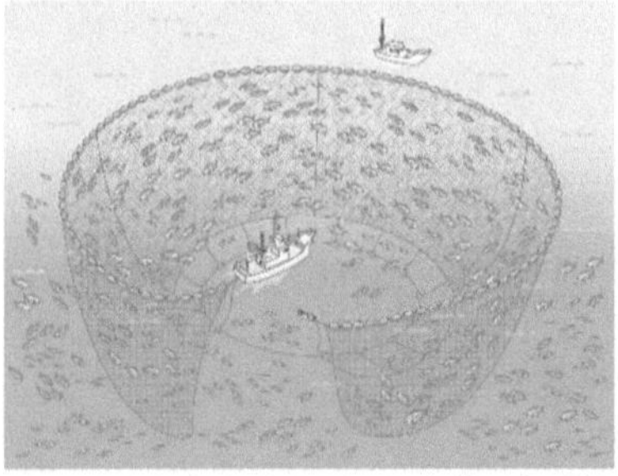

(5)　日本で生産額が最も多い工業の種類は何ですか。

ア　化学工業　　イ　機械工業　　ウ　金属工業　　エ　繊維《せんい》工業

(6)　日本の鉄鉱石の輸入相手国の割合を示しているグラフはどれですか。

ア

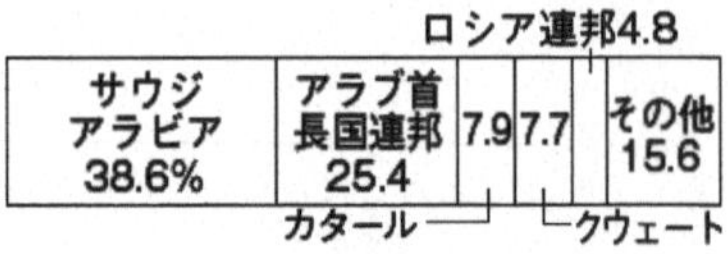

イ

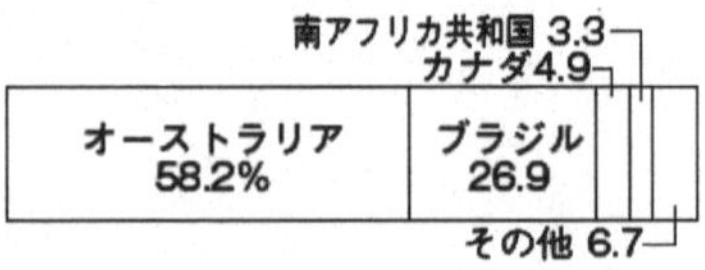

ウ

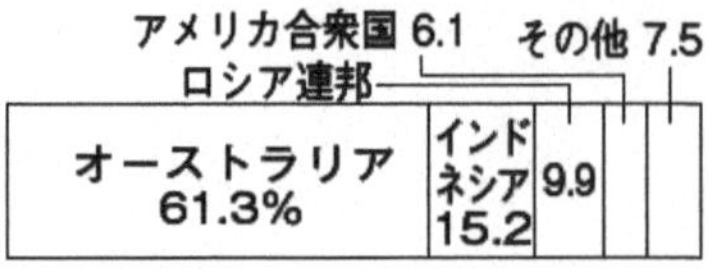

エ

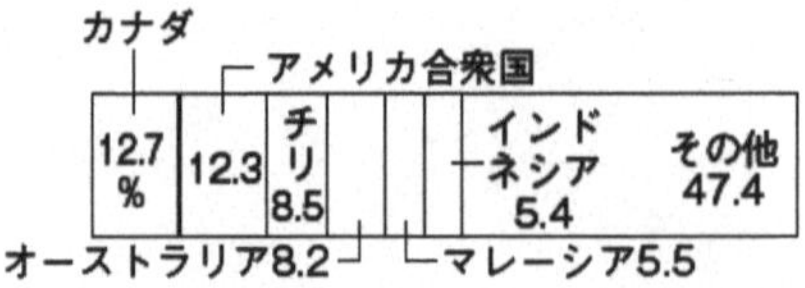

（2019/20 年版『日本国勢図会』より）

(7) 九州地方南部の台地をおおう，火山灰の降り積もってできた土はどれですか。

ア シラス　イ チャート　ウ 泥炭《でいたん》　エ ローム

(8) 694年，持統天皇は，奈良県の天香具山《あまのかぐやま》・畝傍山《うねびやま》・耳成山《みみなしやま》に囲まれた地に都を移しました。この都を何と言いますか。

ア 長岡京　イ 藤原《ふじわら》京　ウ 平安京　エ 平城京

(9) 平安時代には，遣唐《けんとう》使と共に留学僧《そう》も唐に渡《わた》り，帰国して新しい仏教を日本に広めました。その一人の空海の説明として，**誤っているもの**はどれですか。

ア 高野山《こうやさん》に金剛峯寺《こんごうぶじ》を建てて，修行の場とした。

イ 満濃池《まんのういけ》を修築し，讃岐《さぬき》（香川県）の農民のために尽《つ》くした。

ウ 山岳《さんがく》の中で厳しい修行をする真言宗を伝えた。

エ 施薬院《せやくいん》や悲田院をつくって，老人や孤児《こじ》のために尽くした。

(10) 鎌倉《かまくら》時代の北条氏による政治を何と言いますか。

ア 執権《しっけん》政治　イ 摂関《せっかん》政治　ウ 藩閥《はんばつ》政治　エ 律令政治

(11) 戦国大名の領国支配の説明として，**誤っているもの**はどれですか。

ア 戦国大名の中には，勘合《かんごう》を使って南蛮《なんばん》貿易に取り組んだ者もいた。

イ 戦国大名の中には，勢力拡大のため，鉱山の開発を行った者もいた。

ウ 戦国大名の中には，土一揆《いっき》や一向一揆の鎮圧《ちんあつ》に手を焼く者もいた。

エ 戦国大名の中には，分国法を定めて領国を厳しく治めた者もいた。

(12) 徳川家光が行ったこととして，**誤っているもの**はどれですか。

ア ウィリアム＝アダムズやヤン＝ヨーステンを外交顧問《こもん》とした。

イ オランダの商館を平戸から出島に移した。

ウ 日本人の海外渡航《とこう》や帰国を禁止した。

エ ポルトガル人を追放し鎖国《さこく》を完成させた。

(13) 天保の改革やその前後の出来事として，**誤っているもの**はどれですか。

ア アヘン戦争で清がイギリスに敗北した。

イ モリソン号事件への幕府の対応を批判した蘭学者《らんがくしゃ》が処罰《しょばつ》された。

ウ 株仲間が解散させられた。

エ サツマイモの栽培《さいばい》が奨励《しょうれい》された。

(14) 明治時代，対外進出をめざした日本は，清と戦争をしましたが，その戦争のきっかけとなった出来事はどれですか。

ア 義和団《ぎわだん》の乱　イ 江華島《こうかとう》事件　ウ 甲午《こうご》農民戦争　エ 柳条湖《りゅうじょうこ》事件

(15) 犬養毅《いぬかいつよし》首相が暗殺される少し前，関東軍の陰謀《いんぼう》によって中国東北部に建国された日本の傀儡《かいらい》（思いのままに使われる）国家はどれですか。

ア 満州国　イ 大韓民国　ウ 中華《ちゅうか》民国　エ 中華人民共和国

(16) 日本国憲法の三大原則として，**誤っているもの**はどれですか。

ア 基本的人権の尊重　イ 国民主権　ウ 平和主義　エ 地方分権

(17) 国会の種類のうち，衆議院の解散・総選挙後に内閣総理大臣の指名を重要な目的として開かれる国会を何と言いますか。

ア 緊急《きんきゅう》集会　イ 常会　ウ 特別会　エ 臨時会

⒅ リコールの説明として，正しいものはどれですか。

ア 有権者の３分の１以上の署名で，首長や議員の解職を求めることができる。

イ 首長や議員は解職させられても，有権者の３分の１以上の署名で復帰できる。

ウ 有権者の３分の１以上の署名で議決内容の変更《へんこう》を請求《せいきゅう》できる。

エ 有権者の３分の１以上の署名で条例を制定できる。

⒆ 先進国と発展途上《とじょう》国との間の経済的な格差の問題を何と言いますか。

ア 東西問題　　イ 東南問題　　ウ 南南問題　　エ 南北問題

⒇ 2024年秋に，マイナンバーカードと一体化することで廃止《はいし》が決まっているものはどれですか。

ア 自動車運転免許《めんきょ》証　　イ 健康保険証　　ウ 年金手帳　　エ パスポート

2 次の新聞記事（一部改変）を読み，以下の(1)～(7)の設問に答えなさい。

A東日本大震災《しんさい》直後に宮城県内で流れた「被災《ひさい》地で外国人犯罪が頻発《ひんぱつ》している」というデマを聞いた仙台《せんだい》市民の８割以上が事実と信じたとする調査結果を，郭基煥《カクキカン》東北学院大学教授（共生社会論）がまとめた。宮城県警によると当時，外国人犯罪が増えた事実はない。B会員制交流サイト（SNS）の普及《ふきゅう》で真偽《しんぎ》不明の情報が拡散しやすい状況《じょうきょう》と，大災害直後の特殊《とくしゅ》な心理状態が背景にあったとみられる。

調査は2016年９～10月，被災した仙台市青葉《あおば》，宮城野《みやぎの》，若林《わかばやし》の各区に住む日本国籍《こくせき》の20～69歳《さい》，計2100人を対象に実施《じっし》。質問を郵送し770人から回答を得た。回収率は36.7%。

回答者全体の51.6%が「被災地で外国人の犯罪があるというCうわさを聞いた」と答えた。そのうち信じた人は86.2%に上った。年齢《ねんれい》や性別で大きな差はなかった。外国人犯罪を「確かに見た」と答えた人は0.4%，「そうだと思われる現場を見た」は1.9%とごくわずかだった。情報源（複数回答）は「家族や地元住民」が68.0%と口コミが最も多く，次いで「インターネット」が42.9%。うわさとなった犯罪（同）は「略奪《りゃくだつ》，窃盗《せっとう》」97.0%，「遺体損壊《いたいそんかい》」28.0%の順だった。当時はSNSで「被災地で外国人窃盗団が横行している」「外国人が遺体から金品を盗《ぬす》んでいる」といったデマが飛び交い，被災者の間でささやかれた。

宮城県警はうわさが事実ではないと確認。流言を否定するチラシを避難《ひなん》所に配り，治安は保たれていることを強調した。ウェブサイトでは「2011年３月12～21日の重要犯罪は４件で，2010年同期間の７件と比べて多くない」と説明した。

県警によると，県内のD刑法《けいほう》犯罪の摘発《てきはつ》者に占《し》める外国人の割合は，震災のあった2011年が1.5%震災前の2010年，翌年の2012年は共に1.3%だった。刑事総務課の天野英克《あまのひでかつ》管理官は「11年が特別に増えたとは言えない」と話す。

1923年の［　　］ではE「朝鮮《ちょうせん》人が暴徒化した」というデマが広がり，朝鮮人や中国人の虐殺《ぎゃくさつ》につながった。2016年４月の熊本地震では，F熊本市動植物園からライオンが逃《に》げ出したとのデマを流した男が偽計業務妨害容疑《ぎけいぎょうむぼうがいようぎ》(注)で逮捕《たいほ》された。

宮城県警生活安全企画《きかく》課の金野聡《きんのさとし》課長補佐は「当時は一つ一つ打ち消すしかなかった。災害時には必ず（デマが）出るとみて丁寧《ていねい》な広報に努めたい」と話す。

郭教授は「非常時には常にデマが出回るが，実際に犯罪はほとんどない。次の大規模災害に備え，デマ対策を災害教育に位置付けるべきだ」と提言する。

（『河北新報』2017年１月16日号より）

（注）偽計業務妨害：他人の無知や錯誤《さくご》を利用し，虚偽《きょぎ》の依頼《いらい》を行うなどして業務を妨害する犯罪。たとえば，虚偽の注文により配達をさせる，裁判所に虚偽の申し立てをして得た命令で業者に店舗《てんぽ》の明け渡《わた》しをさせて経営をできなくさせるなどがこれにあたる。

(1) 下線部**A**について，以下の①～⑤の設問に答えなさい。

① 右の地図は，東日本大震災で大きな被害《ひがい》を受けた地方の地図です。地図中の「**い～へ**」の県の中で，県名と県庁所在地名が異なるものはいくつありますか。下の**ア～エ**から１つ選んで答えなさい。

ア　0　　**イ**　1　　**ウ**　2　　**エ**　3

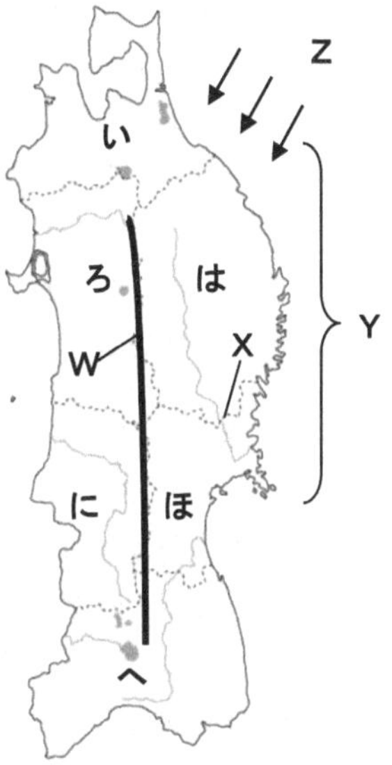

② 右の地図中の**W**と**X**の組み合わせとして正しいものを，下の**ア～エ**から１つ選んで答えなさい。

ア　W－阿武隈《あぶくま》高地　　X－北上川
イ　W－奥羽《おうう》山脈　　X－最上川
ウ　W－奥羽山脈　　X－北上川
エ　W－阿武隈高地　　X－最上川

③ 右の地図中の**Y**の海岸は，東日本大震災で津波《つなみ》の大きな被害を受けた地域です。しかし，この海岸には，多くの漁港が震災以前から集まっており，震災後も漁港としての復旧活動が進みました。ここに多くの漁港が集まっている理由を，「**漁場**」と「**海岸の地形**」の**2点**から説明しなさい。

④ 上の地図中の**Z**は，夏に北東からふく冷たい湿《しめ》った風を示しています。この風を何と言いますか。**ひらがな3字**で答えなさい。

⑤ 上の地図中の「**い～へ**」県について説明した文として正しいものを，下の**ア～カ**から**2つ**選んで答えなさい。

ア「**い**」県では，伝統工芸品として曲げわっぱの生産が盛んである。
イ「**ろ**」県では，伝統工芸品として将棋駒《しょうぎごま》の生産が盛んである。
ウ「**は**」県では，伝統工芸品として南部鉄器の生産が盛んである。
エ「**に**」県では，東北三大祭りの１つである竿燈《かんとう》まつりが開催《かいさい》される。
オ「**ほ**」県では，東北三大祭りの１つである七夕まつりが開催される。
カ「**へ**」県では，東北三大祭りの１つであるねぶた祭が開催される。

(2) 下線部**B**について，なぜインターネットの情報は，真偽不明の情報や特定の人々を一方的に攻《こう》撃《げき》する情報が多くなると思いますか。その理由を１つ説明しなさい。

(3) 下線部**C**について，歴史上の出来事でも，「うわさ」が大きな影響《えいきょう》を与《あた》えたことがいくつか見られます。これに関連して，以下の①～④の設問に答えなさい。

① 『百錬抄《ひゃくれんしょう》』という歴史書には，12世紀後半に「人々が病に苦しみ，これを銭病《ぜにのやまい》と呼んだ」という記録が残っています。宋銭《そうせん》の輸入とともに病が流行したため，人々は銭が病の原因であるとうわさしたと考えられています。この時，宋銭の輸入に積極的に取り組んだ人物を，下の**ア～エ**から１つ選んで答えなさい。

ア　平清盛　　**イ**　平将門　　**ウ**　源義家　　**エ**　源頼朝《よりとも》

② 江戸《えど》時代に起きた大塩平八郎《おおしおへいはちろう》の乱では，大塩が死亡した後も，彼《かれ》の生存説や海外逃亡《とうぼう》説がうわさされました。この乱の後の出来事としてあてはまるものを，下の**ア**～**エ**から１つ選んで答えなさい。

ア　幕府支配の強化のため，江戸・大坂周辺の土地を幕府の領地にしようとした。

イ　動物を極端《きょくたん》に保護する生類憐《あわれ》みの令が出された。

ウ　大名に石高１万石につき100石の米を献上《けんじょう》させた。

エ　ロシアの使節ラクスマンが通商を求めて来航した。

③ 1873年に徴兵令《ちょうへいれい》が出される前年に，その意義を説明したものとして，「徴兵告諭《こくゆ》」という史料が出されました。ところが，この史料が出された後，「生血《いきち》を取られる」といううわさが広まり，徴兵令反対一揆《いっき》が全国でおこりました。一揆がおきたと考えられる理由を，次の史料を踏《ふ》まえて説明しなさい。

> **【史料：徴兵告諭（現代語訳）】**
> ……そもそも，この世においては，すべてのものに関して，税金がかからないものはなく，この税金は国の必要にあてる。だから，人は当然心も力をも国のために尽《つ》くさなければならない。西洋人はこのことを血税と言っている。自らの血によって国に報《むく》いるという意味である。……西洋の兵制の長所を取り入れ，わが国古来の軍制を補って，海軍と陸軍の二軍を備え，……20歳になった者をすべて兵籍《へいせき》に入れておき，この兵士によって危急《ききゅう》の場合の必要に備えなければならない。
> （『法令全書』）

④ 右の写真は，ある出来事を背景に，特定の商品に対する買い付け騒動《そうどう》が起きている様子を写したものです。この写真のような騒動が起きるきっかけとなった出来事を，下の**ア**～**エ**から１つ選んで答えなさい。

ア　石油危機

イ　チェルノブイリ原子力発電所事故

ウ　東京オリンピック大会

エ　ベトナム戦争

(4) 下線部Ｄについて，以下の①～③の設問に答えなさい。

① 下線部Ｄの被告《ひこく》人を裁く裁判を，刑事裁判と言います。この裁判で「公益の代表者」として裁判に関わる人を何と言いますか。**漢字３字**で答えなさい。

② ①に関連して，刑事裁判に市民感覚を取り入れることを目的に裁判員制度が導入されています。2024年時点での，この制度について述べた文として正しいものを，下の**ア**～**エ**から１つ選んで答えなさい。

ア　裁判員は20歳以上の国民の中から選ばれる。

イ　裁判員は国民の中からクジで選ばれる。

ウ　裁判員裁判が実施されてから，５年は経っていない。

エ　裁判員は国民の義務なので，一切断ることはできない。

③ ②に関連して，裁判員制度以外にも，法律を身近なものとして意識できるような取り組みと

して，2000年以降に始まったことは何ですか。下の**ア〜エ**からあてはまるものを１つ選んで答えなさい。

ア　自分が直接関係のない裁判についても傍聴《ぼうちょう》することが，できるようになった。

イ　最高裁判所や地方裁判所を見学することが，許可されるようになった。

ウ　犯罪被害者や遺族が裁判で質問や意見を述べることが，認められるようになった。

エ　衆議院議員選挙の時に最高裁判所裁判官を審査《しんさ》する権利が，国民に与えられるようになった。

(5)　32ページの文章中の空欄《らん》にあてはまる語句を答えなさい。

(6)　下線部Ｅについて，以下の①〜③の設問に答えなさい。

①　下線部Ｅが発生する背景として**誤っているもの**を，下の**ア〜エ**から１つ選んで答えなさい。

ア　中国では，排日《はいにち》・反帝国《ていこく》主義の五・四運動が展開された。

イ　朝鮮では，三・一独立運動が展開された。

ウ　朝鮮戦争により，日本では特需《とくじゅ》景気が発生した。

エ　パリ講和会議で民族自決の原則が採用され，東ヨーロッパの国々が独立した。

②　下線部Ｅについて，現在の日本でも在日韓国《かんこく》・朝鮮人に対するヘイトスピーチという，悪意ある言葉や行動などが問題となっています。右の図は，アメリカの学校で使われている「ヘイトのピラミッド」の図を簡略化したものです。ヘイトスピーチを放置しておくと，ピラミッドのすそ野が拡がりヘイトスピーチに共感する人びとが増えて，ますます過激になっていくと言われています。下の**ア〜オ**から，図中の**Ｘ・Ｙ**にあてはまる語句を**２つ**選んで答えなさい。

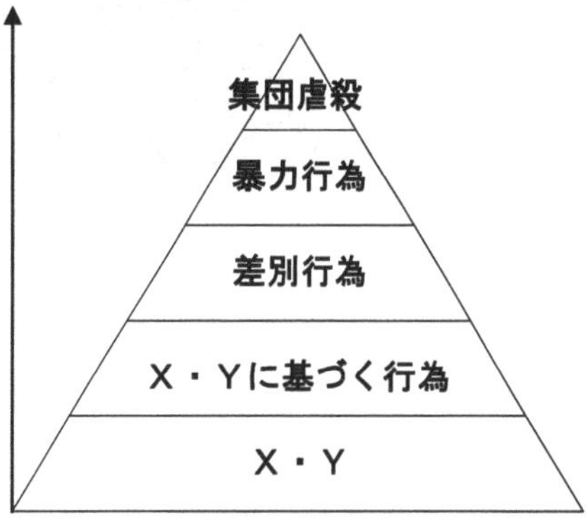

ア　偏見《へんけん》　　**イ**　混乱　　**ウ**　危機感　　**エ**　先入観　　**オ**　喪失《そうしつ》感

③　②に関連して，日本では，国際連合からの指摘《してき》を受けて，2016年に「ヘイトスピーチ規制法」が制定されました。しかし，この法律には罰則《ばっそく》規定が設けられていません。罰則を設けていないのは，規則を厳しくすることで，逆に国民の人権，特に自由権が脅《おびや》かされるという指摘《してき》があるからです。それはどのような自由権についてでしょうか。「○○の自由」という形で答えなさい。

(7)　下線部Ｆについて，次のページの地形図は，熊本市の地形図の一部です。これを見て，以下の①・②の設問に答えなさい。

①　「くまもと」駅から見た「細工町」の方位を，次の**ア〜エ**から１つ選んで答えなさい。

ア　北東　　**イ**　北西　　**ウ**　南東　　**エ**　南西

②　「細工町」周辺に多く見られる施設《しせつ》を，次の**ア〜エ**から１つ選んで答えなさい。

ア　工場　　**イ**　寺院　　**ウ**　病院　　**エ**　郵便局

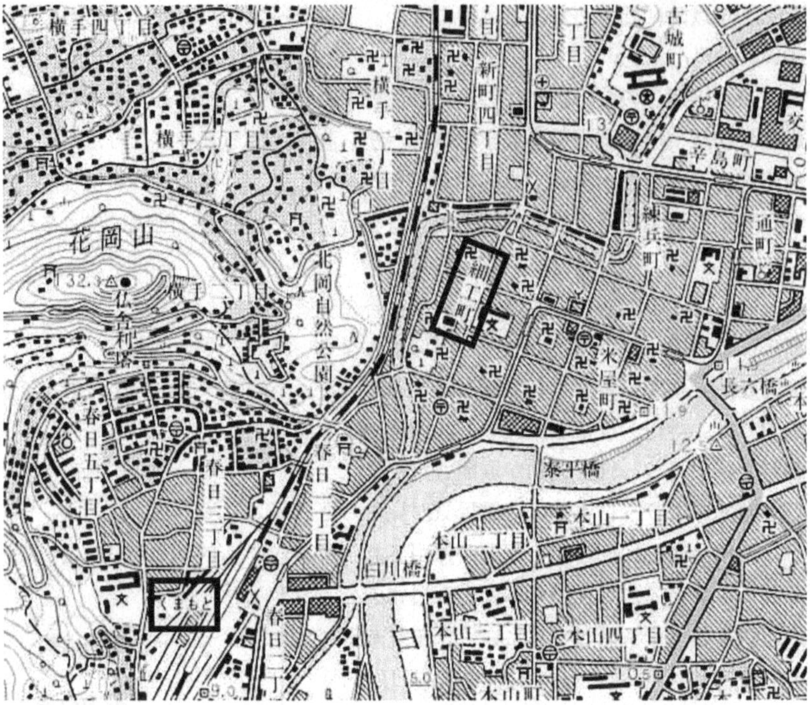

国土地理院発行２万５千分の１地形図「熊本」より

問七　傍線部⑥「大人のふり」とはここではどのようなことだと老人は言っていますか。本文の言葉を使って二十五字以内で答えなさい。

問八　本文で、雄吾の世の中に対するかたくなな思いがほどけて柔《やわ》らかくなったことを風景描写《びょうしゃ》で表現しているところがあります。その一文を抜《ぬ》き出し、最初の五字で答えなさい。

問九　傍線部⑦「廊下を夕食のにおいが流れてくる」とありますが、どのようなことを象徴《しょうちょう》していると思われますか。適切ではないものを、次のア～エの中から一つ選び、記号で答えなさい。

ア　各家庭それぞれに暮らしがあり、それぞれの中での生活があることを実感している。

イ　賭けが夕食の時間までかかり、改めて経過した時間の長さを実感している。

ウ　これからは源ジイと食事をするような交流ができないことを覚悟《かくご》している。

エ　一通り賭けが無事に終わって、安心感で現実の状況《じょうきょう》が把握《はあく》できるようになっている。

問十　傍線部⑧「ゆっくりと歩き始めた」とありますが、このときの雄吾の気持ちとして、もっとも適切なものを、次のア～エの中から一つ選び、記号で答えなさい。

ア　源ジイが元気になったので、うれしくて喜びをかみしめている。

イ　源ジイのことを心配して疲れたので、自然と歩く速度が遅《おそ》くなっている。

ウ　自分が源ジイに対してとった行動は、源ジイにとってよかったのか考えている。

エ　これからの新しい人生を、自分のペースで歩み始めようとしている。

び、記号で答えなさい。

A　あっけにとられて

ア　びっくりして　　イ　意外なことに驚《おどろ》きあきれて

ウ　頭にきて不快で　　エ　どうしてよいかわからなくて困って

B　大儀そう

ア　えらそう　　イ　悲しそう

ウ　やっかいそう　　エ　つまらなそう

問二　傍線部①「雄吾は息をのんだ」とありますが、このときの雄吾の気持ちとして、もっとも適切なものを、次のア～エの中から一つ選び、記号で答えなさい。

ア　自分から勝手に賭けを決めて、源ジイがいかにも勝てるかのような自信に反発を感じたから。

イ　賭けの内容があまりにもつまらないもので、いかにもおかしな賭けだと思ったから。

ウ　賭けの内容は普通《ふつう》に考えて無理なことで、源ジイは勝てるはずがないと思ったから。

エ　難しい賭けに挑戦《ちょうせん》しようとしている源ジイの姿に感動したから。

問三　傍線部②「別に賭けのゆくえなどどうでもよかった」とありますが、それはなぜですか。本文の言葉を使って五十字以内で答えなさい。

問四　傍線部③「老人はいらついたような口調で」とありますが、なぜそのような態度をとったのですか。もっとも適切なものを、次のア～エの中から一つ選び、記号で答えなさい。

ア　夕食の時間になってしまうので早くしようとあせっているから。

イ　雄吾に反対されて気分を害したから。

ウ　自分自身も勝てるかどうか自信がないから。

エ　約束したのに雄吾にその気がないように感じられたから。

問五　傍線部④「人間、どんなにバカらしくても、やらなきゃならねえこともあるんだ」とありますが、源ジイはどのようなことを伝えようとしたのですか。もっとも適切なものを、次のア～エの中から一つ選び、記号で答えなさい。

ア　世の中はみっともないことだらけなので、だれでも望みのないまま生きているということ。

イ　世の中は、きれいごとではなく、現実にはみっともなくてだらしない中でも人は必死に生きているということ。

ウ　人は、無理なことだとわかっていてもみな自分のように賭けをして目標を持って生きているということ。

エ　人は、どんなにつまらないことも宿命として必ずやり遂《と》げなければいけないということ。

問六　傍線部⑤「涙で声が揺れないようにするのが精いっぱいだった」とありますが、このときの雄吾の気持ちとして、適切ではないものを、次のア～エの中から一つ選び、記号で答えなさい。

ア　源ジイが賭けのために辛《つら》さをこらえて必死にがんばっている姿に胸を打たれている。

イ　源ジイが達成したら源ジイのいうことを聞くという約束が何なのかわからなくて怖《こわ》くなっている。

ウ　源ジイが最後の力をふりしぼって歩く辛さに同情している。

エ　源ジイが無理しているのでこのままもっとひどくなるのではないかと心配になっている。

『バカらしい』って、こういうやつだ。だがな、④人間、どんなにバカらしくても、やらなきゃならねえこともあるんだ」

老人は手すりを伝うように、身体をななめにしてじりじりと前進を始めた。夕日は半分ほど東京のぎざぎざの地平線に沈《しず》んでいる。目に痛いほどの赤さだった。手を伸ばせばトイレの扉に届くところまできて、老人は背中越しにいった。

「雄吾、約束覚えてるな」

車椅子を押しながら、はいと雄吾は返事をした。⑤涙《なみだ》で声が揺《ゆ》れないようにするのが精いっぱいだった。源ジイはいった。

「おれが兄ちゃんにやってもらいたいのは、ただひとつだ。おれの看病でも廃品回収でもなく、そろそろ中学校にもどってくれ。兄ちゃんの親《おや》御《ご》さんは※2インテリで、なにか理屈《りくつ》があるのかもしれねえが、やっぱり学校は大切だ。兄ちゃんは頭だっていいし、やさしいところもある。きちんと中学にいって勉強しろ。おれみたいになっちゃだめだ。ちゃんと勉強して、おれよりえらくなってくれ。世間を広く見て、おれやうちの息子より、立派な人間になってくれ」

源ジイはそういって、最後の一歩を足をひきずりながらすすんだ。男子便所の青い扉《とびら》に指先がふれると、その場にへたりこんでしまう。雄吾はもうなにをしているのか、自分でもわからなくなっていた。泣きながら、老人を抱《だ》き起こし、車椅子に座らせる。

夕日が沈む窓のまえの長いすまで老人を押すと、雄吾は長いすに腰をおろした。ふたりは同じ夕焼けにむかって座った。源ジイはいう。

「来週から中学にちゃんといくんだぞ。きつかったら、休んでもいいけど、またちゃんと学校にもどるんだ。約束だからな」

雄吾は涙をぬぐっていった。

「でも、そうしたら源ジイはまたひとり切りになる。身体だって不自由なのに」

「だいじょうぶだ。こっちはなんとでもなる。雄吾がいってたバカらしさな、あれは大人だってみんな同じように思ってるんだ。でも、そのバカらしさに正面から反対するのも、バカらしい。みんな、どこかで無理して、まわりに調子をあわせてるんだぞ。兄ちゃんもちょっとは⑥大人のふりをしてみな」

全身にあたる夕日は穏《おだ》やかなあたたかさを残してくれた。窓の外に広がるひとつひとつの建物に、それぞれの暮らしがあるのが不思議だった。雄吾はいう。

「約束だから。学校にはいく。でも、この病院にもちゃんと、顔をだすよ」

「ああ、そいつは助かる。それとな、いい機会だから、競馬の必勝法をひとつ教えといてやる」

源ジイは横をむき、金歯をむきだしにして、雄吾に笑いかけた。

雄吾は学生ズボンのひざに落ちる最後の夕日を眺《なが》めていた。⑦廊下を夕食のにおいが流れてくる。雄吾は立ちあがると、病室にもどるため車椅子を押して⑧ゆっくりと歩き始めた。

（『約束』「夕日へ続く道」石田衣良〈角川文庫〉）

※1　兄ちゃん……川本雄吾のこと。

※2　インテリ……知識人や知識層を指す言葉。

問一　波線部Ａ「あっけにとられて」、Ｂ「大儀そう」の本文中の意味として、もっとも適切なものを、次のア～エの中からそれぞれ一つ選

決戦の金曜日には、老人は身体の調子が悪いといってリハビリ訓練を休んでしまっている。雄吾はもう賭けをやるまでもないと思っていた。②別に賭けのゆくえなどどうでもよかったのである。どうせまた来週もこの病院にやってくるのだから。

黙って病室の窓から空を見ていた老人が、よしといったのは夕食が近づいた午後五時のことである。

「さあ、いくぞ」

雄吾がAあっけにとられていると、源ジイは毛布をまくった。

「なにをするの」

③老人はいらついたような口調でいう。

「だから賭けだ。車椅子をもってきてくれ。病室をでてから便所までの二十メートルだ。勝負だぞ」

源ジイの目は倒れるまえの力を取りもどしていた。雄吾は気おされて、ベッドの横に車椅子をつけた。浴衣《ゆかた》のまえをあわせて、老人は椅子におりた。

「ほんとうにやるの」

「ああ。おれがどれだけがんばれるか見てろよ。全部、兄ちゃんのためだからな」

車椅子は病室をでると廊下の端に沿ってとめられた。この病院の壁《かべ》には両側に手すりがついているのだ。老人は右手で手すりをつかむと、ゆっくりと立ちあがった。左腕《うで》と左足が震えていた。しびれるように冷たく痛むのだと、雄吾はきかされたことがある。

源ジイはゆっくりと左足をひきずりながら、歩き始めた。廊下の先にある窓のなかに夕日が沈んでいく。病院の白い廊下はさしこむ夕日で床《ゆか》も壁も天井も、赤く照り映《は》えていた。赤い光りは廊下を越《こ》えて、窓の外まで続いている。住宅の屋根やマンションの屋上が沈む太陽の光りを浴びて、ひと筋の夕日へ続く道のように見えた。

あたたかな光りのなかを、老人は歯をくいしばって歩いていた。廃品回収の軽トラックほどのじりじりとした速度だった。雄吾はいつ源ジイが腰《こし》を落としてもいいように、車椅子を押しながらあとを追っている。

半分ほどすすんだところで、老人は立ちどまった。肩で息をし、額を壁に押しつけて、なんとか倒れないようにしているようだ。雄吾はいった。

「もう無理しなくてもいいよ」

「うるさい。最後までやらせろ」

壁にもたれた身体を正面にむけるだけでも、B大儀《たいぎ》そうだった。それでもなんとか右足を一歩まえにだした。

「でえじょうぶだぞ、手なんかだすんじゃねえぞ」

老人はまた足をひきずり、夕日の廊下を歩き始めた。最後の十メートルをすすむために、老人は途中《とちゅう》で三回の休みをいれた。最後の休息では右腕一本だけで手すりにぶらさがる恰好《かっこう》になり、ほとんど腰が砕《くだ》けたようだった。

「なさけねえなあ」

源ジイは自分を笑ったようだった。ふとももをふるわせながら、そこから腰をゆっくりとあげていく。ようやく立ちあがり壁にもたれると、息を整えていった。

「ちゃんと見てろ。ほんの何メートルか歩くだけで、おれはもうふらふらだ。みっともなくて、だらしないだろ。いつも兄ちゃんがいってた

た」とありますが、東南アジアで多くの密林がエビ養殖場に変わったのはなぜですか。三十五字以内で書きなさい。

問八　傍線部⑤「食のタブー」の組み合わせとして、正しくないものを、次のア～エの中から一つ選び、記号で答えなさい。

ア　日本人―動物の内臓　　イ　ヒンズー教徒―肉

ウ　ジャイナ教徒―タマネギ　　エ　イスラム教徒―飲酒とブタ肉

問九　傍線部⑥「それ」が指すものを、本文から抜《ぬ》き出して答えなさい。

問十　傍線部⑦「人間は、単に生きるためだけに、食事をするのではないこと」とは、どういうことですか。もっとも適切なものを、次のア～エの中から一つ選び、記号で答えなさい。

ア　人間にとっては、どうやって食べ物を獲得するかがもっとも重要であるということ。

イ　人間が、社会や文化を発展させるにつれ、食の在り方も変化してきたということ。

ウ　人間は、食べるだけでなく、食べ物を選択したり調理したり解釈したりするということ。

エ　人間は、宗教の教義を実現するために、食事にルールを設けるということ。

【三】　次の文章を読んで、あとの問いに答えなさい。

中学一年生の川本雄吾《かわもとゆうご》は、みな同じように過ごしている学校生活がバカらしく思え、二学期の後半から学校を休みがちになる。家庭より仕事が大切な共働きの両親も、無理して学校に行けとは言わない。日中を公園で過ごすうち、廃品《はいひん》回収をしている老人・八坂源一《やさかげんいち》（源ジイ）と親しくなり、仕事を手伝うようになる。

ある日、源ジイが車の中で突然《とつぜん》倒《たお》れ、救急車で病院に運ばれ、源ジイの息子が来るまでしばらく看病することになった。

「なあ、※1兄ちゃん、おれと賭《か》けをしないか」

雄吾は意味がわからなかった。

「週末まではあと三日ある。おれは死ぬほどがんばってリハビリするから、おれが勝ったら兄ちゃんはおれのいうことをきく。負けたら、そうだな、これからもずっとおれの手伝いをさせてやる。これでどうだ」

雄吾はおかしな賭けだと思った。源ジイが勝ったらなにを自分にさせたいのだろう。老人の薄《うす》くなった頭にいった。

「いいけど、賭けの内容はなあに」

源ジイはあっさりという。

「病室から廊下《ろうか》の端《はし》にある便所まで、おれが自分の足で歩いていく。それができたら、賭けはおれの勝ちだ」

①雄吾は息をのんだ。機能回復訓練は涙《なみだ》がでるほど苦しく、老人は何度も途中《とちゅう》で挫折《ざせつ》していたのである。車椅子《いす》から立ちあがることもむずかしいのに、二十メートルもある病院の廊下を歩き切れるはずがない。

「わかった」

雄吾はそういうと、やってきたエレベーターに車椅子を押《お》していった。

老人と雄吾の勝負は金曜日の夕方に決まった。前日までの三日間のリハビリでは、源ジイは手すりにもたれて立っているのが精いっぱいのようだった。ぶるぶると震《ふる》える左足を見ていると、とても老人には勝ち目があるようには見えなかった。

物性食品を食べる人。

※6　『旧約聖書』……ユダヤ教、キリスト教共通の物語や教えが書かれた本。

※7　観念……人が物事に対して持つ考え。

問一　波線部Ａ「画一化」、Ｂ「母胎」の本文中の意味として、もっとも適切なものを、次のア～エの中からそれぞれ一つ選び、記号で答えなさい。

Ａ　画一化

ア　何もかも同じで、個性や特徴《とくちょう》がないようになること。

イ　分立していたものを、一つにそろえること。

ウ　全体を均等になるように、ととのえること。

エ　標準を定め、それにすべてを合わせるようにすること。

Ｂ　母胎

ア　融合《ゆうごう》したもの。　イ　基盤《きばん》となるもの。

ウ　分裂《ぶんれつ》したもの。　エ　統一したもの。

問二　a・b に入る言葉として、もっとも適切なものを、次のア～オの中からそれぞれ一つ選び、記号で答えなさい。

ア　たとえば　イ　しかし　ウ　つまり

エ　ところで　オ　ただし

問三　傍線部①「よくナマコを最初に食べた人は勇気があった、などという論法を耳にしますが、これは完全に逆転した論理です」とありますが、どういうことですか。もっとも適切なものを、次のア～エの中から一つ選び、記号で答えなさい。

ア　ナマコを最初に食べた人は、ただ好きだったからナマコを食べたということ。

イ　ナマコを最初に食べた人は、勇気があると証明したかったからナマコを食べたということ。

ウ　ナマコを最初に食べた人は、他に食べ物がなく、しかたなくナマコを食べたということ。

エ　ナマコを最初に食べた人は、食べてみた結果、ナマコがおいしいとわかったということ。

問四　X にあてはまる言葉を、十字以内で書きなさい。

問五　傍線部②「好き嫌いとは、食料が安定してきたことで起きた現象です」とありますが、なぜ食料が安定してくると好き嫌いが起こるのですか。「食料が安定してきて」に続けて、三十字以内で書きなさい。

問六　傍線部③「コシヒカリやササニシキのように単一食品への過度な集中」が起こるのはなぜですか。もっとも適切なものを、次のア～エの中から一つ選び、記号で答えなさい。

ア　日本は米を好む文化で、その中でもコシヒカリやササニシキといった米の情報が、大衆に広がっているから。

イ　日本は米を好む文化で、それを利用して、コシヒカリやササニシキといった米の生産者が、都合の良い情報だけを大衆に流しているから。

ウ　日本人は味覚に好き嫌いがある人が多いが、コシヒカリやササニシキといった米は誰《だれ》でも食べられるという情報が、大衆に広がっているから。

エ　日本人は味覚に好き嫌いがある人が多いため、有名なコシヒカリやササニシキといった米に、大衆の人気が集中してしまうから。

問七　傍線部④「東南アジアでは多くの密林がエビ養殖場に変わりまし

ただ、そうした食物の嗜好《しこう》※2は、文化の展開とも大いに関係します。日本人は、魚の内臓は喜んで食べますが、動物の内臓は苦手な場合が多いようです。逆に動物食に慣れた人々には、日本の刺身《さしみ》のような生食は遠ざけられるケースが多くなります。

さらに、そうした嗜好性が、それぞれの社会や文化の発展と関わりすぎると、今度は情報に作用されて、マス※3の規模での A 画一化《かくいつか》が進むこともありえます。そうすると、例えば③コシヒカリやササニシキのように単一食品への過度な集中がみられ、生産に過剰《かじょう》な負担がかかることになります。

また広く知られているように、日本でエビが好まれることから、④東南アジアでは多くの密林がエビ養殖《ようしょく》場に変わりましたし、安いソバを提供するために、モンゴルの牧草地が安いソバ畑として開発されている状況《じょうきょう》にあります。グローバリゼーション※4が進む現代社会では、国境を越《こ》えた食料の調達関係が成立していますが、ある文化圏《けん》の食嗜好が、その背後にある経済的な力関係によって、他国の食料生産を変えているのが現実です。

そして、この嗜好が、単純に味覚の問題だけではなく、宗教的な価値基準によって、食べてはいけないという、⑤食のタブーを生むことになります。ヒンズー教徒は、殺生《せっしょう》を嫌うことから、一切《いっさい》肉食をしませんし、ジャイナ教の場合には、根っこの生命を奪《うば》うとして、タマネギさえも食べないベジタリアン※5もいます。 b ウシは食べなくても、ミルクや乳製品はよしとする場合もあります。

一般《いっぱん》的にイスラム教徒が、飲酒をせずブタ肉を食べないことは知られていますが、この他にもハラールという食品以外は、合法的ではないから食べてはいけないという決まりがあります。

さらにイスラム教とキリスト教の B 母胎《ぼたい》となったユダヤ教には、カシュルートという厳格な食規定があります。これは『旧約聖書』※6などの記述に基づいて、動物や昆虫《こんちゅう》などを、清いものとそうではないものに分けて選別します。

とくに彼《かれ》らユダヤ教徒は牧畜《ぼくちく》民で、飼育した草食性の動物だけを食べますから、絶対に肉食獣《にくしょくじゅう》は食べませんし、動物の血も⑥それに準じた汚《けが》れたものと見なして、血抜《ぬ》きしていない肉を口にすることはありません。またブタを不潔なものとみなすほか、肉とミルクの混食も禁じられています。

つまり人間は、食にある程度の余裕《よゆう》が生じると、今度は観念※7のなかで、さまざまな解釈《かいしゃく》を行い、食に関して細かなタブーを設けます。これも広い意味では、明らかに文化の産物で、人間や文化の意味を考える上では、非常に重要な問題となります。

こうしてみると、⑦人間は、単に生きるためだけに、食事をするのではないことが分かります。これは紛《まぎ》れもなく、食という問題が、文化の一部というより、その最も重要な部分を担っているからに他なりません。

（原田信男『食べるって何？　食育の原点』〈ちくまプリマー新書〉）

※1　飢饉……天候異変などで農作物の収穫《しゅうかく》が少なく、食糧《しょくりょう》が欠乏《けつぼう》すること。
※2　嗜好……ある物を特に好み、それに親しむこと。
※3　マス……一般大衆。不特定多数の人々。
※4　グローバリゼーション……ものごとの規模《きぼ》が国家の枠《わく》組みを越え、地球全体に拡大《かくだい》すること。
※5　ベジタリアン……肉や魚介類などの動物性食品を食べず、野菜などの植

【国語】〈五〇分〉〈満点：一〇〇点〉

【注意】特別な指示がない限り、句読点、記号はすべて一字とします。

【一】次の問いに答えなさい。

問一 次の①～⑩の傍線部《ぼうせんぶ》のカタカナを漢字に書き直しなさい。

① サッカー部のホケツになる。
② 作者の主張をカンケツにまとめる。
③ 図書委員のヤクワリを引き受ける。
④ 姉は今年からシュウショクする。
⑤ この機械はすぐコショウして困る。
⑥ 先生の自宅をホウモンする。
⑦ リンジ収入が入る。
⑧ キリツを守って生活する。
⑨ 試験はカンタンだった。
⑩ セイジツな人柄《ひとがら》。

問二 次の語句の対義語をそれぞれ漢字二字で答えなさい。

① 相対
② 偶然《ぐうぜん》
③ 権利
④ 需要《じゅよう》
⑤ 生産

問三 次にあげる作品の作者名を、後のア～キの中からそれぞれ一つ選び、記号で答えなさい。

① こころ　② 蜘蛛《くも》の糸　③ 注文の多い料理店
④ 人間失格　⑤ 伊豆《いず》の踊子《おどりこ》

ア 森鷗外《もりおうがい》　イ 夏目漱石《なつめそうせき》　ウ 宮澤賢治《みやざわけんじ》
エ 太宰治《だざいおさむ》　オ 芥川龍之介《あくたがわりゅうのすけ》　カ 正岡子規《まさおかしき》
キ 川端康成《かわばたやすなり》

【二】次の文章を読んで、あとの問いに答えなさい。

食べ物については、とくに日本などのような先進国では、好き嫌《きら》いが激しく、好まれるモノと、そうではないものとが明確に分かれます。

人間の歴史のある段階では、好き嫌いなどの前に、いかに食べ物を獲《かく》得《とく》するかが重要で、味覚は二の次でした。日本でも※1飢饉《ききん》の際には、さまざまな雑草を食べたり、土を煮《に》て食べたりもしました。①よくナマコを最初に食べた人は勇気があった、などという論法を耳にしますが、これは完全に逆転した論理です。

古く食物が豊かではなかった時代、人間は食べられるものなら、何でも食べてきたはずです。こうした生存競争のなかで有毒植物たちは、 X ために、毒を貯えるという戦略を採った、と考えられています。だから人間も、食べられないものまで食べて、体調を崩《くず》したり死んだりしてきたことの結果、何が食べられるかを知ったのです。

その意味では、②好き嫌いとは、食料が安定してきたことで起きた現象です。人間は、長い時間をかけ、さまざまに味覚を試みた上で、食べ物を選択《せんたく》し続けました。さらには調理という加工を施《ほどこ》し、安全にかつおいしく食べられるような努力をしてきました。 a 味覚そのものは、文化の産物なのです。

2024年度

千葉明徳中学校入試問題（適性検査型）

【適性検査Ⅰ】（45分）　＜満点：100点＞

【注意】 携帯《けいたい》電話，電卓《でんたく》，計算機能付き時計など電子機器類を使用してはいけません。

1　以下のⅠ・Ⅱの設問に答えなさい。

Ⅰ．中学３年生の道徳では，「これからの時代に求められるのは，どのような力か」をテーマにした授業を行っています。授業での先生と生徒の会話を読み，あとの問いに答えなさい。

先　生：今日の授業では，みんなに次のことを考えてもらいます。

ロボットは「弱い」方が良い

あすか：えー！　そんなの，ロボットの意味がないじゃない！

しんじ：なんでそう思うの？

あすか：だって，［　ア　］。

しんじ：なるほど……みさとはどう思う？

みさと：んーなんとも言えないわね。

かおる：先生，なぜロボットは弱い方がいいのですか？　意味がよくわかりません。

先　生：急にこんな話をしてすまなかった。まずは次の資料を読んでみようか。

資料Ａ

　ここしばらく，蟻《あり》の姿などをのんびり眺《なが》めるようなことはなかったなぁ……と思っていたら，いま目の前をそうしたことを思い出させてくれるモノが行き来する。床《ゆか》の上を動きまわりながらホコリを吸い集めてくれる〈お掃除《そうじ》ロボット〉である。子どものころに戻《もど》って，その様子をしばらく眺めてみたい（ロボット技術は日々進化を遂《と》げている。不用意な誤解を避《さ》けるため，本書に登場するのは架空《かくう》のお掃除ロボット〈ルンル〉である）。

（中略）

　ロボットは，テーブルの下や椅子《いす》のあいだをくぐり抜《ぬ》けながら，床の塵《ちり》やホコリをかき集め，それを吸い込《こ》んでいく。ゴツンゴツンと部屋の壁《かべ》や椅子などにぶつかるたびに，その進行方向を小刻みに変える。「それだけなのかな？」としばらく様子を眺めていると，なにか思い立ったように途中《とちゅう》で方向転換《てんかん》をし，部屋の反対方向へと移動しはじめたりする。あるときは壁づたいに小さくコツンコツンと当たりながら，その隅《すみ》にあるホコリを丁寧《ていねい》にかき集めていく。

　この気ままなお掃除ぶりは，はたして効率的なものなのか。同じところを行ったり来たりと重複も多そうだ。たぶん取りこぼしているところもあるにちがいない。それでも許せてしまうのは，その健気《けなげ》さゆえのことだろう。

　小一時間《こいちじかん》ほど走りまわると，ちょっと疲《つか》れたようにして自分の充電《じゅうでん》スタンドへと舞《ま》い戻っていく。そのすこし速度を落としての，小さく腰《こし》を振《ふ》る所作《しょさ》がかわいい。塵の収納スペースに集められたホコリや塵の量を見て，思わず「ごくろうさん，よく頑張《がんば》ったね」と労《ねぎら》いの言葉をかけそうになる。

①これまでの家電とはどこか趣《おもむき》がちがうようだ。

（中略）

このロボットが袋小路《ふくろこうじ》に入り込むことのないように，テーブルや椅子を整然と並べなおす。もっと動きやすくしてあげようと，観葉植物の鉢《はち》などのレイアウト(注1)を変え，玄関のスリッパをせっせと下駄箱《げたばこ》に戻す。そうしたことを重ねていると，なんだか楽しくなってくる。そして，いつの間にか家のなかは整然と片づいていたりする。

いったい誰《だれ》がこの部屋を片づけたというのか。わたしが一人でおこなっていたわけではないし，このロボットの働きだけでもない。一緒《いっしょ》に片づけていた，あるいはこのロボットはわたしたちを味方につけながら，ちゃっかり部屋をきれいにしていたとはいえないだろうか。

そもそも，部屋の隅のコードを巻き込んでギブアップ(注2)してしまう，床に置かれたスリッパをひきずり回したり，段差のある玄関から落ちてしまうとそこから這《は》い上がれないというのは，これまでの家電製品であれば，改善すべき欠点そのものだろう。

ところがどうだろう。このロボットの〈弱さ〉は，わたしたちにお掃除に参加する余地を残してくれている。あるいは一緒に掃除をするという共同性のようなものを引きだしている。くわえて，「部屋のなかをすっきりと片づけられた」という達成感をも与《あた》えてくれる。なんとも不思議な存在なのである。

それと，このロボットが味方につけていたのは，わたしたちばかりではないようだ。もうすこし，このお掃除ロボットの行動様式を見ておこう。

（中略）

その進行の邪魔《じゃま》になると思われた椅子やテーブルの存在も，ロボットをランダム(注3)な方向へと導き，部屋をまんべんなく動き回るような振る舞いを生みだすために一役買っている。つまり，このロボットは部屋の壁や椅子，テーブルなどを上手に味方につけつつ，部屋のなかをまんべんなくお掃除していたのである。

（中略）

ではもうすこしこのロボットが進化をして，彼《かれ》（彼女《かのじょ》）なりのプラン(注4)で部屋のなかを掃除しはじめるならどうだろう。

まず部屋のなかをひと通り動きまわり，その大きさや形を把握《はあく》し，そこでの椅子やテーブルの位置関係を把握する。あとは，この部屋にもっとも適したルート(注5)でのお掃除のプランをたて，実行に移すだけだ。その動きに無駄《むだ》はなくなることだろう。そしてホコリを取りこぼすこともすくなくなる。ロボットに知性が備わるとは，本来はこのようなことを指していたのだろうと思う。

ただ，ここですこし気になるのは，この進化したロボットは，周りにある壁や椅子を味方にするのではなく，むしろ障害物ととらえてしまうことだ。その掃除を手助けしてあげようと，椅子をならべなおそうものなら，当初のプランからずれてしまい，その椅子はロボットにとっての邪魔ものになってしまう。いまにも「せっかくのプランが台無しじゃない。邪魔しないでよ！」という声が聞こえてきそうである。なぜか関わりも否定されているようで，なにも手が出せないのだ。

部屋の壁や椅子を味方につけながら（そのことを意識しているかどうかはおいておくとして

……），結果として部屋のなかをまんべんなくお掃除してしまうロボット，それとプランをたてながらテキパキとお掃除をするちょっと進化したロボット。前者はちょっとゆきあたりばったりで，あまり深く考え込むことのない行動派タイプだろうか。後者はやや慎重《しんちょう》に行動を選ぶけれど，なかなか臨機応変に振る舞えない熟考派タイプ。さてどちらがスマート（注６）といえるのか。

（注１）レイアウト：物の配置・配列をすること。　（注２）ギブアップ：あきらめてやめること。
（注３）ランダム：任意であること。　（注４）プラン：計画・構想・案。
（注５）ルート：決まった道筋・経路。
（注６）スマート：行動などがきびきびして洗練されている様。

（岡田美《み》智《ち》男《お》『〈弱いロボット〉の思考　わたし・身体・コミュニケーション』，2017年，講談社，pp．14－20）

かおる：なるほど。お掃除ロボットにとって， イ などの〈弱い〉部分によって，人とロボットの ウ が引きだされ，私たちにも エ がもたらされるということですね。

先　生：その通り。

あすか：私もこの〈ルンル〉と似たようなお掃除ロボットを飼っているから，この話ちょっと共感できるかも。

しんじ：あすか，ロボットを飼うって変だよ。

あすか：変じゃないわよ！　だって，見ていると小動物みたいに動くのよ？

先　生：あすかさん，鋭《するど》いね。実は，こうしたお掃除ロボットの生みの親の一人であるロドニー・ブルック氏は，動物の知性や，かしこさをロボットに取り入れたことで知られているんだ。

しんじ：動物のかしこさ，ですか？

先　生：そうだ。かしこさ，と言っても，それは人間のように論理的な思考をするというかしこさではない。例えば，歩いている地面の凹凸《おうとつ》や障害物によって，とっさに脚《あし》をあげたり身体のバランスをとったりして，適切な判断をしている。このように，反射的に正しい判断をしながら，与えられた仕事を遂行《すいこう》できるロボットを生み出したんだ。

みさと：確かに，最初から完璧《かんぺき》なプランを立てるロボットではなく，②想定外の要因にもとっさの判断ができるロボットの方が，人間と共存しやすいかもしれないわね。

かおる：でも，それはあくまでも動き回れる人の話だ。そうではない人の場合，〈強い〉ロボットの方が安心して身を委《ゆだ》ねられるんじゃないかな？

先　生：確かに，そういう側面も考えられるね。では，〈弱い〉ロボットについての学びを踏《ふ》まえた上で，ロボットやAI（人工知能）の発達が私たちの暮らしをどう豊かにするのか，より深く考えてみよう。

⑴ ア について，「〈弱い〉ロボットでは，ロボットの意味がない」とあすかが考えた理由を予想し，**15字以内**で述べなさい。

⑵ イ にあてはまる，お掃除ロボット〈ルンル〉の〈弱い〉部分の具体例を**資料Ａ**中から探し，具体例の内の１つを**20字以内**で述べなさい。

⑶ ウ と エ にあてはまる言葉を**資料Ａ**中から探し，それぞれ**漢字３字で書き抜き**なさい。

(4) 下線部①について，お掃除ロボット〈ルンル〉はこれまでの家電とどのような点で異なっているか，**資料Ａ中の言葉を用い**，句読点も含《ふく》め**60字以内**で説明しなさい。

(5) 下線部②について，お掃除ロボットにとって人間が引き起こす「想定外の要因」とは何か，具体例を**資料Ａ**中から探し，具体例の１つを**20字以内**で述べなさい。

(6) 次の図は，「これまでの家電製品」「お掃除ロボット〈ルンル〉」「進化したお掃除ロボット」の３つを分かりやすく比較《ひかく》するために，先生がホワイトボードに書いたフローチャート（効率的に問題を解いたり，課題を解決したりするための手順を図式化したもの。）である。解答欄《らん》にある「お掃除ロボット〈ルンル〉」のフローチャートを，２つのフローチャートを参考にしながら完成させなさい。

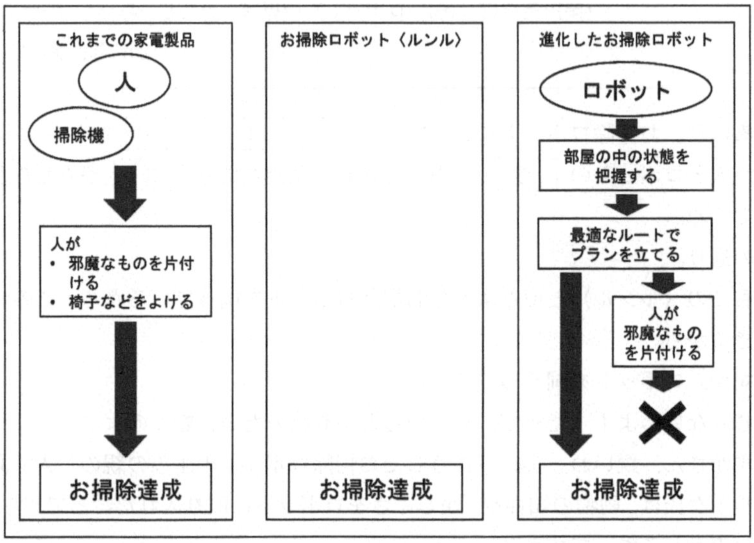

Ⅱ．先生の「〈弱い〉ロボットについての学びを踏《ふ》まえた上で，ロボットやAIの発達が私たちもの暮らしをどう豊かにするのか，考えてみよう」という問いかけで，生徒たちのグループ学習が始まりました。次の生徒の会話を読み，あとの問いに答えなさい。

資料Ｂ（複数回答可・数字は％）

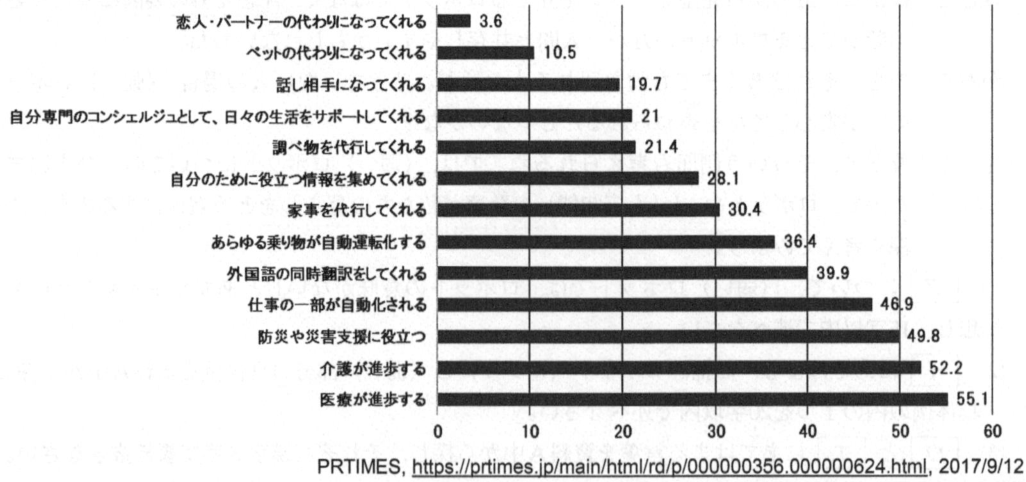

PRTIMES, https://prtimes.jp/main/html/rd/p/000000356.000000624.html, 2017/9/12

しんじ：今回のテーマに関連しそうな**資料B**（前のページ）を見つけたよ。株式会社マクロミルが2017年に全国の20～60代の男女1,000名を対象に行ったアンケート調査で，「AI（人工知能）に期待すること」を聞いた結果なんだけど……。

みさと：介護《かいご》や医療《いりょう》，災害支援《しえん》への期待が高いわね。

かおる：これらの分野では，〈強い〉ロボットの活躍《かつやく》が期待されていそうだな。

しんじ：〈強い〉ロボットって，具体的にどんなロボットなんだろう？

かおる：それなら，次の**資料C**を見てみよう。消費者庁が2020年に10～60代の男女約1,200人を対象に実施《じっし》した「第１回消費者意識調査」に，「人と比較《ひかく》したAIのイメージ」という項目《こうもく》がある。これが参考になるんじゃないかな？

あすか：「何でもできる」なんて，ザ・〈強い〉ロボット，という感じね。

しんじ：「多くの情報を持っている」については，「あてはまる」と「ややあてはまる」を合わせると，［ オ ］割以上の人がイメージしているんだね。

かおる：人よりも多くの情報を持っているというイメージがあるからこそ，介護や医療など，専門的な知識が求められる場面で活躍すると期待されるのかもしれないね。

みさと：でも，AIが人よりも「正しい判断ができる」「ミスを起こさない」とイメージしている人が，「あてはまる」と「ややあてはまる」を合わせると［ カ ］割以上いるのは，少し問題だと思うわ。

資料C（数字は%）

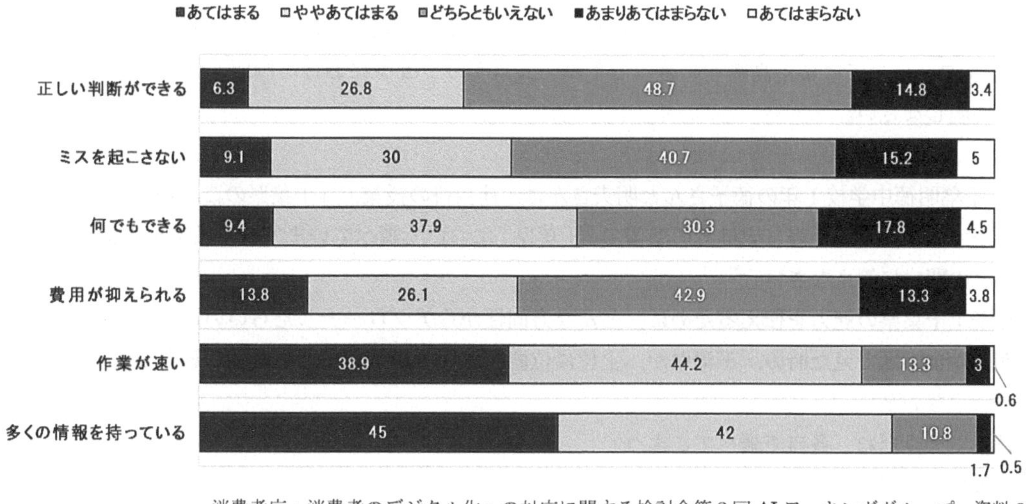

消費者庁：消費者のデジタル化への対応に関する検討会第２回AIワーキンググループ，資料２

しんじ：どうして？

みさと：例えば，人と会話できる「生成AI」は，インターネットで情報を集めている。そうすると，確かに多くの情報を集めることはできるけど……。

あすか：そっか！　インターネット上の情報には［ キ ］という問題があるわね！

しんじ：でも，AIが正しい知識を学習できれば，人間よりも速く正確に判断できることは間違《まちが》いないんじゃない？

かおる：その通りだね。ということは，AIに正しい知識を学習させることが，ぼくたちの暮らしを豊かにする，と言えるね。

みさと：うーん，そう考えると〈弱い〉ロボットが私たちの暮らしを豊かにする，というのはなかなか思いつかないわね。

あすか：私のお掃除ロボットは，**資料B**のグラフの「ペットの代わりになってくれる」を実現しているわよ。

しんじ：そういえば，最近発売されたコミュニケーションロボットは，最初は全然話せないし，何の役にも立たない〈弱い〉ロボットだけど，思わず優しくしたりかわいがったりしてしまうロボットとして，発売前から注目されていたよね。

みさと：じゃあ〈弱い〉ロボットは，**資料B**のグラフの「話し相手になってくれる」とか「ペットの代わりになってくれる」という期待にこたえてくれそうね。

かおる：特に，高齢者《こうれいしゃ》の暮らしには役に立つんじゃないかな。

あすか：なんで？

かおる：高齢者の暮らしやコミュニケーションには，[　ク　]という問題があるからさ。

しんじ：たしかに，〈弱い〉ロボットとのコミュニケーションによって高齢者の生活の質が向上する可能性は高いね。〈強い〉ロボットと〈弱い〉ロボットが，それぞれの強みを発揮することで，ぼくたちの生活はとても豊かなものになりそうだよ。

(7) [オ] と [カ] にあてはまる数字を，それぞれ**1ケタの整数**で答えなさい。

(8) [キ] にあてはまるインターネット上の情報の問題とは何か，**15字以内**で説明しなさい。

(9) [ク] にあてはまる高齢者の暮らしやコミュニケーションにおける問題とは何か，**15字以内**で説明しなさい。

[2] 千葉明徳中学校１年の徳子《のりこ》さんと明夫《あきお》さんは，社会科の授業で「千葉県のここがすごい」というテーマについての発表に向けての準備で「千葉県」について調べています。会話文を踏《ふ》まえながら，あとの問いに答えなさい。

徳子：千葉県の魅力《みりょく》を伝えるために，どんな方向性からアプローチしたらいいだろう？

明夫：全国区で見た時の，千葉県が，上位に位置している事柄《ことがら》をまとめたら，魅力が伝わるんじゃない？

徳子：そうだね。各自で調べてこよう。

＜後日＞

先生：二人とも，「千葉県のここがすごい」についていろいろ調べてきたようですね。どんなことを調べてきたか教えてくれますか？

明夫：ぼくは，千葉県の農業について調べてきました。**資料A**（次のページ）をみてください。千葉県は，生産量で全国トップ３に入る農産物の品種が19種類（千葉県農林水産部「ちばの農林水産物ランキング！」，2023年）もあるんです。いずれも，スーパーマーケットなどで売られている私たちの生活になじみ深いものです。

徳子：東京の隣《となり》にある千葉県が，なぜ一大農業県なんだろう。千葉県民は，野菜が好きなのかな。

先生：そういうわけではないんです。それは，**資料B**と**資料C**をみることで考察ができますよ。**資料B**をみて下さい。関東地方の都道府県別農業産出額を見てみると，特に産出額が多いのは［ア］と千葉県であることがわかります。反対に，産出額が少ない都道府県は順番に，［イ］・［ウ］・埼玉県ですね。次に**資料C**をみると，［イ］は全国でも人口が１番多い自治体だということを読み取ることができます。つまり，［イ］は全国１位の人口を抱《かか》えているのに農業が盛んにおこなわれている自治体ではないことがわかりますね。一方，千葉県で農業産出額が多い理由は［　　　エ　　　］ということが考えられます。

徳子：なるほど，そういうことだったんですね。

先生：他には，何かありますか？

資料A

全国１位	全国２位	全国３位
落花生《らっかせい》	さつまいも	キャベツ
だいこん	ねぎ	えだまめ
さやいんげん	にんじん	やまのいも
かぶ	すいか	
マッシュルーム	さといも	
春菊《しゅんぎく》	とうもろこし	
みつば	しょうが	
日本なし	そらまめ	
	びわ	

千葉県が生産量全国トップ３に入る農産物

（千葉県農林水産部「ちばの農林水産物ランキング！」）

資料B

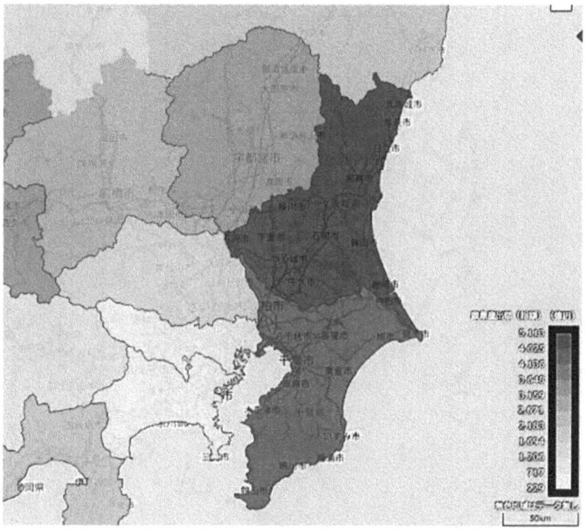

関東地方の都道府県別農業産出額（RESAS より作成）

※色が濃くなるほど農業産出額が高い

資料C

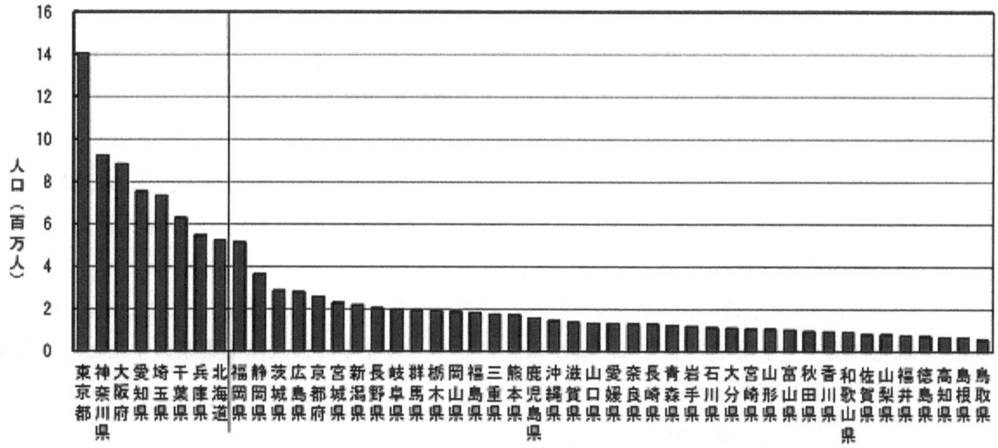

都道府県別人口（初の人口減，１億 2711 万人に 国勢調査史上 - ITmedia ビジネスオンライン. 2016 年 02 月 26 日.https://www.itmedia.co.jp/business/articles/1602/26/news096.html.2023/9/06）

徳子：はい。千葉県には，縄文時代の貝塚《かいづか》が約700カ所以上確認されているらしいです。これは，全国で確認されている貝塚の約２割に相当し全国１位を誇《ほこ》っています。そのため，千葉県は考古学の研究者からは「貝塚の宝庫」と言われているそうです。

先生：その通りです。実は，貝塚の分布がおもしろいんですよね。**資料D**を見てください。千葉市，船橋市，市川市にある貝塚の分布を示したものです。何か気付くことはありませんか？

資料D

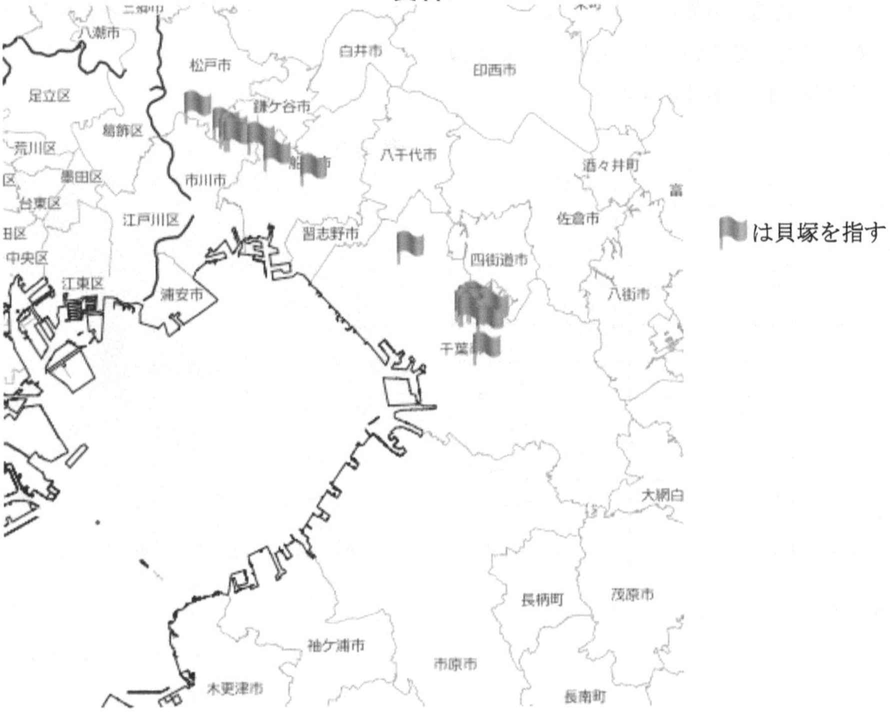

千葉市，船橋市，市川市における貝塚の分布（地理院地図より作成）

明夫：ほとんど［ オ ］に貝塚があります！　でも，何か変ではありませんか。

先生：そうですよね。貝塚の性質上，［ オ ］にあるということは非常に奇妙《きみょう》なことのように思えます。しかし，ここに貝塚があるのは事実なのです。［ オ ］にあるのに貝を大量に捨てた形跡《けいせき》がある。奇妙さを解決するために，この資料を用意しました。

明夫：なるほど。そういうことだったんですね。

徳子：千葉県は，全国有数の観光地でもあるんですよ。観光庁が発表した2017年の「観光入込《いりこみ》客数(注)」を都道府県別で比《ひ》較《かく》すると，千葉県は，観光目的の日本人，ビジネス目的の日本人，訪日外国人を含《ふく》む総計でなんと全国２位なのです。

(注)：日常的に活動する場所以外へ旅行し，そこにいることの目的がお金を得ることではない者の数。

先生：観光に関する千葉県の地力は，確かに高いです。ちなみに二人は千葉県の中だと，どのエリアで一番観光客が来ているかわかりますか？

徳子：まったく見当もつきません。

先生：そうですか……。では，次の３つの資料を確認しましょう。まず，次のページの**資料E**を見てください。これは，千葉県を12の地域に分けた場合のエリア別の観光客数のうち，上位５

地域の観光客数を示した表です。表中の「**あ・い・う・え・お**」はそれぞれ（印旛《いんば》地域）（君《きみ》津《つ》地域）（香取《かとり》地域）（千葉・市原地域）（東葛飾《ひがしかつしか》・葛南《かつなん》地域）のいずれかを示しています。**資料F**はその地域を示したものです。そして，次のページの**資料G**は千葉県内で特に観光客数が多かった施設《しせつ》を示したものです。これらのデータを読み取ると，千葉県で観光客が多い地域が見えてきますね。

資料E

順位	県内エリア	観光入込客数
1位	**あ**	6380万7000人
2位	**い**	3134万7000人
3位	**う**	2710万人
4位	**え**	2650万6000人
5位	**お**	1115万8000人

千葉県を12の地域に分けた場合のエリア別の観光客数のうち，上位５地域の観光客数

※表中の「あ・い・う・え・お」はそれぞれ（印旛《いんば》地域）（君津《きみつ》地域）（香取《かとり》地域）（千葉・市原地域）（東葛飾《ひがしかつしか》・葛南《かつなん》地域）のいずれか（千葉県商工労働部観光企画《きかく》課　千葉県観光入込調査報告書より作成）

資料F

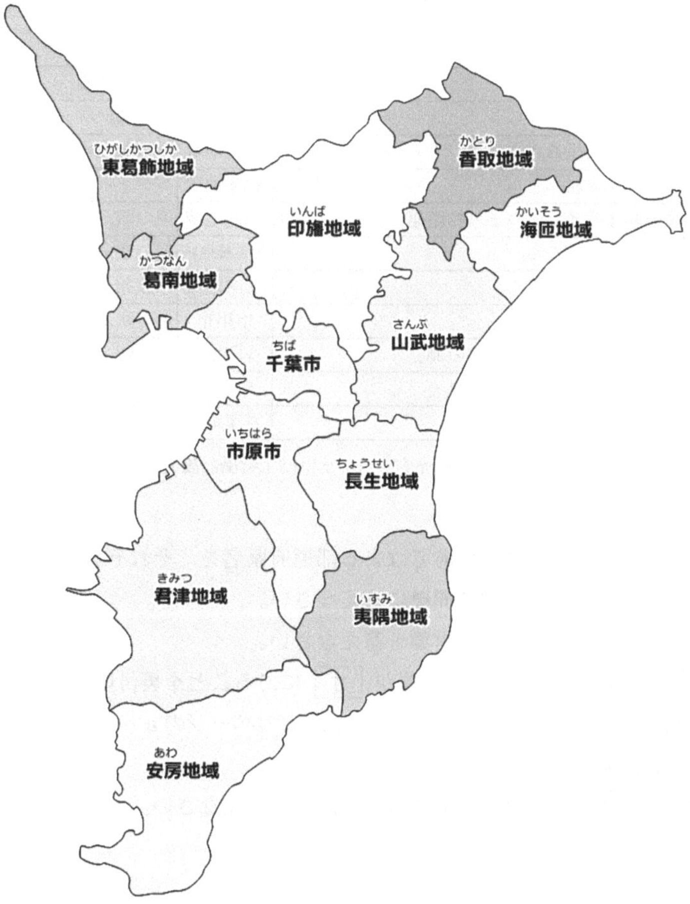

千葉県を12の地域に分けた図（千葉県/キッズページ/市区町村/県内地域図）

明夫：わかりました。**資料E**の観光客数１位の「**あ**」は **カ** 地域ですね。

先生：正解。ちなみに **カ** 地域で，一番観光客を獲得《かくとく》している施設は何でしょう。

徳子： **キ** ですね。私は，すぐ隣の自治体に住んでいるので毎月行っています。

先生：ちなみに，**資料E**の観光客数２位の「**い**」の地域はどこでしょうか。**資料G**の中で観光客数の合計が1422万人のエリアが「**い**」の地域になります。

明夫：資料をみるに **ク** エリアですね。

先生：ばっちりです。よく資料を読み取れていますね。

資料G

（単位：万人地点）

順位	観光地点	所在地域名	分類	平成30年
1	東京ディズニーリゾート	葛南地域	テーマパーク	3,256
2	成田山新勝寺	印旛地域	神社・仏閣	1,200
3	海ほたるパーキングエリア	君津地域	道の駅，パーキングエリア等	753
4	幕張メッセ（イベントホール・国際展示場）	千葉市	イベント会場	701
5	パサール幕張（上・下）	千葉市	道の駅，パーキングエリア等	433
6	ZOZOマリンスタジアム	千葉市	スポーツ観戦	207
7	香取神宮	香取地域	神社・仏閣	189
8	道の駅　木更津　うまくたの里	君津地域	道の駅，パーキングエリア等	185
9	県立柏の葉公園	東葛飾地域	公園	148
10	宗吾霊堂	印旛地域	神社・仏閣	122
11	道の駅水の郷さわら	香取地域	道の駅，パーキングエリア等	116
12	道の駅季楽里あさひ	海匝地域	道の駅，パーキングエリア等	114
13	東京ドイツ村	君津地域	レジャーランド・遊園地	105
14	道の駅オライはすぬま（物産館・レストラン）	山武地域	道の駅，パーキングエリア等	103
15	道の駅しょうなん	東葛飾地域	道の駅，パーキングエリア等	101
16	鴨川シーワールド	安房地域	水族館	90
17	道の駅いちかわ	市川市	道の駅，パーキングエリア等	85
18	道の駅くりもと「紅小町の郷」	香取地域	道の駅，パーキングエリア等	82
19	千葉県総合スポーツセンター	千葉市	スポーツ・レクリエーション施設	81
20	マザー牧場	君津地域	テーマパーク	81

千葉県内で観光客数が多かった施設と観光客数（千葉県商工労働部観光企画課　千葉県観光入込調査報告書より作成）

(1) **ア** ・ **イ** ・ **ウ** にあてはまる都道府県名を，それぞれ**漢字**で答えなさい。

(2) **エ** にあてはまる理由を簡単に答えなさい。

(3) **オ** にあてはまる適当な言葉を答えなさい。

(4) 下線部について，千葉県の貝塚が **オ** にあることを裏付ける証拠《しょうこ》として先生が提示した「この資料」としてふさわしいものはどれか。次のページのａ～ｃの図から１つ選び，選んだ理由を説明しなさい。

(5) **カ** ・ **キ** ・ **ク** にあてはまる語句を答えなさい。

a　日本の各都道府県における遺跡の数

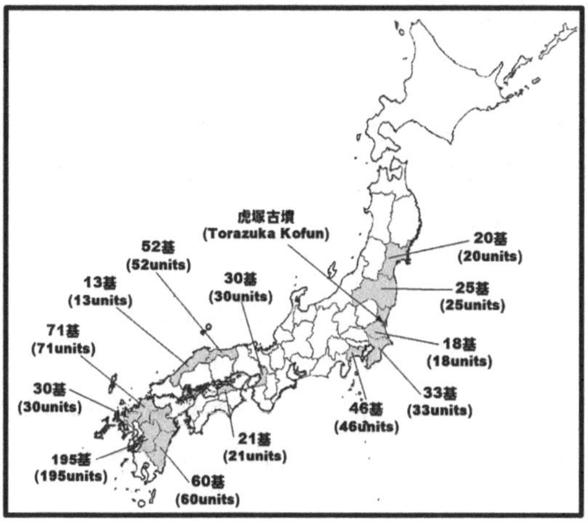

b　過去の陸と海の分布

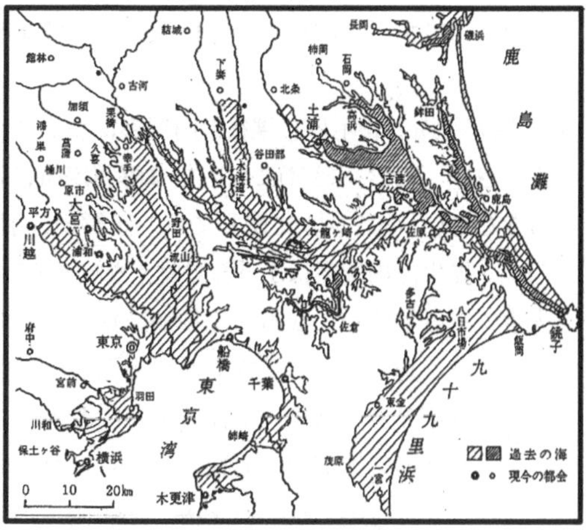

c　関東地方の起伏

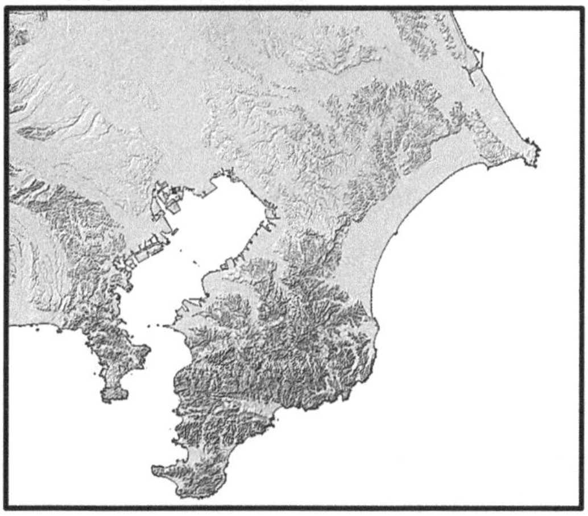

【適性検査Ⅱ】（45分）　＜満点：100点＞

【注意】 携帯《けいたい》電話，電卓《でんたく》，計算機能付き時計など電子機器類を使用してはいけません。

1　明人《あきと》くんと先生は放課後，円周率について話をしています。次の会話文を読み，あとの問いに答えなさい。**なお，(3)(4)においては解答用紙に答えだけでなく，文章や式，図などを用いて考え方も書きなさい。(1)(2)(5)に関しては，正解のみ解答しなさい。**

明人：先生，円周率は3.14まで覚えないとダメですか？

先生：そうですね。なるべく細かい数字まで覚えた方がよいです。一つ例を示しますね。次の図１は１辺が９cmの正方形から半径３cmの円と半径２cmの円を切り取った図形です。また，図２は切り取った後の半径３cmの円と半径２cmの円です。このとき，図１の斜線《しゃせん》部分の面積Aと図２の斜線部分の面積Bはどちらが大きいですか？　ただし，円周率は3.14とします。

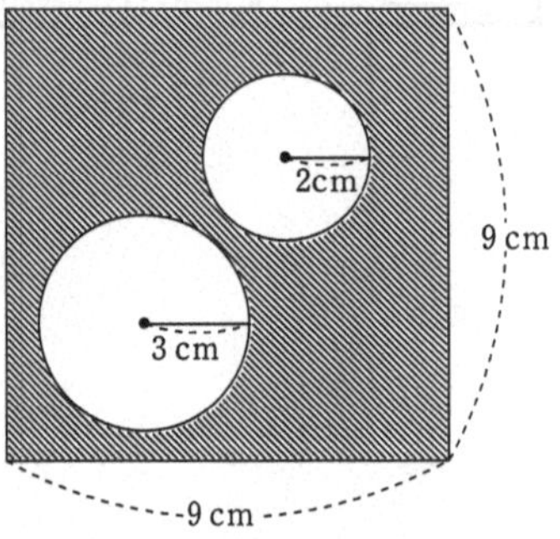

図１

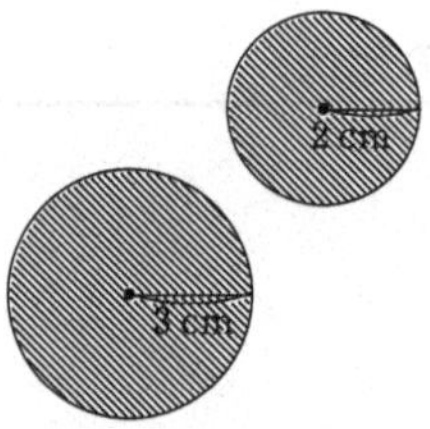

図２

明人：計算してみると，A＝[ア] cm²，　B＝[イ] cm²です。

そのため，面積[ウ]の方が大きいです。

先生：正解です。次に，円周率を3.1として計算してみてください。

明人：わかりました。A＝[エ] cm²，　B＝[オ] cm²です。

そのため，面積[カ]の方が大きいです。

先生：何かに気づきませんか？

明人：あっ，円周率の値によって面積の大小が変わっています。

先生：その通りです。これは，小さな①誤差から生じたものです。

明人：小さい差で答えが変わることに驚《おどろ》きました。

先生：ですから，細かい値まで考えることが大事になります。円周率の小数点以下は無限に続くので，すべて覚えることは不可能です。そのため，小学校の学習範囲《はんい》では小数第２位まで覚えることになっています。ちなみに，②中学校以降ではπ（「パイ」と読む。）という文字を用いて円周率を表します。

明人：へぇー，そうなんですね。

先生：円周率とは非常に奥《おく》が深い値です。昔から多くの人が円周率に魅了《みりょう》され，円周率に近い値を求めてきました。

明人：どのように求めるのですか？

先生：そうですねー。まずは，円周率とは何かから説明します。円周率とは「(円周)÷(直径)」

で計算します。例えば，図３のような缶詰《かんづめ》を考えたとします。この缶詰の直径と円の周りの長さを定規で測ってみるとどうなりますか？

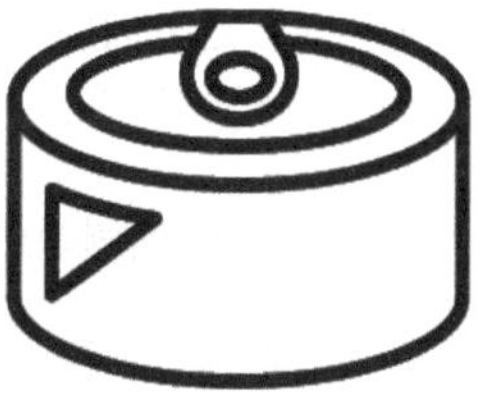

図３

明人：ふたの直径は11.2㎝でした。でも，缶詰の周りは定規では測れません。

先生：そういう時はふたの周りに糸を巻いて，１周分に切り取った糸の長さを測ればいいんですよ。

明人：なるほど！　缶詰に巻いた糸の長さは35.9㎝となりました。

先生：では，ここから円周率を計算してみるとどうなりますか？　ただし，小数の形で答えてください。また，小数第２位を四捨五入してください。

明人：はい。糸の長さと缶詰の直径で計算してみると［キ］になりました。

先生：正解です。この値は3.14と少しだけずれがありますね。では，ここでアルキメデスという古代ギリシアの数学者が考えた円周率を求める方法を紹介《しょうかい》します。まず，半径10㎝の円を描《か》いてその円の内側に接するような正六角形を書いてみてください。ちなみに，円の内側に接するとは，円の内側にピッタリと納まるということです。

明人：はい。図４のようにきれいに書くことができました。

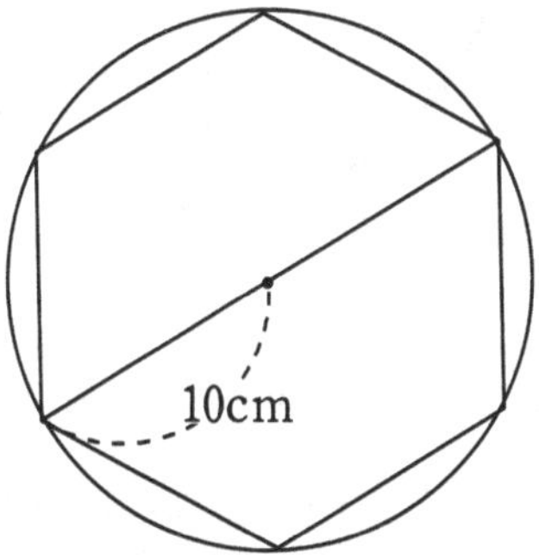

図４

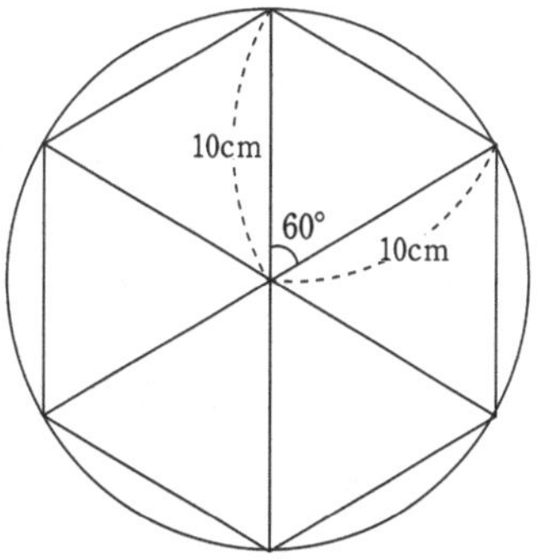

図５

先生：きれいに書けていますね。今度はこの円周と内側にある正六角形の周りの長さを計算して比べてみましょう。正六角形の周りの長さを測るには図５のように直径を書き足して考えると長さを求めやすくなりますよ。

明人：それぞれの三角形が正三角形になるので，正六角形の周の長さは［ク］㎝となりますね。

先生：はい。円の内側の正六角形の周の長さが［ク］㎝なので，円周の長さは［ク］㎝より長くなりますね。それでは，次に図５の図形の円を正方形で囲ってみましょう。

明人：図６の正方形の１辺は内側に接している円の半径がちょうど10㎝なので１辺の長さは［ケ］㎝になります。よって，正方形の周の長さは［コ］㎝となります。

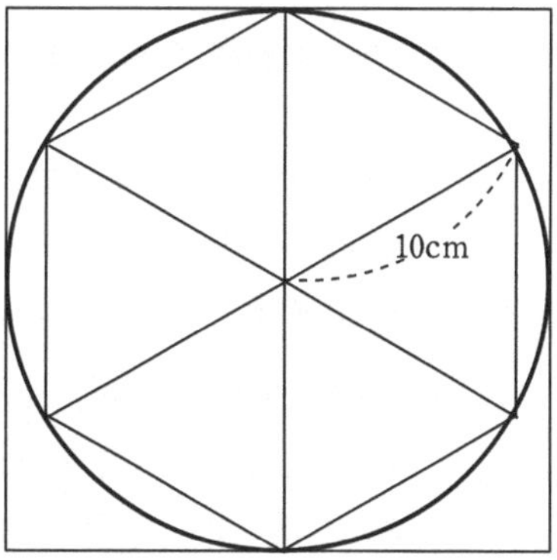

図６

先生：ここで円周の長さと内側の正六角形の周の長さ，外側の正方形の周の長さを比較《ひかく》してみます。

（内側の正六角形の周の長さ）＜（円周の長さ）＜（外側の正方形の周の長さ）

という不等号の大小関係になりますね。それぞれ計算した式になおしてみると，

[ク] ＜ 20×（円周率）＜ [コ]

となるので，[ク] と [コ] の値を20で割ると不等号の真ん中の円周率が３と４の間の値であることがわかりますね。ちなみに，不等号を含《ふく》む式を０より大きい値で割っても不等号の向きは変わりません。さらに，もっと図形を細かくした図をコンパスと定規を使ってかいてみてください。

明人：わかりました。右の図７のようになりました。円の直径はわかりやすくちょうど10㎝にしたら，円の内側に接しているのは正八角形で１辺の長さが3.82㎝，円の外側に接しているのは正六角形で１辺の長さが5.78㎝になりました。

先生：先ほどと同じように円周の長さと内側の正八角形の周の長さ，外側の正六角形の周の長さを不等号で比較するには次の式を利用します。すると，どうなりますか？

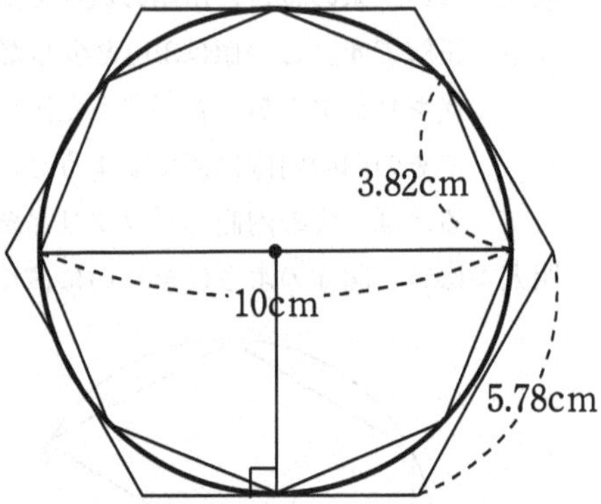

図７

（内側の正八角形の周の長さ）＜（円周の長さ）＜（外側の正六角形の周の長さ）

明人：はい。計算式になおしてみると，次のような小数の値になりました。ただし，四捨五入はしていないです。

[サ] ＜ 10×（円周率）＜ [シ]

[ス] ＜（円周率）＜ [セ]

先生：その通りです。

明人：円周率の範囲がだいぶ絞《しぼ》られますね。この作業を無限に繰《く》り返すことができるので，円周率の小数点以下が無限に続くのですね。

先生：そうですね。アルキメデスだけじゃなくて，現代にいたるまで様々な国の人たちが円周率を求める研究をしています。

明人：僕《ぼく》も円周率についてもっと勉強します。ありがとうございました。

(1) 会話文中の [ア]，[イ]，[エ]，[オ]，[キ]，[ク]，[ケ]，[コ]，[サ]，[シ]，[ス]，[セ] にあてはまる数を求めなさい。

(2) 会話文中の [ウ]，[カ] にはＡまたはＢがあてはまります。それぞれ，あてはまるものを答えなさい。

(3)　下線部①について，誤差から大きな問題が生じることがあります。何か一例を示して説明しなさい。

(4)　下線部②について，なぜ文字を用いるのかを説明しなさい。

(5)　図７に関して，次の各問いに答えなさい。ただし，小数で解答する場合は小数第３位を四捨五入して小数第２位まで求めなさい。

(i)　円の面積をπを用いて答えなさい。
例えば，半径２㎝ならば$2 \times 2 \times \pi = 4 \times \pi$ cm^2 となります。

(ii)　外側の正六角形の面積を求めなさい。

(iii)　内側の正八角形の面積を求めなさい。ただし，必要があれば右の図形を用いてもかまいません。

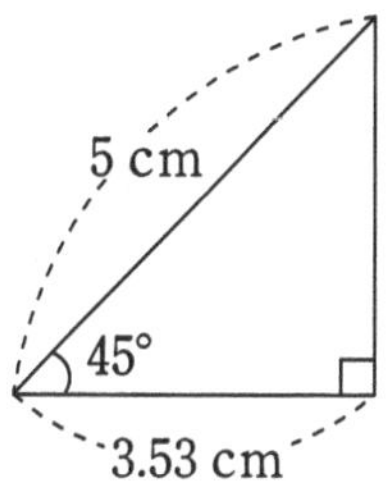

(iv)　次の [ソ] ，[タ] にあてはまる数を求めなさい。

> (i)の解答を [チ] ，(ii)の解答を [ツ] ，(iii)の解答を [テ] とします。
> この値を用いて不等式を作ると，
>
> [テ] ＜ [チ] ＜ [ツ]
>
> となります。さらに，この式を変形すると，
>
> [ソ] ＜ π ＜ [タ]
>
> となります。周の長さからだけではなく，面積からも円周率を考えることができます。

[2]　小学６年生のてつやは，兄で中学２年生のかずきと理科の勉強について話をしています。２人の会話を読んで，あとの問いに答えなさい。

てつや：中学校の理科ってどんなことを学ぶの？

かずき：この間の授業で学校の先生が「この世のすべてのものは“つぶつぶ”でできている」って言ってたな。色々な反応や現象を“つぶつぶ”で考えていくことが大事なんだって。

てつや：それってどういうこと。

かずき：少し専門的な用語を使うと，“つぶつぶ”っていうのは原子《げんし》とよばれるもので，この世のすべてのものは原子どうしがくっついているんだって。例えば，小学校でも習う酸素という気体は，実際には酸素原子という“つぶ”が２個くっついて存在しているんだ。水素や窒素《ちっそ》も同じように，水素原子という“つぶ”が２個，窒素原子という“つぶ”が２個くっついているんだ。

てつや：へぇ。ということは，二酸化炭素は二酸化炭素原子が２個くっついているんだね。

かずき：それが実はそうではないんだ。二酸化炭素の場合は，炭素原子が１個と酸素原子が２個くっついているんだ。

てつや：必ずしも原子が２個くっつくわけではないんだね。

かずき：何という原子が何個くっつくと何というものになるかは，とりあえず覚えるしかないみたいなんだ。授業ではこんな表をもらったよ。

表１．主な原子とそのモデル

原子の名前	水素原子	炭素原子	窒素原子	酸素原子
原子のモデル	す	た	ち	さ
原子の名前	ナトリウム原子	アルミニウム原子	塩素原子	鉄原子
原子のモデル	ナ	ア	え	て

表２．主な物質とそのモデル

物質の名前	水素	炭素	窒素	酸素
物質のモデル	すす	た	ちち	ささ
物質の名前	ナトリウム	アルミニウム	塩素	鉄
物質のモデル	ナ	ア	ええ	て
物質の名前	水	二酸化炭素	うすい塩酸	水酸化ナトリウム
物質のモデル	すさす	さたさ	すえ	ナさす

てつや：うわぁ，覚えるのが大変そうだね。

かずき：色々な反応も，この“つぶ”のモデルを使って考えていくんだ。例えば，炭素を燃やすと，空気中の酸素が結びついて二酸化炭素ができるんだけど，これをモデル図で表すとこんな感じになるよ。「→」の左側が反応する前で，右側が反応した後を表しているよ。

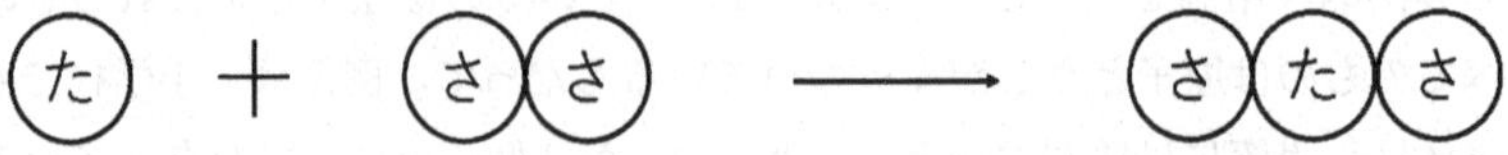

てつや：ということは，水素が発生した試験管に火がついた線香を近づけたときの反応はこんな感じかな。確か水が生成するんだったよね。

かずき：考え方としては悪くないね。でもこのままでは問題があるんだ。「→」の左側にある酸素原子は２個なのに，右側にある酸素原子は１個だよね。これでは残りの酸素原子１個がどこかへ行ってしまったことになってしまうね。実は，「反応の前後で，それぞれの原子の数が等しくなるようにする」というルールがあるんだよ。

てつや：じゃあこうすればいいのかな。

かずき：確かにこれなら水素原子の数も酸素原子の数も，反応の前後で等しくなっているね。でも，これはこれで問題があるんだ。さっきの表を思い出してみて。

てつや：[A]。

かずき：そうだね。では結局どうすればいいかというと，「→」の右側の酸素原子が１個少ないから，水をもう１個追加するんだ。

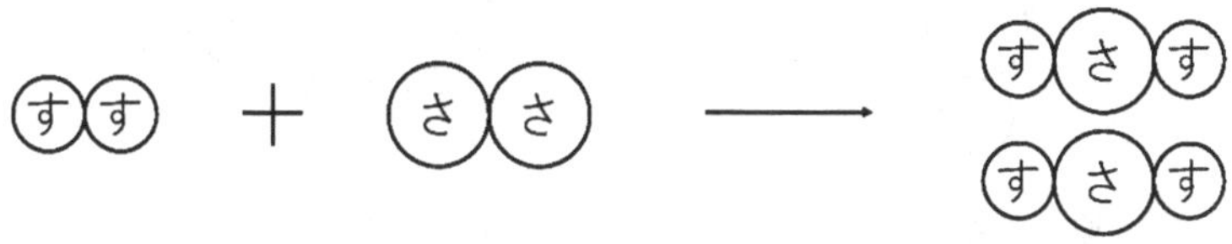

てつや：そうすると水素原子の数が合わなくなっちゃうよ。

かずき：今度は「→」の左側の水素原子が２個すくないから，水素を１個追加するんだ。

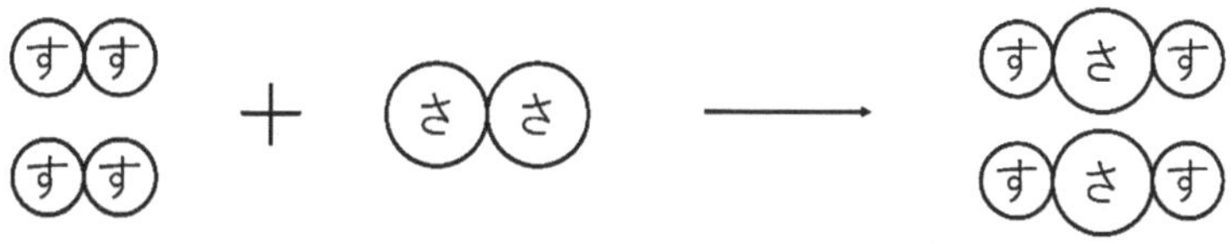

てつや：これで水素原子も酸素原子も，反応の前後で原子の数がそろったね。なるほど，この反応は水素が [B] 個と酸素が [C] 個から水が [D] 個生成するっていう反応なんだね。

かずき：こういう風に“つぶ”で考えることで，目で見るだけではわからないことまで見えてくるんだ。例えば，①反応した気体や，生成したものの重さを計算することができるんだ。

てつや：計算は苦手だからやりたくないな。

かずき：他にも，反応によって生成するものを予想することもできるよ。どんな反応も結局のところ，原子どうしのくっつく組み合わせが変わるだけだからね。原子の世界にも出会いと別れがあるんだね。

てつや：そういえば，同じ「燃える」という現象でもスチールウール（＝鉄）を燃やした場合は，ろうそくや紙を燃やした場合と違《ちが》って二酸化炭素が発生しなかったな。②確かに“つぶ”のモデルで考えると二酸化炭素が発生しない理由がわかるね。

かずき：ところでてつやは学校で③中和反応はもう習ったかい。

てつや：ちょうど今習っているところだよ。確か酸性の水溶液《すいようえき》とアルカリ性の水溶液を混ぜると，水と塩《えん》が生成するんだったよね。

かずき：ということは④水溶液に金属を入れる実験はこれから習うんだね。

てつや：多分そうだと思う。

かずき：そのときはぜひ“つぶ”をイメージして実験をしてみよう。

てつや：うん。そうしてみるよ。

(1)　文章中の空欄《くうらん》Aに当てはまるてつやの会話文を答えなさい。

(2)　文章中の空欄B～Dに当てはまる数字をそれぞれ答えなさい。

(3)　あとの(i)・(ii)の問いに答えなさい。

(i)　てつやとかずきの会話を参考にしながら，メタンガスおよびエタノールを燃やしたときの反応をモデル図を用いて答えなさい。なお，メタンガスおよびエタノールのモデル図は以下の通りである。また，メタンガスもエタノールも，燃やすことで二酸化炭素と水が生成することが知られている。

＜メタンガス＞

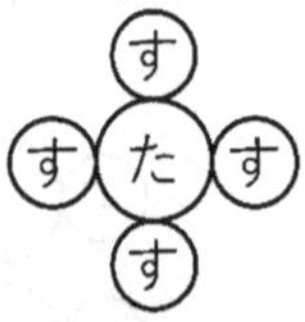
す
す
た
す
す

＜エタノール＞

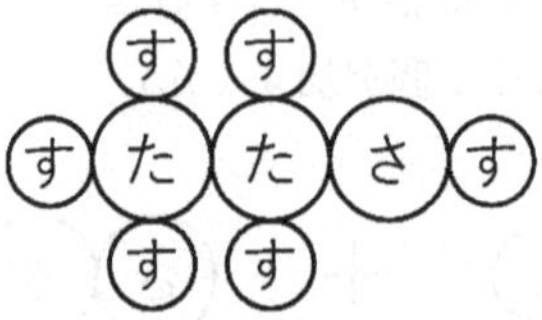
す
す
す
た
た
さ
す
す
す

(ii)　一般《いっぱん》に，炭素原子や水素原子などを含《ふく》む物質を有機物といい，有機物を燃やすと二酸化炭素と水が生成する。下の図は，有機物に炭素原子または水素原子が含まれていることを確かめるための実験のようすである。図中の空欄a～gに当てはまる語句を答えなさい。

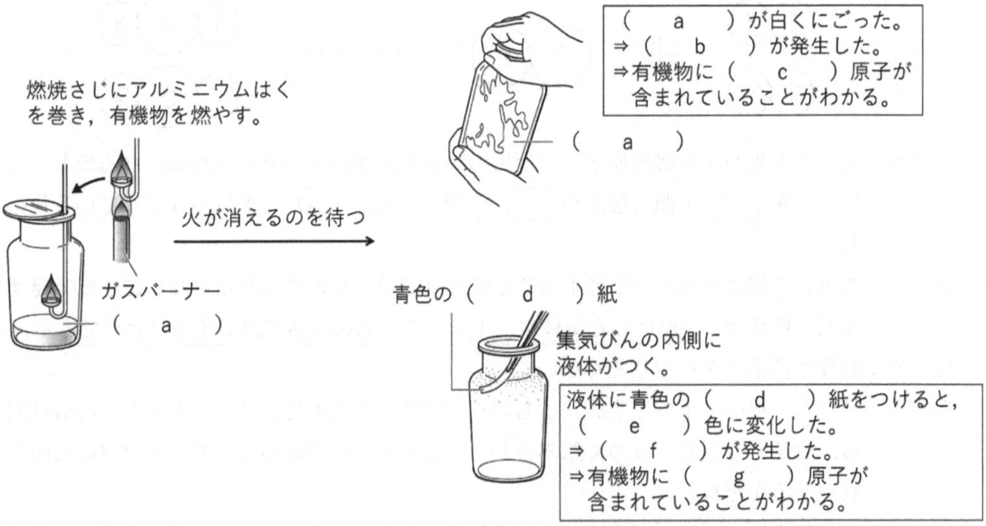
燃焼さじにアルミニウムはくを巻き，有機物を燃やす。
ガスバーナー
（　a　）
火が消えるのを待つ
（　a　）が白くにごった。
⇒（　b　）が発生した。
⇒有機物に（　c　）原子が含まれていることがわかる。
（　a　）
青色の（　d　）紙
集気びんの内側に液体がつく。
液体に青色の（　d　）紙をつけると，（　e　）色に変化した。
⇒（　f　）が発生した。
⇒有機物に（　g　）原子が含まれていることがわかる。

(4)　下線部①について，水素を燃やす反応を行ったとき，酸素3.2gにちょうど（＝過不足なく）反応する水素は何gか答えなさい。また，このときに生成する水は何gか答えなさい。ただし，酸素原子1個の重さは水素原子1個の重さの16倍である。

(5)　下線部②について，スチールウールを燃やしても二酸化炭素が発生しない理由を答えなさい。

(6)　下線部③について，うすい塩酸と水酸化ナトリウム水溶液を混ぜたとき，生成する2つのものを，モデル図を用いて答えなさい。

(7) 下線部④について，うすい塩酸にアルミニウムの粉末を混ぜる実験を行った所，気体が発生しました。

(i) この気体として考えられるものを２つ答えなさい。

(ii) 発生した気体が，(i)で挙げたいずれの気体であるかを確かめる方法と，その結果からどちらの気体であるといえるか答えなさい。

【適性検査ⅢＡ】（45分）　＜満点：100点＞

【適性検査ⅢＢ】（77ページからはじまります）

【注意】 携帯《けいたい》電話，電卓《でんたく》，計算機能付き時計など電子機器類を使用してはいけません。

1　合唱部の先生と徳子《のりこ》さんが文化祭で曲を発表するために，発表時間などについて話しあっています。次の会話文を読み，あとの問いに答えなさい。**なお，(2)(3)(4)(7)においては解答用紙に答えだけでなく，文章や式，図などを用いて考え方も書きなさい。(1)(5)(6)に関しては，正解のみ解答しなさい。**

徳子：合唱部の発表時間って何分あるんですか？

先生：合唱部は片付けも含《ふく》めて全部で30分以内ですよ。

徳子：ありがとうございます。準備していた曲が時間内におさまるか不安ですね。

先生：それならば，楽譜《がくふ》を見れば1曲にかかる時間を計算できますよ。

徳子：そんなことができるのですね。どうすれば良いか教えてもらえますか？

先生：いいですよ。基本的な楽譜の読み方について確認していきます。
最初は「音符《おんぷ》」の読み方から確認してみましょう。

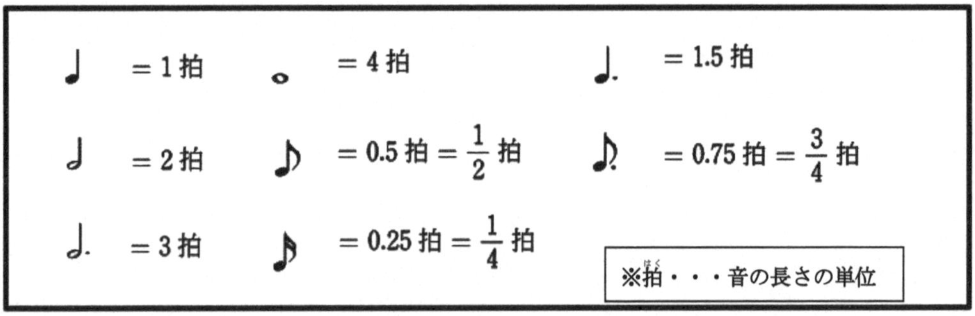

【図1】　♩の音の長さを1としたときの音符の長さ

先生：【図1】のように，楽譜にある音の長さは，「♩」を1拍《ぱく》とすると，「♪」は長さ0.5拍，「𝅗𝅥」は長さ2拍となります。他の音符の長さは【図1】を見て下さい。

徳子：例えば，𝅗𝅥＋♩＝2＋1から合わせて3拍で♪＋♩.＝ ア 拍ってことですか？

先生：正解です。次は「小節」の読み方を教えますね。楽譜の中で，たて線で区切られた1つの区間を「小節」と言います。【楽譜1】にある「$\frac{3}{4}$」と書かれた分母の「4」は♩を1拍とすることを表していて，分子の「3」は1つの小節に入る音符の長さの合計が♩3つ分であることを表しています。
例えば，【楽譜2】のような楽譜の場合は，分母が4，分子が イ となります。

【楽譜1】

【楽譜2】

先生：最後に曲の進む速さについて確認します。**【楽譜１】**や**【楽譜２】**の左上にある記号の「♩＝60」は，曲の進む速さを表しています。この場合は，同じ長さで音を叩《たた》くとき１分間にちょうど60回叩く速度で曲が進むことを表していますよ。

徳子：「♩＝60」は60回叩くのに60秒かかるってことだから，「♩＝120」だったら，120回叩くのに60秒かかるのですね。言いかえると，「♩＝120」は１回叩くのに60÷120＝0.5（秒）かかるってことですね。

先生：正解です。これらのことを使えば１曲にかかる時間を求めることができます。例えば，**【楽譜３】**を見てください。**【楽譜３】**は全部で30小節あるとします。この楽譜は「$\frac{4}{4}$」と書いてあるので，１小節には音の長さが４拍分の音が入り，30小節までに音の長さは４×30＝120拍分あることになります。よって，**【楽譜３】**は合計 [ウ] 秒かかることが分かります。

徳子：なるほど。これなら①**【楽譜３】**の小節数や，曲の速さが変わっても１曲にかかる時間を求めることはできそうですね。

【楽譜３】

（話は進み，現在は観客に手拍子《てびょうし》をしてもらうために，そのリズムについて考えています。）

徳子：手拍子のリズムってたくさんのパターンを考えられるけど，なるべく複雑にならない方がお客さんも覚えやすいですよね。

先生：そうですね。それなら，手拍子のリズムを音符にして考えてみましょう。複雑にならないように，②「♩」「𝅗𝅥」「𝅗𝅥.」「𝅝」の４種類の音符だけを使ったリズムの例を考えました。**【楽譜４】**を見てください。

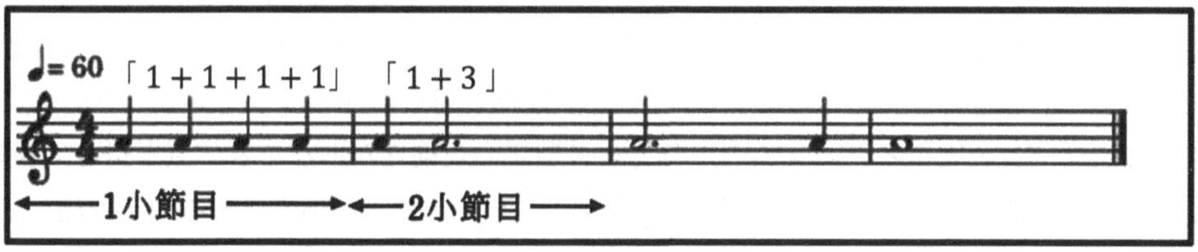

【楽譜４】

先生：**【楽譜４】**の１小節目の音の長さの合計を考えると，「♩」が１拍を表すから「１＋１＋１＋１」と考えます。２小節目は「𝅗𝅥.」が３拍を表すから「１＋３」と考えます。同じように３小節目は「３＋１」，４小節目は「４」と考えて下さい。

徳子：この考え方を使えば１小節内で叩ける手拍子のリズムのパターンをすべて考えることができそうですね。**【楽譜４】**のように「$\frac{4}{4}$」と書いてある楽譜は，１小節に入る音符の合計が４拍だから，１，２，３，４の４つの数字を使って，その数字の合計が４となるように数字を並び替《か》えればいいのですね。

先生：そうすると，**【楽譜４】**のパターン以外にも並べ方はあるから，手拍子のリズムは全部で［エ］通りです。

徳子：このリズムの中で，一番良いリズムを投票で選ぶことにします。

(1)　会話文中の［ア］から［エ］にあてはまる数を求めなさい。

(2)　下線部①について，**【楽譜３】**の小節数を100小節に変えたとき，何秒かかるか求めなさい。

(3)　下線部①について，**【楽譜３】**の小節数を30とし，曲の速さを「♩＝50」に変えたとき，何秒かかるか求めなさい。

(4)　下線部①について，**【楽譜３】**の小節数を30とし，ちょうど１分36秒で終わらせるとします。このとき，曲の速さはどうすれば良いかを答えなさい。
ただし，曲の速さは「♩＝○○」の形で答えなさい。

(5)　**【図２】**は下線部②のように４種類の音符だけを使った場合，１小節内で叩ける手拍子のリズムのパターンが何通りあるかをまとめたメモです。
［オ］，［カ］，［キ］にあてはまる数を求めなさい。
ただし，それぞれの場合で１つの小節で決められた音の長さを超《こ》えるような音符は考えないものとします。

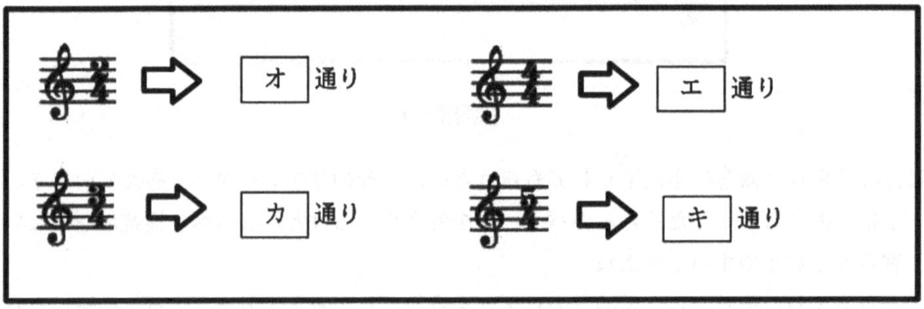

【図２】　徳子さんのまとめたメモ

(6)　徳子さんは文化祭のあとにリズムの取り方に興味をもって**【図２】**のように「$\frac{5}{4}$」以降のときも考えました。「$\frac{5}{4}$」の場合を考えるとき，下線部②の４種類の音符のほかに，「５拍分の長さ」の音符を追加して考えました。「$\frac{6}{4}$」の場合を考えるとき，「５拍分の長さ」の音符に加えて「６拍分の長さ」の音符も加えて考えました。「$\frac{7}{4}$」以降も同じように，「分子の数と同じ長さ」の音符を加えて考えたところ，リズムの取り方には数字の規則性があることに気が付き，**【図３】**のようにメモにまとめ直しました。［ク］，［ケ］，［コ］，［サ］にあてはまる数を推測《すいそく》して答えなさい。

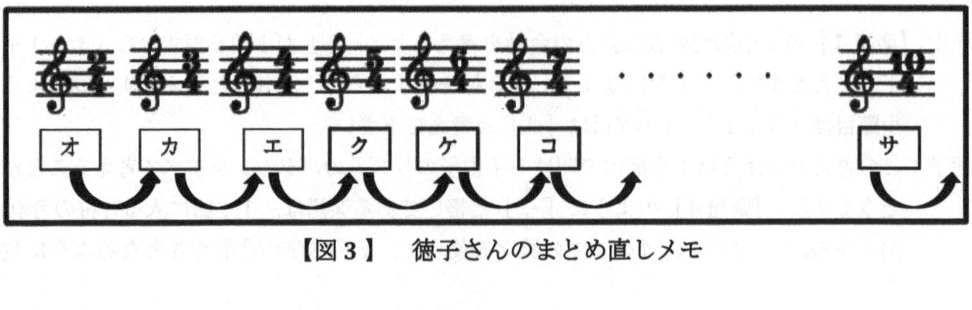

【図３】　徳子さんのまとめ直しメモ

(7)　下線部②について，４種類の音符以外に，１拍分の長さの休符「𝄽」を追加してリズムの取り方を考え直しました。ただし，休符とはその長さだけ音を叩かないことを表す音符のことです。以下の【ルール】にしたがって，「$\frac{4}{4}$」の場合の手拍子の取り方は何通りあるか答えなさい。

【ルール】

①　休符「𝄽」は連続して並べることはできません。

②　１小節の中に休符「𝄽」は最低１回以上使用しなければいけません。

2　1921年，物理学者のアインシュタインは光電効果《こうでんこうか》の理論的解明によりノーベル物理学賞を受賞しました。これまで，光の正体は不確かなものでしたが，現在ではこの研究により光とは何かが少しずつ分かるようになりました。最近では，光電効果の原理を利用した「太陽光発電」など私たちの生活でも身近なものになりました。太陽光発電の簡単な仕組みとともに光とは何かを考えましょう。以下の中学生と理科の先生との会話を読み，あとの問いに答えなさい。

生徒：先生。家の屋根の上とか学校の屋上にある黒い板は何に使うものなんですか？

先生：あれはソーラーパネルと言って，太陽の光を使って発電する機械なんだ。小さいものだと電《でん》卓《たく》にもついていたりするね。

生徒：太陽光発電ですね。聞いたことがあります。太陽の光で発電するなんてすごい発明ですね。どのような仕組みになっているか教えてください！

先生：まず，この発電方法は太陽の光をソーラーパネルに当てることで，発電ができるんだ。この太陽光発電は光電効果という現象を応用しているんだよ。この光電効果について簡単に説明しよう。図１のように，金属板に光が当たると，金属板の中にある目には見えない粒の“電気の素”が飛び出すんだ。この“電気の素”のことを“電子”と呼び，それによって発電されるんだ。

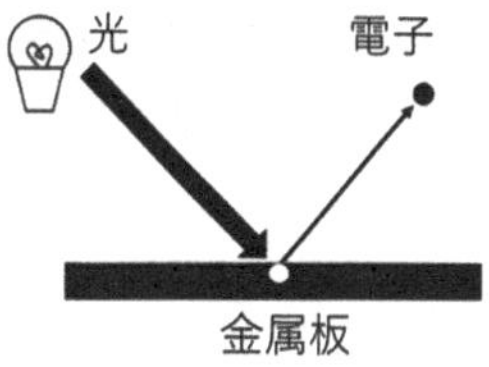

図１

生徒：光で金属から粒が飛び出るなんて不思議です。でも，光って身近なものではあるけど，何でできているのかはよく分かりません。光ってどのようなものでできているんですか？

先生：分からなくても仕方ないよ。だって，アインシュタインが光電効果を説明できるまで，光の正体には様々な予測が立てられて，多くの物理学者を悩《なや》ませてきたんだから。まずは，このアインシュタインが登場する前までの光の正体の考え方について学ぼう。今まで小学校で光についてどのようなことを学んできたかな？

生徒：鏡を使って光を反射させたり，虫眼鏡《むしめがね》を使って光を集めたりしました。光を多く集めると明るくなって，その部分が温かくなるんでしたよね！

先生：ちゃんと覚えているね。その通りで，これらは物体を振動《しんどう》させながら進む波という現象のひとつなんだ。虫眼鏡で光が集められたり，集めた光で物体を目には見えないほど細かく振動させて温かくさせたりするのは，光が波の性質を持っていることを表しているんだよ。

生徒：なるほど。光電効果でも光が金属板の“電子”を振動させることで動き出して飛び出してくるんですね。そう言えば，太陽光発電は天気にも大きく左右されると聞いたことがあります。天気と光にはどのような関係があるんですか？

先生：晴れているときと曇《くも》りのときでは，太陽の光の明るさが違《ちが》うね。この光の明るさを表すものが，波の“振幅《しんぷく》”というものなんだよ。図２（次のページ）のように，物体を振動させる波の上下への振動の幅《はば》のことを“振幅”と言うんだ。明るい光はこの“振幅”が大きくなり，暗い光はこの“振幅”が小さくなるんだよ。この“振幅”が大きいほど物体を大きく振動させることができるんだ。

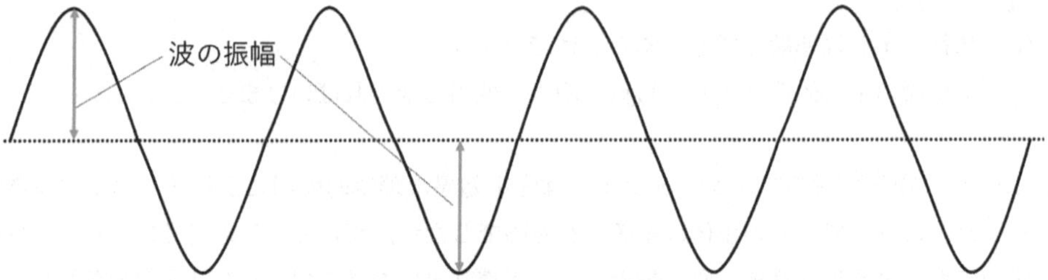

図2

生徒：つまり，“振幅”の大きい光になるほど，金属を大きく振動させることで中にある“電子”を振動させる力が大きくなるということですね。

先生：そういうことになるね。それだけでなく，波が物体を振動させる力は，物体を振動させる回数である“振動数《しんどうすう》”というものによっても決まるんだ。

生徒：“振動数”とは何ですか？

先生：簡単に説明すると，1秒間に波が物体を振動させる回数のことだよ。**図3**のように，1秒間に波が進む距離《きょり》にどれだけの波が含《ふく》まれているかで“振動数”の大きさがわかるんだ。この“振動数”が大きくなることで，波が物体を振動させる力も大きくなるよ。

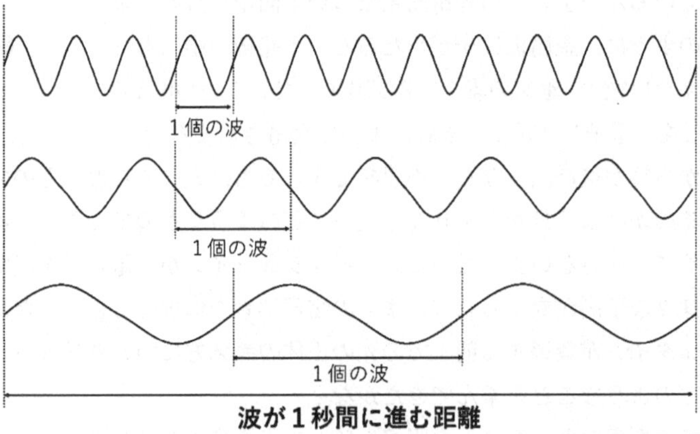

図3

生徒：ということは，(I)“振幅”と“振動数”がそれぞれ大きい波が，物体を振動させる力が大きくなるんですね。でも，光の“振動数”は何を表しているんですか？

先生：“振動数”は光の色に関係しているんだ。太陽の光はどのような色をしているかな？

生徒：太陽の光の色？　普段《ふだん》は白色だと思います。でも，夕方には赤色になったりしますね。

先生：実は白色の光の中には様々な色の光が混ざっているんだ。このそれぞれ光の色の違いは“振動数”の違いで表されるんだ。正しくは，1個の波の長さである“波長《はちょう》”の違いが光の色の違いなんだよ。(II)“波長”の長さをもとに，光が1秒間に進む距離にどれだけの波を含むことができるかで振動数を求めることができるんだ。**図4**（次のページ）に光の色と“波長”の関係を表してみたよ。

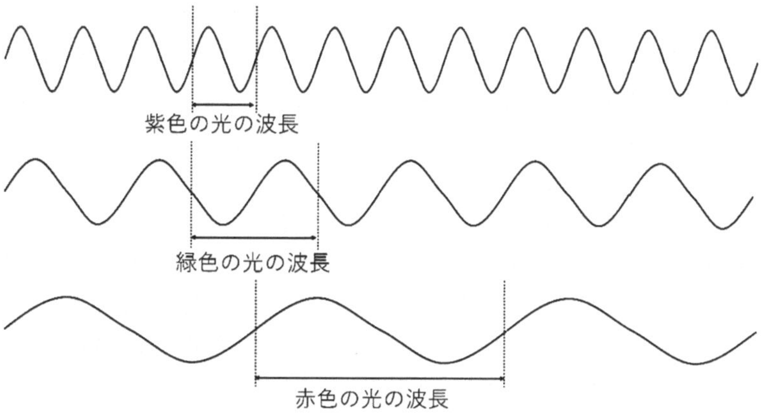

図４

生徒：太陽の光の中に様々な色が含まれているなんて知りませんでした。

先生：実はこれを証明する自然現象があるんだ。虹《にじ》は見たことがあるかな？　これは，波の“屈折《くっせつ》”という現象によるものなんだ。図５のような直方体のガラスに光が進入するとどのように進むか覚えているかい？

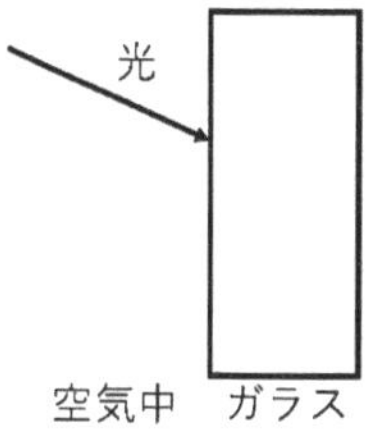

図５

生徒：［ア］だと思います。

先生：その通り。この光が曲がる現象が“屈折”と言うんだけど，“波長”の長さによって曲がり方も変わってくるんだ。“波長”が短いほど，空気中からガラスの中に入るときの曲がり方も大きくなるんだよ。虹が見られるときはどんなときだろう。

生徒：雨上がりのあとですか？

先生：そうなんだ。雨が止んだあとには，空気中には水滴《すいてき》がたくさん浮《う》いている状態になるんだ。その水滴がガラスの代わりになって，光を屈折させるんだ。(Ⅲ)ひとつの水滴に，白色の太陽の光が入るとき，図６のように，光の色によって分かれて進み，水滴の内側で反射して，再び水滴の中から空気中に“屈折”して進むんだ。

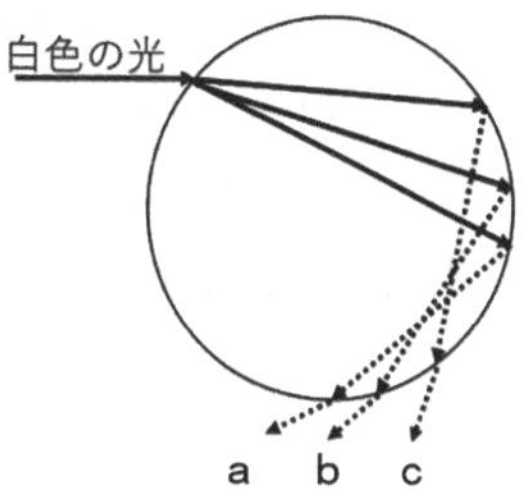

図６

生徒：なるほど。だから虹は“波長”の異なる光が分かれながら進むことで規則正しく「紫《むらさき》，藍《あい》，青，緑，黄，橙《だいだい》，赤」の色の光が並んでいるんですね。

先生：そしたら，本題に戻《もど》ろう。(Ⅳ)どのような光が最も効率よく光電効果を起こすことができるかわかるかな？

生徒：紫色の明るい波ですか？

先生：正解。では，赤色の光で“電子”を多く飛び出させるためにはどうすれば良いかな？

生徒：振幅を大きくさせて明るい光にすると，振動させる力も大きくさせることができると思います。

先生：そう思うでしょ？　これこそ多くの物理学者を悩ましてきた光の正体の謎《なぞ》なんだ。

生徒：どういう事ですか？

先生：振動数の小さい赤色の光では，どんなに明るくして振動させる力を大きくしても光電効果を起こすことができないんだ。しかし，振動数の大きい紫色の光は，振幅の小さいどんなに弱い光でもすぐに光電効果を起こすことができるんだ。つまり，長い間，光の正体は“振幅”と“振動数”で物体を振動させる力が決まる波だと考えられてきたのに，波では説明できない現象が起こってしまったんだ。そこに現れたのが，アインシュタインなんだ。

生徒：アインシュタインは光の正体を何だと言ったんですか？

先生：「光は波の性質を持つと同時に“光子《こうし》”という小さな粒《つぶ》としての性質を持つ」という仮説を立てて，見事に光電効果の理論的解明をしてノーベル物理学賞を受賞したんだ。

生徒：なぜ光が小さい粒だと考えると，赤色の光で光電効果が起こらない説明ができるんですか？

先生：光は図7のように　目には見えない“光子”の集まりでできていて，一つ一つが波としての“振動数”を持っているんだ。

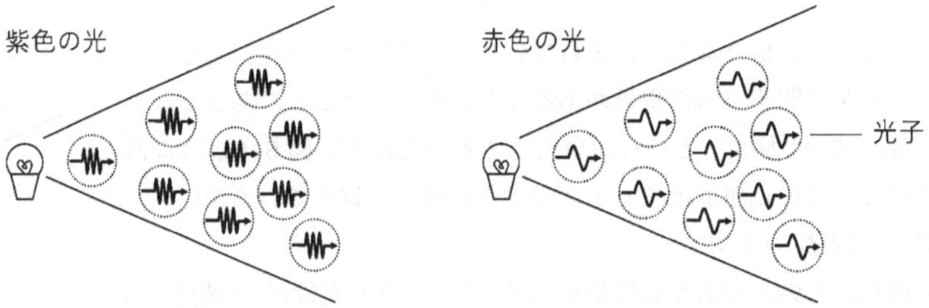

図7

生徒：“光子”1個ずつがそれぞれに物体を振動させる力を持っているということですね。“光子”が集まると光の何が変わるんですか？

先生：この“光子”の量では，光の明るさが決まるんだ。今まで“振幅”で考えられていた光の明るさも“光子”を使って説明すると，“光子”が多く集まると明るい光になり，“光子”が少ないと暗い光になるんだ。異なる色の光でも“光子”の量が同じであれば，同じ光の明るさになるよ。

生徒：なるほど。明るい光を波として考えると，“振幅”が大きくなり，振動させる力が大きくなる。これを粒で考えると“光子”の量が多くなり，それぞれが物体を振動させる力を持っていて，それらの振動させる力を足し合わせていくと，波としての光と振動させる力が同じ大きさになるんですね。

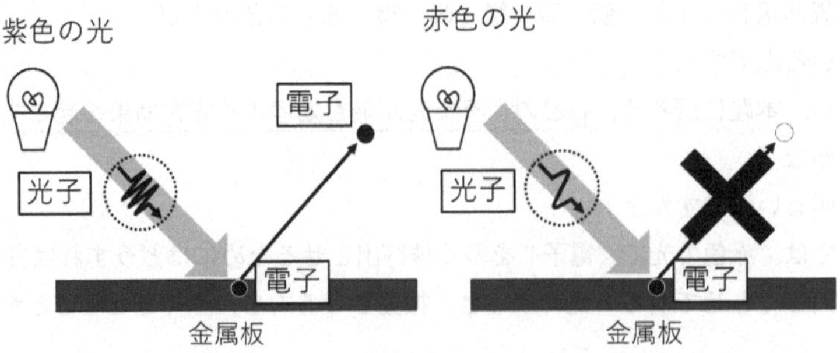

図8

先生：つまり光電効果とは，前のページの図８のように，“光子”が金属板の中にある“電子”にぶつかり振動させ飛び出させることだけど，“光子”１個が持つ振動させる力が“電子”１個を動かすことができなければ，飛び出させることができない。(V)1個の“光子”と１個の“電子”の間での力のやりとりを考えることで，今まで波の性質だけで説明できなかったこともできるようになったんだ。

(1)　下線部Ⅰについて，波は振幅と振動数を比べることで振動させる力の大小関係がわかる。次の①～③の組み合わせで，ア～エの２つの波を比べたとき，振動させる力が大きいものはどちらか。理由とともにそれぞれ答えなさい。

①　アとイ　　②　イとウ　　③　アとエ

ア

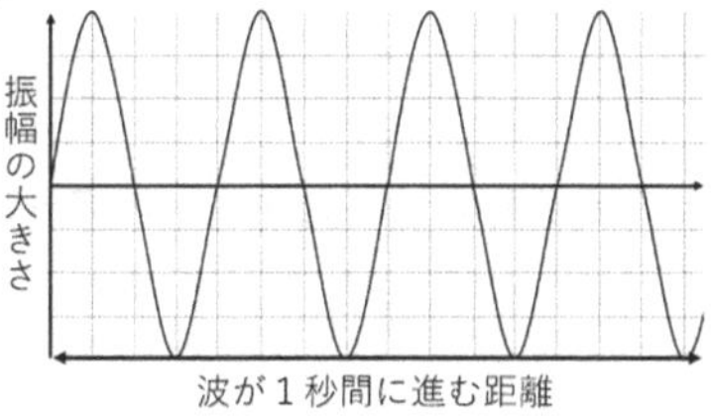

イ

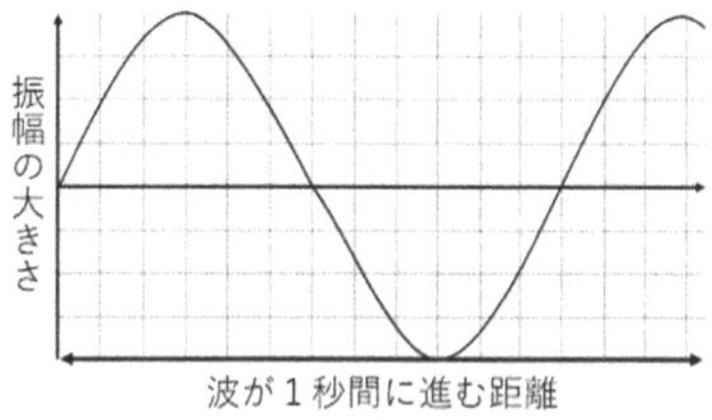

ウ

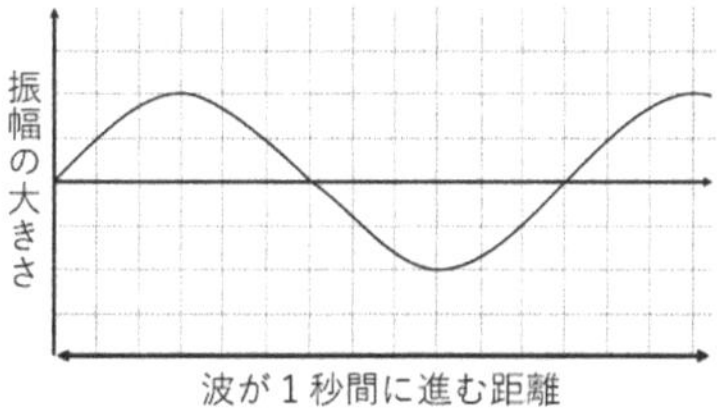

エ

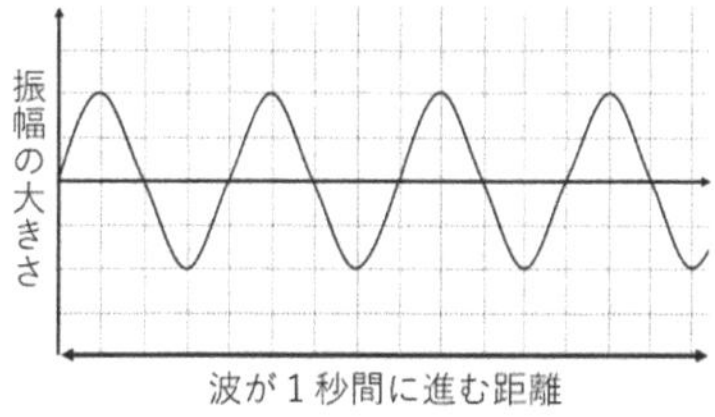

(2)　下線部Ⅱについて，光が１秒間で進む距離と波長は次のような図で表すことができる。波長と振動数の間にはどのような関係があるか，記述して答えなさい。

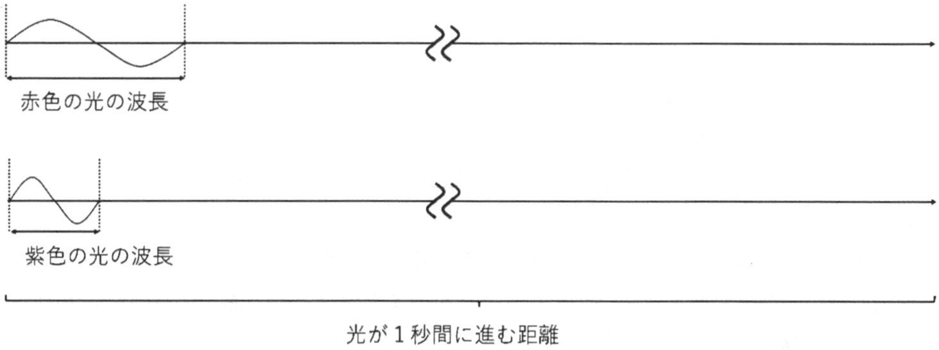

(3)　波長が1.5㎝の波が１秒間に63㎝進んだ。この波は１秒間に何回振動するか答えなさい。

(4)　ア　について，光の進み方として正しいものは次のうちどれか。当てはまるものを次のページのア～ウから選び記号で答えなさい。

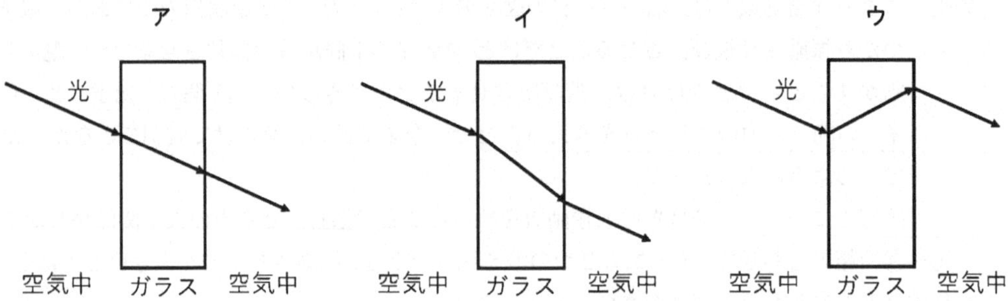

(5)　下線部Ⅲについて，**図６**（69ページ）の**a**～**c**の組み合わせとして正しいものを**ア**～**エ**から選び記号で答えなさい。

ア　a 赤　b 紫　c 緑　　**イ**　a 緑　b 赤　c 紫

ウ　a 紫　b 緑　c 赤　　**エ**　a 赤　b 緑　c 紫

(6)　下線部Ⅳについて，最も効率よく光電効果の起こすことのできる光はどれか。次の**ア**～**エ**の図から選び記号で答えなさい。

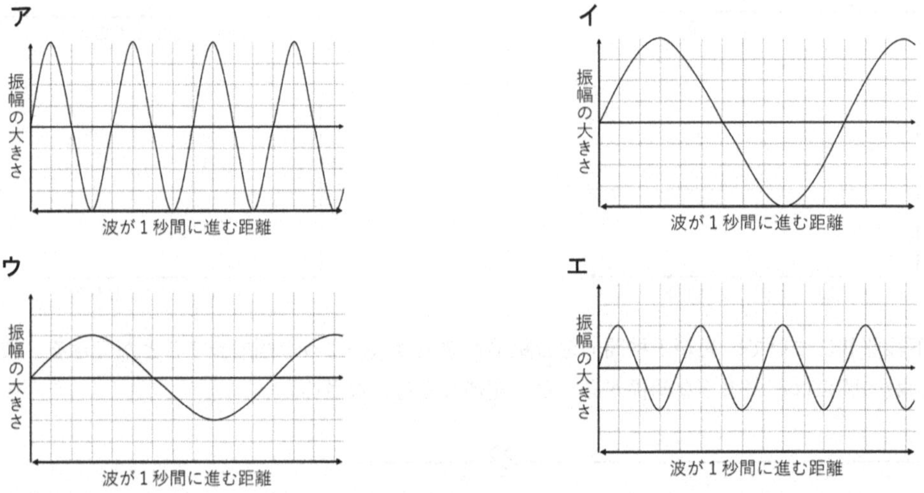

(7)　下線部Ⅴについて，１個の光子と１個の電子との力のやりとりを考えることで光電効果を説明することができる。あとの問いに答えなさい。

①　赤色の光をどんなに明るくしても光電効果が起こらない。この理由について記述し答えなさい。

②　一定以上の振動数では，振動数を次第に大きくしても飛び出す電子の量が変わらない。この理由について記述し答えなさい。また，それを表すグラフとして適切なものを以下の1～3のグラフから選び記号で答えなさい。

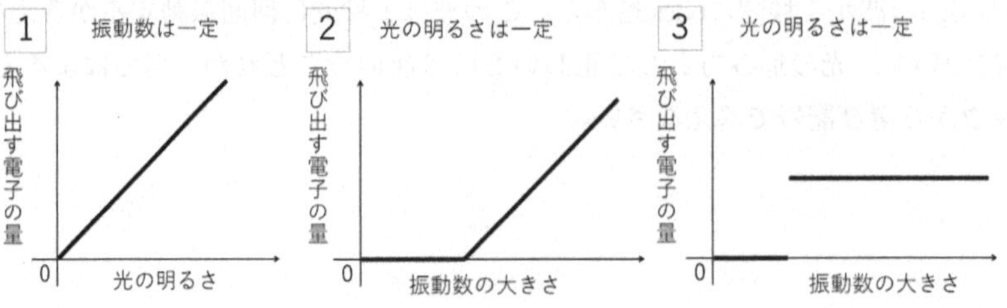

③　一定以上の振動数では，光を明るくすると飛び出す電子の量が増える。この理由を記述し答えなさい。また，下の図は，緑色の光の明るさと飛び出す電子の量を表したグラフである。紫色の光の明るさを変えた場合，どのような直線になるか図に描《えが》き答えなさい。

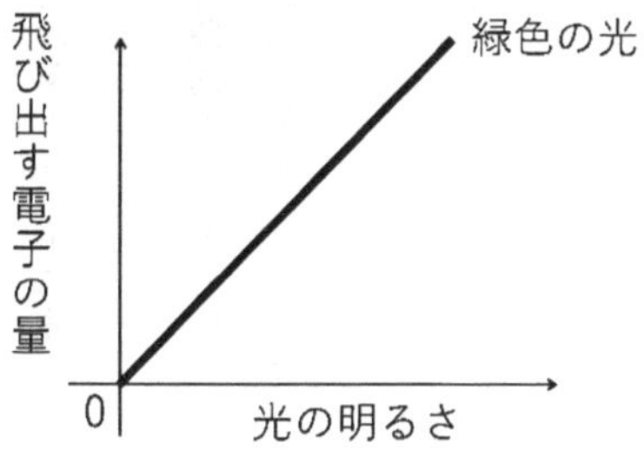

2　(83ページからはじまります)

多くの小学生にも来てもらいたいし、運営も手伝ってほしいと言われました。そのため、それが実現できるような提案をすることにしました。[一]の聞き取りと、文章[二]・[三]の読み取りを踏まえて、次の条件にしたがって、提案の内容を**十五行以上二十行以内**で書きなさい。

《条件》

① **三段落構成**でまとめて書くこと。

② **第一段落**では、どのような祭りにしたいかという案を具体的に述べること。

③ **第二段落**では、どうすれば多くの小学生が来てくれるかという案を述べること。

④ **第三段落**では、どうすれば多くの小学生が運営を手伝ってくれるかという案を述べること。

できたということです。【2】で述べられているような「逆転の発想」で、とてもおもしろいと思いました。

三　次の文章を読んで、あとの（1）（2）（3）の問いに答えなさい。

二〇世紀の経済における一つの特徴《とくちょう》は、規格化された画一的《かくいつてき》な商品を対象に生産・消費してきたことです。それにともなって、地域の固有性も失われていきました。地域それぞれに、歴史や風土《ふうど》に根ざした多様な暮らしがあったのですが、近代的な開発のもとでどんどん失われていったのです。

しかし現代では、そのような経済の仕組みは行き詰《づ》まり、これまで失われてきたものが見直されるようになっています。人びとはこれ以上「モノ」の量的な豊かさを求めるのではなく、それによって得られる「知識」や心温まる「感動」といった無形の要素を重視するようになりました。このような注1ニーズの変化は、従来の経済活動や価値に対する考え方を大きく変えています。

従来の経済の常識では、労働を投下して、新しい財やサービスをつくりだすことによってのみ、経済的価値は生まれるとされていました。ところが、何ら新しいものを生産しなくても、すでにあるものに対して「意味」を与《あた》えることで価値が高まるのならば、経済活動の様相《ようそう》は一変します。そのため、現代では「モノづくり」だけでなく、「コトづくり」（ストーリーの生産）が重要になっているといわれます。

もちろん、見えるもの、ふれられるものがあってこそ注2五感は刺激《しげき》されますから、「コトづくり」の時代に入っても「モノづくり」の重要性は失われません。大事な点は、そこに知識や注3情動《じょうどう》、注4倫理《りんり》や美しさといった無形の要素がどれだけあるかです。

（除本理史・佐無田光『きみのまちに未来はあるか？「根っこ」から地域をつくる』より）

（注）
1　ニーズ――必要性。
2　五感――視覚・聴覚《ちょうかく》・嗅覚《きゅうかく》・味覚・触覚の五つの感覚。
3　情動――激しい感情の動き。
4　倫理――人として守り行なうべき道。

（1）経済的価値がどのように生まれるかをまとめた次の文の①②にあてはまる言葉を、それぞれ五字で文章中から抜《ぬ》き出して答えなさい。

従来　…　労働して新しい財やサービスをつくりだす　＝　①（五字）

←

現代　…　あるものに対して「意味」を与える　＝　②（五字）

（2）文章三をもとに、文章二【3】に出てきた海士町《あまちょう》のキャッチフレーズを考えます。「ないものはない」という言葉からは、どのような海士町のストーリーが感じ取れるか、あなたの考えを**二行以内**で書きなさい。

（3）あなたは、自分の地域（まち）の祭りで、小学生代表の実行委員になりました。実行委員会では、祭りに、大人や中高生だけでなく、

や食べ物、空気のおいしさという豊かさ、地域の暮らしがもつ豊かさを調べることです。

地元学はあるものを探すことからはじまります。

（吉本哲郎『地元学をはじめよう』より）

【2】

近所の川、注2田総川《たぶさがわ》に、注3外来魚のブルーギルやブラックバスが増えていると聞けば、「普通《ふつう》は不味《まず》くて食べられないと言うが、ひとつ、じっくり調理しておいしく食べようじゃないか」と、地元の注4漁協や小中学生と協力して「田総川を丸ごと食べる会」を開く。

逆転の発想で捉《とら》えれば、役に立たないと思っていたものも宝物となり、何もないと思っていた地域は、宝物があふれる場所となる。そんな里山暮らしの楽しさを訴《うった》える活動を続けてきた注5和田《わだ》さんと仲間たち。

（藻谷浩介・NHK広島取材班『里山資本主義―日本経済は「安心の原理」で動く』より）

【3】

僕もローカル（高知県）に住んでいます。
条件がいいところではない。
しかし「良し」も「悪し」もその土地の個性だと思うのです。
その個性の上に、生きていく生き方を考える。
それが「ユタカ」なことです。
もっとほしい、もっとほしい、もっとほしいと言っている人間が、なんだか変なことにしているような気がしてる。
「ないもの」は、なくていいんじゃないの？
「大事なもの」が、ここに全部あるんじゃないか？
「ないものはない」離島《りとう》・海士町《あまちょう》の本質を語るとこの言葉になりました。

（梅原真・島根県隠岐郡《おきぐん》海士町ホームページ「ないものはないができるまで」より）

（注）
1 風土――その土地の気候・地形などの総称。
2 田総川――広島県庄原市総領町《しょうばらしそうりょうちょう》を流れる川。
3 外来魚――海外から移入された魚類の総称。
4 漁協――漁業協同組合。漁業者により構成される。
5 和田さん――和田芳治《よしはる》さん。広島県の山里に住んでいる。

問　明さんは三つの文章が同じ意見をもっていることに気がつきました。次の文章は、明さんが気がついたことを説明するために用意した文章です。①は【2】の文章中の言葉を使って**五字以内**で、②は自分の言葉で**四字以内**で、③・④は【3】の文章中の言葉を使って書きなさい。

【1】で「地元学」は「あるものを探すことからはじまる」とあるのは、【2】で和田さんと仲間たちが、［①］を活用することと重なります。どちらも住民自らの［②］姿勢が、まちおこしには大事だということだと思います。

【3】は、まちおこしに力をいれている島根県の離島・海士町が、島らしい生き方や魅力《みりょく》、個性を表現する、「ないものはない」というキャッチフレーズを掲《かか》げるにあたってのコメントです。海士町では地元にあるものを探した結果、［③］ということに気がつき、［③］けれど、［④］と考え、このキャッチフレーズが

【適性検査ⅢB】（四五分）〈満点：一〇〇点〉

一 放送で聞いた内容から、あとの（1）（2）の問いに答えなさい。

（1） 山崎亮《やまざきりょう》さんが述べている、まちを元気にする方法と人口との関係を、［図1］のようにまとめました。①には、あてはまる言葉を**漢字三字**で、②には、あてはまる言葉を**漢字二字**でそれぞれ書き、③④には、あてはまる言葉として最も適当なものを、あとのア～エのうちからそれぞれ一つずつ選び、その記号を書きなさい。

［図1］

日本人の総人口は減っている

⇦

人口規模《きぼ》を拡大化してまちを ①（三字） する発想

⇔

人口規模は ②（二字） しながらも、まちの営《いとな》みは充実《じゅうじつ》していけばよいのではないか

＝

③ は減っても ④ が増えればよい

【③④に使う言葉】

ア 定住人口　イ 交流人口　ウ 労働人口　エ 活動人口

（2） 山崎さんは、④を増やすにはどうなればよいと述べていますか。次のようにまとめたとき、空欄《くうらん》に入る適当な語句を、**「住民」という言葉を使って、二十五字以上三十字以内**で書きなさい。

［　　　　］が生まれてくればよい。

二 社会の授業で、明《あきら》さんは、「まちおこし」をテーマにレポートを書くことになりました。そこで、【1】～【3】の文章を参考にすることにしました。これを読んで、あとの問いに答えなさい。

【1】

地域の注1風土《ふうど》と暮らしは、外的要因、内的要因による変化をつねに受けています。その変化を適正に受けとめ、地元になじませていくのは、当事者であるそこに住む人たちです。しかし、都市化がすすむなか、暮らしの急激な変化、住民の流動化、情報過多などの理由から、住民たちの生活文化創造の担《にな》い手としての意識は急速に希薄《きはく》になっていきました。地域が元気になるためには、ただ住むだけの住民から、地域を守り育てていく当事者であるという意識変革が必要です。それにはまず、住民自《みずか》らが地域を調べることからはじまります。これが「土の地元学」のはじまりです。

ものづくりや地域づくり、生活づくりの背景にある、地域固有の風土（環境《かんきょう》）と暮らしを楽しむという生活文化、お金の豊かさのほかに、水

【適性検査ⅢＣ】（45分）　＜満点：100点＞

1　放送を聞き，以下の問いに答えなさい。

放送中，問題用紙の余白にメモをとってもかまいません。答えはすべて解答用紙に記入しなさい。放送による問題の途中《とちゅう》で，監督《かんとく》者に質問をしたり，声を出したりしてはいけません。

(1)　エマ（Emma）さんとお父さんが話をしています。二人の話を聞いて，内容に合う絵を次のアからエのうちから一つ選び，記号で答えなさい。

ア

イ

ウ

エ

(2)　デイヴ（Dave）さんとリリー（Lily）さんがレストランでメニューを見ながら話をしています。二人の話を聞いて，二人が見ているメニューのレイアウトとして適当なものを，次のアからエのうちから一つ選び，記号で答えなさい。

ア
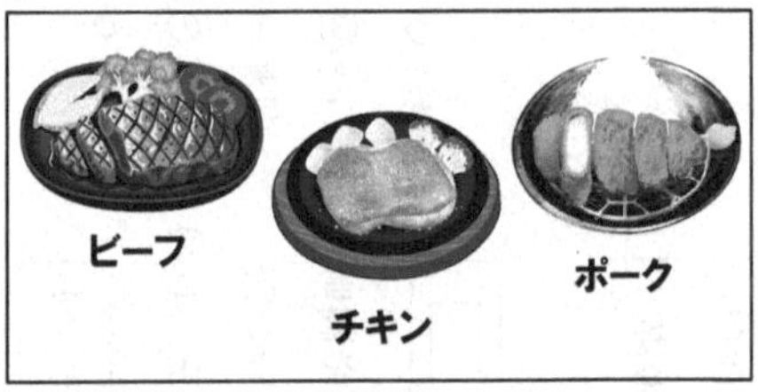

イ
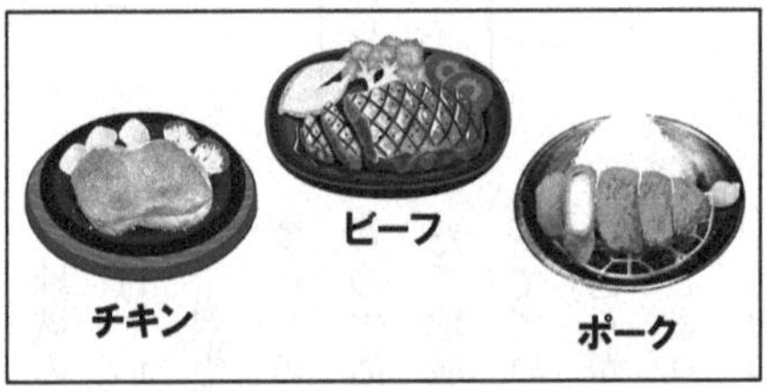

ウ
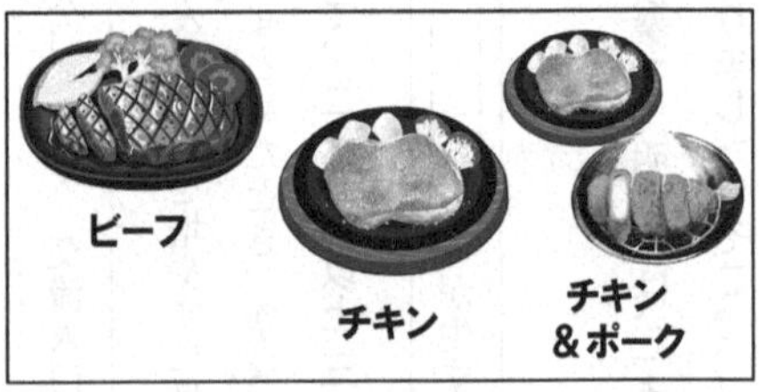

エ
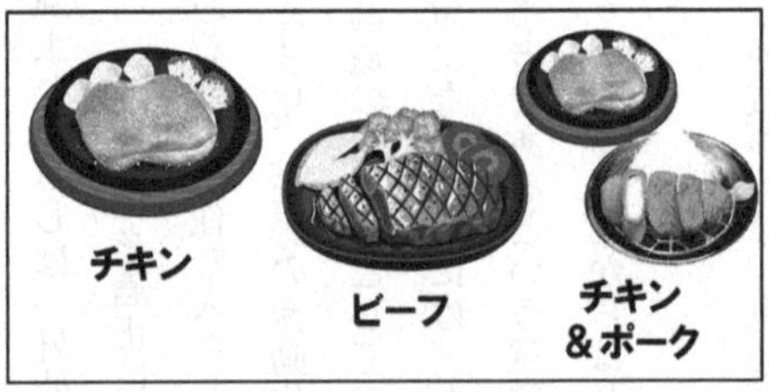

(3)　あなたは電車に乗っています。電車の車内放送を聞いて，あなたの現在地を，次のページの図のアからエのうちから一つ選び，記号で答えなさい。

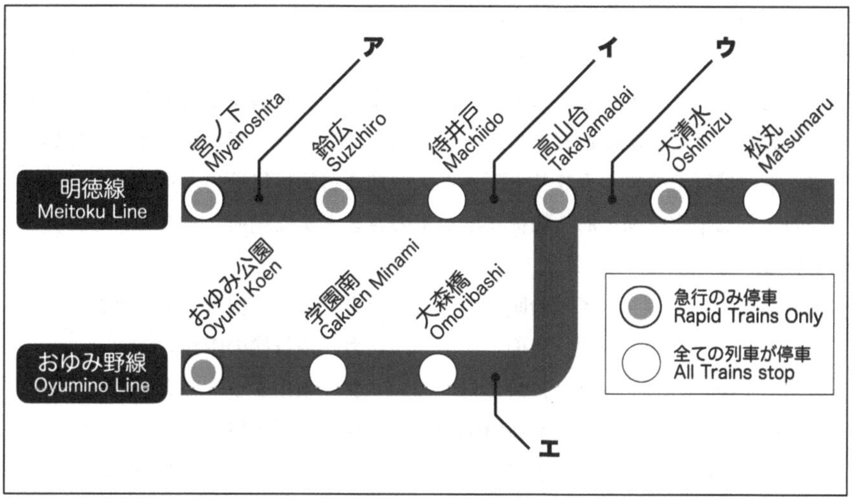

(4) クリス（Chris）さんとエミリー（Emily）さんが，おたがいの家での仕事について話をしています。二人の話を聞いて，内容に合う表を次の**ア**から**エ**のうちから一つ選び，記号で答えなさい。なお，表の中のCはクリスさんを，Eはエミリーさんを示しています。

ア

	日	月	火	水	木	金	土
皿洗い				E			E
料理	E	E	E	E	E	E	E
そうじ	C						

イ

	日	月	火	水	木	金	土
皿洗い				E			E
料理	C						
そうじ	E	E	E	E	E	E	E

ウ

	日	月	火	水	木	金	土
皿洗い	C	C	C	C	C	C	C
料理	E						
そうじ				E			E

エ

	日	月	火	水	木	金	土
皿洗い	C	C	C	C	C	C	C
料理				E			E
そうじ	E						

(5) ブラウン先生（Ms. Brown）がリョウ（Ryo）さんに話しかけています。二人の話を聞いて，リョウさんがふだんしている行動を下の**ア**から**カ**のうちから３つ選び，その行動の順番に記号で答えなさい。

ア　洗車をする　　**イ**　宿題をする　　**ウ**　バスに乗る
エ　風呂《ふろ》に入る　　**オ**　ゲームをする　　**カ**　テレビを見る

(6) アンディ（Andy）さんが，キャシー（Cathy）さんに英語でインタビューをします。解答用紙には，「事前にもらっているメモ」が印刷されています。アンデイさんになったつもりでインタビューの内容を書き入れ，メモを完成させてください。また，事前に記入してある内容がまちがっている場合は，正しく直してください。

(7) これから，国際宇宙ステーションと宇宙飛行士に関するニュースを放送します。次に書かれているのはその内容をまとめたものです。放送の内容をよく聞き，空らん**A**～**E**に当てはまるものを，さらにその後の**ア**から**ソ**の中から選び，それぞれ記号で答えなさい。

● NASAの宇宙飛行士２名が10万ドルの道具ぶくろを無くしたのは［　A　］のことで，

これは２人が［　B　］を歩行中のことだった。

- ウェブサイト［　C　］によると，その道具ぶくろを［　D　］でも確認できるが望遠鏡などを使うとより簡単に見えるという。専門家は，この道具ぶくろが地球に落ちてくる心配はなく，数ヶ月ほど宇宙にとどまり，その後消えてなくなってしまうと言っている。
- 日本人宇宙飛行士のフルカワサトシさんは，ある日曜日にそのふくろを［　E　］に見たが，このことは宇宙空間にある物体が地球上のさまざまな場所からどのように見えるのかを物語っている。

ア　高い建物から	**イ**　肉眼	**ウ**　国際宇宙ステーション
エ　９月１日	**オ**　月面	**カ**　飛行機の中から
キ　富士山上空	**ク**　11月１日	**ケ**　東京タワーの真上
コ　Earth Sky	**サ**　Moonwalker	**シ**　12月１日
ス　Space Trucking	**セ**　宇宙船	**ソ**　地表から200マイル上空

《条件》

① **二段落構成**でまとめて書くこと。

② **第一段落**では、**【文章】**を踏まえて、中学生になったらどのような人間になっていたいかを述べること。

③ **第二段落**では、第一段落を踏まえて、実際に取り組みたいと考えていることを具体的に述べること。

「でも、おれはキャプテンじゃないし……」

「おまえは副キャプテンであり、その前はずっとキャプテンだった。そうだな？」

遼介は黙ってしまった。

「昔、今のおれと同じくらいの歳《とし》の現役《げんえき》ブラジル選手がいたんだ。若い選手の中に入っても、運動量でも負けていなかった。あるときその選手が、試合後のインタビューを受けていたんだ。リポーターが、そんな歳でよく素晴らしいプレーができますねって訊《き》いたんだ。そのとき、彼《かれ》はこう言った。『グラウンドでは何歳《なんさい》であるかが大切ではなく、どういうプレーヤーであろうとするかだ』と。わかるか？」

遼介はうつむいたまま答えなかった。

「チームが助けを必要としているかもしれない」

微《かす》かに遼介はうなずいた。

「頼《たの》んだぞ」

木暮は遼介の頭をごしごしとバインダーでこすった。

（はらだみずき『サッカーボーイズ　再会のグラウンド』より）

（注）１　口火を切る――きっかけを作ること。

【会話文】

千葉《ちば》さん　最近、サッカー少年を題材とした小説を読んだよ。そこで、お手本にしたいと思った考え方が出てきたんだ。

明徳《めいとく》さん　どんな考え方なの？

千葉さん　私たちはまだ小学生だから、できることは少ないと思ったことはない？

明徳さん　そうね、行動範囲《はんい》も狭《せま》いし、知っていることも少ないから、できることは少ないと思うわ。

千葉さん　そうだね。でも小説の中で「グラウンドでは何歳であるかが大切ではなく、どういうプレーヤーであろうとするかだ」というセリフが出てきたんだよ。

明徳さん　それはどういう意味なの？

千葉さん　何かを成《な》し遂げようと思ったときに、何歳であるかが大切なのではなくて、どんな自分でありたいかと考えることがとても大切なんだ、と私は考えたよ。

明徳さん　なるほどね。何をするにも、自分の意志が一番大事ってことね。

（１）**【文章】**の傍線部《ぼうせんぶ》「こういうこと」とありますが、**木暮監督**は今回の事件をどのように捉えていると考えられますか。次の①～③に入る最も適当な語句を、指定の字数で本文から抜《ぬ》き出して答えなさい。ただし、句読点は含《ふく》める。

> チームとは［①（五字）］が集まっていて、意見がぶつかることもある。だからこそ、［②（六字）］を口に出して伝えるべきであり、［③（四字）］する姿勢も大事であると捉えている。

（２）**【会話文】**の波線部「どんな自分でありたいかと考えることがとても大切なんだ」とありますが、中学生になるにあたって、あなたはどのような人間になりたいと考えていますか。実現に向けて取り組みたいことを踏《ふ》まえて、次の**条件**にしたがって、**二百字以内**で答えなさい。

2 次の「文章」と、それを読んで交わされた【会話文】を読んで、あとの問いに答えなさい。

【文章】

主人公である小学六年生の武井遼介《たけいりょうすけ》は、地域のジュニアサッカーチームに所属しており、副キャプテンを務めている。チームの敗戦が続く中、今回の試合も樽《たる》井賢一《いけんいち》のミスが原因で敗《やぶ》れてしまう。そのことがきっかけで、キャプテン星川良《ほしかわりょう》と守りの要《かなめ》である尾崎恭一《おざききょういち》が言い争いをしてしまう。監督《かんとく》の木暮優作《こぐれゆうさく》がそれを聞きつけて現場に到着《とうちゃく》し、状況《じょうきょう》を整理する場面である。

「いいか、世の中にはいろんな人間がいる。チームだってそうだ。個性と個性のぶつかり合いだ。だから、いろんなことがある。あっていい……。ときには、喧嘩《けんか》もするさ。おれもそういう経験は何度もある」

みんな黙《だま》っていた。

「言いたいことがあるやつは、言えよ」と木暮は言った。「まず、殴《なぐ》り合ったり、無視したりする前に、自分の気持ちを口に出して伝えろよ」

チームは沈黙《ちんもく》した。

木暮は子どもたちが沈黙することに慣れていた。そして、待った。

「……おれは謝ってほしい。星川に散々言われてきたから……」

尾崎が[注1]口火を切るように激しい口調で言った。

「星川は……」と遼介は言った。「たしかに、いろいろ言ってるけど、勝ちたいという気持ちが強いんだよ。だから……」

「言いすぎだろ」

尾崎が吠《ほ》えるようにさえぎった。

しばらく待ったあと、木暮は腕《うで》を組んだまま穏《おだ》やかに声をかけた。

「樽井、どう思う？」

樽井はしばらくもじもじしていたが、小さな声で話し始めた。「ぼくが……へたくそだから、みんなに迷惑《めいわく》をかけて、喧嘩にまでなって……。試合では、ぼくは、ぼくなりに、がんばってはいるんですが、でも、へたなわけで……すいません」

そして、長い沈黙が続いた。

「星川、どうだ？」

木暮監督がささやくように言った。

星川はいつのまにか、しゃくりあげていた。星川のそんな姿を見るのは、みんな初めてのことだった。チームの王様が泣いていた。

「言いすぎたりもしたと思う。それは、悪かったと思う。でも、おれはチームを勝たせたかったんだ……」

星川の目から涙《なみだ》がこぼれた。「ごめん……」

木暮は以前コーチをしていたチームのことを思い出していた。自分の息子もいたチームだった。あのときも、こういうことがチームに起こっていたのだろうか。これは、星川にとっても尾崎にとっても、チームのみんなにとって大事なことなのだ。それに、これも選手の成長のひとつと捉《とら》えることもできるはずだ。尾崎にもようやく自己主張する姿勢が見え始めたのだと。

そのとき、タイミングよく山崎《やまざき》コーチがアイスキャンディーを買ってグラウンドに現れた。それを潮時に、かたくなな態度をとっていた尾崎や、沈んでいた星川の緊張《きんちょう》の糸がほぐれていった。

挨拶《あいさつ》をしてチームが解散すると、遼介は木暮監督に声をかけられた。

「遼介、チームを引っ張っていってくれ」

MEMO

大切なことはメモしておこうネ！

一般入試①

2024年度

解　答　と　解　説

《2024年度の配点は解答欄に掲載してあります。》

＜算数解答＞《学校からの正答の発表はありません。》

1　(1)　0　　(2)　1　　(3)　0.3$\left[\frac{3}{10}\right]$　　(4)　43　　(5)　2.5$\left[2\frac{1}{2}\right]$

2　(1)　2時間15分　　(2)　651円　　(3)　15g　　(4)　9個　　(5)　2.565cm^2

(6)　360度

3　(1)　食塩水㋐　72g　　食塩水㋑　67.5g　　(2)　7%　　(3)　8%

4　(1)　34cm^2　　(2)　9cm^3　　(3)　表面積　174cm^2　　体積　64cm^3

5　(1)　ア　1，2，4，5，10，20　　イ　6　　(2)　12　　(3)　説明：解説参照，A＝144

○推定配点○

3，4　各5点×8　　他　各4点×15(5(1)ア・(3)各完答)　　計100点

＜算数解説＞

1　(四則計算)

(1)　12×(15＋8－23)＝0　　(2)　37－36＝1

(3)　9.6÷4－2.1＝0.3　　(4)　105＋7－63－6＝43

(5)　$\left(\frac{21}{4}\times\frac{4}{3}-1.5\right)\div2.2=2.5$

2　(速さの三公式と比，単位の換算，割合と比，和差算，数の性質，平面図形)

基本　(1)　9÷4＝$2\frac{1}{4}$(時間)すなわち2時間15分

重要　(2)　(110×6＋90×3)×0.7＝930×0.7＝651(円)

(3)　それぞれの重さ…リ・バ・ミで表す　　リ－ミ…リ＋バ＝40，バ＋ミ＝30より，40－30＝10　ミ＋リ＝20　　したがって，リンゴは(10＋20)÷2＝15(g)

基本　(4)　11×9＝99　　したがって，11の倍数は9(個)

重要　(5)　右図1より，6×6×3.14÷8－3×3×3.14÷4－3×3÷2＝(4.5－2.25)×3.14－4.5＝2.565(cm^2)

(6)　右図2より，30×2×6＝360(度)

図1

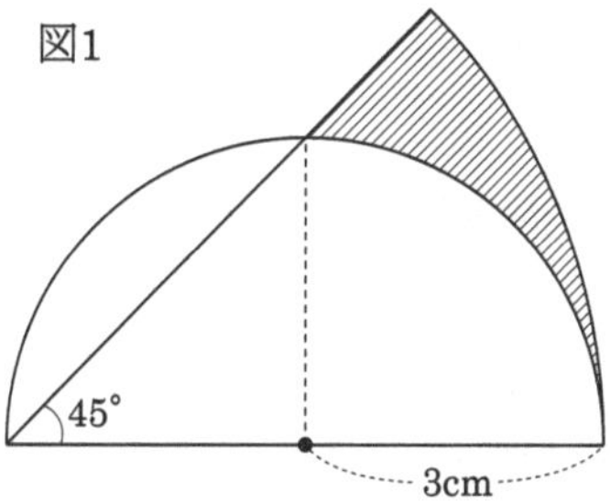

図2

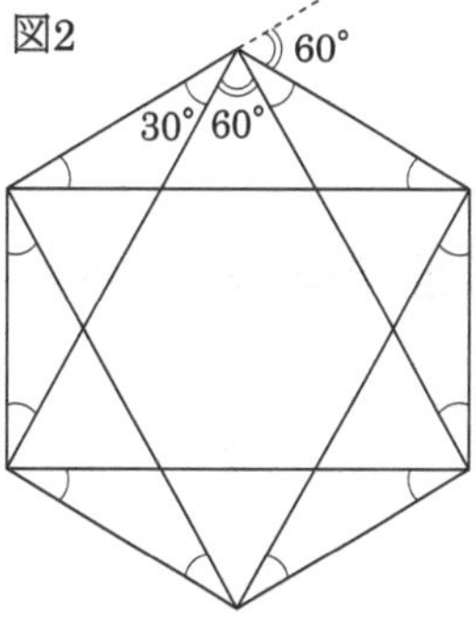

重要　3　(割合と比，消去算)

Aの食塩水…濃度10%　　食塩水㋐…Aの200g，Bの300g，Cの400gを混ぜると濃度8%

食塩水㋑…Aの400g，Bの300g，Cの50gを混ぜると濃度9%

(1)　㋐の食塩…(200＋300＋400)×0.08＝72(g)　　㋑の食塩…(400＋300＋50)×0.09＝67.5(g)

(2)　B，Cの食塩水の濃度…それぞれB，Cで表す　　200g：300g：400g＝2：3：4

2×10+3×B+4×C=(2+3+4)×8=72より，3×B+4×C=72−20=52　−ア
400g：300g：50g=8：6：1　　8×10+6×B+1×C=(8+6+1)×9=135より，6×B+C=135−80=55　−イ　　ア×2−イ…6×B+8×C−(6×B+C)=7×C=104−55=49　　したがって，Cの食塩水の濃度は49÷7=7(%)
【別解】 B300gとC400gのなかの食塩…(1)より，72−200×0.1=52(g)　　B300gとC50gのなかの食塩…67.5−400×0.1=27.5(g)　　C400−50=350(g)のなかの食塩…52−27.5=24.5(g)　したがって，Cの食塩水の濃度は24.5÷350×100=7(%)

<3段目>

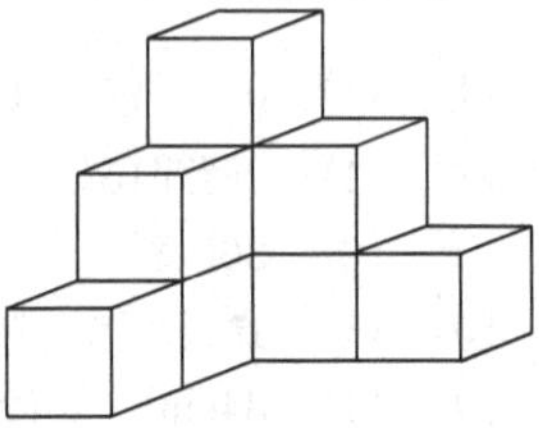

(3)　(2)イより，(55−7)÷6=8(%)

重要 4 (平面図形，立体図形)
(1)　表面積…1×1×(5+6×2)×2=34(cm^2)
(2)　体積…1×1×1×(1+3+5)=9(cm^3)
(3)　表面積…右図より，1×1×(8+7+8×9)×2=174(cm^2)　　体積…1×1×1×(1+3+5+7+9+11+13+15)=8×8=64(cm^3)

5 (数の性質，演算記号，論理)

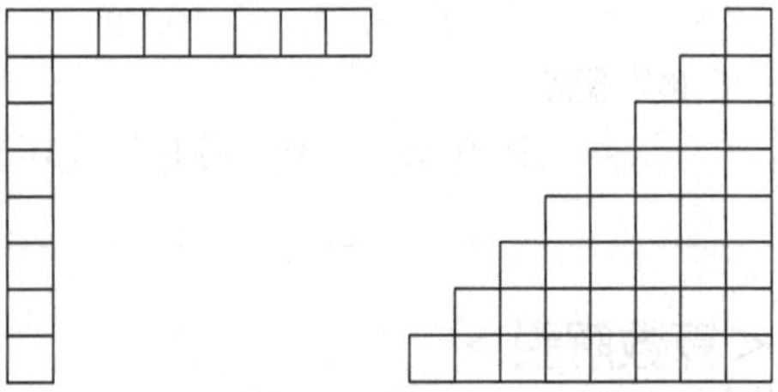

基本 (1)　ア20の約数…1，2，4，5，10，20
イ…<20>=6
重要 (2)　126=2×7×9　　2の約数…1，2
7の約数…1，7　　9の約数…1，3，9
したがって，<126>=2×2×3=12
やや難 (3)　説明例：平方数の場合，その数は「同じ数×同じ数」であり，「異なる数×異なる数」ではないので，約数の個数が奇数になる。
<A>=15…15=5×3より，2×2×2×2=16の約数は1，2，4，8，16の5個，3×3=9の約数は3個であるから，求める数は16×9=144

★ワンポイントアドバイス★
1,2の11題で確実に得点することが，第1のポイントである。その他については，3(2)「Cの食塩水の濃度」，4(3)「8段の時の表面積と体積」，5(3)「約数の個数が奇数になる数」，「<A>=15」の問題が重要である。

<理科解答>《学校からの正答の発表はありません。》

1 (1) イ　(2) ア　(3) ウ　(4) イ　(5) ウ　(6) エ　(7) ウ
(8) ウ　(9) ア　(10) ア
2 (1) アとイ　(2) 他の植物が生える　(3) エ　(4) B 葉，枝など
C フン，死がいなど　(5) ⑤ うしろ　⑥ まえ　⑦ えら　⑧ 肺
3 (1) 空気中の水蒸気が冷やされて水になったから。　(2) ア 0　イ 100
(3) ウ　(4) ① 水蒸気　② 水　(5) イ

○推定配点○
1 各2点×10　2 各2点×9((1)完答)　3 (2) 各1点×2　他 各2点×5
計50点

＜理科解説＞

基本 **1　(理科総合—小問集合)**

(1)　サクラは秋になると葉が色づきその後落葉する。ツバキ，クスノキは一年中緑の葉をつける常緑広葉樹であり，マツは常緑針葉樹である。

(2)　腎臓の主な働きは，体内の不要物をこしとって尿として体外に排出することである。

(3)　川の作用は侵食，運搬，堆積の3つであり，流れがゆるやかなところでは堆積作用が主に起こる。

(4)　地球と太陽の距離は約1億5000万kmである。地球と月の距離は約38万kmである。

(5)　下弦の月は西の地平線に月が沈むとき，半月のまっすぐな部分が下側を向く。向かって左側が光る月である。月齢は22日である。

(6)　中心から□cm右に40gのおもりをつるしたとして，10×16＝40×□　　□＝4(cm)である。

(7)　図のウの場所が2枚の鏡からの光が重なる部分であり，光の量が最も多いので最も暖かく感じる場所である。

(8)　100gの水に50－14＝36(g)の食塩が溶けているので，飽和水溶液の重さは136gである。

(9)　空気に含まれる気体は多い順に，窒素，酸素，アルゴン，二酸化炭素である。

(10)　火力発電は，石油や石炭を燃やしてその熱を利用する発電方式である。

2　(生物総合—植物・動物・)

基本 (1)　花びらがくっついている植物を合弁花といい，トマト，カボチャがその仲間である。ダイコンは4枚の花びらが，エンドウは5枚の花びらが離れており，これを離弁花という。

(2)　黒いシートで覆うことで，他の植物が成長できずそれらに栄養分が奪われることがないので，苗に十分な栄養がいきわたる。

基本 (3)　カメムシは口を茎に差し込んで汁を吸う。セミも木にとがったストローのような口を刺しこんで樹液を吸う。

(4)　森林では木から落ちた葉や枝，動物のフンや死がいが微生物によって分解され栄養分となる。そのため，肥料を与えなくても植物が育つ。

基本 (5)　オタマジャクシは初めにうしろあしが出て，その後まえあしが出る。水の中にいるときはえら呼吸をしているが，陸上に上がるようになると肺呼吸を行う。

3　(物質の状態変化—水の状態変化)

(1)　氷水の入ったビーカーをしばらく置くと，ビーカーが冷やされて外の空気中の水蒸気がビーカーの外壁にふれ水滴にかわる。

基本 (2)　1気圧のもとでは，氷は0℃で水にかわり，100℃で沸騰する。

重要 (3)　グラフより，18分ごろ温度が100℃に達し，その後加熱し続けても温度が100℃のまま一定になる。すべての水が沸騰して水蒸気にかわるまで，温度は100℃のままで変化しない。このとき，水と水蒸気が共存している。

(4)　①　気泡の正体は，液体の内部で気体になった水蒸気である。　②　水蒸気は眼には見えない。湯気になって白く見えるのは，水蒸気が空気中で冷やされて水滴が生じるためである。

重要 (5)　図1では氷100gが水に変わるまでに約2分かかっている。(5)の実験では氷の重さが2倍になるので，とけるのにかかる時間も2倍になる。氷がとけるとどちらも水が500gなので，0℃から100℃になるのにかかる時間は同じになる。よってイのグラフが正しい。

★ワンポイントアドバイス★

基本問題がほとんどであり，しっかりとした知識を身につけることが大切である。記述形式の問題や，実験についての問いも出題される。

<社会解答>《学校からの正答の発表はありません。》

1 (1) イ　(2) ウ　(3) ア　(4) エ　(5) ア　(6) イ　(7) イ
(8) イ　(9) イ　(10) エ　(11) イ　(12) イ　(13) ア　(14) ア
(15) ウ　(16) ア　(17) エ　(18) ア　(19) ウ　(20) エ

2 (1) オイルショックが発生し，中東に替わる輸入先として，アフリカの重要性が高まった
(2) エ　(3) イ　(4) ウ　(5) SNSには，利用者が自由に意見を発信したり，同じ意見の人と簡単に交流したりできるという特徴があるので，国民が結びつきデモや反乱を起こすことを，政府は警戒している。　(6) ウ　(7) エチオピアは国土のおよそ半分が乾燥帯に属している。また，農林水産業が国の主な産業となっているため，乾燥している砂丘での農業を行っている鳥取県を訪れることで，エチオピアの農業をより発展させようとしているから。

○推定配点○

1 各1点×20　2 (1) 6点　(5)，(7) 各8点×2　他 各2点×4　計50点

<社会解説>

1 (総合問題－地理，歴史，政治3分野の知識問題)

基本 (1) 沖ノ鳥島は海面よりわずかに上に出ている岩山なので，もしもここが損壊し海面より上に出ているものがなくなると，日本はこの島から半径200海里の経済水域を失ってしまうから，護岸工事をしてある。

(2) マングローブは特定の樹木の名称ではなく，熱帯の海辺の潮の干満がある砂泥地に生える樹木のこと。海岸の浸食を防ぎ，魚類の生育域になるなど自然環境を守る働きがある。

(3) 太平洋戦争中は国民党と共産党が手を組み日本と戦っていたが，太平洋戦争後，国民党と共産党の内戦となり，1949年に共産党がペキンを首都として中華人民共和国を建国し，敗れた国民党は台湾に逃れ中華民国をなのるようになった，

(4) 青森県西部の津軽半島ではりんごの栽培が盛ん。青森県東部の半島は下北半島。

重要 (5) 太平洋ベルトは北九州工業地域，瀬戸内工業地域，阪神工業地帯，中京工業地帯，東海工業地域，京浜工業地帯，京葉工業地域，鹿島臨海工業地域を含む，九州から本州に帯状にのびた工業地帯，工業地域が分布するところ。日本の石油化学関係の工場はだいたいここに集中している。

重要 (6) 航空機輸送は，その経費が高いので，価格の高いもので，なおかつ小型軽量のものを運ぶのに適している。また輸送の時間は短いので，鮮度が求められるものなどの輸送にも使われる。アは鉄道，ウは自動車，エは船舶。

(7) 日本の国土の3分の2は森林であり，さらに国土の10分の3ほどの地域に居住可能な場所が広

がっている。

(8)　吉野ヶ里遺跡は佐賀県にある環濠集落の跡の弥生時代の遺跡。環濠集落は，周りを堀で囲って外敵の侵入に備えている集落。弥生時代になり農耕が始まると，収穫物を貯えることも始まり，その収穫物を狙って外敵が襲撃してくることもあった。三内丸山遺跡や大森貝塚は縄文時代のもの，板付遺跡は縄文時代末から弥生時代初期の水田跡もある環濠集落のもので福岡県にある。

基本　(9)　大宝律令は701年に出された日本で最初の本格的な律令。律は現代の刑法，令は行政法。大宝律令は唐の律令に近く，日本の実情にはそぐわないところもあった。養老律令は，大宝律令の後に出されたもの。近江令は668年に完成したとされる，中大兄皇子らが定めたもので，律はない。

重要　(10)　院政が行われる中で，平氏は院の警護の役割を担う北面の武士として，院と結びつき，権力を握るきっかけをつかんだ。

(11)　応仁の乱は1467年から77年までの11年間に及んだ戦乱で，結局，勝敗はなかったが，京の混乱を避け，地方に下った都の貴族によって文化が広まったという側面もある。

重要　(12)　徳川吉宗が設置した目安箱によって集まった意見から，江戸の町火消や小石川療養所が設置生糸や絹織物は輸出が増え，国内では品不足になる。綿織物は，イギリスなどから安く上質のものが流入し，日本の綿織物が打撃を受けることになる。

(14)　1873年に不平士族の不満をそらすために板垣退助や西郷隆盛らが征韓論を主張していたが，大久保利通や岩倉具視らによって反対され，没になる。そのため板垣や西郷は政府から離れ，板垣は自由民権運動を展開するようになり，西郷は鹿児島に戻っていたが，西南戦争を起こすことになった。

(15)　第一次世界大戦のころは，オーストリアは現在の場所だけでなくアルプスからバルカン半島の一部の地域にかけて支配しており，オーストリア支配下にあった現在のボスニアヘルツェゴヴィナのセルビア人が近隣にあるセルビア人の国との統合を求めたが，オーストリアが拒否したことで，ボスニアのサラエボで，セルビア人がオーストリア皇太子夫妻を殺害する事件が起こり，これが第一次世界大戦へとつながった。

重要　(16)　労働条件を定めた法律が労働基準法。労働組合法は労働組合に関する法令，男女雇用機会均等法は，雇用においての女子差別をなくすための法令，治安維持法は今では廃止された，1925年に出された社会主義を弾圧するための法令。

(17)　大日本帝国憲法の時代には兵役の義務が20歳以上の男子に課されていたが，現在はない。

やや難　(18)　アフリカ大陸では食料事情が人口増加に追い付かず，さらに砂漠化の進行もあり，飢えに苦しむ人たちが多い。また，出生率は高いが，衛生状態が良くないことや，栄養不足により乳幼児の死亡率も高い。また，イスラム圏では男尊女卑の風潮が根強く，女性はたくさん子どもを産み，なおかつ過酷な労働を強いられることもあり，寿命が男性よりも短くなる傾向もある。

(19)　PKOはPeace Keeping Operations の略で平和維持活動と一般に訳している。平和維持軍PKFはPeace Keeping Forces。アは非営利組織，イは世界貿易機関，エは非政府組織の略。

(20)　1992年にブラジルのリオデジャネイロで開催された地球サミット(国連環境開発会議)で地球温暖化も議題となり，その原因とされる化石燃料を燃やすと出る温室効果ガスの削減をめぐる会議がその後も行われ，1997年に京都で開催された会議で，先進国に排出削減義務を課す京都議定書として成立した。

2　(総合－さまざまな事柄に関する三分野の問題)

やや難　(1)　オイルショックは1973年の第四次中東戦争の際に，アメリカがイスラエルを支援するのを止めるために，アラブ諸国と連携しOPEC石油輸出国機構が石油の輸出を減らしたり止めたりしたことで，世界中の経済に大きな影響を及ぼしたもの。グラフを見ると，アフリカにも原油があることがわかる。1973年の段階で日本の石油の輸入先は西アジアの国々やアメリカなどがほとんどであったので，それ以外からの輸入を増やすためにアフリカに目を向けたと考えれば良い。

基本 (2)　野口英世は千円札の肖像画になっている。その前が，夏目漱石で，さらにその前は伊藤博文で，その前は聖徳太子だった。

(3)　野口英世は黄熱病の研究を行ったが，当時の顕微鏡では黄熱病の病原菌を発見できなかった。破傷風菌の純粋培養や血清療法の研究をしたのが北里柴三郎，赤痢菌を発見したのが志賀潔。エボラ出血熱は1976年以後，たびたびアフリカで流行しており，さまざまな機関で研究や治療法の開発が行われている。

(4)　1927年に，当時の片岡直温大蔵大臣の失言で起こったのが金融恐慌。アの世界恐慌は1929年，イの関東大震災は1923年，エの第一次世界大戦終結は1918年。

やや難 (5)　SNSはソーシャルネットワーキングサービスの略で，インターネット上で誰もが情報を発信し，その情報を不特定多数の他の人が受信することで，人々がつながることが可能になるもの。一般的な他のメディア媒体と異なる点は，情報を発信する際のチェックがほぼないということ。発信者が情報の正誤の確認をしない限り，誤った情報でも発信されうる。また，匿名性があり，情報や発言の内容が，他人をおとしめるものや，他人を攻撃するものでも発信出来てしまう問題点がある。一般的には，言論の自由，表現の自由を確保するということで，欧米の多くの国々や日本などではインターネット上の発言を政府が制限することはまずなく，インターネット上のサイトを運営する企業が自主的に内容の検閲を行い制限をかけているが，政府を批判する発言や政府への反対運動を煽るような発言などがインターネット上にあると良くないと判断する国が世界にはあり，そういう国々では国がインターネットを遮断することもある。この場合，政府がデモや反政府運動が起こる可能性があることを危険視して，インターネットを遮断したと考えられる。

重要 (6)　ウの内容は身体の自由というもの。日本の場合，例えば現行犯以外は，警察が容疑者を逮捕する際には裁判所の令状が必要となるのは，この権利を守るため。日本では自由権を大きく3つに分けており，身体の自由の他にアやイのようなものは精神の自由とされるものの一部になる。また，エの内容は請願権というものに当てはまる。

やや難 (7)　資料3－①，②に書かれている言葉に注意。鳥取県に砂丘があるのは知っている受験生も多いと思うが，エチオピアがどういう国であるかを知っている受験生はあまりいないと思われる。エチオピアは乾燥帯にあり，砂漠が広がっているところもあるというのがポイント。鳥取県との関連性で砂丘と砂漠で砂地があるという点に気づけば，鳥取県の砂丘での農業の技術をエチオピア人が学び，エチオピアの農業に活かせるのではと期待して，鳥取県に来ていると想像できるであろう。

★ワンポイントアドバイス★

記述問題は，問題の答えを知識として知っている人はほとんどいないであろうから，知っていることと関連づけて考えて解くことが重要。与えられている資料や本文の内容が参考になるので丁寧に見ること。

<国語解答> 《学校からの正答の発表はありません。》

【一】 問一 ① 内閣 ② 通勤 ③ 純真 ④ 大将 ⑤ 誕生 ⑥ 展覧 ⑦ 分割 ⑧ 整 ⑨ 模様 ⑩ 発揮 問二 ① 耳 ② 背 ③ 目 ④ 手 ⑤ 顔

【二】 問一 A イ B ア 問二 a エ b ウ c ア d イ
問三 (例) (キャラクターは)自分の幼少期の幸福体験のようなものが魅力として付加されたもの(だから。) 問四 誰にも共通にある幼少期の幸福なイメージ，記憶を装置化し，提供している(こと。) 問五 (例) キャラクターたちは一切言葉を喋らず，身振り，手振りでコミュニケーションをするだけだということ。 問六 ア
問七 Ⅰ 現実 Ⅱ 仮想 Ⅲ リアリティ 問八 (例) 日本人が「生身の現実」より「アニメやマンガ世界」にリアルを感じるという感覚が「身体化」されたこと。
問九 イ

【三】 問一 a イ b ア c エ d ウ 問二 ウ 問三 エ 問四 イ
問五 (始め)なんでもで (終わり)じゃないか 問六 エ 問七 (例) 走ることで自分が生きているという実感がわいていた(から。) 問八 (例) 止まらずに，どこまでだって走っていけるような気持ち。 問九 (小二の時) イ (走る前) エ (走っている間) ア 問十 ウ

○推定配点○
【一】 問一 各3点×10 問二 各2点×5
【二】 問一・問二 各1点×6 問三・問八 各4点×2 問四・問五 各3点×2(問四完答) 他 各2点×5 【三】 問一 各1点×4 問五・問七 各3点×2(問五完答) 問八 4点 他 各2点×8 計100点

<国語解説>

【一】 (ことわざ，漢字の書き取り)

重要 問一 ①は国会で決められた法律などに基づいて国の仕事を進めていく組織。②は仕事のために自宅と勤務先を往復すること。③の「純真無垢」は心に汚れがなくて清らかであること。④の「お山の大将」は小さな世界でいばりちらす人のたとえ。⑤の「誕」の8～12画を「壬」などとまちがえないこと。⑥の「展」は10画であることに注意。⑦はいくつかに分けること。⑧の音読みは「セイ」。熟語は「調整」など。⑨の「模」の他の音読みは「ボ」。熟語は「規模」など。⑩は十分に表し出すこと。

基本 問二 ①は馬にありがたい念仏を聞かせてもむだであることから。②は内臓の入った大切な腹は背中とは交換することができないということから。③は視力を失った人がキリストによって視力を取り戻したという，新約聖書の物語が由来といわれている。④はぬれた手で粟の実をつかむとたくさんつかめることから。⑤は隣国の王子が攻めてきたのを，お釈迦様は説得によって三度食い止めたが，四度目は説得するのを止めた，という話からといわれている。

【二】 (論説文－要旨・大意・細部の読み取り，指示語，接続語，空欄補充，ことばの意味，記述力)

基本 問一 波線部Aは付け加えることという意味なので，同じ意味のイが適切。アは見定めること。ウは打ち消すこと，認めないこと。エは主になるものに付き従っていること。Bは大喜びで行う様子なのでアが適切。

問二　aは「確かに」という意味でエ，bは直前の内容とは相反する内容が続いているのでウ，cは直前の内容を言いかえた内容が続いているのでア，dは前後で同類の事がらを挙げているのでイがそれぞれ入る。

問三　冒頭の段落で，「キャラクターは……幼少期の幸福体験のようなものが魅力として付加され」ることを述べているので，この部分を設問の指示に従って傍線部①の理由として説明する。

重要　問四　「東京ディズニーランドが……人気を維持できる理由」である傍線部②については，②直後の2段落で説明しており，②は「『記憶の装置化』とも呼ぶべきもの」で，「ディズニーランドに行くと……懐かしい気分になる」のは「誰にも共通にある幼少期の幸福なイメージ，記憶を装置化し，提供している(34字)」からなのだ，と述べているので，この部分を②の内容として抜き出す。

問五　傍線部③直前で，「キャラクターたちは一切言葉を喋らず，身振り，手振りでコミュニケーションをするだけだ」と述べていることを，③の指し示す内容としてまとめる。

問六　傍線部④の説明として④直後で，「……仮想現実下にしか存在しないキャラクターだと頭では理解していながら，それに強いリアリティを感じ……実際に生きているものとして受容する感覚」であることを述べているので，アが適切。④直後の内容をふまえていない他の選択肢は不適切。

問七　Ⅰ～Ⅲのある文は，「戦後六十年……」で始まる段落内容の具体的な例として「新井素子」のことを述べているので，Ⅰは「現実(2字)」，Ⅱは「これは，キャラクターの……」で始まる段落で用いている「仮想(2字)」，Ⅲは「リアリティ(5字)」がそれぞれあてはまる。

やや難　問八　傍線部⑤の内容として⑤直前の段落で，「『生身の現実』ではなく，『アニメやマンガ世界の現実』のほうにリアルを感じるという感覚は，今では多くの日本人たちに共通に『身体化』されつつある」と述べているので，これらの内容を⑤の説明としてまとめる。

重要　問九　「大人になって……」で始まる段落で，「子ども時代というものは……実際には嫌なこと，退屈なこともたくさんあった」ことを述べているので，イはふさわしくない。アは「戦後六十年……」で始まる段落，ウは「誰でも……」で始まる段落，エは「これは，キャラクターに……」で始まる段落でそれぞれ述べている。

【三】（小説－心情・情景・細部の読み取り，空欄補充，記述力）

問一　aは「どこかまぬけな」表情なのでイ，bは「静まり返」っている様子なのでア，cは「熱でとろけたチーズ」が「のびた」ような感覚なのでエ，dは大きく開くさまを表すウがそれぞれ入る。

問二　傍線部①後で，「原田さゆり」にほめられ応援されて「うれしいくせに，それでもやっぱり，山口拓馬はクールに」返事していることが描かれているので，ウが適切。①後の拓馬の様子をふまえていない他の選択肢は不適切。

問三　傍線部②は②前で描かれているように，スタートラインにいる拓馬のコースを横切って走っていた，胸に「二年一組　山口　たくま」と書かれている子どものことなので，エが適切。②前の描写をふまえていない他の選択肢は不適切。

基本　問四　Xは「ひじで空気を切り裂」く様子なので，イが適切。

問五　傍線部③は，③直後の「なんでもできる人間が，この世でいちばん幸せだとはかぎらないんじゃないか(35字)」ということを「おれは思うんだ」ということである。

問六　傍線部④は「踏みきり，着地。踏みきり，着地。……」という「リズムをつかまえた」ということなので，エが適切。④前の，ハードルを越えて走っている描写をふまえていない他の選択肢は不適切。

やや難 問七　傍線部⑤直後で「生きているんだ，とおれは思った。山口拓馬は，生きている」と，「生きている」ことをくり返し感じていることから，「走ることで自分が生きているという実感がわいていた(から。)」といった内容で，⑤のように拓馬が思った理由を説明する。

問八　傍線部⑥後で「もう止まらずに，どこまでだって走っていけるような気がした」という拓馬の心情が描かれているので，このことを⑥の時の拓馬の気持ちとして説明する。

重要 問九 「小二の時」は「まっすぐに……」で始まる段落内容からイ，「走る前」は「なんでもできる……」で始まる段落内容からエ，「走っている間」は「おれはリズムを……」～「ゴールテープが白く光った」までの場面の描写からアがそれぞれ適切。

重要 問十 「おれはリズムを……」から始まる場面で，「生きているんだ」「どこまでだって走っていけるような気がした」といった拓馬の心情と，「向かい風が吹いてきた」「ゴールテープが白く光った」といった情景を交互に描くことで，拓馬が走ることを通して自分の気持ちに気付いていく様子が描かれているのでウが適切。アの「心の繊細さ」，イの「昔の自分にだんだん親しみを持つ様子」，エの「他人とのつながり」はいずれも読み取れないので不適切。

★ワンポイントアドバイス★

小説では，主人公の心情が何をきっかけにどのように変化したかをていねいに読み取っていこう。

一般入試②

2024年度

解 答 と 解 説

《2024年度の配点は解答欄に掲載してあります。》

＜算数解答＞《学校からの正答の発表はありません。》

1 (1) 12345 (2) 2650 (3) $\frac{6}{35}$ (4) 8 (5) 19.5 $\left[\frac{39}{2}\right]$

2 (1) 1.4km (2) 540円 (3) 31個 (4) 9通り (5) $10.75cm^2$ (6) 84度

3 (1) 100 (2) 11個 (3) 9回

4 (1) ア 2 イ 3 (2) $\frac{7}{5}$ (3) $3\frac{53}{60}$

5 (1) ア $\frac{1}{3}$ ウ 3.14 オ 31.4 カ 98.60 (2) イ ② エ ④

(3) $75.36cm^3$

○推定配点○

各4点×25 計100点

＜算数解説＞

1 (四則計算)

(1) 10000＋2000＋300＋40＋5＝12345 (2) 53×(38＋12)＝2650

(3) $\frac{3}{5}-\frac{3}{7}=\frac{6}{35}$ (4) 12÷1.5＝8

(5) 41÷2－1＝19.5

2 (速さの三公式と比，単位の換算，割合と比，過不足算，場合の数，平面図形)

基本 (1) 70×20÷1000＝1.4(km)

(2) 500×1.2×0.9＝500×1.08＝5×108＝540(円)

(3) 人数…(3＋4)÷(5－4)＝7(人) したがって，みかんは4×7＋3＝31(個)

(4) 3×3＝9(通り)

重要 (5) 右図1より，10×10÷2－10×10×3.14÷8＝50－314÷8＝50－39.25＝10.75(cm^2)

(6) 右図2より，角BCD…180－360÷5＝108(度) 角CFB…{180－(108－60)}÷2＝66(度) したがって，角アは{360－(66×2＋60)}÷2＝84(度)

図1

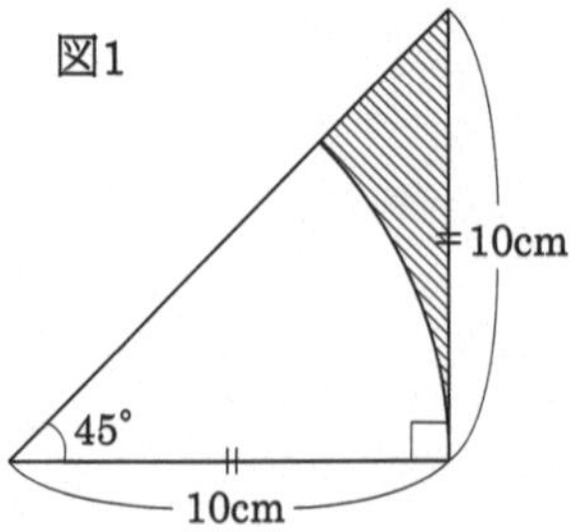

図2

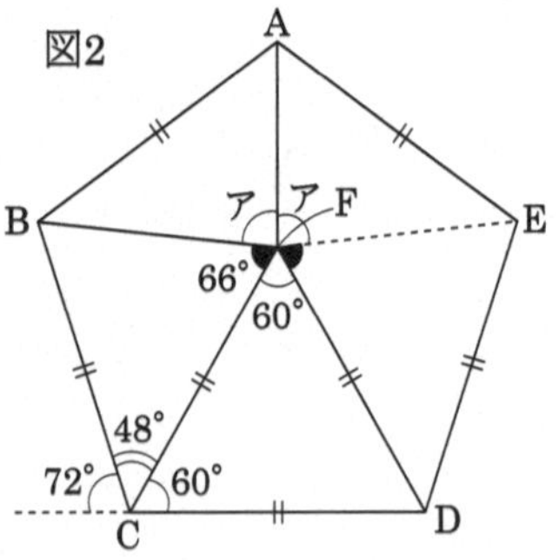

3 (数の性質，演算記号)

基本 (1) 10の約数…1，2，5，10 【10】＝1×2×5×10＝100

重要 (2) 30までの素数…2，3，5，7，11，13，17，19，23，29 したがって，求める個数は1＋10＝11(個)

(3) 【100】 ＝1×2×4×5×10×20×25×50×100 5×10×20×25×50×100＝5×(5×2)×(5×4)×(5×5)×(5×5×2)×(5×5×4) したがって，5で9回，割り切れる

4　**(規則性，数の性質)**

$\frac{1}{2}$, $\frac{4}{4}$, $\frac{7}{6}$, $\frac{10}{8}$, $\frac{13}{10}$, … [B]

基本　(1)　ア…偶数の列であり，2ずつ増える　　イ…4−1＝7−4＝10−7＝3ずつ増える

重要　(2)　10番目の分母…2×10＝20　　10番目の分子…3×10−2＝28　　したがって，10番目の分数は$\frac{28}{20}=\frac{7}{5}$

(3)　$\frac{10}{8}+\frac{13}{10}+\frac{16}{12}=\frac{150}{120}+\frac{156}{120}+\frac{160}{120}=\frac{466}{120}=\frac{233}{60}$

重要　5　**(平面図形，図形や点の移動，立体図形，概数，論理)**

(1)　ア…「円すいの体積＝底面積×高さ÷3」より，$\frac{1}{3}$

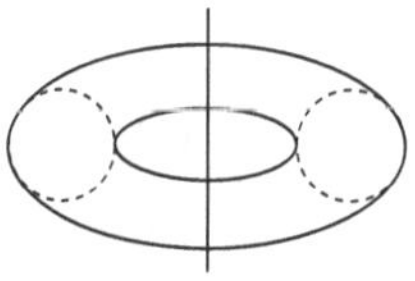

ウ…半径1cmの円の面積は1×1×3.14＝3.14(cm²)

オ…直径10cmの円の円周は10×3.14＝31.4(cm)

カ…3.14×31.4＝98.596より，98.60(cm³)

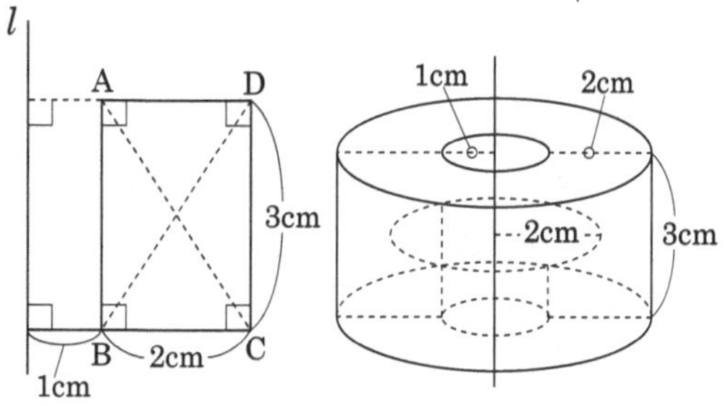

(2)　イ…直線を軸として，直線から離れた図形を1回転するとドーナツ型立体ができる図形は，右図より，②円　　エ…円形の物体の重心は円の中心に相当するので，④円の中心

(3)　長方形ABCDの面積…3×2＝6(cm²)　半径2cmの円の円周…2×2×3.14＝4×3.14(cm)　したがって，求める体積は6×4×3.14＝24×3.14＝75.36(cm³)　パップス…アレクサンドリアに生まれた4世紀のエジプトの数学者　ギュルダン…スイスに生まれた17世紀のオーストリアの数学者

★ワンポイントアドバイス★

1, 2までの11問で，確実に得点することが第1のポイントである。3(1)「10の約数の積」，4「分数の数列」も難しくない。5「パップス・ギュルダンの定理」に関する問題も，問題文を忠実に読んで判断すれば難しくない。

<理科解答> 《学校からの正答の発表はありません。》

1　(1)　ウ　(2)　エ　(3)　イ　(4)　ア　(5)　イ　(6)　ウ　(7)　エ　(8)　エ　(9)　ウ　(10)　イ

2　(1)　①　台風　②　上しょう　③　低気圧　④　偏西風　⑤　冷たく　⑥　乾燥した　⑦　北西　(2)　イ　(3)　高潮　(4)　右側　(5)　イ　(6)　ひまわり

3　(1)　F　(2)　A, B, C, G　(3)　B：D＝2：3　(4)　エ　(5)　エ　(6)　A　エ　B　ウ　C　ア

○推定配点○

1　各2点×10　2　(1)　各1点×7　他　各2点×5

3　(6)　各1点×3　他　各2点×5((2)完答)　計50点

＜理科解説＞

基本 [1] (理科総合―小問集合)

(1) トンボの幼虫はヤゴと呼ばれ，水中で生活する。

(2) 魚類は体外受精を行う。

(3) 二酸化炭素や酸素を取り入れたり，水蒸気を蒸散させるのは主に葉の裏にある気孔である。根は水分や養分を吸収する役割がある。

(4) サンゴは暖かく浅い海に生息する。その生物が生息した当時の環境を推測できるような化石を示相化石という。

(5) 赤色はオリオン座のベテルギウス。オリオン座のリゲルは青色。おとめ座のスピカは青白色，おおいぬ座のシリウスは白色に見える。

(6) コイルに電流が流れるとき，右ねじの進む方角に磁力線が発生する。図では鉄くぎの右側がN極となりここから左側のS極に磁力線が発生する。Aの位置では方位磁石は鉄くぎと平行な向きになり，右側がS極になる。

(7) 酸性を示すのは二酸化炭素の水溶液である炭酸水である。アンモニア水と水酸化ナトリウム水溶液はアルカリ性，砂糖水は中性を示す。

(8) 空気の量が多く急激に圧力が増加するためには，筒の長さを長くして勢いよく押し棒を押す。

(9) 振り子が1往復する時間は，振り子の糸の長さだけで決まり，おもりの重さや，振れ幅は関係しない。

(10) 物が燃焼するには酸素が必要である。木に含まれる炭素分が酸素と結合して二酸化炭素が発生する。

[2] (気象―日本の天気)

基本 (1) 夏から秋にかけて台風が日本列島に近づく。あたためられた水蒸気は体積が膨張し軽くなって上しょうする。上空に運ばれた水蒸気は冷やされて雲になり積乱雲が発生し，熱帯低気圧となる。台風は偏西風に運ばれて北東に進路を変え日本列島に近づく。冬の高気圧であるシベリア気団は大陸で発生するため，冷たく乾燥した空気のかたまりで，高気圧から吹き出す風は北西の季節風となる。

基本 (2) 低気圧に向かって，反時計回りで風が吹き込む。

基本 (3) 台風は気圧が低いため海水面が上昇し，高潮になることがある。

(4) 台風には反時計回りで風が吹き込む。そのため台風の進路の右側は，台風の移動と風の吹き込む方向が同じになり風が強まる。

基本 (5) 冬の太平洋側は日本海側で雪や雨が降り，乾燥した空気が山から吹き下ろすため乾燥した晴天の日が続く。

(6) 日本の気象観測衛星の名前は「ひまわり」である。

[3] (回路と電流―回路と電流)

重要 (1) 豆電球の明るさは，電球を流れる電流の大きさが大きいほど明るくなる。図2のFを流れる電流の大きさを1とすると，図1のA，B，Cを流れる電流は3分の1になり，図2のD，Eを流れる電流は2分の1になり，図3の回路を流れる全体の電流の大きさは3分の2になるので，G，Hを流れる電流は3分の1，Iは3分の2になる。よってFがもっとも明るくなる。

(2) (1)の解説より，豆電球Hに流れる電流の大きさと等しい電流は，A，B，C，Gに流れる。

(3) (1)の解説より，豆電球Fを流れる電流を1とすると，Bは3分の1，Dは2分の1になるのでB：

D=$\frac{1}{3}$：$\frac{1}{2}$=2：3である。

(4)　豆電球を流れる電流が大きいほど，光り続ける時間は短くなる。よって，一番短いのは豆電球Fを含む図2であり，一番長いのは最も電流の小さい図1である。

(5)　スイッチⅡを閉じたとき回路ⅠとⅡは並列回路になり，どちらの回路にもスイッチⅠだけを閉じたときと同じ大きさの電圧がかかる。よってスイッチⅠだけを閉じたときに豆電球Aに流れる電流の大きさと，スイッチⅡを閉じたときAに流れる電流の大きさは同じになる。よって明るさは変わらない。

(6)　スイッチⅢを閉じると豆電球Bには電流が流れなくなる。このときAとCは並列回路になり，それぞれを流れる電流の大きさは，スイッチⅠだけを閉じたときのAに流れる電流の大きさと同じになる。しかしCを流れる電流はスイッチⅠとⅡを閉じたときより大きくなるので，Aの明るさは変化せず，Bは点灯しなくなり，Cは明るくなる。

★ワンポイントアドバイス★

基本問題がほとんどであり，しっかりとした知識を身につけることが大切である。小問集合では理科全般の幅広い知識が求められる。

＜社会解答＞《学校からの正答の発表はありません。》

1　(1)　イ　(2)　イ　(3)　イ　(4)　ア　(5)　イ　(6)　イ　(7)　ア
(8)　イ　(9)　エ　(10)　ア　(11)　ア　(12)　ア　(13)　エ　(14)　ウ
(15)　ア　(16)　エ　(17)　ウ　(18)　ア　(19)　エ　(20)　イ

2　(1)　①　ウ　②　ウ　③　沖合に潮目があってよい漁場にめぐまれており，また，海岸は出入りの多いリアス海岸で漁港を作りやすいから。　④　やませ　⑤　ウ，オ
(2)　匿名で投稿でき，自分が誰であるかを知られる可能性が低いから。[情報の受け取り手が自分の目の前にいないので，その情報を受け取る人がどのような気持ちになるのか想像しづらいから。／情報源の信頼性や内容の正確さなどをよく理解しないで，情報を簡単に発信してしまうから。]　(3)　①　ア　②　ア　③　「血税」という表現が，「生血を取られる」と誤解されたから。　④　ア　(4)　①　検察官　②　イ　③　ウ
(5)　関東大震災　(6)　①　ウ　②　ア，エ　③　表現の自由　(7)　①　ア
②　イ

○推定配点○

1　各1点×20　2　(1)③，(3)③　各3点×2　(2)　4点　(5)，(6)③　各2点×2
他　各1点×16((1)⑤，(6)②各完答)　計50点

<社会解説>

1 **(総合問題－地理，歴史，政治3分野の知識問題)**

(1) 日本の季節風は夏の南東季節風と冬の北西季節風。屋敷森を作って風を防ぐなら，家の北と西に木を植える必要がある。

基本 (2) 金沢市は政令指定都市にはなっていない。本州の日本海側で政令指定都市になっているのは新潟市のみ。

(3) 今の日本の米の主力はコシヒカリで4割弱。 あきたこまちは7％ほど，はえぬきは3％ほど。ササニシキはかつては多かったが，1993年の冷害以後，寒さに弱いということで減り，今では0.5％ほどになっている。

(4) かつおはアのような一本釣りというやり方で船の上から釣り竿で釣り上げるやり方が一般的。イは底引き網，ウははえ縄，エはまき網。

重要 (5) 日本の工業の主力は機械工業。自動車がこの中に含まれるのはもちろん，日本の機械の中では工場などの機械や建設機械なども多い。

(6) 日本の鉄鉱石の主要な輸入先はオーストラリアとブラジル。

基本 (7) シラスは鹿児島県や宮崎県などに見られる火山灰が堆積した土壌。水はけがよく，栄養分が少ないので，水田をつくったり，普通の畑にするのには向かない。チャートは堆積岩の一種で，二酸化ケイ素が主成分で角岩とも呼ばれる。泥炭は植物の枯れたものが腐敗せずに堆積してできるもの。ロームは粘性の強い土壌で，関東ロームは火山灰が堆積したもの。

(8) 藤原京は平城京の南につくられた，碁盤の目状の都としては最初のもの。長岡京は平城京から都を動かす際に，最初に計画されたものだが，その責任者の藤原種嗣が殺害されて中止となり，平安京が作られた。

(9) エの内容は奈良時代の聖武天皇の后であった光明皇后のもの。

(10) 執権はもともとは鎌倉幕府の中の侍所と政所の長を兼ねるもの。北条政子の父の時政が初代。

重要 (11) 勘合は，中国の明朝が日本からの正規の貿易船と倭寇などの船とを区別するために出した割符で，戦国大名がつくったものではない。

(12) ウィリアム・アダムズとヤン・ヨーステンは，1600年に豊後水道で難破したリーフデ号という船に乗っていた人物で，この二人だけ助かり，家康のところに連れていかれ外交顧問となった。ウィリアム・アダムズは神奈川の三浦半島に領地を与えられ三浦按針と呼ばれるようになり，ヤン・ヨーステンは現在の東京駅の東側に屋敷をもらい八重洲と呼ばれるようになり，現在もこのあたりが八重洲という地名になっている。

(13) サツマイモの栽培が広められるのは江戸幕府8代将軍の徳川吉宗のとき。天保の改革は1841年から43年のころのもの。アは1842年，イはモリソン号事件が1837年で，蛮社の獄で渡辺崋山らが処罰されるのは1839年，ウは1841年。

(14) 甲午農民戦争は東学党の乱とも呼ばれるもので，朝鮮半島で起こった日本や欧米の進出に反発した人々の反乱。

(15) 犬養毅が暗殺されたのが1932年の五一五事件で，満州国は1931年の柳条湖事件で関東軍が軍隊を展開し満州を占領して建国したもの。

(16) 日本国憲法の三大原則と地方分権は全く関係ない。

重要 (17) 特別会は衆議院が解散され，総選挙が行われた後30日以内に召集される国会。衆議院が任期満了で総選挙になった場合には臨時会になる。

(18) リコールは署名が集まったあと，議員や首長の解職の場合には選挙委員会に求め，副知事や副市長の場合には首長に求める。その後，首長や議員の場合には住民投票にかけ，過半数の同意があれば失職になり，副知事や副市長は議会で3分の2以上が出席し，その4分の3以上が同意すれば失職となる。

(19) 一般に先進国は北半球に多く，発展途上国は南半球に多いので，南北問題とよばれる。発展途上国の中で資源の有無などから生じる格差は南南問題と呼ばれる。

(20) マイナンバーカードと健康保険証を一体化させることになっているが，反対もまだ多く，課題が山積みになっている。

2 (総合問題－「東日本大地震」とその際のデマなどに関連する三分野の総合問題)

基本 (1) ① 東北地方で県名と県庁所在地が異なるのは宮城県の仙台市と岩手県の盛岡市の2つ。
② 東北地方のほぼ中央を南北に伸びている山脈は奥羽山脈。その太平洋側にあるのが福島県から宮城県にまたがる阿武隈高地と宮城県から岩手県にまたがる北上高地。日本海側には新潟から福島県にかけて飯豊山地，秋田県にあるのが出羽山地。宮城県の北上高地と奥羽山脈の間を南に流れ仙台湾で海にでるのが北上川。最上川は山形県内を最初は北上し，その後日本海の方へ西に向きを変え日本海にそそぐ。 ③ 三陸海岸の沖合には暖流の日本海流と寒流の千島海流がぶつかる潮目があり，潮目には両方の海流がぶつかるところで寒流の方に多いプランクトンがせき止められて集まり，そこへ暖流と寒流の魚も集まることで漁場としては非常に恵まれたものになる。また，リアス海岸は山地が沈んでできる地形のため，山の表面の谷や尾根が複雑な海岸線をつくっており，入り江となる場所は谷のところなので，海岸線から比較的すぐの場所で海が深くなるので，港をつくるのにも適している。 ④ 東北地方の太平洋側に，6月から7月の頃に吹くことがあるやませは冷たい北東からの風。これが吹くと冷害がおこったり，暖かく湿った空気があるところに冷気がはいってくることで濃霧となり，農業では日照障害が起こることもある。
⑤ アは青森県ではなく秋田県，イは秋田県ではなく山形県，エは山形県ではなく秋田県，カは福島県ではなく青森県。

やや難 (2) インターネットは，通信環境がありその機材を持っていれば誰でもアクセスできるのが魅力でもあり問題でもある。誰でもインターネット上に情報を載せることができ，その情報をチェックする第三者はいないので，真偽のほどは情報を載せる人の良心に頼る以外ない。また，一般にインターネット上では情報を挙げた人が素性を明らかにする必要はなく，その匿名性が犯罪や過激な発言などを産む要因になっているとされる。個人が情報を勝手に挙げてもその情報が一般論として挙げられてしまい，それを真に受けて信じる人が出てきてしまうと，さらにその情報を他の人が信じる要因になってくる。また，攻撃的な情報が多いのは，人は刺激を求めがちであり，そういう人には攻撃的なものが魅力的に見え，自分が攻撃されているのでない限り，同調してしまう人が現れがちで，それが広がっていく傾向にある。

(3) ① 平清盛は，兵庫の大輪田泊を港として整備し日宋貿易を行った。日本では平安時代の中頃には貨幣鋳造を行わなくなっていたが，平安時代末から鎌倉時代にかけて貨幣経済が少しずつ
重要 広まり定着していく中で，宋銭は大きな役割を果たした。 ② アは天保の改革の際に行われた上知令。イの生類憐みの令は綱吉の時代，ウの内容は吉宗の享保の改革の際の上米の制，エの
やや難 ラクスマンは寛政の改革の時期の1792年に根室に来航した。 ③ 史料は徴兵令に先だって出された徴兵告諭で，「血税」や「自らの血によって国に報いる」という文句を血を取られるのと勘違いしたために反発して一揆が起こった。 ④ 写真の下の方にあるのはトイレットペーパーで，1973年の石油危機の際に，日本では国民がトイレットペーパーや砂糖などが品不足になるというデマにおどらされ，スーパーなどに殺到して買いあさったことで，品不足がおこった。

(4) ① 刑事裁判の場合，被告人を犯罪被害者が個人的に訴えるのではなく，犯罪として警察が取り調べ，さらにそれを検察が調べた上で犯罪として立証できるとなると裁判所に訴え裁判となる。刑事裁判の場合，被告人に対して検察官が裁判官の前で事件に関して犯罪として立証するための答弁を行う。 ② イが正しい。アは以前は裁判員は20歳以上であったが，成人年齢が引き下げられたことで18歳以上になっている。ウは裁判員制度が始まったのは平成21年。エは裁判員は義務ではなく，まず地方裁判所から裁判員の候補として選ばれたという連絡が来た時点で，しかるべき理由があれば辞退できる。また，実際に裁判員になっても，その裁判のための裁判員の補欠も用意してある。 ③ 2000年度の刑事訴訟法改正によって，被害者の心情意見陳述制度というのが設けられた。

重要

(5) 関東大震災は1923年9月1日に起こった大地震。この地震の際にデマによる朝鮮人，中国人への集団暴行事件が起こっている。

(6) ① ウは1950年で関東大震災とは全く関係ない。1918年に第一次世界大戦が終結した後，1919年のパリ講和会議の際にアメリカ合衆国大統領ウィルソンが講和会議の際の基本方針として14か条の平和原則を掲げた。その中の一つの民族自決はある民族が別の民族によって支配されないというもので，結局はこの考え方はヨーロッパにのみ適用されたのだが，この民族自決を知り，朝鮮半島では三・一独立運動が起こり，またヴェルサイユ条約で日本はドイツが中国のシャントン半島に持っていた権益を譲り受けるが，このことに対して中国では，中華民国は三国協商側に立っていたので戦勝国側であるのに，自国の土地を敗戦国が支配していた場所が返されずに他国に譲られるのはおかしいということで五・四運動が北京大学で起こり広まった。 ② 人が他者を不当に攻撃する背景には，まずその他者について人が偏見を持っていたり先入観を持っていることが多い。あるいはその他者について実はほとんど知らないということもよくある。 ③ ヘイトスピーチであっても，誰かが何かの表現をしているものととらえれば，その表現を行う権利である表現の自由を侵害することになるので罰則を設けていない。ただ，この表現の自由と攻撃される側の人権とどちらを優先すべきかと考えると，攻撃される人にとっては身体や生命の危険もあり得るので尊重されるべきである。

重要

基本 (7) ① 地図では特に断りがなければ図の上が北になり右が東になるので，くまもと駅から細工町は右上の位置なので北東の方角になる。 ② 細工町の周りにある卍は寺院をさす記号。

★ワンポイントアドバイス★

全体に難易度がやや高く，読まないとならない文章の量が多いので，時間との闘いになる。記号選択で正解が選べない場合には逆に消去法で考えてみるのも大事。記述問題は問題が求めていることを正確に把握するのがまずは大事。

＜国語解答＞《学校からの正答の発表はありません。》

【一】 問一 ① 補欠 ② 簡潔 ③ 役割 ④ 就職 ⑤ 故障 ⑥ 訪問 ⑦ 臨時 ⑧ 規律 ⑨ 簡単 ⑩ 誠実 問二 ① 絶対 ② 必然 ③ 義務 ④ 供給 ⑤ 消費 問三 ① イ ② オ ③ ウ ④ エ ⑤ キ

【二】 問一 A ウ B イ 問二 a ウ b オ 問三 ウ 問四 (例) 動物か

ら身を守る　問五　(例)　(食料が安定してきて)さまざまな味覚の中から好みを選択できるようになったから。　問六　ア　問七　(例)　日本でエビが好まれることから，エビを養殖して日本に出荷するため。　問八　ア　問九　肉食獣　問十　ウ

【三】　問一　A　イ　B　ウ　問二　ウ　問三　(例)　源ジイが賭けに勝てるとは思えず，勝っても負けても雄吾はずっと源ジイの手伝いをするつもりだから。　問四　エ　問五　イ　問六　イ　問七　(例)　どこかで無理して，まわりに調子をあわせること　問八　全身にあた　問九　ウ　問十　エ

○推定配点○

【一】　各2点×20　【二】　問一　各1点×2　問二・問八・問九　各2点×4　問五・問七　各4点×2　他　各3点×4　【三】　問一　各1点×2　問三・問七　各4点×2　問九　2点　他　各3点×6　計100点

＜国語解説＞

【一】　(反対語，漢字の書き取り，文学史)

重要　問一　①の「補」の部首は「ネ(ころもへん)」であることに注意。②の「簡」の部首は「竹(たけかんむり)」であることに注意。③は割り当てられた役目。④は新しく職につくこと。⑤は異常が起こって働きがそこなわれること。⑥の「問」を「門」などとまちがえないこと。⑦の「臨」の部首は「臣(シン)」であることに注意。⑧は社会生活などを行うための行動の基準。⑨の「簡」の部首は「竹(たけかんむり)」であることに注意。⑩はまじめで真心があること。

問二　他と比べて判断するという意味の①の対義語は，他と比べないで判断するという意味の「絶対」。予期しないことが起こるという意味の②の対義語は，必ずそうなるという意味の「必然」。自分の意志で自由に行ったり，他人に要求したりすることができる資格や能力という意味の③の対義語は，それぞれの立場に応じてやらなければならないことという意味の「義務」。ある商品を買おうとすることの④の対義語は，ある商品を売ろうとすることの「供給」。生活必要物資などを作り出すことの⑤の対義語は，使ってなくすことの「消費」。

問三　他の作者の作品は，アは『高瀬舟』など，カは『歌よみに与ふる書』など。

【二】　(論説文－要旨・大意・細部の読み取り，指示語，接続語，空欄補充，ことばの意味，記述力)

基本　問一　波線部Aは，ものごと全体を同じ様子や状態にそろえることなのでウが適切。Bは母親の胎内の意味から転じて，物事の基盤となるものという意味なのでイが適切。

問二　aは直前の内容を言いかえた内容が続いているのでウ，bは直前の内容の例外が示されているのでオがそれぞれ入る。

問三　傍線部①前後で，「……飢饉の際には，さまざまな雑草を食べたり，土を煮て食べたりもし」たこと，「古く食物が豊かではなかった時代，人間は食べられるものなら，何でも食べてきた」ことを述べているのでウが適切。①前後の内容をふまえ，他に食べ物がなかったことを説明していない他の選択肢は不適切。

問四　Xには「有毒植物たち」が「生存競争」のために「毒を貯えるという戦略を採った」理由が入るので，「動物から身を守る(8字)」というような内容があてはまる。

やや難　問五　傍線部②の説明として直後で，「人間は……さまざまに味覚を試みた上で，食べ物を選択し続け」たことを述べているので，このことをふまえ，「食料が安定してき」たことによって，「さまざまな味覚の中から好みを選択できるようになったから」といった内容で，食料が安定してくると好き嫌いが起こる理由を指示に従って説明する。

重要　問六　傍線部③は,「嗜好性が……社会や文化……と関わりすぎると……情報に作用されて,マスの規模での画一化が進む」例として挙げているのでアが適切。食物の嗜好,すなわち日本は米を好む文化で,③の例のような米の情報がマスの規模で広がることを説明していない他の選択肢は不適切。

問七　「日本でエビが好まれることから」傍線部④である,ということなので,④直前の内容を理由に「エビを養殖して日本に出荷するため」であることを説明する。

問八　「ただ,そうした……」で始まる段落で,「日本人は……動物の内臓は苦手な場合が多い」ことを述べているが「食のタブー」ではないので,アは正しくない。他はいずれも「そして,この嗜好が……」から続く2段落で,「食のタブー」の例として述べている。

問九　傍線部⑥は直前の「肉食獣」を指している。

重要　問十　傍線部⑦直前の「こうしてみると」は,「その意味では……」で始まる段落の「食べ物を選択し続け……調理という加工を施し,安全にかつおいしく食べられるような努力をしてき」たこと,「つまり人間は……」で始まる段落の「食にある程度の余裕が生じると……さまざまな解釈を行い,食に関して細かなタブーを設け」ることをふまえているのでウが適切。⑦までの内容をふり返る「こうしてみると」の内容をふまえていない他の選択肢は不適切。

【三】 (小説－心情・情景・細部の読み取り,ことばの意味,記述力)

基本　問一　波線部Aは,思いもよらないことに出合って驚きあきれることなのでイが適切。Bの「大儀」はやっかいなこと,面倒なことという意味なのでウが適切。

問二　傍線部①は,直前で源ジイが「『病室から……便所まで,おれが自分の足で歩いて……それができたら,賭けはおれの勝ちだ』」と話すことに対するもので,①後で「……何度も途中で挫折し……歩き切れるはずがない」という雄吾の心情が描かれているのでウが適切。①直後の心情をふまえていない他の選択肢は不適切。

やや難　問三　傍線部②前後で,「とても老人に勝ち目があるように見え」ず,源ジイと雄吾の賭けの「決戦」の日には「リハビリ訓練も休んでしまっている」源ジイの様子,「どうせまた来週もこの病院にやってくるのだから」という雄吾の心情が描かれていることをふまえ,源ジイが賭けに勝てるとは思えないこと,賭けのゆくえにかかわらず雄吾はずっと源ジイの手伝いをするつもりであることを,②の理由として説明する。

問四　老人が「『さあ,いくぞ』」と言うので,あっけにとられて「『なにをするの』」と言う雄吾に,傍線部③のような口調で「『だから賭けだ。……』」と話す老人の様子が描かれているのでエが適切。③前後の描写をふまえ,雄吾にその気がないように感じられたことを説明していない他の選択肢は不適切。

問五　傍線部④のあるセリフで,「『……おれはもうふらふらだ。みっともなくて,だらしないだろ。……だがな,人間,どんなにバカらしくても,やらなきゃならねえこともあるんだ』」ということを,源ジイは話しているのでイが適切。「みっともなくて,だらしな」くても,必死に歩き通そうとしている自分の姿を見せていることをふまえていない他の選択肢は不適切。

問六　傍線部⑤前後で描かれているように,「『もう無理しなくてもいいよ』」と言う雄吾に「『うるさい。最後までやらせろ』」と必死に歩き,「最後の一歩を足をひきずりながらすす」む源ジイの様子に,雄吾は⑤のようになっているが,イの「約束が何なのかわからなくて怖くなっている」ことは描かれていないので適切ではない。

問七　傍線部⑥は,直前の「『どこかで無理して,まわりに調子をあわせてるんだぞ』」ということなので,この部分を指定字数以内でまとめる。

重要　問八　「『だいじょうぶだ。……』」で始まる源ジイの言葉を聞いた後,「全身にあたる夕日は穏やかなあたたかさを残してくれた。」という一文の描写とともに「『約束だから。学校にはいく。……』」という気持ちに変化している雄吾の様子が描かれている。

問九　源ジイとの賭けは「夕食が近づいた午後五時」に始まったが，傍線部⑦の時間になっていること，「窓の外……の建物に，それぞれの暮らしがあるのが不思議だった」という雄吾の心情や「雄吾は学生ズボンのひざに落ちる最後の夕日を眺めていた」という雄吾の様子から，⑦が象徴していることとしてア・イ・エは適切だが，源ジイとの関わりを悲観的に説明しているウは適切ではない。

重要　問十　問八でも考察したように，かたくなな思いがほどけて柔らかくなった雄吾は，学校に行く気持ちにもなっていることから，傍線部⑧では新しい人生を「ゆっくりと」自分のペースで歩み始めようとしていることが読み取れるのでエが適切。雄吾自身のことではなく，源ジイに対する説明をしている他の選択肢は不適切。

★ワンポイントアドバイス★

論説文では，さまざまな具体例を通して筆者が述べようとしていることを的確に読み取ろう。

適性検査型

2024年度

解 答 と 解 説

《2024年度の配点は解答欄に掲載してあります。》

＜適性検査Ⅰ解答＞《学校からの正答の発表はありません。》

1 (1) 弱いと人間の役に立たないから (2) コードを巻き込んでギブアップするところ

(3) ウ 共同性 エ 達成感 (4) これまでの家電製品であれば改善すべき欠点が，人間や部屋の壁，椅子などを味方につけることで，お掃除に役立っているところ。

(5) テーブルや椅子を整然と並べなおすこと。

(6) 右図参照(※中央の〈ルンル〉の部分のみ解答すること)

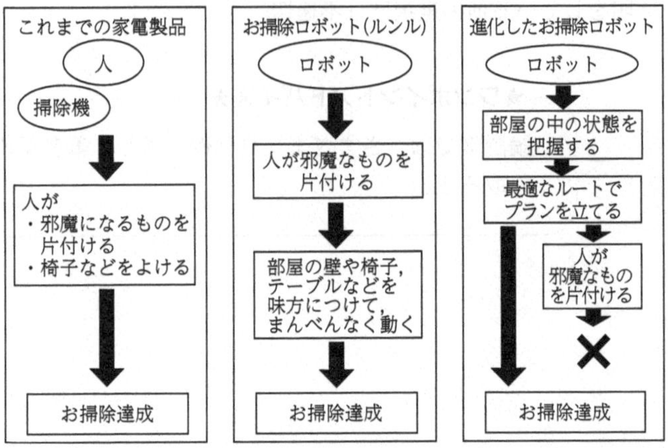

Ⅱ (7) オ 8 カ 3

(8) 誰が発信した情報か分からない (9) 常に誰かが見守る必要がある

2 (1) ア 茨城(県) イ 東京(都) ウ 神奈川(県) (2) 東京都や神奈川県といった農業が盛んではなく，人口が多い自治体に農作物を出荷しているから (3) 内陸

(4) (記号) b (理由) 貝塚に捨てられている貝は，海に多く存在していたため，現在の貝塚の場所がかつては海辺であったことを証明することができれば，貝塚の分布の仕方を説明することができるから。 (5) カ 東葛飾・葛南地域 キ 東京ディズニーリゾート ク 千葉・市原地域

○推定配点○

1 Ⅰ(3)，Ⅱ(7) 各3点×4 Ⅰ(4) 10点 Ⅰ(6) 7点 他 各5点×5

2 (2) 8点 (3) 4点 (4)記号 4点 理由 12点 他 各3点×6

計100点

＜適性検査Ⅰ解説＞

1 (社会：文章の読み取り，空欄《くうらん》補《ほ》充《じゅう》，説明，作図など)

Ⅰ (1) ロボットが弱いと「意味がない」とあすかさんが考えた理由を予想し，15字以内で解答する問題である。この場合，強いロボットとは，一般的《いっぱんてき》にはどのような存在《そんざい》を意味するのか本文を参考にしながら考える必要がある。こうしたロボットを，文章中に登場する一般的な家電製品に言いかえるならば，その存在する意味は，「長い間，人の役に立つ」ことである。したがって，弱いロボットが存在する意味がない理由としては，その逆の「すぐに壊《こわ》れて長持ちせず」，「人の役に立たない」という点が予想される。解答例の他には，弱いとすぐに壊れてしま

うから，などの解答が考えられる。理由を答えるため，文末に「から」をつけることに注意する。

(2)　[イ]などの〈弱い〉部分とは，言いかえるならば，「欠点」ということになる。その上で，お掃除《そうじ》ロボット〈ルンル〉の欠点となる具体例について述べた部分を資料Aから探すと，8段落《だんらく》目に「～というのは，これまでの家電製品であれば，改善《かいぜん》すべき欠点そのもの」とある。したがって，その前の表現から1つを取り上げ，20字以内でまとめればよい。解答例の他には，スリッパをひきずり回すところ，玄関《げんかん》から落ちたら這《は》い上がれないところ，といった解答が挙げられる。

(3)　それぞれ漢字3字で書き抜《ぬ》く問題である。[ウ]，[エ]を含《ふく》むかおるさんの発言を見ると，「〈弱い〉部分によって，人とロボットの[ウ]が引きだされ，私《わたし》たちにも[エ]がもたらされる」とある。ここでは，ロボットの〈弱い〉，つまり欠点であるはずの部分から何かプラスの効果が生じていること，人に何かよいものがもたらされることを述べている。

これらを踏《ふ》まえて資料Aを見ると，「ところが」という逆接表現から始まる9段落目に，「このロボットの〈弱さ〉は，～（中略）～一緒《いっしょ》に掃除をするという共同性のようなものを引きだしている」とある。「引きだす」という述語部分が同じことからも，[ウ]が「共同性」であるとわかる。[エ]についても，9段落目に「くわえて，～という達成感をも与《あた》えてくれる。」とあり，「与えてくれる」と[エ]の述語部分は意味が同じなので，[エ]が「達成感」だとわかる。

重要

(4)　下線部①で，「これまでの家電とはどこか趣《おもむき》がちがうようだ」とあり，この前の部分ではお掃除ロボット〈ルンル〉の様子について述べられていたことから，これまでの家電と〈ルンル〉のちがう点については，下線部①以降で説明がされていると考える。

まず，資料Aの8段落目から，このロボットには「これまでの家電製品であれば，改善すべき欠点」があることがわかる。

次に，(3)からわかるように，9段落目では，このロボットの欠点が，わたしたち人間側に「共同性」や「達成感」を与えていることが述べられている。さらに，10段落目には「このロボットが味方につけていたのは，わたしたちばかりではない」とあり，11段落目に，「このロボットは部屋の壁《かべ》や椅《い》子《す》，テーブルなどを上手に味方につけ」と書かれている。したがって，(2)のような欠点が，人間や壁や椅子，テーブルなどを味方につけることにつながっていると考えられる。

最後に，11段落目に，「部屋のなかをまんべんなくお掃除していた」とあるので，〈ルンル〉は，上で述べた2つの特ちょうを利用してお掃除家電としての仕事を達成できていることがわかる。解答はこれら3つの要素にふれて，60字以内でまとめれば正解となる。

(5)　問題文に，「人間が引き起こす」とあるので，この問題はお掃除ロボットの行動ではなく，人間の行動に関する具体例を答えることに注意する。

その上で下線部②を含むみさとさんの発言を見ると，「最初から完璧《かんぺき》なプランを立てるロボットではなく，②想定外の要因にもとっさの判断ができるロボットの方が，人間と共存しやすい」とある。ロボットにとっての「想定外」とは，ロボットの立てた「完璧なプラン」の外ということであり，その「プラン」の内容を探すと，資料Aの13段落目で説明されている。そして，14段落目では「当初のプランからずれて」しまうとあるように，ロボットを手助けしようとした人間の行動がロボットにとっては「想定外の要因」であると考えられる。

したがって，お掃除ロボットに対する人間の行動として，資料Aの6段落目にある，「このロボットが袋小路《ふくろこうじ》に入り込《こ》むことがないように，～（中略）～，いつの間にか家のなかは整然と片づいていたりする」という記述から，具体例の1つを抜き出して20字以内でまとめればよい。

解答例の他には，観葉植物のレイアウトを変えること，玄関《げんかん》のスリッパを下《げ》駄《た》箱《ばこ》に戻《もど》すこと，といった解答が挙げられる。

(6) 「お掃除ロボット」〈ルンル〉が掃除を完了《かんりょう》させるまでのフローチャートを完成させる問題である。解答用紙に，「これまでの家電製品」と「進化したお掃除ロボット」のフローチャートの例が示されているので，それにならって必要事項《じこう》を記入して矢印でつないでいけばよい。必要事項は，以下の通りである。

- ロボットが掃除をするので，最初に「ロボット」を記入する。
- 次に(5)のように，自然と「人が邪魔なものを片付ける」ことで，お掃除ロボットが掃除をしやすいかん境が整えられていくことを記す。
- さらに，(4)のように，「部屋の壁や椅子，テーブルなどを味方につけてまんべんなく動く」ことで，「お掃除達成」が実現することを記す。

基本 Ⅱ (7) 資料Cを参考にしながら，[オ]，[カ]のそれぞれにあてはまる割合《わりあい》を答える問題である。

オ： 「多くの情報を持っている」の項目《こうもく》で「あてはまる」と「ややあてはまる」と回答した人の割合は，それぞれ45%，42%となっているため，その合計は87%となる。よって，[オ]は「8(割以上)」となる。

カ： 「正しい判断ができる」の項目で「あてはまる」と「ややあてはまる」と回答した人の割合は，それぞれ6.3%，26.8%で，合計33.1%である。また，「ミスを起こさない」の項目で「あてはまる」と「ややあてはまる」と回答した人の割合は，それぞれ9.1%，30%で，合計39.1%である。よって，[カ]は「3(割以上)」となる。

(8) インターネット上の情報に関する問題である。[キ]を含むあすかさんの発言に対して，しんじさんは「でも，AIが正しい知識を学習できれば，人間よりも速く正確に判断できる」と言っている。したがって，インターネット上の情報には正確さの面で問題があるということが推測《すいそく》できる。

これを踏まえて，情報の正確さにえいきょうを与える，「発信源」や「情報の内容」 について，15字以内でまとめればよい。解答例の他には，間違《まちが》った情報も含まれている，信用できる情報元かわからない，などの解答が考えられる。

(9) [ク]を含むかおるさんの発言の前に，みさとさんが「〈弱い〉ロボットは，資料Bのグラフの『話し相手になってくれる』とか『ペットの代わりになってくれる』という期待にこたえてくれそう」と述べている。また，続けてかおるさんが「高齢者《こうれいしゃ》の暮らしには役立つ」と述べていることから〈弱い〉ロボットが高齢者の話し相手やペットの代わりになると推測できる。その背景として，一人で暮らす高齢者が増えていることがある。また，高齢者の様子や体調を近くで見守る人間が不足していることも高齢者の生活にかかわる問題としてある。

これらを踏まえて，高齢者が暮らしやコミュニケーションにおいて抱《かか》える問題について，15字以内でまとめればよい。解答例の他には，一人で暮らす高齢者が増えている，介護《かいご》ヘルパーや看護師《かんごし》が足りない，などの解答が考えられる。

2 (社会：条件作文，資料の読み取りなど)

(1) 資料Bと資料Cを見ながら，それぞれにあてはまる都道府県を考える。資料Bは，「関東地方の都道府県別農業産出額」を示した地図であり，「色が濃(こ)くなるほど農業産出額が高い」とわかる。

ア： 先生の発言に「特に産出額が多いのは[ア]と千葉県である」とあるので，資料Bで千葉県よりも濃く色分けされている「茨城県」があてはまる。

イ・ウ：　先生の発言に「産出額が少ない都道府県は順番に，[イ]・[ウ]・埼玉県」であり，「[イ]は全国でも人口が1番多い自治体だ」とある。ここで，資料Cを見ると，人口が1番多い都道府県は「東京都」だとわかるため，[イ]には「東京都」があてはまり，[ウ]には，資料Bで東京都と同じようにうすく色分けされている「神奈川県」があてはまる。それぞれ漢字で答えることに注意する。

(2)　千葉県で農業産出額が多い理由を答える問題である。

千葉県は近郊《きんこう》農業が盛んな県である。近郊農業とは，人口が多い大消費地の近くで，野菜や果物などの新せんな作物を生産して出荷する農業のことである。千葉県は，会話文からもわかるように，東京都や神奈川県という人口が多く農業産出額が少ない都道府県が近くにある。したがって，千葉県は，東京都や神奈川県といった農業が盛んでなく，人口が多い自治体に農作物を出荷しているため，農業産出額が多いと考えられる。解答は，これらの内容を踏まえてわかりやすくまとめるとよい。

(3)　[オ]を含む先生の発言に，「貝塚の性質上，[オ]にあるということは非常に奇妙《きみょう》」とある。貝塚に残されたものは，主に海岸沿《ぞ》いで取れ，人々が日々のごみとして捨《す》てた貝がらである。したがって，このような貝塚の性質上海岸線沿いに分布しているように考えられるが，資料Dから，貝塚は，海岸線から一定程度離《はな》れた「内陸」に分布していることが読み取れる。よって，[オ]には「内陸」，「海から離れた場所」などがあてはまる。

やや難

(4)　(3)から，貝塚は現在の内陸部にあることがわかっている。したがって，過去の陸地と海の分布がわかる「b」が(3)の現象を説明する資料としてふさわしいと考えられる。この資料を選んだ理由としては，「貝は海に多く存在していた」ため，「現在の貝塚の場所がかつては海辺であったことを証明する」ことができれば，「貝塚の分布の仕方を説明することができる」から，といった解答が考えられる。貝塚が形成された縄文時代は，地球の温暖《おんだん》期であったため，海水面が現在よりも高く，現在では内陸になっている地域《ちいき》まで海が入り込んでいた。

(5)　カ：　会話文中の明夫さんの発言に「資料Eの観光客数1位の『あ』は[カ]地域です」とある。また，資料Gの「千葉県内で観光客数が多かった施設《しせつ》と観光客数」を見ると，1位に「葛南《かつなん》地域」の「東京ディズニーリゾート」が，2位の「成田《なりた》山新勝寺《さんしんしょうじ》」に観光客数で3倍近い差をつけているとわかる。よって，[カ]には「東葛飾《ひがしかつしか》葛南地域」があてはまる。

キ：　先生の「[カ]地域で，一番観光客を獲得《かくとく》している施設は何でしょう」という発言に対して，徳子《のりこ》さんが，「[キ]です」と答えている。よって，[カ]の解説でふれた通り，資料Gにおいて観光客数が1位である「東京ディズニーリゾート」が[キ]にあてはまる。

ク：　会話文中の先生の発言に，「資料Eの観光客数2位の『い』の地域はどこでしょうか。資料Gの中で観光客数の合計が1422万人のエリアが『い』の地域になります」とあり，明夫《あきお》さんが「[ク]エリアですね」と答えているので，資料Gで観光客数を地域別に合計して考える。「あ」は[カ]から「東葛飾・葛南地域」であるとわかっているので，その他の地域の施設を整理する。

2位の「成田山新勝寺」(観光客数1200万人)がある「印旛《いんば》地域」の施設は，他に「宗吾霊堂《そうごれいどう》」(観光客数122万人)があるが，その合計は1322万人となり，1422万人に届かない。

次に，3位の「海ほたるパーキングエリア」(観光客数753万人)がある「君津《きみつ》地域」の施設は，他に「道の駅　木更津《きさらづ》　うまくたの里」(観光客数185万人)，「東京ドイツ村」(観光客数105万人)，「マザー牧場」(観光客数81万人)があるが，その合計は1124万人で，これも1422万人に届かない。

4位の「幕張《まくはり》メッセ」(観光客数701万人)がある千葉市については，資料Eにおいて「千葉・市原地域」と設定されている。したがって，市原市も含めて資料Gを確認すると，他には「パサール幕張」(観光客数433万人)，「ZOZOマリンスタジアム」(観光客数207万人)，「千葉県総合スポーツセンター」(観光客数81万人)がある。これらを合計すると，ちょうど1422万人となるので，［ク］には「千葉・市原地域」があてはまる。

★ワンポイントアドバイス★

複数の資料と会話文を読み取って，解答を組み立てる力が求められる。話の要点を素早くおさえるために，日ごろから複数の資料を読み解く読解問題に取り組もう。会話文の分量も多いので，先に問題文を確認して，注目して読み取るべき内容をつかんでおこう。

＜適性検査Ⅱ解答＞《学校からの正答の発表はありません。》

1 (1) ［ア］ 40.18　［イ］ 40.82　［エ］ 40.7　［オ］ 40.3　［キ］ 3.2　［ク］ 60　［ケ］ 20　［コ］ 80　［サ］ 30.56　［シ］ 34.68　［ス］ 3.056　［セ］ 3.468　(2) ［ウ］ B　［カ］ A　(3) 橋の設計で数値に誤差があったまま建設すると崩壊する危険性がある。　(4) 無限に続く数を書くことはできないので，文字を用いて表す必要があるから。　(5) (i) $25\times\pi$(cm^2)　(ii) 86.7(cm^2)　(iii) 70.6(cm^2)　(iv) ［ソ］ 2.82　［タ］ 3.47

2 (1) 酸素は酸素原子が2個くっついて存在しているんだったね。

(2) B：2　C：1　D：2

(3) (i) 右図　(ii) a：石灰水　b：二酸化炭素　c：炭素　d：塩化コバルト　e：赤　f：水　g：水素

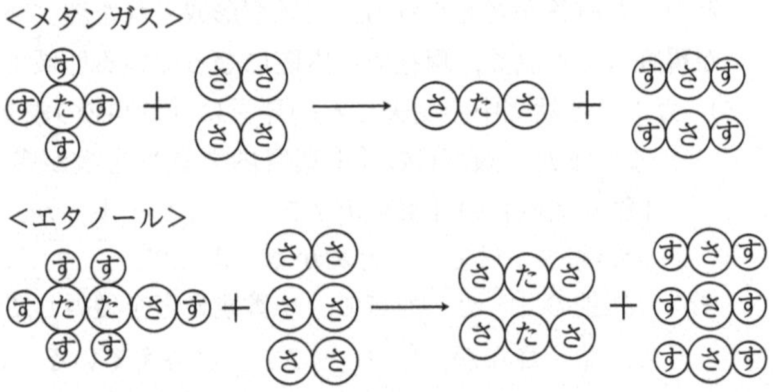

(4) 水素：0.4g　水：3.6g

(5) スチールウールには炭素原子が含まれていないから。

(6) すさす　ナえ

(7) (i) 水素，塩素　(ii) 水素であれば，火のついた線香を近づけると，ポンッと音を立てて爆発する。

○推定配点○

1 (3)，(4)，(5)(ii)～(iv) 各4点×6　他 各2点×15

2 (3)(i)，(4)，(7)(ii) 各4点×4　(5)，(6) 各3点×2((6)完答)

他 各2点×12((7)(i)(完答))　計100点

＜適性検査Ⅱ解説＞

1 (算数：円周率，図形，不等号)

(1) まずは，円周率を3.14として計算する。

［ア］ 面積Aは正方形から半径2cmの円と半径3cmの円を引いた面積なので，$9\times9-3\times3\times3.14$

−2×2×3.14=81−28.26−12.56=40.18(cm^2)

[イ]　面積Bは半径2cmの円と半径3cmの円の面積を足した面積なので，3×3×3.14+2×2×3.14=28.26+12.56=40.82(cm^2)　　次に，円周率を3.1として同様に計算する。

[エ]　[ア]と同様に考えて，9×9−3×3×3.1−2×2×3.1=81−27.9−12.4=40.7(cm^2)

[オ]　[イ]と同様に考えて，3×3×3.1+2×2×3.1=27.9+12.4=40.3(cm^2)

[キ]　缶詰《かんづめ》の直径がそのまま円の直径に，糸の長さが円周になる。会話より，円周率は(円周)÷(直径)で求められるので，35.9÷11.2=3.205…　　小数第2位を四捨五入すると，3.2

[ク]　正六角形の一辺の長さは10cmなので，周の長さは，10×6=60(cm)

[ケ]　正方形の内側に接している円の直径が正方形の一辺の長さになるので，10×2=20(cm)

[コ]　一辺の長さは20cmなので，正方形の周の長さは，20×4=80(cm)

[サ]　一辺の長さが3.82cmの正八角形の周の長さは，3.82×8=30.56(cm)

[シ]　一辺の長さが5.78cmの正六角形の周の長さは，5.78×6=34.68(cm)

[ス]　図7の前の先生の発言に，「不等号を含《ふく》む式を0より大きい値《あたい》で割《わ》っても不等号の向きは変わりません」とあるので,「10×」をなくすには,[サ]の値を10で割ればよいとわかる。よって，[ス]は，30.56÷10=3.056

[セ]　[ス]と同様に考えて，[シ]の値を10で割ればいいので，34.68÷10=3.468

(2)　[ウ]　円周率が3.14のとき，A=40.18，B=40.82なので，A<Bとなる。よって，あてはまるのはB。

[カ]　円周率が3.1のとき，A=40.7，B=40.3なので，A>Bとなる。よって，あてはまるのはA。

(3)　社会では，数値がわずかに異《こと》なるだけでも大きな問題が生じることがある。例として解答では，橋の設計において数値が少し違《ちが》うだけで崩壊《ほうかい》するおそれがあることを示した。他にも，自動運転システムでは数値が少し違うだけで事故が発生してしまうことや，選挙では数値が少し違うだけで結果が変わってしまうおそれがあることなどが考えられる。身近なもので数値の正確さが必要な例を述べられればよい。

(4)　円周率は無限に続くが，無限に続く数字を書くことはできないので文字を用いて表す必要がある。

重要

(5)　(i)　図7の円は直径が10cmなので，半径は5cmである。よって，求める円の面積は，5×5×π=25×π(cm^2)

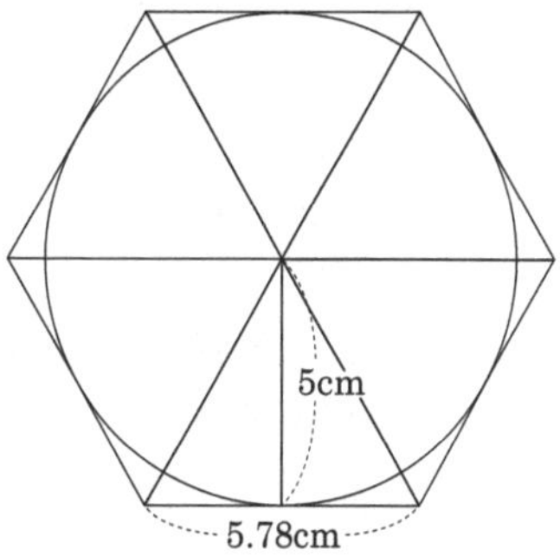

(ii)　正六角形は正三角形が6つで構成されている。その1つの正三角形の面積を求める。右図から，正三角形の高さは5cm，底辺は5.78cmなので，5×5.78÷2=14.45(cm^2)

求める正六角形の面積は，これを6倍すればいいので，14.45×6=86.7(cm^2)

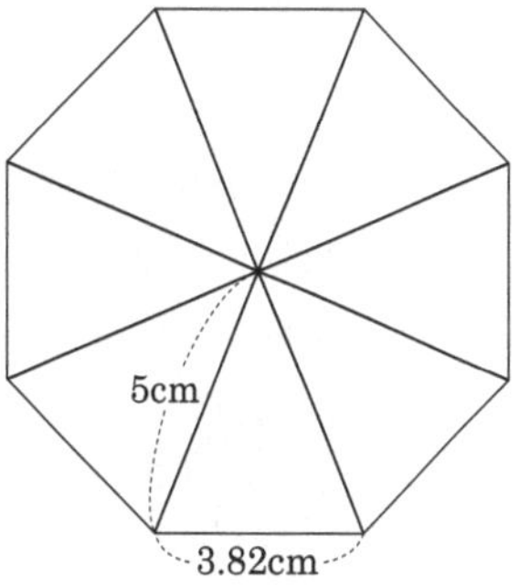

(iii)　正八角形は右下図のように同じ形の三角形8つで構成されている。正八角形は半径5cmの円の内側に接しているので，これらは2つの辺の長さが5cmの二等辺三角形である。円の中心側にある角の大きさは，360÷8=45(度)である。このとき，45度という角度を手がかりに問題文中で示されている直角二等辺三角形を，正八角形を構成している二等辺三角形に重ねると次ページの図のようになる。

上記の三角形において，点Bから辺ACに対して垂直《すいちょく》になるよう引いた線と辺ACの交点をDとする。問題文より，BDの長さは3.53cmである。辺ACを底辺として考えると辺BDが高さとなる。よって，上記の三角形の面積は，5×3.53÷2＝8.825(cm^2)
正八角形の面積は，この二等辺三角形8つ分なので，8.825×8＝70.6(cm^2)

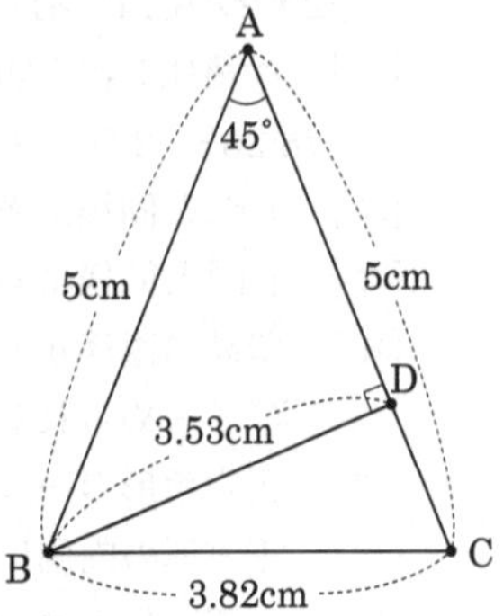

(iv) ［ソ］ ［テ］＜［チ］＜［ツ］に(i)~(iii)の答えを入れて整理すると，70.6＜25×π＜86.7となる。［ス］と同様に考え，値を25で割ればいいので，70.6÷25＝2.824　小数第3位を四捨五入すると，2.82
［タ］ ［ツ］の値を25で割ればいいので，86.7÷25＝3.468　小数第3位を四捨五入すると，3.47

2 (理科：原子《げんし》，反応モデル図)

(1) 会話中の3つ目のモデル図には問題があるので，その理由を考える。2人の会話と表2から，酸素は酸素原子2個がくっついた状態で存在しているとわかる。会話中の発言であることに注意して，前後と同じような言い方になるように解答する。

(2) 会話中の5つ目のモデル図を見ると，水素2個と酸素1個から水が2個生成していることがわかる。問われているのは水素と酸素の個数で，それぞれの原子の数ではないことに注意する。

(3) (i) 2人の会話から,「燃える」という現象は「酸素と結びつく反応」であると読み取る。また，問題文に「メタンガスもエタノールも，燃やすことで二酸化炭素と水を生成する」とある。つまり，それぞれ酸素と結びつくと二酸化炭素と水ができるということである。これらをふまえてモデル図をかく。

＜メタンガス＞

最初に，反応させる物質と生成する物質を並《なら》べる。今回反応させる物質はメタンガスと酸素で，生成する物質は二酸化炭素と水である。物質のモデル図については表2と問題文を参考にする。

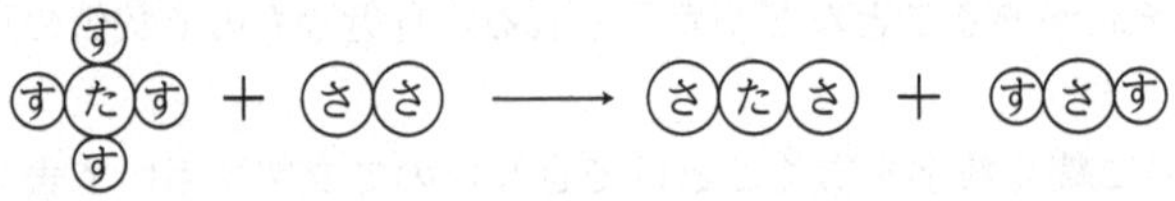

まず，水素原子について見ると，左側の水素原子は4個，右側の水素原子が2個である。右側の水素原子が2個足りないので，水を1個追加して左右の水素原子の個数をそろえる。

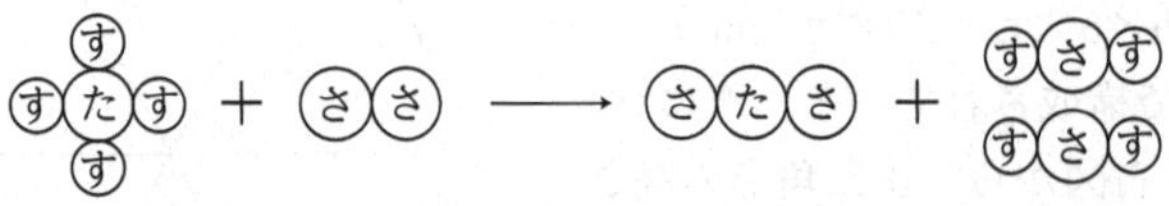

次に，酸素原子について見ると，左側の酸素原子は2個，右側の酸素原子は4個である。左側の酸素原子が2個足りないので，酸素を1個追加して左右の酸素原子の個数をそろえる。

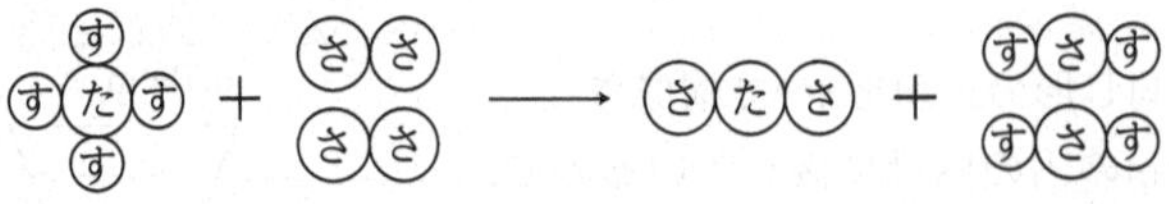

＜エタノール＞

メタンガスと同様に考えればよいが，エタノールには酸素原子が含《ふく》まれていることに注意する。最初に，反応させる物質と生成する物質を並べる。今回反応させる物質はエタノールと酸素で，生成する物質は二酸化炭素と水である。

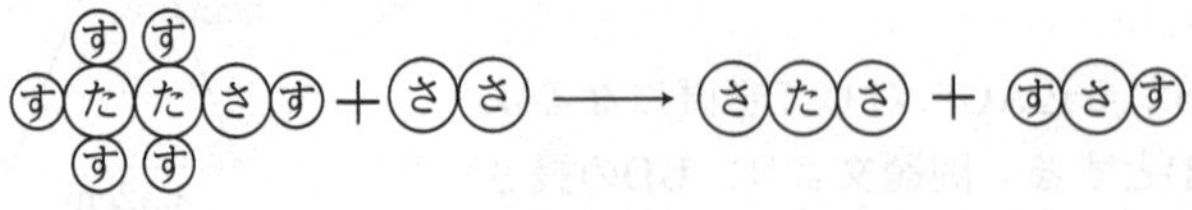

素原子は原子の中で最も多く4か所(左側のエタノールと酸素，右側の二酸化炭素と水)に含まれているので最後に調整し，まずは水素原子と炭素原子の数から調整するとうまくいきやすい。

水素原子について見ると，左側の水素原子は6個，右側の水素原子は2個である。右側の水素原子が4個足りないので，水を2個追加して左右の水素原子の個数をそろえる。

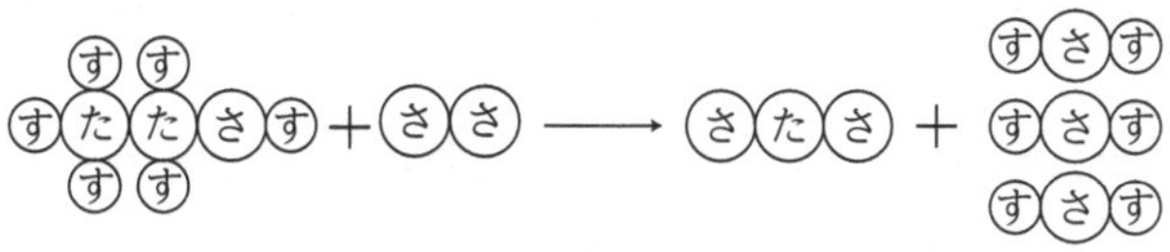

次に，炭素原子について見ると，左側の炭素原子は2個，右側の炭素原子は1個である。右側の炭素原子が1個足りないので，二酸化炭素を1個追加して左右の炭素原子の個数をそろえる。

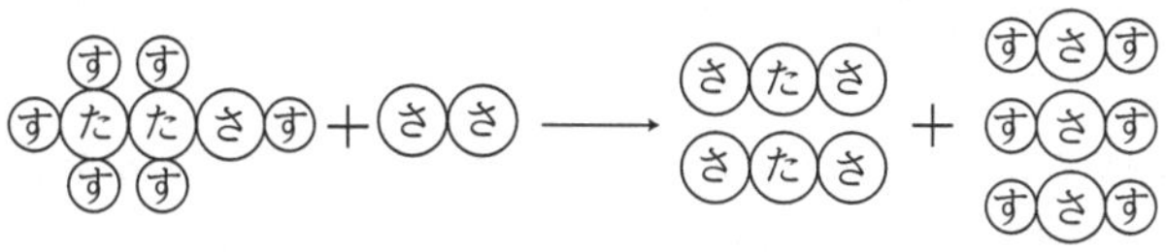

最後に，酸素原子について見ると，左側の酸素原子は3個，右側の酸素原子は7個である。左側の酸素原子が4個足りないので，酸素を2個追加して左右の酸素原子の個数をそろえる。

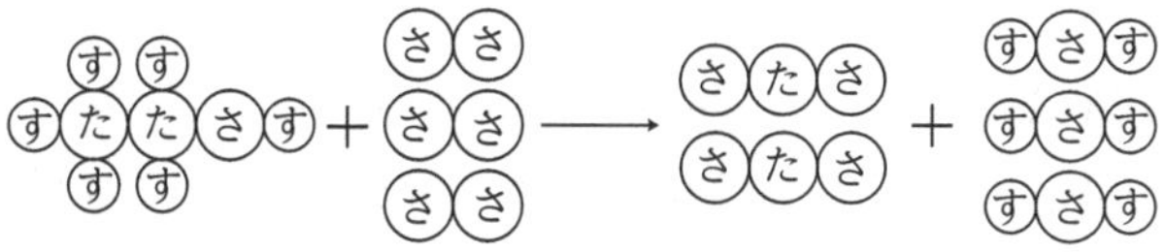

(ii) 炭素原子または水素原子が含まれていることを確かめるための実験である。それぞれイラストを参考に実験に使う用具や薬品とその反応について考える。

右上の図では，有機物の燃焼が終わったあとに集気びんをふると底に入れておいた液体が白くにごったとある。二酸化炭素と反応して白くにごる(a)は石灰水である。よって(b)には二酸化炭素が，(c)には炭素があてはまる。

次に右下の図の反応を見ると，集気びんの内側についた液体にとある紙をつけると色が変化するとある。ここまでより，集気びんの内側についている液体は水とわかる。水と反応して色が変化するのは塩化コバルト紙なので，(d)には塩化コバルト，変化したあとの色(e)は赤である。よって，(f)には水，(g)には水素があてはまる。

やや難

(4) まず，水素と酸素の反応モデル図を考える。会話文の5つ目のモデル図で表せる。

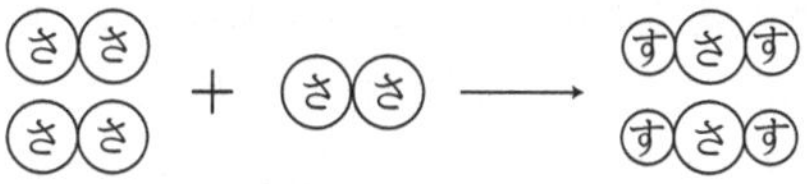

問題文に「酸素原子1個の重さは水素原子1個の重さの16倍である」とあるので，水素原子の重さを①とすると，酸素原子の重さは⑯と考えることができる。水素と酸素の反応モデル図を見ると，酸素は酸素原子2個でできているので重さは㉜となり，これが3.2gにあたる。水素原子の重さについて酸素原子と比較《ひかく》して考えると，水素原子の重さ①は0.1gとなる。

反応する水素は2個(水素原子4個)なので，重さは0.4g，生成する水は2個(水素原子4個＋酸素原子2個)なので，その重さは$0.1 \times 4 + 3.2 = 3.6$(g)となる。

(5) かずきの発言に「どんな反応も結局のところ，原子どうしのくっつく組み合わせが変わるだけ」とある。つまり，反応する物質に含まれる原子の種類や個数は生成物に含まれる原子の種類や個数と変わることはない。

また，二酸化炭素は反応する物質に含まれる炭素と空気中の酸素が反応して生成するので，反応する物質に炭素が含まれていなければ二酸化炭素は生成しない。表2を見ると，鉄，つまりスチールウールには炭素原子が含まれていないことがわかる。以上をわかりやすくまとめて書く。

(6)　かずきの発言の「どんな反応も結局のところ，原子どうしのくっつく組み合わせがかわるだけ」と，てつやの発言の「酸性の水溶液《すいようえき》とアルカリ性の水溶液を混ぜると，水と塩《えん》が生成する」をヒントにして考える。

まず水を生成すると，ナトリウム原子と塩素原子がそれぞれ1個ずつ残る。これらで生成する塩は塩化ナトリウムである。モデル図は以下のようになる。

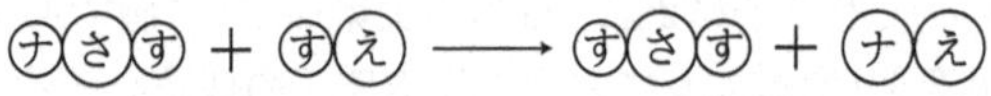

(7)　(i)　うすい塩酸は水素原子1個と塩素原子1個でできているので，反応後に生成する気体は水素と塩素の2つが考えられる。

(ii)　気体を確かめる方法は，気体によって，色やにおい，他の物質との反応などがある。水素は物を燃やす性質(可燃性)をもつ気体で塩素は可燃性の気体ではないので，この性質を利用して確かめる。また，水素は無色とう明・無臭《むしゅう》の気体であるが，塩素は黄緑色の気体で刺激臭《しげきしゅう》があるため，それを利用して確かめることもできる。

★ワンポイントアドバイス★

知識と思考力の両方が必要とされる。会話の中にヒントが含まれている場合が多いので，常に情報を整理するようにしよう。発展《はってん》的な難《むずか》しい問題も，問題文や会話中から必要な情報を集めていけば答えにたどり着くことができる。図や自分の言葉で答える問題も多いので慣れておくとよい。

＜適性検査ⅢA解答＞《学校からの正答の発表はありません。》

1　(1)　[ア]　2　[イ]　5　[ウ]　120　[エ]　8　(2)　400(秒)　(3)　144(秒)
(4)　♩＝75　(5)　[オ]　2　[カ]　4　[キ]　15　(6)　[ク]　16　[ケ]　32
[コ]　64　[サ]　512　(7)　16通り

2　(1)　①　(記号)　ア　(理由)　振幅の大きさは同じだが，アの方が振動数が大きいため。
②　(記号)　イ　(理由)　振動数の大きさは同じだが，イの方が振幅が大きいため。
③　(記号)　ア　(理由)　振動数の大きさは同じだが，アの方が振幅が大きいため。
(2)　波長が短いほど，振動数が大きくなる関係。　(3)　42回　(4)　イ　(5)　ウ
(6)　ア　(7)　①　赤色の光の光子1個は電子を動かす力を持っていないため，光子の数が増えても電子は飛び出さないので，光電効果は起こらない。　②　(記号)　3　(理由)　光子1個が持つ振動させる力が大きくなっても，振動させる力は電子1個にしか与えられないため飛び出す電子の量は変わらない。　③　(理由)　明るい光にすると，光子の量が増え，飛び出す電子の量も増えるため。
(グラフ)　右図

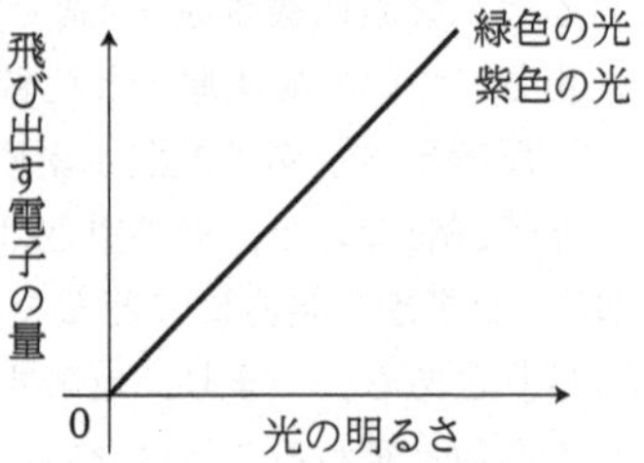

○推定配点○

1 (2)・(3)・(4) 各4点×3 (7) 5点 他 各3点×11

2 (7)②・③理由 各5点×2 他 各4点×10((1)各完答) 計100点

＜適性検査ⅢA解説＞

1 (算数：資料の読み取り，単位量あたりの大きさ，場合の数，規則性)

基本

(1) [ア] 【図1】より，♪＝0.5拍《はく》，♩.＝1.5拍だから，♪＋♩.＝0.5＋1.5＝2(拍)

[イ] 【楽譜《がくふ》2】の1つの小節に入っている音符《おんぷ》の長さの合計は，1＋1.5＋0.5＋0.25＋1＋0.75＝5より，♩5つ分であることがわかる。

[ウ] 徳子《のりこ》さんと先生の発言から，【楽譜3】の「♩＝60」は60回叩《たた》くのに60秒かかる，つまり，1拍に1秒かかる速さを表しているということと，30小節までに音の長さは120拍分あるということが読み取れる。したがって，かかる時間の合計は120秒とわかる。

[エ] 直前の徳子さんの発言に，「1，2，3，4の4つの数字を使って，その数字の合計が4となるように数字を並《なら》び替《か》えればいい」とある。合計が4になるような数字の組み合わせは，(a)1＋1＋1＋1，(b)1＋1＋2，(c)1＋3，(d)2＋2，(e)4の5通りあり，(b)は(1，1，2)，(1，2，1)，(2，1，1)の3通り，(c)は(1，3)，(3，1)の2通りの並べ方があるから，手拍子《てびょうし》のリズムのパターンは，1＋3＋2＋1＝8より，合計8通りと求められる。

(2) 【楽譜3】の曲の速さは「♩＝60」なので，1回叩くのに，60÷60＝1(秒)かかる。小節数が100小節のとき，音の長さは，4×100＝400(拍)分あるから，かかる時間は，400×1＝400(秒)とわかる。

(3) 曲の速さが「♩＝50」のとき，1回叩くのに60÷50＝1.2(秒)かかる。小節数が30小節のとき，音の長さは，4×30＝120，120拍分あるから，かかる時間は120×1.2＝144(秒)とわかる。

(4) かかる時間は，1分36秒＝96秒である。小節数が30小節のとき，音の長さは120拍分あるから，1回叩くのにかかる時間は96÷120＝0.8(秒)と求められる。このとき，1分間に叩く回数は，60÷0.8＝75となるから，♩.＝75とすればよい。

(5) [エ]と同様に，数字の合計が分子の数と等しくなるように数字を並び替えて考える。

[オ] 合計が2になるようなパターンは，(1，1)，(2)の合計2通り。

[カ] 合計が3になるようなパターンは，(1，1，1)，(1，2)，(2，1)，(3)の合計4通り。

[キ] 合計が5になるようなパターンは，(1，1，1，1，1)，(1，1，1，2)，(1，1，2，1)，(1，2，1，1)，(2，1，1，1)，(1，2，2)，(2，1，2)，(2，2，1)，(1，1，3)，(1，3，1)，(3，1，1)，(1，4)，(4，1)，(2，3)，(3，2)の合計15通り。

(6) [ク] 「5拍分の長さ」の音符を追加すると，[キ]の15通りに(5)の1通りを足せばよいので，パターンは合計16通りになる。

[ケ] 【図3】に情報を整理すると，「$\frac{2}{4}$」のとき[オ]＝2，「$\frac{3}{4}$」のとき[カ]＝4，「$\frac{4}{4}$」のとき[エ]＝8，「$\frac{5}{4}$」のとき[ク]＝16というように，分子の数が]1増えると，パターンの数が2倍になっているという規則性があるとわかる。したがって，「$\frac{6}{4}$」のとき，[ケ]＝16×2＝32と推測《すいそく》できる。

[コ] [ケ]と同様に，「$\frac{7}{4}$」のとき，[コ]＝32×2＝64と推測できる。

[サ] 「$\frac{10}{4}$」のとき，分子の数は「$\frac{7}{4}$」から3だけ増えている。よって，[コ]に2を3回かければよいから，[サ]＝64×2×2×2＝64×8＝512と推測できる。

(7)　休符は1拍分の長さであるから，［エ］で考えた8通りについて，「1」を休符に置きかえていく。【ルール】②より，休符は必ず入れなければならないため，「1」をふくむ(a)，(b)，(c)の組み合わせについてのみ考え，置きかえた部分を「$\underline{1}$」と表すことにする。【ルール】①に気をつけると，次の組み合わせが考えられる。

(a)　(1，1，1，1)：($\underline{1}$，1，1，1)，(1，$\underline{1}$，1，1)，(1，1，$\underline{1}$，1)，(1，1，1，$\underline{1}$)，($\underline{1}$，1，$\underline{1}$，1)，($\underline{1}$，1，1，$\underline{1}$)，(1，$\underline{1}$，1，$\underline{1}$)の7通り。

(b)　(1，1，2)：($\underline{1}$，1，2)，(1，$\underline{1}$，2)の2通り。　(1，2，1)：($\underline{1}$，2，1)，(1，2，$\underline{1}$)，($\underline{1}$，2，$\underline{1}$)の3通り。　(2，1，1)：(2，$\underline{1}$，1)，(2，1，$\underline{1}$)の2通り。

(c)　(1，3)：($\underline{1}$，3)の1通り。　(3，1)：(3，$\underline{1}$)の1通り。

以上より，手拍子の取り方は，7＋2＋3＋2＋1＋1＝16(通り)。

［2］　(理科：資料の読み取り，光の性質，光電効果《こうでんこうか》)

(1)　2つの波を比べて，振幅《しんぷく》または振動数《しんどうすう》が大きいほうを選ぶ。会話文より，振動数は「1秒間に波が進む距離《きょり》」に含《ふく》まれている波の数であることがわかるから，波の数が多いほど，振動数も大きくなる。

(2)　問題文の図から，赤色の光は紫《むらさき》色の光より波長《はちょう》が長い分，「光が1秒間に進む距離」に含まれる波の数が少なくなっていることがわかる。波の数は振動数に対応しているから，波長と振動数の間には，一方が大きくなるほどもう一方が小さくなるという反比例の関係がある。

(3)　波長が1.5cmの波が1秒間に63cm進んだので，この距離に含まれる波の数は，63÷1.5＝42(個)。波は1秒間にこの個数分だけ振動している。

(4)　光は空気中からガラスに進入するとき，直進はせず少しだけ向きを変え，再び空気中に出るともとの進行方向と同じ向きに進む。ウのような曲がり方はしないので注意。

(5)　先生の発言に，「“波長”が短いほど，空気中からガラスの中に入るときの曲がり方も大きくなる」とある。図4から，光の色と波長の関係は，波長が短い順に紫色，緑色，赤色であることがわかるから，曲がり方の大きさも同じ順となり，aが紫色，bが緑色，cが赤色である。

(6)　会話文から，「紫色の明るい波」が最も効率よく光電効果を起こすことができるとわかる。紫色の波は波長が短い，すなわち振動数が大きい波を表しており，明るい波は振幅が大きい波を表しているから，条件に合う図はアである。

やや難　(7)　①　図8のように，赤色の光の光子1個が持つ振動させる力では，電子1個を動かすことができない。したがって，光子1個と電子1個の間でのやり取りを考えることで，赤色の光を明るく，すなわち光子の数を増やしても，光子1個が持つ振動させる力は変わらないため，電子を飛び出させることはできないということが説明できる。

②　振動数を大きくすると，光子が持つ振動させる力は大きくなる。しかし，光子1個は電子1個にしか力を与えられないため，結果として飛び出す電子の量は変わらない。

③　理由：先生の発言に，「“光子”の量では，光の明るさが決まる」，「“光子”が多く集まると明るい光になり，“光子”が少ないと暗い光になる」とある。すなわち，一定以上の振動数では，光を明るくすると光子の数が増え，光子と力のやりとりができる電子の数も増えるため，飛び出す電子の量も増える。

グラフ：問題文のグラフから，緑色の光は光電効果を起こすことができるとわかる。紫色の光は緑色の光よりも波長が短い(振動数が大きい)ため，緑色の光が光電効果を起こすとき，紫色の光も光電効果を起こすことができる。ここで，先生の発言に，「異《こと》なる色の光でも“光子”の量が同じであれば，同じ光の明るさになる」とあることから，光の明るさが同じとき，飛び出す電子の量も同じなので，紫色の光のグラフは緑色の光のグラフと同じ直線になる。

★ワンポイントアドバイス★

問題文や会話文を正しく読み取り，必要な情報を整理しててていねいに問題を解くことが重要である。理科の問題の内容は難《むずか》しいが，会話文をきちんと読めば解ける問題になっているので，落ち着いて問題に取り組もう。

＜適性検査ⅢB解答＞《学校からの正答の発表はありません。》

一 (1) ① 活性化　② 縮小　③ ア　④ エ　(2) 住民の中から参加して楽しいと感じられる具体的な取り組み

二 ① 外来魚　② 主体的な　③ 「ないもの」が多い　④ 「大事なもの」は全部ある

三 (1) ① モノづくり　② コトづくり　(2) 都会のようにモノは豊富ではないけれど，暮らすために大事なものはすべてあることに誇りを持っている。　(3) 私は，みんなが楽しめて，思い出に残る祭りにしたいです。そのために，祭りのなかに，まちに古くから伝わると祖母に聞いた，盆(ぼん)おどりをする時間があるといいと思います。

小学生のなかには盆おどりを知らない人も多いですが，このまちの歴史を知るきっかけになると同時に，みんなでおどることで，祭りに来た人たちと一体感ができて，思い出になるのではないでしょうか。小学生は体を動かすことが大好きなので，多くの小学生が来てくれると思います。

また，小学生に運営を手伝ってもらうためには，その人たちが「楽しい」と思えることをいれることが必要だと考えます。盆おどりの中のふりつけを一部考えてもらったり，TikTokで流行している曲を一部いれてみるのはどうでしょうか。当事者として主体的に関わるチャンスを作ることが，楽しさを感じられるきっかけになると思います。はば広い年れい層の人たちが交流し，このまちが好きだと感じられる祭りにしていきたいです。

○推定配点○

一 (1) 各3点×4　(2) 8点　二 各4点×4

三 (1) 各3点×2　(2) 8点　(3) 50点　計100点

＜適性検査ⅢB解説＞

一 **(国語：放送文聞き取り)**

(1) ① 筆者が人口とまちの活性化の関係について述べた部分を聞き取る。放送の前半で「定住人口が減るなら，交流人口を増やそうという考え方」があると述べられており，その直後の発言から，筆者は「人の数でまちを活性化しようとする発想」はもう持たなくてもよいのではないか，と考えていることがわかる。

② 筆者が，①でふれた人口の増加によってまちを活性化させる発想から転換《てんかん》し，新しい日本の未来について述べている部分を聞き取る。放送の前半で，「人口規模《きぼ》は縮小《しゅくしょう》しながらも，まちの営《いとな》みは充実《じゅうじつ》していく」ことで“縮充”という日本の未来を描《えが》くことができると述べられている。

③・④ 筆者が，②でふれた“縮充”について具体的に説明した部分を聞き取る。放送の後半で，「定住人口が減っていく過程でも，活動人口を増やしていくことは可能なはず」と述べられており，筆者は，「地域が元気になるための活動に参加している」活動人口の増加が“縮充”につ

ながると考えているとわかる。

(2)　どうすれば活動人口を増やすことができるかについて，筆者が述べている部分を聞き取る。放送の後半で「参加することでみんなが楽しいと感じられる具体的な取り組みが，住民の中からどんどん生まれてくる」ことで，活動人口は増えていくに違《ちが》いない，と述べられている。したがって，この内容を25字以上30字以内で，わかりやすくまとめればよい。指定された言葉を使うことに注意する。

＜放送文＞

次に読む文章は，山崎亮《やまざきりょう》さんの『ふるさとを元気にする仕事』という本の一部です。

山崎さんは，「コミュニティデザイナー」という，まちを元気にするアイデアを，地元の人たちと一緒《いっしょ》になって実現させる仕事をしています。

以下に読み上げる文章では，山崎さんが，どうすればまちが元気になるかについて述べています。

日本の総人口は減っています。数だけで見れば，「拡大」から「縮小」に転じたことになります。この流れは止めることができません。

定住人口が減るなら，交流人口を増やそうという考え方があります。多くの地域では，観光客を呼び集めたり，都市部の会社の機能を移転して労働人口を獲得《かくとく》することに苦慮《くりょ》しています。でも，人の数でまちを活性化しようとする発想は，もう持たなくてもいいのではないだろうか？　人口規模は縮小しながらも，まちの営みは充実していく―いわば“縮充”という未来を，日本のふるさとは描くことができると僕《ぼく》は思っています。

そのときにカギを握《にぎ》るのが「活動人口」です。これは辞書には載《の》っていない造語。働いている人の数を指す「経済《けいざい》活動人口」という用語があるけれど，それとは違います。活動人口とは，「地域が元気になるための活動に参加している人の数」と考えてみてください。

たとえば，現在の人口が一万人のまちが，二〇年後には八〇〇〇人に減るとします。数の上では二割の縮小です。しかし，定住人口が減っていく過程でも，活動人口を増やしていくことは可能なはずです。

まちに関わるということは，暮《く》らしている地域への愛情があることです。ここが交流人口との大きな差。観光客はまちから何かを得るために一時的に訪《おとず》れるのであって，まちの暮らしをよくするのが目的ではありません。お客さんですから，まちでお金を使い，まちの税収《ぜいしゅう》は増えるかもしれませんが，行政《ぎょうせい》だけにまちづくりを任せておく時代ではなくなっているのです。

では，どうすれば活動人口を増やして参加型社会を構築していくことができるのか？僕がみなさんに伝えたいキーワードは「楽しさなくして参加なし」です。

参加することでみんなが楽しいと感じられる具体的な取り組みが，住民の中からどんどん生まれてくる土壌《どじょう》があれば，ふるさとの活動人口は自《おの》ずと増えていくに違いありません。

（山崎亮『ふるさとを元気にする仕事』より）

二　（国語：長文読解，空（くう）欄（らん）補（ほ）充（じゅう））

やや難

【1】～【3】の文章を比べながら，これらに共通する意見をまとめる問題である。

①　【1】では，「地元」の「あるものを探す」ことから「地元学」がはじまると述べられており，これと【2】で重なるのは，【2】の地元にあるものである「田総川《たぶさがわ》」，もしくは「外来魚」を活用することである。したがって，①には「田総川」や「外来魚」があてはまる。

②　【1】では「土の地元学」は「住民自《みずか》らが地域を調べることからはじま」ると述べられており，【2】

では，広島県の里山に住む和田《わだ》さんたちが，里山にあるものの魅力《みりょく》や楽しさを伝えようとしている活動について述べられている。どちらも住民の「主体的な」姿勢《しせい》が，地域を元気にするまちおこしには大事であるという考え方が共通している。したがって，②には，「主体的な」，「積極的な」，「楽しむ」などの解答があてはまる。本文中から抜《ぬ》き出すのではなく，自分の言葉で答えることに注意する。

③・④　明《あきら》さんの文章に「[　③　]けれど，[　④　]」とあることから，③と④には反対の意味の言葉が入ると考えられる。また，【3】から，「ないものはない」というキャッチフレーズができた背景には，【2】と同じように，「逆転の発想」によって地元にないものではなく，あるものに目を向けようとする考え方が見られるとわかる。これらを踏《ふ》まえて【2】と【3】を見ると，どちらも地元にあるものを探した結果，何もないと思っていた地元には，「大事なもの」や「宝物」があふれていたことに気がついた，という内容になっていることが読み取れる。したがって，③には「『ないもの』が多い」，④には，「『大事なもの』は全部ある」，などの解答があてはまる。【3】の文章中の言葉を使い，空欄の前後につながるように解答することに注意する。

三　(国語：長文読解，条件作文)

(1)　第3段落《だんらく》に，経済的価値がどのように生まれるかについて，従来《じゅうらい》の常識と現代を対比して書かれている。従来は，「新しい財やサービスをつくりだす」「モノづくり」によってのみ，経済的《けいざいてき》価値《かち》が生まれるとされていたのに対し，現代では「モノづくり」だけでなく，「すでにあるものに対して『意味』を与《あた》える」「コトづくり」が重要になっている，と述べられている。よって，①には「モノづくり」，②には「コトづくり」があてはまる。

(2)　文章三をもとに，文章二【3】に出てきた，「ないものはない」という言葉にこめられたストーリーについて考える問題である。

文章三では，現代では「モノ」によって得られる「知識」や心温まる「感動」といった無形の要素が重視されるようになり，すでにあるものに「意味」を与えるストーリーの生産が重要になっていると述べられている。これを踏まえて，文章二【3】を見ると，海士町《あまちょう》のキャッチフレーズは，都会に比べて「モノ」がないことに「意味」(ストーリー)を持たせ，そのことを強調しつつ，しかし大事なものはすべてあるのだというまちの魅力を伝えたいのだと考えられる。解答はこれらの内容をわかりやすくまとめればよい。

(3)　それぞれの文章の要点をまとめると，次のようになる。

聞き取り一：地域の活動人口を増やすには，「楽しさ」が必要である。

文章二：地域を元気にすることは，住民が地域にあるものを探し，豊かさを調べるところからはじまる。

文章三：現代は，すでにあるものに「意味」を与え，そこに「知識」や「感動」があることに価値を見いだすようになっている。

以上のことを踏まえて，問題文の《条件》にもとづき，作文の内容を考える。各段落のポイントは次のようになる。

第一段落：まちの祭りについて，みんなが楽しめるようなものにするための提案をまとめる。

第二段落：提案について，多くの小学生に来てもらうために，今の問題点と改善点をまとめる。祭りに来る小学生が少ない理由は何なのか想像し，どうすればより多くの小学生が来てくれるのかを考えて書くとよい。

第三段落：第一段落・第二段落を踏まえて，小学生に運営を手伝ってもらうためには何が必要かについて，自分の意見を述べる。一の聞き取りの内容を踏まえて，「楽しさ」を感じられる体験の必要性を主張しつつ，二，三にあるように自分たちでまちにあるもの，祭りの「豊かさ」や「感動」を探すことができる提案になるように，自分の考えをまとめるとよい。

★ワンポイントアドバイス★

空欄を補充する問題は，文章全体をよく読み，解答につながる表現に注目して整理するとよい。複数の文章を比べて，対応する部分や共通する考え方を答えさせる問題が多いので，先に問題文を確認してからそれぞれの文章を読むことで，より速く解答できる。

＜適性検査ⅢC解答＞《学校からの正答の発表はありません。》

1　(1)　ア　(2)　ウ　(3)　ウ　(4)　エ　(5)　カ→エ→オ

(6)　右表

職業	警察官
働いているところ	千葉
住んでいるところ	東京
現在の仕事の内容	パトロールカーを運転している
経験年数	~~4年~~　5年
休日	今週：日曜日　来週：水曜日
この仕事を選んだ理由	父も警察官だったから

(7)　A　ク　B　ウ　C　コ　D　イ　E　キ

2　(1)　①　個性と個性　②　自分の気持ち　③　自己主張

(2)　文章の中で木暮監督が「自分の気持ちを口に出して伝え」ることの大切さを部員に伝えていました。私も中学生になったら，自分の考えを相手に正しく伝えられるような人間になりたいと考えています。

そのために，私は人前で発表することにたくさんちょう戦したいと思います。具体的には一分間スピーチや授業内プレゼンテーションです。人前で話すのはとてもきん張しますが，しっかり準備して話ができるように努力したいです。

○推定配点○

1　(5)　6点　(6)・(7)　各2点×11　他　各5点×4

2　(1)　各4点×3　(2)　40点　計100点

＜適性検査ⅢC解説＞

1　（英語：放送文聞き取り）

(1)　エマさんが「What time are we going to leave home next Saturday?」と時間をたずねたのに続けて，お父さんが「the train is at 10 in the morning, so... we should leave home at around 9:30」と返事をした部分に注目する。お父さんは，「電車が朝10時なので，9時30分ごろに家を出るべきである」と発言している。時間と行動を照らし合わせると，正解はアである。

＜放送全文(日本語訳)＞

Emma: What time are we going to leave home next Saturday?

Dad: Well, the train is at 10 in the morning, so... we should leave home at around 9:30.

Emma: I see. I'm really looking forward to seeing Futa.

Dad: I know. Futa is twenty years old but still the most popular animal in the zoo.

(エマ：私《わたし》たちは次の土曜日，何時に家を出発しますか。

お父さん：ええと，電車は朝10時です，だから…私たちは9時30分ごろに家を出るべきです。

エマ：　　わかりました。私は風太を見るのを本当に楽しみにしています。

お父さん：そうですね。風太は20歳ですが，いまだに動物園で一番人気の動物です。)

(2)　リリーさんが「チキン」を注文すると言ったのに対して，デイヴさんはそのとなりにあるものにすると言っている。そして，リリーさんが「ビーフ」か聞いたところ，デイヴさんは右側のものだと答え，それは「チキン」と「ポーク」だと言っている。したがって，メニューが並んでいる順番は，左側から「ビーフ」，「チキン」，「チキン＆ポーク」だと推測《すいそく》できるので，正解はウである。

＜放送全文(日本語訳)＞

Dave: What are you going to order?

Lily: I'll take that grilled chicken plate.

Dave: It looks nice. I'll have the one next to it.

Lily: This beef steak meal?

Dave: No no. On the right side. Grilled chicken with pork cutlet. I want two kinds of meat.

(デイヴ：あなたは何を注文するのですか。

リリー：私はそのグリルチキンプレートをいただきます。

デイヴ：いいですね。私はそのとなりにあるものを食べるつもりです。

リリー：このビーフステーキですか？

デイヴ：いいえ。右側です。グリルチキンとポークカツレツです。私は2種類のお肉を食べたいです。)

(3)　電車の車内放送を聞き取る。最初に，この電車が「明徳線」の「宮ノ下」行きであることがわかる。さらに，次の駅が「高山台」であることを聞き取れば，現在地は高山台の少し手前であることがわかる。よって，正解はウである。「現在地」を聞かれているため，路線や電車の進行方向，駅の順番といった情報から，必要な情報だけを整理するとよい。

＜放送全文(日本語訳)＞

Announcement: Thank you for using the Meitoku line. This is the rapid train bound for *Miyanoshita*. The next station is *Takayamadai*. The doors on the right side will open. Please change here for the Oyumino Line. After *Takayamadai*, this train will stop at *Suzuhiro*.

(放送：明徳線をご利用いただきましてありがとうございます。この電車は宮ノ下行きの急行電車です。次の駅は高山台です。右側のドアが開きます。おゆみ野線はこちらでお乗りかえください。高山台の次は，この電車は鈴広《すずひろ》に停車します。)

(4)　2人の会話から，クリスさんが毎晩《まいばん》夕食後に皿洗《さらあら》いをすること，エミリーさんが水曜日と土曜日に料理，日曜日に部屋のそうじをすることがわかるので，正解はエである。

＜放送全文（日本語訳）＞

Emily: Chris. Do you help your mum and dad at home?

Chris: Of course! I wash the dishes after dinner every night.

Emily: You're great.

Chris: How about you, Emily? Do you do any housework?

Emily: Yes, of course! I cook dinner on Wednesdays and Saturdays, and clean the rooms every Sunday.

Chris: Oh, you work a lot!

（エミリー：クリス。あなたは家でお母さんとお父さんを手伝っていますか。

クリス　：もちろんです！　私は毎晩夕食のあとにお皿を洗っています。

エミリー：あなたはすばらしいです。

クリス　：あなたはどうですか，エミリー？　あなたは何か家事をしますか？

エミリー：はい，もちろん！私は水曜日と土曜日に夕食を作り，毎週日曜日には部屋をそうじします。

クリス　：ああ，あなたはたくさん働いているのですね！）

(5)　リョウさんがふだんしている行動を聞き取る。解答用紙には，「食事」と「就寝《しゅうしん》」が書かれているので，その間の行動を順番に並べればよい。リョウさんは，7時に夕食を食べてからテレビを見て，その後に入浴をする。その後はいつも寝《ね》る前にテレビゲーム（video games）をすると言っているので，テレビ・入浴・ゲームの順になる。

＜放送全文（日本語訳）＞

Ms. Brown: Hey, Ryo! You look sick. Are you all right?

Ryo: Hi, Ms. Brown. Ah… I'm just tired. I usually go to bed late.

Ms. Brown: Oh, having a good sleep is important for you. What time do you usually go to bed?

Ryo: Well, I have dinner at seven and watch TV then take a bath. After that, I usually play video games before going to bed.

Ms. Brown: Maybe you should go to bed soon after taking a bath.

（ブラウン先生：こんにちは，リョウ！　あなたは具合が悪そうに見えます。大丈夫ですか？

リョウ：　こんにちは，ブラウン先生。ああ…私はただつかれているだけです。私はいつも遅《おそ》くに寝ています。

ブラウン先生：あら，良い睡眠《すいみん》をとることはあなたにとって重要ですよ。あなたはいつも何時に寝ていますか？

リョウ：　そうですね，私は7時に夕食を食べて，テレビを見てからお風呂《ふろ》に入ります。その後は，寝る前にいつもテレビゲームをしています。

ブラウン先生：おそらくあなたは，お風呂に入った後すぐに寝るべきかもしれませんね。）

やや難　(6)　表に聞き取った内容を書き入れ，必要に応じて表の内容を正しく直す。職業の聞き方がわからなくても“police officer”が聞き取れれば，キャシーさんの職業が警察官《けいさつかん》であるとわかる。また，住んでいるところは“live”と“work”のちがいが聞き取れなくても，千葉ではない方の地名が「東京」であることがわかれば書き入れられる。現在の仕事の内容は，以前の仕事と区別して聞き取る必要がある。経験年数は，“five years”を聞き取り，4年と書いてある部分を5年に直す。休日を表す“day off”はあまりなじみのない表現だが，曜日について話題になっているのはこの部分だけなので，「今週は日曜日，来週は水曜日」の部分を聞き取って答える。警察官になった理由は，アンディーさんの質問に対する「父も警察官だったから」という答えを聞き取ればよい。

小学生にはやや難《むずか》しい表現もふくまれているが，外来語としてなじみのある表現や前後の流れから，表を完成させるために必要な情報を聞き取れば解答できる。

＜放送全文(日本語訳)＞

Andy: Hello, Ms. Cathy White. Nice to meet you. I'm so glad to meet you.
Cathy: Hi, Andy. I'm so happy, too.
Andy: So…, I'll ask you some questions. First Question. What do you do?
Cathy: I am a police officer.
Andy: Which area do you work in?
Cathy: I live in Tokyo, but I work in Chiba.
Andy: What kind of police work do you do?
Cathy: I worked in a police box before, but now I drive a patrol car.
Andy: How many years have you been a police officer?
Cathy: I have been a police officer for five years.
Andy: When is your day off?
Cathy: This week Sunday but next week Wednesday.
Andy: Why did you become a police officer?
Cathy: Because my father was also a police officer. Now he is City Mayor.
Andy: Wow, he is great!

(アンディー：こんにちは，キャシーホワイトさん。はじめまして。お会いできてとてもうれしいです。
キャシー　：こんにちは，アンディー。私もとてもうれしいです。
アンディー：それでは…，いくつか質問させていただきます。最初の質問です。あなたの職業は何ですか。
キャシー　：私は警察官です。
アンディー：あなたはどこの地域で働いていますか。
キャシー　：私は東京に住んでいますが，千葉で働いています。
アンディー：どのような警察の仕事をしていますか。
キャシー　：私は以前は交番で働いていましたが，今はパトロールカーを運転しています。
アンディー：警察官になって何年になりますか。
キャシー　：私は警察官になって5年になります。
アンディー：休みはいつですか。
キャシー　：今週は日曜日ですが，来週は水曜日です。
アンディー：あなたはなぜ警察官になったのですか。
キャシー　：私の父も警察官だったからです。彼《かれ》は今市長です。
アンディー：わあ，彼はすばらしいです！)

(7)　話の中からキーワードを聞き取り，語群から素早く情報を探し出す力を測る問題である。Aには，話の流れから「11月1日(November 1)」が入る。Bには歩行中の場所が入ることが予想されるが，話の中では，「International Space Station」が出てくるため，「国際宇宙ステーション」が当てはまる。Cにはウェブサイトの名前が入るため，「A website called Earth Sky」を聞き取り，「Earth Sky」を選べばよい。Dは「with your eyes」という表現から「肉眼」を選ぶが，日本語と英語とで表現のニュアンスが異なるため難しい設問になっている。単語の意味だけではなく，話の内容まで理解できているかが試されている。Eも場所を問う問題だが，「…を～に見る」という表現からある場所で物体を見ている場面をイメージできるかがポイントとなっている。「富士山(Mount Fuji)」を確実に聞き取りたい。以上から，解答は，A：ク，B：ウ，C：コ，D：イ，E：キとなる。

＜放送全文(日本語訳)＞

On November 1, NASA astronauts lost a $100,000 tool bag during a spacewalk. The white bag is now about 200 miles above the Earth and can be seen with a telescope. Two Astronauts dropped it during a spacewalk on the International Space Station.

A website called Earth Sky says the tool bag is shining in the sky near the space station. You can see it a bit with your eyes, but it's easier with a little help. Don't worry about the tools falling to Earth; experts say that won't happen. The tool bag will stay in space for just a few more months, and then disappear.

Japanese astronaut Satoshi Furukawa saw it in space over Mount Fuji on Sunday. This interesting event shows how we can see things in space from different places on Earth.

(11月1日，NASAの宇宙飛行士が宇宙遊泳中に10万ドルの道具ぶくろを無くした。白いふくろは現在地球の上空約200マイルにあり，望遠鏡で見ることができる。2人の宇宙飛行士が，国際宇宙ステーションで宇宙遊泳中にそれを落としてしまった。

Earth Skyというウェブサイトによると，その道具ぶくろは宇宙ステーションの近くの空で輝(かがや)いているという。肉眼でも少しは見えるが，少しの助けがあれば(望遠鏡などを使えば)より簡単《かんたん》に見ることができる。道具ぶくろが地球に落ちてくる心配はない。あと数か月ほど宇宙にとどまり，その後消えてなくなるだろう，と専門家《せんもんか》は言っている。

日本人宇宙飛行士のフルカワサトシさんは，日曜日に，富士山の上空にそのふくろを見た。この興味深い出来事は，宇宙空間にある物体が地球上のさまざまな場所からどのように見ることができるのかを示している。)

2 **(国語：長文読解，条件作文)**

(1) 【文章】の傍線《ぼうせん》部「こういうこと」とは，敗戦をきっかけにチームメイト同士が喧嘩《けんか》をしている場面を指している。【文章】の冒頭《ぼうとう》部分に「いいか，世の中にはいろんな人間がいる。チームだってそうだ。個性と個性のぶつかり合いだ」とあり，続けて木暮監督《こぐれかんとく》は「言いたいことがあるやつは，言えよ」，「自分の気持ちを口に出して伝えろよ」と言っている。また，傍線部の直後では，「これも選手の成長のひとつと捉《とら》えることもできるはずだ。尾崎《おざき》にもようやく自己主張する姿勢が見え始めたのだ」とあることから，木暮監督が，この喧嘩はただの言い争いではなく，チームメイトが本音で語り合うことでチームが成長するよい機会だと捉えていることがわかる。解答は，これまでの内容から，空らんの前後につながるように本文から抜《ぬ》き出せばよい。②(六字)は，解答例の他に「言いたいこと」も正解となる。

重要 (2) 【会話文】の波線部「どんな自分でありたいかと考えることがとても大切なんだ」について，自分が中学生になるにあたって，どのような人間になっていたいか，また，その目標を達成するためにどんなことに取り組みたいかを考えて答える。《条件》を確認し，各段落は以下のようにまとめるとよい。

第一段落：中学生になったらどのような人間になっていたいかについて述べる。「【文章】を踏(ふ)まえて」とあるので，登場人物の発言を引用したり，【文章】の内容と似たような場面を想像したりするとよい。

第二段落：第一段落で述べた「なりたい自分」を実現するために，実際にどのようなことに取り組みたいかについて，具体例を交えながら述べる。自分が取り組みたい活動や行動と，その行動の中で大切にしたいことや理由などをあわせて書けるとよい。

★ワンポイントアドバイス★

リスニングには，難しい単語も含《ふく》まれている。聞きなれない単語にまどわされず，問題文から考えられる重要なポイントにしぼって聞き取るようにしよう。作文は文章を踏まえて，自分の考えを整理する必要がある。一つ一つの言葉をかみくだいて自分なりに理解できるとよい。

MEMO

大切なことはメモしておこうネ！

2023年度

★★★★★★★★★★★★★★★★★★★★★★★★

入　試　問　題

2023年度

千葉明徳中学校入試問題（一般入試①）

【算　数】（50分）　＜満点：100点＞

【注意】　1．携帯電話《けいたいでんわ》，スマートフォン，電卓《でんたく》，計算機能付き時計など電子機器類を使用してはいけません。

2．分数は，約分すべきではない場合を除き，それ以上約分できない分数で答えなさい。また，比は，最も簡単な整数の比で答えなさい。

1　次の□にあてはまる数を書きなさい。なお，解答用紙に答えだけでなく，途中式も書きなさい。

(1)　$1+95+10+100+90+5+99=$ □

(2)　$38\times25.2+74.8\times38=$ □

(3)　$3\frac{1}{3}\times0.75-1\frac{1}{6}=$ □

(4)　$12\div\left(\frac{34.52-34.5}{8}\right)=$ □

(5)　$6-5\div\{(4+3)\times2-1\}=$ □

2　次の□にあてはまる数を書きなさい。なお，解答用紙に答えだけでなく，文章や式，図などを用いて考え方も書きなさい。

(1)　分速400mでサイクリングを80分間したときに進んだ道のりは□kmになります。

(2)　定価2000円の本を□%引きで購入すると1500円になります。

(3)　ある仕事をするのに，明人《あきと》くんは10日，徳子《のりこ》さんは15日かかります。この仕事を2人ですると□日で終わります。

(4)　大中小それぞれ1個ずつの3個のサイコロを1回投げます。このとき，目の和が7になる場合は□通りです。

(5)　右の図は半径が10cm，中心角90°の扇形《おうぎがた》と2つの半円を組み合わせた図形です。しゃ線部分の面積は□cm^2です。ただし，円周率は3.14とします。

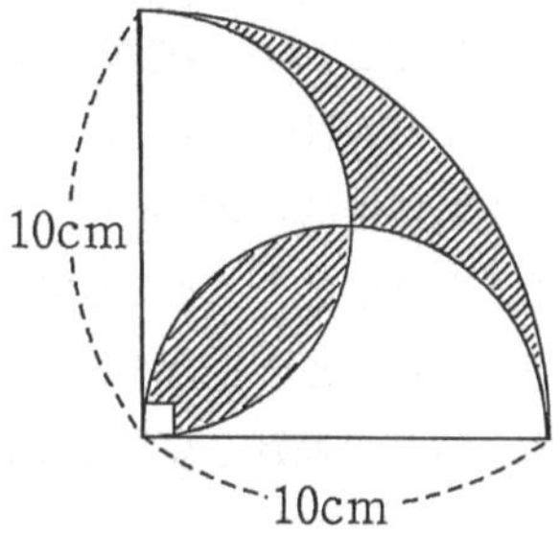

(6)　平行四辺形ABCDにおいて，辺BC上にAB＝BEとなるように点Eをとります。点Eから辺ADに垂線EFを引きます。∠ADC＝50°のとき，アの大きさは□度です。

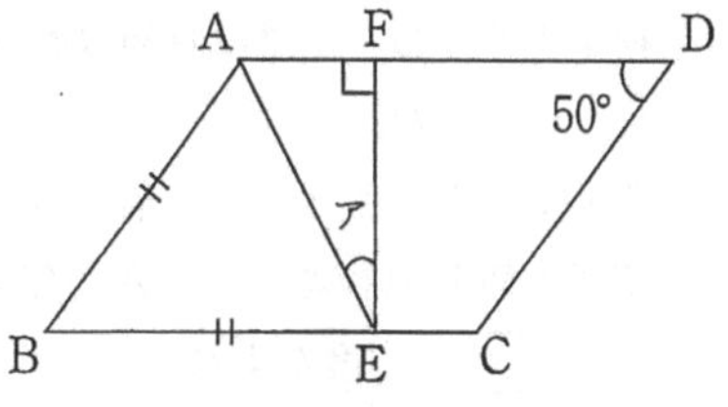

3 次のような整数の列を考えます。このとき，あとの問いに答えなさい。なお，解答用紙に答えだけでなく，文章や式，図などを用いて考え方も書きなさい。

1，4，9，16，25，□，49，・・・　　(A)

(1) □に当てはまる数を答えなさい。

(2) 961は左から何番目になりますか。

(3) 上記の整数の列(A)の各数を3で割った余りを考えると以下のようになります。

1，1，0，1，1，0，1，1，・・・　　(B)

このとき，この新しい整数の列(B)において，左から24番目の数を答えなさい。

4 右の図のような直角三角形を，直線ACを軸として1回転してできる立体Vについてあとの問いに答えなさい。ただし，円周率は3.14とします。なお，解答用紙に答えだけでなく，文章や式，図などを用いて考え方も書きなさい。

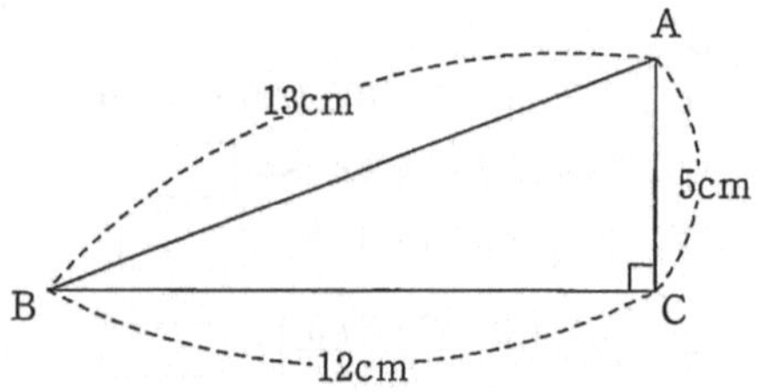

(1) 立体Vの体積と表面積を求めなさい。

(2) 右の図のように三角形ABCにおいて，点Cから辺ABに垂線CDを引きます。このとき，辺CDの長さを求めなさい。

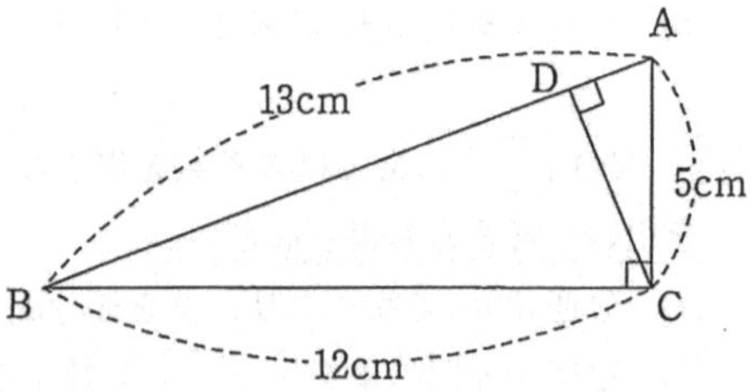

(3) (2)において，三角形ABCを，直線ABを軸として1回転してできる立体Tの体積を求めなさい。ただし，小数の形で解答する場合は，小数第2位を四捨五入しなさい。

5 明人《あきと》くんと徳子《のりこ》さんは放課後，話をしています。次の会話文を読み，あとの問いに答えなさい。なお，(2)と(3)においては解答用紙に答えだけでなく，文章や式，図などを用いて考え方も書きなさい。(1)に関しては，解答のみで可です。

明人：僕《ぼく》，昨日が誕生日だったんだ。それで，お父さんに腕《うで》時計を買ってもらったよ。

徳子：お誕生日おめでとう！　その腕時計，すごく格好《かっこう》いいわね。

明人：ありがとう。ところで，昨日，腕時計を見ていて疑問に思ったことがあるんだ。

徳子：うん，どうしたの？

明人：時計の長針と短針が午前0時だと重なるんだ。その次に長針と短針が重なるのは何時だろう？

徳子：そうね。正確な時刻はわからないけど，午前 ア 時と午前 イ 時の間の時刻で重なるわね。

明人：うん。さらに，正確な時刻を考えてみたいね。

徳子：難しいわね。うーん，午前 ア 時に，長針と短針がつくる小さい方の角度の大きさは ウ 度だよね。

明人：そうだね。

徳子：長針は１分間で [エ] 度，短針は１分間で [オ] 度進む。……ということは，長針は短針に１分間で [カ] 度追いつくわ。

明人：あっ，わかった。[ウ] ÷ [カ] を計算すればいいんだね。

徳子：そうだね。それを計算すると，[キ] になるわ。

明人：これより，午前０時の次に長針と短針が重なる時刻は午前 [ク] 時 [ケ] 分 [コ] 秒だね。

(1)　会話文中の [ア] ～ [コ] にあてはまる数を求めなさい。
ただし，[ア]，[イ]，[ウ]，[エ]，[ク]，[ケ] は整数，[オ]，[カ] は小数，[キ]，[ク] は分数で解答しなさい。
また，[ア] と [イ] の差は１とします。

(2)　午前０時１分から午後11時59分までに，長針と短針は何回重なりますか。

(3)　午前４時から午前５時までの間で，長針と短針がつくる小さい方の角度の大きさがはじめて30度になるのは午前４時 [サ] 分 [シ] 秒になります。このとき，[サ]，[シ] にあてはまる数を求めなさい。
ただし，[サ] は整数，[シ] は分数で解答しなさい。

【理　科】（社会と合わせて50分）　＜満点：50点＞

1　以下の問いに答えなさい。

(1)　カブトムシの口の形と餌《えさ》の食べ方は，次のうちのどれですか。以下のア～エより適当なものを1つ選び，記号で答えなさい。

ア：先がするどくとがっていて，他の昆虫などを食べる。

イ：先がするどくとがっていて，葉や茎《くき》をかじる。

ウ：管のような形をしており，伸《の》ばして花のみつをすう。

エ：ブラシのような形をしており，樹液をなめる。

(2)　ホウセンカの花は，1枚ずつ離《はな》れた形をしている。これと同じ形の花を持つ植物は，次のうちのどれですか。以下のア～エより適当なものを1つ選び，記号で答えなさい。

ア：タンポポ　　イ：アサガオ　　ウ：ヘチマ　　エ：アブラナ

(3)　胆汁《たんじゅう》と混ざることで消化されやすくなる栄養素は，次のうちのどれですか。以下のア～エより適当なものを1つ選び，記号で答えなさい。

ア：タンパク質　　イ：脂肪《しぼう》　　ウ：ビタミン　　エ：デンプン

(4)　よう岩や火山灰などが層状に積み重なってできた，円すい状の火山は次のうちのどれですか。以下のア～エより適当なものを1つ選び，記号で答えなさい。

ア：マウナロア　　イ：阿蘇《あそ》山　　ウ：雲仙普賢岳《うんぜんふげんだけ》　　エ：富士山

(5)　うすい塩酸をかけると気体が発生する岩石は，次のうちのどれですか。以下のア～エより適当なものを1つ選び，記号で答えなさい。

ア：砂岩　　イ：ぎょう灰岩　　ウ：石灰岩　　エ：泥《でい》岩

(6)　レンガと木片を水にいれるとどのようになりますか。次のア～エより適当なものを1つ選び，記号で答えなさい。ただし，レンガ，木片，水の1 cm^3 あたりの重さはそれぞれ1.7g，0.49g，1.00gとします。

ア：レンガ，木片ともに水に沈《しず》む。

イ：レンガは水に沈むが，木片は水に浮《う》く。

ウ：レンガは水に浮くが，木片は水に沈む。

エ：レンガ，木片ともに水に浮く。

(7)　ものを燃やすはたらきがある気体はどれですか。次のア～エより適当なものを1つ選び，記号で答えなさい。

ア：水素　　イ：酸素　　ウ：窒素《ちっそ》　　エ：二酸化炭素

(8)　注射器に空気を閉じ込《こ》めて，ピストンを押《お》し込《こ》みました。このときの空気の体積と空気が押し返す力はどのようになりますか。次のア～エより適当なものを1つ選び，記号で答えなさい。

ア：体積は小さくなり，押し返す力は体積が小さくなるほど大きくなる。

イ：体積は小さくなり，押し返す力は体積によらず一定である。

ウ：体積は小さくなり，押し返す力は体積が小さくなるほど小さくなる。

エ：体積はあまり変化しない。

(9)　茶わんの中にコインを入れてから水を注ぐと，コインが浮かび上がって見えます。この現象と最も関連がある光の性質はどれですか。次のページのア～エより適当なものを1つ選び，記号で答えなさい。

ア：直進　　イ：反射　　ウ：屈折《くっせつ》　　エ：散乱

⑽　乾電池《かんでんち》１つと豆電球をいくつか用意しました。豆電球を直列につないだ場合と並列につないだ場合のそれぞれについて，豆電球の明るさは豆電球１個のときと比べてどのようになりますか。次のア～エより適当なものを１つ選び，記号で答えなさい。

	直列につないだ場合	並列につないだ場合
ア	暗くなる	暗くなる
イ	暗くなる	変わらない
ウ	変わらない	暗くなる
エ	変わらない	変わらない

2　以下の問いに答えなさい。

⑴　日本で見えた月の形を表した図１～４を満ち欠けの順に並べたものとして適当なものを，以下のア～エより１つ選び，記号で答えなさい。ただし，黒ぬりの部分は影《かげ》を表しています。

図１
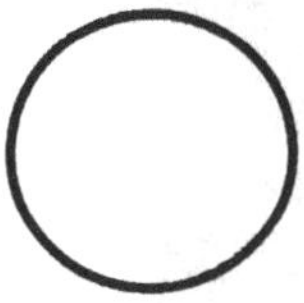
図２
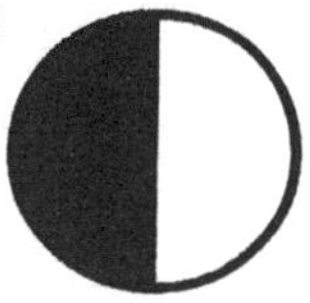
図３
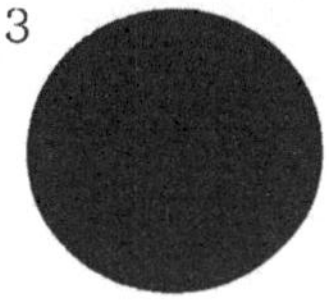
図４
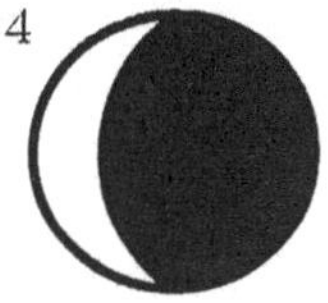

ア：図１⇒図２⇒図３⇒図４

イ：図４⇒図２⇒図１⇒図３

ウ：図３⇒図２⇒図１⇒図４

エ：図１⇒図３⇒図２⇒図４

⑵　⑴の図２が見える方位と時刻の組み合わせとして適当なものを，以下のア～エより１つ選び，記号で答えなさい。

ア：明け方・西の空　　イ：真夜中・西の空

ウ：夕方・東の空　　エ：真夜中・南の空

⑶　日本（北緯《い》35度付近）とシンガポール（赤道付近）における星の見え方として適当なものを，以下のア～エよりそれぞれ１つずつ選び，記号で答えなさい。なお，図中の★は北極星を表している。

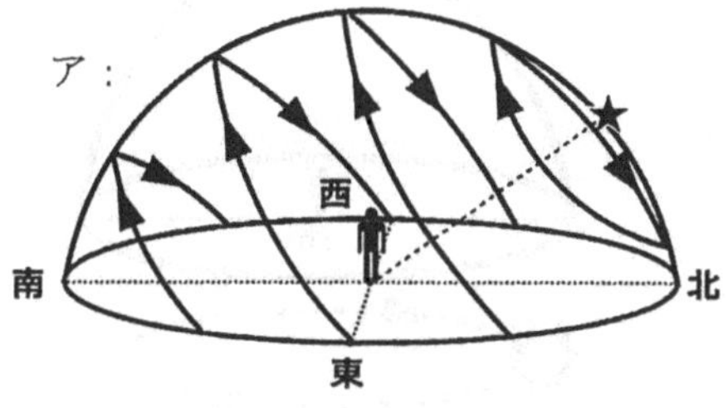

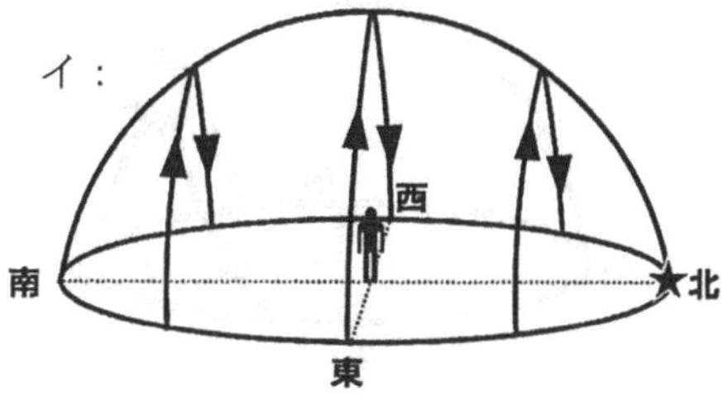

ウ：

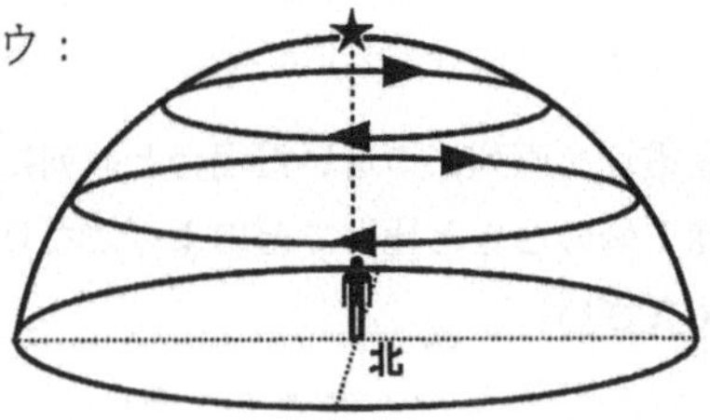

エ：

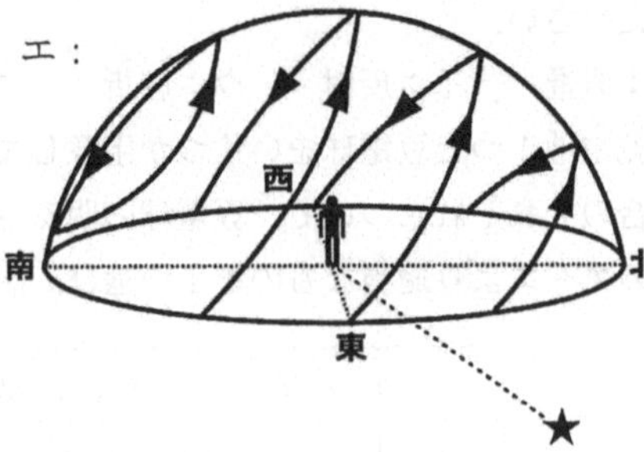

(4)　図５は，北半球が夏至のときの太陽との位置関係を模式的に表したものです。このとき，北極点および南極点では，太陽の動きはどのように見えるでしょうか。適当なものを，以下のア～エよりそれぞれ１つずつ選び，記号で答えなさい。

図５

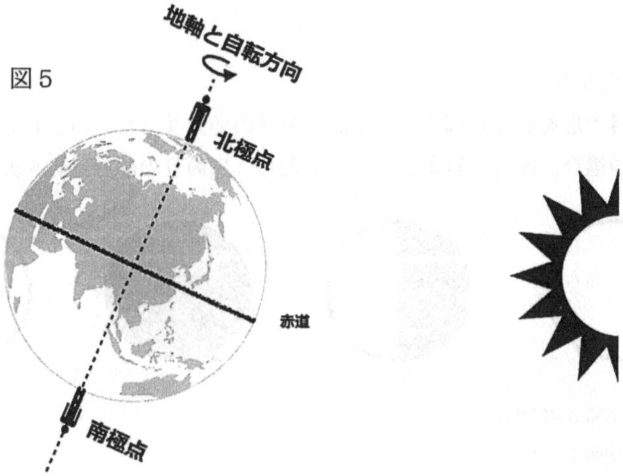

ア：

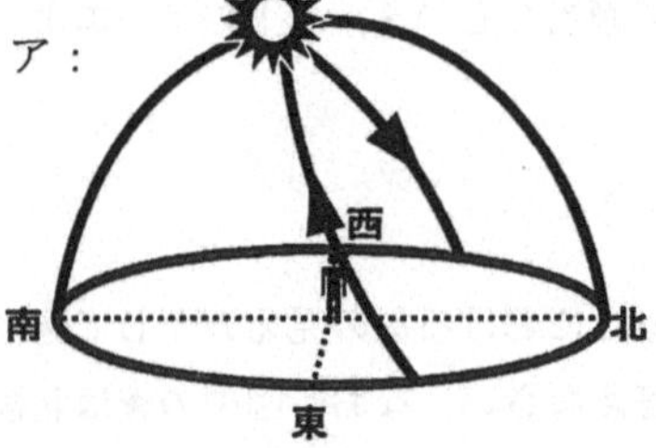

イ：

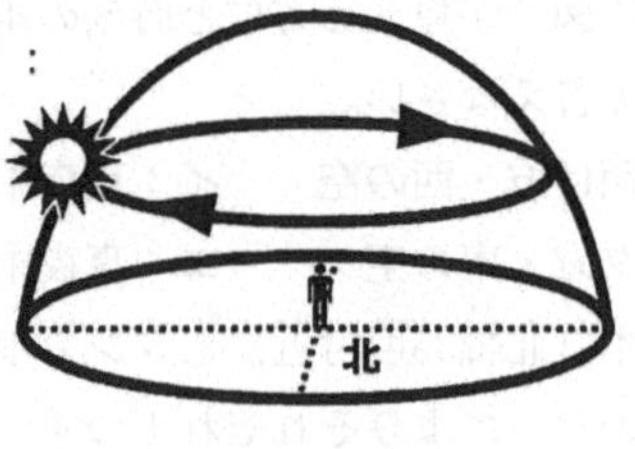

ウ：

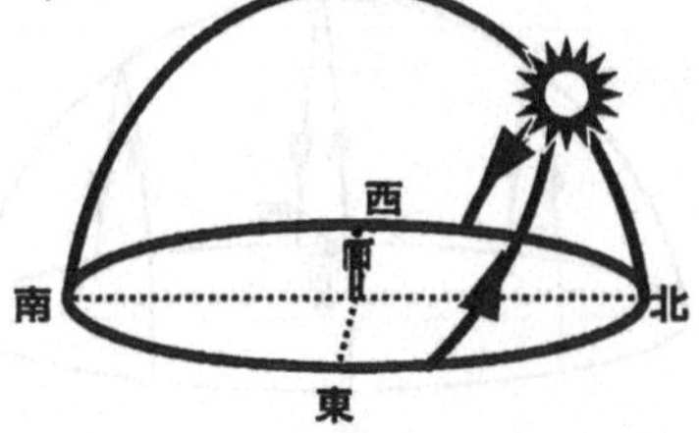

エ：

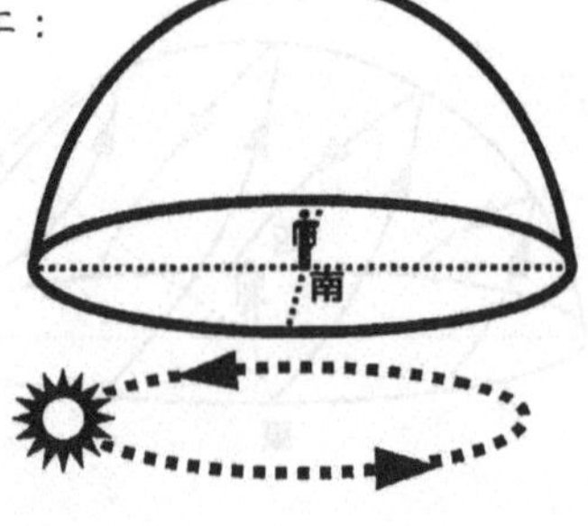

(5) 明け方東の空に見える金星のことを，「明けの明星」と呼びます。日本で「明けの明星」が最も大きく見えるとき，その形として適当なものを，以下のア～エより１つ選び，記号で答えなさい。ただし，黒ぬりの部分は影《かげ》を表しています。

ア：
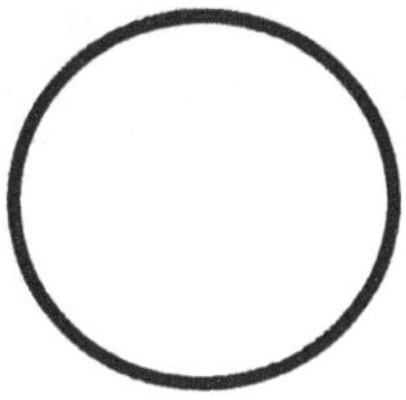

イ：
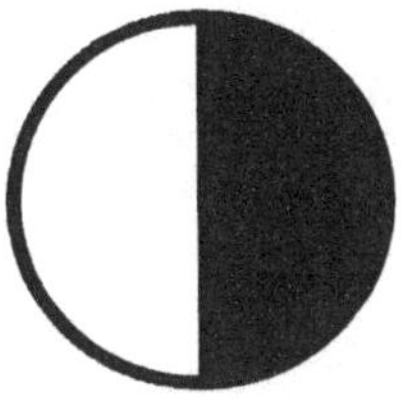

ウ：

エ：

3 以下の問いに答えなさい。

(1) 太さが一様でない長さ100cmの板がある。この板を床《ゆか》に置き，図１のように板の細い方にばねばかりをつけて少し持ち上げると，ばねばかりは40ｇを示した。同様にして，床に置いた板を図２のように板の太い方にばねばかりをつけて少し持ち上げると，ばねばかりは60ｇを示した。これに関して，あとの問いに答えなさい。

図１
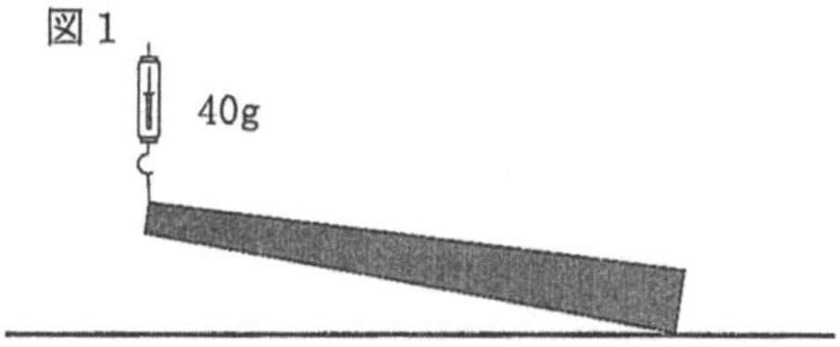

図２
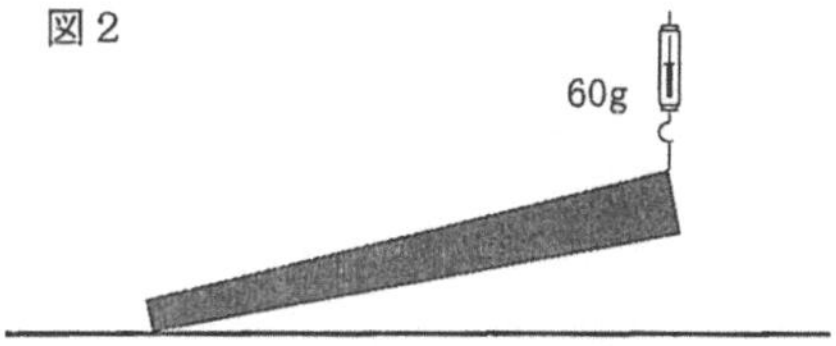

図３
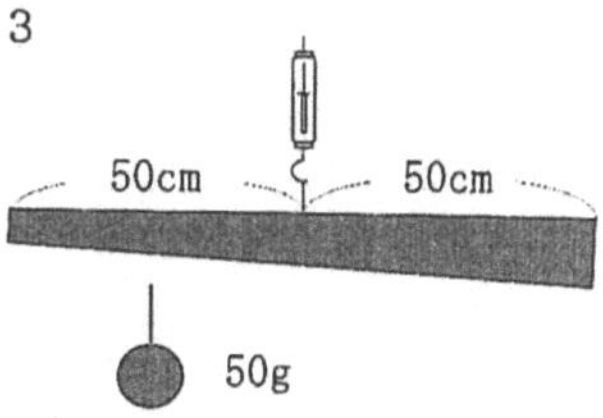

図４
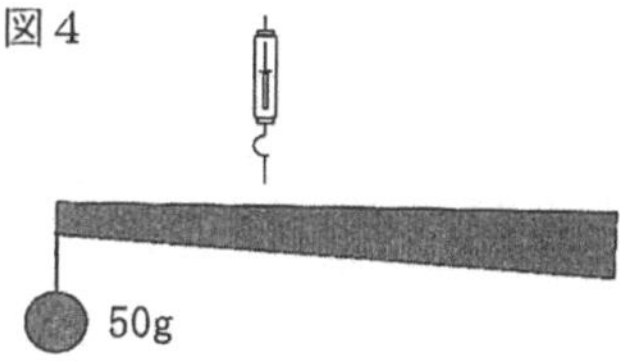

① 図３のように，板の中心にばねばかりをつけて持ち上げると，板はかたむいた。このとき，おもりをつるして板をつり合わせるためには，50ｇのおもりを板の中心から左右どちらに何cmのところにつるせばよいか答えなさい。

② 図４のように，板の細い方に50ｇのおもりをつるして，この板をつり合わせたい。このとき，ばねばかりを板の細い方から何cmのところにつるせばよいか答えなさい。

(2)　100㎝で20ｇの太さが一様な棒を使って，おもりやばねばかりをつないでつり合わせた。次の ア ～ カ に当てはまる数字を答えなさい。

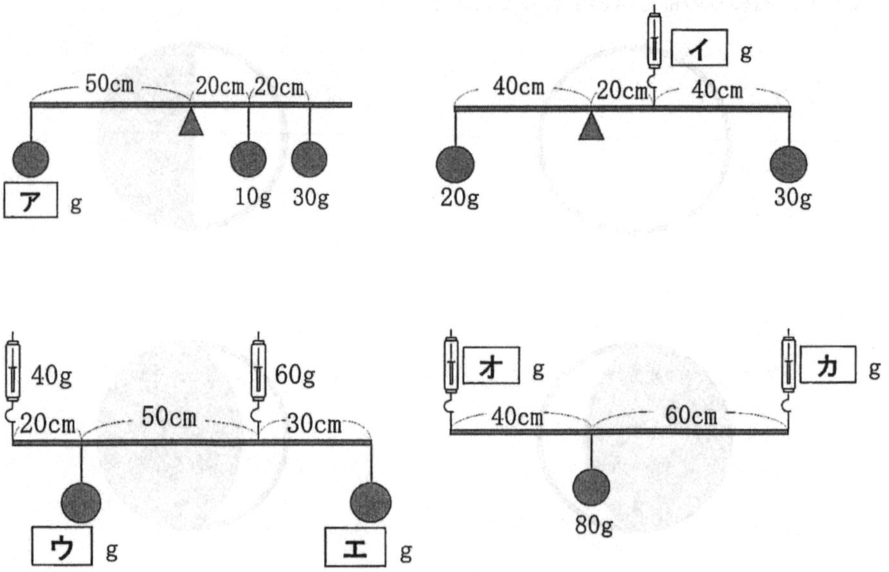

【社　会】（理科と合わせて50分）　＜満点：50点＞

1　(1)～(20)の答えとして正しいものを，次の**ア**～**エ**から１つ選んで答えなさい。

(1)　青果《せいか》市場などにおける「せり」の説明として正しいものは，どれですか。

ア　たいひを土にまぜて，より良い土を作ること。

イ　仕入れの業者の人が集まって，一番高い値をつけた人が作物を買うこと。

ウ　農業協同組合の直売所に出荷すること。

エ　機械を使うことで，少ない時間で効率的に農作業を行うこと。

(2)　米づくりがさかんな庄内《しょうない》平野がある都道府県は，どれですか。

ア　山形県　　**イ**　新潟県　　**ウ**　愛知県　　**エ**　宮崎県

(3)　輪島塗《わじまぬり》や九谷焼《くたにやき》などの伝統工芸で有名な都道府県は，どれですか。

ア　栃木県　　**イ**　滋賀県　　**ウ**　石川県　　**エ**　大阪府

(4)　日本の最南端《さいなんたん》にある，次の写真の無人島の名称《めいしょう》は，どれですか。

ア　沖ノ鳥島

イ　与那国《よなぐに》島

ウ　択捉《えとろふ》島

エ　南鳥島

(5)　抑制栽培《よくせいさいばい》の例として正しいものは，どれですか。

ア　野辺山原《のべやまはら》で行われる高原野菜づくり

イ　宮崎平野で行われるピーマンの栽培

ウ　高知平野で行われるなすの栽培

エ　根釧台地《こんせんだいち》で行われる乳牛の飼育

(6)　日本において生産額が最も高い工業地帯は，どれですか。

ア　阪神《はんしん》工業地帯　　**イ**　北九州《きたきゅうしゅう》工業地帯　　**ウ**　中京《ちゅうきょう》工業地帯　　**エ**　京浜《けいひん》工業地帯

(7)　仏教徒が多く，世界有数の米の産地である東南アジアの国は，どれですか。

ア　タイ　　**イ**　ブラジル　　**ウ**　シンガポール　　**エ**　インド

(8)　日本で初めて打製石器が発見された遺跡《いせき》は，どれですか。

ア　三内丸山《さんないまるやま》遺跡　　**イ**　板付《いたづけ》遺跡　　**ウ**　登呂《とろ》遺跡　　**エ**　岩宿《いわじゅく》遺跡

(9)　蘇我《そが》氏と物部《もののべ》氏は，大陸からの新たな文化の受け入れをめぐり対立しましたが，この新たな文化は，どれですか。

ア　仏教　　**イ**　鉄器　　**ウ**　漢字　　**エ**　須恵器《すえき》

(10)　鎌倉《かまくら》幕府において将軍を補佐する役職は，どれですか。

ア　関白　　**イ**　大老　　**ウ**　執権《しっけん》　　**エ**　上皇

(11)　室町時代に陸上運送にあたった業者の名称は，どれですか。

ア　問丸　　**イ**　馬借　　**ウ**　能　　**エ**　座

⑿　江戸《えど》時代に参勤交代を制度として定めた将軍は，だれですか。

ア　徳川家康《とくがわいえやす》　　イ　徳川慶喜《よしのぶ》　　ウ　徳川家光《いえみつ》　　エ　徳川吉宗《よしむね》

⒀　『学問のすすめ』を著して西洋の思想を日本に紹介《しょうかい》した人物は，だれですか。

ア　福沢諭吉《ふくざわゆきち》　　イ　野口英世《のぐちひでよ》　　ウ　渋沢栄一《しぶさわえいいち》　　エ　夏目漱石《なつめそうせき》

⒁　1921年に結成され，1949年に中華人民共和国《ちゅうかじんみんきょうわこく》を建国した政党は，どれですか。

ア　中国国民党　　イ　中国共産党　　ウ　自由民主党　　エ　立憲民主党

⒂　ペレストロイカとよばれる改革を背景に1991年に解体された国は，どれですか。

ア　ドイツ　　イ　ソビエト連邦《れんぽう》　　ウ　イギリス　　エ　イスラエル

⒃　2022年は，沖縄県の本土復帰から何周年となる年でしたか。

ア　40周年　　イ　50周年　　ウ　60周年　　エ　70周年

⒄　日本の議院内閣制に関する説明として**関係のないもの**は，どれですか。

ア　内閣は，国会に対して連帯責任を負う。

イ　内閣総理大臣は，国会の議決により指名される。

ウ　衆議院は，内閣に対する不信任決議を行う権限を持っている。

エ　国会は，弾劾《だんがい》裁判を行う権限を持っている。

⒅　自分の名前を投票用紙に書かないで投票する原則は，どれですか。

ア　平等選挙　　イ　秘密選挙　　ウ　普通《ふつう》選挙　　エ　直接選挙

⒆　為替《かわせ》相場における円安または円高の説明として正しいものは，どれですか。

ア　１ドル＝110円だったのが，１ドル＝100円になることを円安という。

イ　外国からの輸入品に対する関税を高くすることを円安という。

ウ　１ドル＝110円だったのが，１ドル＝100円になることを円高という。

エ　外国からの輸入品に対する関税を高くすることを円高という。

⒇　政治上の理由や紛争《ふんそう》などにより難民となった人々を援助《えんじょ》する国連の機関として，正しいものはどれですか。

ア　WHO　　イ　UNHCR　　ウ　WTO　　エ　UNESCO

2　次の会話文と資料を読み，以下の⑴～⑾の設問に答えなさい。

のどか：なおき君，あなたがいつも食べているクリームパンが，５個入りから４個入りになるの，知っていた？

なおき：えー！　知らなかった！

先　生：たしかに，ニュースになっていましたね。

なおき：先生，なぜ個数が減ってしまうのですか？

先　生：原材料である小麦が値上がりしているためです。

のどか：なぜ小麦が値上がりしているのですか？

先　生：2023年現在，世界で起きている戦争が大きな原因の１つです。世界有数の小麦の産地である（　**あ**　）がロシアに侵攻《しんこう》され，小麦の生産が滞《とどこお》っているのです。

のどか：他国同士の戦争が，日本の菓子《かし》パンにまで影響《えいきょう》を与《あた》えているのですね。

なおき：このまま戦争が長引くと，食べるものがなくなって，多くの餓死者《がししゃ》が出たり，世界の人口が減ったりしないでしょうか？

先　生：それほど大きな影響は，すぐには出ないでしょう。しかし，食糧《しょくりょう》の生産と人口には大きな関わりがあります。次のページの**資料１**の年表を見て下さい。弥生《やよい》時代に（　**い**　）が始まると，日本の人口は一気に増加しました。

のどか：でも，700年代から1280年頃《ごろ》までの人口はあまり変わっていませんね。なぜでしょうか？

先　生：様々な要因がありますが，その１つが天変地異《てんぺんちい》(注１)です。次のページの**資料２**を見て下さい。仏教の法華《ほっけ》宗をおこした日蓮《にちれん》という人物は，『立正安国論《りっしょうあんこくろん》』という史料に天変地異の様子を述べています。

なおき：日本の人口が1000万人を超《こ》えるのは，応仁の乱以降のことなのですね。

先　生：人口が増えるのは良いことですが，限りある資源を取り合うことになるため，内乱のリスクもあります。実際，豊臣秀吉《とよとみひでよし》が１朝鮮《ちょうせん》出兵を行った背景の１つに，行き場のない武士を戦争に向かわせて国内の争いを防ぐという目的がありました。

のどか：江戸《えど》時代に入ると，人口が一気に3000万人まで増えるのね。

なおき：あ，それは授業で習ったよ。たしか，２農具の改良が進んで生産性が上がったんだよね。

先　生：その通りです。江戸時代には，日本の国土だけで養える最大人口に近い3000万人まで人口が増え，それは明治維新《いしん》の頃まで変わりませんでした。

のどか：明治から戦前にかけて，人口は7000万人まで増えているけれど，戦後はそこからさらに増えたんだね。

なおき：海外から食糧をたくさん輸入するようになったからかな？

先　生：理由は，それだけではありません。戦後，化学肥料(注２)が世界中に普及《ふきゅう》したことで，爆発《ばくはつ》的に生産力が向上しました。現在の世界人口は，化学肥料によって支えられていると言っても過言ではないと言われています。しかし，化学肥料の生産には，３石油などの化石燃料(注３)が大量に使われています。今後，化学肥料が生産できなくなってしまうと，なおき君が言っていた通り，世界的な規模で食糧不足が起きるかもしれませんね。

（注１）　天変地異：天変と地異。自然界に起こる異変。台風・地震《じしん》・洪水《こうずい》など。

（注２）　化学肥料：植物の生育を助ける窒素《ちっそ》，リン酸，カリウムなどを含《ふく》み，化学的操作で，大規模に工場で生産される人造肥料のこと。

（注３）　化石燃料：石炭，石油など，大昔の生物の成分が変質（化石化）した燃料源のこと。

(1)　会話文の空欄《くうらん》（**あ**）にあてはまる国名を答えなさい。

(2)　会話文の空欄（**い**）にあてはまる語を**漢字２字**で答えなさい。

(3)　**資料１**の［A］に入るできごととして**誤っているもの**を，次の**ア**～**エ**から１つ選びなさい。

ア　開墾《かいこん》をうながすために墾田永年私財法《こんでんえいねんしざいほう》が出された。

イ　聖徳太子が遣隋使《けんずいし》を派遣《はけん》した。

ウ　奈良から京都に都が移された。

エ　東大寺が建てられた。

(4)　**資料２**の文書について，この文書が出された時期と最も近いものを，**資料１**のできごとの［A］～［C］から１つ選びなさい。

(5)　会話文の下線部１に関連して，戦後の日本と朝鮮半島に関する事柄《ことがら》として正しいものを，次のページの**ア**～**エ**から１つ選びなさい。

資料１　日本の人口変化に関する年表

年・時代	できごと	日本の人口
弥生時代	（　い　）の開始	約 60 万人
700 年代	A	約 450 万人
1150 年頃	B	530 万人～630 万人
1280 年頃	C	570 万人～620 万人
1338 年	室町幕府がひらかれる	約 800 万人
1467 年	ⅰ応仁の乱が起こる	約 1000 万人
1603 年	江戸幕府がひらかれる	約 1220 万人
1716 年	ⅱ享保《きょうほう》の改革	約 3000 万人
1873 年	ⅲ地租《ちそ》改正	約 3330 万人
1925 年	ⅳ治安維持《いじ》法の制定	約 5900 万人
1945 年	第二次世界大戦がおわる	約 7200 万人

【参考資料】

・鬼頭 宏《きとうひろし》『人口から読む日本の歴史』（講談社，2015 年）。

・田家 康《たんげやすし》『気候で読み解く日本の歴史　異常気象との攻防《こうぼう》1400 年』（日本経済新聞出版社，2013 年）。

・縄田康光《なわたやすみつ》「歴史的に見た日本の人口と家族」（『立法と調査　260 号』参議院第三特別調査室，2006 年）。

資料２　『立正安国論』の冒頭《ぼうとう》部（現代語訳）

近年から近日にかけて，天変地異が続出し，飢饉《ききん》が発生し，疫病《えきびょう》が流行した。災難が日本全土に広がり，牛馬もいたるところで死に骸骨《がいこつ》は路上に捨てられて，すでに大半の人びとが死に絶えて，悲しまない者は一人もいない。

（田家康『気候で読み解く日本の歴史　異常気象との攻防 1400 年』より作成）

ア　朝鮮戦争をきっかけとして，1950年に自衛隊が設立された。

イ　1965年の日韓《にっかん》基本条約で，日本と大韓民国（韓国）の国交は正常化した。

ウ　日本と韓国の間には，尖閣《せんかく》諸島をめぐる領土問題が発生している。

エ　2002年の日朝平壌《ピョンヤン》宣言で，日本と朝鮮民主主義人民共和国（北朝鮮）の国交は正常化した。

(6)　会話文の下線部２に関連して，次のページの①～③の絵はこの時代に使われていた農具です。何をするための農具か，次のア～エからそれぞれ１つ選びなさい。

ア　深くたがやす　　イ　もみがらなどを取り除く

ウ　肥料をまく　　　エ　稲穂《いなほ》からもみを取りはなす

①

②

③

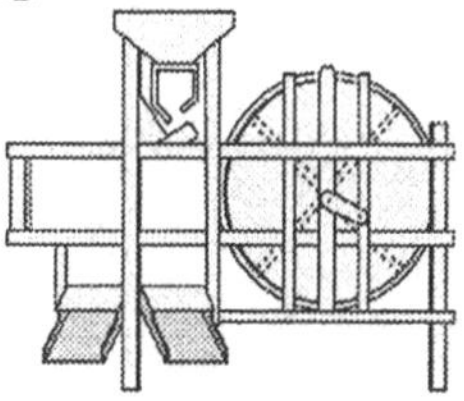

⑺　会話文の下線部３に関連して，下の表は2018年の石油の主な輸入相手国の割合を示している。表中のＡにあてはまる国名を答えなさい。

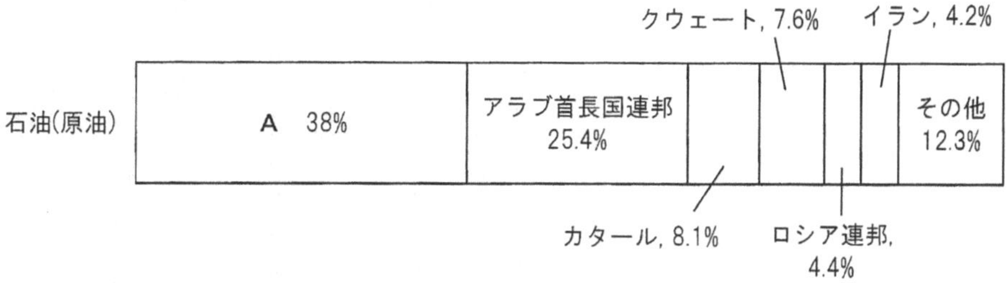

⑻　年表中の下線部ⅰに関連して，次のａ・ｂの文は，この頃の社会について述べた説明文です。この説明文の正誤の組み合わせとして正しいものを，下のア～エから１つ選んで答えなさい。

ａ　農村では，座と呼ばれる自治組織が形成された。

ｂ　二毛作や稲《いね》の品種改良が全国でおこなわれ，農業技術が発達した。

ア　ａ－正・ｂ－正　　イ　ａ－正・ｂ－誤

ウ　ａ－誤・ｂ－正　　エ　ａ－誤・ｂ－誤

⑼　年表中の下線部ⅱに関連して，享保の改革の説明として**誤っているもの**を，次のア～エから１つ選びなさい。

ア　目安箱を設置して，広く庶民《しょみん》の意見を求めた。

イ　公事方御定書《くじかたおさだめがき》を定めて，裁判の基準を作った。

ウ　新田開発をすすめ，米の増産に努めた。

エ　株仲間を解散させ，商業を活性化させようとした。

⑽　年表中の下線部ⅲに関連して，地租改正によって，納税方法は江戸時代からどのように変化したか，「３％」という語句を使って説明しなさい。

⑾　年表中の下線部ⅳについて，治安維持法が制定された同じ年に，日本では選挙権が拡大された。どのように拡大されたのか，正しく説明しているものを次のア～エから１つ選びなさい。

ア　財産による選挙権の制限が緩和《かんわ》され，直接国税15円以上の納税者という基準が３円以上の納税者まで引き下げられた。

イ　財産による選挙権の制限が撤廃《てっぱい》され，25歳《さい》以上のすべての男性に選挙権が与《あた》えられた。

ウ　性別による選挙権の制限が撤廃され，20歳以上のすべての男女に選挙権が与えられた。

エ　成人年齢《れい》が引き下げられ，18歳以上のすべての男女に選挙権が与えられた。

ア　年表を破られたことが悔しくてまだ納得できず感情的になっている。

イ　まだショックから立ち直れず、思いをうまく伝えることができない。

ウ　先生から何か探りを入れられるかもしれないと怖くなっている。

エ　自分の正直な気持ちがみんなに聞き入れてもらえるか自信がない。

問六　傍線部⑥「かっこいいな。不意にそう感じた」とありますが、なぜそのように感じたのですか。深雪と仲間との考えの違いを示して、七十字以内で答えなさい。

問七　傍線部⑦「秋の日差しが窓から射し込む図書室は光に溢れていた」とありますが、この表現は今後の深雪たち四人にとって、どのようなことを象徴《しょうちょう》していると思われますか。二十字以内で答えなさい。

が窓から射《さ》し込《こ》む図書室は光に溢《あふ》れていた。

（『13歳のシーズン』あさのあつこ〈光文社文庫〉より）

※1　さっきまでの、心地よさ……深雪は朝、昨日の作業中での楽しかった会話を思い出していた。

※2　小泉先生……真吾が所属する陸上部の顧問《こもん》。

問一　傍線部《ぼうせんぶ》①「深雪はほとんど駆け込むようにして、教室に入った」とありますが、それはなぜですか。その理由としてもっとも適当なものを、次のア～エの中から一つ選び、記号で答えなさい。

ア　完成した年表をみんなが登校する前に貼ろうと思っていたのに、すでに見られてしまったのではないかとあせったから。

イ　誰かが非常階段を上っていったのはその先に何か事件が起こり、大変なことになっているのではないかと思ったから。

ウ　誰かが教室を出て行ったのは教室で何かがあって、あわてて先生を呼びに行ったのではないかと心配になったから。

エ　教室から出てきて非常階段に走り去った人物は、教室で何かをして逃げていったのではないかと気になったから。

問二　傍線部②「深雪は深呼吸をくりかえした」とありますが、この時の深雪の心情としてもっとも適当なものを、次のア～エの中から一つ選び、記号で答えなさい。

ア　年表を破った犯人を見つけようと急いで走ったので、息が上がり苦しくなってもとの呼吸にもどそうとしている。

イ　髪どめ用のピンが証拠《しょうこ》となって犯人が特定できるので、高ぶる気持ちを落ち着かせようとしている。

ウ　年表を破った人に対して怒りがおさまらず復讐心《ふくしゅうしん》に燃えているので、急いでその興奮を静めている。

エ　犯人を探しに走っていったが、見つからずショックを受けてどうしようかと思案している。

問三　傍線部③「嘘だった」とありますが、なぜ「嘘」をついたのですか。もっとも適当なものを、次のア～エの中から一つ選び、記号で答えなさい。

ア　犯人であるという確信があったので、それとなく探《さぐ》りをいれて白状させようとしたから。

イ　犯人に違《ちが》いないと考え、悪いことをしたので「嘘」を言って相手をこらしめてやろうと思ったから。

ウ　犯人ではないと思っているが、「嘘」をつくことで相手がどう反応するかおもしろがっているから。

エ　犯人かどうかわからないが、違っていたら謝って言い直せばいいと軽い気持ちを持っているから。

問四　傍線部④「美希は、顎を上げて深雪を真正面から見た」とありますが、このときの美希の心情としてもっとも適当なものを、次のア～エの中から一つ選び、記号で答えなさい。

ア　自分の罪を認めた方がいいのかどうか悩んでいる。

イ　自分の罪を認めたくなくて開き直っている。

ウ　自分の罪を認め、申し訳ないという素直な気持ちになっている。

エ　自分の罪を認めるが、言い訳しようと思っている。

問五　傍線部⑤「茉里が、自分の足先を見ながら、もごもごしゃべる」とありますが、このときの茉里の心情としてもっとも適当なものを、次のア～エの中から一つ選び、記号で答えなさい。

「ひどいことしたって思っている。今日一日、藤平さんの顔、ちゃんと見られなかった。自分で自分が嫌だったもの」
「じゃ、今、謝って」
茉里の声がした。振り向くと深雪が背にしていた棚の陰《かげ》から茉里が現れた。茉里は美希に近づいた。
美希の肩《かた》が震え始めた。
「ごめんなさい、藤平さん、ごめん」
頭を下げ、それだけ言うと美希は、図書室を走り出て行った。
「茉里ちゃん、なんで、ここが……」
「わかるよ。深雪のようすが変だったもの。なにか隠《かく》してるみたいで、さっさと教室出て行くし。だから後をつけたの。みんないっしょ。ねっ」
茉里の後ろから千博と真吾が覗《のぞ》いた。
「おれたちマジ忍者《にんじゃ》みたいだな」
真吾がぺろりと舌を出す。千博は真面目《まじめ》な顔で言った。
「綾部、おれたちのことなんだからさ、相談ぐらいしてくれよな」
茉里がうなずいた。
「そうだよ。黙《だま》ってないで、ちゃんと相談してよ、深雪」
茉里に責められたのは、初めてだ。深雪は、はいと返事をした。
「で、どうすんの。栗坂のこと、先生に言っちゃうわけ？」
真吾が、ふっと息をはいた。
「言ってもしょうがないんじゃない。年表元にもどるわけじゃないし……。悔しいけど……言いつけたりしたら、なんかすごくいやな気持ちになるし……そしたら、せっかくの楽しかったことまで無くなるみたいで」
⑤茉里が、自分の足先を見ながら、もごもごしゃべる。
「なっ、また作んない」
真吾が、いつもの陽気な口調で言った。
「宿題とか文化祭のためじゃなくて、おれたちのために、前よりすげえの作ろうぜ。年表作成第二弾《だいにだん》」
「それを四等分して持っとくんだな。もち、真吾の忍者姿イラストつきで」
千博がそう言って、くすりと笑う。うつむいていた茉里が、顔を上げた。
「綾部は？　もちＯＫだよな。よっしゃ、またがんばろうぜ」
真吾がガッツポーズを決めた。深雪は目を細め、三人の顔を見た。破られた年表を見つけた時、終わったと思った。楽しかった思い出もびりびりに破られてしまった、そんな気がした。怒りがあった。今まで美希を問い詰《つ》めて、怒りをぶつけることだけを考えていたような気がする。茉里のように、美希を許すことも、真吾のようにもう一度、作り直すことも、考えもしなかった。⑥かっこいいな。不意にそう感じた。
「みんな、かっこいい」
ふっと呟《つぶや》いていた。
「苅野、こんなとこに隠《かく》れていたか」
突然、※2小泉《こいずみ》先生の声がして、真吾は後ろから襟《えり》を掴《つか》まれた。
「次期エースが部活さぼっていいと思ってんのか。こい、特訓だ」
「ひえぇぇぇ。助けてー」
真吾がひっぱられていく。三人は、同時にふき出した。⑦秋の日差し

しゃがみこむと、無言で拾い始めた。泣くまいと唇《くちびる》をかみしめている。

深雪は目をそらし、非常階段まで走った。驚《おどろ》きより悲しみより、今、身体の中に怒《いか》りが渦巻《うずま》いている。青くペンキを塗《ぬ》られた非常階段には、だれの姿もない。ゆっくり降りてみる。四段目に小さな髪《かみ》どめ用のピンが落ちていた。先にリンゴの飾《かざ》りがある。非常階段の手すりをつかみ、②深雪は深呼吸をくりかえした。朝の大気がひんやりとしみた。※1さっきまでの、心地よさはどこにもない。

生田先生は、一時間目をつぶしてホームルームにあてた。

「犯人探しではなく、なぜ、こんなことになったのか、思い当たることのある者は、言ってくれないか」

先生の言葉が終わらないうちに真吾が立ち上がり、こぶしで机をたたいた。

「ふざけんなよ。この中に犯人がいるなら、おれ、絶対に許さないからな」

普段《ふだん》、明るくひょうきんな真吾の本気に怒る顔は、ひるむほど迫力《はくりょく》があった。千博が、静かに深いため息をもらす。茉里はうつむいていた。深雪は後ろを振《ふ》り返り、何も貼っていない壁を見た。

あんなに楽しかったのになぜ……。

教室にいる誰も何も言わない。時間だけが過ぎていった。

放課後、深雪は黙《だま》って教室を出た。図書室に行く。一番奥の棚《たな》と棚との間の通路に、栗坂美希《くりさかみき》が立っていた。

「なっ、なによ綾部さん……こんなところに呼び出して、あたし、塾《じゅく》が」

「どうしてあんなことしたの?」

自分でもきつい声だなと思った。美希のくちびるは、はっきりとわかるほど、震えていた。深雪は、今朝拾ったピンを差し出した。

「これ、栗坂さん昨日つけてたよね。今朝逃《に》げる時、落としたでしょ」

「そんな……」

「あたし、見たのよ。栗坂さんが今朝早く、教室から出て行くとこ」

③嘘《うそ》だった。今朝の人影は遠すぎて女子であること以外、何もわからなかったのだ。でも、美希は手で顔を覆《おお》いしゃがみこんで泣き出した。

泣かないでよ、泣いてごまかしたりしないでよ。茉里ちゃんは泣かなかったよ。唇かみしめて、泣かなかったよ。泣いて終わりになるようなことじゃないもの。それで許されることじゃないもの。

心の中で叫《さけ》ぶ。こぶしを握《にぎ》り締《し》めると手のひらが汗《あせ》ばんでいた。ふいに美希が顔を上げる。立ち上がり一つ、ゆっくりと息をはいた。かすれた小さな声で、話し始めた。

「あたし、真吾くんのこと好きだった……。小学校の頃《ころ》からずっと……。告白しようと思ってた……でも、断られるのが怖《こわ》くてできなくて……なのに、綾部さんたち、すごく楽しそうに話してて……真吾くん、綾部さんのこと好きみたいで……」

「それで、あんなことしたわけ」

美希が、うなずく。

「あたし……最初からあんなことするつもりじゃなかった……あたし、合唱部だから、文化祭のための朝練があって、早く来たの……。教室入ったら誰もいなくて、藤平さんの机からあの年表がはみ出していて……そしたら、綾部さんと真吾くんが笑いながら話したりしているの思い出して……、頭の中がカッと熱くなって、気がついたら……」

④美希は、顎《あご》を上げて深雪を真正面から見た。

【国　語】（五〇分）〈満点：一〇〇点〉

【注意】　特別な指示がない限り、句読点、記号はすべて一字とします。

【一】　次の問いに答えなさい。

問一　次の①～⑩の傍線部《ぼうせんぶ》を漢字に書き直しなさい。

①　将来の夢はハイユウになることだ。
②　単語のゴゲンを調べる。
③　整列してテンコする。
④　キンコツたくましい身体。
⑤　世界のさまざまなシュウキョウ。
⑥　アポロ計画をスイシンする。
⑦　飼い主にチュウジツな犬。
⑧　イチョウの薬を飲む。
⑨　森の中をタンケンする。
⑩　アルプスのチョウジョウに立つ。

問二　（　）に、後のひらがなを漢字に直してあてはめ、類義語を作りなさい。

①　互角《ごかく》　―　（　）等
②　内訳《うちわけ》　―　（　）細
③　関心　―　（　）味
④　幹部　―　首（　）
⑤　通知　―　（　）内

きょう・げん・たい・のう・ぼう・めい・しょう・あん・まく・い

【二】　※問題に使用された作品の著作権者が二次使用の許可を出していないため、問題を掲載しておりません。

（出典：高槻成紀『野生動物と共存できるか　保全生態学入門』〈岩波ジュニア新書〉より）

【三】　次の文章を読んで、あとの問いに答えなさい。

綾部深雪《あやべみゆき》は中学一年生。藤平茉里《ふじひらまり》の呼びかけで「街の歴史を調べる」という夏休みの宿題をクラスメイトの苅野真吾《かりのしんご》、駒木千博《こまきちひろ》も加え四人共同で年表にして作りあげた。イラストはすべて茉里一人が担当した。作品は担任の生田《いくた》先生に気に入られ、文化祭の展示会場に貼《は》り出されることになった。四人はさらに見やすいようにと手を加え、昨日おそくまでかけて仕上げた。翌朝、深雪と茉里は朝早く登校した。

教室から人影《ひとかげ》が出てきた。女の子らしい。非常階段の方にばたばたと走り去っていった。昨日完成した年表を壁《かべ》に貼ってみるつもりで、今朝はいつもより三十分以上早く登校していた。学校全体が、まだ、活動開始前の静けさの中にある。こんな時間に、誰《だれ》が教室に……ちくっと胸の奥《おく》が痛んだ。嫌《いや》な予感がした。予感はいつも、嫌な時だけ当たるのだ。足が速まる。①深雪はほとんど駆《か》け込《こ》むようにして、教室に入った。

「あ……」

息が詰《つ》まった。

「ひどい……」

茉里の声がかすれて、震《ふる》える。昨日、茉里の机の中に入れておいた年表が引きずり出され、びりびりに破《やぶ》かれている。床《ゆか》に散った紙くずは朝の光の中で、白く浮《う》いて見えた。深雪を押しのけ、茉里が前に出る。

2023年度

千葉明徳中学校入試問題（一般入試②）

【算　数】（50分）　＜満点：100点＞

【注意】 1．スマートフォン，電卓《でんたく》，計算機能付き時計など電子機器類を使用してはいけません。
2．分数は，約分すべきではない場合を除き，それ以上約分できない分数で答えなさい。また，比は，最も簡単な整数の比で答えなさい。

1 次の □ にあてはまる数を書きなさい。なお，解答用紙に答えだけでなく，途中《とちゅう》式も書きなさい。

(1) $11\times13+13\times26+17\times39=$ □

(2) $51-91\div13\times5=$ □

(3) $2.5\times5+1.25\times4-0.25\times3=$ □

(4) $\frac{8}{7}\div\left\{\left(\frac{3}{4}-\frac{2}{3}\right)\times\frac{6}{7}+\frac{1}{2}\right\}=$ □

(5) $3\frac{1}{7}\times(0.25+$ □ $)-6=\frac{2}{7}$

2 次の □ にあてはまる数を書きなさい。なお，解答用紙に答えだけでなく，文章や式，図などを用いて考え方も書きなさい。

(1) 1個60円のお菓子《かし》と，1個100円のお菓子を合わせて15個買って，代金は1140円でした。このとき，60円のお菓子は □ 個買いました。

(2) 時速63kmで走る車Aと，分速1.4kmで走る車Bがある。車Aで2時間24分かかる道のりを車Bで走ると □ 分かかります。

(3) 30ｇの食塩を水にとかして，15％の食塩水Aを作り，8％の食塩水300ｇの水を何ｇか蒸発させて作った12％の食塩水Bに混ぜると，□ ％の食塩水ができます。

(4) 右の図の印がついた角の和は □ 度です。

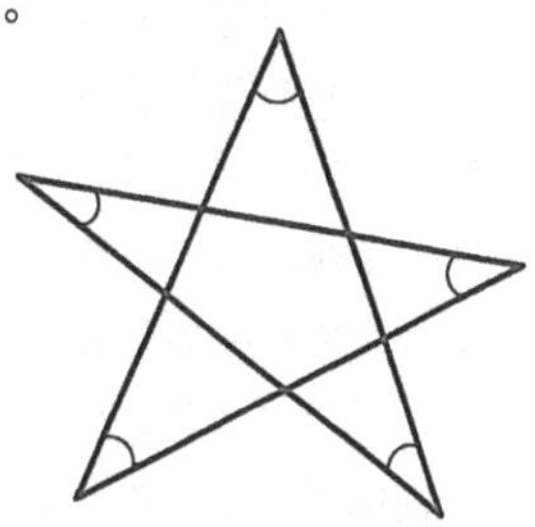

(5) 右の図のような，1辺の長さが10cmの正方形に8個の合同なおうぎ形を重ねた図形において，しゃ線部の面積は □ cm^2 です。

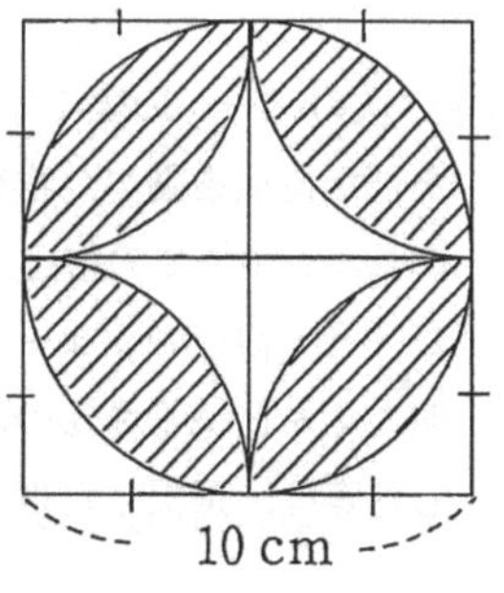

3　右の図は，直角三角形と正方形を組み合わせた図形です。あとの問いに答えなさい。ただし，円周率は3.14とします。なお，解答用紙に答えだけでなく，文章や式，図などを用いて考え方も書きなさい。

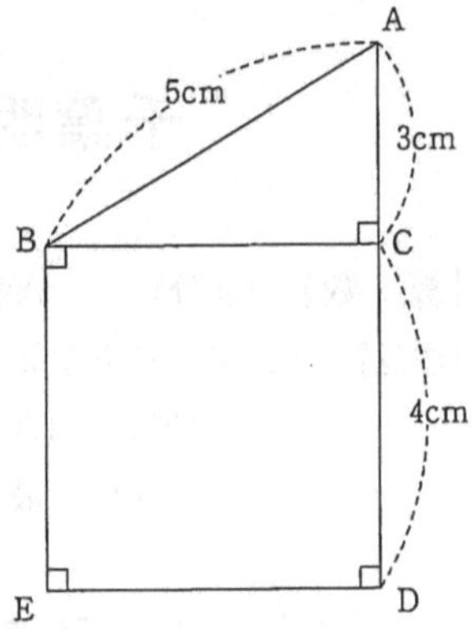

(1)　この図形を，直線ADを軸として1回転させてできる立体の体積を求めなさい。

(2)　この図形を，直線ADを軸として1回転させてできる立体の表面積を求めなさい。

4　明人《あきと》くんと徳子《のりこ》さんの会話文を読み，あとの問いに答えなさい。なお，解答用紙に答えだけでなく，文章や式，図などを用いて考え方も書きなさい。

明人：物を増やす魔法《まほう》を使えるようになったよ。

徳子：へえ，どんな魔法なの？

明人：2種類覚えたんだけど，魔法Aを使うとすべてのイチゴがそれぞれイチゴ1個とバナナ1個に同時に変わるよ。魔法Bを使うとすべてのバナナがそれぞれイチゴ1個とバナナ1個に同時に変わるよ。

徳子：すごいじゃない！　じゃあ，イチゴ1個とバナナ1個に対して魔法Aを使うと，イチゴ1個とバナナ2個に，さらに魔法Aを使うとイチゴ1個とバナナ3個に，続けて魔法Bを使うと，イチゴ4個とバナナ3個になるのね。

明人：そうだね。その行程をA→A→Bとすると，①イチゴ1個とバナナ1個に対してA→B→A→B→Aと魔法を使った場合，イチゴとバナナはそれなりに増えるよね。徳子さんにもこの魔法を教えてあげるよ。

徳子：ありがとう。使ってみるわ。ところで明人くん，②魔法をA→A→B→A→Bと使って，イチゴが22個とバナナが14個になったのだけれど，最初にイチゴとバナナが何個ずつあったか忘れてしまったわ。

明人：いっしょに考えてみよう。

(1)　下線部①のとき，イチゴとバナナは何個ずつになりますか。

(2)　下線部②のとき，最初にあったイチゴとバナナは何個ずつですか。

(3)　イチゴ2個とバナナ3個に対して，魔法Aと魔法Bを2回ずつ使ったとき，イチゴとバナナは何個ずつになると考えられますか。考えられる組合せをすべて書き出しなさい。

5　次のページの**表1**は，バスケットボールのB1リーグの2021－22シーズンにおいて，各チームがあげた得点を調べ，総得点が高い順に並べたものです。なお，3PTは3ポイントシュート（3得点のシュート）での得点，2PTは2ポイントシュート（2得点のシュート）での得点，FTはフリースロー（1得点のシュート）での得点で，STはスティール（相手からボールを奪《うば》った回数）である。明人《あきと》くんと徳子《のりこ》さんの**表1**についての会話文を読み，あとの問いに答えなさい。なお，記号を選択した際は，選択した理由も書きなさい。

表1（公益社団法人ジャパン・プロフェッショナル・バスケットボールリーグより）

チーム	総得点	3PT		2PT		FT		ST	
		得点	順位	得点	順位	得点	順位	回数	順位
川崎	4852	1779	1	2290		783	5	417	6
富山	4804	1314		2634	2	856	1	338	
島根	4779	1659	2	2434	10	686		409	7
琉球	4724	1365		2662	1	697		425	4
SR渋谷	4646	1620	3	2308		718	9	523	1
広島	4601	1320		2496	6	785	4	396	10
滋賀	4577	1428	7	2426		723	8	397	9
群馬	4544	1410	10	2348		786	3	401	8
北海道	4520	1245		2478	7	797	2	338	
大阪	4470	1272		2534	4	664		355	
宇都宮	4469	1248		2516	5	705		388	
三遠	4455	1419	9	2468	9	568		437	3
三河	4370	1206		2546	3	618		344	
横浜	4360	1287		2392		681		378	
A東京	4288	1083		2478	8	727	7	317	
名古屋D	4280	1443	5	2262		575		423	5
茨城	4279	1422	8	2098		759	6	301	
秋田	4249	1545	4	2064		640		477	2
信州	4197	1437	6	2060		700		330	
京都	4156	1257		2284		615		273	
千葉	3964	1323		1926		715	10	293	
新潟	3660	1116		1950		594		250	

明人：いろいろな得点方法があるみたいだね。

徳子：それぞれ，どのように関係しているか調べてみましょう。

明人：I 総得点のうち，どの得点方法が多いか割合を計算してみようか。

徳子：そうね。得点や回数はわかるけど，結局どこが強いのかしらね。

明人：全22チームのうち，上位の８チームがチャンピオンシップと呼ばれるトーナメント戦に出場

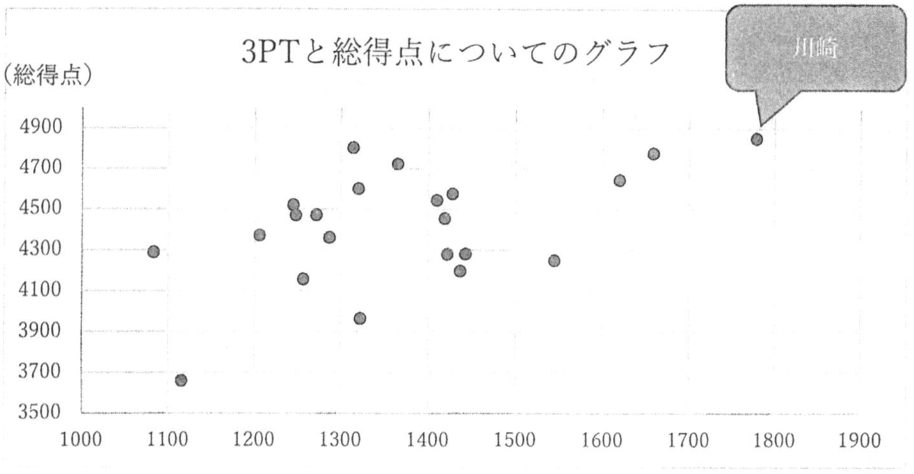

図1

（3PT）

するみたいだね。この年は，琉球《りゅうきゅう》・秋田・島根・A東京・川崎・名古屋D・千葉・宇都宮が出場したみたいだよ。

徳子：そうなのね。じゃあ，［　　ア　　］。

明人：他にもわかることがあるかもしれないから，グラフを作ってみよう。

徳子：できたわね。まずは，前のページの**図1**を見てみましょう。

徳子：22個の点がそれぞれのチームの総得点と３PTの得点を表しているのよね。総得点が4852，３PTの得点が1779の川崎は**図1**のようになるわね。

明人：これを見ると，［　　イ　　］。

徳子：そうね。グラフにしてみるとよくわかるわ。同じような傾向《けいこう》のグラフが他にもあるわね。総得点や強さに関係するものって１つじゃないのね。勉強になったわ。

(1)　下線部Ⅰについて，総得点上位５チームの中で，総得点にしめる３PTの得点の割合が最も低いチーム名を答えなさい。

(2)　［ア］にあてはまる文章を次の①～⑤から選び，番号で答えなさい。なお，答えは１つとはかぎりません。

①　総得点上位５チームは，いずれもチャンピオンシップに出場しているのね。

②　チャンピオンシップに出場した８チームのうち，２ポイントシュートでの得点上位10チームに含《ふく》まれないチームは４チームあるのね。

③　３ポイントシュートでの得点上位５チームのうち，チャンピオンシップに出場したチームは４チームあるのね。

④　３ポイントシュートでの得点上位５チームは，いずれもSTの回数で上位10チームに入っているのね。

⑤　FTの得点上位10チームは，総得点でも上位10チームに入るのね。

(3)　［イ］にあてはまる最も適切な文章を次の①～④から１つ選び，番号で答えなさい。

①　すべてのチームが，３ポイントシュートでの得点について1200点から1500点の間だね。

②　３ポイントシュートでの得点について，1300点から1400点の間と，1400点から1500点の間のチーム数は同じだね。

③　３ポイントシュートでの得点が増えると総得点も増える傾向があるね。

④　３ポイントシュートでの得点が増えると総得点は減る傾向があるね。

(4)　前のページの表１における総得点（たて軸）とFT（横軸）についてのグラフはどれか，次の①～④から１つ選び，番号で答えなさい。

①

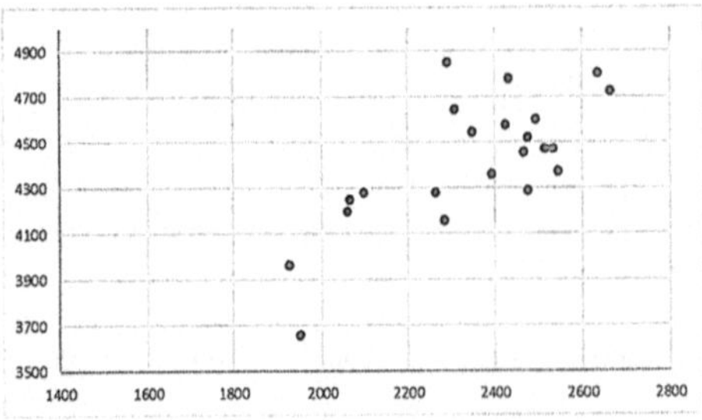

②

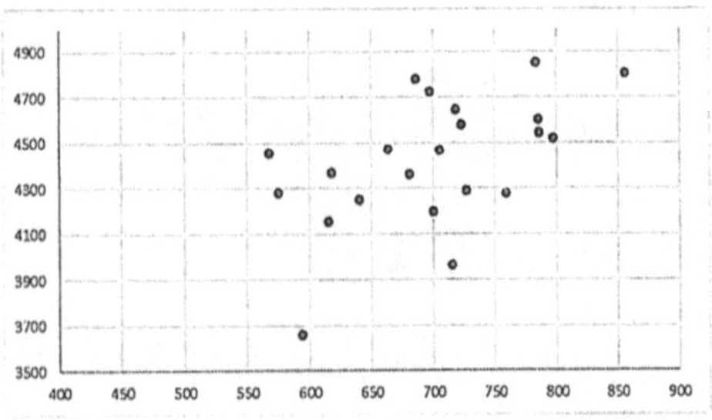

③

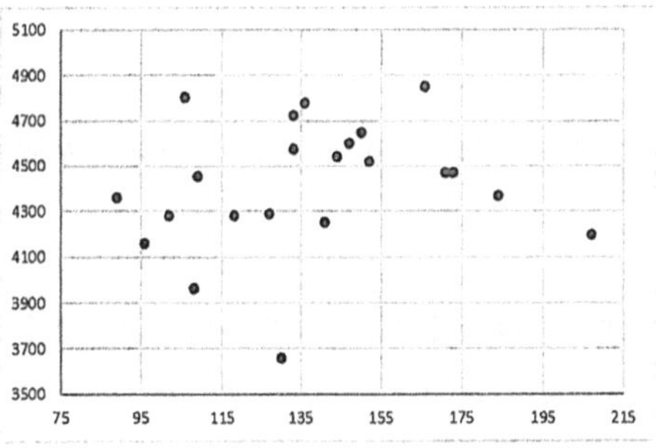
5100
4900
4700
4500
4300
4100
3900
3700
3500
75
95
115
135
155
175
195
215

④

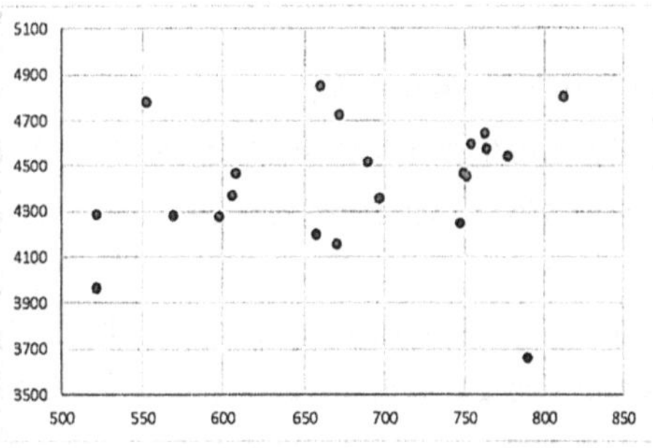
5100
4900
4700
4500
4300
4100
3900
3700
3500
500
550
600
650
700
750
800
850

【理　科】（社会と合わせて50分）　　＜満点：50点＞

1　以下の問いに答えなさい。

(1)　子どもの生まれ方が卵生ではないものは，次のうちのどれですか。以下のア～エより適当なものを１つ選び，記号で答えなさい。

ア：フナ　　　イ：イモリ　　　ウ：イルカ　　　エ：ワニ

(2)　肺から来た動脈血を全身に送り出すはたらきをする心臓の部位は，次のうちのどれですか。以下のア～エより適当なものを１つ選び，記号で答えなさい。

ア：右心房《ぼう》　　　イ：左心房　　　ウ：右心室　　　エ：左心室

(3)　オゾン層のもつはたらきとして正しいものは，次のうちのどれですか。以下のア～エより適当なものを１つ選び，記号で答えなさい。

ア：気温があがりすぎないようにする。

イ：宇宙から来る紫外線《しがいせん》を吸収する。

ウ：二酸化炭素を取り除く。

エ：酸性雨が降らないようにする。

(4)　夏の南の空に見える星座は次のうちのどれですか。以下のア～エより適当なものを１つ選び，記号で答えなさい。

ア：おおいぬ座　　イ：オリオン座　　ウ：カシオペヤ座　　エ：こと座

(5)　雪を示す天気記号は，次のうちのどれですか。以下のア～エより適当なものを１つ選び，記号で答えなさい。

ア：

イ：

ウ：

エ：

(6)　ある物体を空気中でばねばかりにつるすと150ｇを示しました。この物体をばねばかりにつるしたまま，水の中にゆっくりと沈めていきます。このとき，ばねばかりの値はどのようになりますか。次のア～エより適当なものを１つ選び，記号で答えなさい。

ア：150ｇのまま変化しない。

イ：物体の底面が水に触《ふ》れた瞬間《しゅんかん》からすべて沈むまでの間，150ｇより小さなある一定の値を示す。

ウ：物体が水に沈んでいる部分が増えるほど，ばねばかりの値は小さくなっていく。物体がすべて沈んでからは，ばねばかりの値は変化しない。

エ：物体を沈めていく深さが深くなるほど，ばねばかりの値は小さくなっていく。

(7)　石灰石にうすい塩酸を加えると，ある気体が発生しました。この気体の特徴《とくちょう》として正しいものはどれですか。次のア～エより適当なものを１つ選び，記号で答えなさい。

ア：空気中に最も多く含《ふく》まれる。

イ：植物の光合成によってつくられる。

ウ：水に溶け，水溶液《すいようえき》はアルカリ性を示す。

エ：石灰水に通すと白くにごる。

(8)　100 g の水に20 g の食塩を溶《と》かしました。この食塩水の濃《こ》さは何％ですか。次のア～エより最も近い値を１つ選び，記号で答えなさい。

ア：10％　　イ：13％　　ウ：17％　　エ：20％

(9)　図のＡ～Ｃにおける磁石の力の強さについて正しいものはどれですか。次のア～エより適当なものを１つ選び，記号で答えなさい。

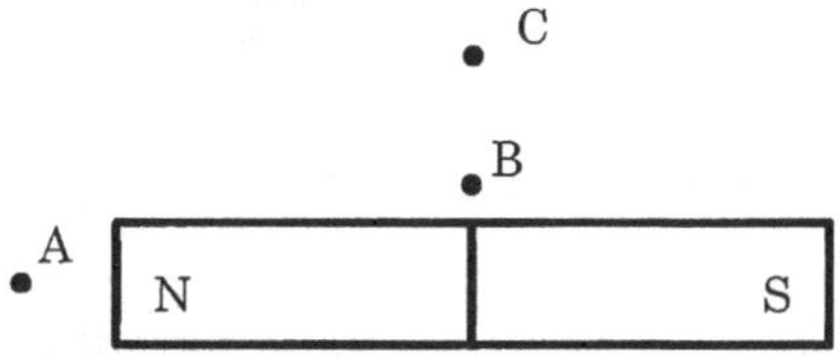

ア：Ａが最も強く，Ｃが最も弱い。

イ：Ａが最も強く，ＢとＣは同じ強さ。

ウ：Ｂが最も強く，Ａが最も弱い。

エ：ＢとＣが同じ強さで，Ａが最も弱い。

(10)　現在，日本で行われている発電方法で最も多くを占《し》めているものは何ですか。次のア～エより適当なものを１つ選び，記号で答えなさい。

ア：水力発電　　イ：火力発電　　ウ：原子力発電　　エ：太陽光発電

2　次の文章を読み，あとの問いに答えなさい。

千葉明徳中学校は，周囲を自然に囲まれた緑あふれる学校です。中学校の裏手にある森は，A常緑広葉樹林を主体とする二次林で，Bスギ・ヒマラヤスギなどの植栽《さい》もあります。課題研究論文の取組みを通じて，この森に５種のCスズメバチが生息しており，春先には女王バチ，初夏以降ははたらきバチやオスバチなどが採集されることが分かりました。

また，中学校正面には，総合学習で取り組んでいる畑作や稲《いな》作用のフィールドがあります。畑にはDトウモロコシなどが植えてあります。水田には，５月ごろに田植えを行っており，９月ごろにはきれいに色づいた稲穂《ほ》が見られます。稲穂には，これを食べにくるE鳥の仲間や，害虫となるバッタ類やEイネカメムシなどが毎年数多く観察されます。

(1)　下線部Ａについて，常緑広葉樹（冬に葉を落とさない樹木）は，次のうちのどれですか。以下のア～エより適当なものを１つ選び，記号で答えなさい。

ア：イチョウ　　イ：ツバキ　　ウ：サクラ　　エ：クヌギ

(2)　下線部Ｂについて，スギなどのような裸《ら》子植物の仲間は，次のうちのどれですか。以下のア～エより適当なものを１つ選び，記号で答えなさい。

ア：カエデ　　イ：ミカン　　ウ：アカマツ　　エ：クリ

(3)　下線部Ｃについて，オオスズメバチは図１のように，黄色と黒のしま模様をもつ昆《こん》虫として知られています。昆虫の中には，図２のような他のハチや，図３のようなハチではないコウチュウの仲間においても，オオスズメバチと同じような色彩《さい》と模様をもつものが観察されます。この現象のしくみについて説明した次の文章のうち，**適当でないもの**はどれですか。以下のア～エより１つ選び，記号で答えなさい。

図１

図２

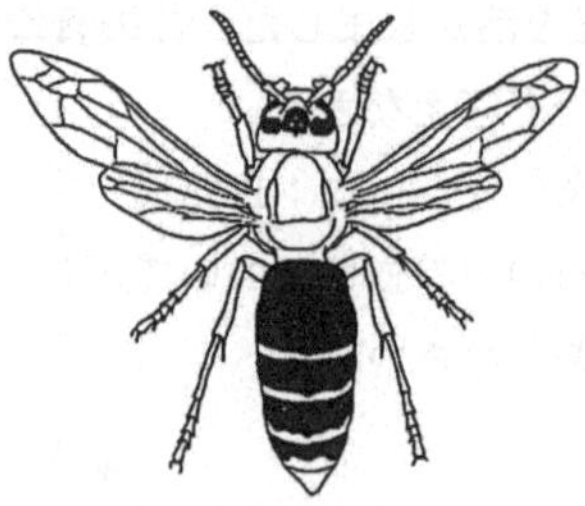

図３

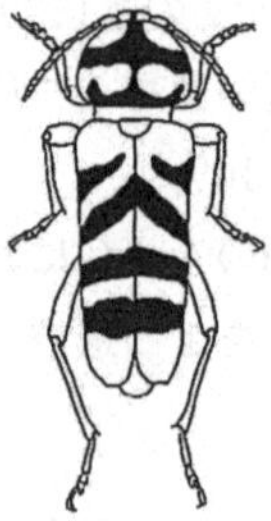

ア：毒をもつ昆虫同士で色彩や模様を似せることで，天敵に危険性をアピールし，食べられにくくなる。

イ：この現象が成立するのは，これらの昆虫における天敵が視覚や味覚に対する学習能力をもつため。

ウ：毒をもたない昆虫が，毒をもつ昆虫の色彩や模様に似せることで，天敵に毒を持つ昆虫だと勘違《かんちが》いされ，食べられにくくなる。

エ：これらの昆虫における天敵がもつ視覚や味覚に対する学習能力に関わらず，この現象は成り立つ。

⑷　下線部Ｄについて，植物が咲《さ》かせる花は，受粉のしかたにより分類することができます。トウモロコシの花は，次のうちのどれですか。以下のア～エより適当なものを１つ選び，記号で答えなさい。

ア：虫媒《ばい》花　　イ：風媒花　　ウ：水媒花　　エ：鳥媒花

⑸　下線部Ｅについて，冬に日本にやってくる渡《わた》り鳥は，次のうちのどれですか。以下のア～エより適当なものを１つ選び，記号で答えなさい。

ア：ツバメ　　イ：ライチョウ　　ウ：ハクチョウ　　エ：ウグイス

⑹　下線部Ｆについて，カメムシと同じような口をもつ昆虫は，次のうちのどれですか。以下のア～エより適当なものを１つ選び，記号で答えなさい。

ア：ハエ　　イ：バッタ　　ウ：カブトムシ　　エ：セミ

3　種類のわからない金属Ａ，Ｂ，Ｃがそれぞれ何でできているかを調べるために，以下のような実験を行いました。

【実験１】

物体の重さを上皿天びんを使ってはかった。

【実験２】

メスシリンダーに水を10cm^3はかりとり，物体を沈《しず》めた。物体を沈めた後の目盛りをはかった。

各金属の比重（１cm^3あたりの重さ）を求め，次のページの表１を参照して金属の種類を特定した。

表 1 ． 主な金属の比重

金属	アルミニウム	鉄	銅	鉛《なまり》	銀	金
比重 [g/cm³]	2.70	7.87	8.96	11.35	10.50	19.36

それぞれの実験結果をまとめると，以下の表2のようになりました。あとの問に答えなさい。

表 2 ． 実験結果

物体	A	B	C
物体の重さ[g]	46.6	16.3	24.3
メスシリンダーの目盛り [cm³]	15.2	16.1	13.1

(1) 上皿天びんの使い方の手順について以下の文章中の空欄《くうらん》にあてはまる語句を答えなさい。ただし，使用者は右利きを想定しているものとします。

① 上皿天びんを平らな場所に置く。

② 正面から見て，針が左右に等しくふれている（つり合っている）ことを確かめる。つり合っていない場合は，[ア] を回して調節する。

③ 薬包紙を準備して皿にのせる。

④ [イ] 側の皿にはかりたいものをのせる。

⑤ [ウ] 側の皿にピンセットを使って分銅をのせる。
また，分銅は [エ] い分銅から順にのせていく。

⑥ 分銅が重すぎた場合は，その次に軽い分銅にとりかえる。

⑦ のせた分銅が軽すぎた場合は，次に重い分銅を加える。

⑧ 以後，⑥と⑦を繰《く》り返し，針がつり合うまで続ける。

⑨ ものの重さをはかり終えたら，皿を一方に重ねておく。

(2) メスシリンダーの液面が以下の図のようであったとき，目盛りの値は何mLですか。また，目の高さとして正しいものをア～ウから選び，記号で答えなさい。

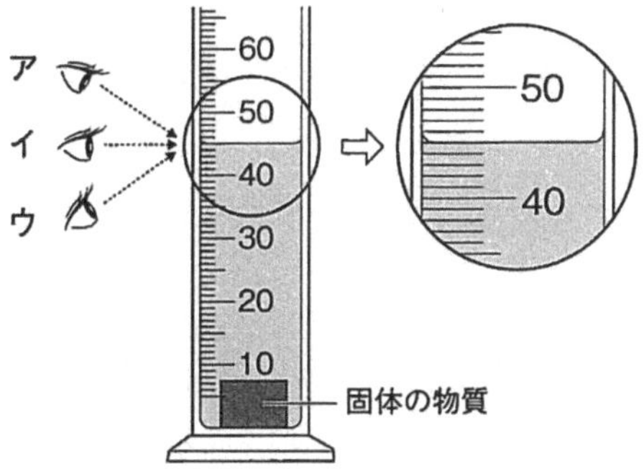

(3) 金属A，B，Cの比重を求めなさい。ただし，小数第3位を四捨五入して小数第2位までで答えること。また，金属A，B，Cの種類を答えなさい。

(4)　古代ギリシャの科学者アルキメデスの逸話《いつわ》に『金《きん》の王冠《おうかん》』というものがあります。純金でできた王冠と金に銀を混ぜてできた王冠を，傷つけたり形を変えたりせずに判別したという話です。

アルキメデスは，王冠と同じ重さの純金を用意させ，それらを水に浸《ひた》したときの体積変化を比べることで，王冠が純金でできているかどうかを判別したそうです。王冠に銀が混ぜられている場合，純金に比べて体積変化が大きくなってしまいます。

2000ｇの王冠を水に浸したときの水の体積変化が110cm^3であったとき，王冠に含まれる銀の重さはいくらですか。最も近い値をア～エから選び，記号で答えなさい。**ただし，この問題に限り銀の比重を10ｇ／cm^3，金の比重を20ｇ／cm^3として計算してよいものとします。**

ア：50ｇ　　イ：100ｇ　　ウ：150ｇ　　エ：200ｇ

【社　会】（理科と合わせて50分）　＜満点：50点＞

1 ⑴～⒇の答えとして正しいものを，次の**ア**～**エ**から１つ選んで答えなさい。

⑴ ハワイのホノルルの標準時子午線は，西経150度です。日本（東経135度）が１月25日の正午の時，ホノルルは何月何日の何時ですか。

ア　１月24日の午後５時　　**イ**　１月25日の午前７時

ウ　１月25日の午前11時　　**エ**　１月26日の午前７時

⑵ 次の表は，岩手県・長野県・山口県における，４種類の観光施設《しせつ》数を一覧にしたものです。表中の**A**～**C**にあてはまる観光施設の正しい組み合わせはどれですか。

	岩手	長野	山口
A	11	79	0
B	79	224	51
C	15	0	56
ゴルフ場	24	76	36

（『データでみる県勢 2022』より）

ア　**A**－海水浴場　　**B**－温泉地　　**C**－スキー場

イ　**A**－スキー場　　**B**－海水浴場　　**C**－温泉地

ウ　**A**－スキー場　　**B**－温泉地　　**C**－海水浴場

エ　**A**－温泉地　　**B**－スキー場　　**C**－海水浴場

⑶ 現在の日本の農家の状況《じょうきょう》を述べたものとして**誤っているもの**はどれですか。

ア　農家１戸あたりの経営耕地面積は徐々《じょじょ》に減っていて，１haを下回っている。

イ　農林水産業に従事している人の割合は，総就業人口の５％を下回っている。

ウ　農業を職業とする人のうち，65歳《さい》以上の高齢者《こうれいしゃ》の割合は50％を超《こ》えている。

エ　耕地面積のうち水田の割合は減ってきてはいるが，50％を超えている。

⑷ 右のグラフは，３つのテーマにおける大工場と中小工場の内訳を比べたものです。グラフ**A**～**C**のテーマの組み合わせとして正しいものはどれですか。

ア　**A**－生産額　　**B**－従事者数
　　C－工場数

イ　**A**－従業者数　　**B**－生産額
　　C－工場数

ウ　**A**－従業者数　　**B**－工場数
　　C－生産額

エ　**A**－工場数　　**B**－生産額
　　C－従業者数

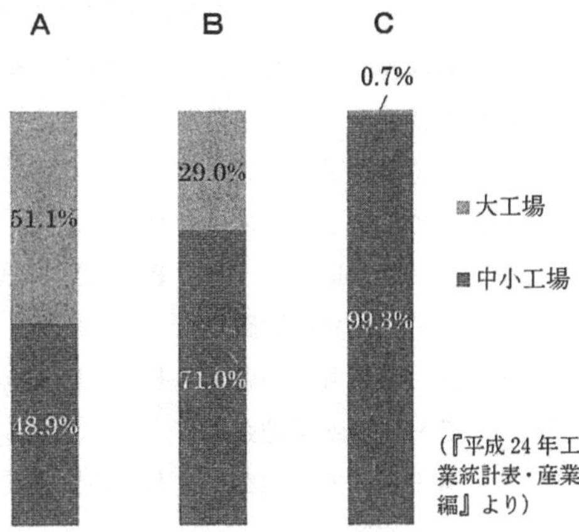

（『平成24年工業統計表・産業編』より）

(5) 次の表は，日本・アメリカ合衆国・中国・インドについて，二酸化炭素（CO_2）の排出量《はいしゅつりょう》を表したものです。日本について表したものはどれですか。

	総排出量(百万トン-CO_2)		1人あたり(トン-CO_2)	
	1990年	2019年	1990年	2019年
ア	2,109	9,882	1.85	7.1
イ	4,802	4,744	19.20	14.5
ウ	530	2,310	0.61	1.7
エ	1,041	1,059	8.42	8.4

(『EDMC/エネルギー・経済統計要覧 2022年版』より)

(6) 左の地図は，関東地方の地図から５つの県の境界が集まっている場所を抜《ぬ》き出したものです。地図中のＥの県の昼夜間人口を示したものは，右の表のどれですか。

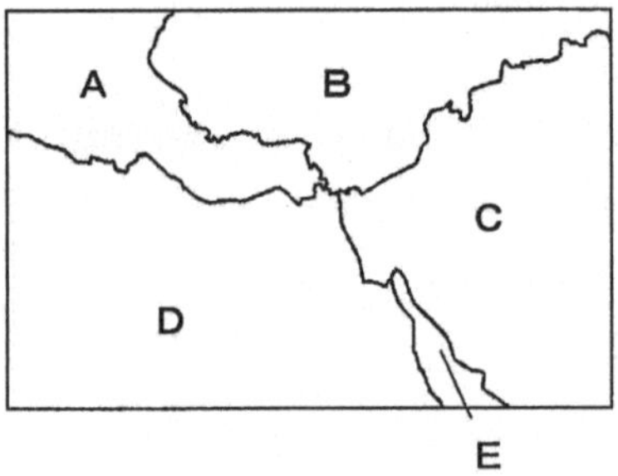

	昼間人口(万人)	夜間人口(万人)
ア	280	287
イ	194	194
ウ	555	628
エ	1675	1405

(2020年「国勢調査」より)

(7) 北九州市の説明にあてはまるものはどれですか。

ア 政令指定都市であり，関門海峡《かんもんかいきょう》に面しており，本州に最も近い都市である。

イ 筑紫《ちくし》平野最大の都市であり，ベッドタウンとなっている。

ウ 「学問の神様」として知られる菅原道真《すがわらみちざね》をまつっている神社がある。

エ 2011年に開通した九州新幹線の始発駅である博多駅がある。

(8) 右の地図のＡ～Ｃは，旧石器時代・縄文時代・弥生《やよい》時代を代表する，岩宿遺跡《いわじゅくいせき》・三内丸山《さんないまるやま》遺跡・吉野ヶ里《よしのがり》遺跡の位置を示しています。Ａ～Ｃの位置の組み合わせとして，正しいものはどれですか。

ア Ａ－岩宿遺跡　Ｂ－吉野ヶ里遺跡
　Ｃ－三内丸山遺跡

イ Ａ－三内丸山遺跡　Ｂ－岩宿遺跡
　Ｃ－吉野ヶ里遺跡

ウ Ａ－三内丸山遺跡　Ｂ－吉野ヶ里遺跡
　Ｃ－岩宿遺跡

エ Ａ－吉野ヶ里遺跡　Ｂ－三内丸山遺跡
　Ｃ－岩宿遺跡

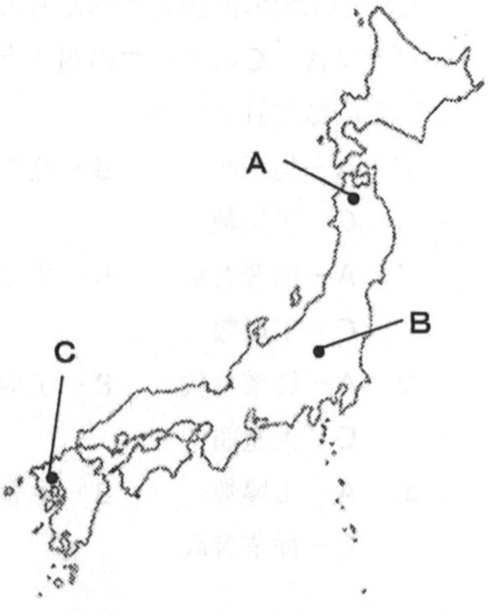

(9) 日本の仏教や寺院に関する説明文として，正しいものはどれですか。

ア 法隆寺《ほうりゅうじ》は現在残っている世界最古の木造建造物で，ユネスコの世界文化遺産に登録されている。

イ 唐《とう》の僧《そう》である行基は，日本に渡《わた》って唐招提寺《とうしょうだいじ》を建てて，日本の仏教の整備につとめた。

ウ 平安時代には浄土教《じょうどきょう》の信仰《しんこう》が広まり，藤原頼通《ふじわらのよりみち》は中尊寺金色堂を建立した。

エ 鎌倉《かまくら》時代に中国に渡った法然によって，日本に禅宗《ぜんしゅう》が伝えられた。

(10) 次の資料に関係する戦乱についての説明文として，正しいものはどれですか。

> 頼朝《よりとも》どのが平氏を滅《ほろ》ぼし幕府を開いてから，その御恩《ごおん》は，山よりも高く，海よりも深いほどです。御恩に感じて名誉《めいよ》を大切にする武士ならば，よからぬ者を打ち取り，幕府を守ってくれるにちがいありません。

ア この戦いで３代将軍が亡くなり，源氏の血筋が途絶《とだ》えた。

イ この戦いで，新しい火薬を用いた武器や集団戦法が生まれた。

ウ この戦いで勝利したにも関わらず，御家人への恩賞が少なく，御家人の生活が苦しくなった。

エ この戦いで幕府軍が勝利をおさめ，北条氏を中心に御家人の結束が強まった。

(11) 江戸《えど》時代の文化・学問についての説明文として，**誤っているもの**はどれですか。

ア 人形浄瑠璃《じょうるり》や歌舞伎《かぶき》が人々の人気を集め，近松門左衛門は『曽根崎心中《そねざきしんじゅう》』など多くの脚本《きゃくほん》を残した。

イ 本居宣長が大成した国学は，君臣などの上下秩序《ちつじょ》を大切にしたので幕府や藩《はん》に重んじられた。

ウ シーボルトが長崎で鳴滝塾《なるたきじゅく》を，吉田松陰《よしだしょういん》が萩《はぎ》で松下村塾《しょうかそんじゅく》を開き，弟子たちを数多く育成した。

エ オランダ語の書物を通してヨーロッパの学問の研究が行われ，大坂では緒方洪庵《おがたこうあん》が適塾《てきじゅく》を開いた。

(12) 明治以降の日本と朝鮮《ちょうせん》半島の関係を説明する文として，正しいものはどれですか。

ア 国内で征韓《せいかん》論争が起こったが，両国は対等な立場で条約を結び，日清戦争までは武力衝突《しょうとつ》もなく，良好な外交関係を築いていた。

イ 朝鮮で起こった農民らの反乱をきっかけとして日清戦争が始まり，下関条約で，清が朝鮮の独立を認めることが定められた。

ウ 日露《にちろ》戦争の講和条約では，日本とロシアが対等な関係で，朝鮮半島に権利を持つことが定められた。

エ 日本は韓国併合《かんごうへいごう》後に統監府《とうかんふ》を設置して，朝鮮半島の植民地経営を進めた。

(13) 次の文は近年の海外・日本で起きたできごとを説明しています。このうち，2000年以降に起きたものはどれですか。

ア アメリカ合衆国と自動車の貿易摩擦《まさつ》が深刻化し，現地生産などの対策をした。

イ 少子高齢化が進み，人口減少時代に突入《とつにゅう》した。

ウ 阪神・淡路大震災《あわじだいしんさい》が発生し，神戸市周辺で大きな被害が出た。

エ 地中海のマルタ島で，アメリカ合衆国とソビエト連邦《れんぽう》の首脳会談が開かれ，東西冷戦の終結が宣言された。

(14) 日本の農地に関する制度に関する次の説明文を年代の古い順に並びかえた時に，**3番目**になるのはどれですか。

ア　土地を開墾《かいこん》した人には所有を認めることになり，貴族や寺社などが開墾地を拡大した。

イ　農地を経営し，将軍に土地の支配を保証された武士が，地頭として地方で力をふるった。

ウ　農地の収穫高《しゅうかくだか》を役人が調べ，全国一律の単位で田畑ごとに帳面に記し，耕作者から税を取った。

エ　戸籍《こせき》に登録された人々が，国が割りあてた土地を耕すこととされた。

(15)　表現の自由や報道の自由の弾圧《だんあつ》にあたらず，憲法上認められることはどれですか。

ア　新聞記事の内容が国家機密に触《ふ》れていないか，発行前に官庁が確認すること。

イ　政治的に中立でないことを理由に，デモや講演会を規制すること。

ウ　テレビ番組の内容について，国務大臣が変更《へんこう》を指示すること。

エ　個人の尊厳を否定する差別的な言動を法律で規制すること。

(16)　衆議院と参議院の議決が異なった場合，両院からそれぞれ10名の代表者が出席して開かれるのが両院協議会です。この会が，必ず開かれる場合に**あてはまらない**のはどれですか。

ア　憲法改正の発議　　イ　条約の承認　　ウ　内閣総理大臣の指名　　エ　予算の議決

(17)　次のA～Cの事例は，刑事《けいじ》裁判・民事裁判・行政裁判のいずれにあてはまるか，その正しい組み合わせを選びなさい。

A　佐藤《さとう》さんは知人に貸したお金を返してもらいたい。

B　鈴木《すずき》さんは課せられた税金の額が納得できないので，払《はら》いたくない。

C　高橋さんは自転車で走行中，急に飛び出してきたお年寄りを避《さ》けきれずに衝突し，けがをさせてしまった。

ア　A－刑事裁判　　B－行政裁判　　C－民事裁判

イ　A－民事裁判　　B－刑事裁判　　C－行政裁判

ウ　A－民事裁判　　B－行政裁判　　C－刑事裁判

エ　A－行政裁判　　B－民事裁判　　C－刑事裁判

(18)　日本の社会保障制度に**関係のないもの**はどれですか。

ア　病気にかかった時，治療《ちりょう》費は自己負担分を払う。

イ　失業した時，一定期間の生活費を受け取ることができる。

ウ　病気や事故にあっても困らないように，生命保険をかけておく。

エ　定年退職後も生活できるように，年金を受け取ることができる。

(19)　核軍縮《かくぐんしゅく》に関する条約について述べた文として**誤っているもの**はどれですか。

ア　核拡散防止条約は，アメリカ合衆国・ロシア連邦・イギリス・フランス・中華《ちゅうか》人民共和国のみを核保有国とし，他国への核兵器の拡散を防ぐための条約である。

イ　部分的核実験禁止条約は地下以外での核実験を禁止する条約であり，1963年にアメリカ合衆国・ソビエト連邦・イギリスの３国間で結ばれた。

ウ　包括《ほうかつ》的核実験禁止条約は核爆発《ばくはつ》をともなう全ての核実験を禁止する条約だが，核保有国のアメリカ合衆国や中華人民共和国は批准《ひじゅん》(※)していない。

エ　核兵器禁止条約は核兵器の保有・実験・使用全てを禁止する条約として2017年に結ばれ，日本は唯一《ゆいいつ》の被爆国《ひばくこく》として条文の作成に関わり，採択《さいたく》当初から批准している。

※批准：条約に対して，国が行う最終的な確認や同意のこと。

⒇　今年2023年には，広島県広島市で先進７ヵ国首脳会議（サミット）が開かれる予定です。次の場所のうち，過去のサミット開催《かいさい》地として**あてはまらない**のはどれですか。

ア　沖縄県名護《なご》市　　**イ**　京都府京都市　　**ウ**　北海道洞爺湖《とうやこ》町　　**エ**　三重県伊勢市

2　次の会話文は，生徒会所属の生徒たちが文化祭のテーマの決め方について，顧問《こもん》の先生と相談している場面です。これを読んで，以下の⑴～⑷の設問に答えなさい。

顧　問：今年度の文化祭のテーマをどう決めるか，みなさんの考えはまとまりましたか？

生徒Ａ：テーマ決めにあたって，生徒全員が「自分ごと」として考えてほしいですね。

生徒Ｂ：例年通り，クラスで出たアイデアをまとめて，その後生徒総会のアンケートで得票数が多いものをテーマにするという方法では，ダメなのかな？

生徒Ｃ：私のクラスの同級生には，正直言って，自分には関係ないから適当に生徒会で決めてほしいって言っている人もいるんだよね。

生徒Ｄ：どうして協力してくれないんだろう？

生徒Ａ：「自分ごと」になっていないからじゃないかな？　どうすればいいのかな？

顧　問：こうした問題は，何も学校だけに限った問題ではないですよね。

生徒Ｄ：どういうことですか？

顧　問：例えば，現在の日本の政治でも同じような現象が起きています。選挙における，1 低投票率の問題です。

生徒Ｃ：たしかに，みんな「どうせ投票したって何も変わらない」ってよく言いますよね。これと同じような気持ちが，生徒にもあるって先生は考えているんですか？

顧　問：そうですね。宇野重規《うのしげき》さんの『知識ゼロからわかる！－そもそも民主主義ってなんですか？－』によれば，「自分たちの問題を自分たちで解決しようとすること」が民主主義の本質なのに，それが全く実感されていないのが問題だと感じます。

生徒Ｄ：どうしたらよいのですか？

生徒Ａ：学校の問題で言えば，自分たちの問題を自分たちで解決しているという実感が持てるかどうかが大切なんじゃないかな？

生徒Ｃ：話し合いのルールそのものを変えないと難しいんじゃないかな？　現在の決め方は，先生方によって決められたルールに従って，決めている感じがするし。

顧　問：たしかにそうですね。日本の歴史をふり返ってみても，2 権力者がルールを決めることが多いですが，ときに，自分たちのルールを自分たちで決めたこともありましたよ。

生徒Ｂ：今のテーマの決め方以外に，他によい決め方ってあるのでしょうか？

顧　問：先程の宇野さんの本によれば，民主主義に必要なポイントは３つあるそうです。

①ものごとを決めるプロセスの透明化《とうめいか》

②参加を通じた当事者意識

③責任をもつこと

生徒Ｄ：①～③をクリアするには，どんな決め方が必要なのかな？

顧　問：歴史的に民主主義発祥《はっしょう》の地とされている，古代ギリシアでは，ルールを決める責任ある立場にある人を「くじ」で決めたこともあったそうです。3 日本でも，室町幕府の６代将軍足利義教が「くじ」で選ばれたという例もあります。

生徒Ａ：文化祭のテーマを決めるメンバーを「くじ」で選んで，そこから出たアイデアを投票にかけるのも面白そうですね！

生徒Ｃ：でも，結局投票にかけて多数決にするなら，今までとあんまり変わらなくない？

顧　問：Ｃさんは，するどい所に気がつきましたね！　実は代議制民主主義の理論を作ったジョン・スチュアート・ミルは，多数派の声だけが代表されることを「偽《にせ》の民主政」と呼びました。「真の民主政」を実現するには，少数派の意見を尊重する必要があるのです。

生徒Ａ：少数派の意見を尊重しつつ，納得いく結論を導き出すのは難しいですね。

生徒Ｄ：じゃあ，4 実際の社会でどのように民主的に物事が決められているのか調べてみるのも参考になるかもしれないね。

顧　問：その通りです。みなさんの日常生活の先に社会がつながっています。ぜひ，「自分ごと」にして調べてみて下さい。

全　員：はい。がんばります。

(1)　下線部１について，次の衆議院議員総選挙に関する**資料１・２**から読み取れることとして正しいものを，下の**ア**～**エ**から１つ選びなさい。

資料１：総選挙の投票率の変化

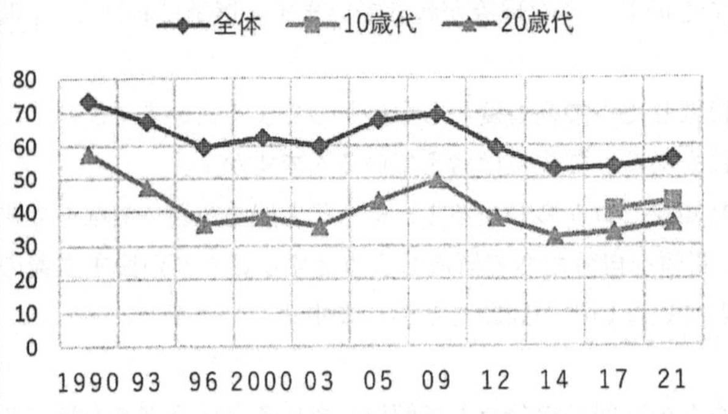

※1996年からは小選挙区の投票率

資料２：2021年総選挙における年齢《ねんれい》別投票率（%）

10歳《さい》代	43.21
20歳代	36.50
30歳代	47.12
40歳代	55.56
50歳代	62.96
60歳代	71.43
70歳代以上	61.96

（資料１・２とも総務省ホームページより）

ア　1990年から2003年までの５回の総選挙では，いずれも20歳代の50％以上が投票した。

イ　2021年の総選挙では，全体の約４割が投票せず，10歳代も20歳代も半分以上が投票しなかった。

ウ　2021年の総選挙の年齢別投票率で，全体の投票率を下回ったのは，10歳代と20歳代だけである。

エ　2003年の総選挙以降は，全体の投票率は上昇し続けているが，20歳代の投票率は上昇《じょうしょう》し続けていない。

(2)　下線部２について，以下の①・②の設問に答えなさい。

①　次の**ア**～**エ**の史料のうち，支配される側の農民たちが自分たちのルールとして定めたものはどれですか。

ア　一に曰《いわ》く，和《わ》を以《もっ》て貴《たっと》しとなし，忤《さか》ふること無きを宗《むね》とせよ。

　　二　あつく三宝《さんぼう》を敬《うやま》え。三宝とは仏《ほとけ》と法（お経）と僧《そう》のことである。

　　三　天皇の命令をうけたら，必ずつつしんでうけよ。

イ　第３条　諸国の守護のする仕事
将軍頼朝のときに定められたことは，大番催促《さいそく》（御家人が京都の警備に出るようにうながすこと），謀反人《むほんにん》・殺害人をとりしまること（大犯《たいぼん》三か条）などである。これ以外のことはやめること。

ウ　一　薪《まき》や炭は，村で用意したものをたくこと。
一　よその人を，この村内に身元保証人がいなければ置いてはならないこと。
一　村で管理する共有地と私有地との境界の訴訟《そしょう》は金銭で処理すること。

エ　一　学問と武道はつねに心がけてはげむべきである。
一　諸大名の居城は，修理をする時でも幕府に届けること。まして新たに城を築くことはかたく禁止する。

②　①の**ア**～**エ**の史料を，年代の古い順に並びかえなさい。

(3)　下線部**3**について，室町幕府を説明する文のうち**誤っているもの**を，次の**ア**～**エ**から１つ選びなさい。

ア　室町時代の初期の約60年間は，南北朝対立により戦乱が続いた。
イ　室町時代，地方を治めた武士は，幕府からの独立性が高く，守護大名と呼ばれていた。
ウ　室町幕府が滅亡《めつぼう》するまでの約100年間は，下剋上《げこくじょう》の風潮が広がる戦国時代であった。
エ　室町幕府の15代将軍が，政権を天皇に返還《へんかん》することで，この幕府は滅亡した。

(4)　生徒会のメンバーは，下線部**4**に関する世界での取り組みを調べてみました。これに関する，以下の①～④の設問に答えなさい。

①　生徒会のメンバーが調べた所，日本や世界では，次の**X**・**Y**のような取り組みが行われていました。この**X**・**Y**の取り組みと，その長所**a**～**d**の組合せとして正しいものを，あとの**ア**～**エ**から１つ選んで答えなさい。

X　南太平洋の国のナウルでは，「ボルダルール」と呼ばれる投票方式が採用されており，投票の際に順位をつけてもらい，１票につき１位３点，２位２点，３位１点，といったように順位ごとに点数をつけて投票を行っている。

Y　フランスでは，１度目の投票で過半数を超《こ》えた候補がいなければ，１位と２位で「決選投票」をする仕組みが導入されており，大統領選挙をはじめ，国民議会（日本における国会）選挙，地方県議会選挙でも実施《じっし》されている。

a　世代別に選挙区を設定することで，若者の声を選挙に反映させられる。
b　より多くの人の意見を反映させることができ，よりよい選択《せんたく》ができる。
c　１回目と２回目の投票の間で有権者によく考える時間を与《あた》えることができる。
d　投票前に話し合いを行うことで，有権者が自分の意見が反映されたと納得することができる。

ア　X－a・Y－c　　**イ**　X－a・Y－d
ウ　X－b・Y－c　　**エ**　X－b・Y－d

②　生徒会のメンバーは，民主的な物事の決め方が十分に機能していない事例が，世界にあることに気が付きました。国際連合の安全保障理事会においては，次のページの**資料３**のように，国際平和の維持《いじ》に関する重要な事項《じこう》の決定に際して，常任理事国のみが持つ権限が使われて，決定ができないことが生じています。この権限について，具体的に説明しなさい。

資料３：安全保障理事会で常任理事国のある権限が行使された回数（2022 年 12 月時点）

	1946 年～1971 年	1972 年～1991 年	1992 年～	合計
ロシア連邦《れんぽう》(※)	84 回	6 回	26 回	116 回
アメリカ合衆国	1 回	64 回	17 回	82 回
イギリス	6 回	23 回	0 回	29 回
フランス	2 回	14 回	0 回	16 回
中華《ちゅうか》人民共和国（※）	1 回	1 回	14 回	16 回
総決議数	307 回	418 回	1946 回	2671 回

※ロシア連邦：1991 年 12 月からソビエト連邦より変更／中華人民共和国：1971 年 10 月から中華民国より変更

（国際連合広報センターホームページより）

③　生徒会のメンバーは，②の問題以外の地球環境《かんきょう》問題についても，なかなか民主的に解決ができていないことに気が付きました。これについて，南極大陸で問題となっている地球環境問題として正しいものを次の**ア～オ**から **2 つ**選びなさい。

ア　上空のオゾン濃度《のうど》が低くなることがあり，有害な紫外線《しがいせん》が地上に多く届くようになった。

イ　大量の産業廃棄物《はいきぶつ》が持ち込《こ》まれ，有害物質による地下水や土の汚染《おせん》が心配されている。

ウ　南半球の大気汚染物質が集まりやすく，それが原因で，人が生活できる環境が失われた。

エ　タンカーの事故などで，近海が汚染され，トナカイなど野生生物が少なくなった。

オ　地球温暖化の影響《えいきょう》で沿岸部の氷がとけて，海面上昇につながらないか心配されている。

④　③のような地球規模での環境問題は，複雑に要因がからみあい，解決を困難にしています。なぜ解決が難しいのか，次の**語群**の言葉を使って説明しなさい。

【語群】　発展途上国《とじょうこく》　　先進国　　エネルギー消費量の増加　　経済の発展

ウ　しょうこちゃんを不良から立ち直らせる。

エ　しょうこちゃんを私たちの味方につける。

問五　傍線部④「アネゴとしょうこちゃんって似た者同士なのかもしれない」とありますが、どのようなところが似ているのですか。四十字以内で答えなさい。

問六　傍線部⑤「体の底から震えがこみあげて止まらない」とありますが、このときの心情としてもっとも適当なものを、次のア～エの中から一つ選び、記号で答えなさい。

ア　本番になってやっとダンスらしくなってきたことに対し、学級委員のアネゴ一人の努力の成果だと感心している。

イ　アネゴの「円陣組もう」という言葉に対して青春ドラマのようでしらじらしくて笑いをこらえている。

ウ　アネゴが今まで一生懸命《いっしょうけんめい》まとめようとしてうまくいかなかったのに、本番になって初めてまともになった表面だけのクラスに怒《いか》りを感じている。

エ　今までまとまらなかったのに、しょうこちゃんの良い面をクラスにいかしたことで、みんなが団結して踊ることができたことに喜びを感じている。

問七　傍線部⑥「安堵にも似た寂しさ」について、「安堵」とは「気がかりがなくなって安心する」という意味ですが、「安堵にも似た寂しさ」とは、どのような心情ですか。六十字以内で答えなさい。

な潤んだ目になって肩を組んだ。男子も女子も、優等生も不良も、なんの拘《こだわ》りもなくいっこの塊《かたまり》になって、おーっと声をあげた。

音楽が鳴りはじめ、入場門からいっせいにグラウンドに飛び出す。震《ふる》えが止まらない。剣をふりあげ、くるりとターンするたび、だれかの髪に結ばれたリボンが、応援席《おうえんせき》でしょうこちゃんたちが掲《かか》げているクラスの旗が、ふわりと浮《う》きあがる。⑤体の底から震えがこみあげて止まらない。

もう終わっちゃうんだな。音楽が終わりに近づくにつれて、⑥安堵《あんど》にも似た寂《さび》しさが襲《おそ》ってきた。明日からは放課後の公園に集まることもなくなる。私たちをとらえていた不思議なエネルギーの渦《うず》はどこかへ消えてしまい、体育祭なんてなかったみたいに日常に戻っていく。私たちの時間は止まることなく先へ先へと進んでいく。

（吉川トリコ『14歳の周波数』〈実業之日本社文庫〉より）

※1　美月とリリィ……「私」の友人。
※2　ポリシー……信念。
※3　ラスボス……ゲームなどの最後に登場する敵。
※4　ブリーチ剤……髪色を脱色《だっしょく》するために使う薬剤。
※5　ファンシー……美しく装《よそお》っているさま。
※6　レースやサテンやグログラン……布地の種類。

問一　二重傍線部《ぼうせんぶ》Ⅰ「忌々しげに」、Ⅱ「虚をつかれた」の本文中の意味としてもっとも適当なものを、次のア～エの中から一つ選び、記号で答えなさい。

Ⅰ「忌々しげに」
ア　不快そうに　　イ　不吉な予感で
ウ　かなしそうに　　エ　あきれた感じで

Ⅱ「虚をつかれた」
ア　だまされた　　イ　すきをつかれた
ウ　うそをつかれた　　エ　ばかにされた

問二　傍線部①「そういうやり方」とはどういう「やり方」ですか。もっとも適当なものを、次のア～エの中から一つ選び、記号で答えなさい。
ア　アネゴが学級委員として先生に気に入られようといい子ぶって行動しているところ。
イ　アネゴなりにクラス全員がまとまることが正しいと信じて熱意を持って行動しているところ。
ウ　アネゴ一人だけが高得点をねらってダンスに燃えていてクラスを巻き込んでいるところ。
エ　アネゴが勝手にしょうこちゃんたち不良グループの家まで調べてつきまとっているところ。

問三　傍線部②「アネゴの気持ち」とはどのような内容ですか。もっとも適当なものを、次のア～エの中から一つ選び、記号で答えなさい。
ア　しょうこちゃんたち不良グループに気に入られたい。
イ　しょうこちゃんたち不良グループに相手にされなくてくやしい。
ウ　クラスメイトが全員そろって練習したい。
エ　どんなことがあってもクラスをまとめるのは学級委員の務めである。

問四　傍線部③「ラスボスの攻略法」とはどのようなことですか。もっとも適当なものを、次のア～エの中から一つ選び、記号で答えなさい。
ア　しょうこちゃんを徹底的《てっていてき》に服従させる。
イ　しょうこちゃんをクラスの中心にする。

ごーい」「上手ぅ」「器用ぅ」「私なんてぶきっちょだからとても自分じゃできなーい」と白々しいほど大きな声で囃《はや》し立てた。

「うるせえっ、おまえらいったいなんなんだよ！」

照れくさいのか、それとも女の子らしい一面を暴露《ばくろ》されて恥《は》ずかしいのか、しょうこちゃんの顔がみるみるうちに赤く染まっていく。

「そうだ。体育祭のとき、しょうこちゃんにヘアメイクをやってもらおうよ！」

教室中の視線がこちらに寄せられているのをしっかり意識しながら、私は大声をはりあげた。

「うわー、めいあーん」くねくね体をくねらせながら美月がピンク色の声をあげ、「賛成。伊神さんセンスいいもんね」とリリィがさりげなくプロの演技を披露《ひろう》し、最後にアネゴが「ああっ」と叫《さけ》んで手を叩《たた》いた。

「髪型をかわいくしてもらえば、それだけでぱっと華《はな》やかになっていいかもしれない。予算が少ないから、衣裳《いしょう》にお金がかけられなくてどうしようかなって思ってたんだ。他のクラスは担任の先生がポケットマネーを出したりしてるみたいなんだけど……」

そこでアネゴはもったいぶるように言葉を止めた。

――いまだ！

私はアネゴに目配せした。

「西田《にしだ》先生、ケチだからさ」

と言って、アネゴはⅠ忌々《いまいま》しげに顔を歪《ゆが》めた。えっ、としょうこちゃんがⅡ虚《きょ》をつかれたような顔になる。

「だいたいあのセンコー、やる気なさすぎなんだよ」

しょうこちゃんのやさぐれた口調を真似して、アネゴがぺっと吐《は》き捨てる。笑い出しそうになるのを堪《た》えるのが大変だった。美月もリリィも唇《くちびる》をむにゅむにゅさせている。

「なんだよそれ、ぜんぜん似合ってねえよ学級委員」

だれより先に、しょうこちゃんが噴《ふ》き出した。

体育祭当日、しょうこちゃんは花柄《はながら》のクッキー缶《かん》を抱《かか》えて学校にやってきた。

「私のコレクションが役に立つ日がようやくきたな」

しょうこちゃんが得意げに蓋《ふた》を開くと、赤やピンク、オレンジやグリーン、いろとりどりのリボンがわっと缶からあふれだした。

「好きなの選べよ。決まったやつから順にやってやるから」

※6レースやサテンやグログランのうっとりするほど綺麗《きれい》なリボンにまじって、ケーキ屋のロゴが入ったものや幼稚園児《ようちえんじ》がつけるようなキャラクターもののリボンまであって、賑《にぎ》やかで楽しいコレクションだった。

クラスメイトが続々登校してくると、しょうこちゃんの前に長蛇《ちょうだ》の列ができた。ああもう、めんどくせえなあ、髪の毛やってやるなんて言わなきゃよかった、と口では文句を言いながらしょうこちゃんはどこか嬉《うれ》しそうだ。

相反《あいはん》するように見えて、もしかしたら、④アネゴとしょうこちゃんって似た者同士なのかもしれない。コインの表と裏みたいに実は根っこの部分が同じで、だれかに頼《たよ》られると放ってはおけず、なにがなんでもなんとかしてやりたいという性分なのだ。

「そうだ、円陣《えんじん》組もう！」

出番直前に潤《うる》んだ目でアネゴが提案すると、しよう、しよう、とみん

して、私服姿のクラスメイトと音楽に合わせて踊った。いまじゃもう、お風呂《ふろ》に入ってるときも部屋でくつろいでるときも、寝ても覚めても頭の中で「剣の舞」が鳴っている。たぶん、二年二組のほとんどみんながそんな状態だと思う。私たちは渦中《かちゅう》にいた。いつもそこにいるアネゴが一人抜《ぬ》けただけでなんだかすうすうする。だれか一人でも欠けちゃ、だめだった。

「アネゴの言うとおりだよ。全員揃《そろ》ってこそのクラスだよ！　どうにかしなくちゃ！」

拳《こぶし》を握《にぎ》りしめて私が叫《さけ》ぶと、美月とリリィが目を丸くした。

帰ってすぐ、私は再びおねえちゃんにすがりついた。

「あんたさあ、ラスボス[※3]ぐらい自分で攻略《こうりゃく》しなよ」

「なにそれ、どういう意味？」

「……あんた、ばか？　攻略本にかじりつきでゲームやるの楽しいか？って言ってんの。ちょっとは自分の頭で考えな」

つまり、ラスボスとはしょうこちゃんのことらしい。

机の抽斗《ひきだし》から、私は一枚の写真を取り出した。

四月に撮影《さつえい》したクラス写真だ。

ようく考えてみなよ、相手のこと——というおねえちゃんの言葉どおりに、私はしょうこちゃんのことを考えてみた。

転校してきた当初のうちは、この子とだけはぜったいお近づきになりたくないと思っていた。ブリーチ剤《ざい》[※4]で明るくした髪《かみ》、不自然なスカート丈《たけ》、踵《かかと》を踏《ふ》み潰《つぶ》した上履《うわば》き、肩をいからせ廊下《ろうか》を歩き、常に周囲を威嚇《いかく》する。全身で反骨精神を剥《む》き出しにしているみたいな子だった。

だけど、

「こういう子は味方につけといたほうがいい。敵《てき》にまわすと厄介《やっかい》だけど、味方につけといたらこれ以上ないってぐらいいいやつだから。まちがいない。私が保証する」

クラス写真のしょうこちゃんを指差して、おねえちゃんは断言した。

クラス写真を入れておいた透明《とうめい》の袋《ふくろ》にもう一枚、写真が入っていることに気づいて取り出すと、間抜《まぬ》け面《づら》でピースする私が写っていた。それを見て、あっ、と私は声をあげそうになった。

悪ぶってはいるけれどしょうこちゃんには意外にかわいいところがあって、ファンシー[※5]なものが好きだったり、手先が器用で人の髪をいじるのが好きだったりもする。前に一度、「将来、美容師になりたいんだよね」と照れくさそうに言いながら私の髪を編んでくれたことがあった。ほっそりした指が髪のあいだを滑《すべ》っていく、ふわっとするような感触《かんしょく》。思い出すと、甘《あま》く胸がくすぐられる。きれいな編み込《こ》みをカチューシャみたいに頭の上に渡《わた》らせてくれて、家に帰ってからほどく前にお母さんに写真を撮《と》ってもらった。

写真に写る自分の姿を私はじっと見つめた。

③ラスボスの攻略法、見えたかもしれない。

次の日、私はアネゴ、美月、リリィとパーティーを組んで、ラスボスを攻略しにかかった。

始業チャイムすれすれに登校してきたしょうこちゃんを四人で囲み、

「伊神さんの髪ってきれいだねえ」

「たまに編み込みしてたりするよね？」「あれ自分でやってるの？」「すっ

イ　平等な教育社会を保障することは社会の安定化や生産性向上につながり、社会全体に利益を及ぼすため、政府が積極的にサービスを提供すべきである。

ウ　「万人のための『良質』な教育」という考え方も存在するが、いささか理想論すぎる傾向《けいこう》があり、国際社会の関心を集めるには時間がかかると予想される。

エ　コミュニテイが中心となって行われているノンフォーマル教育は、女性や低カーストなどの教育機会を奪われやすい人たちにのみ、提供されるべきである。

【三】　次の文章を読んで、あとの問いに答えなさい。

中学二年生の深沢鮎子《ふかざわあゆこ》（私）のクラスでは体育祭で発表するダンス「剣《つるぎ》の舞《まい》」の練習が行われていた。一致団結《いっちだんけつ》を目指す優等生の学級委員・通称《つうしょう》アネゴが中心に立つが、クラスとの距離《きょり》ができてなかなかまとまらない。特に不良グループのリーダー格の伊神《いがみ》しょうこがアネゴを目の敵《かたき》にして何かにつけて反発する。アネゴに泣きつかれた「私」は姉に相談して、リーダーを男子に、練習時間を放課後の公園に代えると、少しずつクラスの士気《しき》（意気込《いきご》み）が上がってきた。しかし不良グループはいまだに非協力的である。

アネゴが公園にあらわれたのは、練習が終わってしばらく経ってからのことだった。公園にはもう私と※1美月《みつき》とリリィしか残っていなかった（解散してからも居残って三人でおしゃべりしていたのだ）。

「どうしたの、アネゴ。なんか顔に人生の苦味がにじんでる」

美月が驚《おどろ》いた声をあげた。アネゴは汗《あせ》だくで、疲弊《ひへい》しきった顔をしていた。

「うん、ちょっと……」

思わせぶりなため息をつき、目を伏《ふ》せる。人生の苦味がいっそう増した気がした。

「伊神さんたちの家を順にまわってきたんだ。練習参加しないかって誘《さそ》いに行ったんだけど」声を出すのも苦しそうに、ぜえぜえ肩《かた》で息をしながら言う。「でも、ぜんぜん相手にしてもらえなかった。ぜんぜん、だめだった」

「………」

私は言えなかった。そんなの逆効果だよ。余計うっとうしがられるだけに決まってる。アネゴの①そういうやり方がしょうこちゃんたちは気に入らないのに——言えるわけなかった、そんなこと。

「もう伊神のことはほっときなよ。あいつらにはあいつらであるんだよいろいろ、※2ポリシーみたいなもんが。学校行事なんてかったるくてやってらんねえとかさ」

ついこのあいだまで、自分自身が「かったるくてやってらんない」とほざいていたくせに、そう言って美月はアネゴを慰《なぐさ》めた。

「だめだよ。ほっとけるわけない。だってクラスメイトなのに」

それでもアネゴは曲げようとしなかった。

いつもの私だったら、またあめんどくさいこと言いはじめたよとうんざりしてすぐに逃《に》げ出していただろう。真面目《まじめ》に踊《おど》ってるしょうこちゃんなんて逆にこわいよ、なんて言っておちゃらけて、アネゴの気をそらそうとしたかもしれない。

だけどこのときばかりは、②アネゴの気持ちが痛いぐらいわかった。

来る日も来る日も、学校から帰宅してごはんを食べたらすぐに飛び出

に行われる教育活動。

※6　低カースト……社会的階級や地位が低い人。

※7　エルサルバドル……エルサルバドル共和国。中央アメリカ中部に位置する共和制国家。

※8　罷免……職をやめさせること。

問一　二重傍線部《ぼうせんぶ》Ⅰ「促進」、Ⅱ「妨げる」の本文中の意味としてもっとも適当なものを、次のア～エの中から一つ選び、記号で答えなさい。

Ⅰ「促進」

ア　歩いて大きく進むこと。

イ　物事の進行を注意深く観察すること。

ウ　物事の進行をおさえとどめること。

エ　物事が進むようにうながすこと。

Ⅱ「妨げる」

ア　好ましくないことが起こらないようにすること。

イ　お金がなく生活がとても苦しいということ。

ウ　物事の進行に不都合が起きるようにすること。

エ　力を貸して危険な状態から逃《のが》れさせること。

問二　[a]、[b]にあてはまる言葉を、次のア～オの中からそれぞれ一つずつ選び、記号で答えなさい。

ア　一方で　イ　やはり　ウ　それに加えて　エ　ところが

オ　そのため

問三　傍線部①「ではなぜ途上国では教育普及が進んでいかないのでしょうか」とありますが、理由は何だと考えられますか。原因を本文の中から二つみつけ、六字と十六字で抜《ぬ》き出しなさい。

問四　傍線部②「無償化だけでは、必ずしも事態が好転しないことが理解できます」とありますが、それはなぜですか。理由としてもっとも適当なものを、次のア～エの中から一つ選び、記号で答えなさい。

ア　貧しい家庭では子供も重要な働き手であり、子供が学校に通わずに作業をすることで得る機会費用も考慮しなければならないから。

イ　教育を受けるためには様々な費用がかかり、そのような直接的な出費は貧しい家庭には大きな負担になってしまうから。

ウ　貧しい家庭が初等教育を受けられる世界をつくるために、教育の無償化はたびたび議題にあがるが、あまり効果は期待できないから。

エ　本当に貧しく、困窮した家庭に必要なのは、教育の無償化よりもむしろ、食料及《およ》びライフライン支援《しえん》だから。

問五　傍線部③「教育支出はなおざりにされます」について、「なおざり」とは「いい加減にするさま」という意味ですが、なぜ「教育支出」はいい加減にされてしまうのですか。本文の言葉を使って、六十字以内で答えなさい。

問六　傍線部④「教師はより積極的に、かつわかりやすい授業を行うようになりました」とありますが、それはなぜですか。本文の言葉を使って七十字以内で答えなさい。

問七　本文の内容として正しいものを、次のア～エの中から一つ選び、記号で答えなさい。

ア　教育を受けるためには、学費、教材費、文具代、制服代、給食費など様々な費用がかかるが、すべての国で無償化されているため、家庭の負担にはならないと予想される。

水準は往々《おうおう》※3にして小さくなりがちです。

さらに、教育の効果が発揮《はっき》されるには長い時間がかかるため、短期的な経済効果を追求すれば、その分、③教育支出はなおざりにされます。その結果、教師に十分な給与《きゅうよ》を支払《しはら》えず、教師の欠勤を招いたり、十分な数の校舎建設が行えず、遠くまで通学しなければならない児童が出てきたり、逆に一クラスあたりの人数が増えすぎて、各人の受けるサービスの質が低下するといった問題が起きています。

実際、途上国の小中学校では、教室が手狭《てぜま》なので、午前中は一年生が、午後には二年生が授業を受けるといったように、交替制《こうたいせい》をとっているところも珍《めずら》しくありません。

このように教育の質が低下すると、本来、身に付けるべき知識が身につかず、学校に通う意味が薄《うす》れるため、就学率《しゅうがくりつ》が押《お》し下げられます。現在、「万人《ばんにん》のための教育」から一歩進んで「万人のための『良質』な教育」へと国際社会の関心が移行しつつあるのには、こうした現実が背景にあります。

教育を普及していくために、政府が果たすべき役割が大きいことは疑いありませんが、近年、それに加えてコミュニティ※4が果たす役割にも注目が集まっています。

例えば、社会・経済的な理由により正規の学校に通えない子どもや、就学適齢期《てきれいき》に教育機会に恵《めぐ》まれなかった成人に対し、コミュニティが中心となって、読み書きや計算を教える活動が盛んに行われています。こうした正規の学校以外で行われるノンフォーマル※5教育の特徴《とくちょう》は、生徒が通いやすくなるように、一日のうちでも忙《いそが》しくない時間に授業を行ったり、みんなが集まりやすい場所に仮設学級を開設することです。これらのプログラムは、女性や低カースト※6など、とりわけ教育機会を奪《うば》われやすい人たちに、大きな効果をもたらしています。

教育の質を改善するうえでもコミュニティの関わりは重要です。たとえば、エルサルバドル※7で導入されたEDUCO（Educación con Participación de la Comunidad）というプログラムでは、生徒の保護者の中から選抜《せんばつ》された五名のコミュニティ教育協議会が、学校運営に関わる主要な決定を下す権限をにぎっています。教育省から降りてくる予算を使い、教室を増やすのか、机などの機材を購入《こうにゅう》するのか、それとも校舎の修復を行うのか、などは教育協議会を通じて決められるほか、教師の雇用《こよう》、監督《かんとく》、解雇《かいこ》に関する責任も教育協議会が担っています。教師は一年置きにコミュニティ教育協議会との間で契約更改《けいやくこうかい》を行い、勤務実態や指導能力が劣《おと》っていれば罷免《ひめん》※8されることすらあります。

こうしたコミュニティによる学校管理・運営によって、④教師はより積極的に、かつわかりやすい授業を行うようになりました。それにより、生徒の出席率が大幅《おおはば》に上昇《じょうしょう》したほか、特に国語の成績が向上した、と報告されています。

（高橋和志、山形辰史編著『国際協力ってなんだろう』〈岩波ジュニア新書〉より）

※1　初等教育……児童期のすべての子供に対して行われる共通の基礎的な普通教育。
※2　慢性的……ある状態が長い間改善されずに持続している状態。
※3　往々……同じような物事がたびたびあること。
※4　コミュニティ……居住地域を同じくし、利害をともにする共同社会。
※5　ノンフォーマル教育……正規の学校教育外で、ある目的をもって組織的

【国語】〈五〇分〉 〈満点：一〇〇点〉

【注意】特別な指示がない限り、句読点、記号はすべて一字とします。

【一】次の問いに答えなさい。

問一 次の①～⑩の傍線部《ぼうせんぶ》を漢字に書き直しなさい。

① キンロウ感謝の日は祝日である。
② ゲンカクな先生に怒られる。
③ 階段から落ちてコッセツする。
④ ロウニャクナンニョが集まる。
⑤ マドベに花びんを置く。
⑥ ゴールスンゼンで転んでしまった。
⑦ ギモンを持つことは大切だ。
⑧ コキョウを思い出す。
⑨ 機械をソウサする。
⑩ ヨウチュウが成長する。

問二 □の中から漢字を二つずつ選んで、次の意味に当てはまる熟語を作りなさい。

① たりないところを付け加えること。
② 気持ちや性質が明るく元気のよいさま。
③ 役に立ててもらうように差し出すこと。
④ 思いやる心。他人が自分に示してくれた気持ち。
⑤ 以前から今まで。これまで。

意	測	活	補	来	脳	足	提
従	厚	供	手	快	推	欲	

【二】次の文章を読んで、あとの問いに答えなさい。

※1初等教育を受けられない子どもたちの中には、先進国に住む人も含《ふく》まれますが、その圧倒的《あっとうてき》多数が途上国《とじょうこく》に住む人たちです。

①ではなぜ途上国では教育普及《ふきゅう》が進んでいかないのでしょうか？ その主な原因として、つぎの二点が考えられています。

第一は、家庭の貧しさです。教育を受けるためには通常、学費、教材費、文具代、制服代、給食費など、様々な費用がかかります。これら直接的な出費は、それ自体貧しい家庭には大きな負担です。

a 、子どもが通学するようになると、学校に通う以前に子どもたちが手伝ってくれていた家事や仕事も親が行うか、誰《だれ》もやらなくなるという事態になります。貧しい家庭では、子どもたちも重要な働き手である場合が多いので、子どもが学校に通わなければ行われていた作業によって得られた利益（これらを機会費用と呼びます）が大きければ大きいほど、学校には通わせづらくなります。

初等教育をⅠ促進《そくしん》するために、しばしば教育の無償化《むしょうか》が叫《さけ》ばれ、事実、無償化はいくつかの国で卓越《たくえつ》した成果をあげていますが、機会費用を考《こう》慮《りょ》すると、②無償化だけでは、必ずしも事態が好転しないことが理解できます。本当に貧しく、困窮《こんきゅう》した家庭では、機会費用の存在により、無料でも子どもを学校に送り出すことが難しいからです。

教育普及をⅡ妨《さまた》げる第二の要因は、教育環境《かんきょう》をつくり出す政府の貧しさにあります。平等な教育機会を保障し、社会の安定化を促進したり、基礎《きそ》教育拡充《かくじゅう》を通じて生産性向上が達成されれば、対象となる家族だけでなく、社会全体にも利益をもたらします。 b 、政府が積極的にサービスを提供する意義がある一方、※2慢性的《まんせいてき》な財政難から、教育支出の

2023年度

千葉明徳中学校入試問題（適性検査型）

【適性検査Ⅰ】（45分）　＜満点：100点＞

【注意】 携帯《けいたい》電話，電卓《でんたく》，計算機能付き時計など電子機器類を使用してはいけません。

[1] 以下のⅠ・Ⅱの設問に答えなさい。

Ⅰ．中学３年生のあきらくんには，今年から大学に通っている徳夫《のりお》さんというお兄さんがいます。夏休みに実家に帰省した徳夫さんとあきらくんの会話文を読み，あとの問いに答えなさい。

あきら：大学生活はもう慣れた？　どんな授業があるの？

徳　夫：「授業」って懐《なつ》かしい響《ひび》きだな。大学では「講義」というんだよ。そうだな，夏休みの初めに「環境心理学《かんきょうしんりがく》」の特別講義があったんだけど，それがとてもおもしろかったな。

あきら：「環境心理学」って何？

徳　夫：自然や住居など，人間を取り巻く環境が，人間の認識や行動にどのような影響《えいきょう》をあたえるのか研究する学問だよ。特別講義では，環境心理学の研究会に所属している学生が自分の留学先での経験を発表してくれたんだけど，「時間」の感じ方や考え方は，環境に大きく影響を受けているらしいんだ。

あきら：時間？　時間は60秒で１分，60分で１時間，24時間で１日のように，どんな環境でも変わらない基準ではないの？

徳　夫：24時間自体に変わりはないよ。ここでの「時間」というのは，そうだね……。例えば，昼の次には夜が来て，また昼が来るよね。春の後には夏が来て，秋が来て，冬が来て，また春が来る。

あきら：そうだね。

徳　夫：こんな感じに，時間や季節が「循環《じゅんかん》している」という感覚をぼくたちは持っている。でも，この感覚が生まれにくい環境もあるんだ。

あきら：なぜ生まれにくいの？

徳　夫：そうだな，ちょうど手元に特別講義で配付された資料があるから，一緒《いっしょ》に読んでみようか。

> **資料A**
>
> ……ほとんどどこにおいても人間は二種類の空間，すなわち大地と空を区別する。ところが，この点で，アフリカのある民族は異なっている。うっそうとした森林に囲まれて生活しているこの民族にとっては，「大地」と「空」の区別は知覚の手がかりにはならないのである。空は，めったに見ることができない。多くの社会は，循環する時間の基準として太陽や月や星を用いているが，アフリカで暮らすこの人々には，これらの天体もめったに見ることができない。
>
> イーフー＝トゥアン／山本浩《ひろし》訳『空間の経験』（筑摩書房《ちくましょぼう》，1993年）より作成

あきら：なるほど。日本で暮らしているぼくたちは［　あ　］によって，昼の次に夜が来て，また朝になるという「循環している」時間を経験できるけれど，資料で紹介《しょうかい》されたアフリカの民

族は，[い]のせいで空を見ることができないから，時間が「循環している」という感覚を持ちにくいんだね。

徳　夫：時間には，「循環している」という感覚のほかに，過去から現在へ，現在から未来へと直線状に「進んでいる」という感覚もあるんだ。あきらはどんな時，時間が「進んでいる」と感じる？

あきら：そうだな……。電車で移動していたらスマートフォンに夢中になっていて，乗り過ごしてしまった時は，自分では気づかなかったけど，ずいぶん時間が経っていたんだなって思ったよ。

徳　夫：良い例だね。「進んでいる」という時間の感覚は，空間の「距離《きょり》」の感覚と，前後の方向感覚が密接に関わっているんだ。かなり先の未来のことを「[う]未来」，すぐに来る未来のことを「[え]未来」というよね。「[う]」も「[え]」も空間の「距離」を示す言葉のはずなのに，時間について使われているよね。

あきら：確かに！

徳　夫：それから，時間に関連する動作には，前後の方向感覚が関わっているんだ。あきらは過去のできごとについて考えたり，反省したりすることを何という？

あきら：えーっと，「過去を[お]る」って言うかな。

徳　夫：そうだよね。実際には「[お]」って言っても自分の後ろに広がる空間が見えるだけで，過去が見えるわけではない。でも，過去は自分の後ろにあり，未来は自分の前にあるという感覚をぼくたちは持っているんだ。このように，時間が前へ「進んでいる」という感覚も，環境によっては薄《うす》れるらしい。特別講義で発表をした学生の感想を読んでみよう。

資料B

私が調査を行ったアフリカの集落は，1<u>一日中薄暗く，どこを見渡《みわた》しても同じような景観で，見上げても太陽どころか空さえも見えません</u>。そのような空間にいたためか，はじめは調査に熱中しすぎて忘れているだけだと思っていた2<u>時間感覚</u>は，何日経っても戻《もど》ってきませんでした。それどころか，私は調査を始めてからどれくらいの時間を過ごしたのか，あと何日で調査を終えなければならないのかさえ，だんだん分からなくなってしまったのです。

あきら：時間の感覚って，それほど絶対的なものではないんだね。

徳　夫：そうだね。それと，さっきあきらは「どんな環境でも時間は変わらない」って言っていたけれど，ぼくたちは，本当に時間は不変だと「感じて」いるのかな？

あきら：え，それってどういうこと？

徳　夫：この前，大学の友達と国立科学博物館に行ってきたんだ。そこに，「和時計《わどけい》」という日本独自の時計が展示されていたんだけど，この時計の最大の特徴《とくちょう》は，「一刻《いっこく》」，今の時計でいうと2時間分の時間の長さが，季節によって変化するんだ。

あきら：時間の長さが一定ではない，ということ？

徳　夫：その通り。この和時計というのはまさしく「時間が一定ではない」という意味の「不定時《ふていじ》法《ほう》」という法則に従って動くように設計されているんだ。

あきら：3なぜ時間の長さが一定にならないんだろう？

徳　夫：よく考えれば，あきらにも解ける問題だ。その疑問は自分で解決してみようか。

(1) あ と い にあてはまる語句を**資料A**の文章中から**抜《ぬ》き出しなさい**。ただし，あ は**8文字以内**，い は**10文字以内**で抜き出すこと。

(2) う と え にあてはまる言葉を答えなさい。ただし，**2字**で答えること。

(3) お にあてはまる言葉を答えなさい。ただし，**ひらがな4字**で答えること。

(4) **資料B**の下線部1について，アフリカに留学した学生が調査を行ったのは，どの場所だと考えられるか，次の**ア～ウ**の中から一つ選び，記号で答えなさい。

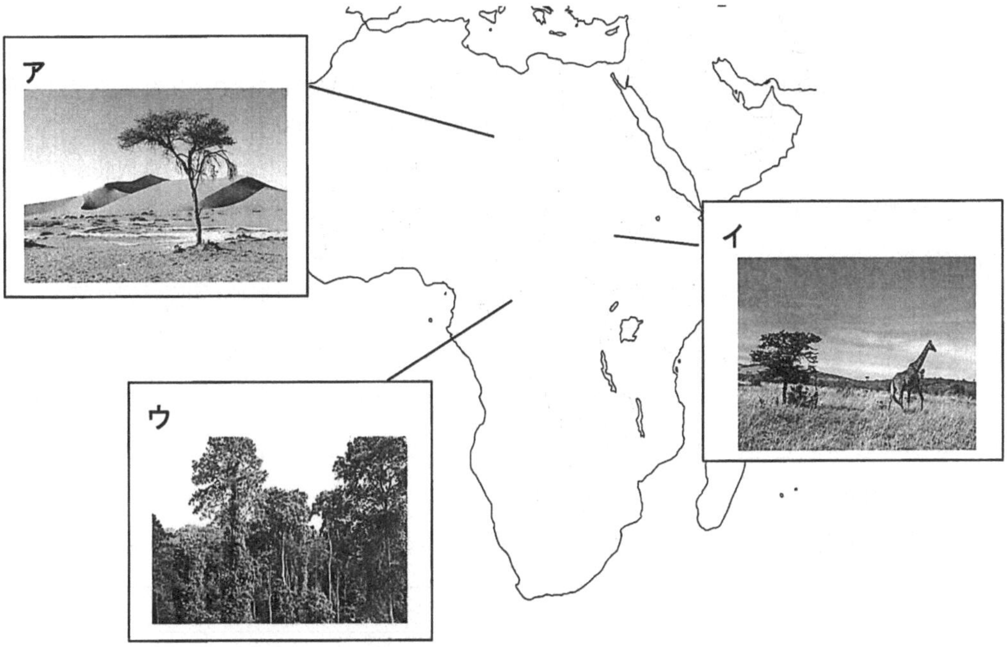

(5) **資料B**の下線部2について，この「時間感覚」とはどのような感覚を指すのか，会話文中からあてはまるものを，句読点や記号も1字として，**20字以内で抜き出しなさい**。

(6) 下線部3について，なぜ和時計の「一刻」の長さは季節によって変化するのか，次の**資料C・D**をふまえて理由を説明しなさい。

資料C　不定時法とは

江戸時代の時刻制度で，日の出と日の入りを基準とする。日の出のおよそ30分前を昼の時間の始まり，日の入りのおよそ30分後を夜の時間の始まりと考え，昼の時間と夜の時間をそれぞれ6等分して「一刻」とした。

資料D　夏至《げし》と冬至《とうじ》の日の出時間と日没《にちぼつ》時間

	目安となる月日	東京の日の出時間	東京の日の入り時間
夏至	6月21日ごろ	4時24分	19時
冬至	12月22日ごろ	6時47分	16時32分

Ⅱ．あきらくんは千葉明徳中学校の総合学習「課題研究論文」において，「日本人と外国人の時間に対する考え方や価値観のちがい」をテーマに研究を行っています。次の資料は，あきらくんが論文で引用しようと考えているデータです。これを見て，あとの問いに答えなさい。

資料E　仕事観に関する意識調査

①調査概要《がいよう》

外国人向け適性検査CQIを運営する事務局が，2020年１～２月にかけて実施《じっし》した意識調査で，対象者は日本もしくは母国に滞在《たいざい》している日本人（132名），韓国《かんこく》人（46名），中国人（56名），インドネシア人（53名），インド人（48名），アメリカ人（46名）である。

〈調査における質問〉

会社の始業時間は９時に設定されている。職場の部下が，始業時間に遅《おく》れて出社する場合，あなたの国の人は一般的《いっぱんてき》にどう感じると思うか？「月０回」から「月15回」の各回数について，以下の評価設定に基づいて「とても良いと思う」から「かなり悪いと思う」の７つの選択肢《せんたくし》から１つを選び，評価しなさい。

評価設定

3.0	2.0	1.0	0.0	−1.0	−2.0	−3.0
とても良いと思う	良いと思う	まあ良いと思う	ふつう	あまり良くないと思う	悪いと思う	とても悪いと思う

②回答の集計結果

この設問の回答について出身国ごとの平均を算出すると，下の表の通りとなった。

	月ごとの遅刻《ちこく》回数						
	0回	1回	3回	5回	8回	10回	15回
日本人	1.5	0.0	−1.0	−1.9	−2.5	−2.8	−2.9
韓国人	2.7	1.3	0.0	−1.3	−2.2	−2.7	−3.0
中国人	2.9	2.0	0.8	−0.5	−1.4	−2.2	−2.5
インドネシア人	2.8	1.6	0.6	−0.9	−1.6	−2.3	−2.8
インド人	2.5	1.8	0.7	−0.7	−1.5	−2.2	−2.4
アメリカ人	2.7	1.6	0.5	−1.0	−1.8	−2.3	−2.5

（CQI 事務局『仕事観に関する意識調査（6カ国比較《ひかく》）』https://hr-cqi.net/download/survey-work-outlook/ から作成）

⑺　**資料E**の「回答の集計結果」のデータをふまえて，解答欄の「部下の遅刻に対する日本人と中国人の評価の比較」を表す折れ線グラフを完成させなさい。

⑻　**資料E**の「回答の集計結果」のデータから読み取れることとして正しいものを，次の**ア～オ**の中から**すべて**選び，記号で答えなさい。

ア　インド人は，遅刻に対して最も問題視しない民族だ。

イ　韓国人は，部下が月に３回遅刻したとしても「悪い」とは感じない。

ウ　中国人は，部下が月に3回遅刻した時の評価が，日本の次に低い。

エ　日本人は遅刻をしていない状態に対する評価が最も低く，遅刻をしないことを「あたりまえ」と考える傾向《けいこう》にある。

オ　遅刻を「悪い」ことだと捉える傾向はすべての国に共通している訳ではなく，「良い」ことだと捉える国もある。

2　千葉明徳中学校1年の徳子《のりこ》さんと明夫《あきお》くんは，社会科の授業で世界のエネルギー問題について調べています。会話文をふまえながら，あとの問いに答えなさい。

徳子：来週の授業のプレゼンテーション，何について発表しようか？

明夫：この前の授業で教わった，世界のエネルギー問題についてもう少し調べようよ。

徳子：そうね，私たちが日々使う電気や燃料をどのように得ていくかは，大切な問題ね。

先生：二人とも，調べがいのあるテーマを探してきましたね。では，どのような方法で調べるのが良いと思いますか？

明夫：ぼくは，動画配信サイトで検索《けんさく》してみて，解説動画を観てみようと思います。

先生：徳子さんはどう思いますか？

徳子：私は，動画配信サイトを利用する方法は，わかりやすい内容であったとしても情報の取り扱《あつか》いという観点から，正確かどうかは判断できないため，今回の場合は必ずしも適切ではないと思います。ですから，信頼《しんらい》できる情報を得るために　あ　という方法を選ぶべきだと思います。

先生：そうですね，普段《ふだん》利用する分には動画配信サイトも良い選択《せんたく》だと思いますが，今回は　あ　という方法が適切であると私も思います。ではみなさん，調べてみてください。

（数日後）

明夫：いくつか参考になるデータを調べてみたんだ。現在，エネルギー価格の急上昇《きゅうじょうしょう》が話題になっているので，**資料A**を見つけたよ。特に天然ガスの価格は，2021年の後半から大幅《おおはば》に上昇しているようだよ。

資料A　原油・天然ガス価格の推移

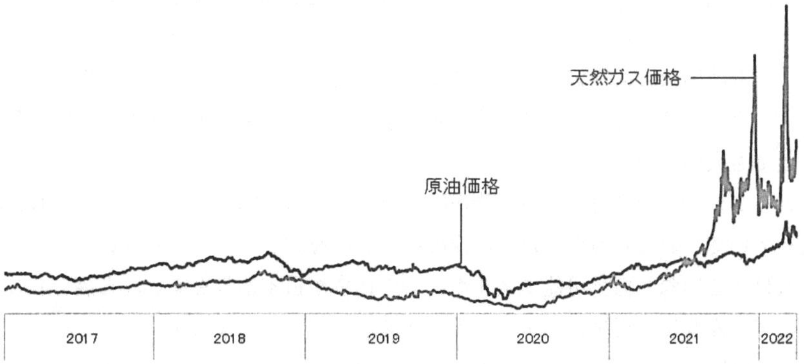

（資源エネルギー庁『エネルギー白書2022』を基に作成）

徳子：これは大変ね。日本がどれほど天然ガスを利用しているのか，心配だわ。

明夫：**資料B**は 1日本の電源構成＊を示したグラフだよ。このグラフによると，日本は火力発電に頼《たよ》っている国なので，結果的に天然ガスを多く輸入しているみたいだよ。

＊電源構成：どの発電設備から，どれだけ発電量を得たか比率として表したもの。

資料B　日本の電源構成（2019）

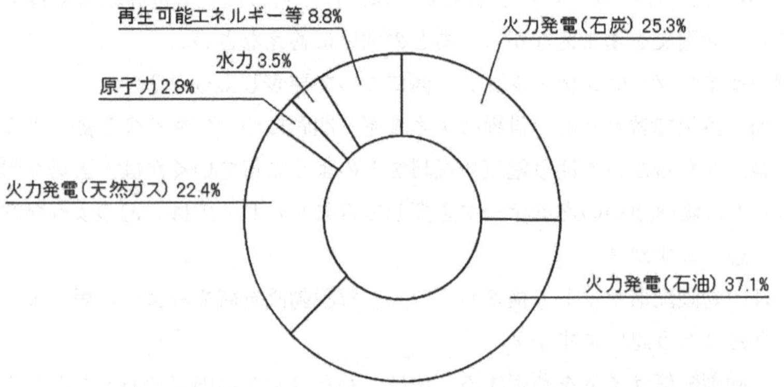

（資源エネルギー庁『日本のエネルギー2019』を基に作成）

徳子：なるほど，今の日本は外国から輸入する資源を使った火力発電に頼っているのね。

先生：その通りです。日本は，2011年の東日本大震災《ひがしにほんだいしんさい》による原子力発電所の事故以降，原子力発電の構成比率が大きく減りました。原子力発電は，施設《しせつ》を維持《いじ》するための費用などを除《のぞ》けば，外国から輸入するウランなどの資源の費用を安くおさえられます。この原子力発電の利用が大きく減ったことも，日本がエネルギー価格の急上昇の影響《えいきょう》を強く受けることになった要因の一つといえます。

明夫：しかし，原子力発電には，事故が起きてしまったときの対処が難しいというデメリットがありますよね。

徳子：じゃあ，天然ガスの輸入を減らして価格が安定している原油の輸入を増やしていくべきね。

明夫：いや，石油ばかりに頼ると，いざという時に問題が起きるんじゃないかな？

先生：そうですね。1973年の石油危機（オイル＝ショック）では，それまでの約４倍に価格が上昇し，先進諸国は大きな経済的打撃《だげき》を受けました。大切なのは，危機に備えることです。エネルギー価格の急上昇の問題は，私たちの家計にとっても心配ですが，国家の危機管理としてもとても大切なのです。

徳子：私は，ヨーロッパの国々の電源構成を調べてきたのだけど，ドイツは日本と比べて大きく違《ちが》っていて，おもしろかったわ。次のページの**資料C**を見てくれない？

明夫：これはすごいね。再生可能エネルギー等の比率が日本よりもずいぶん高いね。ドイツは，どうしてこんなにも再生可能エネルギーが発達しているのかな？

先生：2ドイツは，次のページの**資料D**のように，他のEU諸国に比べ，再生可能エネルギー導入の数値目標45%の達成に向けて取り組んできた国です。しかし現在，課題も多くなってきています。次のページの**資料E**を見てください。

資料C　ドイツの電源構成（2021）

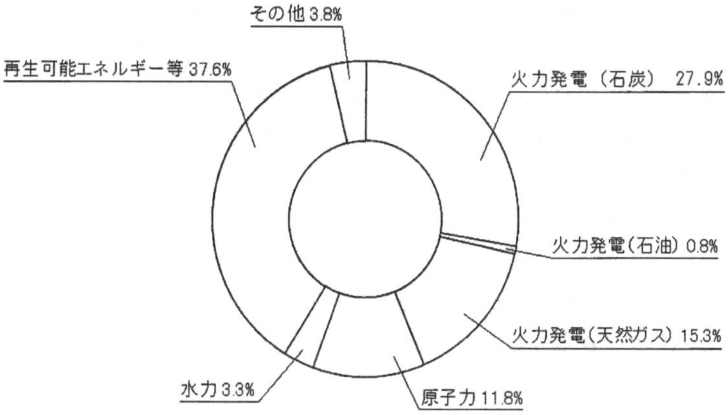

（自然エネルギー財団『ドイツの脱《だつ》炭素戦略』を基に作成）

資料D　ＥＵ諸国の再生可能エネルギー等（水力除く）構成比率

フランス (2017)	イタリア (2016)	スウェーデン (2015)	スペイン (2016)
約 18%	約 23%	約 17%	約 31%

資料E

ドイツの約420万世帯の電気料金が，一年の間に平均で約64%も上昇した。

ドイツでは2021年，新型コロナウイルス対策の行動制限解除に伴《ともな》う電力需要《じゅよう》*の急増により価格が急上昇した。一般的《いっぱんてき》な世帯における約64%の電気料金値上げは，金額にして年間約1200ドル（日本円で約16万８千円）になるという。

再生可能エネルギーは費用がかかるため，まだ利益を上げるのが難しい。電力会社を支えるため，ドイツでは年間平均およそ３万円の「上乗せ料金」を家庭や企業《きぎょう》に求めてきた。

＊需要：買い入れようとすること。

（『トムソン・ロイター』2022年１月５日の記事をもとに作成）

徳子：再生可能エネルギーの導入には，国を挙げた努力が必要なんですね。日本はこれからどのように再生可能エネルギーの開発を進めていくべきなのでしょうか？

先生：日本では，再生可能エネルギーの中では［ い ］発電の比率が最も高くなっています。この発電方法は，何より枯渇《こかつ》の心配がありませんし，発電を開始してからは温室効果ガス排出《はいしゅつ》の心配もありません。しかし，設置に広大な面積が必要であることや，発電量が天候により大きく左右される点は課題です。

明夫：すると，他の発電方法と組み合わせる必要があるんですね。他の再生可能エネルギーによる発電方法はなぜ発展してこなかったのでしょうか？

先生：現在日本で注目されているのが洋上《ようじょう》風力発電です。陸上に設置する風力発電も整備は進んできましたが，設置場所や騒音《そうおん》，環境《かんきょう》への影響の問題から，なかなか大きな発電量を得られる方法にはなっていません。そこで，島国である利点を活用した洋上風力発電が注目されているのです。洋上風力発電とは，風車による発電を海上で行う発電方法のことです。

徳子：以前ニュースで見ました。千葉県銚子《ちょうし》市の沖合に建設を予定しているそうですね。

先生：よく勉強していますね。3銚子市は，31基の風車を建設し，2028年から少なくとも20年間にわたり発電を行う計画を進めています。千葉県の熊谷俊人《くまがいとしひと》知事も現地を訪問するなど，期待が寄せられています。

明夫：千葉県が再生可能エネルギーの最先端《さいせんたん》の地になるかもしれないと考えると，わくわくしますね！

(1) [あ] にあてはまる，具体的な方法を表す文を考え，**20字以内**で答えなさい。

(2) 下線部１について，**資料Ｂ**からわかる内容として適切なものには○を，そうでないものには×を，**資料Ｂ**だけでは読み取れないものには△を，それぞれ答えなさい。

ア　原子力による発電量は，水力の２倍以上である。

イ　再生可能エネルギーによる発電は，今後も急速に拡大していくと考えられる。

ウ　石油による発電量は，石炭と天然ガスを合わせた発電量よりも少ない。

エ　火力発電に使用する燃料の中でも，石炭への依存《いぞん》が近年急速に高まっている。

(3) 下線部２について，前のページの**資料Ｃ～Ｅ**をふまえて，ドイツでは再生可能エネルギーの普及《ふきゅう》が今後もさらに進むと思いますか。**あなたの考えを，その理由も含《ふく》めて200字以内で答えなさい。**

(4) [い] にあてはまる発電方法を，会話文をふまえて答えなさい。

(5) 下線部３について，以下の①・②の設問に答えなさい。

①　次の**資料Ｆ**・次のページの**資料Ｇ**をふまえて，千葉県銚子市が洋上風力発電の建設を進めている理由を，句読点も含めて**50字以内**で答えなさい。

資料Ｆ　関東地方周辺の標高・水深地形図

（海については色の薄《うす》い方が，水深が浅いことを意味します。）

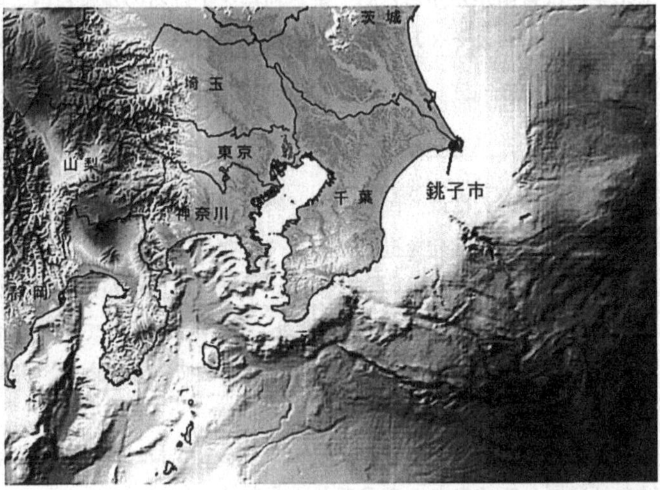

（国土地理院「沿岸海域地形図」をもとに作成）

資料Ｇ　関東地方周辺の年間平均風速

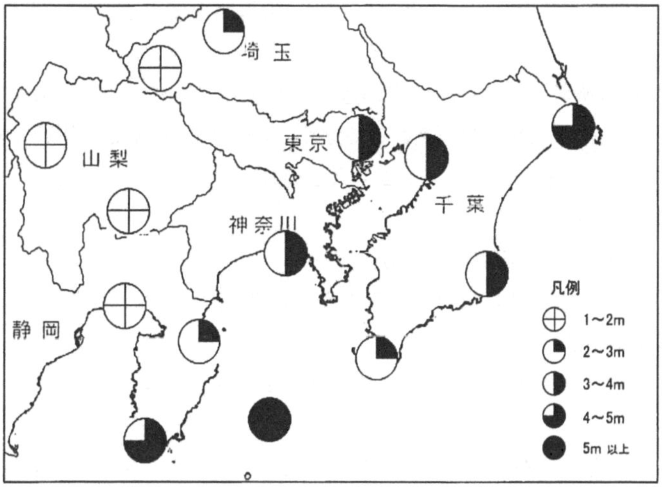

（国土地理院「ナショナルアトラス閲覧《えつらん》サービス」をもとに作成）

② 下線部３について，徳子さんは，銚子市の洋上風力発電建設の取り組みを調べて次の**資料Ｈ**にまとめました。４枚のカードの X ・ Y にあてはまる言葉を考え，X は２字で，Y は10字以内で答えなさい。

資料Ｈ　徳子さんが作成した４枚のカード

洋上風力って？
～洋上風力発電の利点～

・風さえ吹《ふ》けば X を問わず発電できる！
・海にはさえぎるものが無い！

どこで開発が進んでいる？
～全国で8の自治体が参加～

・秋田県の能代《のしろ》市，男鹿《おが》市など
・千葉県の銚子市，旭《あさひ》市
・長崎県の五島《ごとう》市

Y への期待
～銚子市のねらい～

・建設工事の受注に期待！
・風車に必要な部品の製造や運転管理を担うなど産業の発展に期待！

熊谷知事も現地を訪問
～注目度の高まり～

・首都圏《しゅとけん》の洋上風力発電として期待も高い！
・地元への経済効果が高まるよう全力をつくすとのこと！

【適性検査Ⅱ】（45分）　＜満点：100点＞

【注意】 携帯《けいたい》電話，電卓《でんたく》，計算機能付き時計など電子機器類を使用してはいけません。

1　明人《あきと》くんと父親の徳男《のりお》さんは一緒《いっしょ》に家の近所を散歩しています。次の会話文を読み，あとの問いに答えなさい。**なお，解答用紙に答えだけでなく，文章や式，図などを用いて考え方も書きなさい。**

明人：お父さん，公園の中のあの木，すごく大きいね。

徳男：そうだね。大きいね。

明人：どのぐらいの大きさ（高さ）なのかな？

徳男：よしっ，お父さんと一緒に計算してみよう。まずは，いったん家に帰って道具を準備しよう。

明人：何を準備するの？

徳男：角度計，メジャー，分度器，定規，紙，鉛筆《えんぴつ》を準備するよ。

明人：うん。わかった。

徳男：じゃあ，さっそく公園に戻《もど》って木の高さを考えてみよう。明人は，①縮図って学校で習ったかな？

明人：習ったよ。原形を一定の割合で縮めた図のことだよね。

徳男：おっ，えらいぞ，しっかり勉強してるな。角度計とメジャーを使って木の根元から10m離《はな》れた地点から木のてっぺんまでの角度を測ってみて。ただし，目の高さから測ってみてね。あと，地面からの目の高さも測っておいて。

明人：わかった。測ってみると，目の位置から木のてっぺんを見上げた角度は65°だよ。また，僕《ぼく》の目の高さは1.5mだよ。

徳男：ここまでの情報を整理すると右の図1のようになるね。

明人：うん。あっ，わかった。この図1の縮図を考えればいいんだね。

徳男：そうだよ。なので，250分の1の縮図を書いてみて。

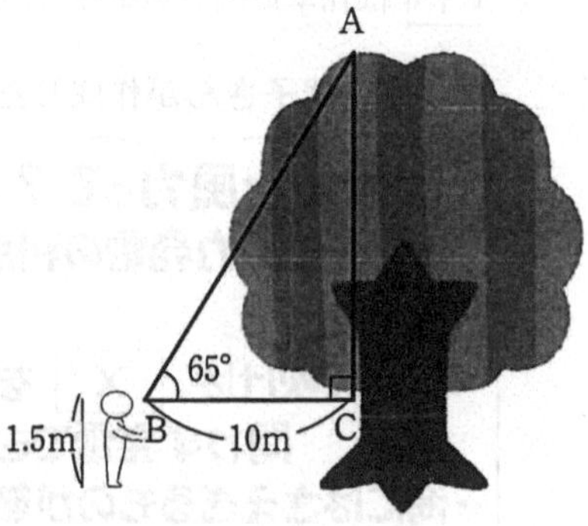

図1

明人：わかった。△ABCの縮図を△$A'B'C'$とすると，辺$B'C'$の長さは［ア］cmになるね。このとき，辺$A'C'$の長さを測ってみると8.6cmになるね。すると，右の図2のようになったよ。

徳男：この図2を用いて，実際の木の高さを求めるとどうなるかな？
ただし，目の高さを考えることを忘れないでね。

明人：僕の目の高さは1.5mだよ。計算すると……，木の高さは［イ］mになるね。

徳男：いいね。計算は合っているよ。

明人：木の高さがわかって嬉《うれ》しいな。でも，もっと簡単に求まらないかな？

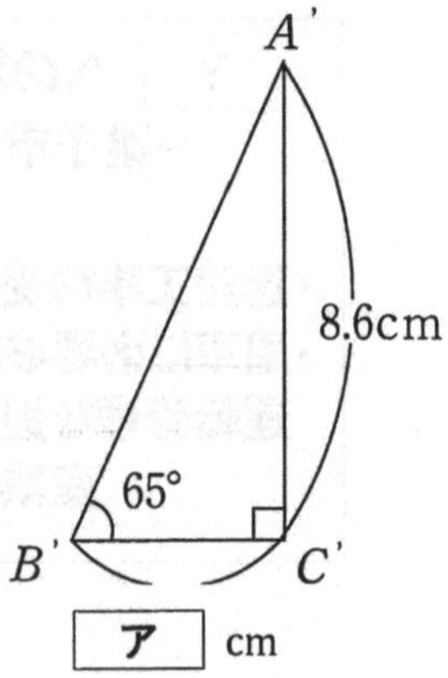

図2

徳男：そうだね。もう少し簡単に求めることはできるよ。まずは，次の図 3 のように，角度に対する直角三角形の隣辺《りんぺん》と対辺を定めるよ。そして，その 2 辺の比を考えれば効率よく求めることができるよ。

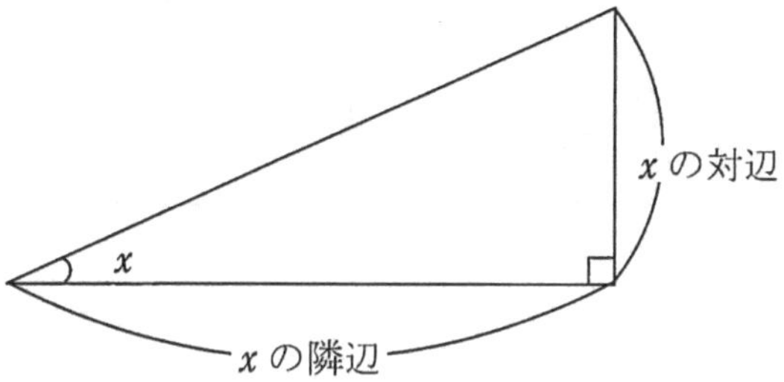

図 3

明人：それは具体的にどうやるの？

徳男：②隣辺の長さを 1 としたときのそれぞれの角度に対する対辺の長さの値を考えるよ。それらをまとめると右の表 1 のようになるよ。

角度 x	x の対辺の長さの値
60°	1.73
61°	1.80
62°	1.88
63°	1.96
64°	2.05
65°	[ウ]
66°	2.24
67°	2.35
68°	2.47
69°	2.60
70°	2.74

表 1

明人：この表 1 はどうやって使うの？

徳男：求めたい建物からの距離《きょり》とその地点から建物のてっぺんまでの角度がわかれば建物の高さがわかるよ。建物からの距離に，表 1 の 2 列目の値（右側の値）をかければ建物の高さが求まるよ。

明人：そうなんだ。おもしろいね。

徳男：では，右の図 4 の建物の高さを計算するとどうなるかな？

明人：うーん，[エ] mになるよ。

徳男：正解だよ。この考え方は高等学校で学習する三角比の考え方にもとづいていて，測量に用いられているよ。

明人：すごく便利だね。算数は僕たちの生活の役に立っているんだね。

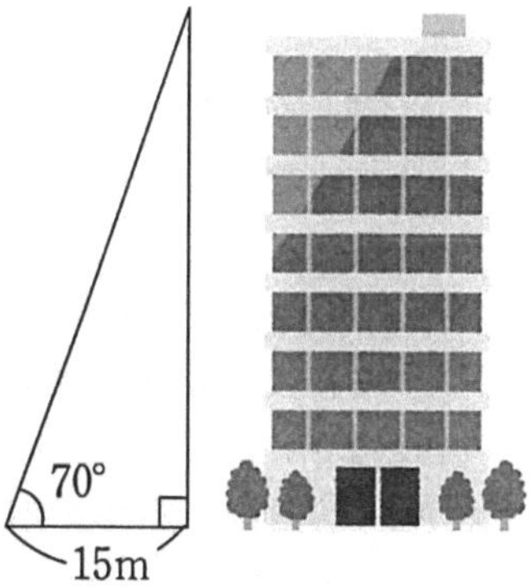

図 4

(1) 会話文中の [ア] ～ [エ] にあてはまる数を求めなさい。ただし，[ウ] と [エ] に関しては小数を用いて解答しなさい。

(2) 下線部①に対して，拡大した図のことを拡大図といいます。また，2 つの図形があり，一方を拡大または縮小して，もう一方に一致《いっち》するとき，その 2 つの図形は相似《そうじ》であるといいます。このとき，次の各問いに答えなさい。

(i) 四角形ABCDと相似な図形を（ア）～（ウ）の中から一つ選び，記号で答えなさい。

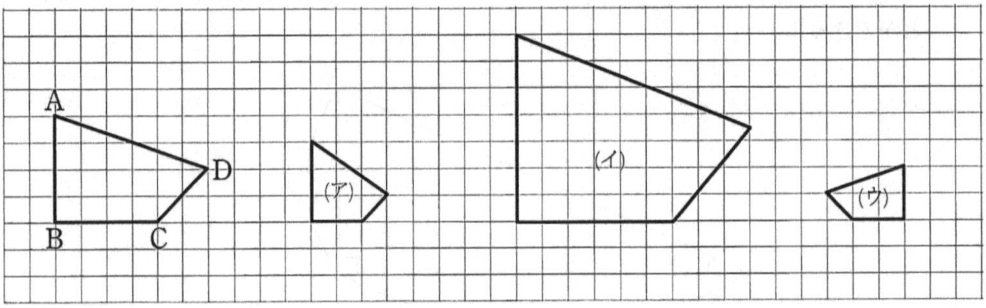

(ii) (i)の2つの図形の面積比を求めなさい。

(3) 下線部②について，角度 a における対辺の長さの値を $t\ (a)$ と表わすとします。このとき，次の各問いに答えなさい。

(i) $t\ (69°)$ を求めなさい。ただし，小数を用いて解答しなさい。

(ii) $t\ (21°)$ を求めなさい。ただし，小数第3位を四捨五入して小数第2位まで求めて解答しなさい。また，以下の問題において $t\ (21°)$ の値を用いる場合はここで求めた値を用いなさい。

(iii) 次の図の二等辺三角形ＤＥＦの面積を求めなさい。ただし，小数を用いて解答しなさい。また，必要があれば(ii)で求めた $t\ (21°)$ の値を用いなさい。

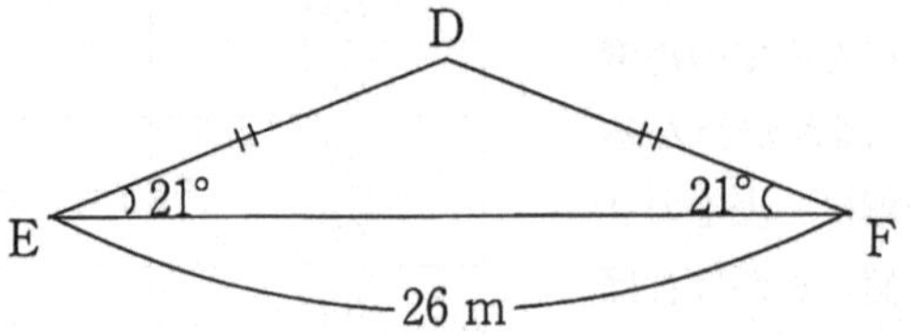

(iv) 角度 a，b に対して，

$$t\ (a+b)=\frac{t\ (a)+t\ (b)}{1-t\ (a)\times t\ (b)}$$

が成り立ちます。この関係を用いて，$t\ (84°)$ を求めなさい。ただし，小数第3位を四捨五入して小数第2位まで求めて解答しなさい。

2 小学6年生のたかしは，夏休みに理科実験教室に参加し，再結晶《さいけっしょう》の実験を行いました。帰宅後，兄である高校2年生のあきらに実験のことを話しました。以下の2人の会話を読んで，あとの問いに答えなさい。

たかし：今日ね，理科実験教室で再結晶の実験をやったんだ。ミョウバンを溶《と》かした水溶液《すいようえき》を冷やしていくと，水に溶けていたミョウバンが固体になって出てきたんだよ。

あきら：おもしろい実験をやったね。ところで，どうして冷やすとミョウバンが固体になって現れるんだろうね。

たかし：水の量を増やしたり水の温度を高くしたりすると，溶かすことのできる固体の量が増えることは学校で習ったよ。だから逆に，冷やすと溶かすことのできる固体の量が減って，溶けきれなくなった分が出てくるんでしょ。

あきら：その通り。じゃあどうして溶ける量は水の温度に影響《えいきょう》を受けるのかな。

たかし：言われてみればどうしてなんだろう。わからないや。

あきら：よし，ここからはいつもの“あきら塾《じゅく》”だ。頑張《がんば》ってついてくるんだぞ。

たかし：うん，頑張る。

あきら：ポイントは２つ。まず１つ目は，「この世のものは小さな粒子《りゅうし》が集まってできている」ということだ。粒子１個の大きさはものすごく小さくて，肉眼では認識できないよ。実験で使ったミョウバンや水もそうだよ。

たかし：間違《まちが》いなく目の前にあるものが，目に見えないものの集合体だなんてすごく不思議だね。

あきら：おもしろいでしょ。それでね，固体・液体・気体というのは粒子の集まり方が違《ちが》うんだ。

たかし：どういう風に違《ちが》うの。

あきら：①図に描《か》いてみるとこんな感じだよ。

たかし：固体だと粒子どうしが密集しているけど，液体だとバラバラになっているね。気体は粒子同士がかなり離《はな》れているよ。

あきら：そうだね。粒子どうしにはお互《たが》いに引っ張《ぱ》り合う力がはたらいているんだけど，液体や気体ではこの力を振《ふ》り切って粒子が動き回っているんだ。

たかし：どうして固体は動き回れないの。

あきら：それが２つ目のポイントだ。粒子の世界では，「温度が高くなればなるほど粒子の運動が激しくなる」んだ。

たかし：ということは，固体＜液体＜気体の順に温度が高いのか。確かに水で考えてみると，氷＜水＜水蒸気の順に温度が高くなっているね。

あきら：固体を温めると液体に，液体を温めると気体になるよね。温めるというのは熱エネルギーを与《あた》えるということだよ。粒子はエネルギーを受け取ると活発に運動するんだ。逆に，冷やすというのは熱エネルギーを外に放出して，粒子の運動が穏《おだ》やかになるということだよ。

たかし：エネルギーって何となく聞いたことあるけどいまいちよくわからないな。

あきら：ご飯だと考えるといいかな。たかしもご飯を食べないと元気に動き回れないでしょ。

たかし：なるほど。元気の源だね。液体や気体はエネルギーを受け取って活発に動き回れるから粒子間の結びつきを振り切ることができるんだね。

あきら：その通りだよ。さてここから本題だ。たかしは実験でミョウバンを水に溶かしたよね。その結果，ミョウバン水溶液という液体になったよね。ということはミョウバンの粒子はどうなっているかな。

たかし：液体だから粒子はバラバラになっていると思う。でも固体のミョウバンを温めたのならともかく，水の中に入れただけなのにどうして粒子がバラけるんだろう。

あきら：実は，粒子どうしでエネルギーのやり取りをすることができるんだ。水の粒子は動き回っているからたくさんエネルギーを持っていて，そのうちのいくらかをミョウバンの粒子に与えるんだ。

たかし：それで粒子がバラバラになるのか。だから水の温度が高いほど溶かすことのできるミョウバンの量が増えるのか。

あきら：すばらしい。水の温度と溶かすことのできる物質の量は単純な比例関係ではないんだけど，②水の量と溶かすことのできる物質の量は単純な比例関係だよ。例えば，水の量を２倍にすれば溶ける量も２倍だ。

たかし：そうなんだ。ところでお兄ちゃん，少し疲《つか》れちゃったから休憩《きゅうけい》しようよ。

あきら：よし，ここで小休止《しょうきゅうし》だ。メロンソーダでも飲むか。

（プシュッ！　シュワ～）

たかし：あれ，僕《ぼく》のソーダの方がたくさん泡《あわ》が出ている。お兄ちゃんのはどうして泡が少ないの。

あきら：冷蔵庫から出したばかりだからね。たかしはずっと部屋に置きっぱなしだったじゃないか。ソーダが温まって溶けていた二酸化炭素の気体が出てきてしまったんだよ。

たかし：え，温度が高いほど溶ける量は多くなるんじゃなかったっけ。

あきら：ミョウバンだったらね。③二酸化炭素はそうはならないよ。だって粒子の運動を考えてごらんよ。

たかし：あぁ，せっかく休憩しようと思ったのに。

(1)　下線部①について，固体・液体・気体の粒子の様子を表したものを，それぞれ下のア～ウから選び，記号で答えなさい。

ア　　　　　イ　　　　　ウ

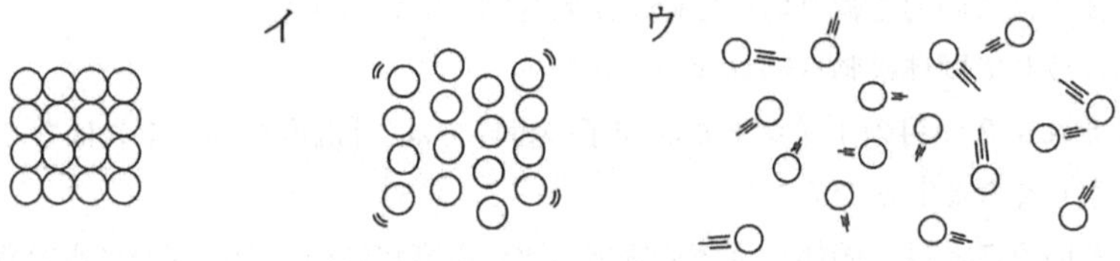

(2)　ミョウバンを水に溶かすと溶かしたミョウバンは見えなくなりますが，ミョウバン水溶液の重さは，

（ミョウバン水溶液の重さ）＝（水の重さ）＋（ミョウバンの重さ）

となります。溶かしたミョウバンが見えなくなったにもかかわらず，重さが加わっている理由を，粒子の様子や数に着目して答えなさい。

(3)　冷却《れいきゃく》することで再結晶が可能な理由を，粒子のエネルギーに着目して答えなさい。

(4)　下線部②について，水の量と溶かすことのできる物質の量が比例する理由を答えなさい。

(5)　100 g の水に溶かすことのできる物質の量を溶解度《ようかいど》といい，その温度変化を表したグラフを溶解度曲線といいます。右の図はミョウバンと食塩の溶解度曲線です。これに関して次の問いに答えなさい。

(i)　60℃ の水100 g にミョウバンを限界まで溶かしました。このとき，水溶液全体はおよそ何 g ですか。

(ii)　20℃ の水100 g にミョウバンを限界まで溶かしました。このとき，水溶液全体はおよそ何 g ですか。

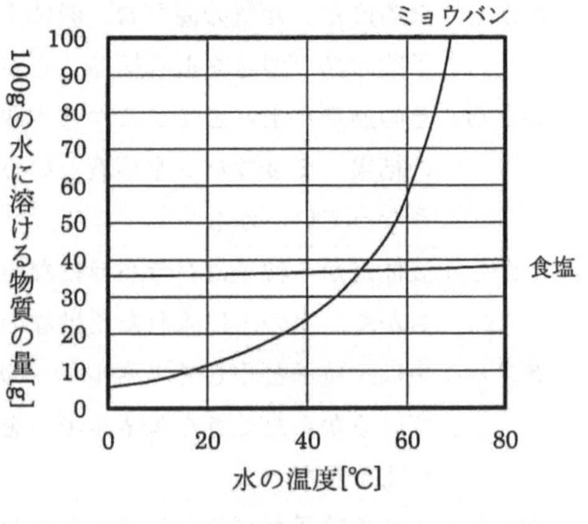

図．溶解度曲線

(iii) (i)の水溶液を20℃まで冷却したときに，溶けきれずに固体となって出てくるミョウバンはおよそ何gですか。

(iv) 60℃の水にミョウバンを限界まで溶かし，水溶液全体を100gにしました。この水溶液を20℃まで冷却したときに，溶けきれずに固体となって出てくるミョウバンはおよそ何gですか。小数第1位を四捨五入して整数で答えなさい。

(v) ミョウバンと食塩が混ざった水溶液からミョウバンのみを取り出す方法を答えなさい。ただし，溶けているミョウバンをすべて取り出す必要はなく，一部だけ取り出せばよいものとする。

(6) たかしは下線部③を考えるために，あきらにヒントをもらいました。以下のヒントをもとに，気体の場合温度を上げると溶ける量が減ってしまう理由(温度を下げると溶ける量が増える理由)を答えなさい。

【ヒント①】

気体が液体に溶けるときは，粒子の運動は激しくなるか，穏やかになるか。

【ヒント②】

気体が液体に溶けるとき，エネルギーの受け渡《わた》しはどちらからどちらへ行われるか。

【ヒント③】

より多くのエネルギーの受け渡しを行うには，液体の温度は高い方がよいか，低い方がよいか。

【適性検査ⅢＡ】（45分）　＜満点：100点＞

【注意】 携帯《けいたい》電話，電卓《でんたく》，計算機能付き時計など電子機器類を使用してはいけません。

1　物価について，先生と太郎《たろう》くん・花子《はなこ》さんが話し合っています。次の会話文を読み，あとの問いに答えなさい。**なお，解答用紙に答えだけでなく，文章や式，図などを用いて考え方も書きなさい。**

先生：最近，生活に関わる品物の価格が値上がりしているニュースを聞いたことがありますか？

太郎：あります。様々な社会情勢《じょうせい》によって物価が値上がりしているため，生活がとても苦しくなることが予想されていますよね。実際に物価が上がったとき，どれくらい家庭に影響《えいきょう》を与《あた》えるのかを計算する方法はないのですか？

先生：ありますよ！　最初に，生産者から私たち消費者に品物が届くまでの過程を説明します。図1は，生産者から消費者に品物が届くまでの流通を表したものです。品物は，仲介《ちゅうかい》業者や販《はん》売《ばい》業者を経由することで，価格が上昇《じょうしょう》していきます。生産者の販売価格から私たち消費者が市場で品物を買う価格，すなわち末端《まったん》価格になるまでの流れを表している図1を見て，［ア］と［イ］にあてはまる数字は何になるかわかりますか？

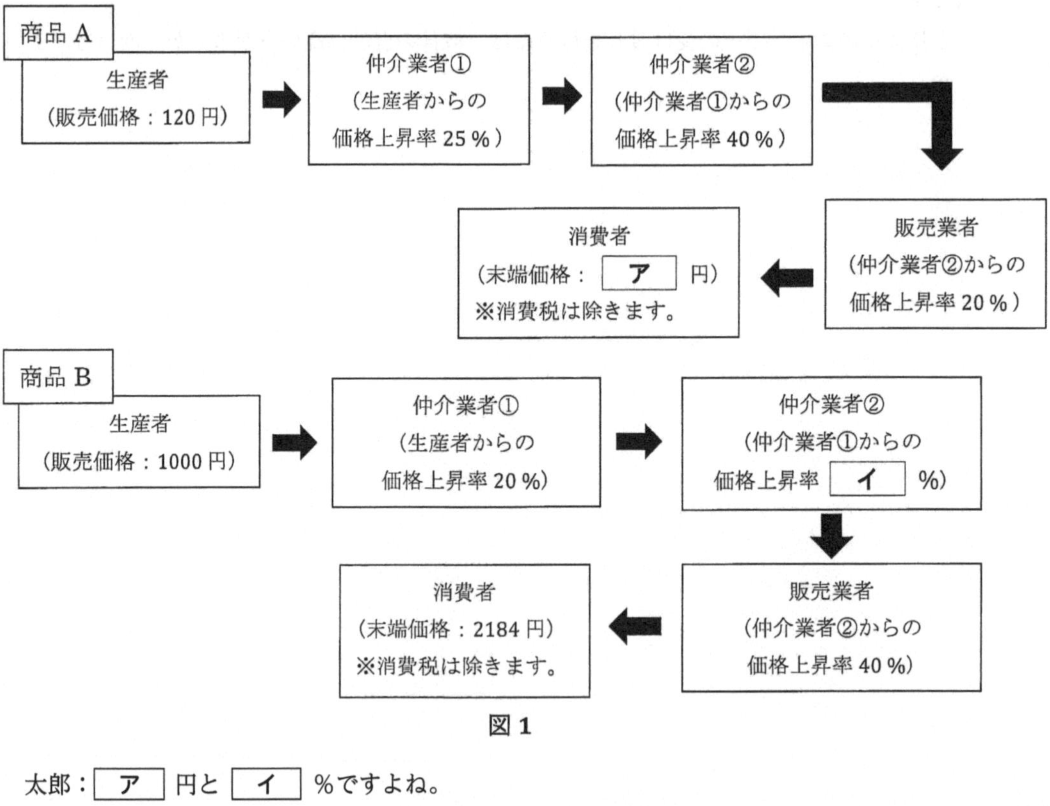

図1

太郎：［ア］円と［イ］％ですよね。

先生：その通りです。今求めた末端価格を使い，「消費者物価指数」というものを計算すると，物価の上がり方や同じものを買うのにどれくらいのお金が必要なのかを求めることができます。消費者物価指数について説明する前に「物価の変動指数」というものを考えるとします。「物価の変動指数」を求める流れと計算式は次のページの表1の通りです。ここでは，消費者物価指数について厳密に説明するのではなく，わかりやすいように簡単にして説明していきます。

～「物価の変動指数」を求める流れ～

① 基準となる年を決める。

② 基準の年に世帯で購入《こうにゅう》した商品の全額を計算しておく。

③ 比較《ひかく》する年に，基準の年と同じ商品を同じ量だけ購入した時の費用を計算する。

④ ②と③で計算した費用を下の「計算式」にあてはめて求める。

～ 計算式 ～

$$(\text{物価の変動指数}) = \frac{(\text{比較時の費用})}{(\text{基準時の費用})} \times 100$$

表1

先生：物価の変動指数を考えるための品目には指定があるのですが，今日はその点を考えずに計算の方法を考えてみましょう。例えば，2021年の生活に必要なお米，お肉，野菜，ミネラルウォーター，タオルなどを購入《こうにゅう》して全部で50万円かかったとします。2022年にそれらと同じ商品の物価が上がり，同様の商品を前年と同じ量だけ購入したとき，全部で53万円かかったとすると，2021年を基準の年として2022年の物価の変動指数はいくつになりますか？　表1の計算式で考えてみましょう。

太郎：［ウ］ですよね。

先生：その通りです。物価の変動指数が100より大きいということは，前の年と同じ品物を同様の量だけ買うときにかかる費用は［エ］なる傾向《けいこう》があります。

花子：そうなんですね。でも，実際の生活の中で購入するものは色々あるから，それぞれの品物について，物価の変動指数を考えないといけないですよね？

先生：そうですね。ただ，そこで考えてほしいことがあります。例えば牛丼《ぎゅうどん》を作ろうとして，お米，牛肉，玉ねぎをそれぞれ買ったとします。このとき，①お米は15％値下がりして基準の年の100に対して比較《ひかく》する年が85，牛肉は20％値上がりして基準の年の100に対して比較する年が120，玉ねぎも10％値上がりして基準の年の100に対して比較する年が110になったとしましょう。そして，これら3つの商品における変動後の数値を平均すると［オ］になり，基準の100に対して［カ］％上昇したことになります。でも，2人が家での生活を振《ふ》り返ったときに，お米と牛肉と玉ねぎの使用する割合や重要度は同じになりますか？

太郎：僕《ぼく》の家族はみんなお米が好きだから，毎日お米を食べるけど，牛肉や玉ねぎは日によって変わるなぁ。なので，重要度は同じではないです。

先生：どの家庭でも品目ごとの重要度は違《ちが》いますよね。各品目の重要度を割合で表したものを「ウエイト」といいます。物価の変動指数に対して，ウエイトを加味した計算をすることで，消費者物価指数を求めることができます。先ほど話をした牛丼の例でも，支出額の割合をお米が６，牛肉が３，玉ねぎが１だとして，ウエイトの大きさを反映した計算を行うと，これら３つの商品における変動後の消費者物価指数は [キ] となり，牛丼の価格は下落したことがわかります。

花子：なるほど。実際の消費者物価指数は重要度によって大きく異なるのですね。

先生：そうです。今までの会話をもとに，自分たちで消費者物価指数を求めてみましょう。表２の2020年を基準の年とすると，2021年のお米，ティッシュ，靴下《くつした》の消費者物価指数はどうなりますか？

品目	2020 年の消費量と単価	2021 年の消費量と単価
お米	消費量：20 kg 単価：1kg 2000 円	消費量：30 kg 単価：1kg 2400 円
ティッシュ	消費量：50 箱 単価：1 箱 500 円	消費量：30 箱 単価：1 箱 600 円
靴下	消費量：10 足 単価：1 足 1000 円	消費量：20 足 単価：1 足 500 円

表２

太郎：[ク] ですよね！

先生：正解です。消費者物価指数は，未来の経済を考える上でとても大切な指標です。物価が上がると，企業《きぎょう》はより多くの儲《もう》けを出すことができて，その結果社員に支払《しはら》われる給料が上がるからお金を使う人が増え，経済が活性化しインフレ(注１)を起こすんだ。もちろん，ここ最近の物価の値上がりはインフレにつながりそうではないけどね。価格の値上がりとインフレ・デフレの関係は，今後自分で勉強してみてくださいね。

太郎＆花子：はい，先生。本日はお忙《いそが》しい中ありがとうございました。

（注１） インフレ……インフレーション。物価が上がり続けること。

(1) [ア]，[イ] にあてはまる数を求めなさい。

(2) [ウ] にあてはまる数を，表１の計算式を利用して求めなさい。

(3) [エ] には「高く」または「安く」が入ります。どちらか正しい方を選び，記述しなさい。

(4) 下線部①のような物価の変化があったとき，[オ] にあてはまるお米・牛肉・玉ねぎの物価の変動指数の平均の値を求めなさい。また，[カ] にあてはまる数，基準の数値100に対して何％増加したことになるのかを答えなさい。

(5) [キ] の消費者物価指数を求める計算式は次のようになります。Ａ～Ｄにあてはまる数字を整数で求めなさい。また，[キ] にあてはまる数を求めなさい。

$$85 \times \frac{B}{A} + 120 \times \frac{C}{A} + 110 \times \frac{D}{A} = \boxed{キ}$$

(6) 表２のデータをもとに，[ク] にあてはまる消費者物価指数を求めなさい。ただし，支出額の割合を踏《ふ》まえる必要があります。

(7) 次の表3において，2018年を基準の年とすると，2019年のお米とティッシュの消費者物価指数は135.5になります。このとき，ケ にあてはまる数を求めなさい。

品目	2018年の消費量と単価	2019年の消費量と単価
お米	消費量：10 kg 単価：1kg ケ 円	消費量：15 kg 単価：1kg 1400円
ティッシュ	消費量：25箱 単価：1箱400円	消費量：18箱 単価：1箱500円

表3

2 古代ギリシアの学者アリストテレスは，人や牛，馬が物を押《お》したり引いたりする運動を注意深く観察して，力と運動とはどのような関係にあるのかを考え，次のように記しました。

「物の本性は静止であり，運動している物体には絶えず力がはたらいている。」

この結論について，明子《あきこ》と徳夫《のりお》は正当性を確かめるために実験をおこないました。明子と徳夫の会話文を読み，あとの問いに答えなさい。ただし，1 gの物体の重さ（物体にはたらく重力）は約0.01N（ニュートン）とする。

明子：まずは図1のように500 gの物体にひもをつけて水平方向に引っ張る運動を観察しよう。ひもの先の袋《ふくろ》の中には①1円玉を1枚ずつ加えて，袋の重さを変えよう。物体を置く場所を，ガラスの上，じゅうたんの上，机《つくえ》の上，氷の上と変えてみよう。

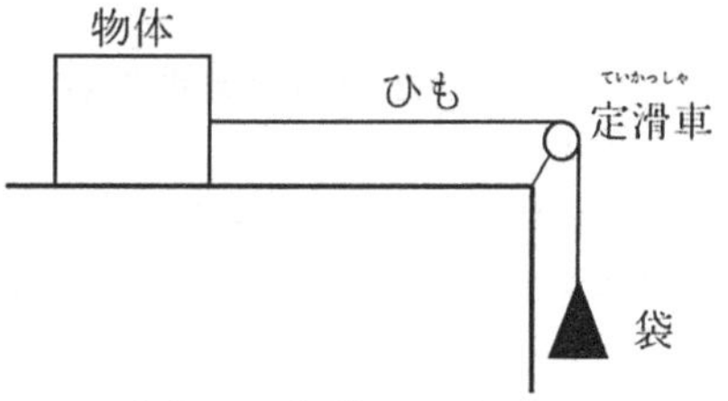

図 1 実験のようす

徳夫：物体を置く場所と物体が動き出すときに袋に入れた1円玉の枚数をまとめると表1のようになったよ。

物体を置いた場所	ガラス	木の机	じゅうたん	氷
1円玉の枚数	80枚	195枚	365枚	25枚

表 1 物体の置いた場所と物体が動き出した時の1円玉の枚数

明子：動き出した後について考えよう。この実験から物体は袋の重さによって動いていると言えるね。つまり，袋の重さがはたらいている間は物体が動き続けていることが分かったね。

徳夫：それでは，物体が動き出して秒速2メートルになったときに，ひもを切って袋の重さがはたらかないようにしよう。

明子：物体は引っ張る力がはたらいていないと，速さが少しずつゆっくりとなり止まってしまうね。

徳夫：つまり，袋の重さがはたらいている間とはたらいていない間の運動を比べると，アリストテレスの結論は［ア］と言えるね。

明子：動き出す前についても考えよう。動き出すまでに加えた１円玉の枚数に違《ちが》いがあるのはなぜだろう。

徳夫：物体を置いた場所を触《さわ》ってみたら違いがあるね。木の机の上と氷の上を比べると，木の机の上の方がざらざらしていてすべりにくいよね。

明子：このすべりにくさについて，もう少し調べてみよう。

徳夫：本で調べてみると，このすべりにくくする力を摩擦力《まさつりょく》というらしいね。摩擦力は２種類あり止まっているときと動いているときで区別が必要らしい。止まっている間は加えた力と同じ大きさで摩擦力がはたらき，特に動き出す直前の摩擦力を最大静止《さいだいせいし》摩擦力と言って，静止《せいし》摩擦係数《まさつけいすう》と物体の重さの積によって求めることができるらしい。また，水平方向に物体が②動いている間の摩擦力を動《どう》摩擦力と言って，動摩擦係数《どうまさつけいすう》と物体の重さの積によって求めることができるっていうのも書いてあったよ。表２のように摩擦力と同じように摩擦係数についても２種類あり，止まっているときと動いているときで区別が必要みたいだね。

物体を置く場所	静止摩擦係数	動摩擦係数
木の机の上	0.39	0.28
ガラスの上	0.16	0.13
氷の上	0.05	0.03
じゅうたんの上	0.73	0.56

表 2　物体を置いた場所と摩擦係数の関係

徳夫：さっきの動き出した後にひもを切った実験を思い出すと，③止まるまでの距離《きょり》に違いがあったね。ひもを切ってから物体が止まるまでの距離を測定したら表３のようになったよ。

物体を置く場所	止まるまでの距離
ガラスの上	15.4 ｃｍ
氷の上	66.7 ｃｍ
じゅうたんの上	3.6 ｃｍ
木の机の上	7.1 ｃｍ

表 3　物体を置いた場所と止まるまでの距離の関係

明子：摩擦力をなくすと，物体はどのような運動をするのかな。

徳夫：物体の底から絶えず空気を出し続けて，④物体を浮《う》かして実験をしてみよう。

(1)　下線部①について，１円玉１枚は約１ｇである。力の単位はＮ（ニュートン）で表す。「木の机の上」で物体を動かすときに使用した袋の重さ（１円玉の合計の重さ）は何Ｎか答えなさい。なお，解答用紙には答えだけでなく式や考え方も書きなさい。

⑵ ア には，アリストテレスの結論が「正しい」か「誤っている」かが入る。文中に ア が出る前までの情報を踏《ふ》まえて正しいか誤っているかを答えなさい。また，その理由も簡潔に答えなさい。

⑶ 下線部②について，「じゅうたんの上」で物体が動いている間の摩擦力の大きさは何Nか答えなさい。なお，解答用紙には答えだけでなく式や考え方も書きなさい。

⑷ 下線部③について，摩擦力と物体が止まるまでの距離の関係を答えなさい。

⑸ 下線部④について，物体を動かすために必要な袋の中に入れる1円玉の枚数は，空気で浮かせる前と後でどうなるか答えなさい。

⑹ 下線部④について，動き出した後にひもを切った。その後の運動はどのようになるか答えなさい。ただし，物体の運動を妨《さまた》げる空気抵抗《くうきていこう》は考えないものとする。

⑺ アリストテレスの結論は正しいか誤っているかを，実験で得られた情報をもとに考え，理由とともに答えなさい。

⑻ 物理学者のガリレオ，ニュートンによって力と運動の関係は次のように改められました。

> 慣性の法則：「物体は外から力を受けない限り，止まっている物は止まり続け，運動している物は一定の速さで運動し続ける。」
> 運動の法則：「物体は外から力を受けるとき，その力の向きに，力の大きさに比例して，物体に加速度（1秒あたりの速さの変化の割合）が生じる。」

明子と徳夫は電車に乗っているときに，停車時で押《お》されたり引かれたりしていないにもかかわらず，人の体が傾《かたむ》くことに気がつきました。これに関してあとの問いに答えなさい。

(i) 電車がブレーキをかけた直後の運動について，図2の イ ， ウ には人の運動の向き，電車が受ける運動を妨げる力の向きが入る。それぞれ適当な向きを矢印で表しなさい。

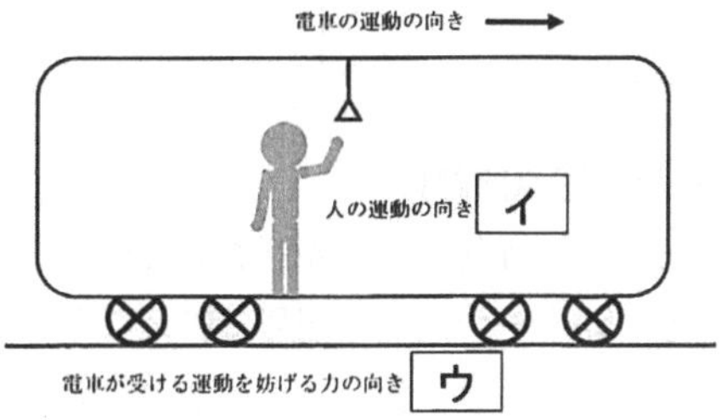

図2　電車がブレーキをかけた直後の運動

(ii) 電車が停車するときに，人の体が傾く理由について説明しなさい。

【適性検査ⅢＢ】（74ページからはじまります）

【適性検査ⅢＣ】（45分）　＜満点：100点＞

1　＜放送による問題＞放送を聞き，以下の問いに答えなさい。

放送中，問題用紙の余白にメモをとってもかまいません。答えはすべて解答用紙に記入しなさい。放送による問題の途中《とちゅう》で，監督《かんとく》者に質問をしたり，声を出したりしてはいけません。

⑴ **【会話を聞き，内容に合う地図を選ぶ問題】**

ボブ（Bob）さんとメアリー（Mary）さんが話をしています。二人の話を聞いて，内容に合う地図を次の**ア**から**エ**のうちから一つ選び，記号で答えなさい。

ア

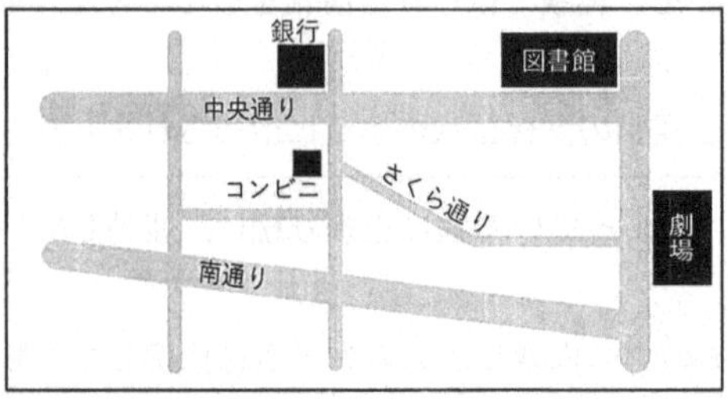

イ

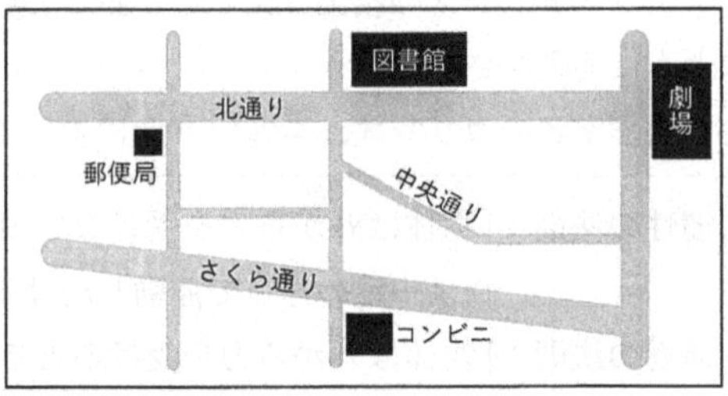

ウ

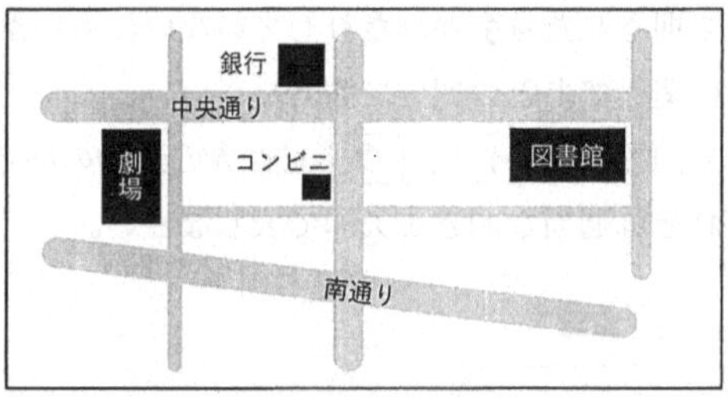

エ

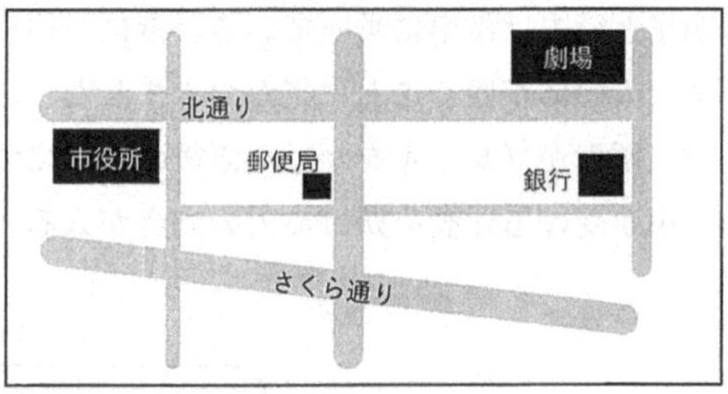

⑵ **【会話を聞き，内容に合う絵を選ぶ問題】**

ミキ（Miki）さんとアンディ（Andy）さんが話をしています。二人の話を聞いて，内容に合うものを，次の**ア**から**エ**のうちから一つ選び，記号で答えなさい。

ア

イ

ウ

エ

⑶ **【情報を聞き，内容に合う絵を選ぶ問題】**

天気予報を聞いて，内容に合う絵を，次のページの**ア**から**エ**のうちから一つ選び，記号で答えなさい。

ア

イ

ウ

エ

(4) **【会話を聞き，内容に合う絵を選ぶ問題】**

ケン（Ken）さんがナンシー（Nancy）さんに電話をかけます。二人の話を聞いて，次のアからエのうちから一つ選び，記号で答えなさい。

ア

イ

ウ

エ

(5) **【会話を聞き，内容に合う絵を選ぶ問題】**

アイ（Ai）さんとコリンズ先生（Mr. Collins）が話をしています。二人の話を聞いて，内容に合うものを次のアからエのうちから一つ選び，記号で答えなさい。

ア

イ

ウ

エ

(6) **【スピーチを聞き，内容を確認する問題】**

ジュン（Jun）さんが将来の夢についてスピーチをします。よく聞いて，その後に続く質問の答えを，問題用紙に書かれている選択肢《せんたくし》の中から選び，解答用紙の解答欄《らん》に書き入れなさい。

選択肢：

アメリカ	イングランド	日本	フランス	イタリア
アメリカン フットボール	野球	サッカー	バスケット ボール	テニス
Mr. Watson	Ms. Edward	Mr. Brown	Ms. Ford	Ms. White
クラスメイト	家族	多くの人々	知り合い	友人たち
話	勉強	授業	出身	英語

⑺ **【会話を聞き，情報を書き入れたり直したりする問題】**

エディ（Eddie）さんが，クラスメイトのメグ（Meg）さんに，自分の家族について説明しています。問題用紙の絵と解答用紙の表を見比べながら，メグさんになったつもりで会話の内容を表に書き入れてください。また，事前に記入してある内容がまちがっている場合には，正しく直してください。

2 （71ページからはじまります）

すか。文章Ａ傍線部Ⅱ「相手を内側からみる」ということを踏《ふ》まえて、句読点を含《ふく》めて、**五十字以上　六十五字以内**で答えなさい。

（２）　文章Ａ傍線部Ⅲ「その人びとの感情や行動を追体験できる」について、あなたがこれまでに読んだ小説や物語の中から、ふだんの日常生活では経験できない場面を思い起こして、そこでの登場人物の心情や行動から学びとったことについて述べなさい。

次の**条件**にしたがって、**二百字以内**で答えなさい。

《条件》

①**二段落構成**にまとめて書くこと。

②**第一段落**では、あなたがこれまで読んだ小説や物語において、どのような経験を得たかを述べること。

③**第二段落**では、第一段落を踏まえて、そこでの登場人物の心情や行動から、どのようなことを学んだかを述べること。

りも先にたって、手おけに井戸の水をくみはじめました。

水をくみながら、次郎は心の中で、父を玄関《げんかん》に出むかえるときのことを考えていました。注3恭《きょう》ちゃんと注4俊《しゅん》ちゃんは、いつもどんなふうにして、とうさんを出むかえるのだろう。どんなあいさつをするのだろう。自分がまっ先に出てむかえたいのだが、まごまごして、みんなにわらわれてはつまらない。――そんなことを考えて、楽しいような心配なような気持ちになるのでした。

水をまき終わったのは、日のしずむころでしたが、ちょうどそのころに俊亮が帰ってきました。

「とうさんがお帰りだよ。」

お民にそういわれて、まっ先に座敷《ざしき》の縁《えん》をかけあがったのは俊三でした。そのつぎが恭一でした。次郎も追いかけるように、そのあとにつづきましたが、縁側までいくと、なんと思ったか、きゅうに立ちどまって、二人のあとを見おくりました。それから、しばらくなにか考えているようなふうでしたが、こんどは、にげるように庭の植えこみをぬけて、注5築山《つきやま》のほうに走っていきました。そして、その陰《かげ》から、そっと家のようすをうかがっていました。

しばらくたつと、俊亮は、ふろをあびたあとらしく、パンツ一つになって、うちわを使いながら、座敷の縁に出てきました。そして、お民がはこんできたおぜんの前にすわり、ビールを飲みはじめました。

「それで、次郎は、いま、どこにいるんだい。」

俊亮の声がきこえました。次郎は、そうでなくてさえ、きき耳をたてていたところへ、自分の名まえがきこえたので、いよいよ耳の神経をとがらせました。

「ついさっきまで、恭一や俊三といっしょに、お庭に水をまいていたんですけれど。」

「そうか。」

俊亮はそういって、庭のほうを見ながら首をかしげましたが、それっきり、次郎のことをたずねませんでした。次郎は、がっかりしました。

自分のすがたの見えないのを、だれも、たいして気にしているようすがない。とうさんまでが、あんなふうだ。そう思うと、なんだかさびしいような、腹がたつような気がするのでした。かといって、いまさら自分のほうから、のこのこ出ていくのもきまりの悪いことでした。

そのうちに、庭は、しだいにうす暗くなってきました。で、とうとう築山の陰から出て、Ⅰわざと大きな足音をたてながら、庭木の間を歩きはじめました。すると、すぐ、お民の声がきこえました。

「あら、次郎は、あんなところにいますわ。……まあ、どうしたというんだね、次郎、早くこちらにきて、おとうさんにごあいさつするんですよ。」

次郎は、しかし、ふりむきもしませんでした。それは、しかりつけるような母の声がきにいらなかったからです。

（下村湖人『次郎物語』）

（注）
1 里子――他の家に預かってもらって養う子。
2 お民――次郎の母。
3 恭ちゃん――恭一《きょういち》。次郎の兄。
4 俊ちゃん――俊三《しゅんぞう》。次郎の弟。
5 築山――庭園に山をかたどって小高く土を盛り上げた所。

（1） 文章B傍線部《ぼうせんぶ》Ⅰ「わざと大きな足音をたてながら、庭木の間を歩きはじめました」について、次郎はなぜそのような行動をとったので

【適性検査ⅢC】

2　次の文章Aと Bを読んで、あとの問いに答えなさい。

A　次の文章は、橋爪大三郎《はしづめだいさぶろう》著『正しい本の読み方』の一部です。ここでは、「文学（小説）は役に立つのか」という問いに対する考え方を述べています。

文学はどう役に立つかというと、人間についての注1リテラシーが高まる。こういう人間、いるよね、という理解力が高まる。

この社会にはいろいろな人間がいるんですけど、その実生活と、文学は違《ちが》う。実生活は、人間と出会って深く相手を知るには、注2コストがかかるから、身近な人間のことを知っているだけ。その範囲《はんい》は、きわめて小さい。

文学には、どんな人間でも登場する。

もっと大事な違いは、Ⅱ相手を内側からみることができること。

実生活では、相手がなにを考え、どんな感情を抱《いだ》いているかは、相手が表現した言葉やふるまいを通して、理解し類推するしかないわけです。大事なことを黙《だま》っているかもしれないし、感情を隠《かく》しているかもしれない。相手を誤解しているかもしれない。

文学は、言葉を使った、注3トリックなのです。著者が考えた、注4架《か》空《くう》の実社会。

複数の人間が、出てきます。その複数の人間の内側が、手に取るようにわかる。特権的な語り手がいて、「そのとき、Aさんは、こう考えていました」みたいに、説明する。怒《おこ》っていました、悲しんでいました、喜んでいました……。つぎに、Bさんが出てきて、Aさんに対してこう行動し、こう言いました、と書いてある。Bさんの内面についても、説明があります。Aさんの内面と、Bさんの内面の、両方を見渡《みわた》すことができる。

小説は、中立な語り手の視点から語られる場合（注5三人称《さんにんしょう》小説）もあれば、登場するうちの誰《だれ》か（私）の視点から語られる場合（注6一人《いちにん》称《しょう》小説）もある。でも、どちらも、複数の人びとの内面に立ち入り、その社会を注7俯瞰《ふかん》する。手に取るように、Ⅲその人びとの感情や行動を追体験できる。それが小説の、特徴《とくちょう》です。これは、実生活ではありえないことである。

（橋爪大三郎『正しい本の読み方』）

（注）
1　リテラシー――読み書き能力。
2　コスト――費用。
3　トリック――たくらみ。策略。
4　架空――頭の中で作り上げたこと。
5　三人称――話し手や聞き手以外の人物。彼《かれ》、彼女《かのじょ》、あの人。
6　一人称――話し手自身。私、ぼく。
7　俯瞰――高い所から広く見渡すこと。

B　次の文章は、下村湖人《しもむらこじん》著『次郎《じろう》物語』の一部です。次郎は五、六歳《さい》になっていて、注1里子《さとご》に出された家から生家（本田《ほんだ》の家）にもどってはじめての土曜日、一週間に一回、家に帰る父（俊亮《としあき》）を待ちわびています。

次郎が本田の家にきてから、はじめての土曜日になりました。

「きょうは、おとうさんが町からお帰りになる日だから、みんなでお庭に、うんと水をまいておきましょうね。」

夕飯のあとで、注2お民《たみ》がそういいますと、次郎は、めずらしくだれよ

の背負っている背景とつながっています。

その背景は、それぞれがかかわっている注3コミュニティと深い関係があります。

相手との対話は、他者としての異なる価値観を受け止めることと同時に、コミュニティとしての社会の複数性、複雑さをともに引き受けることにつながります。

だからこそ、このような対話の活動によって、人は社会の中で、他者とともに生きることを学ぶのです。

（細川英雄《ほそかわひでお》『対話をデザインする――伝わるとはどういうことか』）

（注） 1　ダイアローグ――対話。会話。
2　プロセス――順序。経過。
3　コミュニティ――地域社会。共同社会。

（1）　傍線部Ｉ「ダイアローグとしての対話」において大事なことは何だと、筆者は述べていますか。解答欄《らん》にあてはまるように**本文から抜《ぬ》き出して**、句読点を含《ふく》めて**二十字以内**で答えなさい。

（2）一の聞き取りと、文章二・三の読み取りを踏《ふ》まえて、**「科学と社会のかかわり」**についてクラスで発表することになりました。

たとえば、感染症《かんせんしょう》（新型コロナ）、公害問題、エネルギー問題、再生医療《いりょう》（iPS細胞《さいぼう》）、食の安全（遺伝子組み換《か》え）、気候変動、AI（人工知能）……などの科学に関するテーマについて、あなたがこれまでに学んだ**一つのテーマ**を取り上げて、次の**条件**にしたがって、発表の内容を**二十行以内**で答えなさい。

《条件》

①**三段落構成**でまとめて書くこと。

②**第一段落**では、あなたが取り上げたテーマについて、**科学（者）の視点から**どのような発展や進歩がなされたかを述べること。

③**第二段落**では、第一段落で述べた科学（者）の視点に対して、**社会（の人々）の視点から**何が問題になるかを述べること。

④**第三段落**では、第一段落と第二段落を踏《ふ》まえて、文章三の「ダイアローグとしての対話」という観点から、**科学（者）と社会（の人々）の対話**がどうなされるべきかについて、あなたの考えを述べること。

一九九九年の、注6ブダペスト宣言だったのです。

二十世紀の半ばから現在にいたる時代に、人類は五万年という歴史の中でもとりわけ大きな変化を経験しつつあります。時間の経過とともに価値軸《じく》を永遠にのぼっていくような発展・進歩というプロセスをたどることが、地球の有限性と注7矛盾《むじゅん》し、このまま進めば人類の存続が困難であることが見えはじめています。現代の社会において人々の求めることが科学研究に大きな動機をもたらし、また専門家でない人々が加わることで、私たちが直面している問題を解決にみちびく新たな制度の注8端緒《たんしょ》も開かれようとしています。

Ⅱ科学はいま大きな変革のただなかにあります。

（村上陽一郎《むらかみよういちろう》『人間にとって科学とは何か』）

（注）
1　吉川さん——吉川弘之《ひろゆき》さん。日本の工学者。国際科学会議会長。
2　工学——工業・技術に関する学問。
3　世界科学会議——一九九九年、ハンガリーのブダペストで開かれた国際科学会議。
4　没交渉——交渉がないこと。
5　高尚——教養や知性に支えられ、水準が高いこと。
6　ブダペスト宣言——科学と科学的知識の利用に関する世界宣言。
7　矛盾——つじつまが合わないこと。
8　端緒——物事がはじまるきっかけ。

（1）　傍線部《ぼうせんぶ》Ⅰ「『社会のための科学』」とはどういうことかについて、次のようにまとめたとき、①に入る最も適当な語句を、指定の字数で**本文から抜《ぬ》き出して**答えなさい。

> 科学者たちが（　①（五字）　）の中で、科学と社会とのかかわりや、科学者がどのように行動すべきかを議論すること。

（2）　傍線部Ⅱ「科学はいま大きな変革のただなかにあります」とありますが、そうした中で、なぜ、「社会のための科学」が求められるのかを、本文にしたがって答えなさい。

三　次の文章を読んで、あとの問いに答えなさい。

Ⅰ注1ダイアローグとしての対話は、常に他者としての相手を想定したものなのです。自分の言っていることが相手に伝わるか、伝わらないか、どうすれば伝わるか、なぜ伝わらないのか、そうしたことを常に考えつづけ、相手に伝えるための最大限の努力をする、その注2プロセスが対話にはあります。

対話成立のポイントはむしろ、話題に関する他者の存在の有無なのではないかとわたしは考えます。実際のやりとりに他者がいるかどうかだけでなく、話題そのものについても「他者がいる話題」と「いない話題」があるということなのです。つまり、その話題は、他者にとってどのような意味を持つかということが対話の進展には重要だということです。

では、このようなダイアローグとしての対話によって人は何を得ることができるのでしょうか。あるいは、今、対話について考えることは、わたしたちにとってどのような意味を持つのでしょうか。

まずあなたは対話ということばの活動によって相手との人間関係をつくっています。

その人間関係は、あなたと相手の二人だけの関係ではなく、それぞれ

【適性検査ⅢB】（四五分）〈満点：一〇〇点〉

【注意】 携帯《けいたい》電話、電卓《でんたく》、計算機能付き時計など電子機器類を使用してはいけません。

一 放送で聞き取った内容について、次の問いに答えなさい。

（1） 元村《もとむら》さんが、「科学コミュニケーション」の必要を感じたきっかけを次のようにまとめました。①に入る最も適当な語句をあとのア～エから一つ選んで記号で答え、また、②に入る適当な語句を、指定の字数で答えなさい。

科学者に会って感じたこと……（　①　）。

⇨ 科学を身近に感じていない人にも伝えたい。

一方で、

科学者と直接接して受けた印象

⇨ 科学者自身が（　②（十字以内）　）する必要を感じた。

⇩

互《たが》いの立場を理解して意味のある議論が期待できる。

［①に使う言葉］

ア　感動的だった

イ　圧倒《あっとう》された

ウ　あこがれを感じた

エ　興味がわいた

（2） 元村さんが、「サイエンスカフェ」を手がけようと思ったきっかけを次のようにまとめました。③に入る適当な語句を、指定の字数で答えなさい。

サイエンスカフェの参加者……（　③（十五字以内）　）。 ← 最大の特徴《とくちょう》

⇕ なごやかなムードで進行

科学者……社会が自分の研究をどう見ているのか、自分の研究に何が足りないのかを知ることができる。

二 次の文章を読んで、あとの問いに答えなさい。

注1吉川《よしかわ》さんは専門が注2工学で、科学者が集まった注3世界科学会議のなかで特異な立場にあり、Ⅰ「社会のための科学」という方向づけに力を発揮されたとうかがっています。

社会の側からみれば、「社会のため」という定義はごく当然のことに思われますが、逆にいえばそれほどまでに現実社会と注4没交渉《ぼっこうしょう》に、自分たちの好奇心《こうきしん》を満足させるため、もう少し注5高尚《こうしょう》にいえば、自然の中に隠《かく》された神秘を解き明かしたいとして研究する人々が科学者共同体であり、それのみが科学の存在意義でありえた、ということにほかなりません。しかし、そこから生まれた力が、よくも悪くも社会を大幅《おおはば》に変革するだけの内実をつみかさねてきました。科学者たちも自らの存在のありかたを問い直し、科学は社会との接点をいかにつけていくか、科学者はいかに行動すべきか、それを科学者全体として議論しはじめています。もはや科学者自らが、社会の営みと無縁《むえん》では科学を定義しきれないことを明確に自覚したということを示したのが、二十世紀の最後である

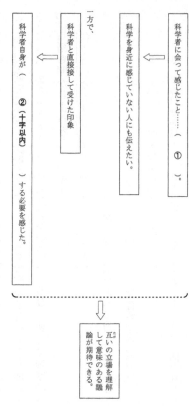

一般入試①

2023年度

解　答　と　解　説

《2023年度の配点は解答欄に掲載してあります。》

＜算数解答＞《学校からの正答の発表はありません。》

1　(1)　400　(2)　3800　(3)　$1\frac{1}{3}$　(4)　4800　(5)　$5\frac{8}{13}$

2　(1)　32km　(2)　25％　(3)　6日　(4)　15通り　(5)　28.5cm^2　(6)　25度

3　(1)　36　(2)　31番目　(3)　0

4　(1)　体積　753.6cm^3　表面積　942cm^2　(2)　$4\frac{8}{13}\left[\frac{60}{13}\right]$cm　(3)　289.8cm^3

5　(1)　ア　1　イ　2　ウ　30　エ　6　オ　0.5　カ　5.5　キ　$5\frac{5}{11}$　ク　1

ケ　5　コ　$27\frac{3}{11}\left[\frac{300}{11}\right]$　(2)　21回　(3)　サ　16　シ　$21\frac{9}{11}\left[\frac{240}{11}\right]$

○推定配点○

5(1)・(3)　各2点×12　他　各4点×19　計100点

＜算数解説＞

1　(四則計算)

(1)　$(1+99)\times4=400$　(2)　$38\times(25.2+74.8)=3800$

(3)　$0.25\times10-1\frac{1}{6}=1\frac{1}{3}$　(4)　$12\div(0.02\div8)=12\times400=4800$

(5)　$6-5\div13=5\frac{8}{13}$

2　(速さの三公式と比，単位の換算，割合と比，仕事算，場合の数，平面図形)

図1

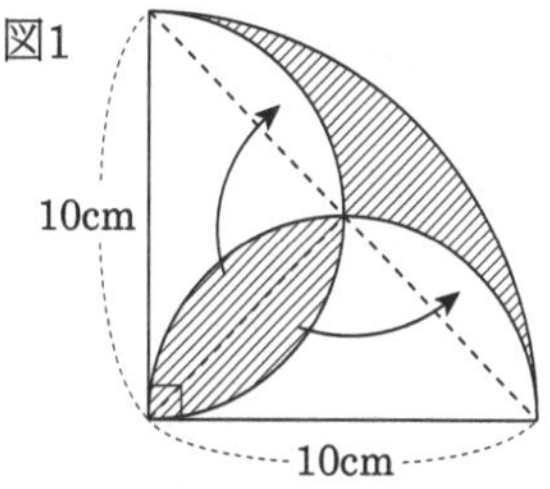

基本　(1)　$0.4\times80=32$(km)

基本　(2)　$(2000-1500)\div2000\times100=50\div2=25$(％)

重要　(3)　仕事全体の量…10，15の公倍数30とする。したがって，求める日数は$30\div(30\div10+30\div15)=6$(日)

(4)　$1+1+5$…3通り　$1+2+4$…$3\times2\times1=6$(通り)　$1+3+3$…3通り　$2+2+3$…3通り　したがって，全部で$3\times3+6=15$(通り)

(5)　右図1より，$10\times10\times3.14\div4-10\times10\div2=25\times3.14-50=28.5(\text{cm}^2)$

(6)　右図2より，角アは$90-(180-50)\div2=25$(度)

図2

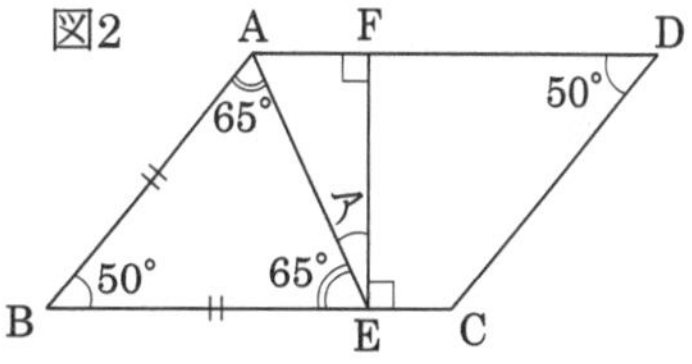

3　(数の性質，数列)

基本　(1)　6番目の平方数…$6\times6=36$

重要　(2)　$961=31\times31$より，31番目

(3)　1，1，0が反復して現れ，$24\div3=8$より，24番目は0

4　(平面図形，図形や点の移動，立体図形，概数)

図a

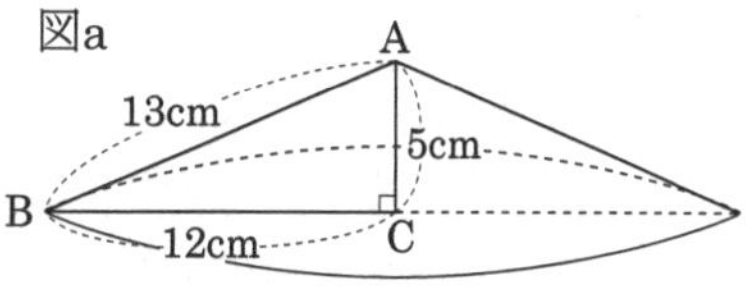

重要　(1)　体積…図aより，$12\times12\times3.14\times5\div3=240\times3.14=753.6(\text{cm}^3)$

表面積…$12\times12\times3.14+12\times13\times3.14=12\times25\times3.14$

$=300\times3.14=942(cm^2)$

(2)　図bより，$12\times5\div13=\frac{60}{13}$(cm)

やや難　(3)　(2)より，$\frac{60}{13}\times\frac{60}{13}\times3.14\times13\div3=3768\div13\fallingdotseq289.84$　したがって，体積は$289.8cm^3$

図b

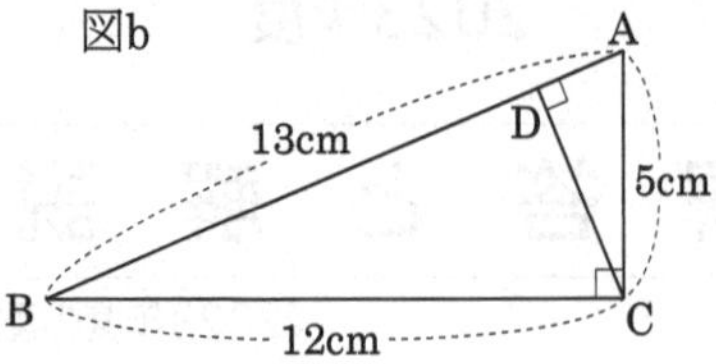

図c

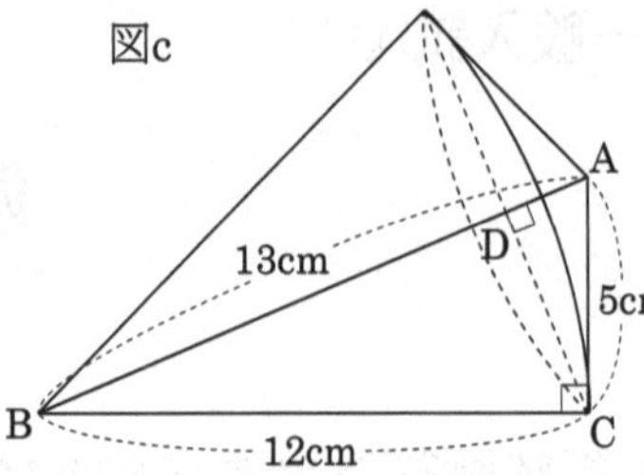

5　(速さの三公式と比，時計算)

重要　(1)　ア，イ…0時のあと，両針が重なるのは1時と2時の間　ウ…1時のとき，両針の間は30度　エ…$360\div60=$6(度)　オ…$30\div60=$0.5(度)　カ…$6-0.5=$5.5(度)
キ，ク，ケ…$30\div\frac{11}{2}=\frac{60}{11}=5\frac{5}{11}$，$60\times\frac{5}{11}=\frac{300}{11}$より，求める時刻は午前1時5分$27\frac{3}{11}$秒

やや難　(2)　両針が重なる回数…0時1分から1時前までは0回，1時台から10時台までは1回ずつで10回，12時台から22時台までは1回ずつで$22-11=11$(回)，23時台は0回　したがって，0時1分から23時59分までには$10+11=21$(回)

(3)　4時…両針の間は$30\times4=120$(度)　したがって，求める時刻は$(120-30)\div\frac{11}{2}=\frac{180}{11}=16\frac{4}{11}$，$60\times\frac{4}{11}=\frac{240}{11}$より，求める時刻は16分$21\frac{9}{11}$秒

★ワンポイントアドバイス★

特に，難しい問題はないが，2(4)「3個のサイコロの目の和」に関する問題は規則にしたがって「場合分け」をしないとミスが出る。5(1)「その次に重なる時刻」とは，「0時の次に」という意味である。

<理科解答>《学校からの正答の発表はありません。》

1　(1)　エ　(2)　エ　(3)　イ　(4)　エ　(5)　ウ　(6)　イ　(7)　イ
(8)　ア　(9)　ウ　(10)　イ

2　(1)　ウ　(2)　イ　(3)　(日本)　ア　(シンガポール)　イ
(4)　(北極点)　イ　(南極点)　エ　(5)　エ

3　(1)　①　左に20cm　②　40cm　(2)　ア　28　イ　60　ウ　60　エ　20
オ　58　カ　42

○推定配点○

各2点×25(3(1)①完答)　計50点

<理科解説>

重要　1　(小問集合)

(1)　カブトムシの口はブラシのような形をしており，樹液をなめる。

(2)　選択肢の中で，アブラナだけが離弁花である。

(3)　胆汁は脂肪を細かくする。

(4)　成層火山に分類されるのは，選択肢の中では富士山である。

(5)　うすい塩酸と石灰石が反応すると二酸化炭素が発生する。

基本　(6)　水と同じ体積で比べたとき，水より重ければ沈み，水より軽ければ浮く。よって，レンガは水に沈むが，木片は水に浮く。

(7)　酸素は助燃性の性質を持つ。

(8)　密閉した注射器に空気を閉じ込めて，ピストンを押すと，空気の体積は小さくなり，空気の体積が小さくなるほど押し返す力は大きくなる。

(9)　光の屈折によって，水を注いだ後のコインは浮かび上がって見える。

(10)　豆電球を直列につなぐと，豆電球の明るさは暗くなり，並列につなぐと豆電球1個のときと同じ明るさで光る。

2　(天体－地球と太陽・月)

重要　(1)　月の満ち欠けは，新月→三日月→上弦の月→満月→下弦の月→新月の周期となる。よって，図3⇒図2⇒図1⇒図4である。

重要　(2)　上弦の月は夕方南中するので，真夜中に西の空に見える。

基本　(3)　日本では星は東から出て南中し西の空に沈む。よって，アである。赤道付近のシンガポールでは星は東から出て真上を通り西に沈む。よって，イである。

基本　(4)　夏至の日に北極点では太陽が沈まない。よって，イである。夏至の日に南極点では太陽が出てこない。よって，エである。

やや難　(5)　明けの明星は左側が光って見える。最も大きく見える明けの明星は，エである。

3　(力のはたらき－てこ)

基本　(1)　①　左側は40g，右側は60gなので，この板の重心は力の比である2：3の逆比である3：2のところにある。よって，板の重心は左から100(cm)×$\frac{3}{3+2}$＝60(cm)のところにある。図3では，ばねばかりの右側10cmのところに棒の重心があるので，50gのおもりは，50(g)×□(cm)＝100(g)×10(cm)より，板の中心から左に20cmのところにつるせばよい。　②　棒の重心は板の細い方から60cmのところにあるので，左側のおもりの重さと棒の重さの比である1：2の逆比の位置にばねばかりをつるせばよい。よって，ばねばかりは板の細い方から60(cm)×$\frac{2}{1+2}$＝40(cm)のところにつるせばよい。

やや難

基本　(2)　ア　棒の重心が支点の上にあるので，□(g)×50(cm)＝10(g)×20(cm)＋30(g)×40(cm)より，28gである。　イ　棒の重心が支点の右側10cmのところにあるので，20(g)×40(cm)＋□(g)×20(cm)＝20(g)×10(cm)＋30(g)×60(cm)より，60gである。　ウ　エを支点として考えると，□(g)×80(cm)＋20(g)×50(cm)＝60(g)×30(cm)＋40(g)×100(cm)の関係が成り立つので，ウは60gである。　エ　40(g)＋60(g)＝60(g)＋20(g)＋□(g)より，エは20gである。
オ　カを支点として考えると，80(g)×60(cm)＋20(g)×50(cm)＝□(g)×100(cm)の関係が成り立つので，オは58gである。　カ　58(g)＋□(g)＝80(g)＋20(g)より，42gである。

やや難

★ワンポイントアドバイス★

基本知識を充実させよう。

＜社会解答＞《学校からの正答の発表はありません。》

1 (1) イ (2) ア (3) ウ (4) ア (5) ア (6) ウ (7) ア
(8) エ (9) ア (10) ウ (11) イ (12) ウ (13) ア (14) イ
(15) イ (16) イ (17) エ (18) イ (19) ウ (20) イ

2 (1) ウクライナ (2) 稲作 (3) イ (4) C (5) イ (6) ① ア
② エ ③ イ (7) サウジアラビア (8) ウ (9) エ (10) 江戸時代の年貢[米]を直接納める方法から，地価の3%を地租として現金で納める方法に変わった。
(11) イ

○推定配点○

1 各1点×20　2 (10) 6点　他 各2点×12　計50点

＜社会解説＞

1 (総合問題－地理，歴史，政治3分野の知識問題)

(1) イ せりは「競り」とも書き，市場で野菜や魚などの仕入れを行う仲買人などが，品物を見て値段をつけて，一番高い値段をつけた人がその品物を買えるしくみ。

基本 (2) ア 庄内平野は山形県内を流れる最上川の河口に位置する平野。

(3) ウ 輪島塗は能登半島の北部にある輪島で作られる漆器で，九谷焼は金沢で作られる焼き物。

(4) ア 沖ノ鳥島は日本の最南端で，小さな岩の島であり，この島が何らかの力が働いて消滅してしまうと，その周りの日本の排他的経済水域も失われてしまうので，写真のように島を取り囲むようにコンクリートで補強してある。

重要 (5) ア 抑制栽培は何らかの方法で普通よりも植物の発芽，成長を遅らせて栽培するもので，高冷地の夏でも比較的涼しい気候を生かして，野辺山原では一般的には暑くて栽培，出荷が難しい夏の時期に，暑い気候を好まない野菜の生産を行っている。

基本 (6) ウ 中京工業地帯は愛知県，三重県にまたがる工業地帯で，主力の自動車産業を中心に発達している。

(7) ア タイは東南アジアのインドシナ半島にある国で，国土の中央をチャオプラヤ川という大河が流れており，その流域を含め，稲作が盛んな国。また古くから仏教の信者が多い。

(8) エ 岩宿遺跡は群馬県にある，旧石器時代の遺跡。打製石器が使われていた時代が旧石器時代で，磨製石器になると新石器時代になる。通常は新石器時代には土器などの使用も見られ，日本の縄文時代や弥生時代は新石器時代になる。

重要 (9) ア 538年に朝鮮半島の百済から仏教が伝わると，その受け入れをめぐり蘇我稲目と物部尾輿が対立し，子どもの代の蘇我馬子と物部守屋の代で蘇我氏が物部氏を排除し，仏教を受け入れることとともに，蘇我氏が大和政権の中で権力を握るようになる。蘇我馬子によって推古天皇が立てられ聖徳太子は蘇我馬子と協力して政治を行った。

(10) ウ 執権は鎌倉幕府の政所と侍所の別当(リーダー)を兼ねる役職で，北条政子の父の時政が初めてその地位につき，その後は北条氏がその地位を独占していった。

やや難 (11) イ 馬借は室町時代に活躍した運送業者で，馬の背に荷物を載せて運んでいた。

(12) ウ 江戸時代の1615年に大名を統制するための武家諸法度が最初に定められ，以後，将軍が代わる際に内容が少しずつ改定されていく。三代家光が将軍になった際に武家諸法度に盛り込まれたのが参勤交代の制度。

(13)　ア　福沢諭吉が『学問のすすめ』を発表したのは1872年から76年にかけての時期。

(14)　イ　現在の中華人民共和国を建国したのは中国共産党。1912年の辛亥革命で中国の清朝を倒し，現在では台湾にあるのが中国国民党。

やや難　(15)　イ　ペレストロイカはロシア語で「刷新」の意味。当時のソ連の共産党書記長のゴルバチョフが掲げた一連の改革政策で，結局このペレストロイカの流れの中で東西冷戦が終結し，ソ連が解体した。

重要　(16)　イ　沖縄県がアメリカから返還され本土復帰したのは1972年なので2022年から50年前。

(17)　エ　議院内閣制は内閣が議会の信任を得て政治を行い，内閣が議会に対して政治の責任を負う仕組み。エの弾劾裁判は議院内閣制とは関係なく，三権分立の一環。

(18)　イ　秘密選挙は無記名投票とも言い，投票する人がだれに投票したのかを第三者がわからないようにする仕組みで，自分が投票する相手，政党の名前以外は投票用紙には記入しないもの。

重要　(19)　ウ　1ドルが110円の状態は1円が110分の1ドルであり，1ドルが100円の状態は1円が100分の1ドルなので，110分の1よりは100分の1の方が大きいから円の価値が高くなったと考える。

(20)　イ　UNHCRは国連難民高等弁務官の略。

2　（総合－食料に関連する三分野の問題）

(1)　2022年2月24日にロシアが東隣にあるウクライナに軍事侵攻した戦争は，2023年2月末の段階でも終結のめどが立たない。

基本　(2)　弥生時代と縄文時代とを大きく分けるのが稲作が始まったこと。

(3)　イ　最初の遣隋使が派遣されたのは607年で7世紀の初め。

やや難　(4)　C　『立正安国論』は日蓮が著し，1260年に当時の鎌倉幕府の第五代執権の北条時頼に提出したもの。

(5)　アは朝鮮戦争が起こったことで，当時の日本を支配していたGHQの指示で自衛隊の前身となる警察予備隊が設置された。警察予備隊は1952年に保安隊となり，1954年に自衛隊になる。イは日本と韓国，北朝鮮の間では戦争はないので国交正常化は不適切。ウは尖閣諸島ではなく竹島。エは日本は現時点では日韓基本条約に基づき，韓国を朝鮮半島の唯一の政府としており，北朝鮮を国家としては認めていないことになっているので，国交もない。

(6)　①は備中ぐわで，これが開発されたことで深く耕せるようになった。②は千歯こきで，髪をとかす櫛のようなもので，そこに稲穂をあてて引くことで，稲穂からもみが外される。③は唐箕で，脱穀された後のもみをから竿などでたたいて，もみの殻を割ったものを③の上部のろうと状のところから入れて，右側の中央のハンドルを回して風を起こし，軽いもみがらを吹き飛ばし，米だけが下に落ちるようにしてもみがらと米とを選別する。

基本　(7)　日本の原油の最大の輸入相手がサウジアラビア。

重要　(8)　ウ　aは座ではなく惣。bは正しい。

(9)　エ　エの内容は水野忠邦の天保の改革の内容。

やや難　(10)　江戸時代は米を年貢として納める現物納の租税であったが，地租改正によって土地の価格が定められ，その地価の3％を現金で納める租税制度に変わった。このことで，現金収入の乏しい中小の農民は現金で地租を納めることが困難となり，土地を地主に売って，その土地を地主から借りて農業を行う小作農に没落してしまうケースが増えた。

重要　(11)　イ　1925年の選挙法改正によって，財産の制限がなくなり，全ての25歳以上の男性が選挙権を持つようになった。このことで，社会主義が拡がるのを恐れ，社会主義弾圧のための治安維持法が制定された。アは1889年の最初の選挙法，ウは第二次世界大戦後の1945年に定められた選挙法，エは2015年の法改正で参政権を持つ年齢が20歳以上から18歳以上に引き下げられた。

★ワンポイントアドバイス★

試験時間に対して問題数はやや多いが基本的な事項を問う問題が多いので，あせらずにやること。選択肢の問題は，必ず問題の指示，設問の内容を見て，解答を選ぶこと。やや紛らわしいものもあるので要注意。

＜国語解答＞《学校からの正答の発表はありません。》

【一】 問一 ① 俳優 ② 語源 ③ 点呼 ④ 筋骨 ⑤ 宗教 ⑥ 推進 ⑦ 忠実 ⑧ 胃腸 ⑨ 探検[探険] ⑩ 頂上 問二 ① 対 ② 明 ③ 興 ④ 脳 ⑤ 案

【二】 問一 Ⅰ イ Ⅱ ウ 問二 a エ b イ 問三 (例) (報道が増えた理由は，)農山村に住む人が減り野生生物にとって人里が近づきたくない場所でなくなったことに加えて，山の果実が不作だったため，クマが人里に接近したから。 問四 エ

問五 (例) 世界では，クマは生息地が破壊され，狩猟のいきすぎが原因で減少傾向にあり，保護の必要な動物の代表格であるという状況。 問六 ア 問七 エ

【三】 問一 エ 問二 イ 問三 ア 問四 ウ 問五 エ 問六 (例) 深雪は美希を問い詰めて怒りをぶつけることしか考えていなかったので，許すことやもう一度作り直すという仲間の考えが新鮮ですばらしいと思えたから。

問七 (例) 新たな気持ちで作り直そうと決意している。

○推定配点○

【一】 問一 各2点×10 問二 各4点×5

【二】 問三・問五 各6点×2 問四・問六 各3点×2 問七 4点 他 各2点×4

【三】 問六 6点 他 各4点×6 計100点

＜国語解説＞

【一】 (同義語，漢字の書き取り)

基本 問一 ①は演劇や映画などで演技することを職業としている人。②はその語の成立の由来や起源。③は一人一人の名を呼んで全員いるかどうかを確かめること。④は筋肉と骨格。⑤の「宗」の下は「示」であることに注意。⑥は前に進めること。⑦はまごころをもってよくつとめるさま。⑧の部首はどちらも「月(にくづき)」。⑨は未知の地域などに入って探り調べること。⑩はいちばん高いところ。

問二 力量などがほぼ同じで差がないという意味の①の類義語は「対(たい)等」。金銭や物品の内容を項目別に書き記すという意味の②の類義語は「明(めい)細」。心を引かれ，注意を向けるという意味の③の類義語は「興(きょう)味」。組織の中心となる人々という意味の④の類義語は「首脳(のう)」。ものごとを知らせるという意味の⑤の類義語は「案(あん)内」。

【二】 (説明文－要旨・大意・細部の読み取り，指示語，接続語，空欄補充，ことばの意味，記述力)

基本 問一 二重傍線部Ⅰは「あんい」と読み，努力せずにたやすくできること。Ⅱは風に吹かれる灯火が今にも消えそうなことから，危険がせまっていていまにも命が尽きようとしていることのたと

え。

問二　空らんaは直前の内容の予測に反した内容が続いているので「ところが」，bは直前の内容を言いかえた要旨が続いているので「つまり」がそれぞれあてはまる。

やや難　問三　「最近，……」で始まる段落で傍線部①の背景として，農山村に人が少なくなり，野生生物にとって近づきたくない場所だった人里がそうではなくなったことと，山の果実が不作だったことで，人を恐れないクマが人里に接近したことを述べているので，これら2つのことを①の理由として指定字数以内でまとめる。

問四　傍線部②の段落で②の説明として，ア・イ・ウは述べているが，エの「人間が一方的に農業および林業の被害を受けている」とは述べていないので適当でない。

問五　傍線部③は，世界ではクマは「生息地が破壊されたり，狩猟のいきすぎなどによって減少しており，保護が必要な動物の代表的なグループとされてい」る状況のことなので，これらの内容を指定字数以内でまとめる。

問六　傍線部④は④前で述べているように，「いまは山のことを何も知らないような都会の人が……天候のいい季節になると……山菜を根こそぎ掘り，タラノキやヤマブドウも枝や幹を切ってしまう」ふるまいのことなのでアが適当。三〇年ほど前の昔の人のことであるイ・ウ・エは不適当。

重要　問七　エは「クマによる……」で始まる段落～最後までで述べている。アの「必ず食べにくる」は正しくない。イは「世界に……」で始まる段落内容，ウは「時間的にも……」で始まる段落内容と合わないので正しくない。

【三】（小説－心情・情景・細部の読み取り，記述力）

基本　問一　教室から女の子らしき人影が出てきて，非常階段の方に走り去っていったことで「こんな時間に，誰が教室に……」と嫌な予感がして，深雪は傍線部①のようにしているのでエが適当。「こんな時間に，誰が教室に……」と嫌な予感がした深雪の心情をふまえていない他の選択肢は不適当。

問二　傍線部②は，教室から出た人影が走り去った非常階段に「小さな髪どめ用のピンが落ちていた」のを発見した時の深雪の様子である。この後「放課後，……」で始まる場面で，拾ったピンを証拠に栗坂美希を問いつめている様子が描かれていることからイが適当。髪どめ用のピンを説明していない他の選択肢は不適当。

問三　「今朝の人影は遠すぎて女子であること以外，何もわからなかった」が，「拾ったピン」は美希のもので，美希が犯人だと確信があったので，美希に白状させようとして「『見たのよ』」と「嘘」をついたのでアが適当。イの「『嘘』を言って相手をこらしめてやろう」は不適当。美希が犯人であると確信があったことを説明していないウ・エも不適当。

問四　傍線部④後で「『自分で自分が嫌だった』」ほど「『ひどいことしたって思っている』」と反省し，現れた茉里に謝っている美希の様子が描かれているのでウが適当。④後の描写をふまえていない他の選択肢は不適当。

問五　傍線部⑤直前で，茉里は美希や年表のことなど自分の正直な気持ちを話しているが，その気持ちが年表を共同で作った深雪や真吾，千博に聞き入れてもらえるか自信がないため，⑤のようになっているのでエが適当。⑤前の茉里のせりふを踏まえ，みんなに伝わるか自信がないことを説明していない他の選択肢は不適当。

重要　問六　傍線部⑥前で，年表を破った「美希を問い詰めて，怒りをぶつけることだけを考えてい」て，「茉里のように，美希を許すことも，真吾のようにもう一度作り直すことも，考えもしなかった」という深雪の心情が描かれているので，このことを踏まえて深雪と仲間の考えの違いを示し，そのような仲間を「かっこいい」と思った理由を指定字数以内で説明する。

やや難 問七　傍線部⑦の「……光に溢れていた」には，今後の四人の明るい展開を象徴していることが読み取れるので，⑦前の「『なっ，また作んない』『……おれたちのために，前よりすげえの作ろうぜ。年表作成第二段』『……よっしゃ，またがんばろうぜ』」といった真吾のせりふを踏まえて，四人が年表を新たな気持ちで作り直そうと決意していることを指定字数以内で説明する。

★ワンポイントアドバイス★

記述問題では，何を問われているかを確認し，必要な内容，文末の形などおさえるべきポイントに注意しながら端的に説明していこう。

一般入試②

2023年度

解　答　と　解　説

《2023年度の配点は解答欄に掲載してあります。》

<算数解答>《学校からの正答の発表はありません。》

1 (1) 1144　(2) 16　(3) 16.75$\left[\frac{67}{4}\right]$　(4) 2　(5) 1.75$\left[1\frac{3}{4}\right]$

2 (1) 9個　(2) 108分　(3) 13.5%　(4) 180度　(5) 57cm^2

3 (1) 251.2cm^3　(2) 213.52cm^2

4 (1) イチゴ　8個　バナナ　13個　(2) イチゴ　2個　バナナ　2個

(3) 解説参照

5 (1) 富山　(2) ②・③・④　(3) ③　(4) ②

○推定配点○

4 各2点×8((1)・(2)・(3)①～⑥各完答)　5 各6点×4((2)完答)　他　各5点×12

計100点

<算数解説>

1 (四則計算)

(1) $13\times(11+26+51)=13\times88=1144$　(2) $51-35=16$

(3) $0.25\times(50+20-3)=0.25\times67=16.75$　(4) $\frac{8}{7}\div\left(\frac{1}{14}+\frac{7}{14}\right)=2$

(5) $\square=\frac{44}{7}\times\frac{7}{22}-0.25=1.75$

重要 2 (鶴亀算，速さの三公式と比，単位の換算，割合と比，平面図形)

(1) $(100\times15-1140)\div(100-60)$ $=9$(個)

(2) $63\times2\frac{24}{60}\div1.4=63\times\frac{12}{5}\times\frac{5}{7}=$ 108(分)

(3) 15%の食塩水…$30\div0.15=200$(g)　12%の食塩水…$300\times\frac{8}{12}=$ 200(g)　したがって，求める濃さは$(15+12)\div2=13.5$(%)

(4) 図1より，角の和は180度

(5) 図2より，$(5\times5\times3.14-10\times10\div2)\times2=157-100$ $=57$(cm^2)

図2

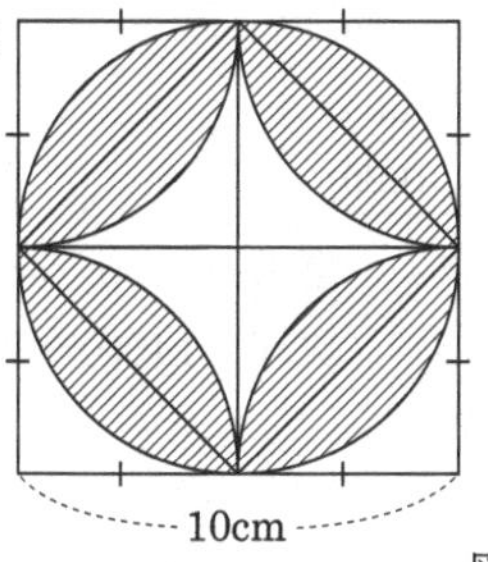

図1

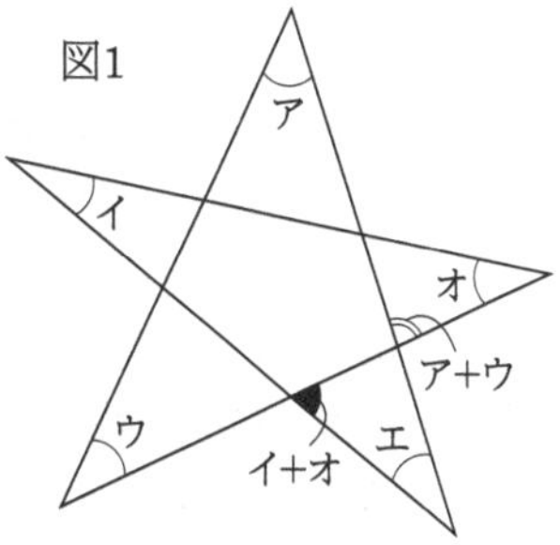

重要 3 (平面図形，図形や点の移動，立体図形)

三角形ABCの辺BC…長さ4cm(図3参照)

(1) $4\times4\times3.14\times3\div3+4\times4\times3.14\times4=16\times3.14\times5=$ $80\times3.14=251.2$(cm^3)

(2) $4\times5\times3.14+4\times4\times3.14+8\times3.14\times4=(20+16+$

図3

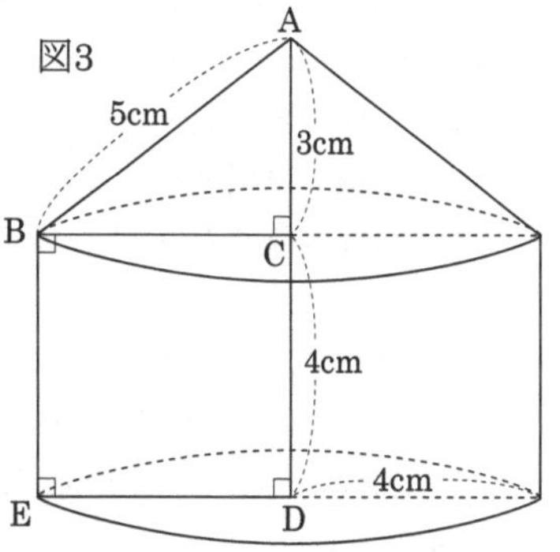

32)×3.14＝68×3.14＝213.52(cm^{2})

④ (規則性，場合の数)

イチゴ，バナナのそれぞれの個数をイ，バで表す。魔法A：イ→イ＋バ　魔法B：バ→イ＋バ

重要 (1)　A：イ＋バ→イ×1＋バ×2　　B：イ×1＋バ×2→イ×3＋バ×2

A：イ×3＋バ×2→イ×3＋バ×5　　B：イ×3＋バ×5→イ×8＋バ×5

A：イ×8＋バ×5→イ×8＋バ×13　　したがって，イチゴ8個，バナナ13個

(2)　最初の個数…イが●個，バが○個であるとする。

A：イ×●＋バ×○→イ×●＋バ×○×2　　A：イ×●＋バ×○×2→イ×●＋バ×○×3

B：イ×●＋バ×○×3→イ×●×4＋バ×○×3　　A：イ×●×4＋バ×○×3→イ×●×4＋バ×○×7　　B：イ×●×4＋バ×○×7→イ×●×11＋バ×○×7　　したがって，最初の個数はイチゴが22÷11＝2(個)，バナナも14÷7＝2(個)

やや難 (3)　A→A→B→Bの場合…(イチゴの個数，バナナの個数)＝(16，7)

A：イ×2＋バ×3→イ×2＋バ×5　　A：イ×2＋バ×5→イ×2＋バ×7

B：イ×2＋バ×7→イ×9＋バ×7　　B：イ×9＋バ×7→イ×16＋バ×7

以下，同様の規則により，計算する。

A→B→A→Bの場合…(2，5)→(7，5)→(7，12)→(19，12)

A→B→B→Aの場合…　→(12，5)→(12，17)

B→A→A→Bの場合…(5，3)→(5，8)→(5，13)→(18，13)

B→A→B→Aの場合…　→(13，8)→(13，21)

B→B→A→Aの場合…(5，3)→(8，3)→(8，11)→(8，19)

重要 ⑤ (統計と表，割合と比)

(1)　表Aより，概数で計算する。

表A

チーム	総得点	3PT
		得点
川崎	4852	1779
富山	4804	1314
島根	4779	1659
琉球	4724	1365
SR渋谷	4646	1620

表B

チーム	総得点	3PT
		順位
川崎	4852	1
富山	4804	
島根	4779	2
琉球	4724	
SR渋谷	4646	3

川崎…1800÷4900≒0.37　　富山…1300÷4800≒0.27

島根…1700÷4800≒0.35　　琉球…1400÷4700≒0.30

渋谷…1600÷4600≒0.35

したがって，3PTの割合が最も低いのは「富山」

(2)　①　富山・渋谷は，チャンピオンシップに出場していない。×

②　川崎・名古屋・秋田・千葉の4チームは，2PT得点上位10チームには含まれない。○

③　川崎・島根・琉球・名古屋の4チームは，チャンピオンシップに出場した。○

④　3PT得点で上位5チームの川崎・島根・渋谷・秋田・名古屋は，ST回数で上位10チームに含まれる。○

⑤　東京・茨城・千葉は，総得点で上位10チームに含まれない。×

(3)　①　全チームの3PTの得点が，1200点以上1500点以下にあるわけではない。×

②　3PTの得点が，1300点以上1400点以下のチーム…4チーム　　3PTの得点が，1400点以上1500点以下のチーム…6チーム　×

④　表Bより，3PTの得点が増えると総得点の得点が減る傾向がある，とはいえない。×

(4)　FTの低得点に568点，575点，594点があり，これらを表示するグラフは②

①

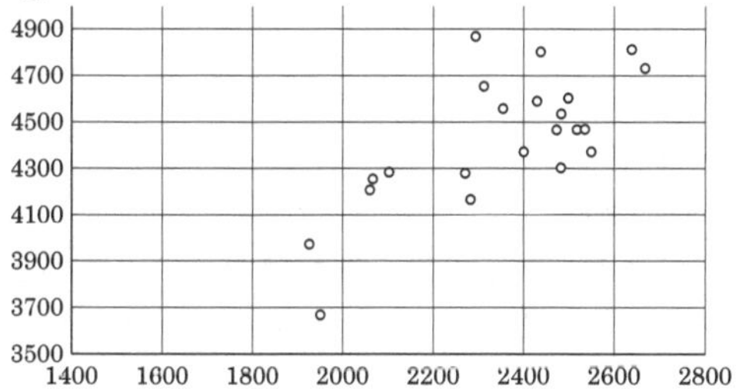

②

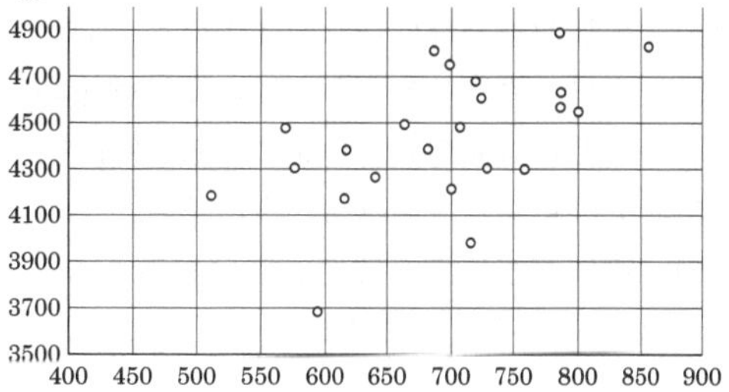

③

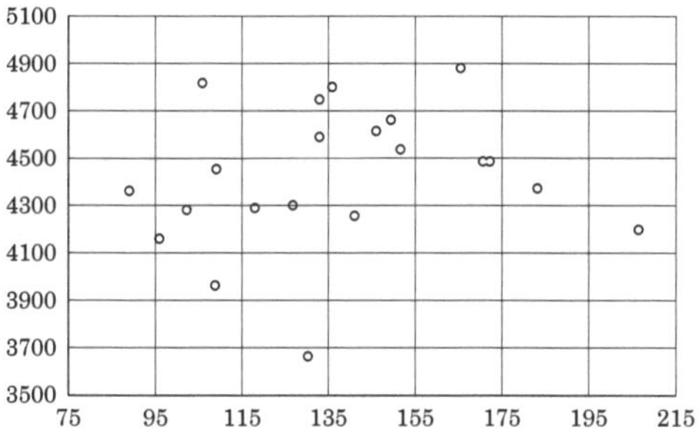

④

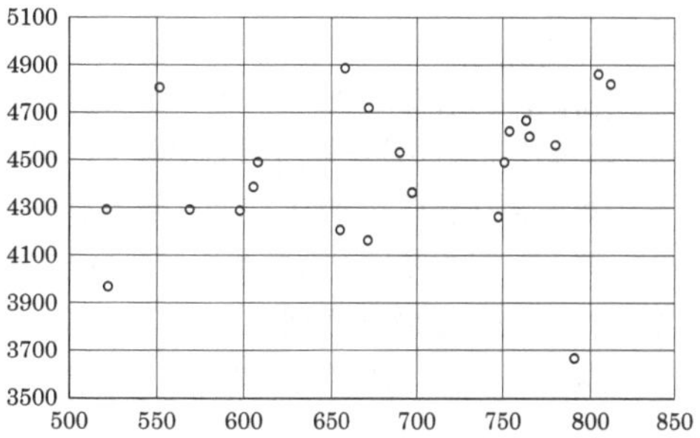

★ワンポイントアドバイス★

[1]～[3]までの12問で，確実に得点しよう。[4]「魔法A・B」の問題，[5]「バスケットボールリーグ」の問題も内容自体は難しくはないが，簡単に処理できる問題ではないので時間配分に注意して取り組む必要がある。

＜理科解答＞《学校からの正答の発表はありません。》

[1]　(1)　ウ　(2)　エ　(3)　イ　(4)　エ　(5)　イ　(6)　ウ　(7)　エ
(8)　ウ　(9)　ア　(10)　イ

[2]　(1)　イ　(2)　ウ　(3)　エ　(4)　イ　(5)　ウ　(6)　エ

[3]　(1)　ア　調節ねじ　イ　左　ウ　右　エ　重　(2)　(目盛りの値)　45mL
(目の高さ)　イ　(3)　(Aの比重)　8.96g/cm^3　(Aの種類)　銅
(Bの比重)　2.67g/cm^3　(Bの種類)　アルミニウム　(Cの比重)　7.84g/cm^3
(Cの種類)　鉄　(4)　エ

○推定配点○

[1]　各2点×10　[2]　(3)　3点　他　各2点×5

[3]　(3)A～Cの比重，(4)　各2点×4　他　各1点×9　計50点

<理科解説>

重要 [1] **(小問集合)**

(1) イルカは子を産んで仲間を増やす。

(2) 動脈血を全身に送り出すのは，左心室である。

(3) オゾン層は，宇宙からくる紫外線を吸収する。

(4) こと座は夏の大三角をつくる1等星を持っている。

(5) アはくもり，イは雪，ウは晴れ，エは雨をあらわす。

やや難 (6) 物体が水に沈んでいる部分が増えるほど浮力が大きくなるので，ばねばかりの値は小さくなるが，物体がすべて沈むと浮力の大きさは変わらなくなるため，ばねばかりの値は変化しなくなる。

(7) 石灰石とうすい塩酸が反応すると，二酸化炭素が発生する。二酸化炭素は石灰水に通すと白くにごる。

(8) $\frac{20(\text{g})}{100(\text{g})+20(\text{g})}\times 100=16.66\cdots$より，約17％である。

基本 (9) 磁石の先端部分が最も磁力が高く，真ん中は磁力が低い。よって，Aが最も強く，磁石の真ん中からより離れているCが最も磁力が弱い。

(10) 現在，日本では火力発電所が発電方法で多くを占めている。

重要 [2] **(生物－植物・動物・観察)**

(1) 選択肢の内，常緑広葉樹はツバキである。

(2) 選択肢の内，裸子植物はアカマツである。

基本 (3) 毒を持つ昆虫同士やオオスズメバチに似せた昆虫は，色や模様を似せることで天敵に危険性をアピールできる。これはこれらの天敵が視覚や味覚に対する学習能力を持つためである。よって，エが間違いである。

(4) トウモロコシは風媒花である。

(5) 冬に日本にやってくる渡り鳥は，ハクチョウである。

(6) カメムシは鋭いストローのような口をしている。選択肢の中でカメムシと同じような口をもつのは，セミである。

[3] **(力のはたらき一密度)**

重要 (1) 上皿てんびんがつりあっていないときは調節ねじ(ア)を回してつり合いを取る。右利きの人の場合，左側(イ)のさらにはかりたいものをのせ，右側(ウ)に分銅を重い(エ)ものから順にのせていく。

重要 (2) 目の高さはイの位置から見て，水面が平たくなった部分の値(45mL)を読み取る。

基本 (3) Aの比重は$46.6(\text{g})\div(15.2(\text{cm}^3)-10(\text{cm}^3))=8.961\cdots$より，$8.96\text{g/cm}^3$である。よって，Aは表より銅である。Bの比重は$16.3(\text{g})\div(16.1(\text{cm}^3)-10(\text{cm}^3))=2.672\cdots$より，$2.67\text{g/cm}^3$である。よって，Bは表よりアルミニウムである。Cの比重は$24.3(\text{g})\div(13.1(\text{cm}^3)-10(\text{cm}^3))=7.838\cdots$より，$7.84\text{g/cm}^3$である。よって，Cは表より鉄である。

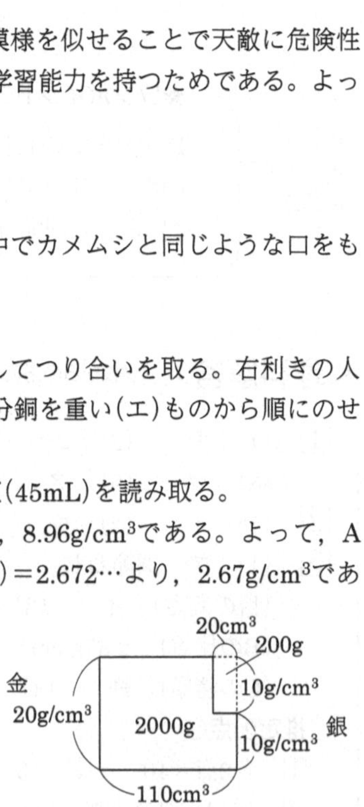

やや難 (4) 右図のようにつるかめ算の考えかたを使うと，銀の体積は20cm^3となる。20cm^3の銀は$10(\text{g/cm}^3)\times 20(\text{cm}^3)=200(\text{g})$である。

★ワンポイントアドバイス★

できる問題から先に解く練習をしよう。

＜社会解答＞《学校からの正答の発表はありません。》

1 (1) ア (2) ウ (3) ア (4) ア (5) エ (6) ウ (7) ア
(8) イ (9) ア (10) エ (11) イ (12) イ (13) イ (14) イ
(15) エ (16) ア (17) ウ (18) ウ (19) エ (20) イ

2 (1) イ (2) ① ウ ② ア→イ→ウ→エ (3) エ (4) ① ウ
② この権限は拒否権と呼ばれており，常任理事国のうち1国でも反対すれば，安全保障理事会の決定ができなくなる権限である。 ③ ア，オ ④ エネルギー消費量をおさえて環境破壊を防ごうとする先進国と，経済の発展のためにはエネルギー消費量の増加が不可欠な発展途上国の利害が対立するから。

○推定配点○

1 各1点×20 2 (4) ②，④ 各6点×2 他 各3点×6 計50点

＜社会解説＞

1 (総合問題－地理，歴史，政治3分野の知識問題)

(1) ア ホノルルと日本の時差は，(135＋150)÷15＝19 で19時間。日本の方が19時間先行しているので，日本の時刻から19時間引くとホノルルの時間になる。

(2) ウ 岩手県，長野県に多いのは温泉地で，長野県にないのは海水浴場と考えれば答えを絞り込める。

(3) ア 日本の農家1戸当たりの経営耕地面積は平均すると2ha前後。

重要 (4) ア 日本の工場のほとんどは中小工場のレベル。中小工場はほとんどの場合が大工場の下請けで部品などを作るところとなっており，最後の完成品と比べると，中小工場の部品類は金額では小さいので，生産額を見ると，大工場の方が大きくなる。

(5) エ 日本はエ。総排出量が一番大きいアは中国。1人当たりの排出量が多いイはアメリカ。ウがインド。

(6) ウ 地図のAが群馬県，Bが栃木県，Cが茨城県，Dが埼玉県，Eは千葉県。表のエはこの地図にはない東京都のもの。千葉県は東京都へ通勤通学で動く人が多いので，昼間人口と夜間人口の差が大きいウ。アは茨城県，イは群馬県。栃木県よりも群馬県の方が昼間人口と夜間人口の差が小さい。

(7) ア イは北九州市は福岡県の北東部で筑紫平野からは離れているので誤り。ウは太宰府天満宮があるのは福岡市で誤り。エは博多駅のある場所も福岡市なので誤り。

基本 (8) イ Aが青森県にある縄文時代の遺跡の三内丸山遺跡，Bが群馬県にある旧石器時代の遺跡の岩宿遺跡，Cが佐賀県にある弥生時代の遺跡の吉野ヶ里遺跡。

(9) アが正しい。イは行基ではなく鑑真，ウは中尊寺金色堂ではなく平等院鳳凰堂，エは法然ではなく栄西や道元。

(10) エ　資料は承久の乱の際に北条政子が御家人たちにした演説とされるもの。承久の乱によって鎌倉幕府の北条氏の執権体制が固まり，幕府の力が西国にまで広がった。

基本 (11) イ　イの内容は朱子学のもの。

(12) イが正しい。アは征韓論の後，1875年の江華島事件で日朝修好条規を結ぶが，内容は日米修好通商条約に近い不平等なものなので誤り。ウは日露戦争後のポーツマス条約では日本が朝鮮半島に進出することが認められ，ロシアについての取り決めはない。エは1910年の日韓併合でそれまであった韓国統監府に代えて朝鮮総督府がつくられたので誤り。

(13) イが正しい。日本の人口が減少に転じるのは東日本大震災と同じ年の2011年。アは1980年代。ウは1995年1月17日。エは1989年12月3日。

重要 (14) エ　班田収授法が敷かれて口分田が与えられるようになった7世紀後半→ア　743年の墾田永年私財法→イ　鎌倉時代の12世紀末以後→ウ　太閤検地の1582年の順。三番目はイ。

(15) エ　他人の信用を著しく損ねる名誉棄損などは法律で禁じられている。

(16) ア　両院協議会が開かれるのは衆議院と参議院とで意見が異なる場合で，基本的に衆議院の優越が認められている場合。憲法改正の発議は両院が対等なので両院協議会は開かれない。

重要 (17) ウ　A　一般人の間の争いごとは民事裁判で決着をつける。　B　国や地方自治体を相手取って一般の国民が裁判を起こすのが行政裁判。民事裁判の一種ともとれる。　C　犯罪事件の場合には刑事裁判になる。

(18) ウ　社会保険は健康保険や年金，雇用保険など。生命保険のような個人で任意に加入するものは社会保険ではない。

(19) エ　日本は核兵器禁止条約には参加していない。

(20) イ　主要国首脳会談は参加国の間で持ち回りで開催されているが，日本では京都での開催はない。アの沖縄県名護市での開催が2000年，ウの北海道洞爺湖町での開催が2008年，三重県伊勢市での開催が2018年。

2 **(総合問題－「話し合い」に関連する地理と歴史，政治の総合問題)**

基本 (1) アは1990年の選挙では50％を超えているが，そのあとは下回っているので誤り。ウは2021年の選挙では全体が50％台半ばであり，30歳代も下回っているので誤り。エは2003年以後は2009年までは上昇しているがその後は2014年まで下降しているので誤り。

重要 (2) ①　ウは室町時代の惣村でつくられた村掟で農民たちがつくったもの。アは聖徳太子の十七条憲法，イは鎌倉時代の御成敗式目，エは江戸時代の武家諸法度。　②　ア　7世紀の飛鳥時代→イ　13世紀の鎌倉時代→ウ　室町時代→エ　17世紀の江戸時代の順。

(3) エ　室町幕府は最後の将軍の足利義昭が織田信長に京都から追放されて終わるので誤り。

やや難 (4) ①　ウ　Xのボルダルールは選択肢が多い中で投票する際に，それぞれの人が自分の一番よいもののみを選ぶのではなく，自分にとっての上位3位までを選び，1位に3点，2位に2点，3位に1点と点を付けていく方式。この場合，1位に自分が推したものが当選しなくても2位もしくは3位のものが当選するということもあり得る。そのため，多くの人が納得できるような選び方に近いものになるとされる。Yは普通に一人一票の投票を行い，候補者の中で票が割れて過半数の票を得た候補者がいない場合には決選投票を行うというもの。この場合，1回目と2回目で同じ候補者を選ぶことも，違う候補者を選ぶことも可能であり，有権者がより慎重に自分の投票する相手を選ぶことも可能になる。

重要 ②　国際連合の安全保障理事会の中の常任理事国五か国のみが拒否権を持っている。この拒否権を行使すると，その案件に関しては安全保障理事会での審議ができなくなる。もともとこの拒否権は国際連合が設立される際にソ連が主張してとりいれられた制度で，当時の東西冷戦の状況下で，安全保障理事会の中で東側の国はソ連のみで不利であったためである。　③　南極大陸での環境問題として正しいものを選ぶ。イ，ウは現時点ではこの話はない。またエは南極にはトナカイはいない。　④　温室効果ガスの削減についての枠組みとして2022年の段階ではパリ協定があるが，そこにいたるまでまさにこの設問の求めている答えのような問題があり，先進国側は温室効果ガスの削減に向けてのさまざまな取り組みを行うことを主張し，実際にある程度は達成しているが，それに対して発展途上国側は地球温暖化の問題はその話し合いの段階よりもはるか前に先進国が化石燃料を大量に消費してきた結果であるので，先進国が削減するのは当然であるとし，発展途上国は経済の発展段階にありエネルギー消費量が増えている段階で，ここで削減するのは経済発展にはマイナスになるので温室効果ガスの削減へ動きをとりたくないという立場で，なかなか歩み寄りができずにいた。

やや難

★ワンポイントアドバイス★

全体に難易度がやや高い問題が多いが，設問の条件などをしっかりと把握して，記号選択のものならストレートに正解が選べない場合には逆に消去法で考えてみるのも大事。

＜国語解答＞《学校からの正答の発表はありません。》

【一】　問一　①　勤労　②　厳格　③　骨折　④　老若男女　⑤　窓辺　⑥　寸前　⑦　疑問　⑧　故郷　⑨　操作　⑩　幼虫　問二　①　補足　②　快活　③　提供　④　厚意　⑤　従来

【二】　問一　Ⅰ　エ　Ⅱ　ウ　問二　a　ウ　b　オ　問三　(六字)　家庭の貧しさ　(十六字)　教育環境をつくり出す政府の貧しさ　問四　ア　問五　(例)　政府は慢性的な財政難と教育の効果が発揮されるには長い時間がかかることを理由に，短期的な経済効果を追求する傾向があるため。　問六　(例)　教育協議会が教師の管理責任を担うため，一年おきに契約更新を行い，勤務実態や指導能力の劣化が認められれば罷免される可能性があるため。　問七　イ

【三】　問一　Ⅰ　ア　Ⅱ　イ　問二　イ　問三　ウ　問四　エ
問五　(例)　だれかに頼られると放ってはおけず，なんとかしてやろうとするところ。
問六　エ　問七　(例)　苦労してやっとやり遂げることができてうれしいが，クラスが団結して向き合う機会もこれで終わってしまうので寂しく感じている。

○推定配点○

【一】　問一　各2点×10　問二　各4点×5
【二】　問四・問七　各3点×2　問五・問六　各6点×2　他　各2点×6
【三】　問一　各2点×2　問五　6点　問六　4点　問七　7点　他　各3点×3
計100点

＜国語解説＞

【一】（漢字の書き取り，熟語作成）

基本 問一　①の「勤労感謝の日」は広く働く人々の勤労に向けて感謝を示す日で宮中行事の新嘗祭(にいなめさい)が由来とされている。②は規則などを守ることに厳しいさま。③の「骨」のうえ部分の画数に注意。④は年令や性別にかかわらず，という意味。⑤は窓のそば，窓の近く。⑥はある事の起こるほんの少し前。⑦の「疑」の部首は「疋(ひきへん)」。⑧は「ふるさと」とも読む。⑨はあやつって動かすこと。⑩の「幼」を「幻」などとまちがえないこと。

問二　①は「補足(ほそく)」。②は「快活(かいかつ)」。③は「提供(ていきょう)」。④は「厚意(こうい)」。⑤は「従来(じゅうらい)」。

【二】（論説文－要旨・大意・細部の読み取り，接続語，空欄補充，ことばの意味，記述力）

基本 問一　二重傍線部Ⅰはうながし進めること。「促」の訓読みは「うなが(す)」。Ⅱは物事の進行などに支障が起こるようにする，じゃまをすること。

問二　空らんaは直前の内容につけ加える内容が続いているので「それに加えて」，bは直前の内容を理由とした内容が続いているので「そのため」がそれぞれあてはまる。

問三　傍線部①の原因として直後の段落で「家庭の貧しさ(6字)」，「教育普及を……」で始まる段落で「教育環境をつくり出す政府の貧しさ(16字)」の二点を述べている。

問四　傍線部②の理由として直前の段落で，「貧しい家庭では，子どもたちも重要な働き手で……学校に通わなければ行われていた作業によって得られた利益」すなわち機会費用が大きいと「学校には通わせづらくな」ることを述べ，この機会費用を考慮すると②である，ということなのでアが適当。「機会費用」を説明していない他の選択肢は不適当。

問五　傍線部③直前の段落後半で政府は「慢性的な財政難から，教育支出の水準は……小さくなりがちで」あること，③の段落前半で「教育の効果が発揮されるには長い時間がかかるため，短期的な経済効果を追求す」ることで③になる，と述べているので，この2つの要旨を③の理由として指定字数以内でまとめる。

やや難 問六「コミュニティによる学校管理・運営」のことである傍線部④の理由として直前の段落で，コミュニティの「教育審議会」が「教師の雇用，監督，解雇に関する責任」を担い，「教師は一年置きに……契約更改を行い，勤務実態や指導能力が劣っていれば罷免されることすらあ」る，ということを述べているので，これらの内容を④の理由として指定字数以内にまとめる。

重要 問七　イは「教育普及を……」で始まる段落内容の要旨になっているので正しい。アは「初等教育を……」で始まる段落，ウは「このように……」で始まる段落，エは「例えば，……」で始まる段落の内容にいずれも合わないので正しくない。

【三】（小説－心情・情景・細部の読み取り，指示語，ことばの意味，記述力）

基本 問一　二重傍線部Ⅰは腹立たしく，不快に感じること。Ⅱは油断していてすきをつかれること。

問二　傍線部①は，練習に参加しないクラスメイトたちの家をまわって誘いに行ったというアネゴのやり方で，「『ほっとけるわけない。だってクラスメイトなのに』」と話していることからイが適当。①前後の描写を踏まえ，アネゴなりの考えでやっていることを説明していない他の選択肢は不適当。

問三　傍線部②直後で「だれか一人でも欠けちゃ，だめだった」という思いで「『アネゴの言う通りだよ。全員揃ってこそのクラスだよ！……』」と②に賛同している「私」の様子が描かれているのでウが適当。②後の描写を踏まえていない他の選択肢は不適当。

重要 問四　傍線部③前で「悪ぶってはいるけれどしょうこちゃんには意外にかわいいところがあって……手先が器用で人の髪をいじるのが好きだったりもする。前に一度……私の髪を編んでくれたことがあった……」と，しょうこちゃんのことを思い返している「私」の心情が描かれているのでエが適当。③前の「私」の心情を踏まえていない他の選択肢は不適当。

問五　傍線部④直後で④の説明として「だれかに頼られると放ってはおけず，なにがなんでもなんとかしてやりたいという性分」であることが描かれているので，この内容を指定字数以内でまとめる。

やや難 問六　傍線部⑤までで，体育祭当日にはしょうこちゃんが持ってきたいろとりどりのリボンをクラスメイトの髪の毛に結び，アネゴの呼びかけでクラス全員で円陣を組み，音楽とともにグラウンドに飛び出す様子が「震えが止まらない」「私」の心情とともに描かれていることからエが適当。クラスのみんなが団結して当日を迎えられた喜びを説明していない他の選択肢は不適当。

問七　傍線部⑥の「安堵」はしょうこちゃんたちのグループがなかなか練習に参加してくれない苦労もあったが，当日にはクラスメイト全員でダンスをやり遂げることができたことがうれしいという気持ち，「寂しさ」はクラスが団結し，「私」がしょうこちゃんやアネゴと向きあったようにお互いと向きあう機会も今日で終わってしまうという気持ちであることが読み取れるので，「安堵」と「寂しさ」の具体的内容を指定字数以内でまとめる。

★ワンポイントアドバイス★

内容真偽の問題では，正しい選択肢以外の選択肢のどこが正しくないかも確認しよう。

適性検査型

2023年度

解　答　と　解　説

《2023年度の配点は解答欄に掲載してあります。》

＜適性検査Ⅰ解答＞《学校からの正答の発表はありません。》

[1]　Ⅰ　(1)　あ　太陽や月や星　　い　うっそうとした森林　　(2)　う　遠い　　え　近い
(3)　ふりかえ　　(4)　ウ　　(5)　時間が前へ「進んでいる」という感覚
(6)　日本では，季節によって昼の時間と夜の時間の長さが異なるため，6等分した時間の長さも季節によって変化するから。　Ⅱ　(7)　下図参照　　(8)　イ・エ

部下の遅刻に対する日本人と中国人の評価の比較

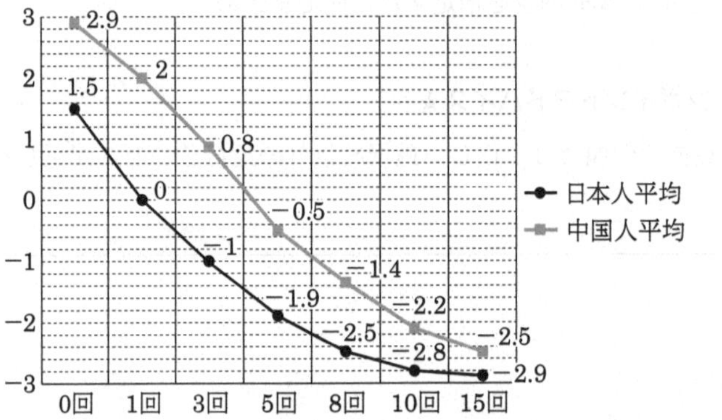

[2]　(1)　国や自治体のホームページを参照する・図書館で調べる　　(2)　ア　×　　イ　△
ウ　○　　エ　△　　(3)　資料Eでは，再生可能エネルギーを広めるために国民が上乗せ料金を負担している現状が述べられている。資料CとDより，ドイツにおける再生可能エネルギー等による発電の比率は他のEU諸国より高いことがわかる。しかし，EUがかかげる数値目標の45％に届いていない以上，ドイツは再生可能エネルギーを推進すると思う。
(4)　太陽光　　(5)　①　銚子市の沖合は浅い海域が遠くまで広がっており，また平均風速も強いので，風力発電に向いているから。　②　X　昼夜[時間]　　Y　地元の経済発展[町おこし]

○推定配点○

[1]　Ⅰ(1)・(2)　各3点×4　　(5)　5点　　(6)　8点　　Ⅱ(7)　10点　　他　各4点×4
[2]　(2)　各2点×4　　(3)　15点　　(5)①　10点　　他　各4点×4　　計100点

＜適性検査Ⅰ解説＞

[1]　(社会：文章の読み取り，空欄《くうらん》補充《ほじゅう》，説明，作図など)

Ⅰ　(1)　資料Aはアフリカのある民族の時間のとらえ方についてまとめられたものである。この民族は「うっそうとした森林に囲まれて生活している」ことによって，「空」をめったに見ることができない。一方，そのほかの多くの社会では，空に浮かぶ「太陽や月や星」を見て循環《じゅんかん》

する時間を感じている。以上をふまえると，あには「太陽や月や星」，いには「うっそうとした森林」があてはまると考えられる。「日本で暮らしているぼくたち」は資料Aの「多くの社会」の一つであることをおさえる。

(2)　徳夫《のりお》さんの発言に「『う』も『え』も空間の『距離《きょり》』を示す言葉」とあることから考える。本来空間的な距離の関係を表す2字の言葉で，時間的な距離を表すこともできるものには，「遠い」と「近い」がある。よって，空欄の前に書かれた「かなり先の未来」と「すぐに来る未来」という内容をふまえて，うには「遠い」，えには「近い」があてはまる。

(3)　空欄の直前の徳夫さんの発言に「前後の方向感覚が関わっている」とあることから考える。また，あきらさんの「過去をおる」という発言から，空欄にあてはまる4字は，何らかの動詞の一部であると推(すい)測できる。空間的な前後関係を表す言葉で，「過去のできごとについて考えたり，反省したりすること」を表すものには，「ふりかえる」がある。よって，おには「ふりかえ」があてはまる。

(4)　資料Bの下線部1から，アフリカに留学した学生が調査を行っていたのは，資料Aにあるような「うっそうとした森林に囲まれ」た地域であると考えられる。よって，背の高い樹《じゅ》木が生《お》い茂《しげ》るウが適当。ほかの2つの写真では空がはっきりと見えており，大地との区別もはっきりしているので，資料Bの内容とは合わない。

(5)　下線部2の「時間感覚」について，下線部の直後に「戻《もど》ってきませんでした」とあることから，資料Bの学生がもともと持っていたが，アフリカの集落のような「空さえも見え」ない場所では生まれにくい時間感覚のことを指しているとわかる。資料Bの直前の徳夫さんの発言に，「時間が前へ『進んでいる』という感覚も，環境によっては薄《うす》れる」とあることから，この感覚が下線部2の指す「時間感覚」であると考えられる。徳夫さんの2つ前の発言から，「『進んでいる』という時間の感覚」の部分を抜き出してもよい。

重要　(6)　資料Cから，江戸時代の時刻制度では，昼の時間と夜の時間をそれぞれ6等分することで「一刻《いっこく》」という時間の単位にする方法がとられていたとわかる。また，資料Dから，昼の時間と夜の時間は季節によって大きく変わっていることがわかる。例えば，夏至《げし》は冬至《とうじ》に比べて昼の間の「一刻」が長く，夜の間の「一刻」が短くなる。よって，「季節によって昼の時間と夜の時間の長さが異なること」と「6等分した時間の長さも季節によって異なること」を合わせて書けるとよい。「なぜ…変化するのか」と聞かれているので，「〜から」に続く形で答えるように注意する。

Ⅱ　(7)　資料Eのうち，日本人と中国人の数値《ち》を抜き出して，解答用紙の折れ線グラフを書く。折れ線グラフなので，まず数値が示す位置に印をつけ，印同士を線でつなげてグラフにするとよい。指示にしたがってひし形と正方形を使い分け，日本と中国の値が混ざらないように注意すること。

(8)　ア：資料Eの②回答の集計結果を見てみると，月ごとの遅刻《ちこく》回数が3回のときの中国人の評価は，同じ回数のインド人の評価より高い。このように，同じ遅刻回数に対して，必ずしもインド人が最も高い評価をしているというわけではないため，「インド人は，遅刻に対して最も問題視しない」とまでは言い切れない。よって，誤《あやま》り。

イ：評価設定より，数値がマイナスになると遅刻を「良くない」こと，「悪い」こととしてとらえていることがわかる。月ごとの遅刻回数が3回のとき，韓国《かんこく》人の評価の平均は「0.0」だったことから，「悪い」とは感じていないことが読み取れる。よって，正しい。

ウ：月ごとの遅刻回数が3回のとき，中国人の評価は0.8と，6つの民族の中で最も高い。一方日本人は「−1.0」と，最も低い。したがって，「日本の次に低い」とはいえないため，誤り。

エ：遅刻をしていない状態とは，②回答の集計結果における，月ごとの遅刻回数が0回の状態のことである。月ごとの遅刻回数が0回のとき，日本人の評価は「1.5」と，6つの民族の中で最も低い。一方，遅刻回数が増えるにしたがって，評価も下がり続けることから，日本では遅刻をしないことが「あたりまえ」として考えられていると推測できる。よって，正しい。

オ：②回答の集計結果では，差こそあるものの，いずれの国においても遅刻回数が増えれば増えるほど評価は下がっていく傾向《けいこう》が見て取れる。したがって，遅刻を「良い」ことだととらえる国はないと判断できる。よって，誤り。

2 (社会：条件作文，資料の読み取りなど)

(1)　空欄の直前の徳子《のりこ》さんの発言に「信頼《しんらい》できる情報を得るために」とあることから，あ には情報源としての信頼性が高いものが入ると考えられる。問題文に「具体的な方法を表す文」を書くという指示があるので，信頼性の高い情報源の具体例を，会話文に合った形で書けるとよい。国や自治体などの行政機関が発表している資料や，書籍《せき》を利用することが考えられる。空欄の後ろにある資料Aや資料Bの出典に，「資源エネルギー庁《ちょう》」と官公庁の名前があることもヒントになる。

(2)　ア：資料Bより，それぞれの発電量の割合は水力が3.5%，原子力が2.8%である。原子力の発電量はそもそも水力より少ないため，×。　イ：会話文の後半では，千葉県の再生可能エネルギーについて話されているが，資料Bだけでは再生可能エネルギーによる発電が今後も拡大するかどうかはわからない。よって，△。　ウ：資料Bより，石油による発電量の割合は37.1%，石炭は25.3%，天然ガスは22.4%であるとわかる。石炭と天然ガスによる発電量の割合を合わせると25.3＋22.4＝47.7(%)と，石油による発電量を上回る。よって，○。　エ：石炭による発電量が近年増えているかどうかは，資料Bだけでは判断できない。よって，△。

やや難

(3)　資料C～Eをふまえて，ドイツでの再生可能エネルギーの普及《ふきゅう》に関する予想を200字以内でまとめる。解答例では再生可能エネルギー推進の予想をまとめている。再生可能エネルギーがさらに普及すると考える場合は，資料Cから，再生可能エネルギー導入の数値目標45%に届いていない点が理由として挙げられる。一般的には天然ガスや原油の値段が上昇していることも理由として考えやすいが，これは資料Aに書かれた内容なので，「資料C～Eをふまえて」という問題文の条件と合わない。一方，再生可能エネルギーの普及があまり進まないのではないかと考える場合は，資料Eから，上乗せ料金の負担が重いので，廃止《はいし》される可能性がある点が理由として挙げられる。いずれも，自分の予想の根拠《きょ》を資料C～Eの中から明確にする必要がある。

(別解例：上乗せ料金廃止の予想)

資料Eでは，再生可能エネルギーを広めるために国民が上乗せ料金を負担している現状が述べられている。資料CとDより，ドイツにおける再生可能エネルギー等による発電の比率は他のEU諸国より高いことがわかる。再生可能エネルギーを推進する努力は必要だが，ドイツ国民にとっては日常生活の方が大切なので，ドイツにおける上乗せ料金はなくなると思う。

(4)　再生可能エネルギーには，太陽光発電，地熱発電，風力発電，バイオマス発電などがある。い の発電方法については，空欄の後ろの「この発電方法は」に続く部分で，「枯渇《こかつ》の心配」がないこと，「発電を開始してからは温室効果ガス排出《はいしゅつ》の心配」もないこと，一方で「設置に広大な面積が必要」であること，「発電量が天候により大きく左右される」ことが特徴《ちょう》として挙げられている。以上の条件にあてはまるのは太陽光発電である。太陽光発電は太陽の光をエネルギーに変えるので，枯渇の心配がなく，バイオマス発電などと違って発電時に温室効果ガスを排出することもないが，日当たりのいい場所に太陽光パネルを何枚も設置する必要があることや，雨天には発電量が大きく減ってしまうことといった課題がある。

(5) ① 資料Fの水深地形図から，千葉県銚子《ちょうし》市の沖合は色が薄く，水深が浅いことが読み取れる。水深が浅ければ，風車を設置しやすいと考えられる。また，資料Gから，銚子市の年間平均風速は4～5mであり，関東地方周辺の中でも風が比較《かく》的強い地域であることがわかる。以上の2点から，千葉県銚子市は洋上風力発電に適した場所といえることを，50字以内で説明すればよい。 ② X：風力発電の特徴を考える。風力発電は風が吹《ふ》かないと発電できない代わりに，風があれば夜間や雨天でも発電することができる。太陽光の課題として会話文中で先生が挙げていた部分がヒントになる。 Y：カードに書かれている内容をもとに考える。「建設工事の受注」「産業の発展」とあるので，経済的な発展・地域の町おこしについて書かれたカードだと判断できる。

★ワンポイントアドバイス★

複数の資料と会話文を読み合わせて，解答を組み立てる力が求められる。話の要点を素早くおさえるために，日ごろから複数の資料を読み解く読解問題に取り組もう。会話文の分量が多いので，先に問題文から目を通し，どのような部分が問われるのか明らかにすることも効果的である。

＜適性検査Ⅱ解答＞《学校からの正答の発表はありません。》

1 (1) [ア] 4 [イ] 23 [ウ] 2.15 [エ] 41.1 (2) (i) ウ (ii) 4：1
(3) (i) 2.6 (ii) 0.38 (iii) 64.22 (iv) 9.17

2 (1) (固体) ア (液体) イ (気体) ウ (2) ミョウバンを水に溶かすと，ミョウバンの粒子はバラバラになる。バラけた粒子は小さいので目には見えなくなるが，粒子の数が減ったわけではないので，溶かす前と後とでミョウバンの重さは変わらない。よって，水溶液の重さには溶かしたミョウバンの重さがすべて加わる。 (3) 冷却することで，粒子が外へエネルギーを放出する。すると，粒子は運動が穏やかになり，固体の状態へと変化する。よって，冷却することで再結晶が可能になる。 (4) エネルギーをあたえる側の水の粒子の数が2倍，3倍，4倍…となれば，エネルギーを受け取る物質の粒子の数も2倍，3倍，4倍…と比例して増えるから。 (5) (i) 157g (ii) 112g (iii) 45g (iv) 29g (v) ミョウバンと食塩の混合溶液を冷却し，ろ過することで得られたミョウバンを取り出すことができる。 (6) 気体は液体よりも激しく動いており，水に溶かすためには運動をおだやかにしなければならない。そのためには気体粒子のエネルギーを水の粒子にあたえる必要がある。水の温度が高く粒子の運動が激しいと，気体粒子は水の粒子に対してあまり多くのエネルギーをあたえることができなくなってしまう。逆に，水の粒子の運動がおだやかであればあるほど，気体粒子はより多くのエネルギーをあたえることができる。よって，温度が高い方が気体の溶ける量が少なくなる。

○推定配点○

1 (2)(ii) 5点 他 各3点×9 2 (1)・(5)(v) 各6点×2((1)完答)
(2)・(3) 各10点×2 (4) 8点 (6) 12点 他 各4点×4 計100点

<適性検査Ⅱ解説>

1 (算数:図表の読み取り,計算,縮図《しゅくず》,平面図形)

重要 (1) ア:空欄《らん》の直前の徳《のり》男《お》さんの発言に「250分の1の縮《しゅく》図を書いてみて」とあるので,図1の辺BCの長さを250分の1にすればよい。10mは1000cmなので,$1000\times\frac{1}{250}=4$(cm)

イ:図2は250分の1の縮図なので,もとの辺ACの長さを求めるには,辺A′C′の長さを250倍すればよい。したがって,$8.6\times250=2150$(cm)$=21.5$(m)　実際の木の高さを求めるには明《あき》人《と》さんの目の高さを足せばよいので,$21.5+1.5=23$(m)

ウ:図2の図形の左端の角度が65°であることに注目する。図2と図3を比べると,角度xが65°のとき,隣辺《りんぺん》の長さは4cm,対辺の長さは8.6cmである。下線部②から,隣辺の長さを1としたときの対辺の長さを求めればよいので,求める値は,$8.6\div4=2.15$

エ:図4の直角三角形の角度xは70°である。表1より,角度xが70°のとき,xの隣辺の長さを1としたときの対辺の長さの値が2.74なので,求める高さは,$15\times2.74=41.1$(m)

(2) (i) 各辺のマス目の数に注目する。四角形ABCDは,ABが4マス,BCが4マス,CDは2マス分の対角線で構成されている。相似《そうじ》な図形は,拡《かく》大または縮小したときに同じ図形となるから,マス目同士の比が変わらない。よって四角形ABCDと相似な図形はウである。図形が反転していても,裏《うら》返して相似であれば相似な図形として考えてよい。 (ii) まず,それぞれの図形の面積を求める。四角形ABCDは,縦4マス,横6マスの長方形から2つの三角形の面積を引くと考えて,$4\times6-\left(2\times6\times\frac{1}{2}+2\times2\times\frac{1}{2}\right)=16$　また,ウの図形の面積も同様に,$3\times2-\left(1\times1\times\frac{1}{2}+1\times3\times\frac{1}{2}\right)=4$　よって,求める面積比は16:4,すなわち4:1である。複雑な形の四角形の面積は,複数の正方形や長方形,三角形に分けて計算するとよい。

(3) (i) 表1より,角度xが69°のときのxの対辺の長さの値は2.60である。角度aにおける対辺の長さの値を$t(a)$と表しているので,(a)にあてはまる角度と対応する長さの値を読み取ればよい。

(ii) 図3の角度xが21°のときの図形は,下の三角形XYZのようになる。下図において,YZの長さを1としたときのXZの長さの値が$t(21^\circ)$である。ここで,XZの長さを1としたときのYZの長さの値は$t(69^\circ)=2.60$であるから,$t(21^\circ)$はその逆数となることがわかる。したがって,求める値は,$\frac{1}{2.6}=0.384\cdots$より,小数第3位を四捨五入して,0.38。

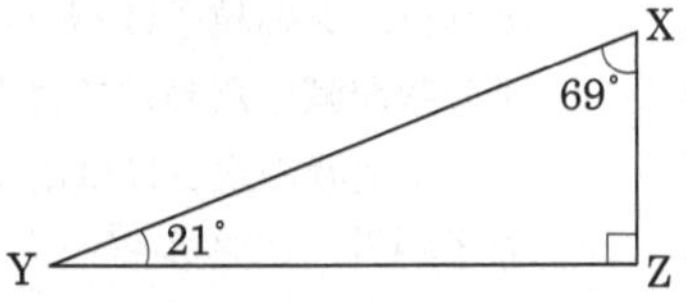

(iii) 二等辺三角形DEFを,上の直角三角形XYZを2つ組み合わせた図形として考える。$t(21^\circ)$の値は,(ii)で求めた0.38を用いる。DからEFに垂直に下ろした線と辺EFとの交点をGとすると,EG=FG=13(m)。このとき,DGの長さは,$13\times0.38=4.94$(m)と求められるから,三角形DEFの面積は,$26\times4.94\times\frac{1}{2}=64.22$($m^2$)

(iv) $t(84^\circ)$を問題文の式が使える形に変形することを考える。このとき,(ii)で$t(21^\circ)$を求めたことを利用すれば,$84=21+63$と分解して,$t(84^\circ)=t(21^\circ+63^\circ)=\frac{t(21^\circ)+t(63^\circ)}{1-t(21^\circ)\times t(63^\circ)}=\frac{0.38+1.96}{1-0.38\times1.96}=\frac{2.34}{1-0.7448}=\frac{2.34}{0.2552}=9.169\cdots$　と求められる。小数第3位を四捨五入して,$t(84^\circ)=9.17$。

2 (理科:粒子《りゅうし》の運動,水溶液《すいようえき》の性質,図表の読み取り)

(1) 下線部①直後のたかしさんの「固体だと粒子どうしが密《みっ》集しているけど,液体だとバラバラになっているね。気体は粒子同士がかなり離《はな》れているよ」という発言から考える。ア~ウの図の○1つを粒子1つとして考えると,アは粒子どうしが集まり密着しているが,イは粒子どうしの間にすき間があり，粒子が動いている。ウはさらに粒子どうしの間が離れ，激しく動いている。よって，アが固体，イが液体，ウが気体をそれぞれ表している。

(2)　ミョウバン水溶液は液体の状態なので，(1)のイのように，粒子どうしがバラバラになっている。また，あきらさんの発言に「この世のものは小さな粒子が集まってできている」「粒子1個の大きさはものすごく小さくて，肉眼では認識できない」とあることから，粒子がバラバラになると，1個ずつの粒子を目で見ることはできなくなるとわかる。ただし，ミョウバン水溶液に溶《と》けたミョウバンの粒子は数が減ったり消えたりしたわけではなく，あくまで目で見ることができなくなっただけである。そのため，溶かしたミョウバンの重さはミョウバン水溶液に含《ふく》まれる。よって，解答には「ミョウバンを水に溶かすことで粒子がバラバラになる」ことと，「粒子は肉眼で見えないだけで重さは変わらない」ことをまとめる。

(3)　たかしさんの発言に「固体＜液体＜気体の順に温度が高い」，あきらさんの発言に「温めるというのは熱エネルギーを与《あた》えるということ」「粒子はエネルギーを受け取ると活発に運動する」とあることから，ある物質が固体から液体や気体に変化するとき，粒子が熱エネルギーをもらって活発に運動する状態になったと考えることができる。さらに，あきらさんの発言に「冷やすというのは熱エネルギーを外に放出して，粒子の運動が穏《おだ》やかになるということ」とあることから，物質を冷却《れいきゃく》することで液体や気体の粒子は熱エネルギーを放出し，動きが穏やかになるとわかる。以上をふまえて，冷却することで液体や気体の粒子の運動が弱まり，(1)のアの図のような状態に近づくことで，再結晶《さいけっしょう》が起こると考えられる。よって，解答には「冷却することでエネルギーを放出する」ことと，「エネルギーを失ったことで粒子の動きが穏やかになり固体の状態になる」ことをまとめる。

やや難 (4)　水の量が増えるということは，水の粒子の数が増えるということである。下線部②の1つ前のあきらさんの発言に「粒子どうしでエネルギーのやり取りをすることができる」「水の粒子は動き回っているからたくさんエネルギーを持っていて，そのうちのいくらかをミョウバンの粒子に与える」とあることから，水の量が2倍になれば，溶かす物質に与えられるエネルギーも2倍になるので，より多くの物質にエネルギーを与えられるとわかる。よって，解答には「水の量が2倍，3倍，4倍…となれば，粒子の間でやりとりできるエネルギーの量も2倍，3倍，4倍…となる」ことをまとめる。

(5)　以下の問題では，数値の読み取りの個人差を考慮《こうりょ》し，数グラムの差は正解となる。

(i)　図の溶解度《ようかいど》曲線から，60℃の水100gにミョウバンは最大でおよそ57g溶けることがわかる。よって，このときの水溶液全体の重さは，100＋57＝157(g)

(ii)　図の溶解度曲線から，20℃の水100gにミョウバンは最大でおよそ12g溶けることがわかる。よって，このときの水溶液全体の重さは，100＋12＝112(g)

(iii)　(i)のミョウバン水溶液を20℃まで冷却したとき，(ii)よりミョウバンは100gの水に最大でも12gしか溶けることができないため，もともと溶けていた量との差が溶けきれずに固体となって出てくる。したがって，求める量は，57－12＝45(g)

(iv)　(i)～(iii)と異なり，水溶液全体が100gであることに注意する。(4)で，水の量と溶ける物質の量は比例することがわかっている。溶解度曲線より，水の温度が60℃のときの水の量と溶けるミョウバンの量の比は100：57であるから，この水溶液を60℃から20℃までに冷却したときに，溶けきれずに固体となって出てくるミョウバンの量は，(iii)の$\frac{100}{157}$倍となる。したがって，

$45\times\frac{100}{157}=28.6\cdots$　小数第1位を四捨五入して，29g。

(v)　図の溶解度曲線から，ミョウバンは水の温度が上がるほどより多く溶けるのに対し，食塩は

水の温度が上がっても溶ける量がほとんど変わらないことがわかる。この性質を利用して，ミョウバンと食塩が混ざった水溶液を冷却することで，ミョウバンだけが再結晶によって析出《せきしゅつ》すると考えられる。取り出す方法を問われているので，水溶液を冷却してミョウバンを再結晶させたあと，ろ過して水溶液と分離させることまで書けるとよい。

(6)　会話文やこれまでの出題内容をふまえて，【ヒント①】～【ヒント③】について，以下のように考えられる。

【ヒント①】：気体が液体に溶けるときは，液体より気体の方が大きなエネルギーを持っているため，固体が液体に溶けるときとは持っているエネルギーの関係が反対である。つまり，気体が液体に溶けるとき，粒子の運動は穏やかになる。

【ヒント②】：【ヒント①】で見たように，粒子の動きが穏やかになるということは，気体がエネルギーを放出しているということである。つまり，気体が液体に溶けるとき，エネルギーは気体から液体へと渡(わた)される。

【ヒント③】：物質は温められることでエネルギーを得ている。また，温度が高くなると物質は固体→液体→気体と変化していく。これらをふまえると，温度の低い液体はエネルギーをあまり持っていないので，よりたくさんのエネルギーを受け取ることができると考えられる。

以上をまとめると，気体が液体に溶けるとき，気体から液体にエネルギーが受け渡される。エネルギーを受け取る側の液体の温度が高いと，気体からあまりエネルギーを受け取ることができない。よって，固体とは反対に，水の温度が高い方が気体の溶ける量が少なくなる。

★ワンポイントアドバイス★

抽象的《ちゅうしょうてき》な話題が多く，また自分の言葉で理由や方法を説明する問題も見られる。どのようなことが話されているのか，常に頭の中でイメージをふくらませながら問題文を読むようにしよう。ヒントとなる情報が会話文のあちこちに散らばっているので，読み落とさないよう気をつけたい。

＜適性検査ⅢA解答＞《学校からの正答の発表はありません。》

1　(1)　[ア]　252　　[イ]　30　　(2)　[ウ]　106　　(3)　高く　　(4)　[オ]　105　[カ]　5　　(5)　A　10　　B　6　　C　3　　D　1　　[キ]　98　　(6)　[ク]　113　(7)　[ケ]　1000

2　(1)　1.95N　　(考え方)　木の机の上で物体を動かすときに使用した1円玉の枚数は195枚。1円玉は1枚1gなので袋の重さは195g。1gの物体の重さは約0.01Nなので袋の重さは0.01×195＝1.95(N)　　(2)　[ア]　正しい　　(理由)　物体に力がはたらいている間は動き続け，物体に力がはたらかなくなると止まってしまうため。　　(3)　2.8N　(考え方)　物体が動いている間の摩擦力は動まさつ力で，(動まさつ係数)×(物体の重さ)で求められる。じゅうたんの上の動まさつ係数は0.56。物体の重さは0.01×500＝5(N)。よって求める動まさつ力は0.56×5＝2.8(N)　　(4)　まさつ力が大きいほど止まるまでのきょりが短くなる。　　(5)　少なくなる　　(6)　静止せず動き続ける。　(7)　(正誤)　誤っている　　(理由)　まさつ力がはたらいている場合には力を加え続けなければならないが，まさつ力がはたらいていない場合は力を加え続けなくても運動するため。　(8)　(i)　[イ]　→　[ウ]　←　(ii)　人は電車と同じ速さで運動を続けようとする。一方，電車はブレーキをかけることで減速をする。このとき，人は運動をさまたげる力を加えられていないので，そのままの運動を続ける。しかし，電車は運動をさまたげる力がはたらくことにより人の運動の速さよりもおそくなる。これにより，人の体は電車の進行方向にかたむくこととなる。

○推定配点○

1　(1)・(2)　各5点×3　(3)　4点　(4)　各5点×2　(5)　6点(完答)　[キ]　5点　(6)・(7)　各5点×2　2　(1)～(3)　各6点×3　(4)～(6)　各5点×3　(7)　6点　(8)　(i)　5点(完答)　(ii)　6点　計100点

＜適性検査ⅢA解説＞

1　(社会，算数：物価変動，平均，価格計算)

(1)　商品Aをみると生産者の販売《はんばい》価格が120円，仲介《ちゅうかい》業者①・②，販売業者でそれぞれ価格が上《じょう》昇《しょう》しているため，アの末端《まったん》価格は120×1.25×1.4×1.2＝252(円)となる。また，商品Bをみると生産者から仲介業者①までの価格上昇によって商品Bの価格は1000×1.2＝1200(円)となる。販売業者からの価格上昇によって末端価格が2184円になっていることから，販売業者のもとで価格上昇をする前の商品Bの値段，すなわち仲介業者②によって上がったあとの値段は2184÷1.4＝1560(円)だとわかる。これより，イを求めと1560÷1200＝1.3。(1.3－1)×100＝30(%)となる。

(2)　先生と太郎《たろう》くんの会話と表1の計算式より，ウの物価変動指数は$\frac{530000}{500000}$×100＝106

(3)　物価変動指数が100をこえているので費用は増加している。解答は「高く」または「安く」のどちらかなので，エには「高く」をいれればよい。

(4)　オはお米，牛肉，玉ねぎのそれぞれの物価変動指数の平均を求めればよいので，$\frac{(85+120+110)}{3}$＝105である。カは基準である100を引けばよいので105－100＝5(%)

(5)　支出額の割合は，先生の発言よりお米が6，牛肉が3，玉ねぎが1であり，Aにあてはまる全体の割合は10である。下線部①の先生の発言から，Bには6，Cには3，Dには1がそれぞれあてはまる。これらをあてはめた式からキを求めると，[キ]＝85×$\frac{6}{10}$＋120×$\frac{3}{10}$＋110×$\frac{1}{10}$＝51＋36＋11＝98

(6)　まず，表2よりお米，ティッシュ，靴下《くつした》それぞれの物価変動指数を求める。お米：$\frac{2400}{2000}$×100＝120　ティッシュ：$\frac{600}{500}$×100＝120　靴下：$\frac{500}{1000}$×100＝50

2021年のそれぞれの支出額は，お米：30×2400＝72000(円)　ティッシュ：30×600＝18000(円)　靴下：20×500＝10000(円)

支出額の合計は72000＋18000＋10000＝100000(円)になるので，(5)で用いた式を使ってクを求めると，[ク]＝120×$\frac{720000}{100000}$＋120×$\frac{180000}{100000}$＋50×$\frac{10000}{100000}$＝86.4＋21.6＋5＝113

やや難

(7)　まず，お米とティッシュそれぞれの物価変動指数を求める。

お米：$\frac{1400}{[ケ]}$×100　ティッシュ：$\frac{500}{400}$×100＝125

2019年のお米とティッシュのそれぞれの支出額と総支出額を求めると，お米：15×1400＝21000(円)　ティッシュ：18×500＝9000(円)　総支出額：21000＋9000＝30000(円)

よって，お米とティッシュそれぞれの支出の割合は，(お米)＝$\frac{21000}{30000}$＝$\frac{7}{10}$，(ティッシュ)＝

$\frac{9000}{30000}=\frac{3}{10}$となる。全体の消費者物価指数の中でティッシュがふくまれる分は$125\times\frac{3}{10}=37.5$であるから，お米がふくまれる分は$135.5-37.5=98$である。お米の物価変動指数は逆数を用いて$98\times\frac{10}{7}=140$となる。以上よりケを求めると，$\frac{1400}{[ケ]}=140\div100$　$\frac{1400}{[ケ]}=\frac{14}{10}$　$\frac{[ケ]}{1400}=\frac{10}{14}$　$[ケ]=\frac{10}{14}\times1400=1000$(円)となる。

2 **(理科：摩擦《まさつ》，物体の運動，重力)**

(1)　表1から木の机《つくえ》の上の物体を動かすのに使ったのは1枚1gの1円玉195枚であるので，合計195g必要であったことがわかる。1gは約0.01Nであることから0.01×195＝1.95(N)となる。

(2)　「この実験から物体は袋《ふくろ》の重さによって動いていると言える」，「物体は引っ張る力がはたらいていないと，速さが少しずつゆっくりとなり止まってしまう」という明子《あきこ》さんの発言から，物体は力がはたらいているときは運動を続け，力がはたらかなくなると静止してしまうことがわかる。よってアリストテレスの結論は「正しい」ということになる。

(3)　徳夫《のりお》さんの発言より，動いている間の摩擦力《まさつりょく》，すなわち動摩擦力《どうまさつりょく》は「動摩擦係数《どうまさつけいすう》と物体の重さの積によって求めることができる」とわかる。じゅうたんの上での動摩擦係数は表2より0.56，物体は500gであるので500×0.01＝5(N)。よって求める動摩擦力は0.56×5＝2.8(N)となる。

(4)　表2，表3から，動摩擦係数が大きいほど物体が止まるまでの距離《きょり》が短くなっていることがわかる。

(5)　空気で物体を浮かせると物体と物体を置く場所の間での摩擦力がはたらかなくなる。表1，表2より，摩擦力(動摩擦係数)が小さくなると袋に入れる1円玉の枚数は少なくなっていることがわかるので，空気によって摩擦力がはたらかないとき，袋の中に入れる1円玉の枚数は少なくなると考えられる。

(6)　空気によって物体の底と物体を置いていた場所の間の摩擦力がはたらかないため，物体は運動し続ける。

(7)　実験から，摩擦力がはたらいている場合には，物体に力を加え続けなければ運動がとまってしまうということ，摩擦力がはたらいていない場合には，物体に力を加え続けなくても運動をし続けることがわかった。すなわち，物体の運動を妨《さまた》げる力がなければ，力を加え続けなくても物体は運動をし続けるので，アリストテレスの結論は「誤っている」ということがわかる。

(8)　(i)　電車に乗っている人の運動の向きは電車と同じなので，イは右向きが正しい。電車はブレーキをかけられると，電車の運動している方向とは逆の向きの力がはたらき，電車の運動を妨げる。よってウは左向きが正解となる。　(ii)　人は電車と同じ向きに同じ速さで運動を続けようとする(慣性《かんせい》の法則)。電車がブレーキをかけて減速するとき，電車には運動を妨げる力がはたらいているが，人には運動を妨げる力がはたらかないのでそのままの向き・速さで運動を続ける。したがって，電車の運動の速さは人の運動の速さよりも遅くなる。よって人の体は電車の進行方向と同じ向きに傾《かたむ》くことになる。

★ワンポイントアドバイス★

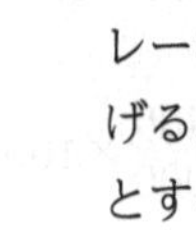

桁《けた》が大きい計算や，割合を求める計算が多い。一つ一つミスがないよう，確認しながら取り組もう。理科の分野では一見難しい内容を扱《あつか》っているが，会話文を参考に読み解けば基本的な知識で解答できる。

＜適性検査ⅢB解答＞《学校からの正答の発表はありません。》

一 (1) ① エ　② 社会に発信　(2) ③ だれでもどんな質問でもよい

二 (1) 社会の営み　(2) 人類の存続が危ぶまれる中で，社会の人々が科学に関心をもつことで新たな方向性や解決策が見出せるかもしれないから。

三 (1) 社会の中で，他者とともに生きることを学ぶ(こと。)

(2) 現代社会では，世界人口の増大や資源のこかつなどで，エネルギーを安定して供給することは大きな問題です。一方，地球温暖化問題では化石燃料の使用を減らすことが求められ，また原子力発電については，その安全性が問われており，エネルギー問題は地球規模の課題であるといえます。科学の進歩により，自然エネルギーの推進が期待されます。

しかし，現状では，必要エネルギーのほとんどを自然エネルギーでまかなうことは不可能であり，多くを化石エネルギーや原子力エネルギーにたよらざるを得ません。そうした中で，それぞれのエネルギーの使用バランスや将来にむけての開発展望などを，国や地域が考えていかなければなりません。そして，科学者の知見をふまえた上で，政府や社会の人びとによる意思決定をしていく必要があります。

このことから，エネルギー問題に取り組むには，科学的な見方に立ち，科学者による開発が期待されますが，社会におけるエネルギーの使用や活用について，多くの人びとが関心をもち考えていくべきだと思います。そして，具体的な方策を共有して取り組むため，社会全体で方向性を見出して意思決定することが求められます。エネルギー政策では，科学と社会がどうかかわるのかが重要なテーマになると思います。

○推定配点○

一 (1) ① 4点　② 6点　(2) 10点　二 (1)・(2) 各10点×2

三 (1) 10点　(2) 50点　計100点

＜適性検査ⅢB解説＞

一 **(国語：放送文聞き取り)**

(1) ① 筆者が科学者に会って感じたことが述べられている部分を聞き取る。放送の前半で「おそるおそる科学者に会ってみたら意外に面白《おもしろ》く，わからないなりに取材すればするほどわくわくし，少しわかれば次から次へと知りたいことが増えてくる」と述べられており，筆者が科学者に会って面白さを覚え，科学に関心をもつようになったことがわかる。

② 筆者が，科学者に会って感じたことを，科学を身近に感じていない人にも伝えたいと考える一方で，筆者が科学者と直接接して，科学者自身が何をする必要があると感じたかを述べている部分を聞き取る。放送の前半で「いっぽうで，科学者と顔をつきあわせるうちに，私が彼《かれ》らから受ける興奮を，彼ら自身が社会に発信すれば，もっともっと人々を引きつけられるという確信も強くなっていきました」と述べられている。

(2) 筆者が「サイエンスカフェ」を手がけようと思ったきっかけに関して，サイエンスカフェの参加者のどのような点をサイエンスカフェの最大の特徴《とくちょう》と考えているか述べている部分を聞き取る。放送の後半で「サイエンスカフェの最大の特徴は，『誰《だれ》でも，どんな質問でもOK』なこと」と述べられている。

＜放送文＞

おそるおそる科学者に会ってみたら意外に面白く，わからないなりに取材すればするほどわくわくし，少しわかれば次から次へと知りたいことが増えてくる。科学は私にとって，謎《なぞ》と発見に満ちあふれた不思議の国のようでした。

「どしろうと」の私がこれだけ夢中になれるのだから，科学を身近に感じていない人たちだって，知ればもっと面白いはずだと考え，夢中で，記事を書き続けてきました。

いっぽうで，科学者と顔をつきあわせるうちに，私が彼らから受ける興奮を，彼ら自身が社会に発信すれば，もっともっと人々を引きつけられるという確信も強くなっていきました。

難しい論文や，書き手が一方的に発信する科学記事だけでなく，科学者の素顔《すがお》と肉声，情熱ややりがいを人々に伝えたい。そんな思いが募《つの》り，私は二〇〇五年ごろから科学コミュニケーション活動に取り組み始めました。

科学コミュニケーションは，二一世紀に入って盛んになった分野です。きちんとした定義はありませんが，科学・技術の話題を題材に，専門家と非専門家が双方向《そうほうこう》でやりとりをする活動をこう呼びます。「科学」と聞いただけで「わ！　わからない！」と後ずさりするような人たちも，科学者から直接はなしを聞くことで，その印象が変わります。わからない部分があってもそれなりにおもしろさを感じられるようになりますし，論争のあるテーマなどは，顔をつきあわせてとことん話し合うことで無用な誤解が解け，互《たが》いに立場を理解した上でより意味のある議論が期待できます。

その一端《いったん》を体験できるのが，科学・技術を題材にした小規模な交流の場「サイエンスカフェ」です。

サイエンスカフェの最大の特徴は，「誰《だれ》でも，どんな質問でもOK」なこと。講演会と違《ちが》って小さい会場ですから，マイクなしでも声が届くぐらいの距離《きょり》で科学者と向き合います。なごやかなムードで進行し，「こんなつまらないことを聞いて，笑われたらどうしよう」という不安もありません。

こうしたコミュニケーションは，科学者の側にも「発見」をもたらすようです。社会が自分の研究をどう見ているのかがわかり，また，自分の研究に何が足りないのかを知るきっかけにもなります。専門家同士では通じる表現や専門用語が，一般《いっぱん》の人たちにとっては難しく敬遠されることにも気づきます。

二　(国語：長文読解，条件作文)

やや難

(1)　「社会のための科学」がどういうものなのか，第2段落から読み取る。第2段落の前半から，かつて科学者たちは自らの好奇心《こうきしん》を満足させるため，現実社会との交渉《こうしょう》なしに科学を研究していたことがわかる。第2段落の後半では，一九九九年にブダペストで開かれた世界科学会議において，科学者たちが科学を社会の営みと切りはなしては定義できないと自覚したことが示され，科学者は自らがどう行動すべきか，科学と社会との接点をどのようにつけていくか，議論し始めたことがわかる。このように，社会の事を考え，社会とのかかわりを意識した科学が「社会のための科学」である。

(2)　「社会のための科学」が，大きな変革の中で必要になる理由を第3段落から読み取る。第3段落の前半で，このまま発展が進むと人類が存続の危機《きき》にさらされるという課題があることがわかり，さらに後半からは，「現代の社会において人々の求めること」が「科学研究」に新たな方向性を与えること，「専門家でない人々が加わること」がこの課題を解決するきっかけとなりうるということが述べられている。これらをわかりやすくまとめるとよい。

三　(国語：長文読解，条件作文)

(1)　第3段落以降に，「ダイアローグとしての対話」により人が得られるものについて書かれており，これが「ダイアローグとしての対話」における大事なこと，意義のあることだと考えることができる。文章を読むと，対話により相手との関係が構築され，最終的に人が社会の中で他者とともに生きることを学ぶことができるとわかる。

(2)　問題文の《条件》にもとづき，それぞれの文章で読み取れることをまとめると，次のようになる。

[一]の聞き取り：科学者と一般の人々がつながることは，互いにとってよいことである。
文章[二]：これからの時代，科学は社会とかかわっていくことが重要となる。
文章[三]：対話は相手との関係を生み，これにより人は他者との共生を学ぶ。

以上のことをふまえて作文の内容を考える。各段落のポイントは次のようになる。

第一段落：選んだテーマについて，科学者の視点からどのような進歩があったのかをまとめる。
第二段落：選んだテーマについて，社会の視点から見たときの問題点をまとめる。科学の発展が社会にもたらした問題や課題を，科学と社会が互いにかかわり合うことで解決できる可能性があるということを意識して書くと，次の段落につなげやすいだろう。
第三段落：第一段落・第二段落をふまえて，「ダイアローグとしての対話」という観点から，科学と社会の対話についての自分の意見を述べる。科学と社会が結びつくことの重要性や有益性を主張しつつ，それがどのようになされるべきなのか，自分の考えをまとめよう。

★ワンポイントアドバイス★

傍線《ぼうせん》部を説明させる問題は，文章全体をよく読み，どの部分が適切な解答となるのか見きわめることが重要である。また，字数制限がある問題が多いため，文章を簡潔《かんけつ》にまとめる練習をしてみるとよい。

＜適性検査ⅢC解答＞《学校からの正答の発表はありません。》

[1]　(1)　ア　(2)　エ　(3)　ア　(4)　ア　(5)　イ　(6)　①　イングランド　②　サッカー　③　Ms.White　④　英語　⑤　多くの人々　⑥　話　(7)　下表

	名前・職業など	そのほかの情報
父	職業はウェブデザイナー 東京の会社に勤めている	写真では一番左に写っている とれもクリエイティブ(創造的)
母		写真では1ぴきのネコをだいている
姉	高校生(さくらぎ高校) 名前はメアリー	ウェブデザインに興味がある 写真ではエディのとなりに写っている 学校へはふだんバスで通っている
ネコ	ジョン　トム(3さい) 他の2ひきのネコの名前はベラとルーシー	他に2ひきのネコがいる

[2]　(1)　父も母も，自分のことを気にしておらず，さびしいような，腹立たしいような思いがするが，それでものこのこ出ていくのがきまり悪かった(から。)　(2)　私が読んで印象深かった小説に，太宰治の「走れメロス」がある。メロスは，親友との友情を守るため，

自分の死を覚ごして王のもとに帰るという物語だ。私は友情の大切さを思いながら，極限の状きょうで，それを守り通すことができるのかを考えさせられた。

この物語を読んで思ったことは，真の友情とは，自分が苦しい状きょうにおいてこそ，その真価が問われるということだ。本当の友情は，苦難を乗りこえる力になると思う。

○推定配点○

1　(6)　各2点×6　(7)　8点　他　各6点×5

2　(1)　10点　(2)　40点　計100点

＜適性検査ⅢC解説＞

1　**(英語：放送文聞き取り)**

(1)　メアリーさんの「we're going straight down Chuo Street」とボブさんの「we'll take Sakura Street on the left side. We will find the theatre at the end of the road.」という発言に注目する。地図の中の二人のスタートの位置がわからなくても中央通りをまっすぐ進んだ先にさくら通りがあり，その終わりに劇《げき》場があることが聞き取れればアが正解だとわかる。

＜放送全文(日本語訳)＞

Mary:　Bob, how do we get to the theatre?

Bob:　Well, let's look at the map. We're here now, and the theatre is … there.

Mary:　OK, so we're going straight down Chuo Street first and take the second right.

Bob:　Right. There's a bank there. And, when we find a convenience store, we'll take Sakura Street on the left side. We will find the theatre at the end of the road.

(メアリー：ボブ，どうやって私たちは劇場へ行くのですか。

ボブ　：ええと，地図を見てみましょう。私たちは今ここにいます，そして劇場は…そこです。

メアリー：なるほど，では私たちは初めに中央通りをまっすぐに行っています，そして二つ目を右に行きます。

ボブ　：そうです。そこには銀行があります。そしてコンビニエンスストアがあったら，私たちは左手のさくら通りを行きます。私たちはその通りの終わりに劇場を見つけるでしょう。)

(2)　アンディさんがバスケットボールを，ミキさんがピアノを練習していることを二人の会話から聞き取ることができ，正解はエだとわかる。

＜放送全文(日本語訳)＞

Miki:　Oh, are you going to the gym, Andy?

Andy:　Oh, hi, Miki. Yes, I practice basketball today.

Miki:　I know. You practice it 4 times a week, don't you?

Andy:　Yes, I do. You also practice the piano almost every day!

Miki:　That's right! I'm crazy about music.

(ミキ：まあ，ジムに行くところですか，アンディ。

アンディ：ああ，やあ，ミキ。はい，私は今日はバスケットボールを練習します。

ミキ　　：知っています。あなたは週に4回それを練習していますよね。

アンディ：はい，そうです。あなたもほとんど毎日ピアノを練習しています！

ミキ　　：その通りです！私は音楽に夢中なのです。)

(3)　天気予報士の発言内容を聞き取る。東京と千葉は午前中に晴れるが午後はくもり，夜から翌日まで雨が降《ふ》ることが最初に述べられている。次に神奈川では翌日の気温が下がり，いくつかの地域では早朝にかけて雪が降ると述べられている。よって，正解はアだとわかる。

＜放送全文(日本語訳)＞

Forecaster: In Tokyo and Chiba, it'll be sunny in the morning today, but in the afternoon, it's going to get cloudy. We will have rain tonight and the rain will continue until tomorrow. In the Kanagawa area, the temperature will be down tomorrow, and some places have a little snow in the early morning.

(予報士：東京と千葉では今日の午前中は晴れるでしょう，しかし午後には，くもりになるでしょう。今夜は雨が降り，雨は明日まで続くでしょう。神奈川地域では，明日は気温が下がり，そしていくつかの地域では早朝に少し雪が降るでしょう。)

(4)　電話での会話の内容から，サムさんが街に戻ってくること，今週の日曜に空港で会うことが聞き取れれば，正解がアだとわかる。

＜放送全文(日本語訳)＞

(ringtone…swipe)

Nancy: Hi, Ken. What's going on?

Ken: Hello, Nancy. Do you remember Sam? He is coming back to our town!

Nancy: Wow, that's big news! When will he arrive?

Ken: This Sunday. I'm going to the airport with John to meet him. Would you like to join us?

Nancy: Yes, of course!

((着信音…スワイプ)

ナンシー：やあ，ケン。どうしたの。

ケン　　：こんにちは，ナンシー。サムを覚えていますか。彼が私たちの街に戻ってくるんです！

ナンシー：まあ，それは大きな知らせですね！いつ彼は到着《とうちゃく》するのですか。

ケン　　：今週の日曜日です。私はジョンと空港に行って彼に会うつもりです。君も私たちに加わりませんか。

ナンシー：はい，もちろん！)

(5)　コリンズ先生の買い物の内容を聞き取る問題。先生の奥さんがスカートを，先生はスマートフォンをそれぞれ購《こう》入したことが聞き取れれば，正解はイだとわかる。

＜放送全文(日本語訳)＞

Ai: Mr. Collins, I saw you at the East Shopping Mall last weekend.

Mr. Collins: Did you? I was shopping with my wife there.

Ai: What did you buy?

Mr. Collins: I wanted a new sweater but I couldn't find a good one. But my wife got a new skirt. She really likes it.

Ai: Didn't you buy anything?

Mr. Collins: Actually yes, I got a new smartphone!
Ai: Wow! That's good!

（アイ：コリンズ先生，私は先週末にイーストショッピングモールであなたを見かけました。
コリンズ先生：ほんとうに？　私はそこで妻と買い物をしていました。
アイ　　　　：なにを買ったのですか。
コリンズ先生：私は新しいセーターが欲しかったのですがよいものが見つかりませんでした。しかし私の妻は新しいスカートを手に入れました。彼女はそれをとても気に入っています。
アイ　　　　：あなたは何も買わなかったのですか。
コリンズ先生：実は，私は新しいスマートフォンを手に入れました！
アイ　　　　：まあ！それはいいですね！）

やや難 (6)　表を見ながら発言内容と合わせて正しい言葉を選ぶ。①ジュンさんの夢がイングランドでフットボール選手になること，②日本ではサッカーと呼ばれているがイングランドではフットボールと呼ばれていること，③ジュンさんの英語の先生はホワイト先生で，④⑤⑥ジュンさんは英語を話すことが好きで，将来はイングランドに住んで多くの人々と話がしたいと思っていること。これらの点をおさえればよい。

＜放送全文（日本語訳）＞

Hello, everyone. I'm going to talk about my dream.

My dream is to be a football player in England. I love football. What is football? It is a sport that is popular all over the world. The players kick and pass a ball and shoot it into the goal. Yes, it is soccer. People call this sport soccer in Japan, but in England, people call it football.

I like speaking English, too. In my school, Ms. White teaches English to us. She is from England, and her English lessons are fun. I want to live in her country and talk to a lot of people there in English in the future. So I'm going to study English very hard.

（みなさん，こんにちは。私は自分の夢についてお話しします。

私の夢はイングランドでフットボール選手になることです。私はフットボールが大好きです。フットボールとは何でしょう？ それは世界中で人気なスポーツです。選手たちはボールを蹴《け》ってパスをしてそしてゴールにシュートします。そう，それはサッカーです。日本の人々はこのスポーツをサッカーと呼びますが，イングランドでは，人々はそれをフットボールと呼びます。

私は英語を話すことも好きです。私の学校では，ホワイト先生が私たちに英語を教えています。彼女はイングランド出身で，彼女の英語の授業は面白いです。私は将来、彼女の国に住んで，そこのたくさんの人々に英語で話しかけたいです。だから私は英語をとても熱心に勉強します。）

(7)　表に聞き取った内容を書き入れ，必要に応じて表の内容を訂正《ていせい》する。エディの母親の名前や職業は会話の中には出てきていないので空欄《らん》でよい。表の左側の列には主に名前・職業の他に年齢(れい)や働いている場所などを書けばよい。修正する点はネコの名前である。ネコの名前はジョンではなくトム，他に2匹の猫を飼っているためその名前を書き加えるとよい。

＜放送全文（日本語訳）＞

Eddie: This is my family.
Meg: Oh, it's a nice picture. Is this your father?

Eddie: Yes. He is very tall. He works for a company in Tokyo.
Meg: What does he do?
Eddie: He is a web designer. He's very creative. And my sister, Mary, is interested in web designing, too.
Meg: Is that the girl next to you?
Eddie: Yes. She is a high school student.
Meg: Which high school does she go to?
Eddie: She goes to Sakuragi High School. She usually goes there by bus.
Meg: How long does it take from your house?
Eddie: I don't know. I have never been there.
Meg: Is this your mother? She is holding a cat!
Eddie: Yes, and that is our cat, Tom.
Meg: I love cats. How old is Tom?
Eddie: He is 3 years old. We have 2 more cats, Bella and Lucy.

(エディー：これは私の家族です。
メグ　：まあ，それは素敵な写真です。これはあなたのお父さんですか？
エディ：はい。彼(かれ)はとても背が高いです。彼は東京で会社に勤(つと)めています。
メグ　：彼は何をしているのですか。
エディ：彼はウェブデザイナーです。彼はとても創造的です。そして私の姉，メアリーもウェブデザイナーに興味を持っています。
メグ　：それはあなたの隣(となり)の女の子ですか。
エディ：はい。彼女は高校生です。
メグ　：彼女はどの高校に通っているのですか。
エディ：彼女はさくらぎ高校に通っています。彼女は普(ふ)段(だん)バスでそこに行っています。
メグ　：あなたの家からどれくらいかかるのですか。
エディ：私にはわかりません。私はそこに行ったことがないのです。
メグ　：これはあなたのお母さんですか。彼女はネコを抱えています！
エディ：はい，そしてそれは私たちのネコ，トムです。
メグ　：私はネコが大好きです。トムは何歳ですか。
エディ：彼は3歳《さい》です。私たちはあと2匹《ひき》ネコを飼っています，ベラとルーシーです。)

2 **(国語：長文読解，条件作文)**

(1) 文章B傍線部《ぼうせんぶ》Ⅰの「わざと大きな足音を立てながら，庭木の間を歩きはじめました」という行動には，次郎の心情が現れているといえる。文章A傍線部Ⅱの「相手を内側からみる」とあるとおり，この場面での次郎の心情は直前の段落で述べられている。その内容を指定の字数に合わせてまとめる。

重要 (2) 文章A傍線部Ⅲ「その人びとの感情や行動を追体験できる」ことは，文章Aでも述べられているように小説や物語の特徴《とくちょう》であり，小説を読むことで日常生活ではありえないようなことも「追体験できる」のである。各段落の内容は以下のようにまとめるとよい。

第一段落：自分が読んだ小説を取り上げて，簡潔に内容を説明する。またそこから得た経験を述べる。

第二段落：その小説の登場人物から学んだことを述べる。

★ワンポイントアドバイス★

リスニングには，難しい単語も含《ふく》まれている。聞きなれない単語にまどわされず，問題文から考えられる重要なポイントにしぼって聞き取るようにしよう。作文は題材となる文章が難解《なんかい》な傾向《けいこう》がみられる。一つ一つの言葉をかみくだいて自分なりに理解できるとよい。

2022年度

★★★★★★★★★★★★★★★★★★★★★★★

入　試　問　題

2022年度

千葉明徳中学校入試問題（一般入試①）

【算　数】（50分）　＜満点：100点＞

【注意】　1．スマートフォン，電卓《でんたく》，計算機能付き時計など電子機器類を使用してはいけません。
　2．分数は，約分すべきではない場合を除き，それ以上約分できない分数で答えなさい。また，比は，最も簡単な整数の比で答えなさい。

1　次の計算をしなさい。**なお，解答用紙に答えだけでなく，途中《とちゅう》式も書きなさい。**

(1)　$1+8+15+22+29+36+43$

(2)　$250\times1.7+13\times25$

(3)　$1.25\times0.2-0.1\div0.5$

(4)　$\frac{29}{12}\times2\frac{2}{5}-\frac{8}{15}\div\frac{2}{3}$

(5)　$\left(3.125+\frac{3}{8}\right)\div1.4\times28$

2　次の □ にあてはまる数や語句を書きなさい。**なお，解答用紙に答えだけでなく，文章や式，図などを用いて考え方も書きなさい。**

(1)　分速300mの速さで３時間サイクリングをしたときに進んだ道のりは □ kmになります。

(2)　$\frac{22}{7}$を小数で表したとき，小数第18位の数字は □ になります。

(3)　３％の濃度《のうど》の食塩水Aを100ｇと食塩水Bを150ｇ混ぜたら4.8％の食塩水ができました。食塩水Bに溶《と》けている食塩は □ ｇです。

(4)　今から３年前，明夫《あきお》くんの年齢《れい》の３倍が，妹の年齢のちょうど５倍でした。今から６年経《た》つと明夫くんの年齢の３倍が，妹の年齢のちょうど４倍になります。今，明夫くんは □ 歳《さい》です。

(5)　右の図は１辺が６㎝の正方形と半径が６㎝のおうぎ形を２つ組み合わせた図形です。このとき，しゃ線部の面積は □ ㎠になります。ただし，円周率は3.14とします。

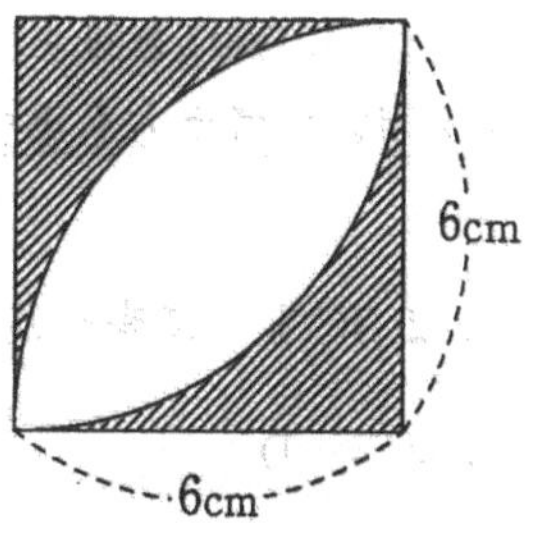

(6)　**図１**において，長方形ABCDを辺ADと辺BCの真ん中の点をM，Nとします。その後**図２**のように２つの頂点BとCをMN上で重なるように折り曲げます。このとき，角アの大きさは □°になります。

（図１，図２は次のページにあります。）

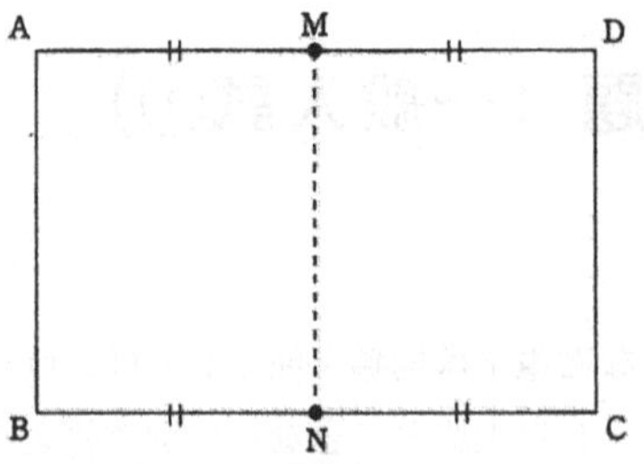

図１

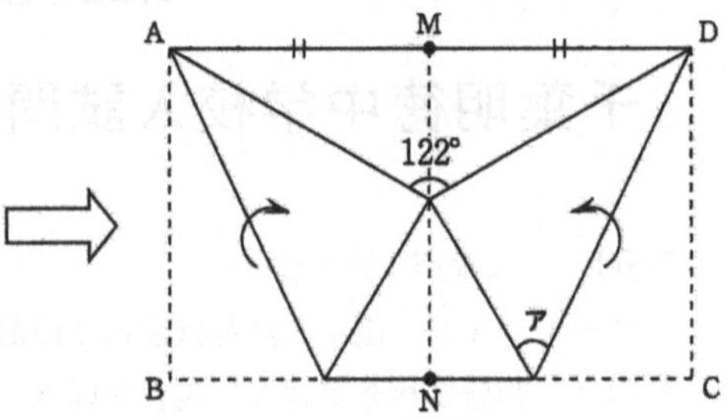

図２

3　数字の1，2，3の並び方を変える操作を考えます。６種類の置き換《か》えの操作A，B，C，D，E，Fを以下のようにします。

A：１２３→１２３　　B：１２３→１３２　　C：１２３→２１３
D：１２３→２３１　　E：１２３→３１２　　F：１２３→３２１

また，Bの置き換えをしてDの置き換えをすることを，Ｂ＊Ｄと表します。例えばＢ＊Ｄの操作をすると

Ｂ　　　Ｄ
１２３→１３２→３２１

と置き換えられ，１２３→３２１となるためＦと同じ操作になるので，2つの操作はＢ＊Ｄ＝Ｆと式で表すことにします。このとき，次の□に入るＡからＦまでのいずれかの操作を答えなさい。**なお，解答用紙に答えだけでなく，文章や式，図などを用いて考え方も書きなさい。**

⑴　１２３の並びに操作Ｂと操作Ｅをこの順番で行うと□と同じ操作になります。

⑵　Ｃ＊□＝Ｄ

⑶　□＊Ｂ＊Ｃ＊Ｄ＊Ｅ＊Ｆ＝Ａ

4　下の図のような直角三角形を，ACを軸《じく》として１回転してできる立体について，あとの各問いに答えなさい。ただし，円周率は3.14とします。**なお，解答用紙に答えだけでなく，文章や式，図などを用いて考え方も書きなさい。**

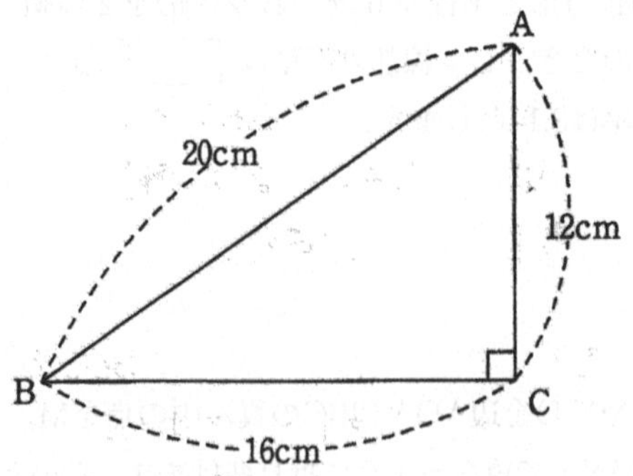

⑴　回転してできる立体の体積を求めなさい。

⑵　次のページの図のように三角形ABCを辺の長さを半分にして，新しく三角形DBEをつくりま

す。ACを軸として１回転させてできる立体の体積を求めなさい。

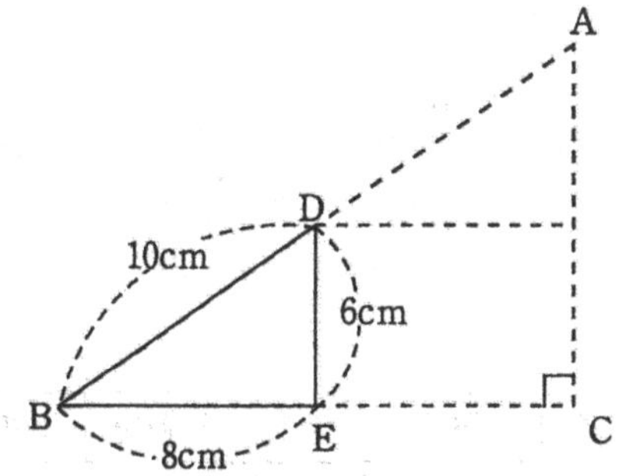

5　明人《あきと》くんと徳子《のりこ》さんは，昨年の夏に開催《かいさい》された東京2020オリンピックのスポーツクライミング競技について話し合っています。次の会話文を読み，あとの問いに答えなさい。**なお，解答用紙に答えだけでなく，文章や式，図などを用いて考え方も書きなさい。**

明人：昨年のオリンピックは見応《みごた》えがあったね。初めて競技種目に追加されたスポーツクライミングはすごかったね。

徳子：私も見たわ！　日本人選手の活躍《かつやく》がすばらしかったわね。

明人：そういえば，スポーツクライミングは他の競技とは順位のつけ方が違《ちが》ったんだけど，覚えている？

徳子：うん。まず，スポーツクライミングは「スピード」，「ボルダリング」，「リード」という３種目からなるのよね。それぞれに順位をつけて総合順位を決めることになっているの。**表１**は男子決勝の結果よ。

表 1

選手の国名	スピード順位	ボルダリング順位	リード順位	合計	総合順位
スペイン	1	7	4	28	1
アメリカ	6	1	5	30	2
オーストリア	7	5	1	35	3
日本	2	3	6	36	4

[東京 2020 オリンピックリザルトブックより]

明人：どういう方法で順位をつけているの？

徳子：合計は［　ア　］で決めているの。この合計が少ないほど順位が上になっていくのよ。

明人：なるほど。例えばスピードが３位，ボルダリングが［イ］位，リードが４位だと合計は24になるのか。

徳子：そういうことね。

明人：リードの順位が出るまで総合順位が分からないんだね。そうだ，何人かでスポーツクライミングをやったとしたとき，順位の出方を考えてみようよ。全員の選手の順位が同じにはならないとするよ。

徳子：面白《おもしろ》そうね。やってみましょう！　まずは２人の場合はどうかしら。

明人：２人で競うときの合計点数は，それぞれ１位と２位しかないから，合計得点として考えられるのは全部で１，２，４，８の４通りだね。

徳子：書いていくと分かりやすいわ。

明人：３人で競うときの合計点数を考えようよ。３人だと全部で何通りかな？

徳子：３位まであるから結構大変ね。えっと，全部で [ウ] 通りね。

明人：徳子さんすごいね！　では，こんなのはどう？　**表２**を見てよ。Ａ国からＤ国までの４か国の選手が競うことを考えてみよう。

表２

選手の国名	スピード順位	ボルダリング順位	リード順位	合計	総合順位
Ａ国	1	3			
Ｂ国	2	4			
Ｃ国	4	2			
Ｄ国	3	1			

徳子：まだリードの順位が決まっていないのね。

明人：そうなんだ。①もしＤ国の選手が優勝する場合，４か国の選手のリードの順位って何通りあると思う？

徳子：ちょっと考えてみるわね。もし合計が同じになったらどうすればいいの？

明人：その場合はリードの順位で決めることにしようよ。

徳子：分かった，やってみるわね。

⑴　会話文中の [ア] にあてはまる言葉を考えて書きなさい。

⑵　会話文中の [イ] にあてはまる数を求めなさい。

⑶　会話文中の [ウ] にあてはまる数を求めなさい。

⑷　下線部①について，４か国の選手のリードの順位の出方は何通りあるか求めなさい。

【理　科】（社会と合わせて50分）　　＜満点：50点＞

1　以下の問いに答えなさい。

⑴　テントウムシが冬越《ふゆご》しする姿は，次のうちのどれですか。以下のア～エより適当なものを１つ選び，記号で答えなさい。

ア：たまご　　イ：幼虫　　ウ：さなぎ　　エ：成虫

⑵　雄《お》花と雌《め》花を別々の個体につける（雄株と雌株に分かれている）植物は，次のうちのどれですか。以下のア～エより適当なものを１つ選び，記号で答えなさい。

ア：イチョウ　　イ：ヘチマ　　ウ：エンドウ　　エ：ツツジ

⑶　腕《うで》を曲げるときの説明として正しいものは，次のうちのどれですか。以下のア～エより適当なものを１つ選び，記号で答えなさい。

ア：上側の筋肉が縮み，下側の筋肉が伸《の》びる。

イ：上側の筋肉が伸び，下側の筋肉が縮む。

ウ：上側と下側の筋肉が両方とも縮む。

エ：上側と下側の筋肉が両方とも伸びる。

⑷　恒《こう》星は次のうちのどれですか。以下のア～エより適当なものを１つ選び，記号で答えなさい。

ア：太陽　　イ：地球　　ウ：月　　エ：金星

⑸　同じ川の流れの中で最も流されやすいのは，次のうちのどれですか。以下のア～エより適当なものを１つ選び，記号で答えなさい。

ア：砂　　イ：石　　ウ：ねんど　　エ：岩

⑹　空気より重い気体は，次のうちのどれですか。以下のア～エより適当なものを１つ選び，記号で答えなさい。

ア：水素　　イ：二酸化炭素　　ウ：ヘリウム　　エ：アンモニア

⑺　アルコールランプの使い方として正しいものは，次のうちのどれですか。以下のア～エより適当なものを１つ選び，記号で答えなさい。

ア：アルコールは容器の半分まで入れる。

イ：芯《しん》は２～３cm程度出して火をつける。

ウ：火をつけるときは，マッチを上から近づける。

エ：ふたをして火を消したあと，ふたを外《はず》して冷めるのを待つ。

⑻　2021年のノーベル物理学賞を受賞した科学者は，次のうちの誰ですか。以下のア～エより適当なものを１つ選び，記号で答えなさい。

ア：湯川秀樹　　イ：山中伸弥　　ウ：佐藤栄作　　エ：真鍋淑郎

⑼　磁石に**つかない**金属として正しいものは，次のうちのどれですか。以下のア～エより適当なものを１つ選び，記号で答えなさい。

ア：アルミニウム　　イ：ニッケル　　ウ：コバルト　　エ：ネオジム

⑽　次のページの図のように，10kgのおもりを動滑車《どうかっしゃ》につるし，ひもの一端《いったん》を天井《てんじょう》に固定しました。おもりを50cm持ち上げるには，ひもを何cm引けばいいですか。以下のア～エより適当なものを１つ選び，記号で答えなさい。

ア：25cm　　イ：50cm　　ウ：75cm　　エ：100cm

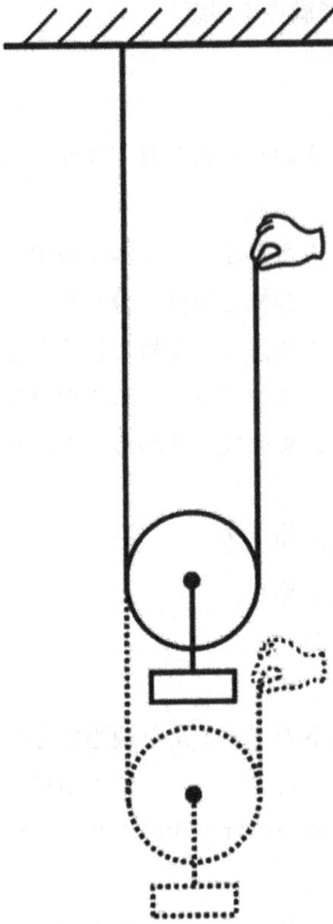

2 次の文章を読み，下の問いに答えなさい。

空気には水蒸気《すいじょうき》が含《ふく》まれていますが，気温によって含むことのできる水蒸気の量が決まっています。これを飽和《ほうわ》水蒸気量といいます。あたたかい空気ほど飽和水蒸気量が（A：大きく・小さく），冷たい空気ほど飽和水蒸気量は（B：大きい・小さい）ため，あたたかく湿《しめ》った空気が冷やされると，水蒸気は小さな水滴《てき》となって出てきます。この現象は，天気の変化にも大きく関わっています。

日本の初夏には，梅雨と呼ばれる時期があります。これは，日本の上空にある冷たい（　C　）気団とあたたかい（　D　）気団がぶつかることによって，その境目に（　E　）ができることが原因です。

梅雨が明けると本格的に夏の天気となり，日本では（　F　）の方角から水蒸気を多く含んだ（　G　）が吹《ふ》くため，湿った蒸《む》し暑い天気が続きます。

(1) 空欄《くうらん》（A）および（B）に当てはまる語句を，それぞれ選んで答えなさい。

(2) 空欄（C）～（G）に当てはまる語句を答えなさい。

(3) 下線部の現象の例として当てはまるものを，あとのア～オのうちから**すべて選び**，記号で答えなさい。

ア：暑い夏の日に，コップに冷たい水を入れておくと，コップに水滴がついた。

イ：暑い夏の日に，外で洗濯《せんたく》物を干すとすぐに乾《かわ》いた。

ウ：暑い夏の日に，地面に水をまくと少し涼《すず》しくなった。

エ：寒い冬の日に，あたたかい部屋の窓ガラスが水滴でくもっていた。

オ：寒い冬の日に，吐《は》いた息が白くなった。

⑷　（C）気団と（D）気団の位置を示しているのは，下の図のア～ウのうちのどれですか。それぞれ１つずつ選び，記号で答えなさい。

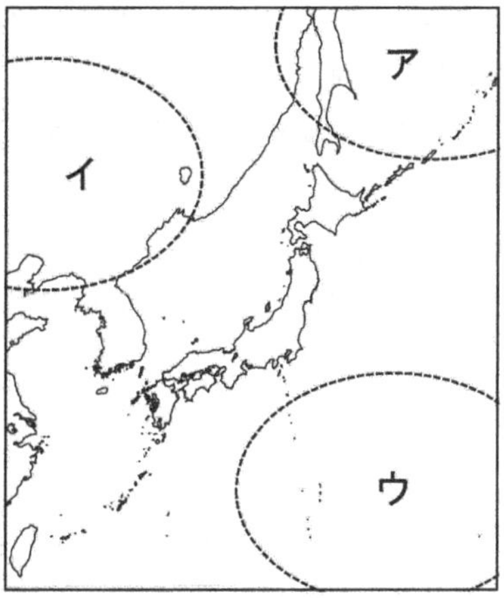

⑸　日本では，自分が住んでいる場所より西の方の天気を調べると，ある程度の天気の予測をすることができます。これはなぜですか。理由を答えなさい。

3　酸性の水溶液とアルカリ性の水溶液を混ぜることで，お互《たが》いの性質を打ち消し合う反応を中和反応といいます。中和反応が起こると，水と塩《えん》が生じます。例えば，うすい塩酸と水酸化カルシウム水溶液を混ぜると，水と塩化カルシウムという塩が生じます。塩化カルシウムは水に溶けやすいため，水溶液中では確認することはできませんが，水を蒸発させることで固体として確認することができます。

以上のことをふまえ，次のような実験を行いました。あとの問いに答えなさい。

【実験】

水酸化ナトリウムの固体を水に溶《と》かし，水酸化ナトリウム水溶液を作った。ある濃《こ》さのうすい塩酸20mLを入れた５本の試験管ａ～ｅにBTB溶液を少量加え，先ほどの水酸化ナトリウム水溶液をａ～ｅに違《ちが》う量ずつ加えた。加えた水酸化ナトリウム水溶液の量と水溶液の色は次の表のようになった。

試験管	a	b	c	d	e
加えた量[mL]	5	10	15	20	25
水溶液の色	黄色	黄色	緑色	青色	青色

⑴　うすい塩酸と水酸化ナトリウム水溶液が混ざることで起こる反応を何といいますか。

⑵　うすい塩酸は何を水に溶かした水溶液ですか。次のア～エから１つ選び，記号で答えなさい。

ア：食塩（塩化ナトリウム）の固体　　イ：二酸化炭素の気体

ウ：塩化水素の気体　　エ：消石灰（水酸化カルシウム）の固体

⑶　うすい塩酸と水酸化ナトリウム水溶液を混ぜると生じる物質は何ですか。２つ答えなさい。

⑷　ａ～ｅの水溶液に鉄を入れたところ，鉄が溶けて気体が発生した試験管が２本ありました。気体が発生した試験管をａ～ｅから２つ選び，記号で答えなさい。また，このとき発生する気体は何ですか。

⑸　ａ～ｅの水溶液にアルミニウムを入れたところ，アルミニウムが溶けて気体が発生した試験管が何本かありました。気体が発生した試験管として最も適当なものを次のア～オから１つ選び，記号で答えなさい。また，このとき発生する気体は何ですか。

ア：ａとｂとｃ　　イ：ａとｂとｄとｅ　　ウ：ｂとｄ　　エ：ｂとｄとｅ　　オ：ｃとｄとｅ

⑹　ａ～ｅの試験管の水を蒸発させ，残った固体の重さを量った。その結果をもとにグラフを作成した。残った固体の重さを表したグラフはどれですか。次のア～オから１つ選び，記号で答えなさい。

ア：

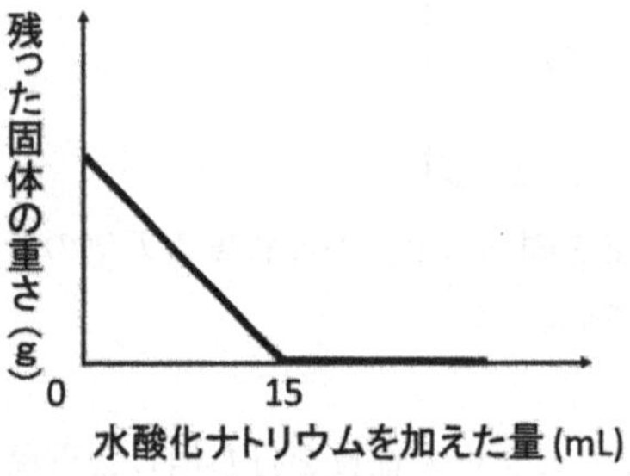

イ：

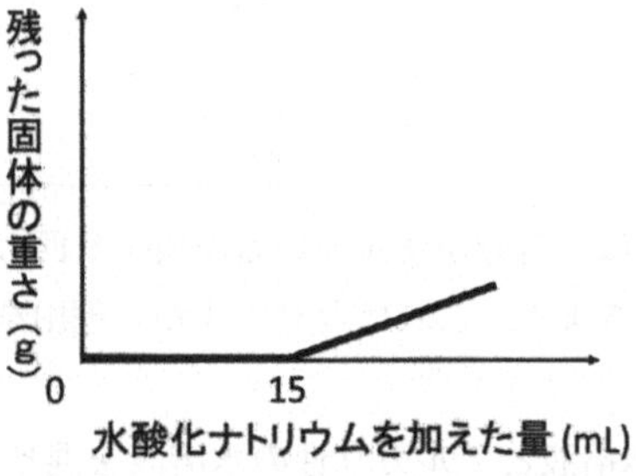

ウ：

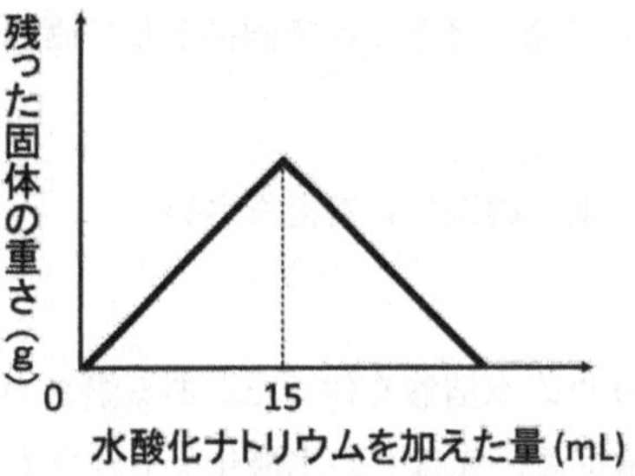

エ：

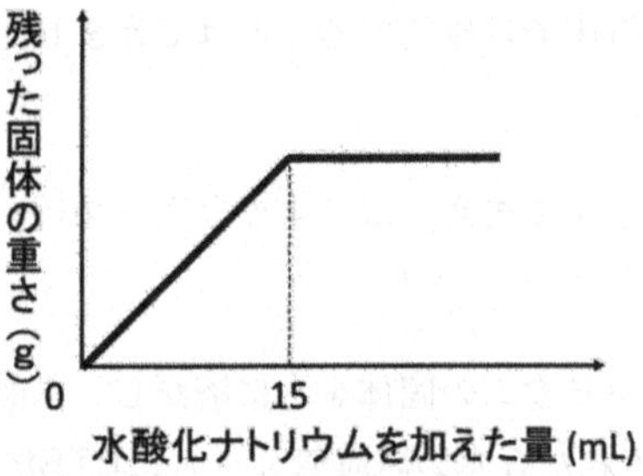

オ：

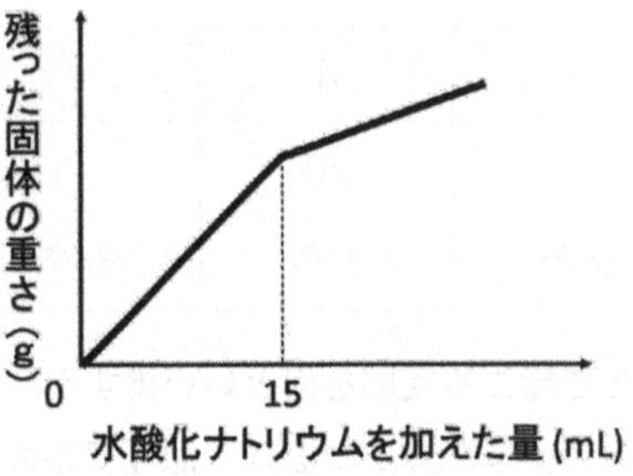

【社　会】（理科と合わせて50分）　　＜満点：50点＞

1　(1)～(20)の答えとして正しいものを，次のア～エから１つ選んで答えなさい。

(1)　ヨーロッパ州の中南部に位置する山脈は，次のうちどれですか。

ア　アルプス山脈　　**イ**　ヒマラヤ山脈　　**ウ**　ロッキー山脈　　**エ**　アンデス山脈

(2)　地球上での東西の位置を表す線の例として適切なものは，次のうちどれですか。

ア　北回帰線　　**イ**　赤道　　**ウ**　緯線《いせん》　　**エ**　経線

(3)　ローマ（イタリア）の雨温図として適切なものは，次のうちどれですか。

ア

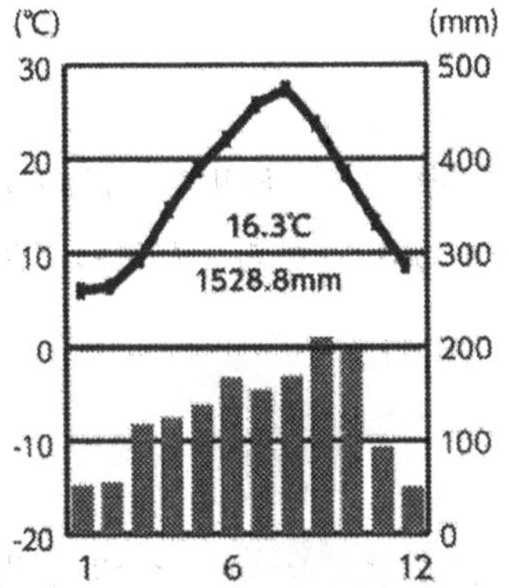

イ

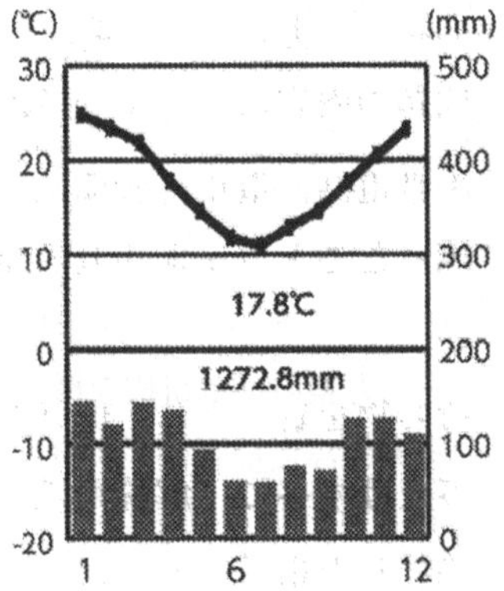

ウ

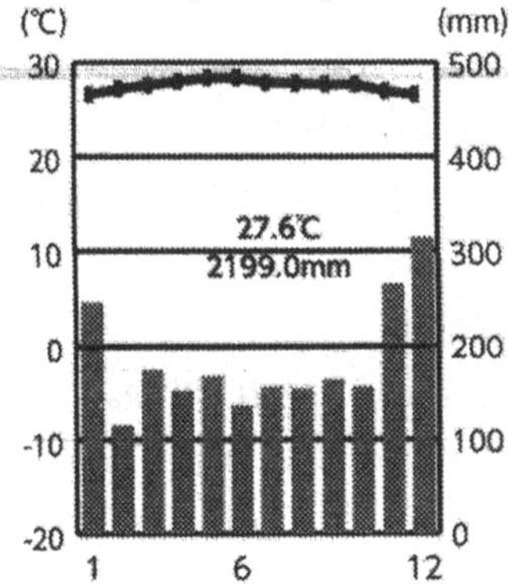

エ

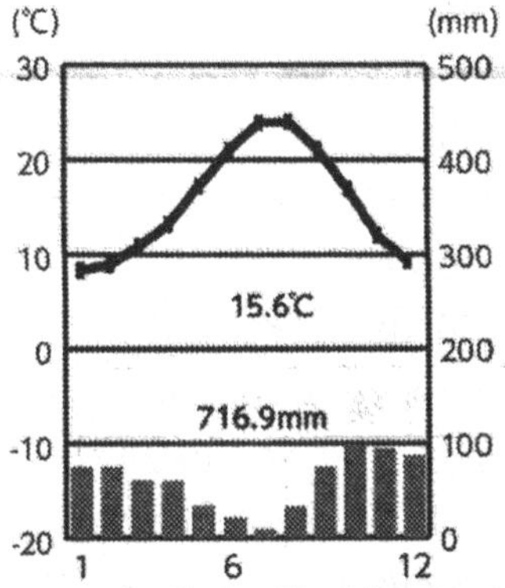

（『理科年表　平成24年』）

(4)　南部に濃尾《のうび》平野が広がり，木曽《きそ》川・揖斐《いび》川・長良《ながら》川が流れる都道府県は，次のうちどれですか。

ア　宮城県　　**イ**　岐阜県　　**ウ**　熊本県　　**エ**　京都府

(5)　ももや日本なしの生産がさかんで，会津塗《あいづぬり》などの伝統工芸や細菌《さいきん》学者の野口英世の出身地としても有名な都道府県は，次のうちどれですか。

ア　福島県　　**イ**　埼玉県　　**ウ**　北海道　　**エ**　鹿児島県

(6)　堺《さかい》市や姫路《ひめじ》市を代表とし，機械部品や日用品などをつくる中小工場が多い工業地帯は，次のうちどれですか。

ア　阪神《はんしん》工業地帯　　**イ**　北九州《きたきゅうしゅう》工業地帯　　**ウ**　中京《ちゅうきょう》工業地帯　　**エ**　京浜《けいひん》工業地帯

(7)　日本でラジオ・テレビの公共放送をしている組織は，次のうちどれですか。

ア　ＴＰＰ　　**イ**　ＮＨＫ　　**ウ**　ＢＢＣ　　**エ**　ＵＮＨＣＲ

⑻　秦《しん》がほろびた後の紀元前３世紀に中国を統一し，日本の奴国《なこく》の使者が派遣《はけん》された国は，次のうちどれですか。

ア　魏《ぎ》　　イ　隋《ずい》　　ウ　明《みん》　　エ　漢《かん》

⑼　環濠《かんごう》集落として有名な，佐賀県にある弥生時代の遺跡《いせき》は，次のうちどれですか。

ア　登呂遺跡《とろいせき》　　イ　三内丸山《さんないまるやま》遺跡　　ウ　岩宿《いわじゅく》遺跡　　エ　吉野ヶ里《よしのがり》遺跡

⑽　後鳥羽上皇が，武家政権から政治の実権を取り戻《もど》すために起こした反乱は，次のうちどれですか。

ア　応仁の乱　　イ　保元の乱　　ウ　承久の乱　　エ　島原の乱

⑾　寺社の周辺に発達し，お参りする人々のための宿泊《しゅくはく》所や商人などでにぎわった町は，次のうちどれですか。

ア　門前町　　イ　宿場町　　ウ　港町　　エ　城下町

⑿　大坂冬の陣《じん》・夏の陣で自害に追い込《こ》まれた人物は，次のうちどれですか。

ア　武田勝頼《たけだかつより》　　イ　石田三成《いしだみつなり》　　ウ　豊臣秀頼《とよとみひでより》　　エ　北条早雲《ほうじょうそううん》

⒀　次の『富獄《ふがく》三十六景』のうちの「神奈川沖浪裏《おきなみうら》」に代表される，力強い線と奇抜《きばつ》な構図を特徴《とくちょう》とする江戸《えど》時代後期の浮世絵師《うきよえし》は，次のうちどれですか。

ア　葛飾北斎《かつしかほくさい》

イ　歌川広重《うたがわひろしげ》

ウ　杉田玄白《すぎたげんぱく》

エ　喜多川歌麿《きたがわうたまろ》

⒁　第１次護憲運動を起こして藩閥《はんばつ》政治に反対し，後に五・一五事件で暗殺された政治家は，次のうちどれですか。

ア　東郷平八郎《とうごうへいはちろう》　　イ　原敬《はらたかし》　　ウ　犬養毅《いぬかいつよし》　　エ　大隈重信《おおくましげのぶ》

⒂　日本がソ連との国交を回復し，国際連合に加盟した年は，次のうちどれですか。

ア　1931年　　イ　1942年　　ウ　1956年　　エ　1972年

⒃　国会の役割として正しいものは，次のうちどれですか。

ア　予算案の作成　　イ　法律の制定

ウ　違憲立法審査《いけんりっぽうしんさ》の実施《じっし》　　エ　最高裁判所長官の指名

⒄「１票の格差」の意味として正しいものは，次のうちどれですか。

ア　政治に無関心なため，投票に行かない若者が増えていること。

イ　近年，心身に障害を持つ人が投票に行けない状況《じょうきょう》が増えていること。

ウ　インターネット投票の開始により，不正が増えていること。

エ　議員１人が当選するための票数に，地域によって大きな差があること。

⒅　地方公共団体の仕事として**誤《あやま》っているもの**は，次のうちどれですか。

ア　公園や道路，河川などの整備や管理を行う。

イ　住民の安全を守る警察や消防の仕事を行う。

ウ　戸籍《こせき》の管理を行う。

エ　弾劾《だんがい》裁判を行う。

⒆　国民のほとんどがイスラム教徒で，聖地のメッカがある国は，次のうちどれですか。

ア　ブラジル　　**イ**　サウジアラビア　　**ウ**　インド　　**エ**　カンボジア

⒇　現在は軍事政権となっているミャンマーで民主化運動を率いた人物は，次のうちどれですか。

ア　メルケル　　**イ**　マザー・テレサ　　**ウ**　サッチャー　　**エ**　アウンサンスーチー

2　次の文章は，2021年３月に就任した千葉県知事へのインタビューをまとめた記事である。これを読んで，あとの⑴～⑿の設問に答えなさい。

――知事が考える千葉県のいいところを教えてください。

千葉県の価値というと，（　い　），海や山といった自然に囲まれているところではないでしょうか。中心部から少し車を走らせれば，1いちご狩《が》りなどの味覚狩り，絶好のサーフポイント，さらに地引網《じびきあみ》体験などができる場所も。銚子《ちょうし》の屏風ヶ浦《びょうぶがうら》は何度見ても飽《あ》きませんし，東京湾越《とうきょうわんご》しに見る富士山も素晴らしい。農業，漁業も盛んでおいしい食べ物もたくさんあります。

私は，子どもの頃《ころ》に2神戸など海辺の都市で暮らしていたこともあり，海が好きなんです。三方を海に囲まれた千葉県は，「漁業としての海」「レジャーとしての海」「3港湾《こうわん》としての海」とさまざまな姿の海が見られ，それぞれに独特の文化が息づいている。これって全国的にも珍《むずら》しく，とても貴重な事です。海が身近に感じられるというのは，個人的にはとても魅力的《みりょくてき》だと思います。

――そんな千葉県をより良くするため，行政としてどんな事に力を入れていきたいですか？

千葉県で取り組むべき事はたくさんありますが，私は第一に4子育てと教育に力を入れたいと考えています。「子育て支援《しえん》」は単に子育て世帯のためだけのものではありません。5子どもは将来，高齢者《こうれいしゃ》の医療《いりょう》や介護《かいご》を支える力となります。自然豊かな環境《かんきょう》を生かして，未来を担う人たちに「住み続けたい」と思ってもらえる県を作っていきます。

「災害に強い県」になることも重要です。6一昨年の相次ぐ災害で，千葉県は大きな被害《ひがい》を受けました。過去の教訓を基に，防災県としてバージョンアップしていく心づもりです。

具体的には，大規模停電に備えるため，電力の確保や復旧に向けた民間企業との協定を締結《ていけつ》することや，がけ崩《くず》れや河川の氾濫《はんらん》に対して対策を強化することなどに取り組んでいます。

災害時には，地域の住民同士の支え合いも欠かせません。行政として危機管理能力を高めつつ，地域の防災活動を応援し，加えて災害時の備えについての広報も，対話やＳＮＳを通じて続けていきます。

そしてもう一つ力を入れたいのは，「田舎暮らしを磨《みが》き上げる」こと。多くの企業《きぎょう》で（　ろ　）が導入されてきている中，東京から郊外《こうがい》への移住者が増えました。まさに千葉県は今この時代に輝《かがや》く県であると自負しています。自然の保全と暮らしやすさの両立を，地域の方や民間企業の力を借りつつ目指していきたいですね。

――県政ビジョンにも掲《かか》げられている「半島性の克服《こくふく》」についても教えてください。

千葉県は，7半島という特徴的《とくちょうてき》な地形から自然に恵《めぐ》まれていますが，その一方で，半島であるがゆえにアクセスしづらい県ともいえます。なので，人の流れを促《うなが》すためにも道路事情の改善や鉄道をはじめとする公共交通の充実《じゅうじつ》など，交通インフラの整備をしっかりと進めていかねばなりません。

――ありがとうございました。最後に大切にしている言葉があれば教えてください。

「温故知新（故きを温ねて新しきを知る）」という言葉を常々大切にしています。

私は歴史が大好きなんですが，その理由は，過去の経緯《けいい》を知れば，現在の位置付けや将来の方向性がある程度分かるためです。歴史はまさに未来の羅針盤《らしんばん》。8千葉県のこれまでの歩みを学びながら，本来持っている魅力を確認し，最大限に生かしていきます。

私が尊敬する人物の一人に，9大久保利通がいるのですが，彼《かれ》は社会の基盤《きばん》を作り，それを地道に，少しずつ前進させてきた人。自分もそうあらねばと思っています。

（チイコミ／編集部テラモト，2021年７月14日，一部改変）

⑴　インタビューに答えている現千葉県知事の名前として正しいものを，次のア～エから１つ選びなさい。

ア　森田健作《もりたけんさく》　　イ　小池百合子《こいけゆりこ》　　ウ　大野元裕《おおのもとひろ》　　エ　熊谷俊人《くまがいとしひと》

⑵　空欄《くうらん》いに関連して，日本では分布の変化にともなって1950年代から各地にニュータウンがつくられてきた。千葉ニュータウンもその一つで，空欄いにはニュータウンが形成される場所の特色が端的《たんてき》に表現されている。その特色とは何か，簡潔に答えなさい。

⑶　下線部１に関連して，いちごの収穫《しゅうかく》量の都道府県別順位の表として正しいものを，次のア～エから１つ選びなさい。

ア

順位	都道府県
1	栃木
2	福岡
3	熊本
4	長崎
5	静岡

イ

順位	都道府県
1	群馬
2	愛知
3	千葉
4	茨城
5	鹿児島

ウ

順位	都道府県
1	和歌山
2	愛媛
3	静岡
4	熊本
5	長崎

エ

順位	都道府県
1	青森
2	長野
3	岩手
4	山形
5	福島

（農林水産省『令和元年産果樹・野菜生産出荷統計』より）

⑷　下線部２に関連して，千葉県知事は，この地で1995年に起こった災害を経験したことが地方政治を志すきっかけになったと言います。この災害は何か，漢字で答えなさい。

⑸　下線部３に関連して，あとのＡ～Ｃのグラフは，2016年における３つの都道府県の業種別工業製品出荷額の割合を示したものです。千葉県のものはどれか，Ａ～Ｃから１つ選びなさい。

A

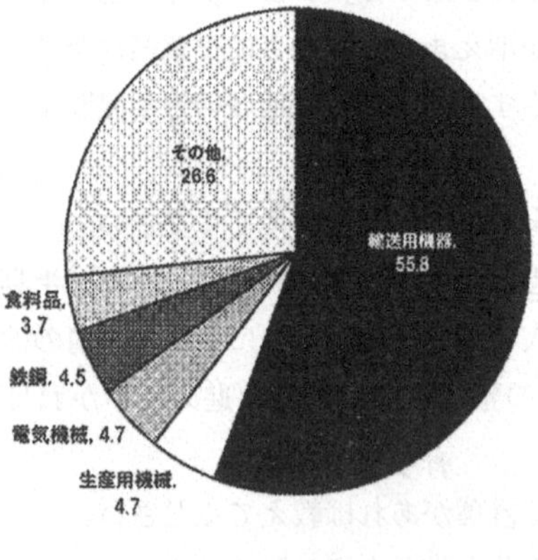

B

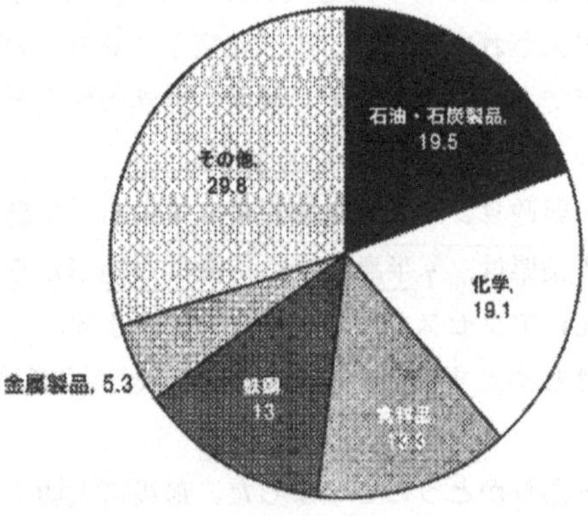

C

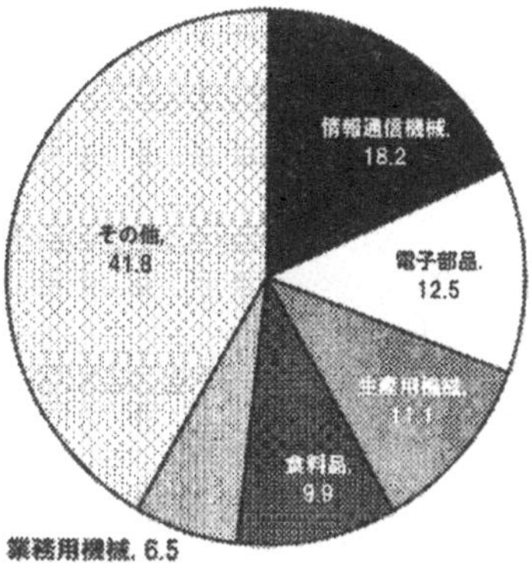

（『データでみる県勢 2019 年版』より）

⑹　下線部**4**に関連して，日本国憲法では義務教育が定められています。この「義務」の意味について説明しなさい。

⑺　下線部**5**に関連して，現在日本は子どもの数が減り，65歳《さい》以上の高齢者の割合が高まっています。このような現象を何というか，**漢字**で答えなさい。

⑻　下線部**6**に関連して，一昨年（2019年）の災害によって千葉県が受けた被害として**誤《あやま》っているものを**，次の**ア～エ**から１つ選びなさい。

ア　市原市で複数の鉄柱が倒《たお》れ，長期間停電が続いた。

イ　浦安《うらやす》市で地盤《じばん》が液体のようになる液状化現象が起きた。

ウ　南房総《ぼうそう》の多くの地域で，暴風雨によって多くの屋根瓦《がわら》が飛ばされた。

エ　多くの学校が休校となり，行事の延期や中止が相次いだ。

⑼　空欄**ろ**について，ここにはコロナ禍《か》の中で普及《ふきゅう》した「オフィス以外の場所で働くこと」を意味する造語が入ります。この造語を**カタカナ**で答えなさい。

⑽　下線部**7**に関連して，千葉県の地形や自然の特徴として**誤っているものを**，次の**ア～エ**から１つ選びなさい。

ア　山地がない平坦《へいたん》な地形である。

イ　勝浦《かつうら》市の鵜原《うばら》などでリアス式海岸が見られる。

ウ　利根川と信濃《しなの》川に挟《はさ》まれた半島である。

エ　九十九里に広がる平野が，海岸平野として全国的にも有名である。

⑾　下線部**8**に関連して，次のページの表は千葉県にまつわるできごとを年表にまとめたものです。源頼朝《よりとも》が安房《あわ》国（房総半島の南部）に逃《のが》れ，鎌倉《かまくら》幕府を築く基盤を固めたのはいつごろか，年表中の**ア～エ**から１つ選びなさい。

⑿　下線部**9**に関連して，大久保利通の説明として正しいものを，次の**ア～エ**から１つ選びなさい。

ア　江戸《えど》城の無血開城を実現させるなど明治維新《いしん》の際に活躍《かつやく》したが，のちに西南戦争で敗れた。

イ　岩倉使節団の副使として海外に派遣《はけん》され，帰国後は富岡製糸場などの官営工場をつくった。

ウ　自由民権運動の中心人物で，国会を設立するように明治政府に訴《うった》えた。

エ　初代内閣総理大臣になるとともに，憲法草案の作成の中心となった。

年号	出来事
939	千葉県北部を支配していた平将門が反乱を起こす
	・・・**ア**
1455	享徳《きょうとく》の乱によって，千葉氏が滅亡《めつぼう》した
	・・・**イ**
1785	印旛沼《いんばぬま》の干拓《かんたく》工事が始まった
	・・・**ウ**
1821	千葉県出身の伊能忠敬《いのうただたか》によって日本全土の実測地図が完成した
	・・・**エ**

問三　傍線部③「『わんぱく共和国』に来てからずっと感じていた嘘っぽさ」とはどのようなことですか。本文の言葉を使って、句読点を含めて五十字以内で答えなさい。

問四　傍線部④「あの子は、いい子です」とありますが、ここではどのような意味で言っていますか。もっとも適切なものを、次のア～エの中から一つ選び、記号で答えなさい。

ア　誰にでも優しく接することができる。

イ　大人の言うことを素直に受け止める。

ウ　どんな状況《じょうきょう》でも周りに合わせられる。

エ　自分の意思を持ち、周りに影響《えいきょう》されない。

問五　傍線部⑤「なんとなくかなしい気分にもなった」とありますが、なぜこのように感じたのですか。もっとも適切なものを、次のア～エの中から一つ選び、記号で答えなさい。

ア「ぼく」のことなのに、パパがリッキーさんに激しくおこられたので、かわいそうに思ったから。

イ「ぼく」は大人が求めるいい子ではないのに、いい子と思ってくれているパパに申し訳ないと思ったから。

ウ　リッキーさんに東京でも友だちが少ないタイプだと自分でも気にしていることを言われ、ショックだったから。

エ　パパが答えた「いい子」というのが信じられず嘘なのではないかと疑いの気持ちがあったから。

問六　傍線部⑥「肩から力を抜いて笑った」とありますが、ここでのパパの心情としてもっとも適切なものを、次のア～エの中から一つ選び、記号で答えなさい。

ア「ぼく」は唯一《ゆいいつ》の味方であり、自分を見守って応援《おうえん》してくれているという思い。

イ「ぼく」が出てきたことで、我慢《がまん》していた思いがふっきれ、すっきりした思い。

ウ「ぼく」が大人の会話を聞いていたことがわかり、きまずいという思い。

エ「ぼく」のよさは親である自分がわかっていれば充分《じゅうぶん》だという思い。

問七　本文から、パパとぼくはどういう親子関係だということがわかりますか。もっとも適切なものを、次のア～エの中から一つ選び、記号で答えなさい。

ア　お互い遠慮《えんりょ》して本音《ほんね》を言えず、気をつかっている関係。

イ　お互いを信頼《しんらい》し、それぞれのよさを分かり合っている関係。

ウ　父としての威厳《いげん》を持ち、それに従う素直な息子という関係。

エ　わがままな息子と何でも許す優しい父親という関係。

ですよねえ。お父さんも少し……」

　言葉の途中《とちゅう》で、大きな物音が響《ひび》いた。机かなにかを思いきり叩《たた》いた、そんな音だった。

　ぼくはドアをちょっとだけ開けた。正面はリッキーさんの背中、その脇《わき》から、机に両手をついて怖い顔をしたパパの姿が見えた。

　ケンカになるんだろうか、とドアノブに手をかけたまま身を縮《ちぢ》めた。

　でも、パパは静かに言った。

「圭太は、いい子です」

「いや……あの、ぼくらもですね、べつに……」

　リッキーさんの言い訳をさえぎって、「誰になんと言われようと、④あの子は、いい子です」と、今度はちょっと強い声で。

　照れくさかった。嬉《うれ》しかった。でも、⑤なんとなくかなしい気分にもなった。「ありがとう」より「ごめんなさい」のほうをパパに言ってしまいそうな気がして、そんなのヘンだよと思って、「いい子」の意味がよくわからなくなって、困っていたら手に力が入ってドアノブが回ってしまった。

　ドアといっしょに前のめりになって出てきたぼくを見て、リッキーさんは、まるでゴキブリを見つけたときのパパみたいに「うわわわっ」とあとずさり、そばにいたジョーさん※5やリンダさんも驚《おどろ》いた顔になった。

　パパだけ、最初からぼくがそこにいるのを知っていたみたいに、⑥肩《かた》から力を抜《ぬ》いて笑った。

「圭太、歩けるか?」

「……うん」

「帰ろう」

「うん!」

　リッキーさんは「ちょ、ちょっと待ってくださいよ、勝手な行動されると困るんですよ」と止めたけど、パパはその手を払《はら》いのけて、「レッドカード、出してください」と言った。

（重松清『日曜日の夕刊』「サマーキャンプへようこそ」〈新潮文庫〉より）

※1　アポロキャップ……ひさしが長いのが特徴《とくちょう》の帽子《ぼうし》。

※2　リッキーさん……キャンプ場のスタッフの呼び名。

※3　担架……疾病《しっぺい》者を乗せて運ぶ用具。

※4　『わんぱく共和国』……キャンプ場の名前。

※5　ジョーさんやリンダさん……キャンプ場のスタッフの呼び名。

問一　傍線部①「パパの背中は、何十人もいる父親の中でいっとうしぼんで見えた」とありますが、なぜこのように「見えた」のですか。その理由を、句読点を含《ふく》めて五十字以内で答えなさい。

問二　傍線部②「それから笑った」とありますが、このときのパパの心情として、もっとも適切なものを、次のア～エの中から一つ選び、記号で答えなさい。

ア　断られたことのショックを引きずっていたところに「ぼく」の存在に気づき、ほっとして安心している。

イ　簡単な仕事もうまくいかないことを反省し、今度からはうまくやろうと決心している。

ウ　自分の情けない姿を「ぼく」に見られたことに恥《は》ずかしさを感じ、打ち消すように笑ってごまかしている。

エ　不器用で、腕力がなく、アウトドアも初心者だからうまくいかないのもしかたないとあきらめている。

べつにいいさ。ぼくだって、あんたみたいなオトナは大っ嫌いだ。

「怖《こわ》くても『ママー!』なんて言っちゃダメだぜ」

言わないよ、バーカ。

ロープを両手で握《にぎ》りしめて、跳《と》んだ。声なんか出すもんか。ぼくは確かにひねくれてるのかもしれないし、コドモらしくないのかもしれない。でも、ぼくは、ぼくだ。

ロープがピンと張って、ぼくの体は振《ふ》り子みたいに地面すれすれのところから持ち上がっていく。サイコーのタイミングで手を離《はな》して、誰《だれ》よりも遠くまで跳んでいってやろう。負けない、あいつらになんか——。

あとちょっと、のところでパパの姿が見えた。みんなから離れて、ひとりぼっちで、組み上がったカマドのまわりのゴミを拾っていた。

目をそらしたら、いっしょに体のバランスも崩《くず》れた。ロープをつかんだ手が滑《すべ》る。

ヤバい——と思った瞬間、体がふわっと軽くなった。

まっさかさまに、落ちた。

*

ケガといっても、たいしたことじゃない。地面に落ちるときに腰《こし》を打ち、てのひらを擦《す》りむいた。それだけだ。

でも、リッキーさんたちはあわてふためき、※3担架《たんか》でぼくをログハウスの宿直室に運び込《こ》んだ。レントゲンだの傷害保険だのといった言葉が、ドアの向こうから聞こえてくる。

いや、リッキーさんたちは、ぼくを心配しているだけじゃなかった。

「とにかく、参加しようとする意志が見られないんですよね。なにをやってもつまらなさそうな態度で、こっちが盛り上げようとしても、ぜんぜんノってこないんですから」

「はあ……どうも、すみません……」

パパの声が聞こえて、ぼくは体を起こした。腰がズキッと痛む。やっぱり、けっこう、ひどいケガなのかもしれない。

「シラけたポーズがカッコいいんだと思ってるのかもしれませんが、そんなのね、しょせん小学生が斜《はす》に構えてるだけなんですから、ぼくらから見るとあきれるしかないんですよ」

しょせん——とリッキーさんは言った。

ふうん、とぼくは腰を手で押《お》さえたまま、黙《だま》ってうなずいた。なるほどね、そうなんだ、ふうん。何度もうなずいた。終業式の日に通知表を渡されて、〈もっとがんばりましょう〉を見つけたときも、こんなふうにうなずいていたような気がする。

③※4『わんぱく共和国』に来てからずっと感じていた嘘《うそ》っぽさは、やっぱり間違《まちが》ってなかった。リッキーさんが自分で種明かししてくれた。ぼくらはみんな「しょせん小学生」で、そんなぼくらに、あのひと、営業用スマイルでにこにこ笑ってたんだ。ぼくが営業用わんぱく少年にならなかったから、あんなにむかついてたんだ。

パパの返事は聞こえない。うつむいて黙りこくっているんだろうか。そんなの嫌《いや》だ。絶対に、嫌だ。

ぼくはベッドから降《お》りて、ドアに耳をつけた。

「失礼ですが、圭太くん、東京でも友だちが少ないタイプじゃないんですか？　ちょっとね、学校でもあの調子でやってるんだとしたら、心配

ア　アサガオのタネを発芽させるためには、濃硫酸につける方法がもっともすぐれている。

イ　土壌に多くの微生物がいる場所は、発芽後の成長に適していることが多い。

ウ　生育地を広げるためには、動物に食べられて糞として排泄されなければならない。

エ　アサガオのタネは、どんな環境でも五～一〇年間は発芽能力を保つことができる。

【三】　次の文章を読んで、あとの問いに答えなさい。

「ぼく」圭太《けいた》は小学校五年生。勉強、スポーツが得意であるが、協調性がなく、子どもらしくない。それを心配したママの提案で、夏休みにパパと二人でキャンプに参加することになった。しかし、パパと「ぼく」は他の親子に比べ失敗が多く、スタッフに注意されてばかり。キャンプファイヤーの準備ではパパだけ仕事がなく、まぜてもらってもうまくできない。

とびっきり不器用で、腕力《わんりょく》がなくて、なによりアウトドアの超《ちょう》初心者のパパだ。しかたないといえば、しかたない。へたに難しい仕事をやらされたら、ぜーったいに恥《はじ》をかくし、みんなに迷惑《めいわく》をかけてしまうだろう。むだな努力は、しないほうがいい。それがお互《たが》いのため。ぼくは知ってる、こういうの、「適材適所」っていうんだ。

　頭ではちゃんと納得できる。でも、パパの背中を見ていると、おなかの奥《おく》のほうが重くなってしまう。たまに家族三人でデパートに出かけて、屋上のゲームコーナーで遊ぶときには、めちゃくちゃ張り切るパパなのに。ほんとうかどうかは知らないけど、「ウチの営業所はオレがいないとアウトだからなあ」なんてママに自慢《じまん》してるパパなのに。

　ログハウスの裏手から、丸太が運ばれてきた。パパは待ってましたというふうに駆《か》け寄ったけど、人数は足りているみたいで、アポロキャップ※1をかぶったヒゲづらのオッサンに、そっけない手振《てぶ》りで手伝いを断られた。

「あ、どうもどうも、そうですか」なんて声が聞こえてきそうなしぐさで会釈《えしゃく》しながら引き下がる①パパの背中は、何十人もいる父親の中でいっとうしぼんで見えた。

　ヒゲづらのオッサンに文句を言いたくなった。手伝わせてやればいいじゃん、一人増えたからって、べつにいいじゃんよ、ウチのパパのこと、シカトすんなよ……。

　パパはタオルでまた顔の汗《あせ》を拭《ふ》いて、こっちを見た。

　ぼくに気づくと一瞬《いっしゅん》ビクッと肩《かた》を動かして、②それから笑った。

　おう、圭太、がんばってるか――なんていうふうに、無理して。

　ぼくは顔をそむけ、班分けして以来初めて、自分のほうからみんなの輪に入っていった。

　オトナが子牛の丸焼きの準備をしている間、ぼくたちはターザンごっこをすることになった。

　ぼくの番が来た。

「おっ、次は、もやしっ子か？」

　ロープをぼくに渡すリッキー※2さんの顔と声は、はっきりとわかる、オレはおまえみたいなガキは大嫌《だいきら》いなんだ、と伝えていた。

ら、タネに空気を供給し、水を吸収させておくと、翌日、タネは④発芽がおこるような状態になります。

（田中修『植物はすごい　七不思議篇』〈中公新書〉より）

※1　肥沃……土が肥《こ》えていて、作物がよくできること。

問一　傍線部《ぼうせんぶ》Ⅰ「工夫」、Ⅱ「がち」について、本文の意味としてもっとも適切なものを、次のア～エの中からそれぞれ一つずつ選び、記号で答えなさい。

Ⅰ「工夫」

ア　必ずやりとげねばならない、大切なこと。

イ　ものごとを、しっかりと引きついでいくこと。

ウ　あれこれと考え、よい方法を得ようとすること。

エ　その場の思いつきで行動をすること。

Ⅱ「がち」

ア　傾向《けいこう》にあること。　イ　軽視されること。

ウ　圧倒的《あっとうてき》であること。　エ　本気であること。

問二　A 、 B にあてはまる言葉として、もっとも適切なものを、次のア～オの中からそれぞれ一つずつ選び、記号で答えなさい。

ア　なぜなら　イ　しかし　ウ　また　エ　すると

オ　対して

問三　傍線部①「アサガオのタネが、硬く厚い皮に包まれている」のはなぜですか。理由として適切でないものを、次のア～エの中から一つ選び、記号で答えなさい。

ア　生育する場所を変えたり、広げたりすることができるから。

イ　タネの周りに十分な水があることを確認したうえで発芽できるから。

ウ　タネにとって暑さや寒さなどの環境を耐えしのぐことができるから。

エ　土壌にいる微生物にとって、タネは硬いほど分解しやすいから。

問四　傍線部②「発芽する時期が異なってきます」とありますが、わざわざ時期をずらすのは何のためですか。句読点を含めて五十字以内で説明しなさい。

問五　傍線部③「私たちが早く発芽させようと思えば、硬く厚い皮にわざわざ傷をつけたりしなければなりません」とありますが、それはなぜですか。もっとも適切なものを、次のア～エの中から一つ選び、記号で答えなさい。

ア　硬く厚い皮に包まれていると、生存に必要な空気を一切吸収することができないから。

イ　硬く厚い皮に包まれていると、発芽に必要な水や空気を十分に吸収できないから。

ウ　硬く厚い皮を傷つけることで、その刺激《しげき》をきっかけにタネの中で発芽の準備が始まるから。

エ　硬く厚い皮を傷つけることで、濃硫酸につけた時にやわらかくなりやすくなるから。

問六　傍線部④「発芽がおこるような状態」とありますが、ここでは具体的にどのような状態を指しますか。「アサガオのタネに……」に続く形で、句読点を含めて答えなさい。

問七　本文の内容として正しいものを、次のア～エの中から一つ選び、記号で答えなさい。

張りめぐらせるまで、十分な水があることになります。硬い皮をもつタネは、十分な水があることを確認して、発芽できるのです。

また、硬くて厚い種皮は、土壌《どじょう》に多くの微生物《びせいぶつ》がいると分解されます。［A］、水や空気がタネの中に入るので、発芽の準備がはじまります。まわりに多くの微生物がいるということは、水分があり、※1肥沃《ひよく》な土壌であることを意味します。ですから、発芽後の芽生えの成長に都合がいい場所なのです。

そのため、硬い種皮をもつタネは、同じ年に同じ株にできたタネであっても、そのあとに、どんな場所に移動するかによって、②発芽する時期が異なってきます。それぞれのタネが発芽にふさわしい「場所」を得て、いろいろな場所で、何年にもわたってバラバラと発芽がおこります。

同じ年に同じ株にできたタネのすべてがいっせいに発芽してしまうと、その後にすべてが枯《か》れるような乾燥や寒さや暑さが突然《とつぜん》に訪れ、全滅《ぜんめつ》する危険性があります。また、人間に刈《か》られたり枯らされたりすることもあります。動物に食べられてしまうこともあります。そのため、いろいろな場所で、何年にもわたりバラバラと発芽することは、全滅する危険を避《さ》けるのに役立ちます。

アサガオのタネが硬く厚い皮をもつことは、このように、次の世代へ命をつないでいくためのⅠ工夫《くふう》の一つなのです。アサガオのタネが発芽せずに耐えられる年数は、どんな環境で過ごすかで大きく異なります。乾燥した低い温度の場所でなら、五〜一〇年間、発芽能力を保ちつづけます。

アサガオのタネは、硬い種皮に包まれています。「このような硬い種皮をもつタネを早く発芽させるには、どうすればいいのか」という疑問があります。タネが発芽するために必要な条件は、「発芽の三条件」といわれ、「適切な温度、水、空気（酸素）」です。

空気は見落とされⅡがちですが、発芽に必要な大切な条件です。［B］、タネは私たちと同じように呼吸をしているからです。発芽するときには、タネの呼吸は激しくなります。発芽には、多くのエネルギーが必要です。呼吸は、タネが貯蔵していた物質から、発芽に必要なエネルギーを生み出すために必要なのです。

呼吸をするためには、空気が必要です。呼吸にほんとうに必要なのは、空気の中に含《ふく》まれる酸素です。ですから、発芽の条件としては、「空気」と書かれることもありますが、「空気（酸素）」と記述されることもあります。

硬く厚い皮に包まれていると、空気を吸いにくいので、タネは発芽に必要な激しい呼吸をすることができません。呼吸ができないだけでなく、発芽に必要な水も吸収できないのです。そのため、③私たちが早く発芽させようと思えば、硬く厚い皮にわざわざ傷をつけたりしなければなりません。

硬くて厚い種皮をもつタネを早くいっせいに発芽させるために、私たちは、種皮に傷をつけたり、数十分間、濃硫酸《のうりゅうさん》という液につけたりすることがあります。濃硫酸は、衣服につけば、生地をボロボロにしてしまうこわい薬品です。この液で硬くて厚い種皮を溶《と》かしてしまうのです。

硬くて厚い種皮は、そのような薬品に数十分間つけられて、やっとやわらかくなります。このあと、一晩、この薬品を流水で洗い落としなが

【国語】（五〇分）〈満点：一〇〇点〉

【注意】問題作成にあたり、一部表記をあらためた部分があります。

【一】次の問いに答えなさい。

問一　次の①～⑩の傍線部《ぼうせんぶ》のカタカナを漢字に直しなさい。送りがながある場合は、送りがなも書くこと。

①　ロケットのハッシャ実験をする。
②　カンケツで読みやすい文章を心がける。
③　父はザイタク勤務です。
④　制服がシキュウされる。
⑤　ステージのマクが上がります。
⑥　台風で列車のダイヤがミダレル。
⑦　エンドウからマラソン選手に声援《せいえん》を送った。
⑧　ゴカイのないように話をする。
⑨　人体には免疫力《めんえき》がソナワッテいる。
⑩　魚がムラガッテいる。

問二　次の①～⑥の□にあてはまる漢数字一字を書き、四字熟語を完成させなさい。

①　□転□倒　　②　朝□暮□
③　□期□会　　④　□差万別
⑤　□石□鳥　　⑥　□方美人

問三　次の①～⑤の傍線部が修飾している文節を抜《ぬ》き出しなさい。ただし、句点は含まないものとする。

①　彼《かれ》は　再び　公園で　遊んだ。
②　私は　小さな　犬を　抱《だ》いた。
③　もっと　早く　仕上げて　下さい。
④　ついに　飛行機は　空の　かなたに　消えた。
⑤　いつも　登下校では　みんなの　安全を　考える。

【二】次の文章を読んで、あとの問いに答えなさい。

アサガオのタネをそのまままくと、発芽するまでに、長い日数がかかります。その理由は、①アサガオのタネが、硬《かた》く厚い皮に包まれているためです。そこで、「タネが硬く厚い皮に覆《おお》われていることは、アサガオにとって、どんな利点があるのか」という〝ふしぎ〟が浮《う》かびあがります。

タネの大切な役割の一つは、暑さや寒さなどの都合の悪い環境《かんきょう》を耐《た》えしのぐことです。硬く厚い皮は、暑さや寒さをしのぐのに役立ちます。そればかりでなく、ひどい乾燥《かんそう》を耐え抜《ぬ》くのに役立ちます。

タネの大切な役割は、都合の悪い環境を耐えしのぐことだけではなく、自分では動きまわることのない植物たちが生育する場所を変えたり、生育地を広げたりすることです。そのために、動物に食べられても、胃や腸の中で消化されずに、糞《ふん》といっしょに排泄《はいせつ》されなければなりません。硬く厚い皮は、消化されにくいので、この点でも役に立ちます。

新しい生育の場を得たあとも、皮が硬く厚いことは、タネが発芽する「場所」を選ぶために大切です。硬く厚い皮をもつタネが発芽するためには、硬く厚い皮をやわらかくするために多くの水がなければなりません。

それほど十分な量の水が存在する「場所」では、発芽したあとに根を

MEMO

大切なことはメモしておこうネ！

2022年度

千葉明徳中学校入試問題（適性検査型）

【適性検査Ⅰ】（45分）　＜満点：100点＞

【注意】 携帯《けいたい》電話，電卓《でんたく》，計算機能付き時計など電子機器類を使用してはいけません。

1　あとのⅠ・Ⅱの設問に答えなさい。

Ⅰ．　千葉明徳中学校では，1年生と2年生が総合的な学習の時間で「土と生命《いのち》の学習」に取り組んでいます。千秋《ちあき》くんと葉月《はづき》さんは，社会科の先生と世界の食について話し合っています。次の会話文を読み，あとの問いに答えなさい。

先生：「土と生命の学習」では，日本の主食である米の栽培《さいばい》を行っていますね。千秋くん，**資料A**を見てください。米はどのような気候の地域でよく栽培されていますか。

資料A

米の生産が盛んな地域の雨温図

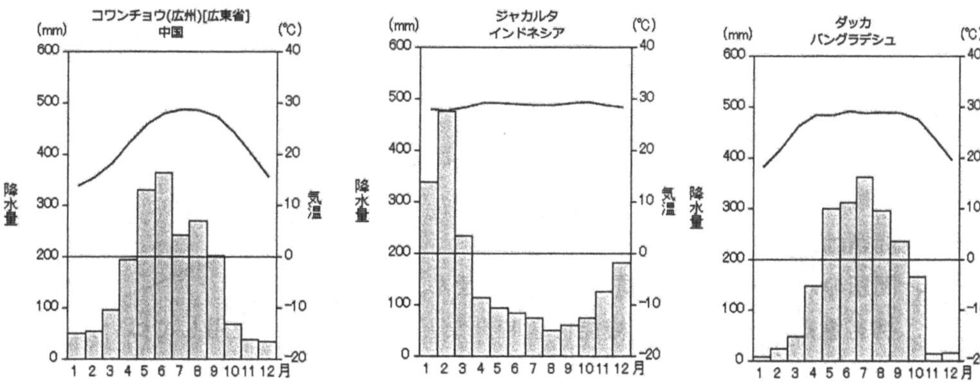

小麦の生産が盛んな地域の雨温図

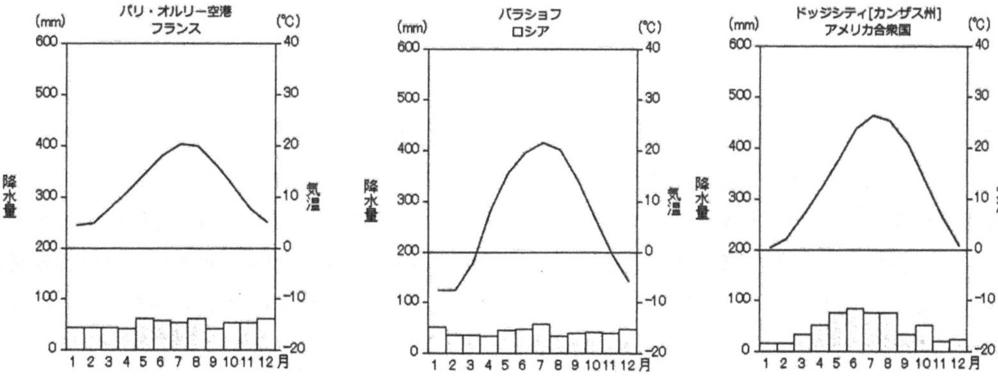

（気象庁，世界の天候データツール，1991-2020年観測値より）

千秋：［　あ　］地域です。

先生：その通りです。米以外にも，世界では様々な主食が食べられていましたね。**資料B**には，世界の主食の分布が示されています。イタリアなどのヨーロッパ諸国やオーストラリアなどでは何が食べられているでしょうか。

資料B　世界の主食の分布

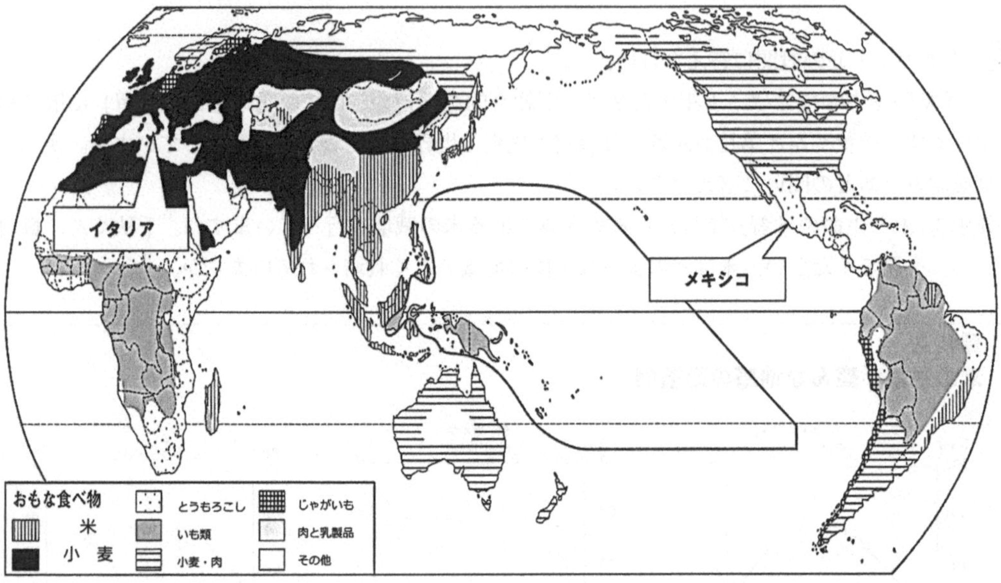

（朝日百科「世界の食べ物」他より作成）

葉月：はい！［　い　］です。

先生：葉月さん，ありがとう。その通りですね。では，メキシコの主食は何でしょうか。

千秋：あれ，メキシコも［　い　］ではなかったですか。

葉月：違《ちが》うよ，メキシコは［　う　］だよ！

先生：そうです。メキシコの伝統的な食べ物であるトルティーヤは［　う　］で作られていましたね。一方で，南米にあるアンデス山脈では，元は毒性の強いじゃがいもを主食として食べています。実は，じゃがいもは同じくアンデス山脈が原産のトマトと同じ，ナス科の食べものです。

葉月：え，じゃがいもってナスの仲間なんだ！

千秋：トマトもじゃがいもも，今のぼくたちの生活にはなくてはならない食べ物だね。この前の「土と生命の学習」の時間にトマトの苗《なえ》を植えたよ。

先生：ええ，［　え　］化が進んだ今では，世界のあちこちで同じものが食べられています。**資料C**（次のページ）の写真を見てください。ここから「食の［　え　］化」が進んだことが読み取れます。葉月さん，なぜ「食の［　え　］化」が進んだことが分かるのか，理由を見つけられますか。

資料C

葉月：はい。[お]

先生：その通りです。実は，このように世界のどこに行っても同じ物が食べられることは便利なように感じますが，良いことばかりではありません。例えば，アメリカの先住民族の中には，欧米《おうべい》の近代的な食文化に触《ふ》れたことで，虫歯にかかりやすく歯並びも悪くなってしまった民族がいます。

葉月：なぜそのような変化が起こってしまったのですか。

先生：その民族の人々は，食の [え] 化が進む中で，精白《せいはく》された小麦粉や砂糖，食品添加物《しょくひんてんかぶつ》を多く使用されているものを，好んで食べるようになりました。その結果，顔の骨格や筋肉の発達に変化が生じて，虫歯になりやすくなったり，歯並びが悪くなったりしてしまったのです。1930年代，アメリカのウェストン・プライス博士が近代的な食文化の影響《えいきょう》について研究し，その問題点を『食生活と身体の退化』にまとめています。

千秋：なぜ，その土地の伝統的な食文化よりも，近代的な食文化が選ばれてしまったのでしょうか。

先生：それには様々な理由があります。欧米からもたらされた食べ物は保存期間が長く，調理が簡単で手軽に食べられることが理由の１つに挙げられます。

千秋：なるほど，その結果，伝統的な食文化が失われてしまったのですね。

先生：その通りです。さらに，失われてしまったのは伝統的な食文化だけではありません。プライス博士によると，近代的な食文化による身体の変化に伴《ともな》い，気分が落ちこみやすくなったり，おこりっぽくなったりする人が多くなり，失業する人や犯罪件数が増えたケースも見られるそうです。

葉月：[1]食の［ え ］化による問題がよくわかりました。

千秋：ぼくたちも便利さばかり追求しないで，意識的に日本の食文化を守っていかないと，いつか日本食がなくなってしまうかもしれないね。

先生：そうですね。「和食」と呼ばれる私たちの伝統的な食文化は，世界的に見ても重要な食文化の１つです。

葉月：でも，どうやって食文化を守っていけばいいでしょうか。

⑴　［ あ ］にあてはまる語句を書きなさい。ただし**資料A**を参照し，「**気温**」と「**降水量**」という言葉を使い，**10字以上15字以内**で書くこと。

⑵　［ い ］と［ う ］にあてはまる言葉を，**資料B**を参照して書きなさい。

⑶　［ え ］にあてはまる言葉を書きなさい。ただし，**カタカナ５字**で書くこと。

⑷　［ お ］にあてはまる文を，**資料C**を参照して書きなさい。ただし，句読点を含《ふく》めて，**30字以上40字以内**で書くこと。

⑸　下線部１について，**前の会話文**からわかる問題を書きなさい。ただし，「**人間の身体に与《あた》える影響**」と「**文化や社会に与える影響**」のどちらにもふれながら，句読点を含めて，**60字以上70字以内**で書くこと。

Ⅱ．千秋くんと葉月さんは，日本の伝統的な食文化を守っていくために中学生ができることを，「土と生命の学習」でプレゼン（発表）することにしました。２人はプレゼンの打ち合わせを行っています。次の会話文を読み，あとの問いに答えなさい。

葉月：プレゼンを見ている人に，日本の伝統的な食文化が重要なものだと理解してもらうためにはどうしたらいいかな。

千秋：**資料D**（次のページ）に，ユネスコの無形文化遺産に登録された和食の４つの特徴《とくちょう》がまとめてあるよ。この内容を使ってみるのはどうだろう。

葉月：いいね。「土と生命の学習」は持続可能な未来の社会を考える時間だから，[2]できれば**資料E**（次のページ）のSDGsの17の目標と関連するものを，特に強調して伝えたいね。

千秋：それと，先生が教えてくれた近代的な食文化の悪影響についても伝えたいな。

葉月：たしかに，近代的な食文化が私たちの身体や社会に与える影響は，想像以上に大きくてびっくりしたね。先生からは，**資料F**（54ページ）のデータも預かっているよ。

千秋：このデータは何を示しているの？

葉月：これは，同じ民族でも，伝統的な食文化を守っている先住民族の集団と，近代的な食生活を送っている集団では，虫歯にかかっている人の割合に大きな違《ちが》いがあることを示しているよ。

資料Ｄ　和食の４つの特徴

特徴①：

多様で新鮮《しんせん》な食材を使い，その持ち味を大事にしていること

和食では食材を大切にし，それぞれの食材に合う方法で，無駄《むだ》なく使い切ることが重視されています。

特徴②：

健康的な食生活を支えていること

一汁三菜《いちじゅうさんさい》を基本とする日本の食事スタイルは，理想的な栄養バランスを生み出し，日本人の長寿《ちょうじゅ》や肥満防止に役立っています。

特徴③：

自然の美しさや季節の移ろいを表現していること

旬《しゅん》の食材を使い，季節に合った食器や飾《かざ》りつけをすることで，季節感を楽しむことができます。

特徴④：

正月などの年中行事と深いかかわりを持っていること

日本の食文化は年中行事と深くかかわっており，家族や地域との絆《きずな》を強める役割も果たしてきました。

（農林水産省ホームページより作成）

資料Ｅ　SDGs の 17 の目標

目標	各目標のテーマ	目標	各目標のテーマ
目標１	貧困をなくそう	目標 10	人や国の不平等をなくそう
目標２	飢餓《きが》をゼロに	目標 11	住み続けられるまちづくりを
目標３	すべての人に健康と福祉《ふくし》を	目標 12	つくる責任　つかう責任
目標４	質の高い教育をみんなに	目標 13	気候変動に具体的な対策を
目標５	ジェンダー平等を実現しよう	目標 14	海の豊かさを守ろう
目標６	安全な水とトイレを世界中に	目標 15	陸の豊かさも守ろう
目標７	エネルギーをみんなに， そしてクリーンに	目標 16	平和と公正をすべての人に
目標８	働きがいも　経済成長も	目標 17	ﾊﾟｰﾄﾅｰｼｯﾌﾟで目標を達成しよう
目標９	産業と技術革新の基盤《きばん》をつくろう		

千秋：本当だ！　近代化集団では，虫歯の人の割合がとても多いんだね。

葉月：3プレゼンを見ている人が，一目で「近代的な食文化に触れると虫歯にかかりやすくなる」ということが分かるように，このデータもグラフにしてポスターに入れたいな。

千秋：それはいいアイデアだね。あとは日本の伝統的な食文化を守るために，具体的に何をするか，一緒《いっしょ》に考えよう！

資料Ｆ　先住民集団と近代化集団の虫歯にかかっている人の割合

民族名	先住民集団	近代化集団
スイス	4.60%	29.8%
ゲール族	1.20%	30.0%
イヌイット	0.09%	13.0%
北方アメリカ先住民	0.14%	21.5%
セミノール族	4.00%	40.0%
メラネシア人	0.38%	29.0%
ポリネシア人	0.32%	21.9%
アフリカ人	0.20%	6.8%
オーストラリア先住民	0.00%	70.9%
ニュージーランド・マオリ族	0.01%	55.3%
マレー人	0.09%	20.6%
海岸地方・ペルー人	0.04%	40.0%以上
アンデス高地・インディオ	0.00%	40.0%以上
アマゾン・ジャングル・インディオ	0.00%	40.0%以上

＊100%に近づくほど，虫歯にかかっている人の割合が多いことを示している。

（『食生活と身体の退化（W.A.プライス，恒志会，2010年）』より作成）

⑹　下線部２について，プレゼンで最も強調すべき和食の特徴は何か，**資料Ｄの特徴①～④から１つ選び**，番号を解答欄《かいとうらん》にしたがって記入しなさい。その上で，**資料Ｅ**を参照して，その特徴を選んだ理由を，句読点を含めて，**30字以上40字以内**で書きなさい。

⑺　下線部３について，**資料Ｆ**のデータを，解答欄を自由に使い，グラフに表しなさい。ただし，グラフの種類は自分で決め，基準となる線や数値も自分で書き込《こ》むこと。なお，資料のデータはすべて使用しなくてもよいが，**必ず複数の民族の数値を使うこと。**

[2]　あとのⅠ・Ⅱの設問に答えなさい。

Ⅰ．先生と徳子《のりこ》さんは，千葉市で行われているボランティア活動の話をきっかけに，千葉市のさまざまな課題について考えています。次の会話文を読み，あとの問いに答えなさい。

先生：千葉市では「千葉市こども若者市役所」という，こどもや若者が，地域や社会の課題に関わり，自分たちの街を良くするためのボランティア活動が行われています。

徳子：具体的にはどんなことをやっているのですか？

先生：千葉市内の高校で実際に投票を実施《じっし》し，千葉市に対して提案するテーマを定めています。たとえば，1 平成27年には「ちょっとまって救急車はタクシーじゃない！！」と題する呼びかけ運動を行いました。**資料A**を見て下さい。平成27年には，救急車の「出動件数」のうち約 [あ] 割が実際には搬送《はんそう》されない（「搬送人員《はんそうじんいん》」に含《ふく》まれない）出動であったことを踏《ふ》まえ，この取り組みが行われたのです。

徳子：やはり [い] が救急車を呼ぶ理由として最も多いのですね。

資料A　救急車出動状況《じょうきょう》

出動件数	搬送人員	事故種別出動件数				
		火災	自然災害	水難	交通	労働災害
54,301	47,597	181	7	5	4,128	385
事故種別出動件数						
運動競技	一般負傷	加害	自損行為	急病	転院搬送	その他
388	7,433	484	432	31,613	5,965	3,280

（『千葉市統計書（令和２年度版）』より作成）

先生：救急救命の態勢を整えることは，災害などの緊急時《きんきゅうじ》への備えとしても，地方自治体の重要な仕事です。**資料B**を見て下さい。

資料B　千葉市中央区（一部）のハザードマップ

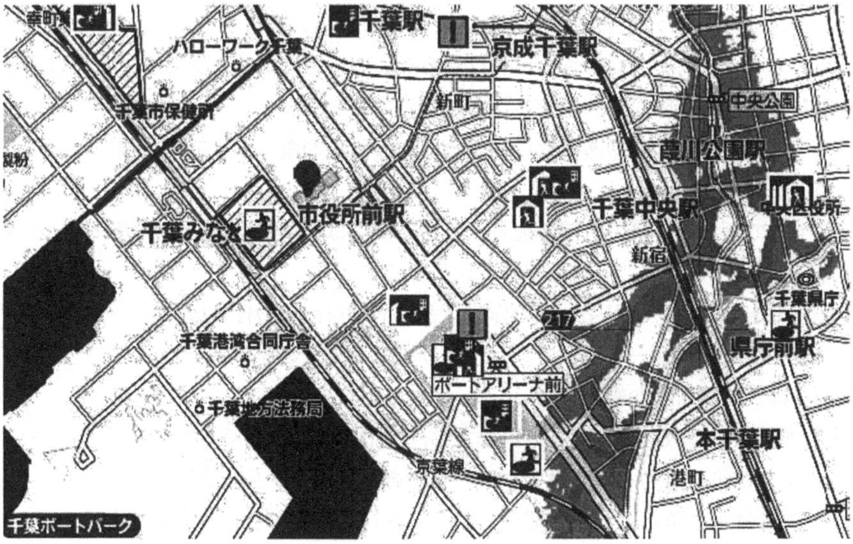

（「千葉市地震・風水害ハザードマップ（WEB版）」より抜粋《ばっすい》）

徳子：これは何を示す地図ですか？

先生：これは，千葉市中央区を中心とする地域のハザードマップです。それぞれの記号が示す意味は，**資料C**の通りになります。

資料C　ハザードマップに記載《きさい》される記号

広域避難《こういきひなん》場所（大地震《じしん》等による広域火災などから身の安全を守るための場所で，相当程度のオープンスペースが確保された場所）

指定緊急避難《きんきゅうひなん》場所（公園，学校の屋内運動場または校庭等，一時的に身の安全が確保できる施設《しせつ》または場所）

指定避難所兼《けん》指定緊急避難場所（被災者《ひさいしゃ》の住宅に危険が予想される場合や住宅が損壊《そんかい》した場合等，生活の場が失われた場合に，一時的な生活の本拠地《ほんきょち》として宿泊滞在《しゅくはくたいざい》するための施設）

津波《つなみ》避難ビル（いつ発生するか分からない津波から市民の生命の安全を図るため，一時的に緊急避難する場所）

地下道（立体交差で，掘《ほ》り下げ式になっている下の道路。大雨が降ると，道路が冠水《かんすい》して，通行が出来なくなる場合がある）

（「千葉市地震・風水害ハザードマップ（WEB版）」より抜粋）

先生：何か気づくことはありますか？

徳子：とても多くの人が住んでいたり働いていたりする地域なのに，千葉みなと駅の近くにしか［う］がないと感じました。建物が密集しているために，広いスペースの確保が難しいのですね。私は京成千葉駅をよく利用するのですが，もし京成千葉駅にいる時に災害に見舞《みま》われた場合には，［う］まで移動しなければならないのですか？

先生：いえ，必ず［う］を目指さなければならないわけではなく，あくまで状況に応じて，津波避難ビルを含む各施設を利用することになるでしょう。

徳子：ところで，葭川《よしかわ》公園駅のあたりに広がっている，色が濃《こ》くなっている場所は，どのような意味があるのでしょうか。

先生：考えてみて下さい。駅の名前の通り，この辺りには葭川という河川が流れていますよね。つまり，［え］ということを意味しているのです。

徳子：救急車の出動やハザードマップの作成など，地方自治体の仕事はたくさんあるのですね。自分が住む地域のハザードマップをしっかり見てみようと思います。

⑴　下線部１は，**西暦《せいれき》何年**か書きなさい。

⑵　［あ］にあてはまる数を書きなさい。ただし，**１桁《けた》の整数**で書くこと。

⑶　［い］にあてはまる語句として適切なものを，**資料A**の中から抜《ぬ》き出しなさい。

⑷　［う］にあてはまる語句として適切なものを，**資料C**の中から抜き出しなさい。

⑸　［え］にあてはまる文として最も適切なものを，次のページの**ア**～**エ**の中から選び，記号で答えなさい。

ア　建物が密集しており火災の危険性が高い　　イ　津波の被害《ひがい》の危険性が高い
ウ　急な傾斜《けいしゃ》で土砂崩《どしゃくず》れの危険性が高い　　エ　洪水《こうずい》による浸水《しんすい》の危険性が高い

Ⅱ．先生と明《あきら》くんは，千葉市における「マイノリティ」の人々について話しています。次の会話文を読み，あとの問いに答えなさい。

先生：「千葉市こども若者市役所」では，パラリンピックの開催《かいさい》をふまえ，パラスポーツの体験もおこなっていました。

明　：障害のある方や外国籍《がいこくせき》の方など，少数の立場の人々のことを英語で「マイノリティ」というのだと授業で教わりました。

先生：そうでしたね。マイノリティを尊重することは，オリンピック・パラリンピックの理念の１つでもありますし，地方自治体としても重要な課題です。

明　：ところで千葉市には外国籍の人々はどれくらい住んでいるのでしょうか。

先生：２次の資料Ｄを見てもらうと分かると思いますが，様々な出身の方が住んでいるようですね。

資料Ｄ　外国人住民人口

区分	総数	韓国・朝鮮	中国	ﾌｨﾘﾋﾟﾝ	ｲﾝﾄﾞﾈｼｱ	ﾀｲ	ｲﾗﾝ
平成31・令和元年	28,525	3,699	12,211	2,752	415	542	95
中央区	6,841	1,452	2,422	786	49	121	12
花見川区	4,800	418	1,472	401	101	93	9
稲毛区	4,047	428	1,707	339	98	87	19
若葉区	3,952	618	1,055	788	64	129	26
緑区	1,557	279	471	174	31	53	18
美浜区	7,328	504	5,084	264	72	59	11

区分	ﾏﾚｰｼｱ	ﾊﾞﾝｸﾞﾗﾃﾞｼｭ	ｱﾒﾘｶ	ﾌﾞﾗｼﾞﾙ	ﾍﾟﾙｰ	ｲｷﾞﾘｽ	その他（無国籍を含む）
平成31・令和元年	107	206	402	366	285	130	7,315
中央区	22	38	94	55	36	29	1,725
花見川区	27	55	102	200	169	23	1,730
稲毛区	22	58	44	25	24	16	1,180
若葉区	6	31	28	37	19	9	1,142
緑区	6	3	32	29	18	12	431
美浜区	24	21	102	20	19	41	1,107

（『千葉市統計書（令和２年度版）』より作成）

先生：千葉市では，毎年「外国人市民懇談《こんだん》会」を開催し，外国籍の住民の意見を市の政治に反映させようと努めています。この懇談会では，どのような意見が出されたと思いますか。

明　：やはり，外国の方は言葉に苦労されているのではないでしょうか。先ほどのハザードマップもそうですが，外国の方は災害の時などに日本人の市民と同じ支援《しえん》を受けられるのか心配です。

先生：確かにそうですね。明くん，すばらしい想像力です。千葉市では，外国人向けの防災情報を提供していて，ホームページやチラシにおいて，[　お　] などの工夫《くふう》がされており，外国人が情報を入手しやすいような配慮《はいりょ》がされています。

明　：私たちの日常は，市の災害への備えやボランティアの方々など，普段《ふだん》は考えの及《およ》ばないところによっても支えられていることを再確認することができました。

先生：そうですね。これからもぜひボランティア活動にチャレンジしてみて，地域の様々な課題に気づけるようになるといいですね。

⑹　下線部２について，明くんのクラスでは千葉市に住む外国人について考えようと，**資料Ｄ**を見ながら次の**ア**～**エ**のカードを作成しました。**資料Ｄ**からわかる内容として適切なものには○を，そうでないものには×を，**資料Ｄ**からだけでは読み取れないものには△を，それぞれ書きなさい。

ア　千葉市にはとても多くの国籍《こくせき》の人々が住んでいて，２番目に多いのは中国出身の住民でした。

イ　千葉市に住む外国籍の人々は毎年増加を続けていることから，難しい日本語を読めない住民への行政サービスをもっと充実《じゅうじつ》させるべきだと思います。

ウ　私が住む花見川区には，およそ100人のアメリカ人が住んでいるそうです。

エ　千葉市には，東南アジアからも多くの人々が移り住んできていますが，ベトナム出身の住民は１人もいないことがわかりました。

⑺　[お] にあてはまる工夫の例を考え，**15字以内**で書きなさい。

【適性検査Ⅱ】（45分）　＜満点：100点＞

【注意】 携帯《けいたい》電話，電卓《でんたく》，計算機能付き時計など電子機器類を使用してはいけません。

1　感染症《かんせんしょう》とその広がり方について，先生と太郎《たろう》くん・花子さんが話し合っています。
次の会話文を読み，あとの問いに答えなさい。

先生：ウイルスや細菌《さいきん》などの病原体が体内に侵入《しんにゅう》して増殖《ぞうしょく》し，様々な症状《しょうじょう》を引き起こすことを感染症といいます。今回はその広がり方について考えていきましょう。

太郎：はい，先生。ウイルスの広がり方では，1人の感染者が新たに別の人に感染させる平均の人数を「**基本再生産数（＝*R*0）**」として表しているのですよね。基本再生産数をもとに感染者の増え方をグラフにすると，図1のようになるそうです。

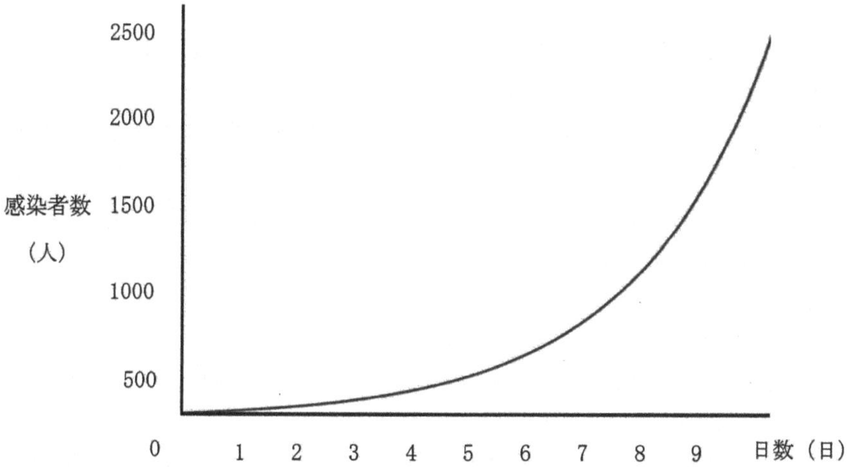

図1

先生：その通りです。例えば，*R*0＝2.5であるウイルスAについて考えてみます。最初の感染者数が10人のとき，この10人から感染する人は10×2.5＝25で25人，さらにその25人から感染する人は25×2.5＝62.5でこれを四捨五入して63人，さらにこの63人から感染する人は63×2.5＝157.5でこれを四捨五入して158人……，というように増えていきます。

花子：そう考えると，ものすごい数で感染者は増えていきますね。

先生：そうです。だから感染症が流行したら，しっかりと対策をたてなければなりません。それでは2人にはある会社Mを想定して，次の場合ではどのように感染が広がっていくのかを考えてもらおうと思います。

条件①：社員の人数は全部で3,700人。
条件②：現在の感染者数は10人。
条件③：基本再生産数は3人とする。（*R*0＝3）
条件④：感染するとウイルスは次の日に発症し，必ず別の3人へ移すものとする。

先生：この会社Mで，現在感染している10人が休むことなく会社に出勤し，さらに何の対策もせずに生活をし続けると何日後に全社員が感染してしまうかな？

太郎：［ ア ］日後ですね。

花子：感染症が流行したとき，何も対策をたてないということはないですよね。対策をたてることで人々の行動が変わり，実際に感染する人数は変化します。その変化した数値を「実効再生産数（＝ Rt）」というのですよね。

先生：花子さん，よく知っていますね。ではもし社員全員がマスクをつけることで実効再生産数を1.5にすることができたとき，１日あたりの感染者数が100人を超《こ》えるのは何日後ですか？

花子：それは［ イ ］日後です。

先生：正解です。対策をたてるかたてないかで，感染者の人数にはこれだけ大きな差が生まれます。ここまで計算をしてみて気が付いたと思いますが，実効再生産数が［ ウ ］より小さくなれば１日当たりの感染者数は減っていきます。今日時点で感染者が300人いるとき，５日後の１日あたりの感染者数を５人以下にするには実効再生産数を［ エ ］にすればよいのです。

太郎：なるほど。やはり何かしらの対策をたてることが必要なのですね。じゃあ，人が誰《だれ》も外に出ず会社をすべて休みにすればいいのではないですか？

先生：確かに太郎くんの言う通りで，会社を全て休みにして誰も外に出なければ，感染症の広がりを抑《おさ》えることができます。しかし，人々が生活をしていく上で，お金を稼《かせ》ぐために，食料を買うために，教育を受けるためになど様々な理由で人は外出しなければなりません。会社を全《すべ》て休みにしてしまうと，利益を得ることができず倒産《とうさん》してしまうので，そこが難しいところですね。

花子：では感染症はどのようにして収束していくのですか？

先生：収束していくための手段のひとつとして考えられるのが，集団免疫《めんえき》です。集団免疫とは，ある病原体に対して人口の一定以上の人が免疫を持つことで，感染者が出ても他の人に感染しにくくなり，感染症の流行を収束させることができるものです。そして，間接的に免疫を持たない人も感染症から守られることにつながります。このような状態を集団免疫といいます。流行を防ぐための免疫獲得《かくとく》者の割合は，集団免疫率（％）$=\left(1-\dfrac{1}{R0}\right)\times 100$ で求めることができます。

太郎：なるほど。では，$R0=3$ とすると，集団免疫率は［ オ ］％ですね。

先生：その通りです。［ オ ］％の人が免疫を持つことで，感染症が収束する可能性があります。ただし，免疫によって作られる抗体《こうたい》が減っていくため，必ずしも集団免疫を達成したからといって，感染症が収束するとも限りません。

花子：しかし，免疫を獲得すれば感染症の広がりを抑えることにはつながりますよね。免疫を獲得するための方法として，一度感染してウイルスから免疫を獲得する方法と，ワクチンを接種して免疫を獲得する方法の２つが考えられますよね。

先生：その通りです。ワクチンには，有効率というものがあります。ワクチンの有効率とは，ワクチンを打たなかったときに発病した人数が，ワクチンを打ったら何％減ったかというものです。図で表すと次のページの図２のようになります。

先生：図２では，発病者の人数がワクチンを接種するかしないかで，50人から10人に減ったため，ワクチンの有効率は80％になります。先ほどの会社Mでは，３日後までの感染者数の合計が［ カ ］人だったため，ワクチンの有効率が90％で，全社員がそのワクチンを接種していたとすると，感染者数の合計は，［ キ ］人にまで引き下がります。

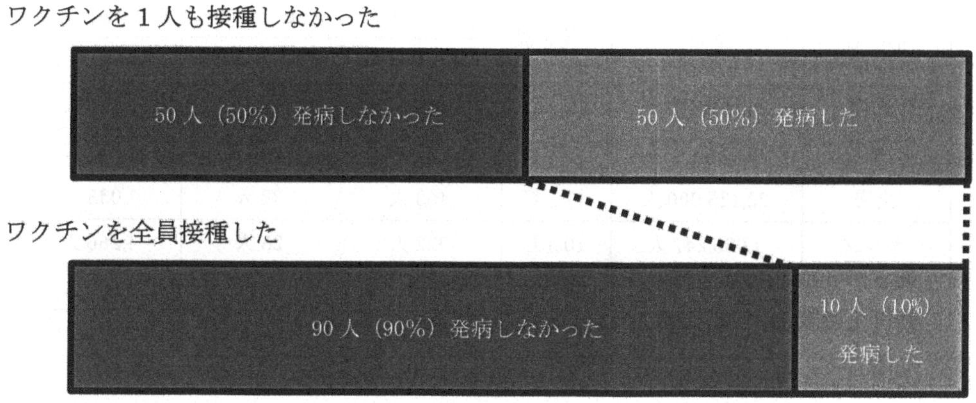

図２

太郎：そう考えると，計画的にワクチンを打つことで，感染症の広がりを大きく抑制《よくせい》することができるため，早くワクチンを打ちたいところですね。

先生：そうですね。ただ，ワクチンや特効薬を作るにしても時間がかかりますし，開発されてからも安全性を考えると，すぐに実用化することは難しいのです。また，世界中の国々を見てみると，❶地域によって環境や文化が大きく異なるため，ひとつの対策方法が全ての国で通用するとは限りません。しかし，どのような環境《かんきょう》下にいても，このような感染症が流行したときには，国や県が国民・県民を守るためにより良い政策を考え実行してくれることと，1人ずつの行動自粛《じしゅく》が何よりも重要なことになります。２人は，そのようなことを理解して考えられる大人になってくださいね。

太郎と花子：はい，先生。今日はお時間をいただきありがとうございました。

⑴　空欄《らん》［ア］，［イ］にあてはまる数字を答えなさい。

⑵　空欄［ウ］にあてはまる数字を答えなさい。また，［エ］にあてはまる数字を下の選択肢《せんたくし》【ａ】～【ｄ】から記号を１つ選び，その理由も答えなさい。

選択肢

【ａ】 1.2　【ｂ】 0.8　【ｃ】 0.3　【ｄ】 1.5

⑶　空欄［オ］，［カ］，［キ］にあてはまる数字を答えなさい。なお，答えは小数第２位を四捨五入して，小数第１位まで求めなさい。

⑷　下線部❶について，次のページの表１は世界における主要都市の人口，年間平均気温，１日あたりの感染者数についての表です。表１について，あとの問いに答えなさい。

(i)　ウイルスＡ，ウイルスＢ，ウイルスＣの中で，最も感染力が強いと考えられるのはどれか，１つ選び理由を説明しなさい。

(ii)　それぞれのウイルスによる感染症の広がり方は，それぞれの地域の人口や平均気温に注目すると，地域によってどのような違《ちが》いがあるか，あなたの考えを書きなさい。

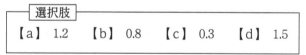

都市名	人口	平均気温	各ウイルスの1日当たりの感染者数		
			ウイルスA	ウイルスB	ウイルスC
東京	35,303,000人	17.7℃	105人	19人	2,570人
ニューヨーク	21,045,000人	13.2℃	12,670人	1,246人	6,750人
上海	22,125,000人	17.1℃	463人	98人	1,033人
ケルン	1,086,247人	10.3℃	922人	25人	4,266人
ミラノ	1,397,715人	13.0℃	3,514人	26人	4,660人
全世界	7,713,468,100人	14.8℃	68,288人	28,400人	524,184人

表1

2　理科部の明子《あきこ》さんと徳雄《のりお》くんは先生とともに，水族館のショーでシャチが水面から高く飛び出す様子を見ました。明子さん，徳雄くん，先生の会話を読み，問いに答えなさい。

明子：シャチって大きな身体《からだ》なのに，よくあんなに高く水面から飛び上がれるわね。

徳雄：大きな身体だから飛び上がれるんじゃないかな。

明子：どういうことなのかしら。大きな筋肉があるからかしら。

徳雄：それもあると思うけど。僕《ぼく》らも水の中に入ると，身体が浮《う》かび上がろうと上向きに力が掛《か》かっているよね。身体の大きなシャチはその分，浮かび上がろうとする上向きの力が大きいんじゃないかな。

明子：そんなに大きな力が掛かるのかしら。

徳雄：それなら，シャチみたいに泳がなくても，ものが水の中にいるときに掛かる上向きの力がどんなものかを知る方法を考えよう。

明子：水に浮くものを沈《しず》めて，手を離《はな》したらどうかしら。

徳雄：それなら水からものが飛び出す様子が調べられそうだね。きっと勢いよく，まっすぐ上に飛び上がるのが見られるぞ。

明子：沈めるものは何がいいかしら。何か実験しやすいものはあるかしら。

先生：それなら，理科部で分子模型作りに使っている発泡《はっぽう》スチロール球を使って実験してみたらどうですか。

徳雄：さっそくやってみよう。

（　実験Ⅰ　）

①　水槽《すいそう》に水を入れ，沈めた深さと飛び出す高さを測定するために，ものさしを水槽に設置する。沈めた深さは手を離す直前の球の上の部分から水面までの距離《きょり》とし，飛び出す高さは飛び出した球の上の部分から水面までの距離とする。

②　徳雄くんが，深さ5㎝のところから球を静かに離す。その様子を，明子さんがビデオカメラで撮影《さつえい》する。

③　ビデオカメラで撮影した映像をコマ送りで再生し，球が飛び出したときの最も高い位置での高さを調べ，記録する。ただし，球が飛び出す前後での水面の位置に変化はないものとする。

試行回数（回目）	1	2	3	4	5	6	7	8
飛び出した高さ（cm）	25	23	12	24	21	10	22	23
飛び出した方向	↑	↑	↗	↑	↑	↖	↑	↑

表１：実験Ⅰの結果

明子：やったことのない実験だから，上手《うま》くいくか不安だわ。

徳雄：失敗するかもしれないから，１回だけじゃなく，何回かやってみよう。

明子：何回かまっすぐ上に飛び出さなかったけれど，この結果をどうやってまとめようかしら。

徳雄：平均を求めればいいと思うよ。すべての結果から計算すると，［ア］cmになるね。

先生：平均を使うという考えはいいですね。ただし，水面から飛び出したときの球の様子も考えて，❶求め方を工夫《くふう》した方がいいのではないでしょうか。

明子：水中から発泡スチロール球を離すと，飛び出すということがわかったわね。

徳雄：そうだね。どうしたらもっと高く飛び出させることができるかな。

明子：発泡スチロール球を離す位置を変えてみたらどうかしら。

徳雄：それはいい案だね。ぼくは，発泡スチロール球を離す深さが深ければ深いほど，球は高く飛び出すと予想するよ。

明子：今度はさっきのとは違《ちが》う大きさの発泡スチロール球を使ってみましょう。

（　実験Ⅱ　）

①　水槽に水を入れ，沈めた深さと飛び出す高さを測定するために，ものさしを水槽に設置する。沈めた深さは手を離す直前の球の上の部分から水面までの距離とし，飛び出す高さは飛び出した球の上の部分から水面までの距離とする。

②　徳雄くんが，直径10cmの球を静かに離す。その様子を，明子さんがビデオカメラで撮影する。

③　ビデオカメラで撮影した映像をコマ送りで再生し，球が飛び出したときの最も高い位置での高さを調べ，記録する。ただし，球が飛び出す前後での水面の位置に変化はないものとする。

④　まっすぐ上に飛び出さなかった場合はやり直し，❷それぞれの深さで５回ずつの計測をして，その平均を結果とした。

⑤　球を離す深さを，０cmから20cmまで，２cmずつ深くして，球が飛び出す高さを調べた。

離す深さ（cm）	0	2	4	6	8	10	12	14	16	18	20
飛び出した高さ（cm）	31	36	38	43	46	49	47	44	42	37	24

表２：実験Ⅱの結果

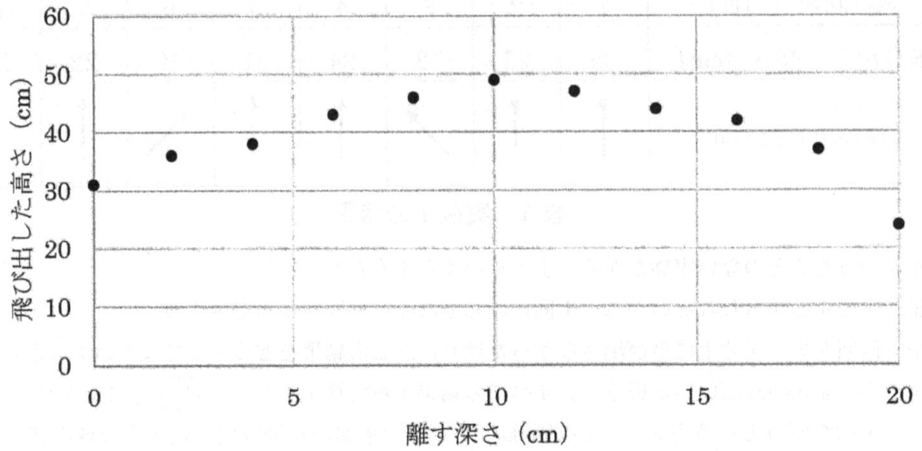

図 1:実験Ⅱの結果

明子：どうやら徳雄くんの予想とは違ったようね。

徳雄：途中《とちゅう》までは予想通りだったんだけどな。

先生：何か条件を変えて実験してみると，気づくことがあるかもしれませんね。

明子：形を変えてみるっていうのはどうかしら。シャチの身体は魚と似た形をしているし。あの形に意味があるのかもしれないわ。

徳雄：そうだね。まっすぐ上に飛び出さない理由も知りたいし。いろいろやってみよう。

⑴　文章中の空欄《くうらん》 [ア] に適した数値を答えなさい。

⑵　下線部❶について，先生の発言をふまえて，あなたならどのような工夫をして平均を求めますか。あなたの考える具体的な工夫と，その結果得られる平均の値を答えなさい。

⑶　下線部❷について，1回の計測ではなく，複数回の計測をしているのはなぜだと考えられますか。実験Ⅰの結果から分かることを踏《ふ》まえて答えなさい。

⑷　実験Ⅱの結果を説明した下の文章に当てはまる数値や語句を答えなさい。

球を離す深さが0㎝～ [イ] ㎝までは，飛び出した高さは次第《しだい》に [ウ] なり， [イ] ㎝～20㎝までは，飛び出した高さは次第に [エ] なる。

⑸　実験Ⅱの結果になったのはなぜだと考えられるか答えなさい。ただし，次の語句を必ず使用することとします。

10㎝，水，力

【適性検査ⅢＡ】（45分）　＜満点：100点＞

【注意】携帯《けいたい》電話，電卓《でんたく》，計算機能付き時計など電子機器類を使用してはいけません。

1　先生と明徳《あきのり》くんが土地の価格について話しています。次の会話文を読み，あとの問いに答えなさい。

明徳：土地の価格ってどうやって決めているのですか。

先生：基本は（$1\ \mathrm{m}^2$あたりの価格）×（面積）です。そして，$1\ \mathrm{m}^2$あたりの価格は以下のように決まります。

（路線価）×（奥行《おくゆき》価格補正率）

明徳：なるほど。路線価って何ですか？

先生：路線価については，接している道路ごとに土地の価格が決まっていて，地域ごとに路線価図というものが作られているので，確認できるようになっています。例えば，学園前駅周辺の路線価図は図１のようになっています。四角で囲まれた数字が路線価で，千円単位で表しています。つまり，道路Ａの路線価は 78 と書いてあるところは78000円で， 75 と書いてあるところは75000円ということですね。

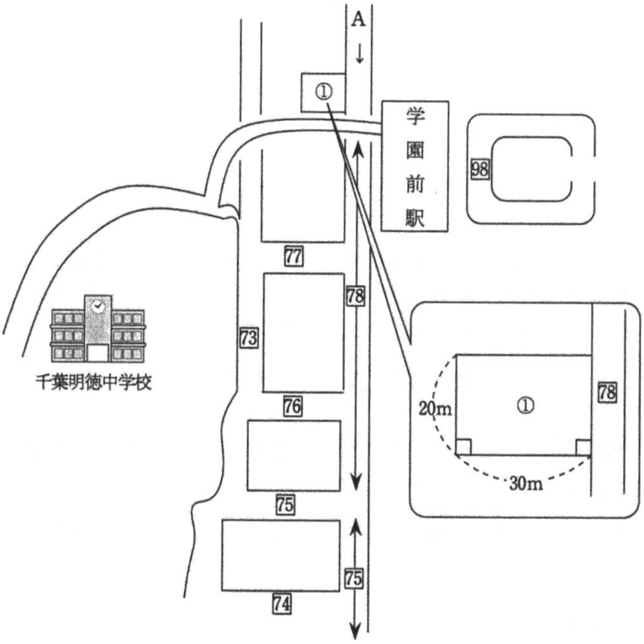

図１

明徳：よくわかりました。では，奥行価格補正率についても教えてください。

先生：奥行価格補正率というのは，土地の奥行ごとに決められている倍率のことをいいます。奥行というのは，接している道路から見て，その土地が何m先まであるのかということをいいます。図１の土地①ならば，奥行は30mなので，次のページの表１から奥行価格補正率は0.95ということになります。

奥行（m）	奥行価格補正率
4 未満	0.90
4 以上　6 未満	0.92
6 〜 8	0.95
8 〜 10	0.97
10 〜 12	1.00
12 〜 16	
16 〜 20	
20 〜 24	
24 〜 28	0.97
28 〜 32	0.95
32 〜 36	0.93
36 〜 40	0.92
40 〜 44	0.91
44 〜 48	0.90

奥行（m）	奥行価格補正率
48 〜 52	0.89
52 〜 56	0.88
56 〜 60	0.87
60 〜 64	0.86
64 〜 68	0.85
68 〜 72	0.84
72 〜 76	0.83
76 〜 80	
80 〜 84	0.82
84 〜 88	
88 〜 92	0.81
92 〜 96	
96 〜 100	
100 以上	0.80

表 1（国税庁ホームページより）

明徳：なるほど。路線価図と，この表を見て，❶土地①の１m^{2}あたりの価格を計算すればよいのですね。土地①の価格は［ア］円ということになりますか？

先生：素晴《すば》らしい！　正解です。では，複数の道路に接している土地の場合に，土地の価格がどのように決まるかについて触《ふ》れておきましょう。

明徳：何か違《ちが》うのですか？

先生：例えば，土地が２つの道路に接しているときは，路線価が正面路線価と側方《そくほう》路線価に分けられます。道路ごとの１m^{2}あたりの価格を計算して，1m^{2}あたりの価格が高い方が正面路線になります。このような土地の１m^{2}あたりの価格は，以下のように計算をします。

（正面路線の１m^{2}あたりの価格）＋（側方路線の１m^{2}あたりの価格）×（側方路線影響《えいきょう》加算率）

側方路線影響加算率については，次のページの表２，図２，図３のように決まっています。

	側方路線影響加算率
角地	0.03
準角地	0.02

表 2

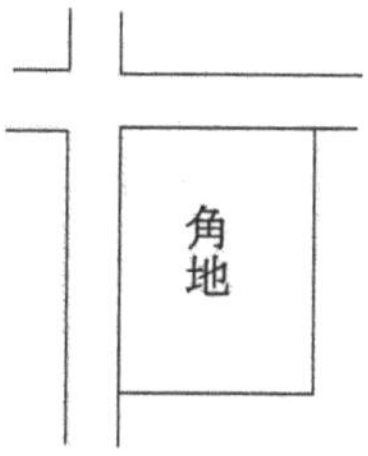

図 2

図 3

（注）準角地とは，図４のような交差点でない曲がり角の内側にあるものをいう。

明徳：なるほど。

先生：では，図４のような土地②の価格について考えてみましょう。

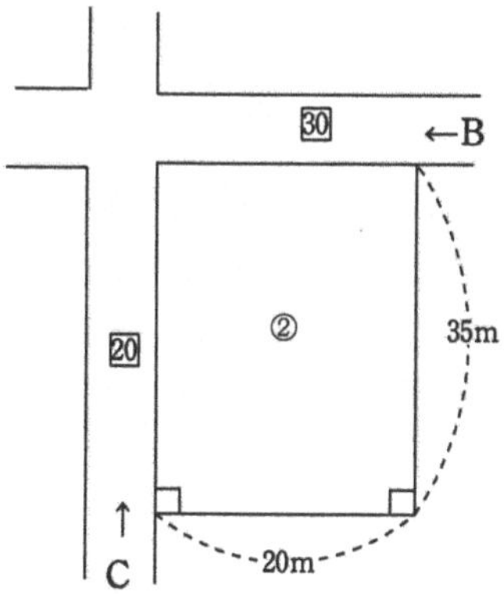

図 4

明徳：❷ $1\,m^2$ あたりの価格を道路ごとに計算してみると，道路Ｂ，Ｃのうち，正面路線は道路［イ］と決まります。正面路線が道路［イ］で計算すると，土地②の価格は［ウ］円になります。

先生：正解です。それでは最後に千葉明徳学園の敷地《しきち》の価格を求めてみましょう。千葉明徳学園は図５のような土地を保有しています。この土地の面積を出すのは難しいので，今回は簡単にしたものを利用して，近い値を求めることに挑戦《ちょうせん》してみましょう。千葉明徳学園の敷地を簡単にしたものが図６，これをもとに作成した路線価図が図７（次のページ）です。

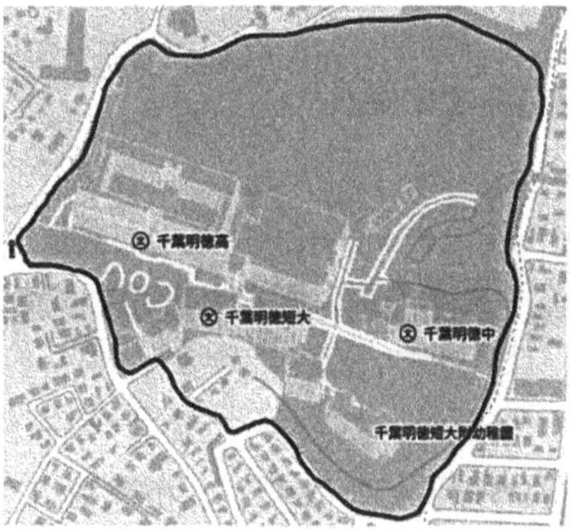

図 5

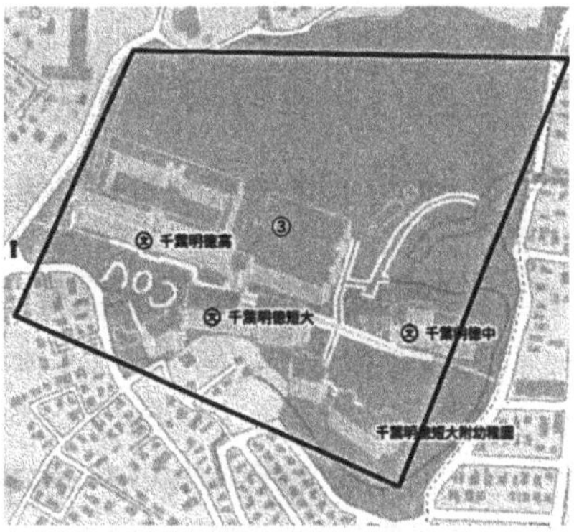

図 6

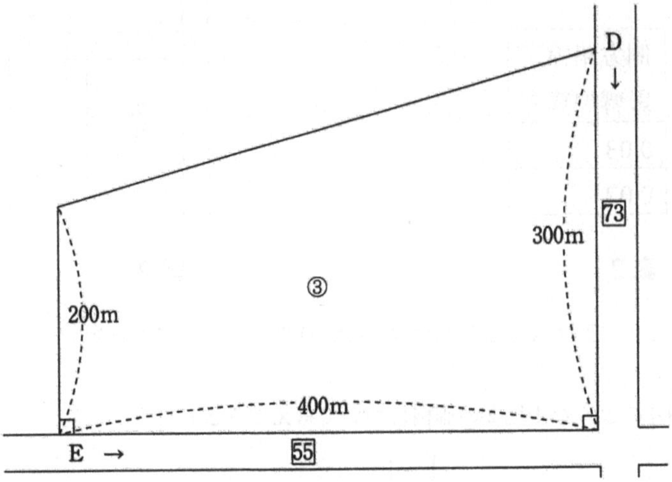

図７

先生：長方形や正方形ではない土地について，奥行価格補正率を考えるときは，単純ではありません。（土地の面積）÷（その道路に接している距離）を計算し，奥行の最大値と比べて小さい方で奥行価格補正率を判断します。例えば，道路Ｄの奥行価格補正率を考えるときは，❸土地③の面積を，道路Ｄが土地③に接している部分の長さ300mで割った結果と，道路Ｄからみた奥行き400mを比べて，小さい方を使って奥行価格補正率を決めます。

明徳：難しいですね。やってみます。ありがとうございました。

⑴　下線部❶について，土地①の１m^2あたりの価格を答えなさい。

⑵　ア　にあてはまる数を答えなさい。

⑶　下線部❷について，道路Ｂの１m^2あたりの価格と，道路Ｃの１m^2あたりの価格を答えなさい。

⑷　イ　にあてはまるのは，ＢとＣのどちらですか。

⑸　ウ　にあてはまる数を答えなさい。

⑹　**この問題は，解答用紙に答えだけでなく，文章や式，図などを用いて考え方も書きなさい。**

Ⅰ．下線部❸について，計算の結果を求めなさい。ただし，小数第１位で四捨五入して答えること。

Ⅱ．土地③の価格を求めなさい。

２　「あきらくん」と「とくこさん」は，母親のお腹《なか》のなかにいる赤ちゃん（以下，胎児《たいじ》という。）について話し合っています。

あきらくん：来月赤ちゃんが産まれてくるんだ。とても楽しみにしているよ。

とくこさん：おめでたい話ね。胎児は自分で呼吸をしたり食べ物を食べたりしないけれども，どうやって育つのかしら。

あきらくん：母親の血液は胎児のからだを循環《じゅんかん》すると昔は思われていたんだ。もしかしたら，今でもそう誤解している人がいるかもしれないね。でも，科学者が母親と胎児の関係を研究して，母親と胎児の血液は混ざらないことがわかったんだ。

とくこさん：母親と胎児の血液は混ざらないのね。

あきらくん：胎盤《たいばん》にある絨毛間腔《じゅうもうかんくう》には酸素や栄養に富んだ母親の血液が満たされているよ。図のように母親の血液と胎児の血液は混ざらず，薄《うす》い膜《まく》でわけられていて，母親の血液が運んできた酸素や栄養は胎盤で胎児の血液に渡《わた》されるよ。また，胎児の血液が運んできた二酸化炭素や老廃物《ろうはいぶつ》も，胎盤で母親の血液に渡されるんだ。

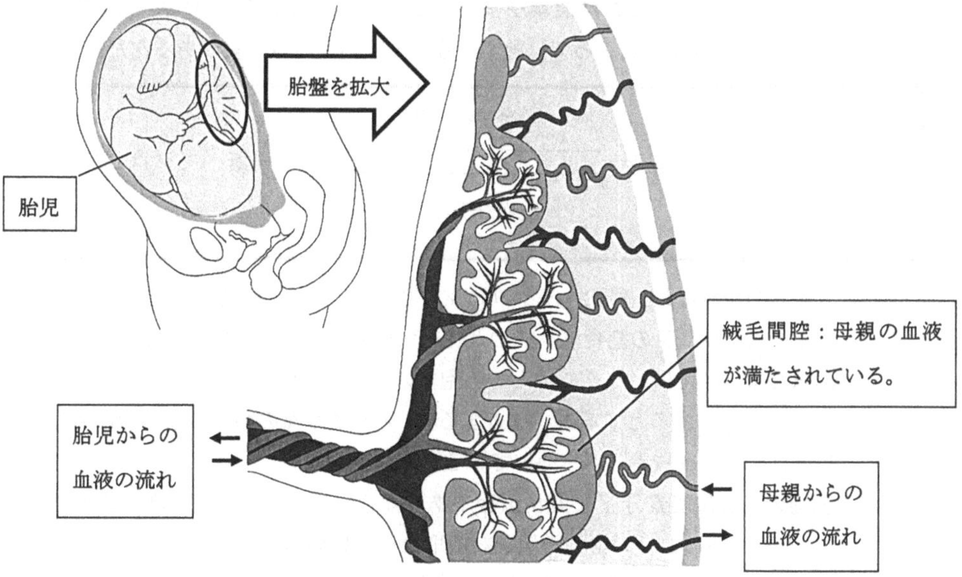

図 1　胎児と胎盤の関係
参考　小学館　日本大百科全書（ニッポニカ）

とくこさん：母親の血液にある酸素は，どうやって胎児の血液に渡されるのかしら。

あきらくん：血液中の赤血球にあるヘモグロビンが酸素を運んでいるんだ。母親と胎児のヘモグロビンは性質が違《ちが》っているから，胎児のヘモグロビンは母親のヘモグロビンから酸素を受け取ることができるとわかっているよ。まずは，ヒトのヘモグロビンの特徴《とくちょう》について教えるね。

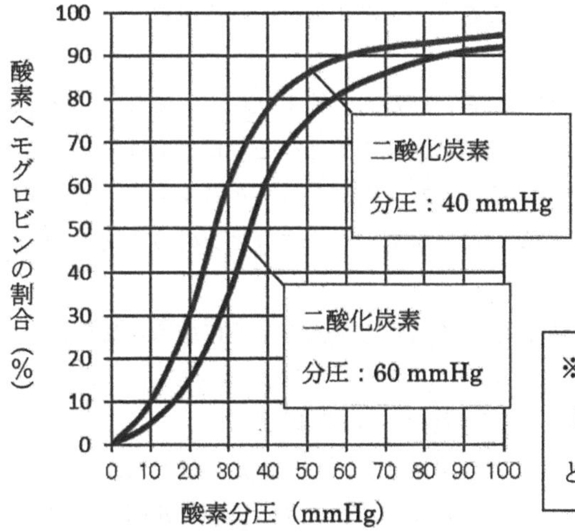

※単位 mmHg は
「ミリメートルエイチジー」
と読みます。

図 2　ヒトのヘモグロビンの特徴

とくこさん：難しい文字がたくさん出てきて，よく分からないわ。

あきらくん：「分圧」という言葉の意味が難しいね。酸素分圧は酸素の圧力（単位：mmHg）なんだけれども，酸素の量という意味で考えよう。すなわち，酸素分圧が大きいほど，血液中の酸素の量も多いというように理解して大丈夫《だいじょうぶ》だよ。二酸化炭素分圧も同じ考え方だよ。ヘモグロビンは酸素が多いところでは酸素とくっついて（酸素ヘモグロビン），酸素が少ないところでは酸素を離《はな》しやすいという性質があるんだ。

酸素が多い肺では ヘモグロビン ＋ 酸素 ⇄ 酸素ヘモグロビン 酸素が少ない組織では

とくこさん：うん。わかったわ。酸素ヘモグロビンの割合ってどういう意味なの。

あきらくん：酸素ヘモグロビンの割合は，酸素とくっついているヘモグロビンの割合（%）という意味だよ。例えば，とくこさんの肺胞《はいほう》での酸素分圧が100mmHgで，二酸化炭素分圧が40mmHgであるとするよ。そうすると，とくこさんの肺胞の赤血球にあるヘモグロビンはどれだけ酸素とくっついているかわかるかな。

とくこさん：肺胞の二酸化炭素分圧は40mmHgであるから，図２の［ア］側の曲線で酸素分圧が100mmHgのときの縦軸《たてじく》の値を読み取ればいいのね。そうすると，私の肺胞では約［イ］%のヘモグロビンが酸素と結合していることになるわね。

あきらくん：その通りだよ。肺胞でヘモグロビンが酸素と結合し，私たちのからだのすみずみにある末端組織《まったんそしき》まで酸素を運んでくれるんだ。

とくこさん：よくわかったわ。二酸化炭素分圧60mmHgの条件のときの曲線もあるけれども。なぜかしら。

あきらくん：生命活動をしている細胞《さいぼう》周辺の血液は，二酸化炭素の量が肺胞よりも多くなっているよね。そのような末端組織は二酸化炭素分圧が60mmHgとなっていると考えよう。また，そこでの酸素分圧は肺胞よりも低くなるはずだよね。仮に酸素分圧を30mmHgとしよう。そうすると，とくこさんの末端組織を流れる血液での酸素ヘモグロビンの割合はどうなるかな。

とくこさん：肺胞の場合と同じように考えたらいいから，約［ウ］%になっているはずだわ。

あきらくん：その通りだよ。とくこさんの肺胞の血液中ではヘモグロビンは約［イ］%が酸素と結合していて，末端組織では約［ウ］%になったと考えよう。そうすると，酸素を離した酸素ヘモグロビンの割合は，全てのヘモグロビンのうち約［エ］%であることがわかるよね。

とくこさん：私たちは生きていくために，どれくらいの血液を全身に循環させないといけないのかしら。

あきらくん：ヒトの血液量は体重の約１/13と言われているよ。

とくこさん：私の体重が39kgだから，私の血液量は３Ｌ（リットル）ほどなんだ。

あきらくん：別の視点で考えてみよう。とくこさんの心拍数《しんぱくすう》が１分間に70回，１回の心拍《しんぱく》によって送り出される血液の量を70mL（ミリリットル）だったとしよう。

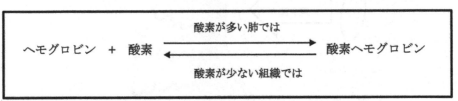

とくこさん：1分間で私のすべての血液量よりも多い [オ] Lもの血液が全身に送りだされるのね。

あきらくん：そう考えると，1分間でとくこさんの血液は1周以上する計算になるよ。

とくこさん：そんなに速く血液を循環させて全身に酸素を運ばないと，私たちは生きて
いけないのね。

とくこさん：私たちの体内での血液と酸素の関係はわかってきたけれども，母親と胎児はどのように酸素のやり取りをしているのかしら。

あきらくん：胎児は胎盤を通して母親から酸素を受け取っていたよね。胎盤は母親の末端組織と考えてよいから，酸素分圧は [カ] くなっているよね。胎盤に入るときの血液の酸素分圧が40mmHgであり，胎盤中の血液の酸素分圧が20mmHgになるとすると，母親のヘモグロビンは胎盤で酸素をたくさん離すことができるよ。

とくこさん：なるほどね。でも，胎児にとっても胎盤は末端組織と考えてよいはずだよね。胎児のヘモグロビンと酸素の関係はどうなのだろう。

あきらくん：私たちのからだは様々な工夫《くふう》をして酸素を取りこんで生きているんだね。

とくこさん：生命の尊さを感じることができたわ。さらに，胎児のヘモグロビンはいつから・どのようにして性質が変わるのかしら。また，血液から運ばれてきた酸素が私たちの細胞にどのように渡されているのかしら。よく考えると様々な疑問が出てくるわね。

あきらくん：そうだよね。私は酸素の薄い標高の高い地域で暮らしている人々のヘモグロビンは私たちのものとは違う特性があるのか興味を持ったよ。

とくこさん：学校で学んだことや身の回りの現象に，もう一度「なぜだろう。どうしてだろう。」と考えると楽しいわね。

あきらくん：先生がよく「わかる」ことは「かわる」ことだよと言っていたね。

とくこさん：そうだったわね。わかると世界が変わっていくわね。

⑴　空欄《くうらん》 [ア] には，「右」または「左」のどちらの語句があてはまりますか。

⑵　空欄 [イ] にあてはまる整数を答えなさい。

⑶　空欄 [ウ] にあてはまる整数を答えなさい。

⑷　空欄 [エ] にあてはまる整数を答えなさい。

⑸　空欄 [オ] にあてはまる数字を答えなさい。必要であれば小数点以下第2位を四捨五入しなさい。

⑹　これまでの「あきらくん」と「とくこさん」の会話から，以下の問題について答えなさい。

A．空欄 [カ] にあてはまる適語を答えなさい。

B．胎児が胎盤で母親の血液から酸素の供給を受けることができる理由として最も適当なものを，あとの①～⑤のうちから一つ選び数字で答えなさい。

①：　胎児のヘモグロビンは母親のヘモグロビンと比べて，高い酸素濃度《のうど》下で酸素との結合力が弱い。

②：　胎児のヘモグロビンは母親のヘモグロビンと比べて，低い酸素濃度下で酸素との結合力が弱い。

③：　胎児のヘモグロビンは母親のヘモグロビンと比べて，高い酸素濃度下で酸素との結合力が強い。

④：　胎児のヘモグロビンは母親のヘモグロビンと比べて，低い酸素濃度下で酸素との結合力が強い。

⑤：　胎児のヘモグロビンは母親のヘモグロビンと比べて，高い二酸化炭素濃度下で酸素との結合力が弱い。

C．次の図のどの場合に，酸素が母親の血液から胎児の血液へ最も効率よく取りこまれると考えられますか。①～④のうちから一つ選び数字で答えなさい。ただし，いずれの曲線も胎盤における血液と同じ二酸化炭素分圧のときのものとします。また，縦軸は酸素ヘモグロビンの割合（%）を示し，横軸は酸素分圧（mmHg）を示しています。

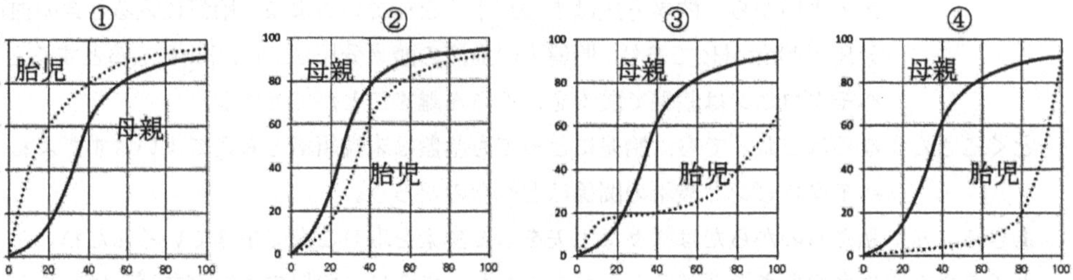

D．ヒトのヘモグロビンの特徴は，一般的《いっぱんてき》に生命活動をしている細胞周辺の酸素分圧が40mmHgから20mmHgの間において酸素をたくさん細胞に渡せるようになっていることです。そのため，ヒトのヘモグロビンの特徴は，図３のＸやＹのようなものになりません。この理由を簡潔《かんけつ》に答えなさい。なお，表１のデータを利用すること。

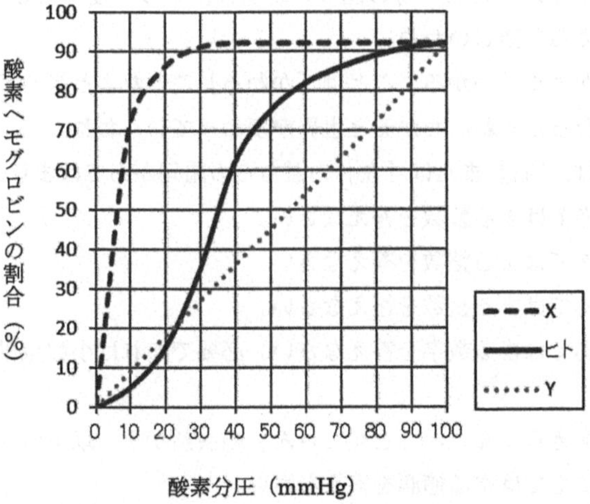

図３　酸素分圧と酸素ヘモグロビンの割合

	酸素分圧 20mmHg	酸素分圧 40mmHg
X	88%	92%
ヒト	15%	60%
Y	18%	36%

表１　酸素分圧と酸素ヘモグロビンの割合

【適性検査ⅢＢ】（45分）　＜満点：100点＞

一　放送で聞き取った内容について，次の問いに答えなさい。

⑴　島信一朗《しましんいちろう》さんは，視覚障害者であるブラインドランナーが，さまざまな選手といっしょに走ると，気持ちに変化が生まれると述べています。このことを，次のようにまとめた時，①に入る適当な語を，**五字以上十字以内**で答えなさい。

色々なランナーたちが区別なく混ざり合いながら，同じ目標に向かって走る。

↓

（　　①　　）から，あきらめずに走り続けることができる。

⑵　パラリンピックのランナーとオリンピックのランナーが，同じ日にいっしょに走ると，どのようなことが起きると述べられていますか。次の，②に入る適当な語を，**十二字以内**で答えなさい。

パラリンピックのランナーとオリンピックのランナーが同じ日に走る。

↓

選手の励《はげ》みと，沿道《えんどう》で声援《せいえん》を送る人の感動。

↓

インクルージョンによる多様性の調和。

↓

人々は，（　　②　　）に気づかされる。

二　次の文章は，障害のある子もない子も同じ場で学び合う，大阪市立大空《おおぞら》小学校の校長先生木村泰《きむらやす》子《こ》さんと，長年，発達障害のある人の支援《しえん》と教育活動に取り組んでいる高山恵子《たかやまけいこ》さんとの対談です。これを読んで，あとの問いに答えなさい。

高山－「自分の学校です」という言葉，素敵《すてき》ですね。それって，「居場所がある」ということで，学校がⅠ安全基地になっていますね。それは本当に大切なことなんですよね。子どもは，家庭・学校・地域のどこかに居場所があれば，自殺したいなんて思わず，安心して育っていくんですよね。

木村－すごく，わかります。

高山－子どもは，怖《こわ》いものがあった時や嫌《いや》なことがあった時，誰《だれ》かが「安全基地」になっていれば，そこで癒《い》やされて，また外に元気に飛び出していくことができます。この「安全基地」や「安心感の輪」が大切ですね。

「安心感の輪」は，安心感を得ることだけが目的ではありません。安心したら，また好奇心《こうきしん》をもって外界に出る。そして，失敗したら安全基地に戻《もど》る，そしてまた外界に出る，という注1サイクルが大切なのです。

家庭が「安全基地」となって，幼児期に「安心感の輪」を何回も体験できるといいんですが，そんな状況《じょうきょう》でない場合も最近は増えています。子どもにとって特定の大人《おとな》であれば，親以外の誰か，例えば祖父母や先生，支援者が安全基地になってあげれば大丈夫《だいじょうぶ》なんです。

木村－今，学校現場で言われているところのⅡ「チーム力で育てろ！」ということですね。

核家族《かくかぞく》で，親自身が[注2]汲々《きゅうきゅう》と暮らしていらっしゃるご家庭もあるでしょう。家庭が，子どもにとっての安全基地になっていない場合も多いのが現実です。だから，今，家庭だけに安全基地を求めていると，子どもにとっては過酷《かこく》な状況になってしまうんです。そんな時は，学校が安全基地の機能を果たせばよいと私は思っています。

高山－親も不安定になることも多いので。安全基地はたくさんあったほうがいいですね。

木村－安全基地は，誰でもいいんです。私は関西《かんさい》人なので，地域の方々を「じいちゃん」「ばあちゃん」とお呼びしているんですけれど（笑），先生たちだけでなく，よその親，よその「おっちゃん」「おばちゃん」「じいちゃん」「ばあちゃん」など，いろんな人でいいと思うのです。学校にいる，「自分がいいな」と思った大人を子どもが選んで，「ねぇ，ねぇ。あのさ」と言える。学校がそういう場所であることが大切です。大空の子どもたちは，学校がそんな場なので，安心して学校に来ることができたのです。

（木村泰子・高山恵子『「みんなの学校」から社会を変える』）

（注）1　サイクル－繰《く》り返《かえ》しの運動。

2　汲々と－何かに精一杯《せいいっぱい》で，他に余裕《よゆう》がないこと。

⑴　傍線部《ぼうせんぶ》Ⅰ「安全基地」は，子どもにとってどのようなものかを，**二つ**答えなさい。

⑵　傍線部Ⅱ「『チーム力で育てろ！』」とは，どういうことなのかを答えなさい。

三　次の文章は，イギリスのダビドー幼年学校に通うナターシャさんが，同じクラスの友だちで，脳性マヒで声を出してしゃべることができないウィリアムくんのことについて述べた文章です。これを読んで，あとの問いに答えなさい。

ナターシャは，ウィリアムが望んでいることを読み取ることができるのです。彼女《かのじょ》は彼《かれ》の目の動きを見ます。ナターシャのママは，こう言います。「ウィリアムは，ナターシャにとって，ずっとすてきな存在なの。最初は彼のことを怖《こわ》がったんだけれど，今はいちばん親しい友だちの一人《ひとり》です。彼は危険な存在ではなく，異なるニーズを持った子どもなのだとわかったのね。それがナターシャの自己尊重と自信を増して，『ひとに与《あた》えること』ができるようになったの。ナターシャは，ウィリアムが学校に来るって知ったら，いつもより活発になるの。朝起きて，『今日はウィリアムの日だね！』って言うのよ。ウィリアムが学校に来る日は，たとえ自分が病気でも，絶対に学校を休みたくないって。二人《ふたり》の間には，特別の友情があるのね」

子どもたちは，友だちを持つことは学校でいちばん大切なことだと，いつも言います。いわゆる「普通《ふつう》」の子どもたちと「普通でない」といわれる子どもたちとの間の友情は，すべての人に，人間であるということについて，私たちが皆《みな》お互《たが》いに必要としあっており，互いに与え合うことができる贈《おく》り物をみんなが持っているということについて，大切なレッスンを教えてくれます。

「遊び時間でいちばん楽しいのは，ウィリアムの車椅子《くるまいす》を，小高くなったところに押《お》していって，とっても早く下りていくの――私たちみんな，それにひっ捕《つか》まって駆《か》け下りていくのよ。手は離《はな》せないの。だって，車椅子からウィリアムが転《ころ》げ落ちてけがをしたら，大変だもの。ウィリアムが怖がっちゃいけないから，みんなでしっかり車椅子を握《にぎ》っているのよ。ウィリアムと一緒《いっしょ》に本を読むのも楽しいわ。本を二冊差し出すと，ウィリアムは読みたいほうに目を向けるから，私たちは彼の目の動きを追うの。キッパーの本が好きね。ルーシーとヴィタが本を支えて，頁《ぺーじ》をめくるの。ナターシャが言葉を読むのよ。ウィリアムは車椅子から出ると，床《ゆか》に寝《ね》て活動に参加するから，私たちもごろりんと一緒に寝転《ねころ》ぶの。ウィリアムがソフトプレイコーナーのほうに行くと，私たちもそっちに行ってごろごろ一緒にころがり回るの。ウィリアムがクラスにいて一番すてきなのは，[注1]ハグしてぎゅっと抱《だ》きしめたりすることよ」

（Micheline Mason, Jackie Dearden 著，豊髙明枝《とよたかあきえ》訳『インクルーシブ教育の輝《かがや》ける実例から』）

（注）1　ハグする――抱《だ》き合《あ》う。

⑴　ナターシャさんが，ウィリアムくんとの学校生活で学んだことは，どのようなことですか。本文の言葉を使って，句読点を含《ふく》めて**五十字以内**で答えなさい。

⑵　[一]の聞き取りと，文章[二]・[三]の読み取りを踏《ふ》まえて，あなたは，「多様性を認め合う共生社会をどのように築くべきか」というテーマで発表をすることになりました。そこで，次の**条件**にしたがって，発表の内容を**二十行以内**で答えなさい。

《条件》

①**三段落構成**にまとめて書くこと。

②**第一段落**では，共生社会の実現のための課題を述べること。

③**第二段落**では，共生社会において，受け入れる人，受け入られる人，のそれぞれの立場について述べること。

④**第三段落**では，第一段落と第二段落を踏まえて，共生社会とはどのような社会なのかを述べること。

【適性検査ⅢＣ】（45分）　＜満点：100点＞

【注意】 携帯《けいたい》電話，電卓《でんたく》，計算機能付き時計など電子機器類を使用してはいけません。

1　＜放送による問題＞放送を聞き，以下の問いに答えなさい。

放送中，問題用紙の余白にメモをとってもかまいません。答えはすべて解答用紙に記入しなさい。放送による問題の途中《とちゅう》で，監督《かんとく》者に質問をしたり，声を出したりしてはいけません。

⑴ **【説明を聞き，内容に合う絵を選ぶ問題】**

ホワイト先生が明日の校外学習について説明をしています。説明を聞いて，内容に合うものを，表の**ア**から**エ**のうちから一つ選び，記号で答えなさい。

	ア	イ	ウ	エ
集合時刻	8:00	8:00	8:30	8:30
集合場所	学校	バス停	バス停	学校
持ち物	ペン	ペン	ペン	ペン
	ノート	ノート	ノート	ノート
	ガイド本	ガイド本	ガイド本	ガイド本
	昼食	こづかい	昼食	こづかい

⑵ **【会話を聞き，内容に合う絵を選ぶ問題】**

ボブさんとメアリーさんが話をしています。二人の話を聞いて，内容に合う絵を，次の**ア**から**エ**のうちから一つ選び，記号で答えなさい。

ア

イ

ウ

エ

⑶ **【会話を聞き，内容に合う絵を選ぶ問題】**

ジェームズさんとアンさんが話をしています。二人の話を聞いて，アンさんの誕生日がいつなのか，次の**ア**から**エ**のうちから一つ選び，記号で答えなさい。

ア

イ

ウ

エ

(4) **【会話を聞き，内容に合う組み合わせを選ぶ問題】**

お使いに出かけるジョンさんが，お母さんに買ってくるものの内容をたずねています。ジョンさんが書いたメモを日本語でまとめたものを，次の**ア**から**エ**のうちから一つ選び，記号で答えなさい。

ア

たまご　6こ入り 1パック
たまねぎ 1こ
おつりは返す

イ

たまご　6こ入り 1パック
たまねぎ 3こ
おつりは返す

ウ

たまご　10こ入り 1パック
たまねぎ 1こ
おつりは返す

エ

たまご　10こ入り 1パック
たまねぎ 3こ
おつりは返す

(5) **【会話を聞き，内容に合う絵を選ぶ問題】**

ケンさんがファーストフード店で注文をしています。ケンさんが注文したものを，次の**ア**から**エ**のうちから一つ選び，記号で答えなさい。

ア

イ

ウ

エ

(6) **【会話を聞き，地図に情報を書き入れる問題】**

アレックスさんは郵便局を探しています。問題用紙の例を参考に，道ばたで女性に声をかけたアレックスさんになったつもりで，地図に道順と郵便局，目印になるその他の建物の情報などを書入れなさい。スタート地点は黒丸の部分になります。書き入れるメモは日本語でかまいません。

例

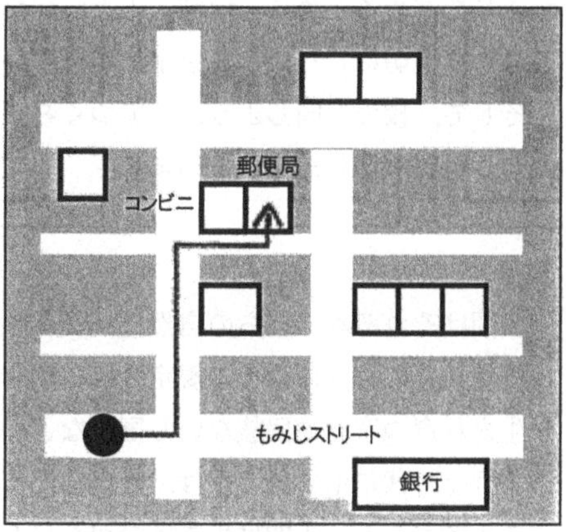

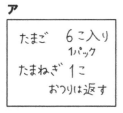

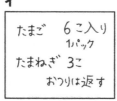

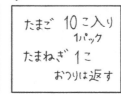

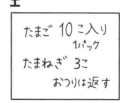

⑺ **【インタビューを聞き，情報を書き入れたり直したりする問題】**

ミホさんが，留学生のブラウンさんに英語でインタビューをしています。解答用紙には，「事前にもらっているメモ」が印刷されています。ミホさんになったつもりで，インタビューの内容を書き入れ，メモを完成させてください。また，事前のメモがまちがっている場合は正しく直してください。

2　次の文章Aと Bを読んで，あとの問いに答えなさい。

A　次の文章は，さまざまな国々と関係を持っている多くの児童が在籍《ざいせき》している，横浜のある公立小学校の様子が述べられています。

「日本の学校に入学したら，子どもたちは自分の国のことを忘れてしまうだろうな……」

入学式に参列するために来校した，ある外国に関係のある児童の祖父母が話しているのを耳にしたことがあります。もちろん，保護者の方々は，我が子が日本の学校や日本社会にうまくなじむことができるように望んでいます。けれども，その一方で，それによって母国の文化を忘れてしまうのではないかという不安も抱《いだ》いています。

私たちは，子どもたちが自分の母国の文化を尊重し，その文化や言語を忘れてしまうことのないようにしたいと考えています。

そのために，たとえば，子どもたちがつながる国々のことばで「おはようございます」「さようなら」「いっしょに遊ぼう」などと大きく書いた紙を校舎《こうしゃ》の入り口に掲示《けいじ》したり，一年生の教室付近に，子どもたちに関係のある国々の民族衣装や民芸品，本や雑誌，ボードゲーム，日本の昔の道具類（低学年の生活科にある昔遊びや，国語の昔話などで活用します）を展示したりしています。

学校図書館にも，それぞれの国の言語で書かれた絵本や書籍《しょせき》をできるだけ揃《それ》えるように努力しています。保護者の方々に寄贈《きぞう》していただいた本や，私がさまざまな国を訪れた時に見つけて買った本などもあります。

学校給食も，宗教上の理由から食べられない食材がある場合は個別に対応しています。

このような学校の様子をみて，学校に来るまではとても心配していたあの祖父母も，「こんなに多くの国の子どもたちが通っているんだね」「私の国のものがきれいに飾《かざ》られていてうれしかった」などと言って，心から安心している様子でした。

学校教育目標は「心つながり　笑顔《えがお》ひろがり　世界へはばたく」です。これは，多文化共生の学校づくりを進めるために，地域の人々，保護者，児童，教職員から，これまで大切にしてきたことや，これから大切にしたいことを挙げてもらい，それをもとにして掲《かか》げられた目標です。

そして，校歌も同じようにしてつくられました。校歌には「世界中の誰《だれ》とでも心つなぐ笑顔育《はぐく》む」という歌詞が盛り込《こ》まれています。

（菊池《きくち》 聡《さとし》 著『〈超・多《た》国籍《こくせき》学校〉は今日もにぎやか！』）

B

人間はそれぞれ，自らの自然性，文化性，歴史性という次元で，他者と置き換《か》えることのできない「偶然《ぐうぜん》性」の重みによって規定されています。人間は各自，自分の身体的自然を自由に選べず，自分が生まれ育つ家庭や民族ないし国家などの社会環境《かんきょう》もあらかじめ選ぶことができません。さらに，どのような時代に生まれるかは，各自にとって全く偶然の産物といえるでしょう。

こう考えると，人間は生まれながらにして自由な存在なのではなく，偶然によって支配される宿命的存在のように思えてきます。しかし，これは半面の真理でしかありません。人間は他の動物と異なり，「[注1]所与《しょよ》」としての世界を「課題」としての世界に変える力を多かれ少なかれ有しています。

人間は，ある程度まで，自分の脳を含めた身体を種々の訓練によってコントロールできるし，他者の身体的自然を何らかのコミュニケーションや類推などによって理解できます。また人間は，自己の生活基盤《きばん》となる文化的環境を改善・変革できるのみならず，自己とは異なる他者の文化的環境をも，何らかのコミュニケーションをとおして理解することもできます。さらに人間は，自己と異なる時代に生まれた他者の歴史をいきいきとした想像力によって理解し，また，自己の[注2]ミクロの歴史（生活史）のみならず，力をあわせて[注3]マクロの歴史（地域史，自国史，世界史など）を方向づけることもできるのです。

そしてまさにこの点に，運命に甘《あま》んじない人間の自由な創造力と，多様な身体的自然，文化，歴史の[注4]コンテクストに生きる他者への理解力の存在が証明されるといってよいでしょう。

筆者は，このように所与としての自然，文化，歴史によって規定されながらも，それらを他者との関係において変革していくような「自己－他者」論を，Ⅰ応答的「自己－他者」論と名づけたいと思います。応答的「自己－他者」論は，つねに，自己と自己の内に取り込《こ》むことのできない他者との応答をとおして，人間存在を豊かにしていく論理です。このような論理によって，「公共世界」は，均質ではなく，多様で[注5]ダイナミックな性質を帯びることでしょう。

応答的「自己－他者－公共世界」論は，地球市民的観点と多文化共存の観点の相補性という理念に結びつくとき，Ⅱ「多次元的」な「自己－他者－公共世界」観として理解することが可能になります。

（山脇直司《やまわきなおし》著『公共哲学《てつがく》とは何か』）

（注）1　所与－与えられたもの。　2　ミクロ－個々の視点。　3　マクロ－全体の視点。
4　コンテクスト－文脈，状況《じょうきょう》。　5　ダイナミック－躍動的《やくどうてき》なこと。

⑴　文章B傍線部《ぼうせんぶ》Ⅰ「応答的『自己－他者』論」について，文章Aで，子どもたちは，さまざまな国と関係を持つ児童に対して，どのようなことを行っていますか。句読点を含《ふく》めて**四十字以内**で答えなさい。

⑵　文章B傍線部Ⅱ「『多次元的』な『自己－他者－公共世界』観」について，あなたのクラスに，さまざまな国々と関係を持つクラスメイトが何人かいるとします。

そのとき，「多次元的」な「自己－他者－公共世界」観にもとづいた場合，具体的にどのようなクラスになればよいと思いますか。

次の**条件**にしたがって，**二百字以内**で答えなさい。

《条件》

①**二段落構成**にまとめて書くこと。

②**第一段落**では，自己（自分），さまざまな国々と関係を持つクラスメイト，のそれぞれの立場について述べること。

③**第二段落**では，第一段落を踏《ふ》まえて，クラス全体（公共世界）がどのようになればよいと思うのかを述べること。

MEMO

大切なことはメモしておこうネ！

一般入試①

2022年度

解 答 と 解 説

《2022年度の配点は解答欄に掲載してあります。》

＜算数解答＞

1 (1) 154 (2) 750 (3) 0.05 (4) 5 (5) 70

2 (1) 54km (2) 7 (3) 9g (4) 18歳 (5) 15.48cm^2 (6) 59.5°

3 (1) C (2) B (3) C

4 (1) 3215.36cm^3 (2) 1607.68cm^3

5 (1) 解説参照 (2) 2(位) (3) 10通り (4) 10通り

○推定配点○

各5点×20 計100点

＜算数解説＞

1 (四則計算)

(1) 44×3＋22＝22×7＝154

(2) 25×(17＋13)＝750

(3) (1.25－1)×0.2＝0.05

(4) $\frac{29}{12}\times\frac{12}{5}-\frac{8}{15}\times\frac{3}{2}$＝5.8－0.8＝5

(5) $\left(3\frac{1}{8}+\frac{3}{8}\right)$×28÷1.4＝3.5×20＝70

2 (速さの三公式と比，単位の換算，規則性，割合と比，年齢算，消去算，平面図形)

基本 (1) 0.3×60×3＝54(km)

基本 (2) 22÷7＝3.142857142857…，18÷6＝3より，小数第18位は7

重要 (3) (100＋150)×0.048－100×0.03＝12－3＝9(g)

やや難 (4) 3年前…明夫くんの年齢が⑤，妹の年齢が③，いまから6年後…明夫くんの年齢が⑤＋9，妹の年齢が③＋9 (⑤＋9)×3＝⑮＋27が(③＋9)×4＝⑫＋36に等しく，①は(36－27)÷(15－12)＝3(歳) したがって，いま明夫くんは3×5＋3＝18(歳)

図1

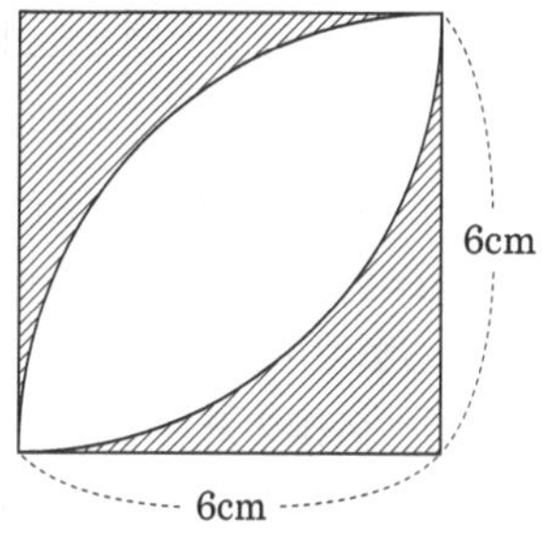

重要 (5) 右図1より，(6×6－6×6×3.14÷4)×2＝(36－28.27)×2＝15.48(cm^2)

図2

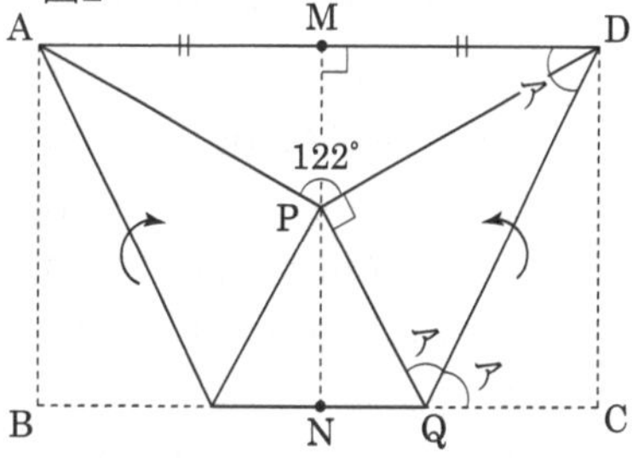

重要 (6) 右図2より，四角形MPQDについて90×2＋122÷2＋ア×2＝241＋ア×2が360に等しい。したがって，アは(360－241)÷2＝59.5(度)

3 (規則性，演算記号)

基本 (1) 123－B→132－E→213 したがって，Cの操作と同じ

重要 (2) 123－C→213－□→231 したがって，□＝B

やや難 (3) B→アイウとすると，アイウ－C→イアウ－D→アウイ－E→イアウ－F→ウアイ したがって，ウアイ－□→アウイであり，□＝C

A：123→123	B：123→132	C：123→213
D：123→231	E：123→312	F：123→321

④ (立体図形，平面図形，相似，図形や点の移動，割合と比)

基本 (1) 図1より，$16\times16\times3.14\times12\div3=1024\times3.14=3215.36$(cm^3)

やや難 (2) 図2，図3より，小さい円錐部分と全体の円錐部分の相似比は1：2，体積比は1：8
したがって，(1)より，求める体積は$1024\times3.14\div8\times(8-1)-8\times8\times3.14\times6=(896-384)\times3.14=512\times3.14=1067.68$(cm^3)

図1

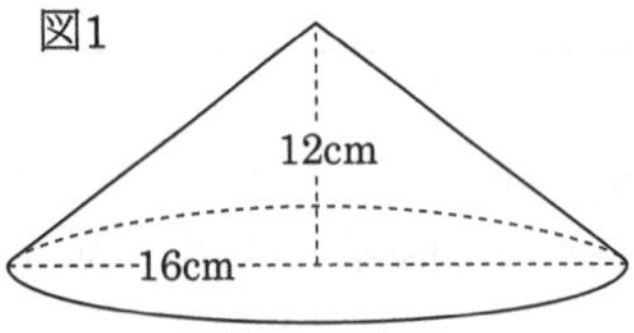

図2

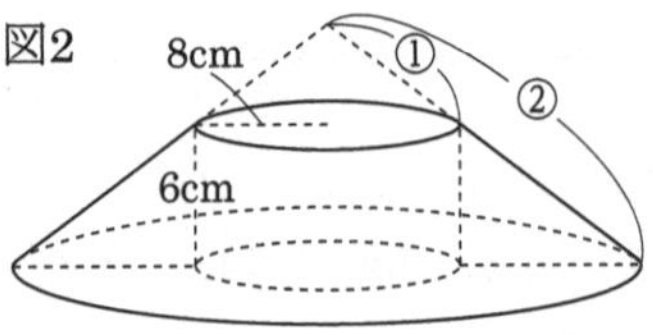

図3

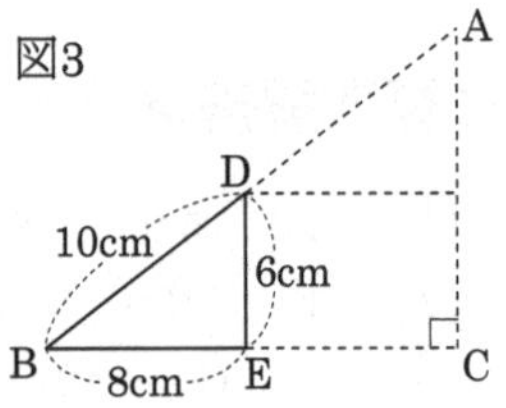

⑤ (統計・表，数の性質，論理，場合の数)

重要 (1) ア…(解答例)3種目の各順位の積

(2) イ…$24\div(3\times4)=2$(位)

表1

選手の国名	スピード順位	ボルダリング順位	リード順位	合計	総合順位
スペイン	1	7	4	28	1
アメリカ	6	1	5	30	2
オーストリア	7	5	1	35	3
日本	2	3	6	36	4

表2

選手の国名	スピード順位	ボルダリング順位	リード順位	合計	総合順位
A国	1	3			
B国	2	4			
C国	4	2			
D国	3	1			

(3) 3種目とも同じ順位…$1\times1\times1=1$，$2\times2\times2=8$，$3\times3\times3=27$　2種目が同じ順位…$1\times1\times2=2$，$1\times1\times3=3$，$2\times2\times1=4$，$2\times2\times3=12$，$3\times3\times1=9$，$3\times3\times2=18$　3種目とも異なる順位…$1\times2\times3=6$　ウ…したがって，1，2，3，4，6，8，9，12，18，27の10通り

やや難 (4) 各国の選手をそれぞれA～Dで表す。リード以外の2種目の順位の積…Aは$1\times3=3$，Bは$2\times4=8$，Cは$4\times2=8$，Dは$3\times1=3$　Dが総合で1位になる場合は，以下の10通りがある。
リードの順位が1位D・2位A・3位B・4位C→D：3，A：6，B：24，C：32
リードの順位が1位D・2位A・3位C・4位B→D：3，A：6，C：24，B：32
リードの順位が1位B・2位D・3位A・4位C→D：6，B：8，A：9，C：32
リードの順位が1位D・2位B・3位A・4位C→D：3，A：9，B：16，C：32
リードの順位が1位C・2位D・3位A・4位B→D：6，C：8，A：9，B：32
リードの順位が1位D・2位C・3位A・4位B→D：3，A：9，C：16，B：32
リードの順位が1位B・2位D・3位C・4位A→D：6，B：8，A：12，C：24
リードの順位が1位D・2位B・3位C・4位A→D：3，A：12，B：16，C：24
リードの順位が1位C・2位D・3位B・4位A→D：6，C：8，A：12，B：24
リードの順位が1位D・2位C・3位B・4位A→D：3，A：12，C：16，B：24

★ワンポイントアドバイス★

[2](4)「明夫くんの年齢」は，消去算に慣れていないと難しく，[3](3)「操作」の求め方も容易ではない。[4](2)「円錐台・円柱の体積」では円錐の体積比を利用するのがポイントであり，[5](3)「総合点」・(4)「総合順位」も簡単ではない。

＜理科解答＞

[1] (1) エ　(2) ア　(3) ア　(4) ア　(5) ウ　(6) イ　(7) エ
(8) エ　(9) ア　(10) エ

[2] (1) A 大きく　B 小さい　(2) C オホーツク海　D 小笠原
E 前線[梅雨前線・停滞前線]　F 南東　G 季節風[モンスーン]　(3) ア，エ，オ
(4) C ア　D ウ　(5) 1年を通して偏西風が吹いており，天気が西から東へ移り変わっていくため。

[3] (1) 中和　(2) ウ　(3) 水(と)塩化ナトリウム[食塩]　(4) (記号) a(と)b
(気体名) 水素　(5) (記号) イ　(気体名) 水素　(6) オ

○推定配点○

[1] 各2点×10　[2] (3)・(5) 各3点×2　他 各1点×9
[3] (3) 各2点×2　(5)記号 2点　(6) 3点　他 各1点×6　計50点

＜理科解説＞

重要 [1] **(小問集合)**

(1) テントウムシは成虫で冬を越す。

(2) イチョウは，雄花と雌花を別々の個体につける。

(3) 腕を曲げるときは上側の筋肉が縮み，下側の筋肉が伸びる。逆に腕を伸ばすときは，上側の筋肉が伸び，下側の筋肉が縮む。

(4) 太陽は恒星の仲間である。

(5) 川の流れの中で最も流されやすいのは，最も粒が軽いねんどである。

(6) 二酸化炭素は，空気の約1.5倍の重さである。

(7) アルコールランプはふたをして火を消した後，ふたを外して容器が冷めるのを待つ必要がある。

基本 (8) 2021年　真鍋淑郎は，二酸化炭素濃度の上昇は地球温暖化に影響を与えるという予測モデルを世界に先駆けて発表したことにより，ノーベル物理学賞を受賞した。

(9) アルミニウムは磁石につかない金属である。

基本 (10) 動滑車におもりをつるしたので，手にかかる力はおもりの半分になる。よって，おもりを50cm持ち上げるには，ひもを50(cm)×2＝100(cm)引かなくてはならない。

[2] **(気象)**

重要 (1) 飽和水蒸気量は暖かい空気ほど大きく，冷たい空気ほど小さい。

重要 (2) 梅雨の原因は，冷たいオホーツク海気団と暖かい小笠原気団がぶつかることでおこる。このときに，梅雨前線(停滞前線)が作られる。

基本　(3)　アとエとオは空気中や体内から排出された水蒸気が冷やされて水になることによってみられる現象である。

重要　(4)　オホーツク海気団はアの位置，小笠原気団はウの位置である。

基本　(5)　日本上空では年間を通して強い偏西風が吹いている。そのため，天気は西から東へ移り変わることが多い。

重要　3　**(物質と変化―物質との反応)**

(1)　酸性の水溶液とアルカリ性の水溶液を混ぜると，中和反応が起こる。

(2)　塩酸は，塩化水素という気体が水に溶けた水溶液である。

(3)　うすい塩酸と水酸化ナトリウム水溶液を中和させると，塩化ナトリウム(食塩)と水ができる。

(4)　塩酸が残っていれば鉄と反応し水素が発生する。BTB溶液の結果から塩酸が残っている試験管はaとbである。

(5)　アルミニウムは塩酸とも，水酸化ナトリウム水溶液とも反応し，水素を発生させる。BTB溶液の結果から，塩酸または水酸化ナトリウム水溶液が残っている試験管は，aとbとdとeである。

基本　(6)　a～cまでは塩化ナトリウム(食塩)が増え続け，完全中和をしたところからは塩化ナトリウム(食塩)の量は一定となる。それ以降は，加えた水酸化ナトリウム水溶液に溶けていた水酸化ナトリウムが増えていくので，オのグラフになる。

★ワンポイントアドバイス★

時間配分を気にして，易しい問題を素早く解く練習をしよう。

<社会解答>

1　(1)　ア　(2)　エ　(3)　エ　(4)　イ　(5)　ア　(6)　ア　(7)　イ
(8)　エ　(9)　エ　(10)　ウ　(11)　ア　(12)　ウ　(13)　ア　(14)　ウ
(15)　ウ　(16)　イ　(17)　エ　(18)　エ　(19)　イ　(20)　エ

2　(1)　エ　(2)　大都市に近く，広い土地が得られる場所　(3)　ア
(4)　阪神・淡路大震災　(5)　B　(6)　自分の子どもに教育を受けさせる義務
(7)　少子高齢化　(8)　イ　(9)　テレワーク　(10)　ウ　(11)　ア
(12)　イ

○推定配点○

1　各1点×20　2　(2)，(4)，(6)　各4点×3　他　各2点×9　計50点

<社会解説>

1　**(総合問題－地理，歴史，政治3分野の知識問題)**

(1)　ア　アルプス山脈はヨーロッパのイタリアの北部，フランス，ドイツの南部に東西方向に延びている山脈。ヒマラヤ山脈はアジアのインドの北東部，中国の南西部にある山脈，ロッキー山脈は北米大陸の太平洋側にある山脈，アンデス山脈は南米大陸の太平洋側にある山脈。

(2)　エ　経線は，イギリスのロンドンを通る本初子午線を0度とし東西方向に180度ずつ設定し，北極点から南極点を結ぶ形で引いた線。地球を完全な球とすれば，経線はそれぞれ地球の半周分の長さになる。北回帰線は約北緯23度の地点を通る緯線で，この線上が太陽の南中高度が90度になる地点の北限となり，ここで南中高度が90度になる日が夏至の日。赤道は地球を南北の半球に等しく分ける線で，緯度が0度になる。緯線は同じ緯度を結んだ線で，緯度は赤道面に対する地球の中心角で最大90度になり，90度が南極点，北極点になる。

やや難　(3)　エ　イタリアのローマは地中海性気候に属し，夏は高温で乾燥し，冬は比較的温暖で雨もあるものになるのでエ。アは日本などの温暖湿潤気候，イはアの温暖湿潤気候の南半球のもの。ウは気温が年中高く，降水量も一年中多い熱帯雨林気候のもの。

基本　(4)　イ　濃尾平野は美濃の国と，尾張の国にまたがるから濃尾平野。美濃が今の岐阜県。

(5)　ア　会津地方は福島県西部。野口英世の出身地は福島県の猪苗代湖のそば。

重要　(6)　ア　阪神工業地帯は大阪から神戸に広がる工業地帯で，かつては日本の家電工業の中心地であったが，現在では家電製品の工場の多くは安い人件費を求めて海外に移転してしまい，現在は家電製品の生産は少なくなっているが，いわゆる三大工業地帯の中では，中京に次いで製造品出荷額は多い。

(7)　イ　NHKは日本放送協会をローマ字読みしたものの頭文字を並べたもの。TPPは環太平洋パートナーシップの略。BBCはイギリスのNHKみたいな放送局の略。UNHCRは国連難民高等弁務官の略。

やや難　(8)　エ　秦は紀元前8世紀から3世紀にかけて中国にあった国で，その末期の3世紀に中国を統一し，その時の王の政が始皇帝を名乗る。始皇帝の死後，反乱がおこり，その中で劉邦の漢が紀元前202年に成立する。漢王朝は紀元前，紀元後のそれぞれ200年ほど続き，それぞれを前漢，後漢と呼んで区別している。後漢が紀元後220年に滅びると，いわゆる三国志の時代になり，その三国の一つが魏。三国を魏の流れをくむ晋が統一するが，晋はすぐに滅び，再び分裂の時代を経て隋が6世紀に統一し，隋を618年に唐が倒し，唐は907年まで存続する。唐の後，10世紀は分裂の時代になり，それを宋が統一するが，宋も北方からのモンゴルの侵入により倒され，モンゴル族の元の後に再び漢民族の王朝として登場するのが明で，その時代は日本の室町時代から江戸時代の初期の頃になる。

基本　(9)　エ　吉野ヶ里遺跡は佐賀県にある弥生時代の大規模な環濠集落の跡。登呂遺跡は静岡県にある弥生時代の水田の跡が残る遺跡，三内丸山遺跡は青森県にある縄文時代の遺跡，岩宿遺跡は群馬県にある旧石器時代の遺跡。

(10)　ウ　承久の乱は1221年に北条義時を討ち鎌倉幕府を倒すことを後鳥羽上皇が呼びかけ，逆に北条泰時が京都に攻め上り，上皇側の軍勢を破った戦い。応仁の乱は1467年から11年間京都で続いた戦乱。保元の乱は1156年に後白河天皇と崇徳上皇の対立に源氏と平氏のそれぞれの親と子がついて争ったもの。勝った後白河天皇の側についていた平清盛と源義朝がこの後1159年の平治の乱で争い，平氏の時代になる。島原の乱は1637年に天草，島原でキリシタンが幕府の禁教策や藩主の松倉重昌の圧政に対して起こした反乱。

重要　(11)　ア　寺社への参詣客を相手に発達した町が門前町。宿や商店が立ち並ぶ。宿場町は街道沿いに点在するもの。港町は大きな漁船や廻船などの運送業の船の港を中心に発達する町。城下町は城を中心にその城下に広がる町で，大名が家臣を城の周りに住まわせ，その外側に一般民衆の町人や商人の家や店，工房などが広がる。

(12)　ウ　1614年の大坂冬の陣，1615年の大坂夏の陣で自害に追い込まれたのが豊臣秀吉の子の秀頼。武田勝頼は長篠の合戦で織田，徳川の軍勢に敗れた。石田三成は関ケ原の合戦の際の西軍の大将で，敗れ殺された。北条早雲は伊勢の生まれで16世紀の初めに駿河の今川氏の下にいた後，伊豆を領有するようになり，その後小田原城を奪い，小田原に拠点をもつようになった。

(13) ア　葛飾北斎は18世紀後半から19世紀前半にかけて活躍した浮世絵画家。狩野派や西洋画の手法も取り入れた独特の画風を編み出し，ヨーロッパの印象派の画家へも影響を及ぼした。歌川広重は18世紀前半に活躍した浮世絵画家で，各地の風景を描いたものが有名。喜多川歌麿は18世紀後半に活躍した浮世絵画家で，美人画で有名。

(14) ウ　犬養毅は1912年に桂太郎内閣が陸軍の師団増設にあたり議会を無視したことに対して尾崎行雄とともに第一次護憲運動を展開し，1924年には清浦圭吾内閣が議会を無視したことに対して加藤高明，高橋是清らとともに第二次護憲運動を展開し，その後1931年に首相となるが五一五事件で殺害された。

(15) ウ　日本は1951年のサンフランシスコ講和条約の調印と同時の国際連合加盟を狙っていたが，ソ連が反対したことで，加盟できないでいた。そこで1956年にソ連との間で日ソ共同宣言で国交を回復させ，そのタイミングでの国際連合加盟がなった。日本は国際連合の加盟国の中では加盟したのが80番目になる。

基本 (16) イ　国会は三権の中の立法機関。予算案の作成は内閣，違憲立法審査権は裁判所，最高裁判所長官の指名は内閣の役割。

重要 (17) エ　地域ごとの国会議員の定数が住民の人口と比例してはおらず，一般に住民の人口が多い地域では議員一人当たりの有権者数が多いために，当落を左右する一票の力は軽くなり，人口の少ない地域では一票の力が重くなる。このことが，憲法の14条に定める法の下の平等に反するということで，たびたび裁判が起こされ，選挙の区割りや制度に変更がなされている。

(18) エ　弾劾裁判は裁判官の資格を問う裁判で，国会で行う。

やや難 (19) イ　イスラム教の聖地のメッカとメディナがサウジアラビアにある。ブラジルはかつてポルトガルの植民地であったので，キリスト教カトリックの信者が多い。インドは第二次世界大戦後イギリスから独立する際に宗教で周辺諸国と分かれ，インドにはヒンドゥー教徒が多くなっている。カンボジアは元フランス領で，仏教徒が多い。

(20) エ　ミャンマーの民主化運動のリーダー的存在の人物はアウン・サン・スー・チー。2021年末の段階でミャンマーは軍事政権に戻っており，アウン・サン・スー・チーは軍事政権にとらわれ，汚職をはじめとする数多くの罪状が問われているが，裁判は非公開になっている。メルケルは2021年まで長期にわたってドイツの首相をつとめた人物。マザー・テレサはインドで活躍していたキリスト教の修道女。サッチャーはかつてイギリスで初めて女性の首相となった人物。

2　(総合－千葉県に関連する三分野の問題)

基本 (1) エ　千葉県で2021年3月に知事選挙に立候補し当選したのは熊谷俊人。アの森田健作が前知事で，森田氏は2021年の知事選挙には不出馬。小池百合子は現東京都知事，大野元裕は現埼玉県知事。

やや難 (2) 大都市の中心部は官庁や企業の事務所や学校などが集中し，住環境としては広い土地を確保するのは難しく，また地価が高いので，ここに住居をえて住むのは家庭のある人には難しくなる。そこで，大都市への通勤，通学のしやすい，大都市の周辺部で，比較的地価が安く，広い土地を得やすい場所が開発されて，ニュータウンが形成されてきた。

(3) ア　いちごの生産上位の県はアの組み合わせ。イはキャベツ，ウはみかん，エはりんご。

重要 (4) 1995年1月17日の早朝に起こった大地震による災害が阪神淡路大震災。大都市の直下型の大きな地震で，高架の高速道路や鉄道，高層ビルが倒壊し，火災も発生し大きな被害が発生した。

重要 (5) B　千葉県にある京葉工業地域は，他の工業地域と比べると，機械工業の比率が低く，化学工業や金属工業の比率が高くなっているのが特色。近隣の京浜工業地帯や北関東工業地域へ，工業の素材となるものを供給する形で，競合しないようになっている。このことを踏まえて考えればBを選べる。Aは愛知県，Cは長野県。

(6)　日本国憲法にある国民の義務とされるのは子どもに普通教育を受けさせる義務，勤労の義務，納税の義務の3つ。

(7)　子どもの数が減っているのは少子化で，高齢者の割合が高くなってきているのは高齢化。その両方が進んでいるのが少子高齢化。日本は世界の国々の中でも女性が一生の間に産む子供の数を示す合計特殊出生率が低く，また，65歳以上の人口が全人口に占める割合が極めて高くなっている。

(8)　イ　イの内容は，2011年の東日本大震災のときのこと。液状化現象は埋立地のような場所で地震の際に発生しやすいもの。

(9)　テレワークとは，テレ(tele)は離れているという意味で，ワーク(work)は働く，仕事の意味。仕事を会社の事務所などから離れた自宅などで出勤せずにおこなうもの。業種にもよるが，事務的な仕事についていえば，インターネットの普及によって，かなり可能になってきている。

基本　(10)　ウ　千葉県のある場所は南の房総半島とその上に広がる地域で，北に隣接する茨城県との間に利根川が流れている。信濃川は長野県から新潟県に注ぐ川なので，千葉県の場所からはかなり離れている。

基本　(11)　ア　源頼朝が挙兵するのは1180年で，後白河上皇の子の以仁王の呼びかけに応じて伊豆で挙兵し石橋山の戦いで敗れ，現在の千葉県の南部の安房の国に逃げる。その後，鎌倉に入り，富士川の戦いで関東の平氏に勝つと，以後鎌倉で，源氏の勢力の取りまとめを行っていく。

(12)　イ　大久保利通は岩倉具視とともに1871年に条約改正の予備交渉のため，欧米の国々を訪問するが，工業などの技術の差を目の当たりにし，当時日本の中で高まっていた征韓論に反対して，まずは日本の近代化を優先させる。アは西郷隆盛，ウは板垣退助，エは伊藤博文。

★ワンポイントアドバイス★

試験時間に対して問題数はやや多いが基本的な事項を問う問題が多いので，あせらずにやること。選択肢の問題は，必ず問題の指示，設問の内容を見て，解答を選ぶこと。やや紛らわしいものもあるので要注意。

＜国語解答＞

【一】 問一　①　発射　②　簡潔　③　在宅　④　支給　⑤　幕　⑥　乱れる　⑦　沿道　⑧　誤解　⑨　備わって　⑩　群がって　問二　①　七・八　②　三・四　③　一・一　④　千　⑤　一・二　⑥　八　問三　①　遊んだ　②　犬を　③　早く　④　消えた　⑤　考える

【二】 問一　Ⅰ　ウ　Ⅱ　ア　問二　A　エ　B　ア　問三　エ
問四　(例)　都合の悪い天候や，他の生物の介入で，生育できない環境にあった際に，全滅する危険性を避けるため。　問五　イ　問六　(例)　(アサガオのタネに)空気や水を十分に吸収させた状態。　問七　イ

【三】 問一　(例)　不器用でアウトドア超初心者のパパが手伝おうとしたのにそっけなく断ら

れたので，かわいそうに思ったから。　問二　ウ　問三　(例)　子どもたちを「しょせん小学生」と扱い，リッキーさんたちは営業用スマイルで笑っていたこと。
問四　エ　問五　イ　問六　エ　問七　イ

○推定配点○

【一】　各2点×21(問二完答)
【二】　問三・問五　各3点×2　問四　7点　問六・問七　各4点×2　他　各2点×4
【三】　問一・問三　各7点×2　他　各3点×5　計100点

＜国語解説＞

【一】　(四字熟語，漢字の書き取り，文と文節)

基本　問一　①はロケットなどをうち出すこと。②はむだがなくわかりやすいこと。③は自分の家に居ること。④は物品などをわたすこと。⑤の他の音読みは「バク」。熟語は「幕府(ばくふ)」など。⑥の音読みは「ラン」。熟語は「反乱(はんらん)」など。⑦の「沿」の訓読みは「そ(う)」。⑧は意味をとりちがえること。⑨の音読みは「ビ」。熟語は「予備(よび)」など。⑩の音読みは「グン」。熟語は「大群(たいぐん)」など。

重要　問二　①の「七転八倒(しちてんばっとう)」は苦痛などでひどく苦しんで転げまわること。②の「朝三暮四(ちょうさんぼし)」は目先の違いにとらわれて，結局は同じ結果であることに気づかないこと。また，言葉の上だけで人をあざむくこと。③の「一期一会(いちごいちえ)」は一生に一度限りであること。④の「千差万別(せんさばんべつ)」はさまざまな種類や違いがあり，同じものはないということ。⑤の「一石二鳥(いっせきにちょう)」は一つの行為から二つの利益を得ること。⑥の「八方美人(はっぽうびじん)」はだれからもよく見られたいと愛想よくふるまうこと。

やや難　問三　①の「再び」は述語で動詞の「遊んだ」を修飾する副詞。②の「小さな」は体言をふくむ「犬を」を修飾する連体詞。③の「もっと」は形容詞「早く」を修飾する副詞。④の「ついに」は述語で動詞の「消えた」を修飾する副詞。⑤の「いつも」は述語で動詞の「考える」を修飾する副詞。

【二】　(説明文－要旨・大意・細部の読み取り，空欄補充，接続語，記述力)

基本　問一　傍線部Ⅰはよい方法や手段をみつけようとして，考えをめぐらすことなのでウが適切。傍線部Ⅱは傾向を表す接尾語なのでアが適切。

問二　空らんAは直前の内容に続いて起こる内容が続いているので，エの「すると」があてはまる。空らんBは「……からです。」という形で直前の内容の理由が続いているので，アの「なぜなら」があてはまる。

問三　「硬くて厚い種皮は，土壌に多くの微生物がいると分解されます」と述べているが，「微生物にとって，タネは硬いほど分解しやすい」とは述べていないので，エは適切でない。他の選択肢はいずれも「タネの大切な……」から続く4段落で述べている。

重要　問四　傍線部②直後の段落で，「タネのすべてがいっせいに発芽してしまうと，……すべてが枯れるような乾燥や寒さや暑さが突然に訪れ，全滅する危険性があり」，「人間に刈られたり枯らされたり……動物に食べられてしまうこともあ」るため，②のようにするのは「全滅する危機を避けるのに役立」つ，と述べているので，これらの内容を「わざわざ時期をずらす」ことの理由として指定字数以内にまとめる。

重要　問五　傍線部③の理由として直前で，「硬く厚い皮に包まれていると，空気を吸いにくいので，タネは発芽に必要な激しい呼吸をすることができないだけでなく，発芽に必要な水も吸収できない」と述べているので，イが適切。アの「一切吸収することができない」は不適切。③直前の内容をふまえていないウ，エも不適切。

問六　傍線部④直前で述べているように「タネに空気を供給し，水を吸収させておく」ことで④のようになるので，このことを指示された形で説明する。

やや難　問七「また，硬くて……」で始まる段落で「まわりに多くの微生物がいるということは，……発芽後の芽生えの成長に都合がいい場所なのです」と述べているので，イは正しい。アサガオのタネのような硬くて厚い種皮をもつタネを発芽させるために「濃硫酸につける方法」もあることを述べているが,「もっともすぐれている」とは述べていないので，アは正しくない。生育地を広げるために「消化されずに，糞といっしょに排泄されなければな」らない，と述べているので,「糞として」とあるウも正しくない。アサガオのタネは「乾燥した低い温度の場所でなら，五～一〇年間，発芽能力を保」つと述べているので,「どんな環境でも」とあるエも正しくない。

【三】（小説－心情・情景・細部の読み取り，記述力)

やや難　問一　傍線部①までで描かれているように,「とびっきり不器用で……アウトドアの超初心者のパパ」が丸太を運ぶ手伝いをしようとしたが,「そっけない手振りで手伝いを断られた」ため,「ぼく」は①のように見えたので，①前で描かれているパパの状況を①の理由としてまとめる。

問二　傍線部②では「ぼくに気づくと一瞬ビクッと肩を動かして」「ぼく」に見られていたことに驚き,「無理して」笑っているので,「恥ずかしさ」と「ごまかしている」ことを説明しているウが適切。②前のパパの描写をふまえていない他の選択肢は不適切。

重要　問三　傍線部③直後で③について,「ぼく」たちは「みんな『しょせん小学生』で，そんなぼくらに」リッキーさんは「営業用スマイルでにこにこ笑ってたんだ」という「ぼく」の心情が描かれているので，この心情を③の具体的な内容として指定字数以内にまとめる。

基本　問四「オトナが子牛の……」で始まる場面で，リッキーさんにからかわれても心の中で「ぼくは確かにひねくれてるのかもしれないし，コドモらしくないかもしれない。でも，ぼくは，ぼくだ」という「ぼく」の心情が描かれていることから,「ぼく」は自分の意志をしっかり持っていることが読み取れる。傍線部④はそのような「ぼく」を理解しているものなので，エが適切。冒頭の「(「ぼく」は)協調性がなく，子どもらしくない」という説明などから他の選択肢は不適切。

問五　傍線部⑤前後で「嬉しかった」でも「……『ごめんなさい』のほうをパパに言ってしまいそうな気がして」いることから,「いい子です」と言ってくれるパパに申し訳ない気持ちにもなっていることが読み取れるので，イが適切。パパに申し訳ないと思っていることを説明していない他の選択肢は不適切。

問六　パパとリッキーさんたちが話しているのをドアごしに聞いていた「ぼく」が，うっかりドアを開けてしまった時，リッキーさんたちはひどく驚いたが，パパは「最初からぼくがそこにいるのを知っていたみたいに」傍線部⑥のように笑い,「ぼく」と一緒に帰っていることから,「ぼく」のことは親である自分がわかっていれば充分なのだ，というパパの心情が読み取れるのでエが適切。アの「自分を見守って応援してくれている」，イの「我慢していた思いがふっきれ」，ウの「きまずい」は描かれていないので不適切。

重要　問七「不器用で……アウトドアの超初心者のパパ」でも周りの「オッサン」たちに「ウチのパパのこと，シカトすんなよ……」と「ぼく」が思っていることや，問六でも考察したように，パパも「ぼく」のよさを理解していることが描かれているので，イが適切。アの「本音を言えず，気をつかっている」，ウの「威厳を持ち」，エの「わがままな息子と何でも許す優しい父親」はいずれも読み取れないので不適切。

★ワンポイントアドバイス★

四字熟語やことわざ・慣用句などは，その言葉の成り立ちから理解すると正確に覚えられる。

適性検査型

2022年度

解答と解説

《2022年度の配点は解答欄に掲載してあります。》

<適性検査Ⅰ解答>

1 Ⅰ (1) 気温が高く，降水量が多い (2) い 小麦 う とうもろこし
(3) グローバル (4) 異なる国で，同じファストフード店のものが食べられていることがわかるからです。 (5) 歯並びが悪くなったり，虫歯になりやすくなったりすること。また，伝統的な食文化が失われたり，失業する人や犯罪件数が増えたりすること。
Ⅱ (6) (番号) ① (理由) 食材を無駄なく使いきることが，目標12・14・15を達成することにつながるから。 (7) 下図

先住民集団と近代化集団の虫歯にかかっている人の割合

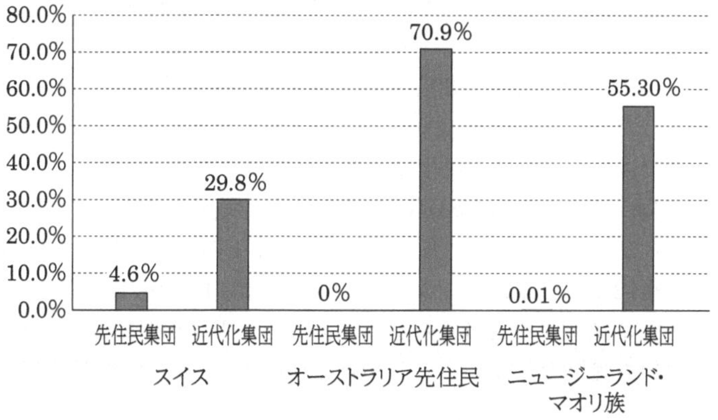

2 Ⅰ (1) 2015年 (2) 1 (3) 急病 (4) 広域避難場所 (5) エ
Ⅱ (6) ア × イ △ ウ ○ エ △ (7) 外国語や図を使って表記する

○推定配点○

1 Ⅰ (1) 5点 (2) 各4点×2 (3) 4点 (4) 8点 (5) 8点
Ⅱ (6) 8点(完答) (7) 15点
2 Ⅰ (1) 4点 (2) 5点 (3) 5点 (4) 5点 (5) 5点
Ⅱ (6) 各3点×4 (7) 8点 計100点

<適性検査Ⅰ解説>

1 (社会：文章の読み取り，空欄《くうらん》補充《ほじゅう》，説明，作図など)

Ⅰ (1) 資料Aの雨温図を見比べる。棒《ぼう》グラフは降水量《こうすいりょう》，折れ線グラフは気温を表している。米の生産が盛《さか》んな地域《ちいき》では，小麦の生産が盛んな地域より降水量が多く，気温も高く保たれていることがわかる。よって，解答では「降水量」と「気温」の2点について10字以上15字以内でまとめる。

(2) 空欄いにはイタリアなどのヨーロッパ諸国《しょこく》やオーストラリアなどで食べられている主食，

うにはメキシコの主食が入る。資料Bを見ると，イタリアは小麦を主食とする地域にあたる。オーストラリアでも小麦がおもに食べられていることがわかる。一方，メキシコはとうもろこしを主食とする地域にあたる。空欄**う**の直後の「メキシコの伝統的な食べ物であるトルティーヤ」という先生の発言も参考に考える。

(3)　空欄**え**は，問題文よりカタカナ5字であるとわかる。また，先生の5番目の発言「え化が進んだ今では，世界中のあちこちで同じものが食べられています」や，資料Cで同じファストフード店が世界各地にある様子から，世界中に文化や食べ物が広まることを示す言葉が入ると推《すい》測《そく》できる。グローバル化は，国境をこえてさまざまな人や物が移動することを表す言葉である。

(4)　資料Cでは，同じファストフード店の看板《かんばん》がアラビア語と日本語で書かれている様子が見られる。このことから，同じファストフード店の食べ物が，アラビア語が使われている地域と日本語が使われている地域の両方で食べられていると推測できる。なお，空欄**お**の直前の先生の発言に「理由を見つけられますか」とあるので，文末は「～からです。」や「～ためです。」といった形にする。

(5)「人間の身体に与《あた》える影響《えいきょう》」は，先生の発言に「先住民族の中には，欧米の近代的な食文化に触《ふ》れたことで，虫歯にかかりやすく歯並《はなら》びも悪くなってしまった民族がいます」とあるので，この内容をまとめる。「文化や社会に与える影響」は，千秋さんの「伝統的な食文化が失われてしまった」という発言や，先生の「失業する人や犯罪件数が増えたケースも見られる」という発言を参考にできる。それぞれを30字程度でまとめられるとよい。先生の発言では「気分が落ち込みやすくなったり，おこりっぽくなったりする人が多く」なることも触れられているが，これは身体の変化ではなく，身体の変化にともなう変調である。

重要　Ⅱ　(6)　下線部2では，和食の特徴《とくちょう》をSDGsの17の目標と関連づけて伝えたいということが書かれている。資料Dにある和食の特徴のうち，②～④は資料Eの17の目標との直接の関連は考えにくい。一方，①は目標12「つくる責任　つかう責任」，目標14「海の豊かさを守ろう」，目標15「陸の豊かさも守ろう」に関連すると考えられる。よって，下線部2に合う①が正解となる。理由は上記の内容を「食材を無《む》駄《だ》なく使いきる」和食の特徴と，3つの目標が結びついていることを文字数に合うようにまとめられるとよい。

(7)　資料Fのうち，同じ民族の「先住民集団」と「近代化集団」を比べられるとよい。「必ず複数の民族の数値を使うこと」とあるので，2つ以上の「先住民集団」と「近代化集団」を比べる。解答例では，スイス，オーストラリア先住民，ニュージーランド・マオリ族の3つの民族を比べている。グラフを作図する際は，目盛を均等にし，それぞれの数値《すうち》に誤《あやま》りがないか資料Fをもとに確認する。2つの集団の割合《わりあい》の違《ちが》いを表現したいときは，棒グラフを使うとよい。

2　(社会：割合の計算，資料の読み取りなど)

Ⅰ　(1)　下線部1は「平成27年」を示している。平成年間は西暦《せいれき》1989年の平成元年から，西暦2019年の平成31年までの期間である。西暦2000年に平成12年なので，平成27年は2015年とわかる。

(2)　空欄あには，全体に占《し》める実際には搬送《はんそう》されない出動の割合が入る。実際には搬送されない出動とは，空欄あの直後に，「『搬送人員』に含まれない」とあるので，出動件数から搬送人員を引いた残りの人数が実際に搬送されない出動の数となる。ここでは出動件数が54,301人，搬送人員が47,597人で，引くと6,704人が残る。空欄あには割合を示す1桁《けた》の整数が入るので，6704÷54301＝0.12…。よって，約1割とわかる。

(3)　空欄いには，救急車を呼ぶ理由として，最も割合が高いものが入る。救急車を呼ぶ理由は，資料Aの「事故種別出動件数」にもとづいている。最も多いのは「急病」の31,613人。全体の出動件数のうち，6割ほどが「急病」を理由としている出動となる。

(4)　空欄の前後の徳子さんの発言から，千葉みなと駅の近くにある施設《しせつ》が空欄**う**にあてはまる。資料Bで見ると，千葉みなと駅周辺には資料Cの指定緊急《きんきゅう》避難《ひなん》場所と，広域避難場所にあたる記号がある。このうち，指定緊急避難場所は千葉みなと駅に限らず，県庁前駅の近くにも存在する。よって，広域避難場所が正しい。

(5)　空欄**え**の直前に，「駅の名前の通り，この辺りには葭川《よしかわ》という河川が流れています」とある。よって，河川による災害があてはまると考えられるので，エが正しい。イの津波も水害の一つだが，資料Bの海沿《うみぞ》いではなく葭川の流れる場所の色が濃《こ》くなっていることから，あてはまらないとわかる。

Ⅱ　(6)　アは，資料Dから，外国人住民人口の中では中国国籍《こくせき》の住民が最も多いので，適切ではない(×)。イは，平成31年・令和元年の記録のみの資料Dからだけでは読み取れない(△)。なお，平成31年・令和元年は西暦2019年のことである。ウは，資料Dの花見川区に住むアメリカ国籍の住民が「102」人とわかるので，適切(○)。エは，一見適切に見えるが，資料Dには「その他」の区分がある。この区分に含まれる詳しい国籍は，資料Dからは読み取れず，「ベトナム出身の住人は1人もいない」とは言い切れない(△)。よって，解答はア，イ，ウ，エの順に，×，△，○，△となる。

(7)　空欄**お**の直前の明さんの発言に，「外国の方は言葉に苦労されているのではないでしょうか」とある。このことから，言語にかかわる不安を解消するための工夫が空欄にあてはまると考えられる。「外国語」や「図」を用いることの他にも，ホームページであれば「音声ガイダンス」などの工夫が考えられる。

★ワンポイントアドバイス★

空欄補充では，空欄の前後に手掛《が》かりとなる発言がある。情報の見落としがないよう，時間配分に気をつけながら，すみずみまで目を通すことが大切。理由や具体例など，問題文から解答として求められているのものが何か注意して読み取ることで，ミスを減らせるだろう。

＜適性検査Ⅱ解答＞

1　(1)　ア　6　イ　6　(2)　ウ　1　エ　(記号)　【c】　0.3　(理由)　ウより，1日あたりの感染者数が減るのは実効再生産数が1より小さい【b】か【c】のときである。
(前日の感染者数)×(実効再生産数)＝(次の日の新たな感染者数)…①
①より，実効再生産数が【b】の0.8とすると，5日後の感染者数は約98人となり不適。実効再生産数が【c】の0.3とすると，5日後の感染者数は約1人となるため，正しいとわかる。
(3)　オ　66.7　カ　400　キ　40　(4)　(i)　ウイルスC　(理由)　全世界での1日当たりの感染者数が，3つのウイルスの中で最も多いから。　(ii)　(ウイルスA)　平均気温が低い地域で感染者が多いが，人口による違いはあまり見られないため，気候が影響していると考えられる。　(ウイルスB)　気温や人口の影響が見られないため，生活様式や文化など，他の要因が感染に影響していると考えられる。　(ウイルスC)　平均気温が低い地域，人口が多い地域で感染者数が多いため，気候や人口の影響を受けていると考えられる。

2 (1) ア 20(cm) (2) (工夫) 3回目と6回目の結果は，他の結果とのズレが大きいため，飛び出した高さを求めるのにはふさわしくないと考えて取り除き，残りの6回分の結果から平均を求める。 (平均の値) 23(cm) (3) 実験結果をより信頼できるものにするために，正確さや精度を高めるための工夫が必要だから。 (4) イ 10(cm) ウ 高く(なり) エ 低く(なる) (5) 球は水の中に沈めたことにより浮き上がろうとする力がはたらいているため，10cmまでは沈めるほど高く飛ぶが，それ以上沈めてしまうと，沈めるほど水にじゃまされてしまうから。

○推定配点○

1 (1) 各5点×2 (2) ウ 5点 エ 10点(完答) (3) 各5点×3 (4) 10点(完答) 2 (1) 5点 (2) 10点(完答) (3) 10点 (4) 各5点×3 (5) 10点 計100点

＜適性検査Ⅱ解説＞

1 (算数：図表の読み取り，計算，集団免疫《めんえき》率)

(1) 条件①から④をもとにすると，現在の感染者《かんせんしゃ》数10人が，1日後にそれぞれ別の3人に移し，さらにその翌《よく》日，新しい感染者がそれぞれ別の3人に移すという流れをくり返す。基本再生産数が3，現在の感染者数が10人のとき，1日後の新たな感染者数は，10×3＝30 同様に，2日後の感染者数30人がそれぞれ別の3人に移すので，30×3＝90 さらに3日後，4日後，5日後，6日後と求めると，3日後：90×3＝270 4日後：270×3＝810 5日後：810×3＝2,430 5日後までの感染者数をすべて合計すると，30＋90＋270＋810＋2,430＝3,630 6日後には2,430人がさらに別の3人に移すので，2,430人以上の新しい感染者が出る。よって，6日後に全社員3,700人が感染してしまうと考えられる。次に，イには実効再生産数を使って計算した結果が入る。基本再生産数の計算と同様に，現在の感染者数別の1.5人に移すことをくり返すので，
10×1.5＝15 15×1.5＝22.5 四捨五入して23 23×1.5＝34.5 四捨五入して35 35×1.5＝52.5 四捨五入して53 53×1.5＝79.5 四捨五入して80 80×1.5＝120
よって，6日後に新たな感染者数が100人を超(こ)える。

やや難 (2) (1)の式より，現在の感染者数に実効再生産数をかけることで新たな感染者数を求めていることがわかる。つまり，実効再生産数が1を下回れば，新たな感染者数は現在の感染者数を下回る。よって，ウには1があてはまる。エにあてはまる実効再生産数は，ウより，1を下回る必要があるので，【b】か【c】のどちらかになる。どちらがあてはまるかは，それぞれを計算して求めればよい。実効再生産数が0.8のとき，1日後から5日後までの新たな感染者数は，1日後：300×0.8＝240 2日後：240×0.8＝192 3日後：192×0.8＝153.6 四捨五入して154 4日後：154×0.8＝123.2 四捨五入して123 5日後：123×0.8＝98.4 四捨五入して98 したがって，【b】は不適。【c】より，実効再生産数が0.3のとき，1日後から5日後までの新たな感染者数は，1日後：300×0.3＝90 2日後：90×0.3＝27 3日後：27×0.3＝8.1 四捨五入して8 4日後：8×0.3＝2.4 四捨五入して2 5日後：2×0.3＝0.6 四捨五入して1 よって，実効再生産数が0.3のとき，5日後の1日あたりの感染者数が5人以下になる。

(3) オ 集団免疫率は空欄オの直前の先生の発言から，集団免疫率(%)＝$\left(1-\frac{1}{R_0}\right)\times100$とわかる。$R_0$＝3のとき，$\left(1-\frac{1}{3}\right)\times100=66.666\cdots\cdots$ 小数第2位を四捨五入して，66.7%となる。
カ (1)より，会社Mでの3日後までの感染者数は，10＋30＋90＋270＝400 よって，400人

となる。　キ　発病者の数が50人から10人に減ったとき，ワクチンの有効率が80%ということは，50×0.8＝40より，感染者数が40人減ったとわかる。会社Mの全社員が有効率90%のワクチンを接種していたとすると，400×0.9＝360　400－360＝40　よって，40人にまで引き下がる。

(4)　(i)　表1で，全世界の1日当たりの感染者数を比べると，ウイルスCが最も多いことがわかる。都市別に見ても，ほとんどの都市でウイルスCの感染者数が最も多いことから，最も感染力が強いのはウイルスCと考えられる。

(ii)　各都市の感染者数と人口，平均気温を比べる。ウイルスAとウイルスCは，それぞれ気温の低い地域で感染者が多い。さらにウイルスCは人口の多い地域ほど感染者数も多いため，人口と気候のどちらからも影響《えいきょう》を受けていると考えられる。ウイルスBのみ人口，平均気温ともに感染者数との関係がないように見えるが，表1に書かれている以外の要因に影響されている可能性もある。他の要因としては，下線部❶のように，地域の環境や文化などの影響が考えられる。

2　**(理科：浮力，水の抵抗，図表の読み取り)**

(1)　表1から飛び出した高さの平均を求めるので，(25＋23＋12＋24＋21＋10＋22＋23)÷8＝20(cm)　よって，答えは20(cm)である。なお，このときの平均は，徳雄《のりお》くんの発言から，すべての結果をもとに計算することに注意する。

(2)　(1)の計算では，まっすぐ上に飛び出さなかったときの結果も含めて計算している。この2つの値を平均値の計算から取り除《のぞ》くことで，球がまっすぐ上に飛び出したときの平均をより正確に求めることができる。したがって，球がななめに飛び出してしまった3回目の結果と6回目の結果を計算から取り除き，残り6回分の結果をもとに改めて平均値の計算を行えばよい。

(25＋23＋24＋21＋22＋23)÷6＝23(cm)　よって，求める平均値は23(cm)。

工夫別解　他の結果とのズレが大きい結果を取り除いて平均を求める。

(3)　(2)より，実験Ⅰでは8回の実験のうち2回で，球がまっすぐ上に飛び出さず計測の結果の値が低くなっていた。このことから，実験の結果をより正確なものにするために，複数回の計測をして，その平均を実験の結果としているのだと考えられる。また，表1の直前の徳雄くんの発言「失敗するかもしれないから，1回だけじゃなく，何回かやってみよう」も参考にする。

別解　1回だけだと実験を失敗してしまうかもしれないから。

(4)　表2の飛び出した高さを見ると，離《はな》す深さが10cmのときに最も高くなっているが，それよりも深いところだと低くなっていくことがわかる。図1を見ると，離す深さが10cmまでは飛び出した高さは高くなっていき，10cm以降は低くなっていくことがわかりやすい。よって，10cmを境として，球の飛び出した高さの変わり方が変化していると考えることができる。

やや難　(5)　水の中に沈《しず》めた物体には，浮《う》かび上がろうとする上向きの力が掛かる。しかし，深く沈めれば沈めるほど，物体には水がじゃまをする力も掛かる。今回の実験では，手を離す深さが10cmをこえたとき，浮かび上がろうとする上向きの力よりも，水がじゃまをする力の方が強くなり，飛び出した高さが低くなっていたと考えられる。浮かび上がろうとする上向きの力や，水がじゃまをする力は，物体の形などによっても変わる。

★ワンポイントアドバイス★

全体を通じてすばやい計算が求められる。文章から必要な計算を考え，ミスなく答えが出せるよう日ごろから練習しておこう。図や表はデータの特徴を正確に読み取る必要がある。考察した内容を自分の言葉で説明できるとよい。

<適性検査ⅢA解答>

[1] (1) 74100円　(2) 44460000　(3) B 27900円　C 20000円　(4) B
(5) 19950000　(6) Ⅰ 土地③は台形になっているので，土地③の面積は(200＋300)×400÷2＝100000　100000÷300＝333.333…小数第1位で四捨五入するので，333m
Ⅱ 道路Dの奥行価格補正率は，Ⅰより0.80である。1m^{2}あたりの価格は，73000×0.80＝58400　道路Eについて，奥行価格補正率を決めるための計算は，100000÷400＝250
よって，奥行価格補正率は250mを参考に表1から0.80と決まる。道路Eの1m^{2}あたりの価格は，55000×0.80＝44000　よって，正面路線は道路Dということになる。つまり，土地③は角地なので，1m^{2}あたりの価格は，58400＋44000×0.03＝59720　したがって，59720×100000＝5972000000　土地③の価格は，5972000000円。

[2] (1) 左　(2) 95　(3) 35　(4) 60　(5) 4.9　(6) A 低　B ④
C ①　D 酸素分圧が40mmHgの組織から20mmHgの組織に移動するとき，表1を見るとXでは4％の酸素が，Yでは18％の酸素が細胞に渡される。一方，ヒトは45％の酸素を細胞に渡すことができる。このことより，酸素をたくさんの細胞に渡せるようにヒトのヘモグロビンの特徴はXやYのようなものにはならない。

○推定配点○
[1] (1)・(2) 各5点×2　(3) 各5点×2　(4)・(5) 各6点×2　(6) Ⅰ 7点
Ⅱ 10点　[2] (1)～(5) 各5点×5　(6) A～C 各6点×3　D 8点　計100点

<適性検査ⅢA解説>

[1] **(算数：図形，面積)**

(1) 土地①の路線価は，図1より78000円。また，奥行《おくゆき》価格補正率《ほせいりつ》は表1，表1の直前の先生の発言から，0.95。よって，78000×0.95＝74100(円)

(2) 土地①の面積は，図1より，20×30＝600(m^2)　(1)より，土地①の1m^{2}あたりの価格は74100円なので，74100×600＝44460000(円)　よって，土地①の価格は44460000円。

(3) 図4より，道路Bに対して，土地②の路線価は30000円，奥行きは35m。奥行価格補正率は表1より0.93とわかる。よって，道路Bの1m^{2}あたりの価格は，30000×0.93＝27900(円)　道路Cについても同様に，図4より土地②の路線価は20000円，奥行は20m。奥行価格補正は1.00なので，道路Cの1m^{2}あたりの価格は，20000×1.00＝20000(円)

(4) 表2直前の先生の発言から，道路Bと道路Cのうち，1m^{2}あたりの価格が高い方を正面路線とすることが読み取れる。価格が高いのは(3)より，道路B。

(5) 図4より，土地②は角地なので，側方路線影響加算率は表2より0.03。正面路線，側方路線それぞれの1m^{2}あたりの価格は(3)で計算している。したがって，土地②の1m^{2}あたりの価格は，27900＋20000×0.03＝28500(円)　土地②の面積は，35×20＝700(m^2)　よって，土地②の価格は，28500×700＝19950000(円)

やや難 (6) Ⅰ 図7より，土地③は台形の土地だとわかる。よって，土地③の面積を求めたあと，道路Dが土地③に接している部分の長さ300mで割《わ》ればよい。このとき，道路Dから見た奥行400mと比べると，計算した結果の方が333mと小さい値《あたい》をとっていることを覚えておくとよい。

Ⅱ 奥行価格補正率を決めてからそれぞれの道路に対して1m^{2}あたりの価格を求め，正面路線を決める。Ⅰより，道路Dについて，333mの奥行価格補正率は0.80。道路Eについても(6)と同様に計算して，奥行価格補正率は0.80とわかる。それぞれの道路に対して1m²あたりの価格を求めて比べると，道路Dの方が高くなり，正面路線となる。これに，土地③が角地であることを確認したうえで1m²あたりの価格を算出し，土地③全体の価格を求めればよい。

[2] (理科：血液の循環《じゅんかん》，酸素，ヘモグロビン)

(1)　空欄**ア**の直前に，「二酸化炭素分圧は40mmHg」とある。図2を見ると，左側の曲線が二酸化炭素分圧40mmHgのときの曲線だとわかる。

(2)　(1)より，空欄**イ**の直前のとくこさんの発言が「図2の左側の曲線で酸素分圧が100mmHgのときの縦軸《たてじく》の値を読み取ればいいのね」となるので，酸素へモグロビンの割合は95%となる。

(3)　(2)と同様に考える。末端組織では，空欄ウの直前のあきらくんの発言から「二酸化炭素分圧が60mmHg」とわかるので，図2の右側の曲線を見ればよい。「仮に酸素分圧を30mmHgとしよう」とあるので，酸素分圧が30mmHgのときの縦軸は35%となる。よって，末端組織を流れる酸素へモグロビンの割合は35%。

(4)　肺胞《はいほう》での酸素へモグロビンの割合から，末端組織での酸素へモグロビンの割合を引くと，95－35＝60　よって，答えは60%。

(5)　空欄オの直前のあきらくんの発言から，「心拍数《しんぱくすう》が1分間に70回」かつ「1回の心拍によって送り出される血液の量を70mL」とすると，1分間に心拍によって送り出される血液の量は，70×70＝4900(mL)　1000mLは1Lなので，答えは4.9L。単位を変換《へんかん》する必要があることに注意する。

(6)　A　末端組織では生命活動のために酸素が消費されている。したがって，酸素分圧は低くなると考えられる。

B　図1，および図1の直前のあきらくんの発言から，胎児《たいじ》は母親から酸素を受け取っていることがわかる。母親にとっても胎児にとっても，胎盤《たいばん》は末端組織であるが，胎児の方が胎盤での酸素へモグロビンの割合が高いと考えれば，胎児は母親から酸素を受け取ることができる。すなわち，胎児のヘモグロビンが，母親のヘモグロビンと比べて，末端組織(低い酸素濃度)で酸素との結合力が強いといえる。よって，④が適切である。①・③は高い酸素濃度下について述べられているので，適切ではない。②は低い酸素濃度下について述べられているが，胎児のヘモグロビンの方が酸素との結合力は強いはずなので適切ではない。⑤は高い二酸化炭素濃度下，すなわち低い酸素濃度について述べられているが，②と同様に，酸素との結合力は強いはずなので適切ではない。

C　Bより，胎児のヘモグロビンは母親のヘモグロビンと比べて，低い酸素濃度で酸素との結合力が強い。空欄カの直後のあきらくんの発言で，「胎盤に入るときの血液の酸素分圧が40mmHgであり，胎盤中の血液の酸素分圧が20mmHgになるとする」とある。よって，胎盤では酸素分圧が40mmHgから20mmHgに変化するときに，母親のヘモグロビンから胎児のヘモグロビンへ酸素が運ばれる①が適切。

D　表1で，どの程度の酸素がやりとりされているのかを，酸素分圧40mmHgのときの酸素へモグロビンの割合から，酸素分圧20mmHgときの酸素へモグロビンの割合を引くことで求める。Xでは92－88＝4(%)，ヒトでは60－15＝45(%)，Yでは36－18＝18(%)となる。すなわち，最も多くの酸素を組織に渡せるのはヒトのヘモグロビンであるとわかる。

★ワンポイントアドバイス★

桁が大きい計算や，単位を変換《へんかん》する必要がある計算を求められる。一つ一つミスがないよう，確認しながら取り組もう。理科の分野では一見難しい内容を扱《あつか》っているが，会話文を参考に読み解けば基本的な知識で解答できる。

<適性検査ⅢB解答>

一 (1) 一人ではない　(2) 人間力の限りない可能性

二 (1) 安心感を得ることと，安心と外界の好奇心とのサイクルを担うこと。　(2) 家庭だけでなく，子どもにとっての特定の大人が安全基地となること。

三 (1) 私たちはお互いに必要としあっていて，互いに与え合うことができる贈り物をみんなが持っているということ。　(2) 現代社会において，心や身体に障害を持つ人たちが日常生活の場面でさまざまな困難に直面しているであろうことは，容易に想像することができます。例えば，社会制度の不備や人々のへん見などによる困難が考えられますが，共生社会では，障害を持つ人たちが不安や危険を感じるときにこそ，たよることができる人や場所が存在することが大事なことだと思います。その意味で，障害を持つ人たちが安心を得られる社会を築いていかなければならないと思います。

そのためには，障害のある人たちを受け入れる側の態度が問われることになるでしょう。「受け入れる」というのは，社会保障を整備するというだけでなく，私たちひとりひとりが心を開いて接するように努めることが大事なことだと思います。そのことで，障害を持つ人たちの精神的な意味での安心感もひろがっていくだろうと思います。

こうして，受け入れられる人も受け入れる人も，心を開いて接するようになれば，社会全体も変化していくように思います。まわりにいる人たちの間で，おたがいが気安く助けを求められるような社会を実現していくことこそが，共生社会の最も理想的なあり方ではないかと思います。そんな社会を実現するには，私たちひとりひとりの心がけが大事だと思います。

○推定配点○

三 (2) 50点　他 各10点×5　計100点

<適性検査ⅢB解説>

基本 一 **(国語：放送文聞き取り，条件作文)**

(1) ブラインドランナーの心情について述べられている部分を聞き取る。「一人だけであれば諦《あきら》めてしまうような苦しいときでも，一人ではないから諦めずに走り続けることができるのです」と述べられている。空欄のあとの「から」に続く形で書けるとよい。

(2) さまざまなランナーが一緒に走ることで何が実現できると述べられているかを聞き取る。放送文の最後で「人間力の限りない可能性までも感じさせてもらえるのです」と述べられている。「人間力」という独自の言葉が使われていることに注意する。

<放送文>

パラリンピックの視覚障害者マラソンは，オリンピックのマラソンと同じ42.195キロの同じコースを走ります。しかし，何故《なぜ》わざわざ別の日程で行われるのでしょう…？　同じ日に行われていないことを不思議《ふしぎ》に思うことは，いたって自然なことではないでしょうか。車いすマラソンも然《しか》りです。

安全性の問題や運営上の問題であれば，柔軟《じゅうなん》にスタート時刻を10分程度前後させることだけでクリアされてしまうだけの話です。

選手の気持ちはもちろん，沿道《えんどう》で声援《せいえん》を送る人たちの気持ちになってみても，同じ日に一緒《いっしょ》に走る姿を応援《おうえん》することができたならば，その感動の味わいたるや，あえて説明するまでもないほどでしょう。

現に全国各地域で開催《かいさい》されているマラソン大会では，ブラインドランナーも同じスタートラインに立って，同じゴールを目指して走ります。色々なランナーたちが区別なく混ざり合いながら，同じ目標に向かって走る姿は，まさにインクルージョンの世界そのものです。

それぞれが己《おのれ》の限界と直面するとき，自分だけの力ではなく，自分以外の誰《だれ》かの存在があるからがんばれます。

一人だけであれば諦《あきら》めてしまうような苦しいときでも，一人ではないから諦めずに走り続けることができるのです。ときに刺激《しげき》を受け合いながら，ときに勇気を与《あた》え合いながら，ときに励《はげ》まし合《あ》いながら…。

同じ目標に向かって挑戦《ちょうせん》する同士たち，互《たが》いにがんばる姿の存在があるから，応援《おうえん》してくれる人々の声があるから，いつも以上の力が生まれてきます。

そして，自分のためだけではなく大切な誰かのために一歩踏《ふ》み出《だ》して新しい世界を切り開いていく姿は，まさにインクルージョンの成せる業《わざ》，多様性の調和によって切り開かれていく人間力の創出そのものなのです。

ブラインドランナーは，風を切って走ることの喜びを噛《か》みしめながら走ります。

自らの限界に直面して苦しいとき，隣《となり》にはガイドランナー(伴走者《ばんそうしゃ》)の存在があります。

そこには言葉は不用です。心で通い合い，対等な存在として一つになれたとき，二倍以上のパワーが生み出されてきます。

沿道から声援をおくる人々は，その二つの輝きから勇気というありきたりの言葉では決して表現しきれない，人間力の限りない可能性までも感じさせてもらえるのです。

二 (国語：長文読解，条件作文)

(1) 二番目の高山さんの発言を読み取る。「安心感を得ること」に加えて，「好奇心《こうきしん》をもって外界に出る」サイクルが重要だと述べられている。すなわち，子どもにとって「安全基地」とは，この二つの意味を持つ場所だと考えることができる。

(2) 直前の高山さんの発言を読み取る。「子どもにとって特定の大人であれば，親以外の誰か，例えば祖父母や先生，支援者《しえんしゃ》が安全基地になってあげれば大丈夫《だいじょうぶ》なんです」とある。また，傍線《ぼうせん》部《ぶ》Ⅱを含む木村さんの発言に，「家庭だけに安全基地を求めていると，子どもにとっては過酷《かこく》な状況になってしまう」とある。これらの要素を合わせて，一文に収《おさ》まるように書くとよい。

三 (国語：長文読解，条件作文)

(1) 第2段落《だんらく》に，「私たちが皆《みな》お互《たが》いに必要としあっており，互いに支えあうことができる贈り物をみんなが持っているということについて，大切なレッスンを教えてくれます」とある。この内容を字数に収まるようにまとめる。第3段落などはナターシャさんたちの具体的な学校生活の様子であり，学校生活で学んだことのまとめには用いない。

(2) 問題文の条件にもとづき，それぞれの文章で読み取れることをまとめると，次のようになる。

一の聞き取り：実現される共生社会の在り方。第1段落の内容につながる。

文章二：共生社会で受け入れられる人にどのように寄りそうか。第2段落の内容につながる。

文章三：共生社会で受け入れる人の気持ち。第2段落の内容につながる。

以上のことを参考に作文する。各段落のポイントは次のようになる。

第1段落：共生社会の実現に必要だと思う課題についてまとめる。課題の内容を1～2行でまとめた後，それがどのような課題であるか，詳《くわ》しい説明を付け足すとよい。課題としては，社会的な制度，人々の気持ちなどが考えられる。

第2段落：文章から読み取った内容をもとに，受け入れる人，受け入れられる人，それぞれの立場から課題について考える。それぞれの立場について，最低でも1行以上書くようにしよう。自分が受け入れる人，受け入れられる人だったら，どのように課題を解決していくか考えるとイメージしやすい。

第3段落：自分の考える共生社会とはどのような社会なのかまとめる。第1段落，第2段落の内容と対応させること。課題を解決した先で目指すべき共生社会の形を書けるとよい。

★ワンポイントアドバイス★

自分で考えた文章を書かせる問題が多い。時間配分に気を付けながら，頭の中の考えを自分の言葉で書けるようにしよう。文章の中で参考になる表現があったら，作文に積極的に取り入れてみよう。

＜適性検査ⅢC解答＞

1　(1)　ア

(2)　イ

(3)　エ

(4)　エ

(5)　ウ

(6)　右図

(7)　下表

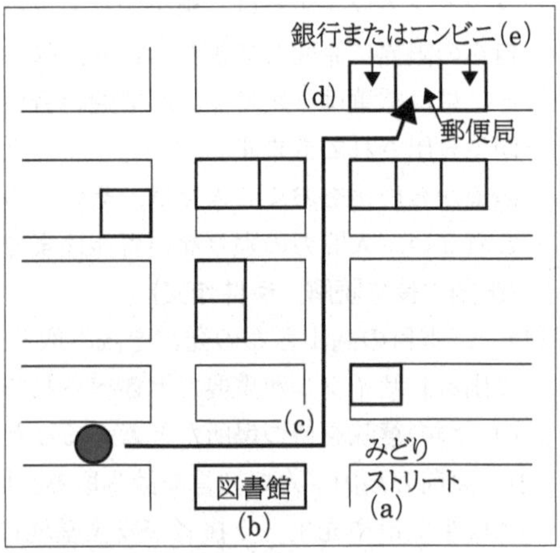

名前(英語)	Jacob Brown (a)
名前(日本語)	ジェイコブ・ブラウン
年齢《ねんれい》	20歳《さい》
職業	大学生
住んでいるところ	船橋市(b)
最寄《もより》駅	津田沼《つだぬま》
きょうだい	男の兄弟2人…兄ジャック25さい，弟ポール18さい(c)
趣味《しゅみ》	音楽が大好きでギターを弾く。時々演奏を録音し，インターネットに動画を投稿している。(d)

2　(1)　その児童の国の言葉や文化を受け入れながら，学校生活で日々の活動に取り組んでいる。

(2)　さまざまな国々と関係を持つクラスメイトに対しては，同じクラスの仲間として，自分の国について語ってもらい，理解を深めたいと思います。そのことで，その友だちは自分が受け入れられていると感じると思います。

　こうしたことがクラス全体にひろがって，みんなが多文化を理解すれば，ひとりひとりの視野がひろがると思います。そして，多様性を認めるようになり，みんなひとりひとりの存在を大事にするようになると思います。

○推定配点○

1 (1)～(5) 各6点×5 (6) 10点 (7) 10点 2 (1) 10点 (2) 40点

計100点

＜適性検査ⅢC解説＞

1 (英語：放送文聞き取り)

(1) 選択肢《せんたくし》のうち，集合時間と場所が異《こと》なっていることに注目する。ホワイト先生が「come to school at 8 o'clock」，「Don't forget to bring your pens, notebook, guidebook, and your lunch」と言っているのを聞き取る。「8 o'clock」で「8時ちょうど」を意味する。集合時間(8時)とバスの出発時間(8時30分)を混同しないように注意する。

＜放送全文(日本語訳)＞

I'll tell you about the school trip tomorrow. First of all, come to school at 8 o'clock as usual. Don't forget to bring your pens, notebook, guidebook, and your lunch. The bus leaves at around 8：30. Do you have any questions?

(明日の校外学習について説明します。まずはじめに，いつも通り8時に学校へ来てください。ペン，ノート，ガイド本，昼食を持ってくることを忘れないでください。バスは8時30分ごろに出ます。何か質問はありますか？)

(2) ボブの最後の発言で「some books for my sister」「my mother bought some things for the kitchen」と述べられているのを聞き取る。

＜放送全文(日本語訳)＞

Mary: Bob, what did you do yesterday?

Bob: I went shopping in Chiba with my family.

Mary: Oh, that's good. What did you buy?

Bob: We bought some books for my sister at the bookshop. She likes reading very much. And my mother bought some things for the kitchen.

(メアリー：ボブ，あなたは昨日何をしましたか。／ボブ：私は家族といっしょに千葉へ買い物に行きました。／メアリー：おお，それはいいですね。何を買いましたか。／ボブ：私たちは本屋で数冊の本を妹に買いました。彼女は本を読むことがとても好きなんです。それに，母は台所用品をいくつか買いました。)

(3) アンの二つの発言で「My birthday is May 30th」「My birthday is on Monday」と述べられているのを聞き取る。13と30の発音の違いに注意する。

＜放送全文(日本語訳)＞

James: Anne, when is your birthday?

Anne: My birthday is May 30th.

James: Oh, your birthday is coming soon! Are you going to have a party?

Anne: Yes. My birthday is on Monday. We are going to have a party then, so we are going to buy some food on Sunday.

ジェームズ：アン，あなたの誕生《たんじょう》日《び》はいつですか。

ア ン：私の誕生日は5月30日です。

ジェームズ：おお，あなたの誕生日はもうすぐですね！　あなたはパーティーを開く予定ですか。

アン：はい。私の誕生日は月曜日です。私たちはそのときにパーティーを開くつもりなので，日曜日に食べ物を買うつもりです。

(4)　ジョンの母の発言で「a pack of ten」「three onions」と述べられているのを聞き取る。「a pack of ten」で「10個入りのパック1つ」という意味になる。おつりについてはどのメモにも書かれているため，卵《たまご》と玉ねぎの数に注目して聞き取る。

＜放送全文（日本語訳）＞

John: What do I have to buy?

John's mom: I need some eggs. So please buy a pack of ten. There may be packs of six, but please choose ten.

John: Anything else?

John's mom: And get three onions, please. I'll give you 1,000 yen, so give me the change back after coming home.

ジョン：私は何を買わなくてはならないのですか。

ジョンの母：私は卵がいくつかほしいです。なので，10個入りのパックを1つ買ってください。そこにはおそらく6個入りのパックもありますが，10個入りを選んでください。

ジョン：ほかにはありますか。

ジョンの母：それと，玉ねぎを3個お願いします。1000円をあげるので，家に帰った後あとおつりを返してください。

(5)　選択肢のうち，異なるのはサイズとセットの値段である。店員が「If you add 50 yen, the French fries and the drink will be Large.」と言っているのに対し，「No, thanks. M size is enough.」とケンが返していることから，ポテトと飲み物のサイズはどちらもMサイズとわかる。また，店員の最後の発言から，セットの価格は550円となる。

＜放送全文（日本語訳）＞

Clerk: Hello.

Ken: Ah, one cheese burger Combo, please.

Clerk: One Cheese burger Combo, OK. Which drink would you like?

Ken: Ah, Cola Zero, please.

Clerk: If you add 50 yen, the French fries and the drink will be Large. Would you like to?

Ken: No, thanks. M size is enough.

Clerk: Right. 550 yen please.

店員：こんにちは。

ケン：ええと，チーズバーガーセットを一つお願いします。

店員：チーズバーガーセットを一つですね。飲み物はどうされますか。

ケン：ええと，コーラゼロをお願いします。

店員：もしも50円を追加したのなら，ポテトと飲み物が大きくなります。追加されますか。

ケン：いえ，必要ありません。Mサイズで十分です。

店員：わかりました。550円です。

(6)　例にならって図に聞き取った情報を書き込む。女性の発言の順に，図に書き込んでいくとよい。「take the third right」は「3番目のブロックを右へ」という意味である。

＜放送全文(日本語訳)＞

Alex: Excuse me. Could you tell me how to get to the post office?

Woman: Sure. Do you have a map?

Alex: Yeah, here it is.

Woman: Thanks. You are here now. Go down Midori street. You can see a big Library on the right, so go past the library and at the next traffic lights turn left.

Alex: Turn left after the library..., OK.

Woman: Then take the third right. You can see the post office on your left. It is between a bank and a convenience store. You will find it easily.

Alex: I see. Thank you very much!

アレックス：すみません。郵便局《ゆうびんきょく》への行き方を教えていただけますか。

女　性：もちろん。地図は持っていますか。

アレックス：はい，これです。

女　性：ありがとう。あなたは今ここにいます。みどりストリートを進んでください。右手に大きな図書館が見えるので，その図書館を通り過ぎて次の交差点で左に曲がってください。

アレックス：図書館の後に左に曲がる……わかりました。

女　性：そして，3番目のブロックを右に曲がってください。郵便局が左手に見えるでしょう。それは銀行とコンビニの間にあります。あなたは簡単《かんたん》に見つけられるでしょう。

アレックス：わかりました。ありがとうございます。

(7)　メモに聞き取った内容を書き込む。名前のスペルはブラウンさんの3番目の発言を聞き取る。ミホさんとブラウンさんの4番目と5番目の発言から，年齢《ねんれい》，職業などの情報はあっているとわかる。住んでいるところについては「no」と否定したあとに「the address is Funabashi」と言っているので，書き換える。「address」は「住所」という意味。きょうだいについてはブラウンさんの7番目の発言，趣味についてはブラウンさんの8番目の発言を聞き取る。「upload the videos onto the Internet」で「インターネットに動画を投稿《とうこう》する」という意味。

＜放送全文(日本語訳)＞

Miho: Hi, Mr. Brown. Can I ask you some questions? I have some of your information, but please let me check it is right.

Mr. Brown: OK.

Miho: Thank you very much. Ah, first, could you give me your full name, please?

Mr. Brown: Yes. I'm Jacob Brown.

Miho: How do you spell it?

Mr. brown: J-A-C-O-B for Jacob, and B-R-O-W-N for Brown.

Miho: Thank you very much. And... you are 20 years old, and a college student. Is it right?

Mr. brown: That's right.

Miho: Then, you live in Narashino-city.

Mr. brown: Ah..., no. Actually I use Tsudanuma Station, but the address is Funabashi.

Miho: All right. I'll correct that. ...I've done that. Thanks. And... you have two brothers.

Mr. Brown: Yes. I have two brothers.

Interviewer: How old are they?

Mr. brown: The elder one, Jack, is 25 years old, and the younger one, Paul, is 18.

Interviewer: Thank you. Then, the last question, do you have any hobbies?

Mr. brown: Yes. I love music, and I play the guitar. Sometimes I record myself and upload the videos onto the Internet.

Interviewer: Wow, it's great. I'll check some later. OK. This is the end of the interview. Thank you very much, Mr. Brown.

Mr. brown: You're welcome.

ミ　　ホ：こんにちは，ブラウンさん。あなたにいくつか質問をしてもいいですか？　私はあなたの情報をいくつか持っていますが，これがあっているか確認させてください。

ブラウンさん：わかりました。

ミ　　ホ：ありがとうございます。ええと，最初に，フルネームを教えていただけますか？

ブラウンさん：はい。私はジェイコブ・ブラウンです。

ミ　　ホ：どのようなスペルですか？

ブラウンさん：J－A－C－O－Bでジェイコブ，B－R－O－W－Nでブラウンです。

ミ　　ホ：ありがとうございます。それと……あなたは20歳で，大学生です。あっていますか？

ブラウンさん：あっています。

ミ　　ホ：それで，あなたは習志野《ならしの》市に住んでいるんですよね。

ブラウンさん：ええと……違います。実は，私は津田沼《つだぬま》駅を利用しているのですが，住んでいるのは船橋《ふなばし》市です。

ミ　　ホ：わかりました。訂正しますね。……できました。ありがとうございます。それでは……あなたは2人のきょうだいがいますよね。

ブラウンさん：はい。私にはきょうだいが2人います。

質 問 者：彼らは何歳ですか？

ブラウンさん：上のきょうだい，ジャックは25歳で，下のきょうだい，ポールは18歳です。

質 問 者：ありがとうございます。それでは，最後の質問ですが，あなたは趣味《しゅみ》はありますか？

ブラウンさん：あります。私は音楽が大好きで，ギターをひきます。ときどき，私は自分で録音をして，インターネットに動画を投稿しています。

質 問 者：おお，それはすばらしいですね。あとでチェックしてみます。わかりました。これでインタビューは終わりです。ありがとうございました，ブラウンさん。

ブラウンさん：どういたしまして。

2 (国語：長文読解，条件作文)

(1)　文章B傍線部Ⅰの直前で，「所与としての自然，文化，歴史によって規定されながらも，それらを他者との関係において変革《へんかく》していくような『自己－他者論』」と述べられている。所与とは，

「あらかじめ与えられているもの」という意味である。また，傍線部Ⅰの直後にも傍線部Ⅰの説明があり，「応答的『自己－他者論』は，つねに，自己と自己の内に取り込《こ》むことのできない他者との応答をとおして，人間存在を豊かにしていく論理」と述べられている。これらにもとづいて文章Aを読むと，子どもたちが異なる文化や言葉に触れている3段落の内容があてはまるとわかる。したがって，3段落の内容を字数におさまるようにまとめればよい。

(2)　文章B最後の段落より，「応答的『自己－他者論』は，地球市民的観点と多文化共存の観点の相補性という理念に結びつくとき，多元的な『自己－他者－公共世界』観として理解する」ことができるとわかる。すなわち，ひとり一人が地球に住む一員として，さまざまな文化とともに暮らしていくとき,「多元的な『自己－他者－公共世界』観」が成立していると考えることができる。これにもとづいて，さまざまな国々と関係を持つクラスメイトがいる自分のクラスがどのような姿になっていくかを考えて答えるとよい。各段落のポイントは次のようになる。

第1段落：自己(自分)と，さまざまな国々と関係を持つクラスメイトのそれぞれの立場についてまとめる。両者の立場について簡潔《かんけつ》に述べたあと，詳しい説明を付け足すとよい。

第2段落：クラス全体(公共世界)がどのようになればよいと思うのかをまとめる。文章Aをもとに考えるとよい。自分やクラスメイトがどのような行動をすることで，どう変わっていくのか，第1段落を踏《ふ》まえて書く。

★ワンポイントアドバイス★

リスニングには，難しい単語も含まれている。聞きなれない単語にまどわされず，問題文から考えられる重要なポイントにしぼって聞き取るようにしよう。作文は題材となる文章が難解な傾向がみられる。一つ一つの言葉をかみくだいて自分なりに理解できるとよい。

MEMO

大切なことはメモしておこうネ！

2021年度

★★★★★★★★★★★★★★★★★★★★★★★

入　試　問　題

2021年度

千葉明徳中学校入試問題（一般入試①）

【算　数】（50分）　＜満点：100点＞

【注意】 1. 携帯《けいたい》電話，電卓《でんたく》，計算機能付き時計など電子機器類を使用してはいけません。

2. 分数は，約分すべきではない場合を除き，それ以上約分できない分数で答えなさい。また，比は，最も簡単な整数の比で答えなさい。

1　次の計算をしなさい。**なお解答用紙に答えだけでなく，途中式も書きなさい。**

(1)　$22-11+44-33+66-55$

(2)　$14\times11+14\times12-14\times13$

(3)　$(6.62-4.12)\div2\frac{1}{2}$

(4)　$0.35+\left(2\frac{1}{4}-1\frac{1}{6}\right)\times0.6$

(5)　$\{6+4\times(1+2\times3)\div7\}-5$

2　次の □ にあてはまる数を書きなさい。**なお，解答用紙に答えだけでなく，文章や式，図などを用いて考え方も書きなさい。**

(1)　15から50までの整数の中に3の倍数は □ 個あります。

(2)　1本80円の鉛筆《えんぴつ》5本と1冊120円のノート2冊を2割引きで買いました。このとき，代金は □ 円になります。ただし，消費税を考えないとします。

(3)　学園前駅から千葉明徳中学校まで400mの距離があります。この区間を分速60mで歩くと □ 分 □ 秒かかります。

(4)　A町からB町まで行く道が5本あり，B町からC町まで行く道が3本あります。このとき，A町からC町まで戻らずに行く方法は □ 通りあります。

(5)　右の図において，直線ABと直線CDは平行です。角 a の大きさは □ 度です。

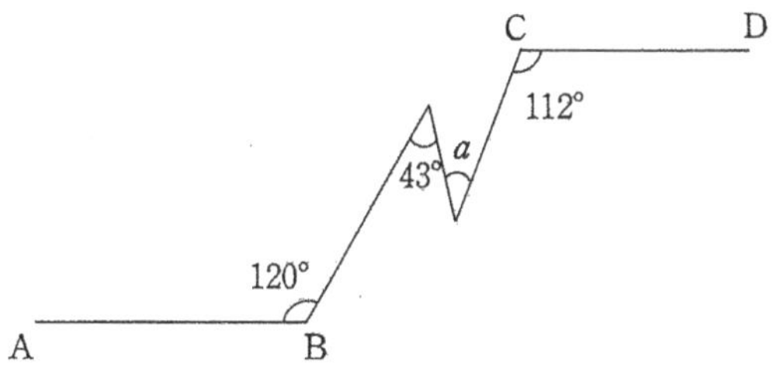

(6)　右の図は，半径4cmの円と半径2cmの円を中心が重なるように組み合わせた図形です。直線 l と直線 m が円の中心で垂直に交わるとき，しゃ線部分の面積は □ cm^2 です。ただし，円周率は3.14とします。

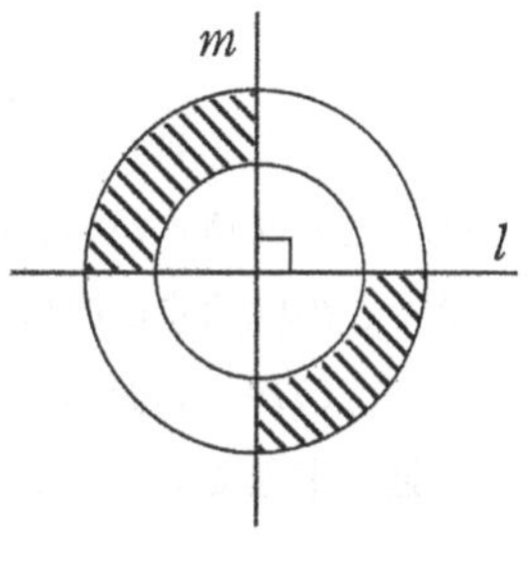

3　長方形ABCDの辺上に点Pがあります。右図のように，点Pは，点Bを出発して，秒速1㎝の速さで長方形の辺上をB→C→D→Aの順に動きます。

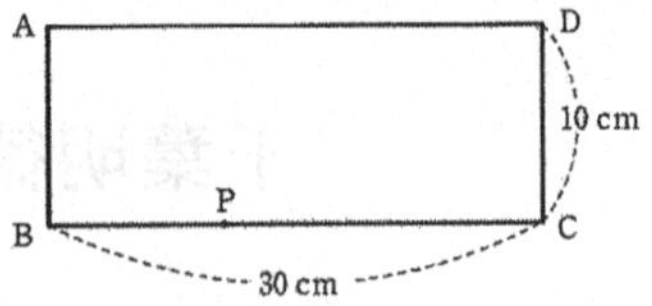

このとき，点Pが出発してからの時間とそのときの三角形ABPの面積の関係を表すと，下のグラフのようになりました。次の問いに答えなさい。
なお，解答用紙に答えだけでなく，文章や式，図などを用いて考え方も書きなさい。

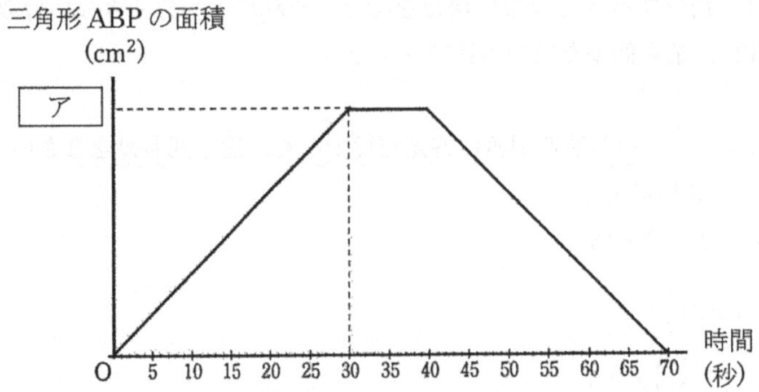

(1)　ア　の目盛りはいくつですか。

(2)　点QがBの位置から秒速3㎝の速さで点Pと同時に出発し，B→A→D→Cの順に動きます。点Qと点Pが同じ位置になるときの三角形ABPの面積を求めなさい。

(3)　点QがBの位置から秒速2㎝の速さで点Pと同時に出発し，B→C→D→Aの順に動きます。Bを出発して18秒後のとき，四角形ABPQの面積を求めなさい。

4　下の立体は高さが12㎝，底面が1辺10㎝の正方形である四角すいであり，OA＝OB＝OC＝ODです。また，線分ABの中点をPとし，OP＝13㎝です。このとき，次の問いに答えなさい。**なお，解答用紙に答えだけでなく，文章や式，図などを用いて考え方も書きなさい。**

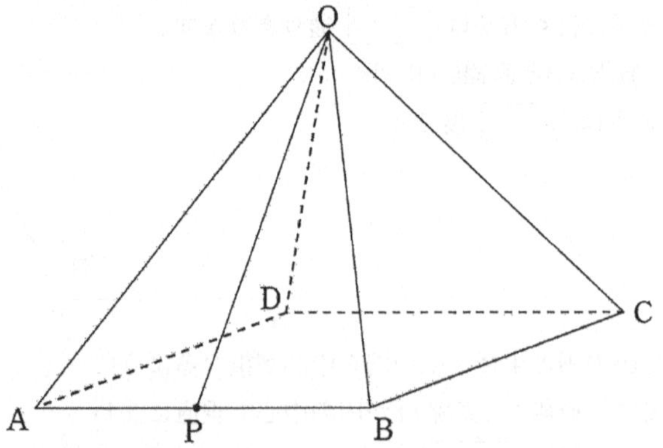

(1)　この四角すいの表面積を求めなさい。

(2)　この四角すいの体積を求めなさい。

(3)　点Oから底面への垂線をOH，線分OBの中点をQとします。この四角すいを3点A，D，Qを通る平面で切り，その平面とOHとの交点をRとしたとき，ORの長さを求めなさい。

[5] 小学校6年生の明人《あきひと》くんは高校3年生の兄の徳男《のりお》くんに質問をしています。次の会話文を読んで，あとの問いに答えなさい。**なお，解答用紙に答えだけでなく，文章や式，図などを用いて考え方も書きなさい。**

明人：昨日，テレビのクイズ番組を見ていたのだけど，わからない問題があったんだ。でも，考えているうちに寝てしまって答えがわからないんだ。

徳男：へぇー。どういう問題なの。

明人：次のように数が並んでいて，[ア] に当てはまる数を求める問題だよ。

1，1，2，3，5，8，[ア]，21，…

徳男：おもしろい問題だね。このように数が並んでいるものを数列というんだよ。

明人：あっ，数の列だから数列なんだね。

徳男：数列の問題を考えるときは規則性に注目するといいよ。

明人：難しいなー，兄ちゃん，ヒントをちょうだいよ。

徳男：ある数字に注目したとき，その数の前の数とさらにその前の数との関係性を考えてみよう。

明人：わかった。答えは [ア] だね。

徳男：正解だよ。じゃあ，初めて1000をこえるのは左から何番目の数かわかるかな？

明人：計算してみるね…。答えは [イ] 番目だね。

徳男：合っているよ。ちなみにこの数列はフィボナッチ数列というんだよ。

明人：かっこいいい名前がついているね。

徳男：フィボナッチ数列については色々と考察することができるよ。例えば，①この数列では3の倍数番目の数はかならず [ウ] になるよ。また，3の倍数番目以外の数はかならず [エ] になるよ。さて，一番初めの数から500番目までの数の中に [ウ] が何個あるかな。

明人：えっと，[エ] 個だね。面白い性質だね。これと同じようなことは他にもありそうだね。

徳男：そうだな，この数列では左から5の倍数番目の数はかならず [オ] の倍数になるというのもあるよ。では，一番初めの数から500番目までの数の中に10の倍数は何個あるかな？

明人：考える時間がほしいな…。[カ] 個だね。

徳男：すごい，正解だよ。

(1) 会話文中の [ア]，[イ]，[カ] にあてはまる数を求めなさい。

(2) 会話文中の [ウ]，[エ] にあてはまる語句をそれぞれ下記から選び，記号で答えなさい。

① 奇数　② 偶数　③ 素数　④ 約数

(3) 下線部①について，その理由について説明しなさい。

(4) 会話文中の [オ] にあてはまる数の中で最大の数を求めなさい。

【理　科】（社会と合わせて50分）　＜満点：50点＞

【注意】 携帯《けいたい》電話，電卓《でんたく》，計算機能付き時計など電子機器類を使用してはいけません。

1　以下の問いに答えなさい。

(1)　からのある卵を産む動物は，次のうちどれですか。以下のア～エより適当なものを1つ選び，記号で答えなさい。

ア：ニホンアマガエル　　イ：ニホンイシガメ

ウ：カブトムシ　　エ：トウキョウサンショウウオ

(2)　今日は新月の日です。次の新月の日は何日後ですか。以下のア～エより適当なものを1つ選び，記号で答えなさい。

ア：7日　　イ：15日　　ウ：30日　　エ：45日

(3)　二酸化炭素を多く含《ふく》む血液はどれですか。以下のア～エより適当なものを1つ選び，記号で答えなさい。

ア：動脈　　イ：動脈血　　ウ：静脈　　エ：静脈血

(4)　日本の夏の天気に影響《えいきょう》を与える気団は，次のうちどれですか。以下のア～エより適当なものを1つ選び，記号で答えなさい。

ア：シベリア気団　　イ：オホーツク海気団　　ウ：小笠原《おがさわら》気団　　エ：揚子江《ようすこう》気団

(5)　地震《じしん》のゆれの大きさを表す震度《しんど》について，正しくないものは次のうちどれですか。以下のア～エより適当なものを1つ選び，記号で答えなさい。

ア：震度0　　イ：震度4　　ウ：震度5弱　　エ：震度7弱

(6)　図のように，100gのねんどを形を変えて重さを調べました。A～Cの重さはどうなりますか。以下のア～エより適当なものを1つ選び，記号で答えなさい。

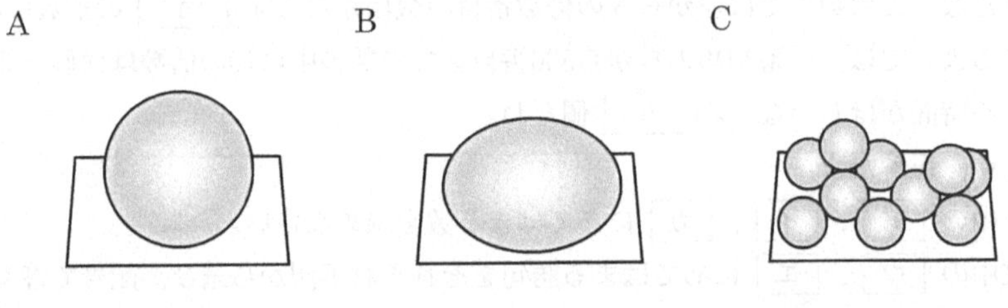

ア：A，B，Cの順に重くなる。　　イ：A，Bは同じ重さで，Cがいちばん重い。

ウ：A，Bは同じ重さで，Cがいちばん軽い。　　エ：A，B，Cの重さは同じになる。

(7)　油の入ったビーカーのはしを加熱したとき，油の動く様子として正しいものはどれですか。以下のア～エより適当なものを1つ選び，記号で答えなさい。

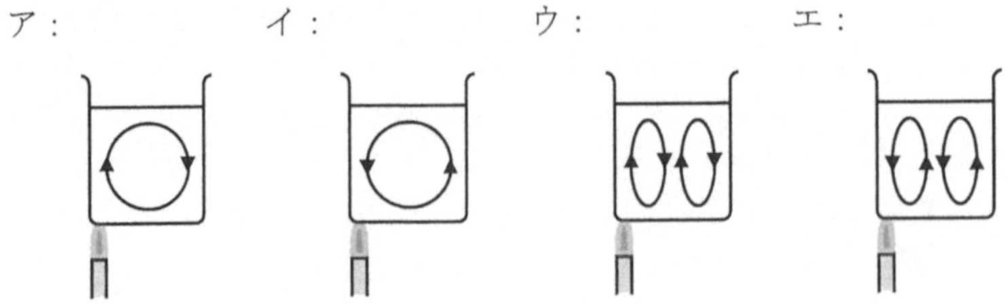

(8)　溶《と》け残りが出るまで食塩を溶かした食塩水をつくり，この食塩水を蒸発皿に入れて，アルコールランプで熱したとき，蒸発するものは何ですか。以下のア～エより適当なものを１つ選び，記号で答えなさい。

ア：もとの食塩水と同じ濃《こ》さの食塩水
イ：もとの食塩水よりも濃い食塩水
ウ：もとの食塩水よりも薄《うす》い食塩水
エ：水

(9)　火のついたろうそくを集気びんに入れてふたをすると，やがて火が消えてしまいました。ろうそくを入れる前とろうそくを入れて火が消えたあとの集気びんの中の空気に含まれる気体の割合の変化について正しいものはどれですか。以下のア～エより適当なものを１つ選び，記号で答えなさい。

	窒素《ちっそ》	酸素	二酸化炭素
ア	減る	変化しない	増える
イ	変化しない	増える	減る
ウ	変化しない	減る	増える
エ	増える	減る	変化しない

(10)　ある金属でできた球に棒磁石を近づけると，球は棒磁石に引きつけられました。この球の金属の種類として正しいものはどれですか。以下のア～エより適当なものを１つ選び，記号で答えなさい。

ア：アルミニウム　　イ：銅　　ウ：鉛《なまり》　　エ：鉄

2　下の図１は，日本のある場所で，晴れた日の気温および太陽高度の変化を調べ，グラフにしたものです。なお，グラフの縦軸《じく》の左右の目盛りは，温度と高度を同時に示しています。下の各問いに答えなさい。

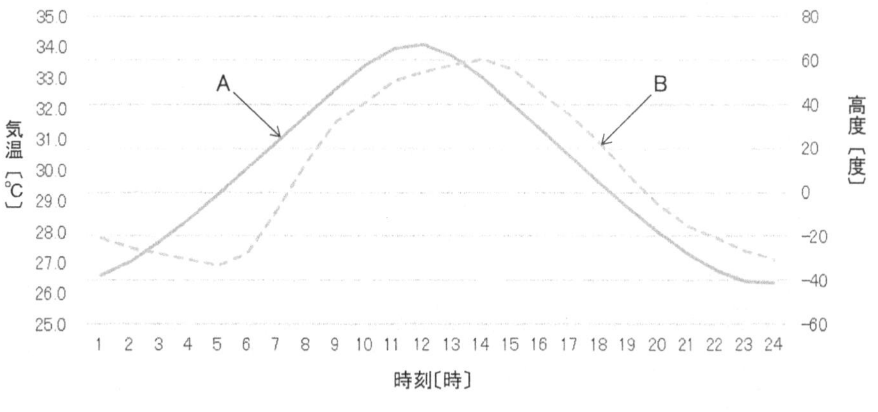

図１

(1)　気温のはかり方について述べた次の文章を読み，空欄《らん》に当てはまる語句を次のページの語群から選んで答えなさい。

> 直射日光が（　①　），風通しのよい場所で，地上から（　②　）くらいの高さの空気の温度をはかる。

語群：当たる　　当たらない　　10cm　　50cm　　80cm　　1.5m　　3m

⑵　前のページの気温を示すグラフはA，Bのどちらですか。

⑶　この日の地表の温度が最も高くなる時刻はいつだと考えられますか。以下のア～オより適当なものを1つ選び，記号で答えなさい。

ア：Aのグラフの値が最も高くなる時刻よりも前

イ：Aのグラフの値が最も高くなる時刻

ウ：Aのグラフの値が最も高くなる時刻と，Bのグラフの値が最も高くなる時刻の間

エ：Bのグラフの値が最も高くなる時刻

オ：Bのグラフの値が最も高くなる時刻の後

⑷　Aのグラフの値が最も高くなる時刻と，Bのグラフの値が最も高くなる時刻にずれがあるのはなぜですか。簡潔に答えなさい。

⑸　さらに，この日の地下5cmの温度をはかったときの最高温度と，日較差《にちかくさ》（最高温度と最低温度の差）はどうなりますか。以下のア～エより適当なものを1つ選び，記号で答えなさい。

ア：最高温度はこの日の最高気温よりも高くなり，日較差はこの日の気温の日較差より大きくなる。

イ：最高温度はこの日の最高気温よりも低くなり，日較差はこの日の気温の日較差より大きくなる。

ウ：最高温度はこの日の最高気温よりも高くなり，日較差はこの日の気温の日較差より小さくなる。

エ：最高温度はこの日の最高気温よりも低くなり，日較差はこの日の気温の日較差より小さくなる。

3　次の表のA～Fは，「水素・窒素《ちっそ》・酸素・二酸化炭素・アンモニア・塩素」のいずれかです。あとの問いに答えなさい。

気体	水への溶《と》け方	水溶液《すいようえき》の性質	色・におい	その他の特徴《とくちょう》
A	溶けにくい	—	無色・においはない	ものを燃やすはたらきがある
B	少し溶ける	（ア）	無色・においはない	光合成で使われる
C	溶けにくい	—	無色・においはない	液体は，冷却剤《れいきゃくざい》として用いられる
D	非常に溶けやすい	（イ）	無色・鼻をさすにおい	虫刺《さ》され用の薬の成分《せいぶん》にも用いられる
E	溶けやすい	酸性	黄緑色・鼻をさすにおい	水道水の殺菌剤《さっきんざい》として用いられる
F	溶けにくい	—	無色・においはない	“ポン”と音を立てて燃《も》える

(1)　Ａ～Ｆの気体はそれぞれ何ですか。

(2)　ア，イにあてはまる語句をそれぞれ答えなさい。

(3)　Ａ～Ｆの気体の中で，①**一番目に軽い気体**と②**二番目に軽い気体**は何ですか。Ａ～Ｆの記号で答えなさい。

(4)　Ａ～Ｆの気体の中で，水上置換法で集めにくい気体は何ですか。Ａ～Ｆの記号で２つ答えなさい。

(5)　次の方法で生成できる気体は何ですか。Ａ～Ｆの記号で答えなさい。

①　塩化アンモニウムと水酸化カルシウムを混ぜて熱する。

②　石灰石に薄《うす》い塩酸を加える。

③　二酸化マンガンに薄い過酸化水素水を加える。

【社　会】（理科と合わせて50分）　＜満点：50点＞

【注意】　携帯《けいたい》電話，電卓《でんたく》，計算機能付き時計など電子機器類を使用してはいけません。

1　(1)～(20)の答えとして正しいものを，次のア～エから１つ選んで答えなさい。

(1)　県の北部に越後《えちご》山脈が連なり，富岡製糸場や岩宿遺跡《いせき》で有名な都道府県は，次のうちどれですか。

ア　群馬県　　イ　福島県　　ウ　島根県　　エ　岐阜県

(2)　リアス海岸として有名な志摩《しま》半島があり，真珠《しんじゅ》の養殖《ようしょく》もさかんな都道府県は，次のうちどれですか。

ア　岩手県　　イ　三重県　　ウ　愛媛県　　エ　広島県

(3)　経度の基準となる本初子午線《ほんしょしごせん》が通る都市は，次のうちどれですか。

ア　ベルリン　　イ　ニューヨーク　　ウ　ロンドン　　エ　北京

(4)　経度15度のちがいにより生じる時差として正しいものは，次のうちどれですか。

ア　15分　　イ　30分　　ウ　１時間　　エ　２時間

(5)　1970年代に入り，中華人民共和国《ちゅうかじんみんきょうわこく》や台湾《たいわん》が領有を主張し始めた日本の領土は，次のうちどれですか。

ア　尖閣《せんかく》諸島　　イ　南沙《なんさ》諸島　　ウ　竹島　　エ　歯舞《はぼまい》群島

(6)　日本の工業の特色に関する説明として**誤っているもの**は，次のうちどれですか。

ア　京浜《けいひん》工業地帯のうち，東京都では特に印刷業が発展している。

イ　三大工業地帯のうち，阪神工業地帯の工業生産額が最も高い。

ウ　東海工業地域のうち，浜松《はままつ》市では，楽器やオートバイの生産がさかんである。

エ　北陸工業地域では，アルミ関連の工業など地場産業が発達している。

(7)　情報通信技術（ICT）と最も関連のうすい言葉は，次のうちどれですか。

ア　ソーシャル・ネットワーキング・サービス（SNS）　　イ　バイオマス

ウ　ビッグデータ　　エ　AI（人工知能）

(8)　アメリカ合衆国の動物学者モースが明治時代に発見した，大森貝塚《かいづか》がある都道府県は，次のうちどれですか。

ア　静岡県　　イ　福岡県　　ウ　東京都　　エ　佐賀県

(9)　聖徳太子の命令により小野妹子がわたった中国の王朝は，次のうちどれですか。

ア　魏《ぎ》　イ　隋《ずい》　ウ　唐《とう》　エ　宋《そう》

(10)　右の硬貨《こうか》に描かれた，京都府の阿弥陀《あみだ》堂を建立した人物は，次のうちどれですか。

ア　足利義満

イ　藤原頼通《ふじわらよりみち》

ウ　尾形光琳《おがたこうりん》

エ　聖武天皇

⑾　次の『蒙古襲来絵詞《もうこしゅうらいえことば》』は，元寇《げんこう》の際に恩賞をもらえなかった御家人《ごけにん》が，幕府の役人へ訴《うった》えるために描《えが》かせたものです。この戦いを指揮した鎌倉《かまくら》幕府の８代執権《しっけん》は，次のうちどれですか。

ア　足利義政　　イ　北条時宗　　ウ　足利尊氏　　エ　北条泰時《やすとき》

⑿　次の江戸《えど》時代の出来事を古い順に並べたとき，最後に来るものはどれですか。

ア　公事方御定書《おさだめがき》が公布された。

イ　老中の田沼《たぬま》意次が，商人の経済力を利用した経済政策を進めた。

ウ　水野忠邦《ただくに》が，株仲間の解散を命じた。

エ　参勤交代の制度が定められた。

⒀　江戸時代に日本橋を起点に整備された五街道のうち，箱根などを経由し江戸と京都を結んだ街道は，次のうちどれですか。

ア　甲州《こうしゅう》道中　　イ　日光道中　　ウ　中山道　　エ　東海道

⒁　明治時代に足尾《あしお》銅山鉱毒事件の解決に取り組んだ政治家は，次のうちどれですか。

ア　大隈《おおくま》重信　　イ　原敬　　ウ　犬養毅《つよし》　　エ　田中正造

⒂　1894年の領事裁判権の撤廃《てっぱい》に貢献《こうけん》した外務大臣は，次のうちどれですか。

ア　陸奥《むつ》宗光　　イ　高杉晋作《たかすぎしんさく》　　ウ　小村寿太郎《じゅたろう》　　エ　坂本龍馬《りょうま》

⒃　日本が韓国（大韓帝国《だいかんていこく》）を併合《へいごう》し朝鮮総督府《ちょうせんそうとくふ》を設置した年は，次のうちどれですか。

ア　1910年　　イ　1920年　　ウ　1940年　　エ　1950年

⒄　日本の衆議院についての説明として正しいものは，次のうちどれですか。

ア　参議院より任期が短く，任期途中《とちゅう》での解散もある。

イ　満30才《さい》以上の国民が立候補できる。

ウ　天皇の国事行為《こうい》に助言と承認を与《あた》える。

エ　衆議院議員は，内閣総理大臣の指名により選ばれる。

⒅　日本国憲法改正の手続きについての説明として**誤っているもの**は，次のうちどれですか。

ア　18才以上が国民投票に参加できる。

イ　衆議院と参議院で総議員の過半数の賛成により，憲法改正が発議される。

ウ　国民投票で有効投票の過半数の賛成により，憲法改正が承認される。

エ　国民投票法により，具体的な手続きが定められている。

⑲ 企業《きぎょう》が政府に納める直接税は，次のうちどれですか。

ア 所得税　イ 法人税　ウ 消費税　エ 住民税

⑳ 国際連合の専門機関である世界保健機関の略称《りゃくしょう》は，次のうちどれですか。

ア WTO　イ IMF　ウ WHO　エ IAEA

2 次の年表は，21世紀を振《ふ》り返った際の主な出来事の一部である。以下の(1)～(12)の設問に答えなさい。

（年）	日本の出来事	世界の出来事
2001	1 小泉純一郎内閣成立	アメリカ同時多発テロ アメリカによるアフガニスタン空爆《くうばく》開始でタリバン政権崩壊《ほうかい》
2002	日朝首脳会談	2 ＥＵの単一通貨ユーロが流通開始
2004	3 自衛隊がイラクへ派遣《はけん》される	イラクに大量破壊《はかい》兵器がなかったことをアメリカが認める
2005	愛知万博開催《かいさい》 中部国際空港開港	4 スマトラ島沖地震《じしん》
2008	5 温室効果ガス削減《さくげん》の議定書が発効（期間は2012年末まで）	6 アメリカ大統領選で，初めてアフリカ系アメリカ人が当選
2010	7 平城京遷都《せんと》から1300年	欧州《おうしゅう》経済危機が起こる
2011	8 東日本大震災発生	チュニジアのジャスミン革命が各国に波《は》及《きゅう》し，アラブ各国で独裁政権に対するデモに発展（アラブの春）
2013	特定秘密保護法成立	9 世界の人口が70億人突破《とっぱ》
2014	10 日本の世帯数が4929万世帯とピークに，以降は減少に転ずる	ウクライナ危機　ロシアＧ７除名
2015	安全保障関連法成立	パリ同時多発テロ事件などＩＳＩＬ（「イスラム国」）支持者によるテロが世界的に多発する
2018	働き方改革関連法成立	11 ＡＳＥＡＮ加盟１０カ国の域内関税がゼロに
2019	新しい天皇陛下が即位《そくい》 「令和」始まる	12 グレタ・トゥンベリさん（16才），国際連合で演説

(1) 下線部1に関連して，この内閣の時の出来事として正しいものを，次のページのア～エから1つ選びなさい。

ア　消費税が導入された。　　　　**イ**　東京でオリンピックが開催された。

ウ　郵政民営化法が成立した。　　**エ**　日中平和友好条約が締結《ていけつ》された。

(2)　下線部**2**に関連して，2020年１月31日にEUを離脱《りだつ》した国として正しいものを，次の**ア**～**エ**から１つ選びなさい。

ア　イギリス　　**イ**　フランス　　**ウ**　ドイツ　　**エ**　イタリア

(3)　下線部**3**に関連して，平和主義の下，自衛隊を持つ戦後の日本は戦争を放棄《ほうき》してきたが，戦争放棄は日本国憲法の第何条に記載《きさい》されているか。

(4)　下線部**4**の災害は，インドネシア各地に大きな被害《ひがい》をもたらした。一方，我が国でもこうした地震による被害を避《さ》けるために，現在では，右の写真のような施設《しせつ》が日本全国につくられている。どのような被害を避けるためのものか答えなさい。

(5)　下線部**5**の議定書が結ばれた都市を答えなさい。

(6)　下線部**6**の大統領とは誰《だれ》か，答えなさい。

(7)　下線部**7**に関連して，平城京の中に唐招提寺《とうしょうだいじ》を建てた唐の高僧《こうそう》は誰か，答えなさい。

(8)　下線部**8**に関連し，東日本大震災がその後の日本に与《あた》えた影響《えいきょう》として，**誤っているもの**を，次の**ア**～**エ**から１つ選びなさい。

ア　自然災害への対策を充実《じゅうじつ》させることが，さらに求められた。

イ　原子力発電所に関して厳しい基準が設けられた。

ウ　避難《ひなん》する際の声かけや避難所での生活など，地域のつながりをより大切にすることが課題とされた。

エ　主要な発電手段が原子力発電から水力発電になった。

(9)　下線部**9**に関連し，世界の人口分布や変化について説明した文として正しいものを，次の**ア**～**エ**から１つ選びなさい。

ア　早くから産業革命に成功した先進地域であるヨーロッパには，世界の人口の約60％が集中している。

イ　第二次世界大戦後，世界の人口は急激に増え，1960年と比べて現在では２倍以上となっているが，このことを「人口爆発《ばくはつ》」という。

ウ　日本では現在，出生率が上昇傾向《じょうしょうけいこう》にある。

エ　世界の人口分布では，アフリカの人口が最も多く，約６割を占《し》める。

(10)　下線部**10**に関連して，2018年時点の日本の人口として正しいものを，次の**ア**～**エ**から１つ選びなさい。

ア　約6000万人　　**イ**　約8000万人　　**ウ**　約１億人　　**エ**　約１億2000万人

(11)　下線部**11**に関連してASEAN（東南アジア諸国連合）に加盟している国について説明している文として**誤っているもの**を，次の**ア**～**エ**から１つ選びなさい。

ア　タイは欧米《おうべい》諸国による植民地支配を受けなかった国で，仏教徒が多い。

イ　インドネシアでは米作りが盛んで，石油・天然ガス・すずなどの鉱産資源も豊かである。

ウ　シンガポールは世界有数の金融《きんゆう》市場であり，日本の外国企業も多数進出し，経済発展が著しい。

エ　フィリピンのミンダナオ島では，日本向けのブドウが盛んに栽培《さいばい》されている。

⑿　下線部12に関連して，国際連合の主要機関である安全保障理事会における常任理事国のうち，フランスとロシア連邦《れんぽう》の説明として適切な文を**ア**～**エ**の中から１つずつ選び，また，それぞれの国の場所を下の地図上の①～④の中から１つずつ選びなさい。

ア　1991年に前身の社会主義国家が解体されて誕生した。世界最大の面積をもつ国であるとともに，世界有数の天然ガスの埋蔵《まいぞう》量・生産量をほこる。

イ　江戸時代に日本と貿易を行うことが許された，ヨーロッパで唯一《ゆいいつ》の国である。国土の約25%を地面より低い干拓《かんたく》地がしめ，干拓に使われた風車が残る。

ウ　地中海にのびる長靴《ながぐつ》型の半島の国であり，古代ローマの遺跡などの歴史が古い建築物・世界遺産が多くある。

エ　ヨーロッパ最大の農業国であるとともに芸術の国としても知られており，首都にあるルーブル美術館は世界最大級の美術館である。

3　次のページの**A**～**C**の文章は，2024年を目途《めど》にデザインが刷新される，一万円札，五千円札，そして千円札の「新たな顔」となる人物についてそれぞれ述べたものである。また，**D**の文章は各新紙幣《しへい》の裏面に記載《きさい》される予定の内容について述べたものである。それぞれの文章を読み，あとの設問⑴～⑿について答えなさい。

A　1871年 1 北海道などの北方開発を担っていた開拓使《かいたくし》が募集《ぼしゅう》した留学生の一人として，2 岩倉使節団とともに８才でアメリカに渡《わた》った。初等・中等教育を受け，1882年に帰国した。その後，1889年再びアメリカに留学し，帰国後は華族《かぞく》女学校教授と女子高等師範《しはん》学校教授を兼《か》ねた。1900年にそれぞれの職を辞め，女子英学塾《じゅく》を創立して，英語教育や個性を尊重する教育に努め，女子高等教育の先駆《さきが》けとなった。

B　1853年，現在の 3 熊本県阿蘇《あそ》郡で生まれた。1871年，18才で熊本医学校（現，熊本大学医学部）に入学し医学の道を志した。1874年，東京医学校（現，東京大学医学部）に入学し，在学中に「医者の使命は病気を予防することにある」と考え，予防医学を生涯《しょうがい》の仕事とすることを決意した。4 1886年からの６年間ドイツに留学し，1889年に破傷風菌《はしょうふうきん》(注１)の純粋培養《じゅんすいばいよう》(注２)に成功した。さらにその毒素に対する免疫抗体《めんえきこうたい》(注３)を発見し，それを応用して血清療法《けっせいりょうほう》を確立した。その後，5 福沢諭吉《ふくざわゆきち》らの支援《しえん》の下，伝染病研究所を創立し，伝染病予防と細菌学《さいきんがく》の研究に取り組んだ。そして，1894年には 6 香港《ほんこん》で流行したペスト(注４)の原因調査のため現地に行き，ペスト菌を発見した。

C　1840年，現在の 7 埼玉県深谷《ふかや》市の農家に生まれた。家業の畑作を手伝う一方，幼い頃《ころ》から父に学問を教わった。27才の時，15代将軍となった 8 徳川慶喜《よしのぶ》の弟，徳川昭武《あきたけ》についていき，パリの万国博覧会を見学するほかヨーロッパ諸国の実情を知った。明治維新《いしん》となりヨーロッパから帰国した後は，明治政府に招かれ大蔵省《おおくら》(注５)の一員として新しい国づくりに深く関わる。その後，自らが設立した「第一国立銀行《だいいちこくりつぎんこう》」の総監役《そうかんやく》（後に頭取《とうどり》）となり，その後，生涯にわたり約500もの企業の設立に関わったといわれる。

D　Aの人物が描《えが》かれる予定の新紙幣の裏面には，藤《ふじ》の花(注６)が描かれている。この花は，9 古事記や万葉集にも登場し，花言葉は「優《やさ》しさ・歓迎《かんげい》」であり，多様性を受け入れることが求められるこれからの社会に合ったデザインだといえる。また，Bの人物が描かれる予定の新紙幣の裏面には，世界的に有名な 10 葛飾北斎《かつしかほくさい》の富嶽三十六景《ふがくさんじゅうろくけい》「神奈川沖浪裏《かながわおきなみうら》」が描かれている。最後に，Cの人物が描かれる予定の新紙幣《しへい》の裏面には，“赤レンガ駅舎《えきしゃ》”として人々から親しまれてきた 11 歴史的建造物である「東京駅」が描かれている。1945年には空襲《くうしゅう》による火災で駅舎の屋根などが焼失したが，2012年には復元工事が終わり，現在は美しい姿となっている。

注１：クロストリジウム属の細菌で，破傷風の病原体である。

注２：細菌・カビなどを，他の種類を混在させない状態で，一種類だけ培養すること。

注３：異物が体内に入るとその異物を排除《はいじょ》するように働くタンパク質。

注４：ペスト菌の感染により引き起こされる病気のこと。

注５：現在の財務省に当たる，国家の財政に関する事務を担当する，当時の日本の行政機関。

注６：紫《むらさき》色の垂れ下がる姿が美しい，日本古来の花。

※出典　国立国会図書館ホームページ「近代日本人の肖像《しょうぞう》」など（一部改変）

(1)　下線部１に関連して，北海道の釧路湿原《くしろしつげん》や阿寒《あかん》湖などが登録されている「特に水鳥の生息地として国際的に重要な湿地《しっち》に関する条約」の名を答えなさい。

(2)　下線部２に関連して，当時の岩倉使節団に関わっていた人物として**当てはまらないもの**を，次の**ア**～**エ**から１つ選びなさい。

ア　松平定信　　**イ**　伊藤《いとう》博文　　**ウ**　木戸孝允《たかよし》　　**エ**　大久保利通

(3)　下線部３に関連して，熊本県の阿蘇山に見られる地形の名称《めいしょう》として正しいものを，次のページのア～エから１つ選びなさい。

ア　シラス台地　　**イ**　カルデラ　　**ウ**　氷河　　**エ**　カルスト地形

⑷　下線部４に関連して，右の写真は，この年に起こったノルマントン号事件の様子を描いた風刺画《ふうしが》である。この事件を説明した文の適切な組み合わせを，次の**ア～エ**から１つ選びなさい。

①　船長や船員はボートでのがれたが，日本人乗客は助けられずに水死した。

②　この事件を受け，船長は日本の法律によって裁かれ禁固刑《きんこけい》に処された。

③　ノルマントン号とは，日本近海で沈没《ちんぼつ》したイギリス船である。

④　この事件によって，日本にとって関税自主権を取り戻《もど》すことが一番の外交目標となった。

ア　①・②　　**イ**　①・③　　**ウ**　②・③　　**エ**　③・④

⑸　下線部５の著書のうち，「天は人の上に人をつくらず，人の下に人をつくらず」という有名な書き出しで始まる書物の名を答えなさい。

⑹　下線部６に関連して，中華人民共和国は1949年に社会主義国として成立したが，香港とマカオに関しては自由な市場経済が導入されている。このように１つの国家の中に２つの社会制度が共存している制度を何というか。**漢字５字**で答えなさい。

⑺　下線部７に関連して，現在埼玉県で収穫《しゅうかく》されている農産物として**最も生産額が少ないもの**を，次の**ア～エ**から１つ選びなさい。

ア　きゅうり　　**イ**　ほうれん草　　**ウ**　ねぎ　　**エ**　りんご

⑻　下線部８に関連して，徳川慶喜が将軍だった時の出来事として適切なものを，次の**ア～エ**から１つ選びなさい。

ア　朝廷《ちょうてい》の許可を得ずにアメリカとの通商条約を結んだ井伊直弼《いいなおすけ》が，江戸城の桜田門外で暗殺された。

イ　江戸幕府は前土佐藩主《はんしゅ》のすすめで，政権を朝廷に返すことを決めた。

ウ　西郷隆盛《さいごうたかもり》が幕臣の勝海舟《かつかいしゅう》と交渉《こうしょう》して江戸城を無血開城させた。

エ　天保のききんが起こって社会が混乱し，大坂で大塩平八郎の乱が起こった。

⑼　下線部９に関連して，以下の①～④の文章のうち，古事記と万葉集を説明したものとして適切な組み合わせを，次の**ア～エ**から１つ選びなさい。

①　稗田阿礼《ひえだのあれ》が暗記していた神話や歴史を，太安万侶《おおのやすまろ》が３巻にまとめたものである。

②　諸国に命じて地名や伝説・産物などを書かせたもので，現在では出雲国《いずものくに》（島根県）や播磨国《はりまのくに》（兵庫県）など５つが残っている。

③　舎人親王《とねりしんのう》が中心となり，神代からの神話・歴史を30巻にまとめたものである。

④　日本最古の歌集で，奈良時代までの約4500首の歌が集められている。

ア　古事記－①　万葉集－②　　**イ**　古事記－①　万葉集－④

ウ　古事記－③　万葉集－②　　**エ**　古事記－③　万葉集－④

⑽　下線部10の作品として正しいものを，次のページの**ア～エ**から１つ選びなさい。

ア

イ

ウ

エ

(11) 下線部11に関連して，以下の日本の歴史的建造物の写真①～④を，つくられた順に並べたもの
として正しいものを，次のページの**ア**～**エ**から１つ選びなさい。

①

②

③

④

ア　①→②→③→④　　イ　②→③→④→①

ウ　②→④→③→①　　エ　①→②→④→③

⑿　文章A～Cでそれぞれ説明されている人物の組み合わせとして正しいものを，次のア～エから1つ選びなさい。

ア　A—北里柴三郎《きたざとしばさぶろう》　B—津田梅子《つだうめこ》　C—野口英世《のぐちひでよ》

イ　A—渋沢栄一《しぶさわえいいち》　B—北里柴三郎　C—樋口一葉《ひぐちいちよう》

ウ　A—樋口一葉　B—野口英世　C—北里柴三郎

エ　A—津田梅子　B—北里柴三郎　C—渋沢栄一

ファーストのグローブの中にあったのだから」とありますが、それでも走った「ぼく」の気持ちを、本文の言葉を使って四十字以内で説明しなさい。

問五　本文から分かる（一）「ぼく」（二）「母さん」の人柄《ひとがら》の説明として、もっとも適当なものを、次のア～エの中からそれぞれ一つずつ選び、記号で答えなさい。

（一）「ぼく」の人柄

ア　新しいものが好きで自分の欲しいものを買う。

イ　だれとでもすぐに仲良くなれて、物おじしない。

ウ　運動神経が良く、クラスの中心的人物。

エ　友達に指摘《してき》されたことを素直に実行できる。

（二）「母さん」の人柄

ア　有機野菜や人物の名前の漢字などを気にする。

イ　食事のマナーや行儀《ぎょうぎ》に対して厳しい。

ウ　数字にこだわりがあり、何かにつけて数字に結びつける。

エ　なやみがあっても、だれにも相談することができない。

問六　「ぼく」は、「母さん」に対してどのような気持ちを持っていると考えられますか。もっとも適切なものを、次のア～エの中から一つ選び、記号で答えなさい。

ア　心の中では、もっと気をつかわないで、好きなものを食べたり買ったりしたいと思っている。

イ　「母さん」が大事にしていることを尊重しながら、自分の気持ちも曲げないでいる。

ウ　バットを買うことで、どんなに苦労をかけたか分かっているため、とても感謝している。

エ　早く野球を上達《じょうたつ》して試合を見に来てもらいたいと、やる気にあふれている。

カーン。

いい音がした。ファウル。押野がセカンドでひゅうっと口笛を吹《ふ》く。

カーン。

またファウル。

カキン。

ボールが新品のバットに当たって鋭《するど》い音がした。

「走れ！　まわれ！」

ぼくは思いきり走った。それこそ、ここで死んでもいいくらいの心意気で。

「アウト！」

だれかがでかい声で言った。アウト。そんなことはもちろんわかってる。③だってぼくが走りはじめたときには、ボールはもうファーストのグローブの中にあったのだから。

膝《ひざ》に手を置いて、はあはあと息を切らしているぼくに、押野が「やったじゃん！」と声をかけてくれた。

「うん」

「やっぱ、バットのおかげだな」

確かにそうかもしれない。ファウルふたつにピッチャーゴロひとつ。これはぼくにとって奇跡的《きせきてき》な数字だった。だってなにしろ、バットにボールが当たったのは、今日がはじめてだったのだから！

ぼくは、ボールがバットに当たったときの自分の手のひらの感じを思い出して、ものすごくうれしく思った。ファウルやピッチャーゴロはぼくにとって、満塁《まんるい》ホームランくらいの価値があるのだ。当たったことだけでもすごいのに、それがほんの少しでも飛んだんだから。ぼくは、まだじんじんしている手のひらをこすり合わせた。さっきの手ごたえを惜《お》しむように、照れくささをかくすように。

その日の夜、封筒の中におつりと一緒《いっしょ》に手紙を入れた。手紙といっても、電話のところに置いてある、郵便局でもらったメモ用紙に書きつけただけのものだ。

（椰月美智子『しずかな日々』〈講談社〉より）

問一　傍線部《ぼうせんぶ》①「うち以外から聞こえてくる声は、いつでもぼくを、さらにしんとした気持にさせた」とありますが、それはどういうことですか。六十字以内で説明しなさい。

問二　傍線部②「言ったぼくのほうが少し困惑した」とありますが、それはなぜですか。もっとも適切なものを、次のア～エの中から一つ選び、記号で答えなさい。

ア　言うつもりではなかった言葉が思わず出てしまい、おどろいたから。

イ　思っていたよりも自分の声が大きくて、しずかな部屋に響いてしまったから。

ウ　勇気をふりしぼって言ったのに狭い台所に響いてしまい、うまく伝わらなかったから。

エ　狭い部屋だということを忘れて話をしてしまったので、母さんもぼく以上に困ったから。

問三　[A]～[C]にあてはまる言葉として、もっとも適切なものを、次のア～カの中からそれぞれ一つずつ選び、記号で答えなさい。

ア　誇張《こちょう》　イ　納得　ウ　安心　エ　期待　オ　野次《やじ》

カ　緊張《きんちょう》

問四　傍線部③「だってぼくが走りはじめたときには、ボールはもう

聞こえて、台所の窓ガラスがオレンジ色に変わる。

隣《となり》の人の声が聞こえることもよくあった。なにを話しているのかまではわからなかったけれど、①うち以外から聞こえてくる声は、いつでもぼくを、さらにしんとした気持《きもち》にさせた。母さんと二人きりの夕食は、ぼくは一人で食べるときよりもずっと一人きりのようだった。

ぼくは、押野の家を思い出した。きっと騒《さわ》がしい夕食にちがいないだろう。

「母さん、ぼく、バットが欲しいんだ」

ぼくの声は、アパートの狭《せま》い台所にやけに響《ひび》いてしまって、②言ったぼくのほうが少し困惑《こんわく》した。

「バット?」

と、母さんは言った。まるでバットを知らない人みたい。たぶんそれが、ぼくにとって最初で最後のおねだりだったと思う。

食べるものや着るものに困るなんてことはなかったけれど、うちが経済的に決して裕福《ゆうふく》でないことはだれに教えられることなく、自然とわかっていた。だから、口に出すときには少し A したけど、べつに悪いことだとは思わなかった。

母さんはぼくをしずかに見て、それからくたびれたグローブを見た。

「もちろん、いいわよ。バットを買いましょう」

母さんが目を細めて言った。「それはとてもいい考えね」という感じの言い方だったから、ぼくは B した。

「野球が好きだなんて知らなかったわ」

「うん。ぼくも知らなかった。でも、ぜんぜんできないんだ」

くすっと、母さんは笑った。

バットは次の日、すぐに手に入った。朝、母さんが封筒《ふうとう》にお金を入れておいてくれたからだ。放課後、ぼくは押野を誘《さそ》って、近所のスポーツ用品店へ行った。封筒には一万円札が入っていた。

「おい、すげえな。一万円だって」

「うん」

ぼくは、押野やお店の人に聞いて、結局四千八百円の軟式《なんしき》用バットを買った。

「えだいちのがいちばんいいバットだぞ」

と、押野が言って、「ホームラン打てよな」とぼくの尻《しり》をぱーんと叩《たた》いた。

茶色の土とさびたフェンスの空き地の中で、ぼくの新品バットはひときわ目立った。それはぼくの自信へとつながった。みんなにバットを見せろと言われ、打てよと肩《かた》を叩かれ、ぼくは C に応《こた》えようとバッターボックスに立った。

足に力を入れて、ピッチャーが投げてくる球に集中した。

しゅっ。

空振《からぶ》り。くるっと一回転してしまった。だれかの笑い声が聞こえる。

ぼくは、体勢を立て直して構える。

「尻をひっこませろ」

と、だれかが言って、へっぴり腰《ごし》を持ち上げた。

しゅっ。

また空振り。バットがすっぽ抜《ぬ》けそうになった。あと一球。

「ケツの穴をしめろ」

ぼくはきゅっとお尻の穴をしめた。

つ選び、記号で答えなさい。

ア　多くの人たちが孤立した人間を意識することでコミュニティを再建・再創造していく必要がある。

イ　コミュニティを形成することを社会の共通目標とし、人々の意識を改革する必要がある。

ウ　「多様な関係」を構築するために、コミュニティを再建・再創造する必要がある。

エ　問題を解決するために、関係を再創造しコミュニティを復活させる必要がある。

問七　傍線部⑥「日本の社会」とはどのようなものですか。三十字以内で説明しなさい。

【三】　次の文章を読んで、あとの問いに答えなさい。

「ぼく」は、母親と二人暮らし。みんなから「えだいち」と呼ばれている。母親は仕事でいそがしく、そんな生活環境が影響《えいきょう》してか、小学校に入ってからクラスでだれとも口をきかない日が続いた。五年生になった時、明るいクラスの人気者の「押野《おしの》」に声をかけられ、初めて野球をする。

「仲のいい友達ができたんだ」

　その日の夕食は、母さんの得意な鶏肉《とりにく》の団子汁《だんごじる》だった。汁《しる》の中には、にんじんやじゃがいも、ブロッコリーも入っていて、栄養は満点だったけど、ぼくはあんまり好きじゃなかった。ご飯のおかずにならないような気がして、たいていは結局、汁の中にご飯をぶちまけて、雑炊《ぞうすい》のようにすすって食べてしまう。それを見ると、母さんは「ねこまんまね」といつも言う。

　母さんは、減農薬野菜や有機野菜にこだわっていた。けれど、そういう野菜は値段が高くて、母さんが財布の中身と相談して、結局は買わないことが多いのをぼくは知っていた。

「へえ、よかったわね。なんていう名前の子？」

　ぼくは、やっぱりご飯を団子汁の中に入れた。

「押野」

「押野、なんていうの？」

　母さんは、ねこまんまね、と言わずに押野の下の名前を聞いてきた。

「ヒロヤかな」

「どういう字書くの？」

　どうして？　と思ったけど、ぼくはそう聞かずに、ヒロヤという漢字を教えてあげた。母さんは、ふうんと言いながら、広告の裏に押野の名前を書き、それから、しばらくなにやらごちゃごちゃと書きこんだ。ぼくがずずっずずずっ、と大きな音を立てたら顔を上げて、ようやく「ねこまんまね」と言った。

「よく野球して遊ぶんだ。押《お》し入れにあったグローブ出したよ」

「ああ、あれ。よく見つけたわね」

　母さんは、ぼくの机の上に置いてあるグローブを眺《なが》め、そう言った。

「あれ、近所のお兄さんがくれたんだよね」

　母さんは、少し考えるような顔をしてから「さあ、忘れちゃったわ」と言った。

　母さんは、食事中にテレビをつけることをきらったから、我が家の食《しょく》卓《たく》はいつもしずかだった。外の通りを車が通ると、エンジンの音がよく

ある。［Ⅱ］コミュニティを共同体と表現しなおせば、日本の伝統的な共同体は、自然と人間の、生者と死者の共同体としてつくられていたことを想起する必要がある。自然と人間がどのような関係を結ぶのか、生者と死者＝自分たちの生きる世界をつくった先輩《せんぱい》たちとどのような関係を結ぶのかが、復興の基盤《きばん》にならなければいけないのである。なぜならこれらの関係を通して、無事な人間の存在をつくりだしてきたのが、あるいは、みつけだそうとしてきたのが、⑥日本の社会だからである。

（内山節『文明の災禍《さいか》』〈新潮新書〉より）

※与件…解決されるべき問題の前提として与《あた》えられたもの。
※デカルト主義…十七世紀の学者デカルトによる、存在のすべては疑われるが、思考している自分の存在は疑いようがないとした考え方。
※キリスト教的精神…キリスト教において、人間を「神の似姿《にすがた》」として特別な存在とみる考え方。

問一　［Ⅰ］と［Ⅱ］にあてはまる言葉を、次のア～オの中からそれぞれ一つずつ選び、記号で答えなさい。選択肢《せんたくし》は一度しか使えません。
ア　ところで　イ　しかし　ウ　そして　エ　したがって
オ　さらに

問二　傍線部《ぼうせんぶ》①「人間はいかにして誕生したのか」とありますが、筆者は人間がどのようにして誕生したと考えていますか。もっとも適切なものを、次のア～エの中から一つ選び、記号で答えなさい。
ア　知性があり、それゆえ道具や文明をつくる動物として誕生した。
イ　他の生物よりも弱く、繁殖力を高めるため「多様な関係」をつくることで誕生した。
ウ　弱くて繁殖力がなく、関係を構築するうえで道具を持ち文明を築くことにより誕生した。
エ　「多様な関係」をつくり出すために、知性をもって道具や文明を操ったことで誕生した。

問三　傍線部②「むしろこう考えた方がよいのではないだろうか」とありますが、「こう」の内容としてもっとも適切なものを、次のア～エの中から一つ選び、記号で答えなさい。
ア　人間は他の生き物に較べ、非常に弱い存在として誕生したということ。
イ　人間は知性によってつくりだされた、キリスト教的精神の産物であるということ。
ウ　筆者は人間中心主義的な思想が人間をつくりだしたと考えているということ。
エ　筆者は人間が知性によってつくられた説に疑問を持っているということ。

問四　傍線部③「『多様な関係』」として誤っているものを、次のア～エの中から一つ選び、記号で答えなさい。
ア　長い棒で木の実を取る。
イ　道具を使って魚を捕る。
ウ　道具を用い他の人間と関係をつくる。
エ　弱い生き物が強い生き物の餌食《えじき》となる。

問五　傍線部④「コミュニティを形成することの重要さ」を筆者はどのように考えていますか。四十字以内で説明しなさい。

問六　傍線部⑤「復興」とありますが、「復興」を筆者はどうあるべきだと考えていますか。もっとも適切なものを、次のア～エの中から一

え隠《かく》れしている。このような発想が人間は知性があるがゆえに人間になったという考えを生み出したのではないだろうか。もちろんその前提には、※キリスト教的精神がもたらした人間のとらえ方があったのだが。

私は知性が人間をつくりだしたという通俗《つうぞく》的な説に、以前から疑いをもっていた。

②むしろこう考えた方がよいのではないだろうか。人間はこの世界に、きわめて弱い生き物として生まれた。考えてみれば走力も腕力《わんりょく》も、かみつく力も、木登りの能力もたいしたことはないのである。水泳は練習すればできるが、泳ぎながら獲物《えもの》をとってくるほどの力はない。そればかりか消化力も弱く、牛は草さえあれば草を消化しきってあの大きな体をつくりだすことができるが、人間にはそこまでの消化力はない。雪の山の中でも暮らせるほどには寒さにも強くないし、暑さにもまた強いとはいえない。そのうえバクテリアやウイルスにも弱いから、腐《くさ》りかけた肉を食べても平気でいる動物たちとは較《くら》べようもない。

こんな風に考えていくと、人間はかなり弱い生き物なのである。もちろん生物の世界には、他にも弱い生き物はいる。たとえばミジンコは次々に魚の餌《えさ》にされているし、哺乳類《ほにゅうるい》でもネズミなどは強い生き物とはいえない。ところがこのような弱い生き物たちは強力な繁殖《はんしょく》力をもっているから、種《しゅ》の維持《いじ》にはぬかりがないのである。ところが人間には、それほどまでの繁殖力もない。

とすると、この弱くて繁殖力もさほどではない人間は、どうやって生き延びようとしたのだろうか。それは③「多様な関係」をつくりだすことによって、である。自然とも多様な関係をつくる。人間同士のあいだでも多様な関係をつくる。そのことが人間を人間たらしめた。

しかも関係をつくりだすためには、ときに道具が必要になった。猿《さる》なら木の実をとるには登っていけば簡単である。ところが人間にはそれほどの能力はないから、木の実をとるには長い棒があった方がいい。魚を捕《と》るにも何らかの道具があった方がいいし、火をたくには木を切ったり割ったりする道具をもった方がいいのである。つまり、人間は道具をもつことによって、自然との間に多様な関係を築いた。自然や他の人々と多様な関係を築かなければならなかった人間が、関係をつくるために道具をもち、それが次第に文明を築かせていった。

いま私はこのように考えているが、もしもこの仮説が正しいとするなら、多様な関係をつくることは人間の本質に属することであって、関係をもたなくなることは人間の自己否定だということになる。

［Ⅰ］今日《こんにち》では、④コミュニティを形成することの重要さが、さまざまなところで語られている。孤立《こりつ》した人間の問題が多くの人たちによって意識され、コミュニティの再建や創造といった言葉は、いまでは社会の共通目標を示す言葉になっている。

だが、ここでも私はひとつの疑いをもっている。今日の一般的《いっぱんてき》なコミュニティ論は、コミュニティが失われていろいろな問題が起きているから、それらの問題に対応するにはコミュニティが必要だというものである。ここではコミュニティは社会の道具、手段として位置づけられている。しかし、それでよいのだろうか。関係を結びながら自らを作り出していく行為《こうい》は、人間の本質に属することであって、この本質を失ったとき人間は自らを破壊《はかい》し始めると考えた方がよいのではないだろうか。

もしもそうだとするなら、⑤復興は「関係の再創造」としてとらえなければならないだろう。コミュニティの再建、再創造こそが復興なので

【国　語】（五〇分）〈満点：一〇〇点〉

【注意】一　特別な指示がない限り、句読点、記号はすべて一字とします。
二　携帯《けいたい》電話、電卓《でんたく》、計算機能付き時計など、電子機器類を使用してはいけません。

【一】次の問いに答えなさい。

問一　次の①～⑩の傍線部《ぼうせんぶ》のカタカナは漢字に、漢字は読みをひらがなで書きなさい。

① このハンカチは花柄《はながら》の**モヨウ**だ。
② 集団生活では**キリツ**を守ろう。
③ 列車が**テイコク**どおりに到着《とうちゃく》する。
④ 理科の授業で**ジシャク**を使った実験をする。
⑤ 無人**タンサ**機が月に向かった。
⑥ オリンピックの**セイカ**台。
⑦ ピアノの**エンソウ**会。
⑧ 朝の**散策**は気持ちがいい。
⑨ **簡便**な方法を知っています。
⑩ ここは土足**厳禁**です。

問二　次の□にあてはまる漢字一字を書き、対義語の組み合わせを完成させなさい。

① 往信 ↔ □信　② 当然 ↔ □外
③ 解任 ↔ 任□　④ 主観 ↔ □観
⑤ 整然 ↔ □然

問三　次の①～⑤の四字熟語の意味を、あとのア～オの中からそれぞれ一つずつ選び、記号で答えなさい。

① 付和雷同《ふわらいどう》　② 山紫水明《さんしすいめい》　③ 千載一遇《せんざいいちぐう》　④ 竜頭蛇尾《りゅうとうだび》
⑤ 首尾一貫《しゅびいっかん》

ア 二度と出会うことがないだろうと思われる、またとない絶好の機会。
イ 方針や態度が、始めから終わりまで変わらないでつらぬかれている様子。
ウ 山や川の景色が、この上もなく美しいことのたとえ。
エ 自分にしっかりした考えがなく、他人の意見や行動に軽々しく同調すること。
オ 最初は勢いがよいが、終わりはまったく勢いがなくなること。

【二】次の文章を読んで、あとの問いに答えなさい。

以前から私にはひとつの疑問があった。それは①人間はいかにして誕生したのかという問いへの答えについてなのだけれど、通説では人間には知性があり、知性があるがゆえに道具や文明をつくる動物＝人間になったということになっている。

だがこの説はどうもあやしい。それは人間を生物界の頂点におき、他の生物は人間よりおとっているという※与件《よけん》の上につくられているような気がする。本当はすべての生物は平等であり、すべての生物が自分たちの生きる方法を知っているというだけのはずなのに、前提的に人間が特別な地位を獲得《かくとく》している。つまり、ここには人間中心主義的な思想があり、その人間の本質を知性の存在に置く、※デカルト主義的な発想が見

【英　語】（50分）　＜満点：100点＞　**※リスニングテストの音声は学校HPにアクセスの上，音声データをダウンロードしてご利用ください。**

【注意】 携帯《けいたい》電話，電卓《でんたく》，計算機能付き時計など電子機器類を使用してはいけません。

［リスニング問題］

❖ 問題は，第１問，第２問の２つです。放送の指示に従って，解答してください。

❖ 放送中，問題用紙の余白にメモをとってもかまいません。

❖ リスニング問題の途中《とちゅう》で，監督《かんとく》者に質問をしたり，声を出したりしてはいけません。

第１問　第１問は，＜映像を伴《ともな》う問題＞です。前方のスクリーンを見ながら音声を聞き，その指示に従って解答してください。問題は，A）～D）の４つのパート（部分）に分かれています。

A）　前方のスクリーンに映し出される絵を見て，読まれた単語にあてはまる絵を選び，番号で答えてください。単語はそれぞれ２度読まれます。この問題に，例題はありません。

No.1　No.2　No.3　No.4　No.5

No.6　No.7　No.8　No.9　No.10

B）　前方のスクリーンに，４つの絵を同時に映します。その後に読まれる英文と関係のあるものを選び，番号で答えてください。映像と音声はそれぞれ２度くり返されます。

【例題】（スクリーンを見て確認してください。）

No.1　1　2　3　4

No.2　1　2　3　4

No.3　1　2　3　4

No.4　1　2　3　4

No.5　1　2　3　4

C）　前方のスクリーンに１～４の絵が映し出され，それぞれに合わせて音声が流れます。その絵と音声の内容が**異なっているもの**を選び，番号で答えてください。映像と音声はそれぞれ２度くり返されます。

【例題】（スクリーンを見て確認しください。）

No.1　1　2　3　4

No.2　1　2　3　4

No.3　1　2　3　4

D）　前方のスクリーンに映る絵を参考にしながら対話を聞き，最後の受け答えとして最も当てはまるものを，その後に読まれる１～４の中から選び，番号で答えてください。映像と会話はそれぞれ２度くり返されます。

【例題】（スクリーンを見て確認してください。）

No.1　1　2　3　4

No.2　1　2　3　4

No.3　1　2　3　4

No.4　1　2　3　4

第２問　第２問は，＜映像を伴《ともな》わない問題＞です。問題は，A）～D）の４つのパート（部分）に分かれています。この問題以降，例題はありません。

A）　これから読まれる単語を聞き，その単語をそれぞれ下の１～４の中から選び，番号で答えてください。単語はそれぞれ２度読まれます。

No.1　1　hat　2　hot　3　hard　4　heart

No.2　1　map　2　mop　3　man　4　men

No.3　1　ring　2　long　3　king　4　sing

No.4　1　work　2　walk　3　wind　4　wolf

B）　これから，いくつか英文が流れます。それに関連する単語を語群から選び，その単語を答えてください。英文はそれぞれ２度読まれます。

No.1

語群　rainbow, sun, cloud

No.2

語群　tongue, throat, teeth

No.3

語群　post office, bank, museum

C）　これから読まれる英文を聞き，その内容から連想されるものや状況《じょうきょう》を表す絵などを，それぞれ下の１～４の中から選び，番号で答えてください。英文はそれぞれ２度読まれます。

No.1

1

2

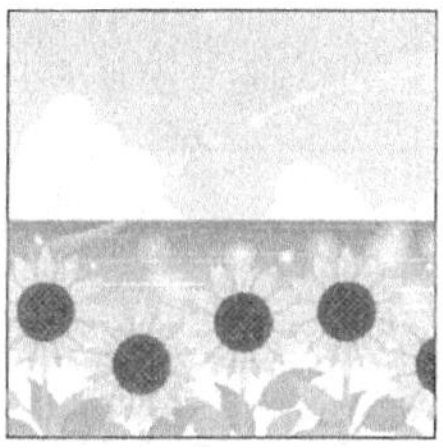

3

4

No.2

1

2

3

4

No.3

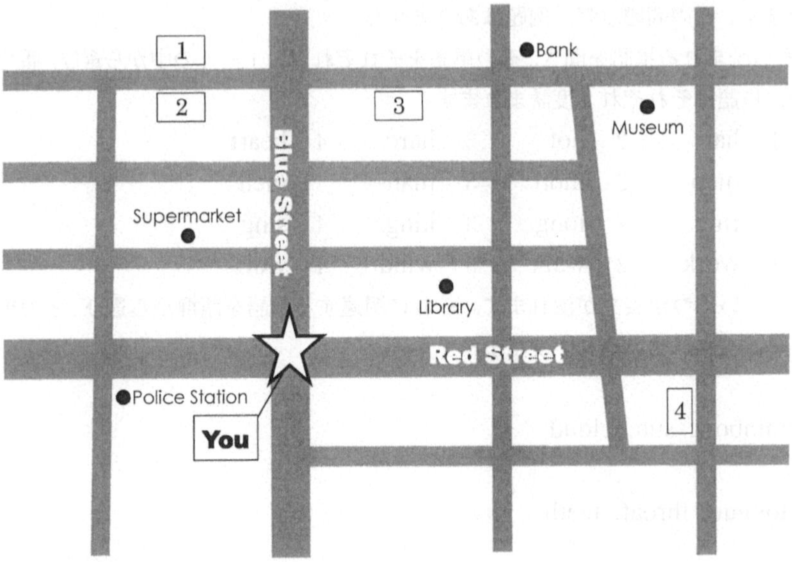

No.4

1

2

3

4

D）　英文と質問を聞き，その答えとして最も適当なものを，さらにその後に読まれる選択肢《たくし》 1 ～ 4 の中から選び，番号で答えてください。英文と質問，選択肢《たくし》は，それぞれとおして 2 度読まれます。

No.1	1	2	3	4
No.2	1	2	3	4
No.3	1	2	3	4

これで，リスニング問題は終わりです。

［ライティング問題］

❖ 問題は，第３問・第４問・第５問の３つです。

第３問　第３問は，A）～C）の３つのパート（部分）に分かれています。

A）指定された語から始め，指定された語で終わるように，２つ以上の単語で英語のしりとりを完成させてください。ただし，単語と単語の間はコンマ（,）でつなぎ，同じ単語は１度しか使えません。

【例題】（始め） school ⇒ (leg, green, nice, egg, good) ⇒ dog（終わり）

※このほかに，left, teacher, red などでもよい。

No.1　（始め） book　⇒ (　　　　　　　　　　　　) ⇒ time　（終わり）

No.2　（始め） friend　⇒ (　　　　　　　　　　　　) ⇒ dream（終わり）

No.3　（始め） love　⇒ (　　　　　　　　　　　　) ⇒ soccer（終わり）

B）次はある単語を説明しています。それぞれ何を説明しているか，英語で答えてください。

【例題】 the language used in Britain, the US, Australia, and some other countries

⇒ English

No.1　the season after autumn and before spring

No.2　the day between Wednesday and Friday

No.3　the eighth month of the year, between July and September

C）２人の会話が成立するように，(　) を英語で埋《う》めてください。語数は問いません。

【例題】

Noah:　Good morning, Mom.

Mother: Good morning.　Breakfast is ready for you.

Noah:　Thanks.　(**What is today's breakfast?**)

No.1

Tom:　These watermelons are on sale, Mom.　They're only $5.

Mother: OK, (　　　　　)

No.2

Steve:　When is the math test, John?

John:　(　　　　　)　Let's ask the teacher.

No.3

Kathy:　I like this spaghetti.

Father:　Good.　(　　　　　)

Kathy:　No, thanks, Dad.　I'm full.

No.4

Mother: Ted, I can't take you to your piano lesson today.

Ted:　(　　　　　)

Mother: I have to meet Grandma at the airport.

第４問 第４問は，A）～B）の２つのパート（部分）に分かれています。

A）英文を読んで，以下の問題に日本語で答えてください。

No.1

Alex has football practice every day. It usually starts at three thirty, but today it started at four. Practice will end at six thirty, so Alex will get home by seven.

問題）アレックスの今日の練習時間を答えてください。

No.2

I went to the teachers' room at lunchtime because I wanted to talk to my English teacher. But she wasn't there. I'll go again after school.

問題）男の子がどのような状況《じょうきょう》か説明してください。

No.3

It was my mother's birthday yesterday. I forgot to buy a present or a card, so I washed the dishes for her after dinner.

問題）男の子はなぜ皿洗いをしたのですか。

B）広告を読んで，以下の問題に英語で答えてください。

City Library will send books to children.

We need 10 volunteers.

Volunteers will

- carry books to the hall. (1st day)
- put books into boxes. (2nd day)
- carry boxes to the outside. (2nd day)
- get free lunch. (1st day, 2nd day)

DATE : November 15th (Sat.), 16th (Sun.)
TIME : 9:30 a.m. to 2 p.m.
◆ Volunteers must come by 9:30 a.m.

No.1 What will the volunteers do on November 15th?

No.2 What will the volunteers have to do on both days?

第５問 英文で簡単な自己紹介をしてください。語数は問いません。

2021年度

千葉明徳中学校入試問題（適性検査型）

【適性検査Ⅰ】（75ページから始まります。）
【適性検査Ⅱ】（45分）　＜満点：100点＞
【注意】 携帯《けいたい》電話，電卓《でんたく》，計算機能付き時計など電子機器類を使用してはいけません。

1 明人《あきひと》くんと徳子《のりこ》さんは動物の年齢《ねんれい》について話しています。次の会話文を読み，あとの問いに答えなさい。**なお，解答用紙に答えだけでなく，文章や式，図などを用いて考え方も書きなさい。**

明人：先日，ネットニュースでこのような記事を見つけたよ。

【７年は誤り？　犬の年齢の新しい計算式を開発】

徳子：動物の年齢が，人間でいうと何歳《さい》くらいなのかという話ね。私もネコを飼っているから気になるわ。

明人：うん，他にもテレビで見た番組では，中国に帰ることになった Ⅰ パンダが人間の年齢では78歳と紹介されていたよ。僕《ぼく》は，こうしたことから動物の年齢はどうやって計算されているのかについて興味をもったんだ。

徳子：難しそうだけど，人間の平均寿命《じゅみょう》とその動物の平均寿命を比べるだけではないのかな。

明人：寿命ももちろん大切なのだけど，動物によって大人《おとな》になっていくスピードが違うから，歳《とし》のとり方がバラバラみたいなんだ。今回は，ペットでよく飼われている犬，ネコとニュースで報道されていたパンダについて調べてきたよ。

動物	歳のとり方の特徴
犬	2 歳で人間の 19 歳分 2 歳以降は 1 年間に人間の 7 歳分
ネコ	1 歳で人間の 18 歳分 2 歳で人間の 24 歳分 2 歳以降は 1 年間に人間の 3 歳分
パンダ	5 歳までは 1 年間に人間の 3 歳分 5 歳以降は 1 年間に人間の 9 歳分

明人くんが調べた動物の年齢換算《かんさん》表

徳子：本当だ。動物によっていろいろな特徴《とくちょう》があるのね。数字だけではわかりづらいから，Ⅱ グラフ（次のページ）にして見やすくしてみましょう。

明人：グラフ化すると興味深いね。仮《かり》に，犬・ネコ・パンダがいま同時に生まれたとしたら，７年後もっとも歳をとっているのは（　①　）だね。

徳子：人間の年齢に換算《かんさん》したときのネコとパンダの年齢が同じになるのは，（　ア　）年後ね。

明人：仮に，犬・ネコ・パンダがいま同時に生まれたとしたら，僕たち12歳の小学生がすべての動物に年齢で追い抜《ぬ》かれるのはいつだろうか。

徳子：今から（　イ　）年後ね。グラフを見ればすぐにわかって便利ね。

明人：うん。でも実際の年齢の換算は，自立をする年齢や出産をする年齢など何を基準にするかによってや老化スピード，同じ動物でも野生なのかペットまたは動物園で飼育されているのかなども年齢の計算に関係しているみたい。

徳子：そうなのね。例えばネコといってもいろいろな種類があるし，動物の年齢を人間の年齢にはっきりと置き換《か》えることは，難しいのね。

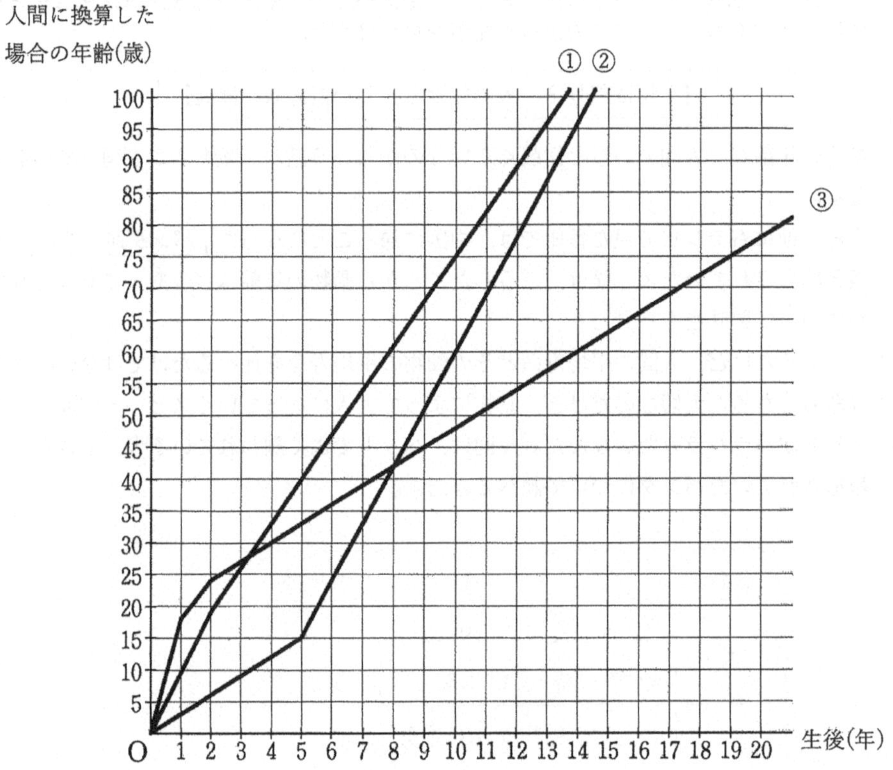

徳子さんがまとめたグラフ

(1)　下線部Ⅰのパンダについて，明人君が調べた動物の年齢換算表をもとにすると，何年間生きていたといえますか。

(2)　下線部Ⅱについて，グラフの①，②，③がそれぞれどの動物の歳のとり方を表しているか答えなさい。

(3)　（ア），（イ）にあてはまる数を求めなさい。

(4)　犬，ネコ，パンダの寿命について，ネコとパンダの寿命がそれぞれ生後12年だとします。寿命を人間に換算した年齢で考えたとき，犬の寿命が，ネコの寿命以上でパンダの寿命以下のとき，犬の寿命は何歳以上何歳以下か答えなさい。ただし，人間に換算した年齢で答えること。

2　野球少年の一朗《いちろう》くんと三郎《さぶろう》くんの会話を読んであとの問いに答えなさい。ただし，人やボールの大きさ，空気抵抗《ていこう》による影響《えいきょう》は考えないものとする。

一朗：久しぶりだね。学校が休みの間はちゃんとトレーニングできてた？

三郎：全然できなかったよ。なかなか外に出る時間が作れなくて。キャッチボールすら満足にできなかったな。まさか1人でキャッチボールができるわけないし。

一朗：三郎，あきらめる前に挑戦《ちょうせん》したのか？　「どうせ無理」は三郎の悪いクセだぞ。

三郎：え，でもどうやって……？

一朗：ボールを持っていた手を静かに離《はな》すと，持っていたボールはどうなる？

三郎：真下に落ちる。

一朗：そう。これは地球がボールを地球の中心に向かって引っ張っているからなんだ。この力を重力といって，［N《ニュートン》］という単位で表すんだ。地表付近では質量［kg］の約10倍の大きさの力がかかっている。

三郎：ということは，ボールが約144ｇだから重力は1440Nということだね。

一朗：ふふっ。そのまま計算したな？　よくやる間違《まちが》いなんだけど，［ｇ］を［kg］に直してから計算しないとダメなんだ。

三郎：なるほど。ということはボール1個の重力は（　A　）［N］ということだね。

一朗：そうだな。ちなみにこれは余談だけど，I 月面上では重力の大きさは地球上での重力の大きさの約6分の1倍になるんだ。テレビの映像で，宇宙飛行士が月面上でジャンプしている様子を見たことがあるだろ？　空中に浮《う》いている時間が長いのは，月が人を引っ張る力が地球に比べて弱いからなんだ。決して宇宙飛行士自身が軽くなったわけではないぞ。

三郎：へぇ。

一朗：話を戻《もど》そう。今度は，ボールを地面に対して水平な方向に向かって投げてみよう。ボールはまっすぐ進みながらも地球に引っ張られていくから，図1のような軌道《きどう》を描く。でも実際には，地球は球体だから図2のようになっているんだ。ボールの速度［m/秒］を速くすればするほど遠くまで届くわけだから……。

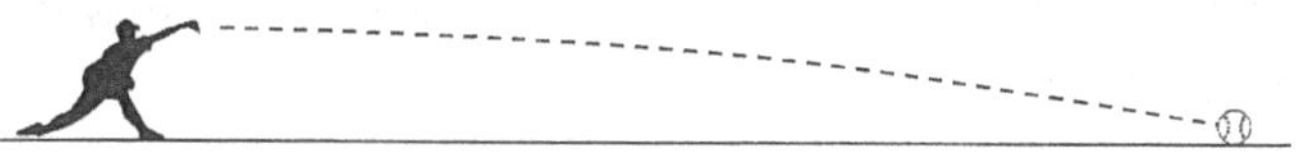

図 1

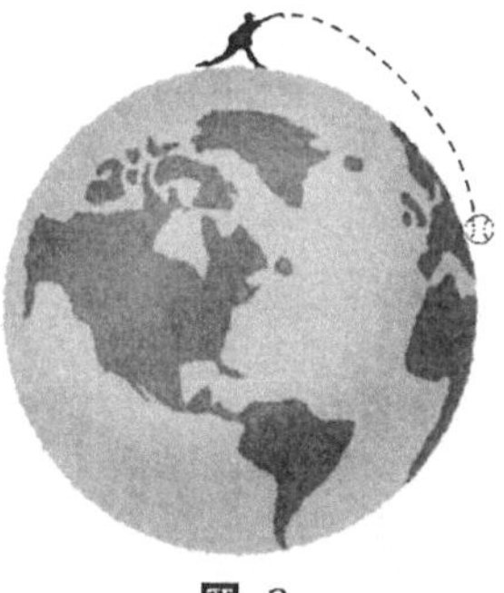

図 2

三郎：そうか！　いつか地球を１周して自分のところに戻ってくるわけだ！　すごい！“１人キャッチボール”の完成だ！

一朗：ここからは，①「どうして地面に落ちずに地球を１周できるのか」と，②「そのためにはどれくらいの速度でボールを投げればいいのか」を考えよう。

三郎：①の答えは何となく想像できるな。Ⅱボールにはたらく遠心力と重力の大きさが等しくなるからボールが地面に落ちなくなるんじゃないかな。

一朗：その通り。遠心力というのは，物体が円軌道の中心とは反対方向に感じる力のことだ。公園の回転ジャングルジムや遊園地のコーヒーカップで遊んでいるときを思い出してみるとわかりやすいかな。

三郎：回転の速さが速くなればなるほど遠心力も大きくなるよね。

一朗：遠心力の大きさは次の式で求めることができる。

$$\text{遠心力［N］} = \frac{\text{質量［kg］×物体の速さ［m/秒］×物体の速さ［m/秒］}}{\text{円軌道の半径［m］}}$$

三郎：さっきボールにはたらく重力の大きさは求めたから，それとこの式を使えば②の答えも出せるのか。

一朗：地球の半径は約6400km（＝6400000m）だったな。

三郎：Ⅲということはボールの速さは（　B　）［m/秒］と求まるね。

一朗：素晴《すば》らしい。よくここまでたどり着いた。ちなみに普段《ふだん》オレたちが投げているボールがせいぜい144km／時だとして，単位をなおすと（　C　）［m/秒］になるな。

三郎：桁《けた》が２つも違う！　やっぱり１人でキャッチボールなんて無理なんだ……。

一朗：１人キャッチボールは無理でも可能性を追求することはできる。そうやって人類は進歩していくんだ。現に，地球の周りには人間が投げたたくさんの“ボール”が回っているだろ？

三郎：あっ，（　D　）のことか！　でも（　D　）ってボールに比べてとてつもなく重たいよね。そしたら重力が大きくなるから，その分回る速さをもっと速くしないといけなくない？

一朗：お，いいところに気が付《つ》いたね。三郎が言うように重力は大きくなるんだけど，遠心力も同じように大きくなるよね。だから実は，質量は回る速さに全く影響を与《あた》えないんだ。回る速さは，円軌道の半径によって決まるんだ。

三郎：へぇ！　Ⅳ帰ったら（　D　）についてもっと調べてみよう。

(1)　文章中の空欄《くうらん》（A）にあてはまる数字を答えなさい。

(2)　文章中の下線部Ⅰについて，地球上でばねばかりに吊《つ》るすと60ｇを示す物体Xを月面上に持ち込《こ》んだとき，月面上でのばねばかりと上皿てんびんの様子として正しいものを次のア～エから選び，記号で答えなさい。

ア

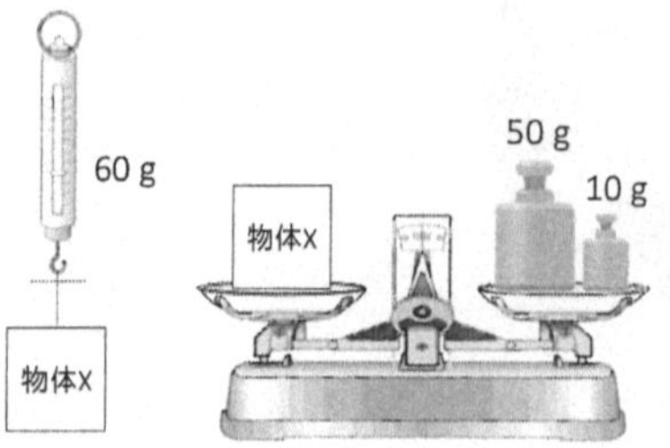

イ

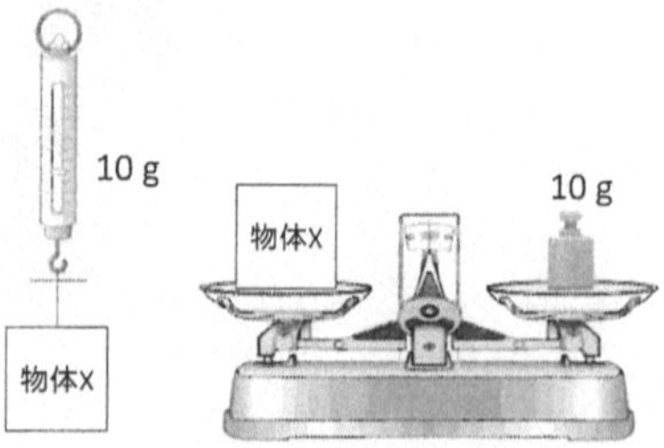

ウ

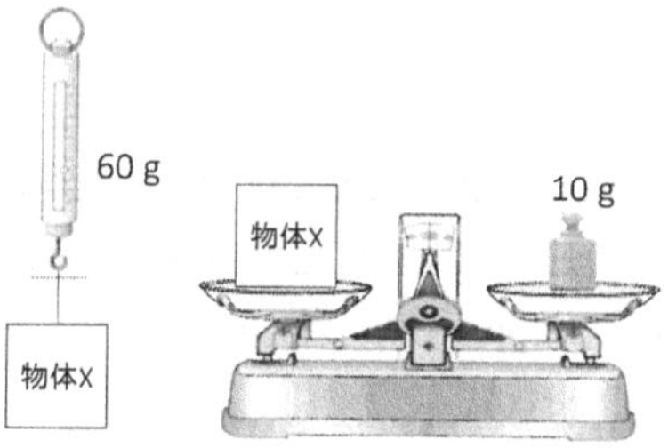

エ

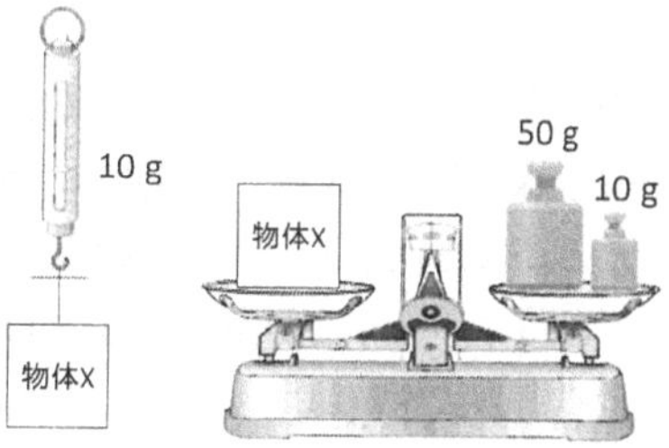

⑶　文章中の下線部Ⅱについて，地球上を回るボールにはたらく重力および遠心力の向きと大きさを正しく表しているものを次のア～カから選び，記号で答えなさい。ただし，矢印の長さは力の大きさを表し，矢印の向きは力の大きさを表すものとする。

ア

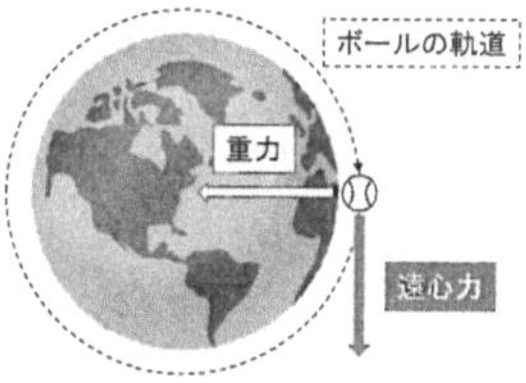

イ

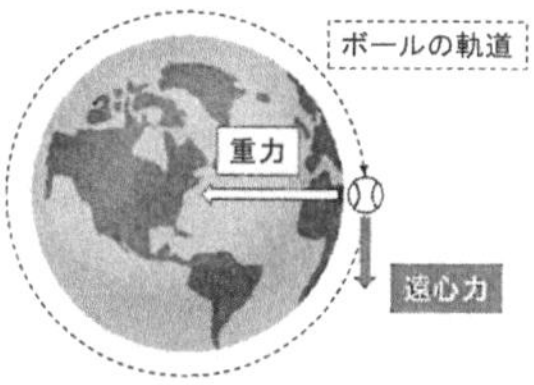

ウ

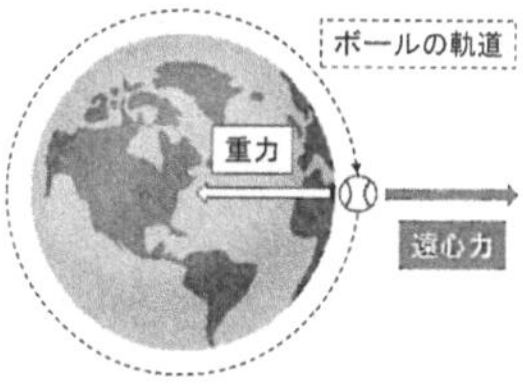

エ

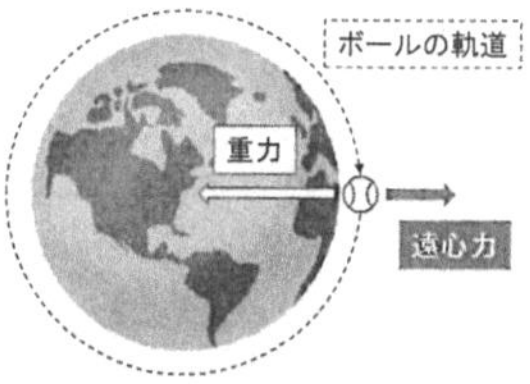

オ

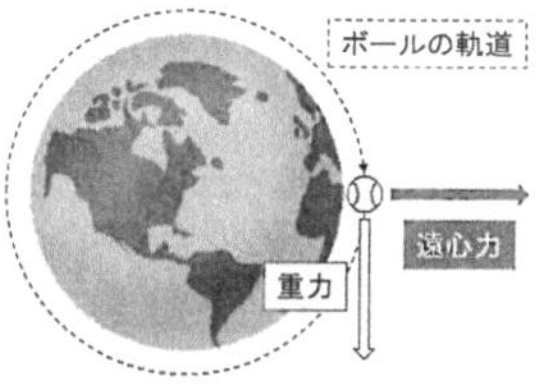

カ

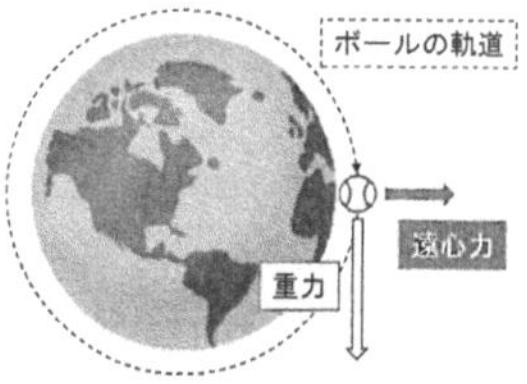

⑷　文章中の下線部Ⅲについて，以下の図は三郎くんの計算メモの一部である。これを参考に，空欄（B）にあてはまる数字を求めなさい。

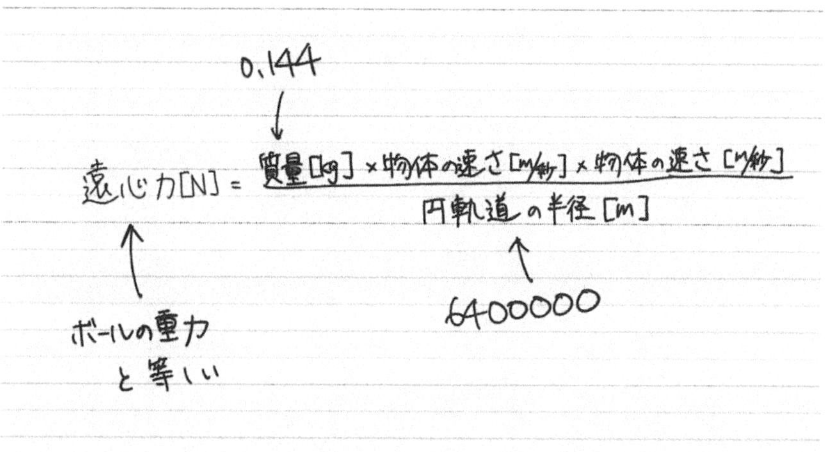

⑸　文章中の空欄（C）にあてはまる数字を答えなさい。ただし，「144km／時」は時速144kmを表している。

⑹　文章中の空欄（D）にあてはまる語句を答えなさい。

⑺　文章中の下線部Ⅳについて，（D）は，実際には地球の表面付近ではなく，地球から数百～数万km離れたところを回っている。このとき，（D）の速さは地表付近での速さ（B）［m./秒］と比べて遅《おそ》くなっている。この事実から，（D）にはたらく重力は地表付近と比べてどのように変化するか。遠心力の式を用いて，理由とともに説明しなさい。

【適性検査Ⅲ】 本校会場（45分）　＜満点：100点＞　※[1]～[3]
市川会場（30分）　＜満点：100点＞　※[1]・[2]

【注意】 携帯《けいたい》電話，電卓《でんたく》，計算機能付き時計など電子機器類を使用してはいけません。

[1] 小学6年生の徳男《のりお》くんは，担任の先生とGPS（地球測位システム）について話をしています。次の会話文を読み，あとの問いに答えなさい。

徳男：昨日，父と買い物に行き，道に迷ってしまいました。そのとき，父が携帯電話でGPS機能を使っていたのですが，GPSとは何ですか。

先生：GPSというのは，地図と組み合わせて現在位置を知るために利用されるものです。

徳男：すごいですね。どのような仕組みで現在位置がわかるのですか。

先生：そうですね。まずは難しいので，簡単に平面で説明しましょう。
次の図のように，I 平面上に10kmはなれた2点A，Bがあるとき，点Aから7km，点Bから5kmはなれた地点Cはどこにありますか。

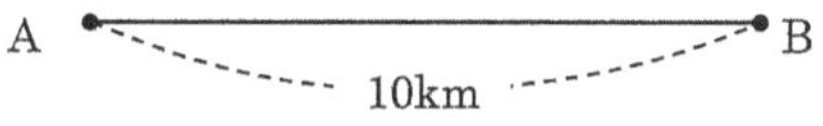

図

徳男：うーん，難しいですね。

先生：ある点を決めたとき，その点から等しい距離《きょり》にある点の集まりはどういう形をしていますか。

徳男：円になりますね。

先生：正解です。点Aと点Bを中心として，それぞれ半径7kmと半径5kmの円をかきます。

徳男：先生，そうすると交点が（　ア　）点できてしまいます。

先生：そうですね。そこに他の情報を加えれば，地点Cを1点に定めることができます。ここまででわかることは，求めたい地点との距離がわかっている点が複数あれば，求めたい地点がわかるということです。

徳男：なるほど。おもしろいですね。

先生：では，平面ではなく，実際に私たちが生活している空間の世界で説明をしていきます。現在，地球の周りには人工衛星がたくさん回っています。GPS機能では，その人工衛星から自分までの距離を利用して，現在位置を求めています。ある空間上に点があるとき，その点から等しい距離にある点の集まりはどういう形をしていますか。

徳男：（　イ　）でしょうか。

先生：そうです。衛星Aと衛星Bがあったとします。その2つの衛星を中心としてそれぞれ（　イ　）をつくります。その2つの（　イ　）が交わる箇所《かしょ》の形はどうなると思いますか。ただし，その2つの（　イ　）同士は複数の点で交わるとしますよ。

徳男：うーん，（　ウ　）ではないかと思います。

先生：素晴《すば》らしい，正解です。ここでさらに，2つの衛星から3つの衛星で考えてみよう。3つ目の衛星が（　ウ　）と複数の点で交わるように考えると，その3つの（　イ　）の交点は（　エ　）点までしぼれます。また，地球上にいるというデータを加えれば1つに定めることができます。つまり，Ⅱ３つの人工衛星を利用すれば現在位置がわかります。

徳男：ところで，自分と人工衛星までの距離はどうやったらわかるのですか。

先生：まずは，携帯電話などの受信機から人工衛星に指令を出します。すると，人工衛星から「衛星の位置」と「人工衛星が電波を発信した時刻」が送られてきます。これにより，Ⅲ人工衛星が電波を発信した時刻と受信機が電波を受信した時刻から，受信機と人工衛星までの距離が計算できます。

徳男：電波の速さはどれくらいですか。

先生：光の速さと同じです。光は１秒間に地球を７周半回ります。ちなみに地球は１周40000㎞です。

徳男：そうすると，電波の速さは秒速（　オ　）ｍですね。

先生：そうですね。これらを整理すると，３つの人工衛星それぞれにおいて，衛星から自分までの距離と衛星の位置から，地球上での現在位置を計算することができます。地球上で位置を知るためには，緯度《いど》と（　カ　）と高度の３つのことがわかればよいです。受信機は，Ⅳその３つを文字として置き，方程式《ほうていしき》を立てて答えを求めます。

徳男：GPS機能の仕組みって興味深いですね。

先生：そうですね。GPS機能はもともと軍事目的のためのものでしたが，現在は，我々《われわれ》の生活の一部となり平和に利用されています。科学は平和を根底として進歩していくことが大事ですね。

徳男：先生，色々とありがとうございました。

先生：また質問にきてください。いつでも歓迎《かんげい》しますよ。

(1)　文章中の（ア），（エ），（オ）にあてはまる数を答えなさい。

(2)　文章中の（イ），（ウ），（カ）にあてはまる語句を答えなさい。

(3)　下線部Ⅰについて，２点Ａ，Ｂの距離が13㎞であるとき，点Ａから７㎞，点Ｂから５㎞はなれた地点Ｃを見つけることはできません。その理由を説明しなさい。

(4)　下線部Ⅲについて，人工衛星が電波を発信した時刻と受信機が電波を受信した時刻が次のようであるとき，人工衛星と受信機の距離は何㎞ですか。

発信時刻：2020年12月31日18時12分52.2036秒

受信時刻：2020年12月31日18時12分52.205秒

(5)　下線部Ⅱについて，３つの人工衛星を利用すれば現在位置を求めることができますが，実際は人工衛星に搭載《とうさい》されている時計と受信機に搭載されている時計にはごくわずかな誤差があるので，その誤差を修正するために，４つ以上の人工衛星が必要になります。ごくわずかな誤差があってもならない理由を説明しなさい。

(6)　下線部Ⅳについて，方程式というのは，未知数を文字 x などを用いて $x+3=5$ などのように表したものです。このとき，x にあてはまる数は２となります。

(i)　次の方程式において，y にあてはまる数を求めなさい。

$2\times y+5=21$

(ii)　次の方程式において，x，y にあてはまる数の組を１つ求めなさい。

$3\times x+2\times y=21$

2 明人《あきひと》くんと徳子《のりこ》さんは，SDGs（エスディージーズ）について話し合っています。

明人：最近，新聞やテレビなどで「SDGs（Sustainable Development Goals：持続可能な開発目標）という言葉をよく聞くようになったよ。

徳子：2015年９月に国際連合で開かれたサミットの中で決められた国際社会共通の目標のことね。17の目標と，それを達成するための具体的な169のターゲットから構成されているんだよね。

明人：誰《だれ》一人取り残さないことを考えているところがすごいよね。僕《ぼく》は目標13「気候変動に具体的な対策を」が気になっているんだ。

徳子：気候変動に関係するニュースをよく聞くようになったものね。

明人：僕はⅠ地球温暖化の防止に興味があって，温室効果ガスの削減《さくげん》が必要だと考えているんだ。特に大気中の二酸化炭素の濃度《のうど》を増加させないような生活を考えていきたいよ。理科の授業では，植物は光合成により大気中の二酸化炭素を吸収して，酸素を発生させながら炭素を蓄《たくわ》えて成長することを学んだよね。僕のクラスでは木《こ》の葉の光合成について実験をしたんだ。

明人は木の葉の光合成について調べるために，以下の実験を行いました。

【実験】

① 二酸化炭素を入れた試験管に，アルミはくで一部をおおった木の葉を入れてゴム栓《せん》をした。
② その試験管に十分に太陽の光（以下，日光とする）をあてた。
③ 葉を取り出して試験管に石灰水を加えてよく振《ふ》り，Ⅱ石灰水の変化を観察した。
④ 試験管から取り出した葉をお湯につけてあたため，エタノールにつけた。
⑤ エタノールにつけた葉を水洗いし，Ⅲヨウ素液にひたした。

⑴ 下線部Ⅰの影響《えいきょう》ではないと考えられるものはどれですか。以下のＡ～Ｄより適当なものを１つ選び，記号で答えなさい。

Ａ：国土の減少　　　　　　　　Ｂ：サクラの開花が早くなる
Ｃ：ライチョウの生息域減少　　Ｄ：液状化現象

⑵ 下線部Ⅰの防止のために，私たちができることを１つ答えなさい。

⑶ 下線部Ⅱについて，日光を当てた時間と石灰水の変化はどのような関係になると考えられますか。

⑷ 下線部Ⅲについて，以下の文章中の（ア）と（イ）に当てはまる適当な語を答えなさい。

十分に日光に当てた葉を利用した実験を行った結果，アルミはくで一部をおおわなかった葉の部分は（　ア　）色に染まった。これは，光合成により二酸化炭素を吸収して（　イ　）という物質として炭素を体内に蓄えた結果である。

徳子：実験をしてみると木の葉が本当に光合成をして大気中の二酸化炭素を体内に蓄えていることを実感できるよね。ところで，Ⅳ本当に植物は光合成で二酸化炭素を吸収したのかな。日光にあたって二酸化炭素が別の物に変化したかもしれないよね。

明人：光合成ってそういうものだと考えていたから，実験結果を疑うことはなかったよ。

⑸ 下線部Ⅳの徳子さんの質問に答えるために，明人くんはどのような実験をすればよいですか。次のページのＡ～Ｄより適当なものを１つ選び，記号で答えなさい。

Ａ：酸素を入れた試験管に木の葉を入れてゴム栓をして，十分に日光をあて，葉を取り出して試験管に石灰水を加えてよく振《ふ》り，石灰水の変化を観察した。

Ｂ：酸素を入れた試験管にゴム栓をして，十分に日光をあて，試験管に石灰水を加えてよく振り，石灰水の変化を観察した。

Ｃ：二酸化炭素を入れた試験管に木の葉を入れてゴム栓をして，アルミはくで試験管をおおって日光があたらないようにし，葉を取り出して試験管に石灰水を加えてよく振り，石灰水の変化を観察した。

Ｄ：二酸化炭素を入れた試験管にゴム栓をして，十分に日光をあて，試験管に石灰水を加えてよく振り，石灰水の変化を観察した。

徳子：実験結果から結論を導くときは本当にそう言えるのかをよく考える必要があるよね。

明人：そうだよね。勉強になるよ。

徳子：植物の光合成と二酸化炭素の関係はよくわかったわ。地球規模でみた二酸化炭素濃度の増減はどうなっているのかな。

明人：図１を見てごらん。これは気象庁のサイトで調べた二酸化炭素の各年の変化（以下，経年《けいねん》変化《へんか》とする）とⅣ一年のうちで周期的に二酸化炭素濃度が高くなる季節と低くなる季節（以下，季節変動とする）を示した図なんだ。

徳子：この図を見ると，二酸化炭素濃度は年々増加していることがわかるね。

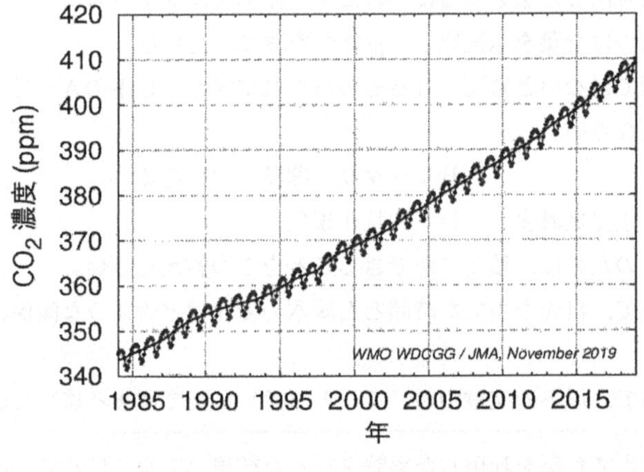

図１　二酸化炭素濃度の経年変化と季節変動（気象庁サイトより）

明人：その原因として，化石燃料の消費や森林破壊《しんりんはかい》が考えられているんだ。それに，このデータを緯《い》度帯30度毎《ごと》の地域別で見ると，またちょっと違《ちが》うことが見えてくるんだ。

徳子：わたしたちの住んでいる日本の二酸化炭素濃度の経年変化は30N－60Nのところを見ればいいかな。

明人：Ｖ同じ緯度の60Ｓ－30Ｓよりも二酸化炭素濃度は高く，季節変動の幅《はば》も大きくなっているね。

徳子：二酸化炭素濃度の季節変動をよく見ると北半球と南半球では逆の動きをしているね。これは，北半球と南半球では季節が逆だからと考えられるね。

明人：人が住んでいる場所と季節によって二酸化炭素濃度の変化は大きく変わるんだね。

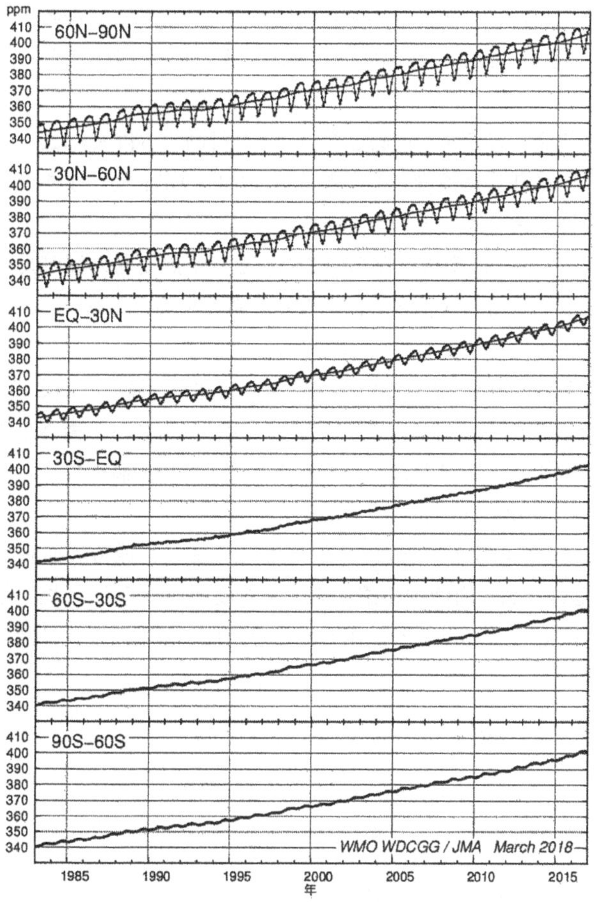

図2　二酸化炭素濃度の地域別経年変化（気象庁サイトより）

※ EQ-30Nは赤道から北緯 30 度を，30S-EQは南緯 30 度から赤道までを示す。

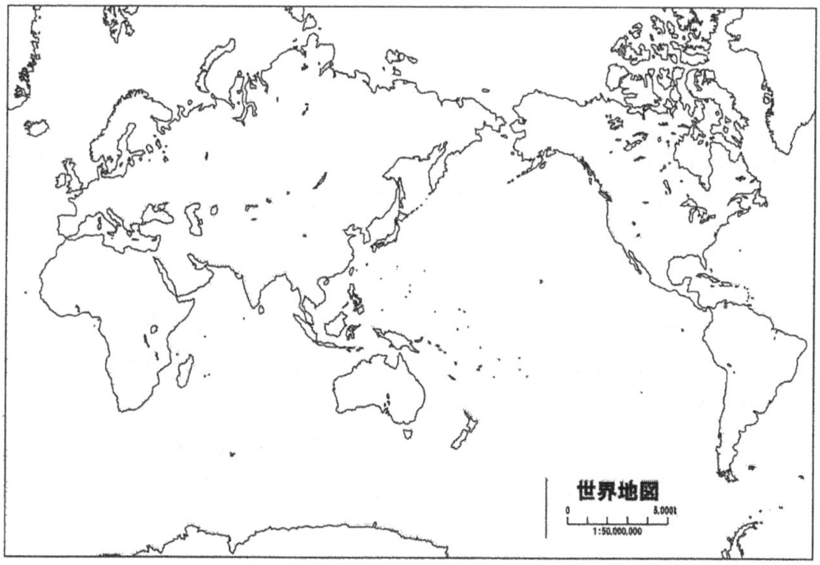

図 3　世界地図

徳子：地球温暖化を考えるには世界規模での植物の分布や人々の暮らしを考えないといけないね。

明人：Think Globally, Act Locally（地球規模で考え，足元から行動せよ）って言葉を聞いたことがあるよ。

徳子：広い世界で物事を考え，足元から行動していける「行動する哲人」に，一緒《いっしょ》になっていこう。

(6) 下線部Ⅳについて，二酸化炭素濃度が低くなる季節はいつだと思いますか。また，その理由を植物と関係づけてあなたの考えを答えなさい。

(7) 下線部Ⅴについて，「二酸化炭素濃度が高いこと」と「季節変動の幅が大きい」のはなぜですか。世界地図（67ページの図３）を活用し，あなたの考えを答えなさい。

3 明人《あきひと》くんと徳子《のりこ》さんが薬について話しています。次の会話文を読み，あとの問いに答えなさい。なお，解答用紙に答えだけでなく，文章や式，図などを用いて考え方も書きなさい。

明人：最近，ウイルスやワクチンの話題ばかりだから，薬について調べたよ。

徳子：薬のことって，あまり知らないわね。

明人：薬って，１日に何回か飲むよね。あれって，時間とともに，成分の血液中の濃度《のうど》が下がるのを抑《おさ》えるためみたいだね。血液中の濃度を血中濃度というらしいよ。例えば，１錠《じょう》服用すると血中濃度が16だけ上がる薬Ａを服用したとき，血中濃度の変化は図１のようになるよ。

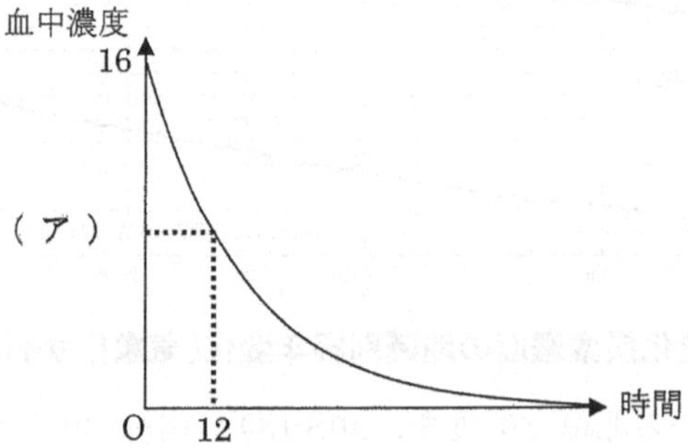

図１

徳子：下がり方がだんだん緩《ゆる》やかになるのね。

明人：12時間後に血中濃度が半分になるようだね。さらに，効果が得られる血中濃度も決まっているみたいだよ。例えば，この薬Ａの効果が得られる血中濃度の上限は，29らしいよ。

徳子：それより大きくなると，どうなるの？

明人：副作用が起きてしまってよくないみたいだね。

徳子：怖《こわ》いわね。用法用量をお守りくださいっていうけど，そんなに大事だったのね。

明人：そうだね。この薬Ａを正しく12時間ごとに１錠ずつ服用すると，血中濃度は次のページの図２のように変化するよ。

徳子：あれ，でもこれって血中濃度が徐々《じょじょ》に上がっていくように見えるわ。

明人：そうだね，（ エ ）回目の服用でちゃんと効果を得られる血中濃度の上限を超《こ》えてしまうね。

徳子：使用するときには，気をつけて考えないといけないわね。

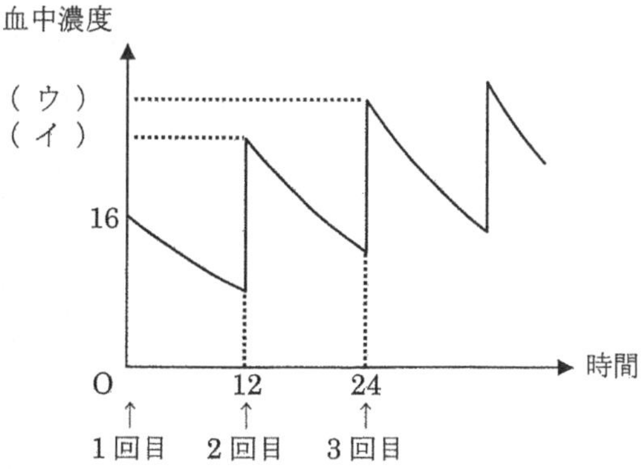

図2

⑴ （ア）にあてはまる数を求めなさい。

⑵ （イ），（ウ），（エ）にあてはまる数を求めなさい。

⑶ 薬Aを服用し続けて，血中濃度が最大値を超えないためにはどのような工夫が必要であるか書きなさい。

⑷ 薬Aを12時間ごとに服用し続けた場合，血中濃度はどのように変化していくか，以下の3つから適切なものを選び，その理由を書きなさい。

血中濃度は，【増加し続ける・ある値に近づいていく・減少していく】

（1）**本文**における空欄《くうらん》 A ・ B のそれぞれに最も適する語を、次の**ア**～**エ**の中からそれぞれ選びなさい。

ア モンスター　**イ** ヴィレッジ　**ウ** 掟　**エ** 平和

（2）**本文**で述べられている、語学力を身につけることの利点を**五〇字以内**で述べなさい。

（3）**本文と図**を参考に、あなたが情報にまどわされてしまった経験か、もしくは何らかの情報により社会が混乱した事例を述べ、また、それを防ぐためのあなたなりの対策について、**四〇〇字以内**で説明しなさい。

図　主なメディアの平均利用時間と平成25～28年での経年変化（13～69歳までの男女1500人が回答）

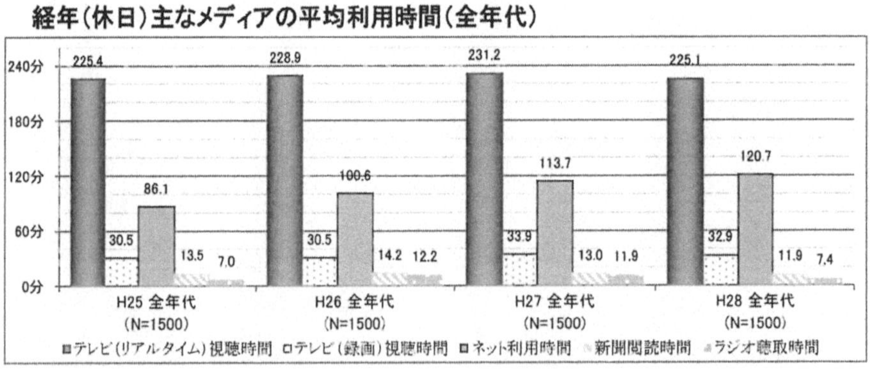

出典：総務省・情報通信政策研究所「平成28年 情報通信メディアの利用時間と情報行動に関する調査」

(Ⅲ)

ネットが国境を消しつつある今、語学力は何よりも最大の武器になる。

何カ国語もぺらぺらにならなくてもいいが、英語だけは簡単な文章を読めるくらいにしておこう。発信や不特定多数の人との意見交換《こうかん》、ネットワークづくりなども、英語が読めればいっきに世界レベルに拡大する。

ニュース一つとっても、日本の新聞やテレビだけ見るのではなく、世界中の新聞やテレビ番組を比べられるからだ。たとえばオバマ大統領がノーベル平和賞を受賞した時、日本のマスコミは「平和への第一歩」と絶賛したが、世界各国の報道を読むと決して好意的なものばかりではなかったのがわかる。その理由を自分で調べれば、アメリカについて、平和という問題について、世界でどんな考え方がされているのか、そしてその裏に何があるかが理解できるだろう。

長崎で出会ったある大学生は私にこう言った。

「僕《ぼく》は被爆《ひばく》地長崎の学生として、高校生の時から原爆の悲惨《ひさん》さや、核《かく》廃絶《はいぜつ》の大切さをずっと訴《うった》え続ける活動をしてきました。学校も地域もこうした平和活動にはとても力を入れているし、学生を支えてくれる。でもある時韓国からの交換留学生と友だちになって、彼《かれ》からこう言われたんです。日本が世界からどう見られているかも知った方がいいよって。ショックでした。それまで平和を外に向かって訴えることで満足していて、そんなこと考えたこともなかったからです」

「世界の反応を調べたんですか？」

「はい。英語はそんなに得意というわけではなかったんですが、彼に教えてもらいながら世界のいろんなサイトにアクセスしてみました。日本語に翻訳《ほんやく》されているものも少しはあったけど、英語が得意な彼への対抗心《たいこうしん》から、一晩中辞書を引いて読んだんです。

世界の核の状況や被爆者が拡大していること、同年代のアメリカ人やアジア人が日本人のことをどう思っているのか。日本のサイトに載《の》ってるものと英語のサイトとは内容が違《ちが》っていた。

それからちょくちょく英語ニュースをのぞくようになった。彼の教えてくれた英語の掲示板《けいじばん》に参加したりもするうちにだんだん面白《おもしろ》くなってきたんです。日本のニュースが本当に一部しか伝えていないことも、よくわかりました」

「友だちも作りましたか？」

そう聞くと彼はうーん。と頭をかいた。

「辞書を引きながら読むので時間がかかるし、まだそこまでは自身があるわけじゃないから……。でもツイッターの英語版に登録して、短いニュースを読むようになりましたよ。あれは一四〇字で楽だから。韓国の彼もやってるから、フォローさせてもらってるんです」

ネットワークも世界中の人々と作れば、仲間の数は果てしなく広がってゆく。

堤未果『社会の真実の見つけかた』（岩波ジュニア新書）より（都合により一部改変）

注1（ヴィレッジ）……「村、村落」という意味の英語。

注2（オーソドックス）……伝統的で、一般的に正統的であると認められているさま。

注3（センセーショナル）……人の気持ちをあおりたてるさま。世間の強い関心を呼ぶさま。

2 次の**本文（Ⅰ）～（Ⅲ）**と70ページの**図**を参考に、（1）～（3）の設問に答えなさい。

（Ⅰ）

ナイト・シャマラン監督《かんとく》の『ヴィレッジ（注1）』（二〇〇四年、アメリカ）という映画を見たことがあるだろうか。

主人公の盲目《もうもく》の少女アイビーが暮らす村は、深い森に囲まれ、村人たちが家族のような深い絆《きずな》で結ばれながら平和に暮らしている。村には「森に入ってはならない」という古くから伝わる掟《おきて》があり、そこに住むモンスターを恐《おそ》れる村人たちはこの言い伝えを忠実に守って暮らしていた。

やがて物語がすすみ、アイビーはたった一人でモンスターが住む森を通り抜《ぬ》けなければならなくなる。そしてそこから、村を取り囲む恐怖《きょうふ》の森の正体が明らかにされてゆく。

「［ A ］」は実は、村人によって作り上げられたまやかしだった。外敵に怯《おび》える村人たちは、決して真実を見ないよう巧妙《こうみょう》にコントロールされていたのだ。

本当に必要な情報から遮断《しゃだん》された彼《かれ》らは、実態のない「敵」に対する恐怖に支配され、判断力を失い、何も考えず「掟」にしたがってさえいれば安全だと信じこんでいた。だがそれはゆがんだ力が作り出した、幻想《げんそう》の「［ B ］」だったのだ。

この手法は人間の歴史のなか、繰《く》り返し使われてきた最もオーソドックス（注2）なものだろう。国籍《こくせき》や宗教、肌《はだ》の色にかかわらず、うまく適用すれば絶大な効果を上げられる。

（Ⅱ）

一行ニュースの便利さは、そのシンプルさにある。たとえばヤフーの画面を開けば、さまざまなテレビや新聞のニュースがタイトルごとに並んでいる。興味をひかれるタイトルをクリックすると記事の全文が読め、「毎日新聞」「ＴＢＳニュース」など局や新聞社の社名まで書いてある。

ある女子大生は私に言った。

「新聞なんてとる必要はないですよ。かさばるし指も黒くなるし、古新聞はゴキブリを叩《たた》くくらいしか使い道はないくせにスペースばかりとって部屋が狭《せま》くなる。携帯《けいたい》一台持ってれば、大事な情報は手に入る時代なんですから」

だが一行ニュースにも落とし穴がある。

まずはその見出しだ。どの検索《けんさく》サイトもアクセス数を増やすために、それぞれの記事にはできるだけ人々の関心を引くようなタイトルをつける。真面目《まじめ》だったり地味《じみ》なものよりは、センセーショナル（注3）で人々の好奇心《こうきしん》を刺激《しげき》するものの方が効果が高い。電車の中に下がっている中《なか》づり広告をイメージすればよくわかるだろう。

更《さら》にインターネットの中のサイト同士は一人でも多くのユーザーにクリックさせることを競うため、ニュースの見出しは果てしなく過激になってゆく。とるに足らない内容でも、刺激的なタイトルさえついていれば人はついクリックしてしまうからだ。（中略）

一行ニュースに印象操作されないためには、やはりそれと同じ内容の報道をテレビやラジオ、雑誌や本、口コミなど他の媒体《ばいたい》や方法で再チェックすることが大切だ。

図表１

米国における移動コストの推移

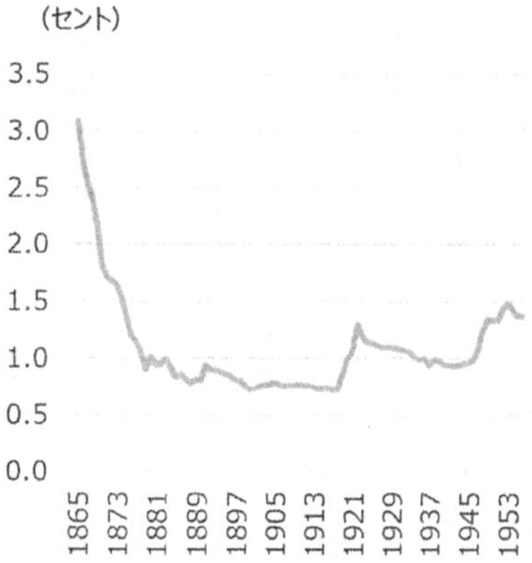

（資料）セントルイス連銀 Fred
（備考）上記は米国における鉄道トン・マイル当たり収益の数値。

図表２

米国における通信コストの推移

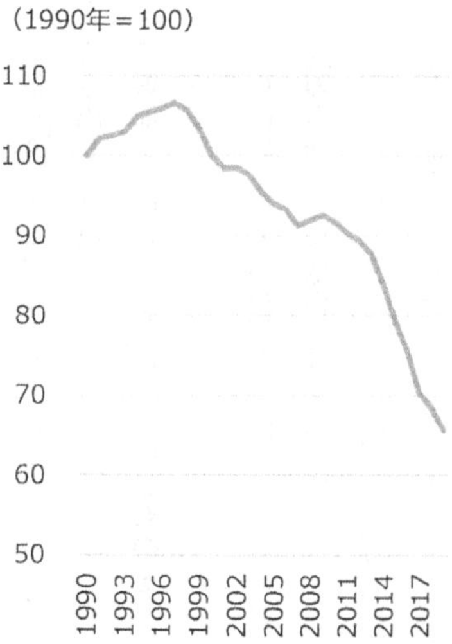

（資料）セントルイス連銀 Fred
（備考）上記は米国 PCE 指数通信の数値。

図表３

オンラインコミュニケーションツール（Teams及びZoom）の利用状況

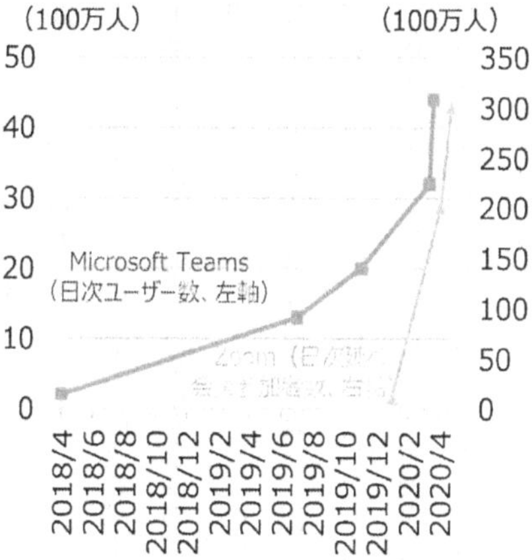

（資料）Microsoft
Zoom video communications

出典『通商白書２０２０』経済産業省（https://www.meti.go.jp/report/tsuhaku2020/index.html）より一部改変

明さん　ええ、**図表2**に見るように通信コストが低下したことにより、アイデア（技術・データなど）の移動コストを低下させることができるようになったわ。それにより、先進国の企業《きぎょう》は現地に行くことなく生産技術を発展途上国へ持ち込《こ》み、効率的な生産を実現したのね。

彰司君　つまり、物資と同様に工場が国境を越《こ》えるようになり、発展途上国の低い賃金水準を背景に先進国の技術と途上国の労働が結びつくようになった。そして、多くの国で生産が行えるようになったことで国際的な分業が進み、部品が国際貿易で多く取引されるようになったということだね。例えばパソコンとかは、色々な部品が世界中の工場で分業されて作られているね。

明さん　そして現在、グローバリゼーションは新たな段階に進んでいるわ。彰司君分かるかしら？

彰司君　うん。２０１５年頃《ごろ》から情報通信技術の進展がさらに加速したことを背景に、個人単位での国境を越えた仕事の分業ができるようになって世界規模でのバーチャルワークが実現しつつあるよ。

明さん　つまり、人が現地に移動するコストが以前よりも低くなるのね。

彰司君　職場に行かなくても、工場に行かなくてもバーチャルで働けるようになると、労働者一人ひとりが別の国でサービスを提供するようなことが今後ますます当たり前になるのかな。僕《ぼく》は将来どんな働き方をしているんだろう。

明さん　確かなことは、現在世界で流行している新型コロナウィルスはこのグローバリゼーションの3段階目に移行している最中《さなか》に発生したということ。そして、**図表3**に見るようにオンラインでのコミュニケーションが急速に普及していることにより、今後②バーチャルワークの流れはさらに加速していく可能性があるということよ。

彰司君　もうグローバリゼーションは国単位の、会社単位の話ではなく、僕たち一人ひとりの話になってきているんだね。

明さん　そうね。これから学校を卒業したあと社会でどう生きていくか考えるときには、「日本で」だけでなく「世界で」ということも考えなければいけないわね。とっても難しそう。

彰司君　一緒《いっしょ》に考えようよ！　明さん、今日は勉強に付き合ってくれてありがとう！　おかげでかなり授業の内容がまとめられたよ。

明さん　こちらこそ。次回のテスト、一緒に頑張《がんば》ろうね！

（1）傍線部《ぼうせんぶ》①に関連して、グローバリゼーションとは何かについて、この課題文の内容を踏まえて説明しなさい。

（2）空欄 A ・ B ・ C にそれぞれ入る適切な語句を、本文中から抜き出しなさい。

（3）傍線部②の例として**間違《まちが》っているもの**を、次の**ア**～**エ**のうちから一つ選びなさい。

ア　東京にいる日本の技術者が南アフリカに設置した高度なロボットを遠隔《えんかく》操作し、現地の設備を修理する。

イ　日本のアイデアをアフリカの国々が取り入れて、産業を発展させる。

ウ　会議や話し合いは全《すべ》てオンライン上で行えるため、日常の仕事は全て自宅内で行っている。

エ　様々な国の人々が、それぞれの国にいながら共通の仕事に対してリアルタイムに協力して取り組む。

【適性検査Ⅰ】（四五分）〈満点：一〇〇点〉

【注意】 携帯《けいたい》電話、電卓《でんたく》、計算機能付き時計など電子機器類を使用してはいけません。

1 次の**会話文**と73ページの**図表**は、彰司《しょうじ》君と明《あかり》さんがグローバリゼーションについて教えあっているものです。以下の設問に答えなさい。

会話文

明さん　彰司君、次回のテストに向けて、前回の社会の授業で習ったグローバリゼーションについて一緒《いっしょ》に復習しよう。

彰司君　うん！　明さん、いつもありがとう。前回はたしか、「①グローバリゼーションの過去・現在・未来」について習ったんだよね。

明さん　うん、正直なところ、結構《けっこう》、難しかったわ。そもそも彰司君、グローバリゼーションってどんなものか、それが始まって世界がどう変わったか、覚えてる？

彰司君　もちろん！　グローバリゼーション以前の時代では、風力を活用した帆船《はんせん》による海上での移動・輸送や家畜《かちく》を活用した陸上での移動・輸送が行われていたよ。この時代には、輸送する距離《きょり》が長くなってしまうとコスト（費用）も多くかかっていたんだ。だから、距離が制約となって、生産地（作る場所）と消費地（売る場所）は主に地域内で完結していたんだ。

明さん　ええ、そしてグローバリゼーションとは、この制約を克服《こくふく》し、地球規模でお金や情報のやり取りが行われるようになることと考えることができるわ。制約は、第一に A を動かすコストで、第二に B を動かすコスト、第三に C を動かすコストの三つがあり、それぞれが地域を超《こ》えた交流の障害となっていたのね。これらの障害の克服は一度に全てが進展したのではなく、順次、克服されてきたのよね。

彰司君　まず、物資の移動コストが低下したときにグローバリゼーションの第1段階は始まったんだ。アメリカを例に取ると、**図表1**に見るように、移動コストは十九世紀後半に鉄道の普及《ふきゅう》により劇的に低下したことが分かるね。

明さん　移動という観点から見ると、産業革命は移動手段を変革するものであったと言えるわ。蒸気船や鉄道が輸送手段の主役となることで、輸送時間は短縮され、輸送量を増加させることができるようになり、その結果、物資を効率的に運び、国境をまたいで生産と消費を分けることが可能になったのね。

彰司君　この取引が商品について当てはめられる場合、「貿易」と呼ばれるね。国際貿易としては、原材料や完成品の貿易が盛んになり、農業から繊維《せんい》業や鉄鋼業等《など》幅《はば》広い産業において、国際分業が本格《ほんかく》化することになったんだ。

明さん　一方で、アイデアを移動させるためのコストはそれほど低下しなかったため、産業が先進国に集中してしまったわ。今日の先進国と発展途上国《はってんとじょうこく》との間における発展の差は、これが要因の一つね。

彰司君　そして次に、１９９０年代からは情報通信技術の発展によって、アイデアの移動が可能となり、グローバリゼーションは次の段階に入るんだよね。

MEMO

大切なことはメモしておこうネ！

一般入試①

2021年度

解 答 と 解 説

《2021年度の配点は解答欄に掲載してあります。》

＜算数解答＞

1 (1) 33 (2) 140 (3) 1 (4) 1 (5) 5

2 (1) 12個 (2) 512円 (3) 6分40秒 (4) 15通り (5) 35度
(6) 18.84cm^2

3 (1) 150 (2) 100cm^2 (3) 204cm^2

4 (1) 360cm^2 (2) 400cm^3 (3) 8cm

5 (1) ア 13 イ 17番目 カ 33 (2) ウ ② エ ①
(3) 解説参照 (4) 5

○推定配点○

各4点×25 計100点

＜算数解説＞

1 (四則計算)

(1) 11×3＝33 (2) 14×(11＋12－13)＝14×10＝140

(3) 2.5÷2.5＝1 (4) 0.35＋0.65＝1 (5) 10－5＝5

2 (数の性質，割合と比，速さの三公式と比，単位の換算，場合の数，平面図形)

基本 (1) 15＝3×5，48＝3×16より，3の倍数は16－4＝12(個)

基本 (2) (80×5＋120×2)×(1－0.2)＝640×0.8＝512(円)

基本 (3) 400÷60＝$6\frac{2}{3}$(分)
すなわち6分40秒

図1

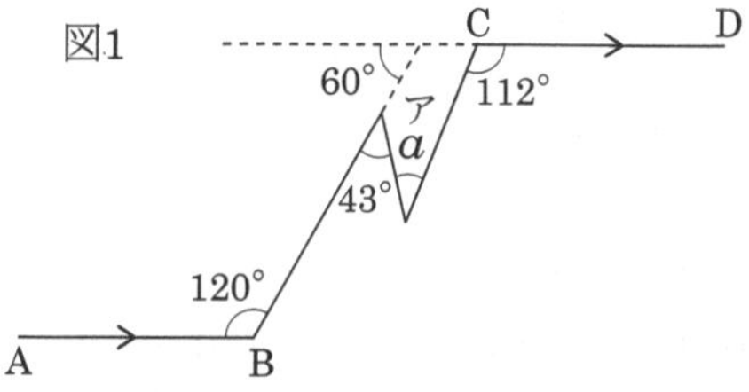

図2

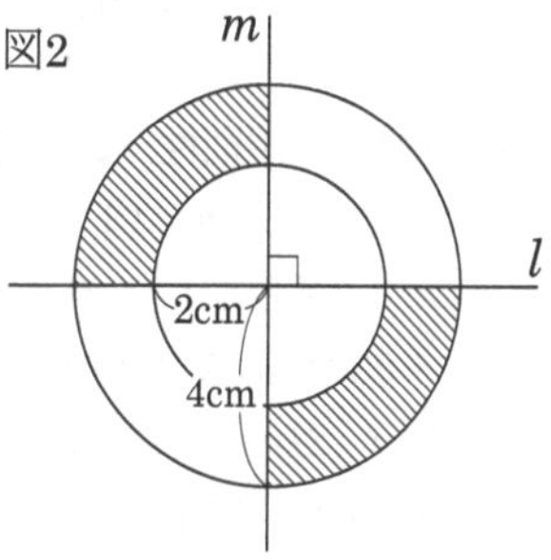

基本 (4) 5×3＝15(通り)

重要 (5) 図1より，四角形ア
の角aに対する外角は
360－(60＋43＋112)
＝145(度) したがって，角aは180－145＝35(度)

重要 (6) 図2より，(4×4－2×2)×3.14÷2＝6×3.14＝18.84(cm^2)

3 (平面図形，図形や点の移動，グラフ，速さの三公式と比，旅人算)

基本 (1) 図1より，10×30÷2＝150(cm^2)

図1

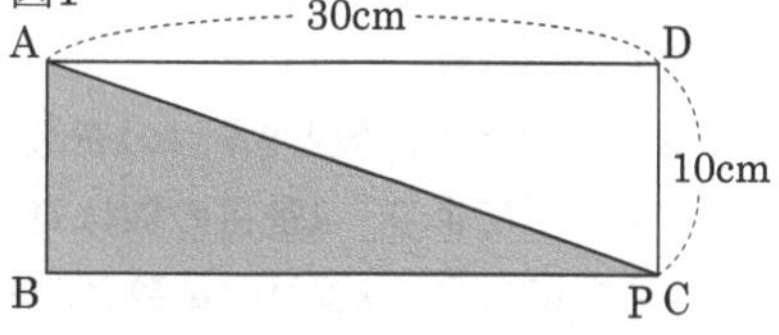

重要 (2) 点PとQが出合う時刻…(10＋30)×2÷(1＋3)＝20
(秒後) 次ページの図2より，三角形ABPは10×20
÷2＝100(cm^2)

(3) 点P…1×18＝18(cm)進む 点Q…2×18＝36(cm)
進む したがって，次ページの図3より，四角形ABPQ
は(10×30＋18×6)÷2＝204(cm^2)

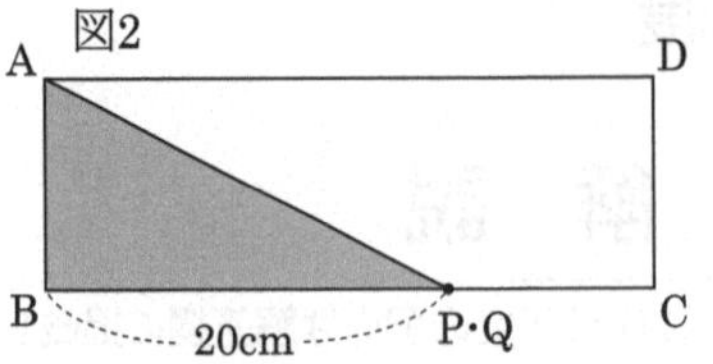

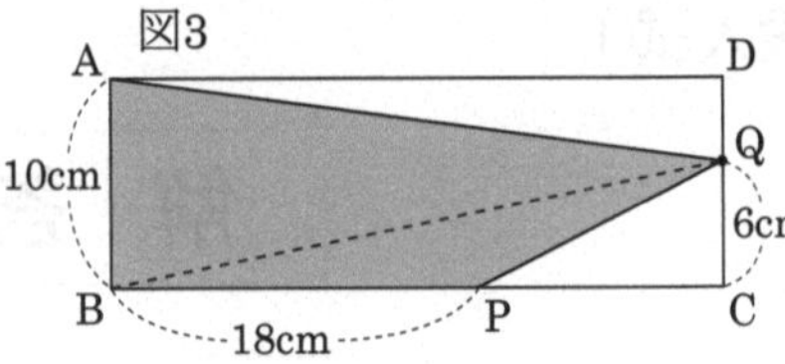

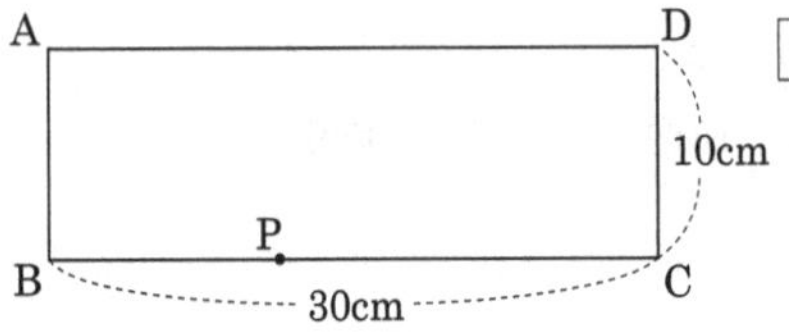

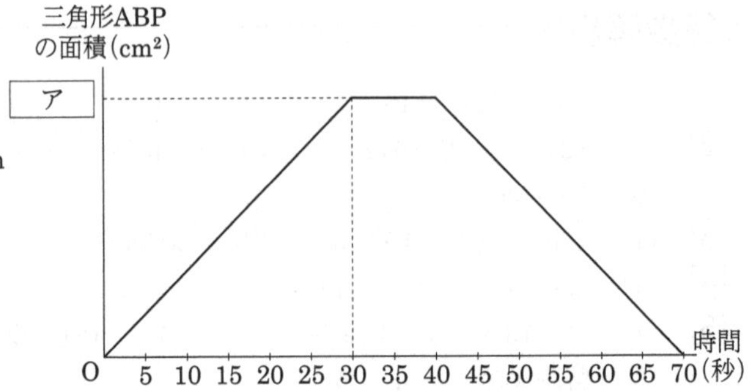

4 (立体図形，平面図形，相似，割合と比)

重要 (1) 下図アより，$10\times10+10\times13\times2=360(\text{cm}^2)$

(2) $10\times10\times12\div3=400(\text{cm}^3)$

やや難 (3) 図2より，三角形OLRとHNRの相似比は2：1　　したがって，ORは$12\div(2+1)\times2=8(\text{cm})$

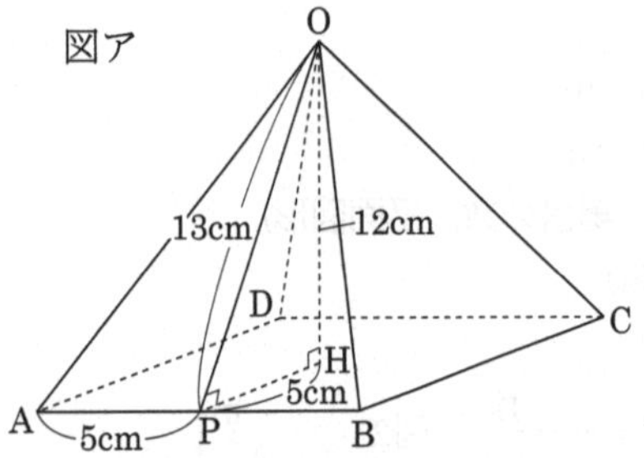

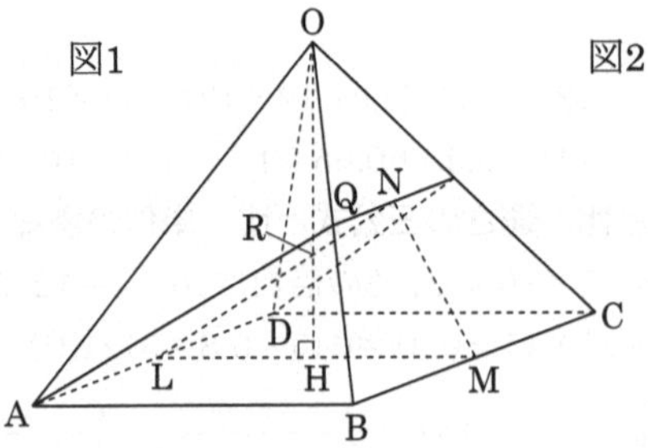

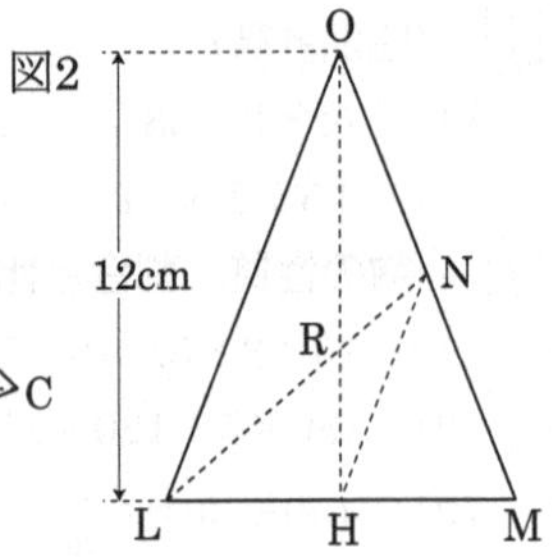

重要 5 (数列・規則性，数の性質，論理・推理)

(1) ア…$5+8=13$

イ…9番目が$13+21=34$，以下，$21+34=55$，$34+55=89$，$55+89=144$，$89+144=233$，$144+233=377$，$233+377=610$，$377+610=987$　　したがって，17番目の数は1000を超える。

カ…(2)～(4)より，5番目の数5は，3番目の数の偶数＋4番目の数の奇数より，奇数。10番目の数55は，8番目の数の奇数＋9番目の数の偶数より，奇数。15番目の数610は，13番目の数の奇数＋14番目の数の奇数より，偶数。したがって，$500\div15=33\cdots5$より，10の倍数すなわち「偶数で5の倍数」は33個ある。

(2) ウ…2，8，34のようにN番目のNが3の倍数になる数は②偶数

エ…①奇数

(3) 1番目の奇数と2番目の奇数の和により，3番目の数は偶数になり，2番目の奇数と3番目の偶数の和により，4番目の数は奇数になり，3番目の偶数と4番目の奇数の和により，5番目の数は奇数になり，4番目の奇数と5番目の奇数の和により，6番目の数は偶数になり，以下同様に反復される。

(4)　5番目は5，10番目は55，15番目は610。したがって，N番目のNが5の倍数になる数は5の倍数。

★ワンポイントアドバイス★

特に難しい問題はないが、注意すべき点としては4(3)「四角錐の切断」は簡単ではなく，5「フィボナッチ数列」の(1)カは，(2)・(3)「奇数と偶数」との区別，(4)「5の倍数」に関する推理，これらを利用する。

＜理科解答＞

1　(1)　イ　(2)　ウ　(3)　エ　(4)　ウ　(5)　エ　(6)　エ　(7)　ア
(8)　エ　(9)　ウ　(10)　エ

2　(1)　①　当たらない　②　1.5m　(2)　B　(3)　ウ　(4)　太陽が地面を温めた後，さらに温まった地面が空気を温めるまでに時間がかかるから。　(5)　エ

3　(1)　A　酸素　B　二酸化炭素　C　窒素　D　アンモニア　E　塩素　F　水素
(2)　ア　酸性　イ　アルカリ性　(3)　①　F　②　D　(4)　D・E
(5)　①　D　②　B　③　A

○配点○

1　各2点×10　2　(4)　5点　他　各2点×5　3　各1点×15　計50点

＜理科解説＞

1　(小問集合)

(1)　カメは殻のある卵を産む。

(2)　満ち欠けの周期は約29.5日である。

(3)　二酸化炭素を多く含む血液を静脈血という。

(4)　日本の夏の天気に影響を与えるのは，小笠原気団である。

(5)　震度は0～7までの10段階しかないので，エは正しくない。

(6)　100gのねんどは，形を変えても重さは同じになる。

(7)　あたたまったところから油は上昇するので，アが正しい。

(8)　食塩水をあたためたとき，蒸発するのは水だけである。

(9)　ろうそくが燃えても，窒素の量は変わらないが，酸素は燃焼に使われるので減少する。また，ろうそくが燃焼することで二酸化炭素が発生するので，二酸化炭素は増える。

(10)　鉄は磁石に引き寄せられる。

2　(気象)

(1)　気温は，風通しの良い，直射日光が当たらない場所で，地上から1.2～1.5mぐらいの高さで測る。

(2)　晴れた日の気温は14時頃，最高気温となる。

(3)　晴れた日の地温は13時頃，最高地温となる。

基本　(4)　太陽の光はまず地面を温める。その後あたたまった地面が空気をあたためるので，Aのグラフの値が最も高くなる時刻と，Bのグラフが最も高くなる時刻にずれが生じる。

基本 (5) 地下の温度はあまり変化しないため，日較差は気温よりも小さくなる。また，地下の温度は最高気温を下回る。

3 (物質と変化―気体の性質)

基本 (1) Aはものを燃やすはたらきがあるので，酸素である。Bは光合成で使われるので二酸化炭素である。Cは液体が冷却剤として使われるので，窒素である。Dは水の非常に溶けやすく，虫刺されの薬の成分にも使われているので，アンモニアである。Eは水道水の殺菌剤として使われているので，塩素である。Fは可燃性があるので水素である。

重要 (2) (ア) 二酸化炭素が水に溶けた水溶液を炭酸水という。炭酸水は酸性の水溶液である。
(イ) アンモニア水はアルカリ性の水溶液である。

重要 (3) ①・② 一番軽い気体は水素，二番目に軽い気体はアンモニアである。

(4) 水上置換法で集めにくいのは，水に溶けやすい気体(アンモニア・塩素)である。二酸化炭素は水に少し溶けるだけなので，水上置換法で集めることができる。

(5) ① 塩化アンモニウムと水酸化カルシウムを混ぜて加熱すると，アンモニアが発生する。
② 石灰石と塩酸が反応すると二酸化炭素が発生する。 ③ 二酸化マンガンに過酸化水素水を加えると酸素が発生する。

★ワンポイントアドバイス★

核となる情報を見つけ出す訓練をしよう。

<社会解答>

1 (1) ア (2) イ (3) ウ (4) ウ (5) ア (6) イ (7) イ
(8) ウ (9) イ (10) イ (11) イ (12) ウ (13) エ (14) エ
(15) ア (16) ア (17) ア (18) イ (19) イ (20) ウ

2 (1) ウ (2) ア (3) 9条 (4) 津波 (5) 京都 (6) (バラク＝)オバマ
(7) 鑑真 (8) エ (9) イ (10) エ (11) エ
(12) (フランス) エ，① (ロシア) ア，④

3 (1) ラムサール条約 (2) ア (3) イ (4) イ (5) 学問のすすめ
(6) 一国二制度 (7) エ (8) イ (9) イ (10) イ (11) エ
(12) エ

○推定配点○

1 各1点×20 2 (12) 各2点×2(各完答) 他 各1点×11
3 (1)・(5)・(6) 各2点×3 他 各1点×9 計50点

<社会解説>

1 (総合問題－地理，歴史，政治3分野の知識問題)

基本 (1) ア 越後山脈は新潟県と群馬県，福島県の県境にある山脈。富岡製糸場は群馬県南西部，岩宿遺跡は群馬県南東部にある。

(2) イ リアス海岸は山地が沈降してできる複雑な海岸地形で，選択肢の広島県以外にはすべてあるが，真珠養殖で有名な志摩半島は三重県にある。

重要 (3) ウ 本初子午線はイギリスの首都ロンドンのグリニッジ天文台を通る形で設定してある。

(4) ウ 地球の一周，360度を24時間で割ると，15度となり，地球が1時間で15度自転することになり，そこから太陽に面する場所が少しずつ動くことで経度差15度で1時間の時差とする。

(5) ア 尖閣諸島は日本の西端の与那国島の北にある。南沙諸島はフィリピンと中国の間でもめている場所。

(6) イ 三大工業地帯の中で圧倒的に工業生産額が大きいのが中京工業地帯。阪神は2位。

(7) イ バイオマスは生物由来の資源を指して使うことが一般に多い言葉で情報通信技術とはまず関係ない。

重要 (8) ウ 大森貝塚は東京都の品川区の大森にある貝塚で，1877年にアメリカのエドワード・モースが横浜から東京へ向かう汽車の窓から崖になっている場所に貝殻が多数埋まっているのを発見したことで発掘されたとされる。

(9) イ 小野妹子が派遣された遣隋使は607年のもので，その後再度小野妹子が派遣された後，犬上御田鍬が3度目の遣隋使で送られる。ただ，隋は618年には滅びて唐になるので，この短い期間で3回実施されたことになる。

基本 (10) イ 十円硬貨に刻まれているのは平等院鳳凰堂で，藤原頼通が建造させたもの。

(11) イ 元寇は1274年の文永の役，1281年の弘安の役でこのときの鎌倉幕府の執権は8代の北条時宗。

やや難 (12) ウ 参勤交代制度を武家諸法度に盛り込んだのは3代将軍徳川家光で1629年→ア 公事方御定書は8代将軍徳川吉宗が江戸町奉行大岡忠相らに編纂させたもので成立したのは1742年→イ 田沼意次が老中となるのは10代将軍徳川家治の時代で1772年→ウ 水野忠邦が老中となり天保の改革を始めるのが12代将軍徳川家慶の時代の1841年で株仲間の解散もこの年に命じた。

(13) エ 日本橋から太平洋側の海沿いを通り京都へ向かうのが東海道で，箱根は伊豆半島の根元。

(14) エ 1901年に田中正造が足尾鉱毒事件に関して明治天皇に直訴する。

(15) ア 1894年にイギリスとの間で領事裁判権撤廃にこぎつけたのは陸奥宗光。ただし，その前の外務大臣を務めていた青木周蔵の時にほぼ合意に近い状態までたどり着いていたのだが，1891年の大津事件で当時の政府の人間が責任をとって辞職し青木も辞職していたので，最後の合意にまではたどり着いていなかった。

(16) ア 前年の1909年に伊藤博文が安重根に殺害されたことを受け，1910年に併合条約が成立し，完全に朝鮮が植民地化され，それまであった韓国統監府に代えて朝鮮総督府が設けられ，初代の総督となったのが寺内正毅。伊藤博文は初代統監。

(17) ア 衆議院は任期が4年で参議院は6年。衆議院の場合には任期が満了しないでも途中で解散があり得るので，選挙にさらされる確率が高く，参議院は選挙自体は3年毎にあるが半数ずつの改選で，一度選出されると6年の任期はそのままなので，選挙にさらされる頻度は衆議院より低い。イは参議院，ウは内閣の権限，エはこのような規定はない。

重要 (18) イ 憲法改正の発議は衆参それぞれの院の総議員の3分の2以上の賛成が必要。過半数ではない。

(19) イ 企業が課されて直接支払うのが法人税。一般の国民が収入に課され直接支払うのは所得税。

(20) ウ WHOはWorld Health Organizationの略。アのWTOは世界貿易機関，イのIMFは国際

通貨基金，エのIAEAは国際原子力機関の略。

2 (総合－21世紀の出来事に関連する三分野の問題)

やや難 (1) ウ　郵政民営化法は2005年に可決成立。当初，衆議院では可決，参議院では否決となり，小泉純一郎首相は衆議院の解散総選挙に踏み切り，選挙後の国会で衆議院で再可決させ成立させた。アの消費税導入は1989年4月からで，竹下登首相の時。イの東京オリンピックは1964年の池田勇人首相の時。エの日中平和友好条約が締結されたのは1978年の福田赳夫首相の時。

重要 (2) ア　イギリスは国民投票の結果，EUからの離脱に踏み切った。イギリスはEUの前身のECに最初から加盟したのではなく1967年の発足時にはECではなく別の経済機構に参加していたが，1972年にECに鞍替えした。

(3) 戦争放棄に関する条文は日本国憲法第9条。

(4) 津波は海底地震などによる海の中の地殻変動でプレートなどが隆起した際に，その上にある海水が持ち上げられ，その持ち上げられた分の体積の水が動いてくるもの。一般的な波は高い部分と低い部分とが交互になるが，津波の場合には高い部分がある程度後ろに続いてくるのが特徴。津波が想定される場合にはとにかく高い場所へ避難することが鉄則で，写真のような施設は，その高い場所が近くにないようなところに設けられている。

(5) 1992年にリオデジャネイロで開催された国連人間環境会議で温室効果ガスの削減が問題となり，その条約の枠組みを決める会議がその後開催され，1997年の京都での会議の際に京都議定書として成立した。

(6) バラク・オバマ氏はアフリカ系で初めて合衆国大統領となった人物。

(7) 鑑真は日本から招かれ，高僧に戒を与えることと，律宗を伝えるために来日。唐から招かれて来たので唐招提寺。

(8) エ　東日本大震災で原子力発電の安全性が問題となり原子力発電所が停止されたことで，従来以上に火力発電の比率が高められた。水力発電は施設の数，規模によって発電できる電力の限界が決まってしまうので，水力発電の発電量はさほど変化がない。

重要 (9) イ　ヨーロッパの人口は多くはなく，普通にヨーロッパと考えられる地域で人口が最も多い国がドイツで，それでも8000万人台。また日本の出生率は上昇が止まっておりむしろ下がっている。世界の人口分布で最も多いのはアフリカでなくアジア。

(10) エ　日本の人口は2020年の段階では1億2400万人台。日本の人口は2005年あたりで頭打ちになり，2008年以後減少に転じている。

やや難 (11) エ　フィリピンで栽培が多く日本でも輸入が多いのはぶどうではなくバナナ。

(12) ア　ロシアで地図の④。　イ　オランダで地図の②。　ウ　イタリアで地図の③。
エ　フランスで地図の①。

3 (総合問題－「新紙幣」に関連する3分野の総合問題)

(1) ラムサールはこの条約に関しての会議が開催されたイランのカスピ海沿岸の都市の名前。

重要 (2) 松平定信が寛政の改革を実施したのは1787年から92年にかけての時期。岩倉使節団は1871年なので，年齢的にもあり得ない。

(3) イ　カルデラは火山活動によってできるくぼ地のこと。噴火で穴が開くのもあるが，火山活動で隆起した後にガスなどが抜けてへこむ地形などもある。

重要 (4) イ　この事件でイギリス人船長らを日本では裁くことが出来なかったため，領事裁判権撤廃を求める日本の中の声が急速に高まった。

(5) 福沢諭吉が「学問のすゝめ」発表したのは1872年。

やや難 (6) 香港が1997年，マカオが1999年に中国に返還された際，それまでの支配していた国の政治，経済の制度と大きく変わることへの不安を解消するかの如く，一国二制度という方針が掲げられ，それがしばらくは維持されていたが，現在の中国では香港への締め付けを強化し，香港にも中国の法制度が適用されるようにしてしまっている。

(7)　埼玉県は千葉県，神奈川県などと同様に東京都に隣接する場所にあり，人口も多いので首都圏で消費される野菜類の供給地としての役割も大きく，きゅうり，ほうれん草，ねぎなどの生産は多いが，りんごは埼玉県だとやや温暖でありすぎて，農家が大々的に生産するというのはほとんどない。埼玉県の北の群馬県はりんごの生産量が比較的多い。

(8)　イ　1867年の10月に前土佐藩主の山内容堂の進言で，徳川慶喜は大政奉還を朝廷に申し出た。アは14代家茂の時代，ウは明治に入ってから，エは11代徳川家斉が将軍職に就いていた時代から，将軍職を12代の家慶に譲った後も大御所として権力を握った時代にかけてのこと。

基本　(9)　イ　②は風土記，③は日本書紀の説明。

(10)　イ　イは葛飾北斎の「富嶽三十六景」の中の「神奈川沖浪裏」というもの。

重要　(11)　エ　①大山古墳　5世紀頃→②東大寺南大門　鎌倉時代→④鹿苑寺金閣　室町時代→③姫路城　安土桃山時代～江戸時代初期。

(12)　エ　新紙幣では1万円札が渋沢栄一，5千円札が津田梅子，1千円札が北里柴三郎になる。

★ワンポイントアドバイス★

試験時間に対して問題数はやや多いが基本的な事項を問う問題が多いので，あせる必要はない。選択肢の問題が多いが，正しいもの，適切なものを選ぶものと逆のものもあるので注意が必要。

＜国語解答＞

【一】　問一　①　模様　②　規律　③　定刻　④　磁石　⑤　探査　⑥　聖火　⑦　演奏　⑧　さんさく　⑨　かんべん　⑩　げんきん　問二　①　返　②　意　③　命　④　客　⑤　雑　問三　①　エ　②　ウ　③　ア　④　オ　⑤　イ

【二】　問一　Ⅰ　ア　Ⅱ　ウ　問二　ウ　問三　ア　問四　エ　問五　関係を結びながら自らを作り出すということが人間を人間たらしめるために必要なもの。　問六　ウ　問七　自然と人間や，生者と死者との関係を結んできた共同体。

【三】　問一　ただでさえ何の音もしない我が家なのに，外からのにぎやかな音が聞こえてくると余計に寂しい気持ちになるということ。　問二　イ　問三　A　カ　B　ウ　C　エ　問四　バットにボールが当たったのは，今日がはじめてだったので，うれしくて必死な気持ち。　問五　(一)　エ　(二)　ア　問六　イ

○配点○

【一】　各2点×20　【二】　問五・問七　各5点×2　問六　4点　他　各3点×5

【三】　問一・問四　各5点×2　他　各3点×7　計100点

＜国語解説＞

【一】 (同類語・反対語，四字熟語，漢字の読み書き)

重要 問一 ① 「模」は全14画の漢字。12画目は長めに書く。 ② 「規」は全11画の漢字。4画目はとめる。「夫」ではない。 ③ 「刻」は全8画の漢字。4画目は3画目がつき出ないように書く。
④ 「磁」は全14画の漢字。2画目の始点は1画目の左側を少し出す位置である。 ⑤ 「査」は全9画の漢字。「日」と「一」ではないので気をつける。 ⑥ 「聖」は全13画の漢字。3・4・5画目はすべて，6画目の右側に出ないようにする。 ⑦ 「奏」は全9画の漢字。6画目は左から右へ書く。 ⑧ 「さんさく」の「サク」は音読み。訓読みはない。 ⑨ 「かんべん」とは，文字通り簡単で便利なことである。
⑩ 「げんきん」。「厳」の訓読みは「きびーしい」。音読みはゲンのほかにゴンもある。

問二 ① 「往」には，「行く」という意味がある。対義語は「返る」という意味にしたいので「返信」。 ② 「当然」とは，そうなるのが当たり前という意味だから，考えていたこととはちがったという意味の「意外」が対義語である。 ③ 「解任」とは，任を解くこと，つまり，辞めさせることである。対義語は，任を命じるで，「任命」。 ④ 「主観」を簡単に言うと，自分一人の考えということになる。これに対して，一般的，普遍的なという意味の言葉は「客観」という。 ⑤ 「整然」は，きちんとしていて整っているさまを言う言葉である。入り混じって雑多になっているさまを「雑然」という。

重要 問三 四字熟語の中の漢字の意味がわかるものから判断していこう。④の「頭・尾」と，⑤の「一貫」がわかりやすい。最初は竜のようで終わりは蛇ということで④はオである。 ⑤ 「つらぬかれている」が「一貫」だから⑤はイということになる。① 「付和雷同」の「付和」は「自分にしっかりした考えがなく軽々しく他人に合わせるという意味で，「雷同」は，雷が鳴ると万物がそれにならってなびくことということなので，エだ。 ② 「山紫水明」の「山・水」という漢字からウが考えられる。 ③ 「千載一遇」は，またとないチャンスという意味の四字熟語である。

【二】 (論説文－細部の読み取り，接続語の問題，記述力)

重要 問一 Ⅰ 前部分は，多様な関係をもつことが人間たらしめるという筆者の仮定に立つと，関係を持たなくなるのは人間の自己否定になるという論理を展開している。後部分は，コミュニティの形成の重要さが話題になっているという新たな話を始めているので「ところで」を入れる。
Ⅱ 前部分は，コミュニティの再建再創生こそが復興だと述べている。後部分はコミュニティを共同体という言葉で言い直せば，生者と死者の共同体として作られたのが日本の伝統的な共同体だと説明を続けるのだから「そして」が入る。

問二 一般的に言われていることではなく，「筆者の考え」を問われていることに注意する。線②で始まる段落からが着目点になる。人間は様々な面で弱いから関係を構築していく方向性に向いていったと仮説を立てているのだからウである。

基本 問三 問二で考えたように，非常に弱い存在として誕生したというのが筆者の主張であるからアを選択する。

問四 「誤っているもの」という条件に注意する。「しかも関係をつくりだすために……」で始まる段落に着目する。「関係をつくりだすため」とあるので，ウは適切である。さらに，具体的に棒で木の実を取る，魚を捕るにも道具がいると述べているのでア，イも適切である。「関係をつくりだす」のだから「餌食となる」が誤りである。

やや難 問五 ――線④で，一般的なコミュニティの再建の重要性を述べた上で，「ひとつの疑いをもっている」としている。疑うのは，コミュニティを社会の道具，手段として位置づけているという点だ。だから，「しかし，それでよいのだろうか」としているのだ。したがって，どう考えるべきだと筆者は述べているかを考えると，「～考えたほうがよいのではないだろうか」の内容をまとめることになる。

重要　問六　文章全体で一貫している考え方は「多様な関係」の重要性であることから考えよう。――線⑤直後にも「(復興は)『関係の再創造』としてとらえなければならない」とある。この内容が書かれている選択肢はウである。

やや難　問七　――線⑥をふくむ文は「なぜなら～」で始まっている理由を述べる文である。この文中にある「これらの関係」が指し示している内容が着目点であり，それをまとめることで解答に導く。

【三】（物語－心情・情景，細部の読み取り，空欄補充，記述力）

やや難　問一　テレビの音もない，母と二人の食卓は「いつもしずかだった」のである。隣の家からの声が聞こえてくれば，本来は，音が入るのだから「にぎやか」になるはずだ。それなのに「さらにしんと」するというのは，実際の音があるかないかではなく，心情的なものということになる。押野の家を思い出すと「騒がしい夕食にちがいない」と思っている。自分の家の静かな食卓に，外からにぎやかな声が聞こえてくると，音が聞こえるだけにかえって，自分の家の静かさがさびしさと感じるのである。

問二　問一との関連性も考えあわせよう。それでなくても静かな食卓で，「ぼく」にしてみれば最初で最後のおねだりになる「バットがほしい」という声が，狭い台所にみょうに響いてしまったことに対する驚きであるのでイだ。

重要　問三　A　自分の家が経済的に豊かではないと知っているからおねだりすることにためらいがあるので「緊張」したのである。　B　直前の母の様子から考える。緊張しながら言ったことに対して「ぼく」は「いい考えね」という感じに受け取れる対応だったのだから「安心」したのだ。
C　みんながそれぞれのやり方で応援してくれていると感じているのだ。その「期待」に応えようとしているのである。

やや難　問四　「確かにそうかも……」で始まる段落と，続く「ぼくは，ボールが……」で始まる段落にある，「ぼく」の気持ちから考える。「アウト」なのはわかっているのに走ったのだ。なぜなら，ボールがバットに当たったのは今日がはじめての経験だったからである。そのうれしさで，アウトであろうが，必死に走りたい気持ちになったのである。

問五　(一)　はじめてのおねだりでも緊張し，リード文によると，「クラスでだれとも口をきかない日」が続いていたこれまでということを考えると，アイウは異なる。バッターボックスでみんなのアドバイスに従おうとしている様子からエが適切だ。　(二)「母さんは，減農薬……」で始まる段落に着目するとアを選択できる。

やや難　問六　ア　確かにこだわりの野菜などを買いたくても買わないことを知っているのだから，アのような気持ちがないとは言えないだろうが，それについて「気をつかっている」と感じているわけではない。　ウ　経済的に豊かではないとはいうものの，一万円を封筒に入れておいてくれている。おねだりに緊張はしたが「悪いこととは思わなかった」のだから「どんなに苦労をかけたか」は適切ではない。　エ　ファウルとピッチャーゴロという成績だったが，満足しているのは自分自身である。上達して試合を見に来てほしいということではない。　イ　母親の好むものをよく知っていて，それに対して反発しているわけではない。だからといって，それを尊重するあまり自分のやりたいと思うことに遠慮することはしていないのでイだ。

★ワンポイントアドバイス★

問題数が多いので，時間配分に気をつけて取り組もう。知識問題での失点をできる限り少なくしよう。

＜英語解答＞《学校からの正答の発表はありません。》

第1問　リスニング問題解答省略

第2問　リスニング問題解答省略

第3問　A　No.1　king, great　　No.2　dog, good　　No.3　easy, yes

B　No.1　winter　　No.2　Thursday　　No.3　August

C　（例）　No.1　I'll buy one.　　No.2　I don't know.

No.3　Would you like more ?　　No.4　Why not ?

第4問　A　No.1　2時間30分。　No.2　昼休みに英語の先生に会いに職員室に行ったが，先生がいなかった。　No.3　母親の誕生日だったのにプレゼントを買い忘れたから。

B　No.1　They will carry books to the hall.　　No.2　They must come by nine thirty a.m.

第5問　（例）　My name is Kenji Yamada. I'm twelve years old. I have a little cat. His name is Tora. I take care of him every day.

○推定配点○

第1問　各1点×22　　第2問　各2点×14　　第3問・第4問　各3点×15　　第5問　5点

計100点

適性検査型

2021年度

解　答　と　解　説

《2021年度の配点は解答欄に掲載してあります。》

＜適性Ⅰ解答＞

1 (1)　距離の制約を克服し，地球規模でお金や情報のやり取りが行われるようになること。
(2)　A　物資　　B　アイデア　　C　人　　(3)　イ

2 (1)　A　ア　　B　エ　　(2)　意見交換や情報収集する範囲が世界レベルに広がることで，多様な考えに気づくことができるようになる点。

(3)　私は，情報にまどわされないために冷静になって，情報分析をすることが必要だと感じています。昨年，新型コロナウイルスの感染が拡大し，きん急事態宣言が出されたころ，マスクが品薄になって価格が急に高くなりました。インターネット上では高値でマスクが転売され，私も朝早く薬局に並んでマスクを買ったこともありました。しかし，現在も自宅には多くのマスクが残されています。確かに，大変な時期だったので仕方なかったとは思いますが，もう少し冷静になっていれば，違う対応もできたのではないかと感じています。

問題文の図からは，多くの人がテレビやインターネットから情報を得ていることがわかります。私も同じように情報を得ていますが，これからは，新聞を読んだり，インターネットを調べるときも多くのサイトを比かくしたりするなどして，くふうして冷静に対処することが必要であると考えています。

○推定配点○

1 (1)　10点　　(2)　各10点×3　　(3)　10点
2 (1)　各5点×2　　(2)　10点　　(3)　30点　　計100点

＜適性Ⅰ解説＞

1 （国語：文章の読み取り，空欄補充，説明など）

(1)　3つ目の明《あかり》さん の発言の「グローバリゼーションとは,この制約を克服《こくふく》し,地球規模《きぼ》でお金や情報のやりとりが行われるようになること」という部分が解答の中心になる。「この制約」とは，直前の彰司《しょうじ》君の発言内容から明らかにすることができる。彰司君はグローバリゼーション以前の時代には距離《きょり》が制約となっていたということを発言しているので，「この制約」とは「距離の制約」のことを指す。これをふまえて簡潔《かんけつ》に解答をまとめる。

(2)　A，B，Cの空欄《くうらん》を含む明さんの発言以降《いこう》，2人はこれらの3つの障害が克服されていった様子について順に話しているので，会話の内容が切りかわる「まず～」「そして～」などの言葉に注目しながら読み進める。空欄のすぐ後の，「まず，物資の移動コストが低下したときにグローバリゼーションの第1段階《だんかい》は始まったんだ」という彰司君の発言から，Aにあてはまるのは「物資」だと考えられる。二つ目のBは，「そして次に，1990年代からは情報通信技術の発展によって，アイデアの移動が可能となり，グローバリゼーションは次の段階に入るんだよね」という発言があるので,「アイデア」がふさわしい。最後に,「そして現在，グローバリゼーションは新たな段階に進んでいるわ」という明さんの発言で話題が変わり，その後「人が現地に移動するコストが以前よりも低くなるのね」という発言があるので，Cには「人」があてはまる。

(3)　傍線部《ぼうせんぶ》より前の会話文の中で「バーチャルワーク(の流れ)」がどのようなものあるかをしっかりと理解する。2人の会話文からは「職場や工場に行かなくても，バーチャルで働けるようになること」，それによって「労働者一人ひとりが別の国でサービスを提供《ていきょう》する」ことがバーチャルワークの流れであることが読み取れるので，これにあてはまらないものを選ぶ。イの「日本のアイデアをアフリカの国々が取り入れて，産業を発展させる」という内容には，労働者が別の国でサービスを提供するという要素がふくまれていないので傍線部②の例として間違《まちが》っている。

2 (国語：推論の手法，図の読み取り，条件作文など)

(1)　空欄Aをふくむ段落を見てみると，Aが「実は，村人によって作り上げられたまやかしだった」ということと，「外敵《がいてき》に怯える村人たちは，決して真実を見ないように巧妙《こうみょう》にコントロールされていた」ということが分かる。また，第2段落から，『ヴィレッジ』という映画では，主人公の住む村では，モンスターの住む森には入ってはならないという掟《おきて》が忠実に守られているという内容が読み取れる。これらをふまえると，怯えていたが，実はまやかしであったものとしてふさわしいのは選択肢の中でモンスターしか考えられない。次に空欄Bについて，空欄Bの前の文には「本当に必要な情報から遮断《しゃだん》された彼らは，実態のない『敵』に対する恐怖に支配され，判断力を失い，何も考えず『掟』にしたがってさえいれば安全だと信じこんでいた」とあることから，幻想すなわち「現実ではなかったもの」とは「安全」である。選択肢《せんたくし》の中から「安全」にもっとも近い意味を持つのは平和なので，「平和」があてはまる。

(2)　語学力を身につけることの利点は，主に本文(Ⅲ)の文章で述べられているので，本文(Ⅲ)の中で語学力を身につける利点の理由になるような箇所《かしょ》をぬき出して考える。まず，第2段落の「発信や不特定多数の人との意見交換《こうかん》，ネットワークづくりなども，英語が読めればいっきに世界レベルに拡大《かくだい》する」という部分だ。次に，第3段落で「ニュース一つとっても，日本の新聞やテレビだけ見るのではなく，世界中の新聞やテレビ番組を比べられるからだ」という部分や，大学生との会話文の3つ目の発言にある「日本のサイトに載《の》ってるものと英語のサイトとは内容が違っていた」の部分も利点になるだろう。以上の内容から，利点としては「世界中の人と意見交換が可能になること」，「世界中の人から情報を得ることができるということ」，「日本と世界のニュースや考え方を比べてその違いに気づけるようになること」などがあげられる。これらの利点を簡潔にまとめる。

重要 (3)　図からは，各種メディアの中でもネットの平均利用時間が増加傾向にあることが読み取れる。また，本文(Ⅱ)にはインターネットの一行ニュースで間違った印象操作にまどわされないためには同じ内容の報道を別のメディア媒体で再チェックすることが大切だと書かれているので，自分が情報にまどわされてしまった経験や，情報により社会が混乱した事例を述べたあと，それを防ぐための対策について，本文(Ⅱ)を参考にしながら書くとよい。以下の採点基準を満たすように400字以内でまとめる。

①　情報にまどわされてしまった経験か，情報により社会が混乱した事例を述べている。

②　①を防ぐための対策を述べている。

③　①・②で述べられている内容が自分の体験や本文，図に基づいている。

④　作文の最後に，主張のまとめを述べている。

⑤　誤字や脱字《だつじ》，文章の不備がない。(これらがあれば1カ所につき1点減点)

★ワンポイントアドバイス★

空欄補充の問題や限られた文字数で説明する問題では，問題文中の空欄や傍線部の前後をよく読んで，文と文の関係性をしっかりとはあくすることが大切。「まず」や「次に」など話を展開《てんかい》する言葉に着目して読むと理解がスムーズになる。

＜適性Ⅱ解答＞

1 (1) 12年 (2) ① 犬 ② パンダ ③ ネコ
(3) (ア) 8年後 (イ) 6年後 (4) 54歳以上78歳以下

2 (1) 1.44 (2) エ (3) ウ (4) 8000 (5) 40 (6) 人工衛星
(7) 地表付近と比べると,「円軌道の半径」が大きくなり「物体の速さ」が小さくなるので，遠心力が小さくなる。円運動をしていることから，遠心力は重力と大きさが等しい。すなわち，地表付近と比べて重力は小さくなる。

○推定配点○

1 (2) 5点(完答) 他 各10点×4
2 (1)～(3) 各5点×3 他 各10点×4 計100点

＜適性Ⅱ解説＞

1 **(算数：グラフ，年齢計算)**

(1) 明人《あきひと》くんの調べた動物の年齢換算《ねんれいかんさん》表より，パンダは5歳までは1年に人間の3歳分歳をとるので，78歳まで生きたこのパンダは，5歳までで15歳分の歳をとっているということになる。よって，5歳以降《いこう》から人間年齢で何歳分の歳をとっているのかを考えると，

78－15＝63

より，63歳分である。換算表から5歳以降は1年間に人間の9歳分の歳をとるので，

63÷9＝7

63歳分歳をとるのに7年かかるので，1年で人間の3歳分の歳をとる5年間と1年で9歳分の歳をとる7年間をたして求める答えは12年間となる。

(2) 2歳で人間の19歳分，2歳以降は1年間に人間の7歳分歳をとる犬は生後2年目でグラフのかたむきが少しゆるやかになるので，①があてはまる。ネコは1歳で人間の18歳分，2歳で人間の24歳分，2歳以降は1年間に人間の3歳分歳をとるので，グラフのかたむきは生後1年目と2年目の2回変化する。よって③があてはまる。最後に,生後5年目でグラフのかたむきが変わっている②がパンダということになる。

(3) (ア) 徳子《のりこ》さんがまとめたグラフから，②のパンダの折れ線グラフと③のネコの折れ線グラフが交わる点の横軸《じく》の年数がネコとパンダの年齢が同じになるときである。よって答えは8年。

(イ) ネコは1年後に人間年齢18歳になり，犬は2年後に19歳になるのでどちらも12歳の小学生を追い抜《ぬ》く。5年後にパンダは15歳になるが，12歳の小学生も17歳になっているのでまだ追い抜いていない。6年後にはパンダは24歳になり，このときはじめて追い抜く。

(4) 年齢換算表をもとにネコとパンダの歳のとり方をまとめると，以下の表になる

生後(年)	1	2	3	4	5	6	7	8	9	10	11	12
ネコ	18	24	27	30	33	36	39	42	45	48	51	54
パンダ	3	6	9	12	15	24	33	42	51	60	69	78

よって，ネコの寿命以上でパンダの寿命以下のとき54歳以上78歳以下である。

2 **(理科：重力と遠心力)**

(1) ボールの質料144gはkgで表すと，0.144kgなので，0.144×10＝1.44(N)　よって，答えは1.44である

(2) 月面上では重力の大きさは地球上での重力の大きさの約6分の1倍になることから月面上でばねばかりにつるすと，物体Xを引っ張る力は地球上に比べて約6分の1倍になるので，10gを示す。しかし，物体Xそのものが軽くなったわけではないので，上皿てんびんでは60g分のおもりとつり合う。よって正解はエ。上皿てんびんの場合，おもりの重さも約6分の1倍になることに注意。

(3) 重力が地球の中心方向を向いていて，かつ遠心力が地球の中心とは反対方向を向いているものの内，二つの力がつり合っている、すなわち矢印の長さが等しいものが正しいのでウを選ぶ。

(4) 遠心力はボールの重力と等しいので，(1)より1.44Nである。また，ボールの質量は0.144kg，円軌道《きどう》の半径は6400000mより，メモの式にこれらの数値《すうち》をあてはめると，

$1.44=\dfrac{0.144\times\text{物体の速さ}\times\text{物体の速さ}}{6400000}$　　$\text{物体の速さ}\times\text{物体の速さ}=\dfrac{0.144\times6400000}{0.144}=$ 6400000

となる。8×8＝64であることと，0の数が6個であることから物体の速さは毎秒8000mである。

やや難 (5) kmをmに，時間を秒に換算《かんさん》して速さを計算する。144km＝144000m，1時間＝3600秒なので144000÷3600＝40　よって求める答えは40。

(6) 地球の周りには月(衛星)や人工衛星が回っている。一郎の「地球の周りには人間が投げたたくさんの“ボール”が回っている」という発言から，ここでは人工衛星がふさわしい。

(7) 人工衛星にはたらく重力は地表付近と比べてどのように変化するかを説明する。地表付近と異なるのは，円軌道の半径と物体の速さで，円軌道の半径は大きくなり，物体の(人工衛星の)速さの値《あたい》は小さくなる。このとき，遠心力を求める式に当てはめるとは分母が大きくなり，分子が小さくなるので，遠心力の値は小さくなる。円運動をしていることから，遠心力と重力の大きさは等しいので，重力も小さくなると考えられる。

★ワンポイントアドバイス★

複雑な式やグラフが問題文中に出てきても，変形したり，表にしたりすることで解答の糸口がつかめるので落ち着いて取り組もう。

＜適性Ⅲ解答＞

1 (1) ア 2　エ 2　オ 3億　(2) イ 球　ウ 円　カ 経度

(3) 2つの円の交点がない[2つの円が交わらない]から　(4) 420km

(5) (4)のように，時間のわずかな誤差だけで，GPSの位置情報は正確な地点から大きくずれてしまうから　(6) (ⅰ) 8　(ⅱ) $x=7$，$y=0$ など

2 (1) D (2) 電気エネルギーのむだ使いを防ぐために，省エネルギーの電化製品を使う。
(3) 時間が経つほど石灰水はあまりにごらなくなると考えられる。 (4) ア 青紫
イ デンプン (5) D (6) 二酸化炭素濃度が低くなる季節は夏である。その理由は，植物が一年で最も光合成をしており，空気中の二酸化炭素を吸収する季節であるから。
(7) 世界地図をみると，30N－60Nは60S－30Sよりも大陸の面積が大きい。そのため，住んでいる人や工場の数が多く二酸化炭素の排出量が多いと考えられる30N－60Nは二酸化炭素濃度が高くなる。また，植物の量が多い30N－60Nでは，光合成による二酸化炭素の減少の影響が大きくなるため，季節変動の幅が大きくなると考えられる。

3 (1) ア 8 (2) イ 24 ウ 28 エ 4 (3) 12時間よりも長い間隔をあけて薬を服用する。など (4) ある値に近づいていく 1回目の使用で血中濃度は16，2回目の使用で血中濃度は24，3回目の使用で血中濃度は28，4回目の使用で血中濃度は30，5回目の使用で血中濃度は31となる。回数を重ねていくと，グラフは全体的に右に上がりながらも，数値は16，24，28，30，31と上昇がゆるやかになっていくことから，ある値に近づいていくことが予想できる。

○推定配点○(本校会場)

1 (1)～(3)・(6) 各3点×9 (4)・(5) 各5点×2

2 (1)・(5) 各4点×2 (2)・(3) 各5点×2 (4) 各3点×2 (6) 8点
(7) 10点 3 (1)・(2) 各3点×4 (3) 4点 (4) 5点 計100点

○推定配点○(市川会場)

1 (1)～(4) 各4点×8 (5) 8点 (6) 各5点×2

2 (1) 4点 (2)・(3)・(5) 各5点×3 (4) 各3点×2 (6) 10点 (7) 15点
計100点

＜適性Ⅲ解説＞

1 (算数：図形,速さ)

(1) ア 右の図1のように，円と円は2点で交わる。

エ 平面の円周に球が交わる場合，右の図2のように2点で交わる。

オ 1秒間に1周40000kmの地球を7周半回るので，40000×7.5＝300000 よって，kmをmに単位換算して，300000000(m)

(2) イ 平面上で1点からの距離《きょり》が等しい点の集まりは，円となり，空間上で1点からの距離が等しい点の集まりは球となる。

ウ 2つの球が交わる場合，その交わる箇所《かしょ》の形は円になる

カ 世界地図上で位置を示す基準となるものは，緯《い》度と経度である。

(3) 点Aから7km，点Bから5kmの円を描くと，2つの円は交点をもたないことがわかる。

(4) 発信時刻と受信時刻の差を求めると，52.205－52.2036＝0.0014(秒)の差がある。(1)で求めた電波の速さより，300000×0.0014＝420 よって，光の速さは秒速420km。

(5) (4)からもわかるように0.001秒程度のわずかな誤差があった場合，GPSの位置情報と実際の位置情報の違いはとても大きい。

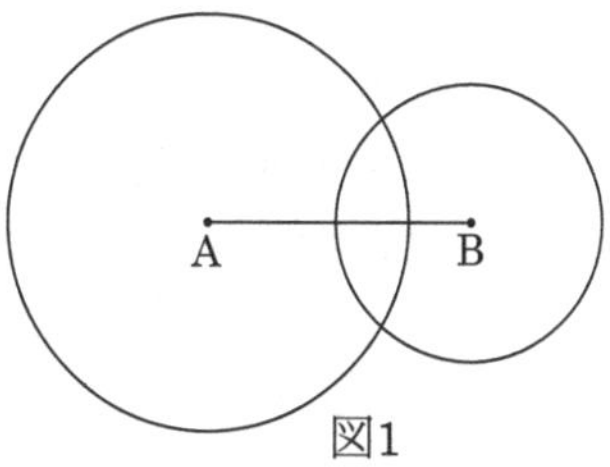

図1

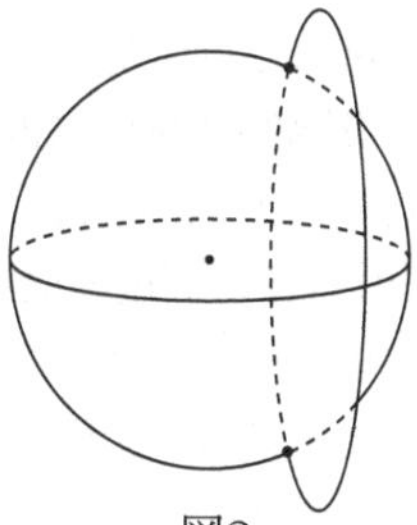
図2

(6) (i) $2y+5=21$は文字yを2倍して5を加えて21になるという意味になるので，逆算をして，21から5を引いて，さらに2でわればよい。 (ii) 整数でも分数でも，ある数xを3倍した数とある数yを2倍した数の和が21になるようなx，yの組み合わせを考えればよい。

重要 2 **(理科：地球温暖化，光合成，二酸化炭素濃度)**

(1) 地球が温暖化すると大陸の氷が解けて海水面が上昇し，国土が減少することがあるのでAが正しい。また，暖かくなる時期は早まるので，桜のような春に花を咲かせる植物の開花が早まることがある。よって，Bは正しい。ライチョウは高山の寒い環境を好むため，標高の高い寒い場所が少なくなるとライチョウの生息可能な地域は減るのでCも正しい。液状化現象とは，ゆるく堆積《たいせき》した砂の地盤《じばん》が強く揺れたときに地盤が液状化するという仕組みなので、液状化現象は地球温暖化とは無関係である。

(2) 地球温暖化の防止策として最も重要なのは二酸化炭素の排出量《はいしゅつりょう》の削減《さくげん》である。私たちの日々の生活で使っている電力は大量の二酸化炭素の排出を伴《ともな》って生みだされているので，電力の消費を減らすことが，二酸化炭素の排出量を減らすことにつながる。電力を減らすには，こまめに家電の電源を切るなど節電をしたり，冷暖房の温度設定を控《ひか》えたり，そもそも消費電力の少ない家電を買ったりすることなどがあげられる。

(3) 植物は日光を当てた時間が長いほど光合成をたくさん行う。よって，日光を当てた時間が長ければ長いほど試験管の中の二酸化炭素の量は減ると考えられる。石灰水は二酸化炭素と混ざると白くにごる性質があるので，以上のことから，時間が経つほど石灰水はにごらなくなるという内容のDが正しい。

基本 (4) ヨウ素液はデンプンと反応して青紫色になる性質がある。植物は光合成をすると，二酸化炭素を吸収してデンプンを作る。

基本 (5) 二酸化炭素が日光によって別のものに変化したかを確かめる実験を選ぶ。AとBは酸素についての実験であり，二酸化炭素によって結果が変化したかどうかは確かめることは出来ないので不適切。Cは試験管がアルミニウムはくでおおわれて日光が当たらないため，日光の影響《えいきょう》を調べることができず，適切な実験とはいえない。二酸化炭素に日光を当てて変化したかを確かめているDが正解である。

(6) 植物は日光が当たると光合成をして，大気中の二酸化炭素を吸収する。このことから，大気中の二酸化炭素濃度《のうど》が低くなるのは，光合成が活発に行われる夏であると考えられる。

(7) 世界地図をみると30N－60Nは60S－30Sよりも大陸の面積が大きいことがわかる。このことから，二酸化炭素の排出の原因となる人間の活動や工場の数も30N－60Nの方が多いので二酸化炭素濃度は高くなる。また，植物も多く生育する北半球の30N－60Nでは，光合成の活発な夏とそうでない冬で二酸化炭素の吸収量に差が出ると考えられる。よって，60S－30Sよりも30N－60Nで季節変動の幅《はば》が大きくなる。

3 **(算数・理科：血中濃度)**

(1) 12時間後に血中濃度は半分になるので16の半分は8より，答えは8。

やや難 (2) 12時間後の血中濃度は8，そこから薬を服用して16上昇し，24になるのでイは24。24時間後の血中濃度はイの本文なので，12。それに16を加えるのでウは28。その後，28→14→30となり，血中濃度の上限の29を超えてしまうので，4回目で超えることがわかる。よって，エに当てはまるのは4。

(3) より長い間隔《かく》をおけば血中濃度は下降し，血中濃度の上昇を抑えられる。

(4) 血中濃度と薬の服用回数についての表は以下の通りである。

薬の服用回数(回)	1	2	3	4	5
血中濃度	16	24	28	30	31

実際に血中濃度の変化を書き出してみて，どのような傾向にあるのかを考えるのがよい。

★ワンポイントアドバイス★

理由を説明する問題は少し難しく感じられるが資料の中に必ず根拠《きょ》があるので，問題をしっかり理解して取り組もう。理科の分野では基本的な知識が問われることも多い。

MEMO

大切なことはメモしておこうネ！

解答用紙集

○月×日　△曜日　天気(合格日和)

◆ご利用のみなさまへ
＊解答用紙の公表を行っていない学校につきましては、弊社の責任において、解答用紙を制作いたしました。
＊編集上の理由により一部縮小掲載した解答用紙がございます。
＊編集上の理由により一部実物と異なる形式の解答用紙がございます。

人間の最も偉大な力とは、その一番の弱点を克服したところから生まれてくるものである。 ──カール・ヒルティ──

東京学参株式会社

千葉明徳中学校(一般入試①)　2024年度

◇算数◇

※ 175%に拡大していただくと，解答欄は実物大になります。

1

(1)		(2)	
(3)		(4)	
(5)			

2

(1)	(答)＿＿＿時間＿＿＿分	(2)	(答)＿＿＿＿＿円
(3)	(答)＿＿＿＿＿g	(4)	(答)＿＿＿＿＿個
(5)	(答)＿＿＿＿＿cm^2	(6)	(答)＿＿＿＿＿度

3

(1)	（答）食塩水㋐：＿＿＿＿＿＿ g　食塩水㋑：＿＿＿＿＿＿ g
(2)	（答）＿＿＿＿＿＿％
(3)	（答）＿＿＿＿＿＿％

4

(1)	（答）表面積＿＿＿＿＿＿ cm^2
(2)	（答）体積＿＿＿＿＿＿ cm^3
(3)	（答）表面積＿＿＿＿＿＿ cm^2　体積＿＿＿＿＿＿ cm^3

5

(1)	ア：	イ：
(2)	（答）＜126＞＝＿＿＿＿＿＿	
(3)	（答）A＝＿＿＿＿＿＿	

千葉明徳中学校（一般入試①）　2024年度

◇理科◇

※ 156％に拡大していただくと，解答欄は実物大になります。

1	(1)		(2)		(3)	
	(4)		(5)			
	(6)		(7)		(8)	
	(9)		(10)			
2	(1)	と	(2)			
	(3)		(4) B		(4) C	
	(5) ⑤		(5) ⑥		(5) ⑦	
	(5) ⑧					
3	(1)					
	(2) ア		(2) イ			
	(3)					
	(4) ①		(4) ②		(5)	

千葉明徳中学校(一般入試①)　2024年度

◇社会◇

※ 182％に拡大していただくと，解答欄は実物大になります。

1	(1)		(2)		(3)		(4)		(5)		(6)		(7)		(8)	
	(9)		(10)		(11)		(12)		(13)		(14)		(15)		(16)	
	(17)		(18)		(19)		(20)									

2	(1)						
	(2)		(3)		(4)		
	(5)						
	(6)						
	(7)						

◇国語◇

千葉明徳中学校(一般入試①)　２０２４年度

※１７２％に拡大していただくと、解答欄は実物大になります。

【一】

問一　①　②　③　④　⑤　⑥　⑦　⑧　⑨　⑩

問二　①　②　③　④　⑤

【二】

問一　A　B

問二　a　b　c　d

問三　キャラクターは　だから。

問四　こと。

問五

問六

問七　Ⅰ　Ⅱ　Ⅲ

問八

問九

【三】

問一　a　b　c　d

問二

問三

問四

問五　始め　終わり　ということ。

問六

問七　から。

問八

問九　小二の時　走る前　走っている間

問十

千葉明徳中学校(一般入試②)　2024年度

◇算数◇

※ 175％に拡大していただくと，解答欄は実物大になります。

1

(1)

(2)

(3)

(4)

(5)

2

(1)

(答)＿＿＿＿＿＿km

(2)

(答)＿＿＿＿＿＿円

(3)

(答)＿＿＿＿＿＿個

(4)

(答)＿＿＿＿＿＿通り

(5)

(答)＿＿＿＿＿＿cm^2

(6)

(答)＿＿＿＿＿＿度

3

(1)	(答) ________
(2)	(答) ________
(3)	(答) ________

4

(1)	ア：	イ：
(2)	(答) ________	
(3)	(答) ________	

5

(1)	ア：	ウ：
	オ：	カ：
(2)	イ：	エ：
(3)	(答) ________ cm^3	

千葉明徳中学校(一般入試②)　2024年度　◇理科◇

※ 156%に拡大していただくと，解答欄は実物大になります。

1	(1)		(2)		(3)	
	(4)		(5)			
	(6)		(7)		(8)	
	(9)		(10)			
2	(1) ①		(1) ②		(1) ③	
	(1) ④		(1) ⑤		(1) ⑥	
	(1) ⑦		(2)		(3)	
	(4)	側	(5)		(6)	
3	(1)		(2)		(3)	B:D ＝ 　:
	(4)		(5)			
	(6) A		(6) B		(6) C	

千葉明徳中学校(一般入試②)　2024年度　◇社会◇

※ 182%に拡大していただくと，解答欄は実物大になります。

1	(1)		(2)		(3)		(4)		(5)		(6)		(7)		(8)	
	(9)		(10)		(11)		(12)		(13)		(14)		(15)		(16)	
	(17)		(18)		(19)		(20)									

2	(1)	①		②									
		③											
		④		⑤									
	(2)												
	(3)	①		②									
		③											
		④		(4)	①		②		③				
	(5)		(6)	①		②			③				
	(7)	①		②									

◇国語◇

千葉明徳中学校（一般入試②）　２０２４年度

※ １７２%に拡大していただくと、解答欄は実物大になります。

【一】

問一　①　②　③　④　⑤　⑥　⑦　⑧　⑨　⑩

問二　①　②　③　④　⑤

問三　①　②　③　④　⑤

【二】

問一　A　B

問二　a　b

問三

問四

問五　食料が安定してきて

問六

問七

問八

問九

問十

【三】

問一　A　B

問二

問三

問四

問五

問六

問七

問八

問九

問十

千葉明徳中学校(適性検査型本校会場)　2024年度　◇適性検査Ⅰ◇

※ 169%に拡大していただくと，解答欄は実物大になります。

1－Ⅰ

(1)	ア	10　15
(2)	イ	10　15　20
(3)	ウ	エ
(4)	1	30　60
(5)	2	10　15　20
(6)		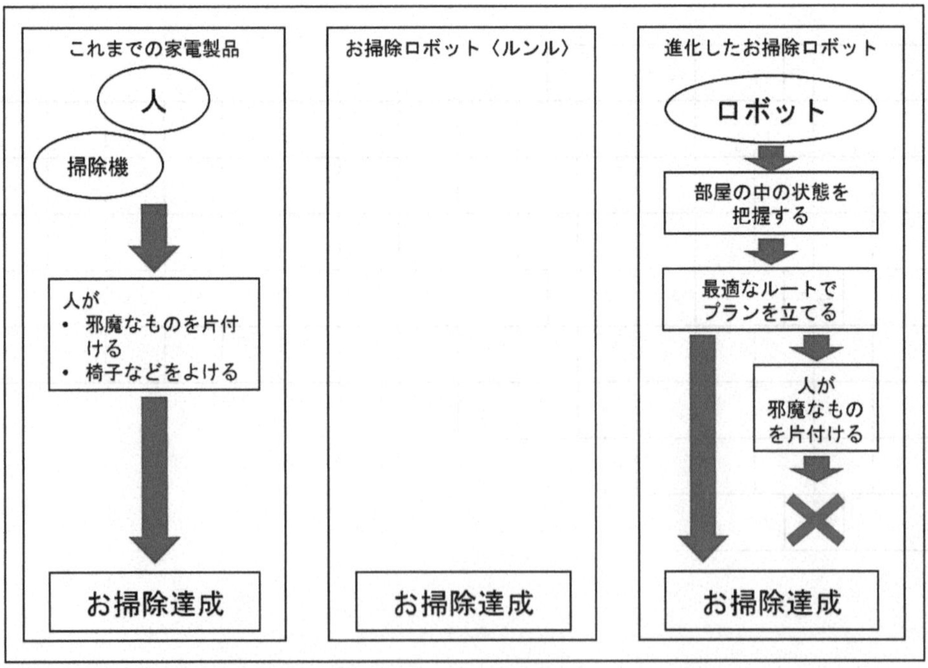

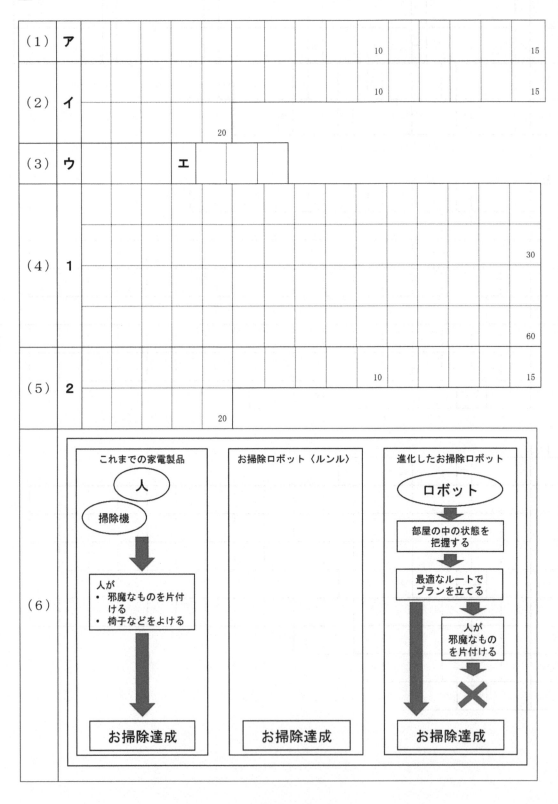

1－Ⅱ

(7)	オ			カ												
(8)	キ										10					15
(9)	ク										10					15

2

(1)	ア		イ		ウ	
(2)	エ					
(3)	オ					
(4)	記号					
	理由					
(5)	カ		キ			
	ク					

千葉明徳中学校（適性検査型本校会場）　2024年度　　◇適性検査Ⅱ◇

※ 167％に拡大していただくと，解答欄は実物大になります。

1

（1）	ア：	イ：	エ：	オ：
	キ：	ク：	ケ：	コ：
	サ：	シ：	ス：	セ：
（2）	ウ：	カ：		
（3）				
（4）				

（5）	（ⅰ）		（ⅱ）	
	（ⅲ）			
	（ⅳ）	ソ：	タ：	

2

（1）				
（2）	B：	C：	D：	

（3）	（ⅰ）	＜メタンガス＞			
		＜エタノール＞			
	（ⅱ）	a：	b：	c：	d：
		e：	f：	g：	

2

<table>
<tr><td>（4）</td><td colspan="2">水素：</td><td>水：</td></tr>
<tr><td>（5）</td><td colspan="3"></td></tr>
<tr><td>（6）</td><td colspan="2"></td><td></td></tr>
<tr><td rowspan="2">（7）</td><td>（i）</td><td colspan="2"></td></tr>
<tr><td>（ii）</td><td colspan="2"></td></tr>
</table>

千葉明徳中学校（適性検査型本校会場）　2024年度　◇適性検査ⅢＡ◇

※ 167％に拡大していただくと，解答欄は実物大になります。

1

（1）	ア：	イ：	ウ：	エ：
（2）	（答）＿＿＿＿秒			
（3）	（答）＿＿＿＿秒			
（4）	（答）♩＝＿＿＿＿			
（5）	オ：	カ：	キ：	
（6）	ク：	ケ：	コ：	サ：
（7）	（答）＿＿＿＿通り			

2

(1)	①	記号		理由	
	②	記号		理由	
	③	記号		理由	
(2)					
(3)					
(4)		(5)		(6)	
(7)	①				
	②	記号		理由	
	③	理由			
		グラフ			

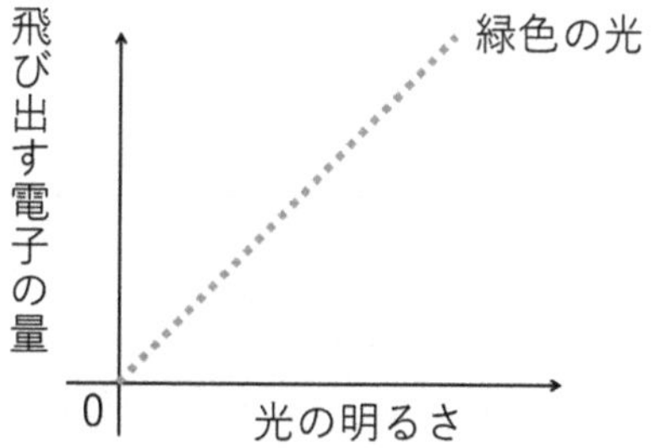

千葉明徳中学校（適性検査型本校会場）　２０２４年度

※１５６％に拡大していただくと、解答欄は実物大になります。

◇適性検査Ⅲ　B◇

一

（１）　①　②　③　④

（２）

が生まれてくればよい。

二

①　②

③

④

三

（１）　①　②

（２）

三 (3)

千葉明徳中学校（適性検査型本校会場）　2024年度　◇適性検査ⅢC◇

※ 119％に拡大していただくと，解答欄は実物大になります。

1

(1)		(2)		(3)		(4)		
(5)	食事 → ＿＿＿ → ＿＿＿ → ＿＿＿ → 就寝《しん》							

(6)

職業	
働いているところ	千葉
住んでいるところ	
現在の仕事の内容	
経験年数	４年
休日	今週：日曜日　　来週：
この仕事を選んだ理由	

(7)	A	B	C	D	E	

2

（1）
①
②
③

（2）

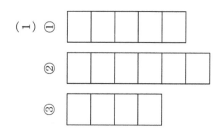

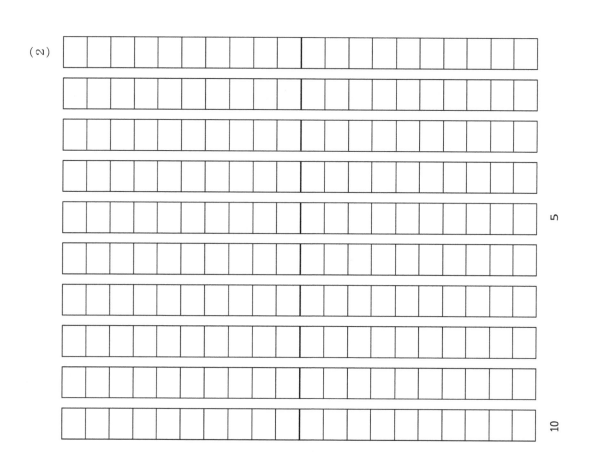

千葉明徳中学校（一般入試①）　2023年度

◇算数◇

※ 152%に拡大していただくと，解答欄は実物大になります。

1

(1)		(2)	
(3)		(4)	
(5)			

2

(1)	(答)＿＿＿＿＿km	(2)	(答)＿＿＿＿＿%
(3)	(答)＿＿＿＿＿日	(4)	(答)＿＿＿＿＿通り
(5)	(答)＿＿＿＿＿cm^2	(6)	(答)＿＿＿＿＿度

3

(1)	(答)＿＿＿＿＿＿
(2)	(答) ＿＿＿＿＿番目
(3)	(答)＿＿＿＿＿＿

4

(1)	(答) 体積＿＿＿＿＿cm^3 表面積＿＿＿＿＿cm^2
(2)	(答) ＿＿＿＿＿cm
(3)	(答) ＿＿＿＿＿cm^3

5

(1)	ア：	イ：	ウ：	エ：	オ：
	カ：	キ：	ク：	ケ：	コ：
(2)	(答)＿＿＿＿＿回				
(3)	(答) サ： ＿＿＿＿ シ：＿＿＿＿				

千葉明徳中学校(一般入試①)　　2023年度

◇理科◇

※ 141%に拡大していただくと，解答欄は実物大になります。

1	(1)		(2)		(3)	
	(4)		(5)			
	(6)		(7)		(8)	
	(9)		(10)			
2	(1)		(2)			
	(3)	日本：	(3)	シンガポール：		
	(4)	北極点：	(4)	南極点：	(5)	
3	(1) ①	に　　　　cm	(1) ②	cm		
	(2) ア		(2) イ		(2) ウ	
	(2) エ		(2) オ		(2) カ	

千葉明徳中学校(一般入試①)　2023年度　　◇社会◇

※ 159%に拡大していただくと，解答欄は実物大になります。

1	(1)		(2)		(3)		(4)		(5)		(6)		(7)		(8)	
	(9)		(10)		(11)		(12)		(13)		(14)		(15)		(16)	
	(17)		(18)		(19)		(20)									

2	(1)		(2)			(3)		(4)		(5)	
	(6)	①		②		③		(7)		(8)	
	(9)										
	(10)										
	(11)										

2023年度

千葉明徳中学校（一般入試①）

※152%に拡大していただくと、解答欄は実物大になります。

◇国語◇

【一】

問一 ① ② ③ ④ ⑤ ⑥ ⑦ ⑧ ⑨ ⑩

問二 ① ② ③ ④ ⑤

【二】

問一 Ⅰ Ⅱ

問二 a b

問三 報道が増えた理由は、

問四

問五

問六

問七

【三】

問一

問二

問三

問四

問五

問六

問七

千葉明徳中学校(一般入試②)　2023年度

◇算数◇

※ 154%に拡大していただくと，解答欄は実物大になります。

1

(1)		(2)	
(3)		(4)	
(5)			

2

(1)	(答)＿＿＿＿＿＿個	(2)	(答)＿＿＿＿＿＿分
(3)	(答)＿＿＿＿＿＿%	(4)	(答)＿＿＿＿＿＿度
(5)	(答)＿＿＿＿＿＿cm^2		

3

(1)

(答)＿＿＿＿＿＿＿＿cm^3

(2)

(答)＿＿＿＿＿＿＿＿cm^2

4

(1)

(答) イチゴ＿＿＿＿個　バナナ＿＿＿＿個

(2)

(答) イチゴ＿＿＿＿個　バナナ＿＿＿＿個

(3)

5

(1)

［理由］

(答)＿＿＿＿＿＿＿＿

(2)

［理由］

(答)＿＿＿＿＿＿＿＿

(3)

［理由］

(答)＿＿＿＿＿＿＿＿

(4)

［理由］

(答)＿＿＿＿＿＿＿＿

千葉明徳中学校（一般入試②）　2023年度

◇理科◇

※ 141％に拡大していただくと，解答欄は実物大になります。

1	(1)		(2)		(3)	
	(4)		(5)			
	(6)		(7)		(8)	
	(9)		(10)			
2	(1)		(2)		(3)	
	(4)		(5)		(6)	
3	(1) ア		(1) イ		(1) ウ	
	(1) エ		(2)	目盛りの値：　mL	(2)	目の高さ：
	(3)	Aの比重：　g/cm^3	(3)	Aの種類：		
	(3)	Bの比重：　g/cm^3	(3)	Bの種類：		
	(3)	Cの比重：　g/cm^3	(3)	Cの種類：		
	(4)					

千葉明徳中学校(一般入試②)　2023年度

◇社会◇

※ 159%に拡大していただくと，解答欄は実物大になります。

1

(1)		(2)		(3)		(4)		(5)		(6)		(7)		(8)	
(9)		(10)		(11)		(12)		(13)		(14)		(15)		(16)	
(17)		(18)		(19)		(20)									

2

(1)		(2)	①		② →　→　→
(3)					

(4)

- ①
- ②
- ③
- ④

２０２３年度

千葉明徳中学校（一般入試②）

※１５６％に拡大していただくと、解答欄は実物大になります。

◇国語◇

【一】

問一　①　②　③　④　⑤　⑥　⑦　⑧　⑨　⑩

問二　①　②　③　④　⑤

【二】

問一　Ⅰ　Ⅱ

問二　a　b

問三　六字　十六字

問四

問五

問六

問七

【三】

問一　Ⅰ　Ⅱ

問二

問三

問四

問五

問六

問七

◇適性検査Ⅰ◇

※ 122%に拡大していただくと，解答欄は実物大になります。

1 − Ⅰ

（1）	あ	
	い	
（2）	う	
	え	
（3）	お	
（4）	1	
（5）	2	15 / 20
（6）	3	

1 − Ⅱ

（7）

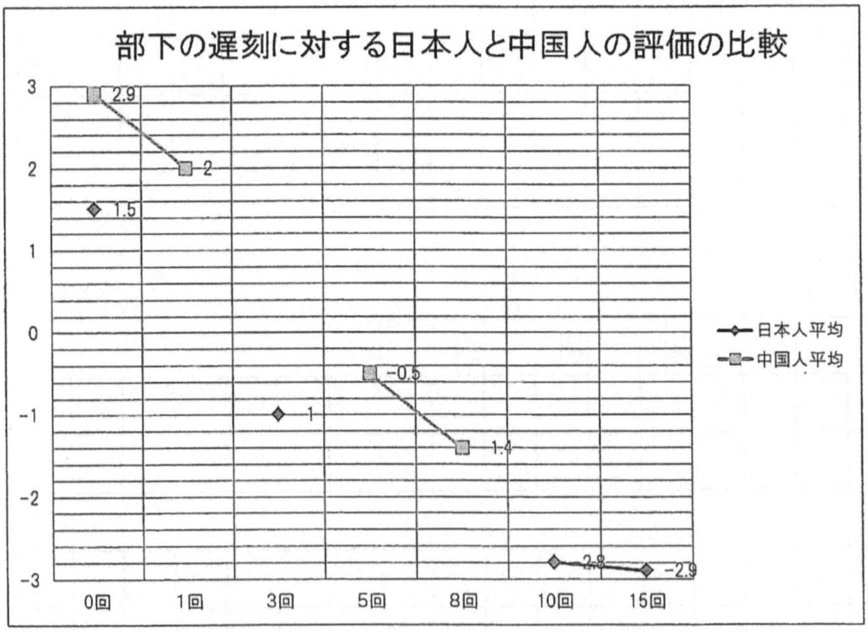

（8）

2

(1)	あ	10 15 20						
(2)	1	ア		イ		ウ		エ
(3)	2	100 150 200						
(4)	い							

2

(5)	3	①															
												40					
							50										
		②	X			Y											

千葉明徳中学校(適性検査型本校会場)　2023年度

◇適性検査Ⅱ◇

※ 172%に拡大していただくと，解答欄は実物大になります。

1

(1)	ア： (答)＿＿＿＿＿		イ： (答)＿＿＿＿＿	
	ウ： (答)＿＿＿＿＿		エ： (答)＿＿＿＿＿	
(2)	(i)	[理由] (答)＿＿＿＿＿	(ii)	(答)＿＿＿＿＿
(3)	(i)	(答)＿＿＿＿＿	(ii)	(答)＿＿＿＿＿
	(iii)	(答)＿＿＿＿＿	(iv)	(答)＿＿＿＿＿

2

(1)	固体：		液体：		気体：			
(2)								
(3)								
(4)								
(5)	(i)		(ii)		(iii)		(iv)	
	(v)							
(6)								

千葉明徳中学校(適性検査型本校会場)　2023年度　◇適性検査ⅢA◇

※ 172%に拡大していただくと，解答欄は実物大になります。

1

(1)	ア： (答)＿＿＿＿	イ： (答)＿＿＿＿
(2)	(答)＿＿＿＿	
(3)	［理由］ (答)＿＿＿＿	
(4)	(答)オ：＿＿＿＿　カ：＿＿＿＿	
(5)	(答)A：＿＿＿＿B：＿＿＿＿C：＿＿＿＿D：＿＿＿＿キ：＿＿＿＿	
(6)	(答)＿＿＿＿	
(7)	(答)＿＿＿＿	

2

<table>
<tr><td>(1)</td><td colspan="5">(答)</td></tr>
<tr><td rowspan="2">(2)</td><td>ア</td><td colspan="4"></td></tr>
<tr><td>理由</td><td colspan="4"></td></tr>
<tr><td>(3)</td><td colspan="5">(答)</td></tr>
<tr><td>(4)</td><td colspan="5"></td></tr>
<tr><td>(5)</td><td colspan="5"></td></tr>
<tr><td>(6)</td><td colspan="5"></td></tr>
<tr><td rowspan="2">(7)</td><td>正誤</td><td colspan="4"></td></tr>
<tr><td>理由</td><td colspan="4"></td></tr>
<tr><td rowspan="2">(8)</td><td>(i)</td><td>イ</td><td></td><td>ウ</td><td></td></tr>
<tr><td>(ii)</td><td colspan="4"></td></tr>
</table>

2023年度

千葉明徳中学校（適性検査型本校会場）

※115%に拡大していただくと、解答欄は実物大になります。

◇適性検査Ⅲ B◇

一

（1）①

②

（2）③

二

（1）①

（2）

三

（1）

こと。

三 (2)

※ 122％に拡大していただくと，解答欄は実物大になります。

1

(1)		(2)		(3)		(4)		(5)	
(6)	ジュンさんの将来の夢： ①__________で，②__________の選手になること。 ジュンさんの英語の先生の名前：　③__________ ジュンさんは②の他にも④__________を話すことが好き。 将来は①の国で⑤__________と⑥__________がしたいので，一生けんめい英語を勉強するつもりだ。								

※ 122%に拡大していただくと，解答欄は実物大になります。

（7）

	名前・職業など	そのほかの情報
父		写真では一番左に写っている
母		
姉	高校生	
ネコ	ジョン	他に２ひきのネコがいる

※ 189%に拡大していただくと，解答欄は実物大になります。

2

(1)

から。

(2)

千葉明徳中学校(一般入試①)　2022年度

◇算数◇

※ 152%に拡大していただくと，解答欄は実物大になります。

1

(1)		(2)	
(3)		(4)	
(5)			

2

(1)	(答)＿＿＿＿km	(2)	(答)＿＿＿＿
(3)	(答)＿＿＿＿g	(4)	(答)＿＿＿＿歳
(5)	(答)＿＿＿＿cm^2	(6)	(答)＿＿＿＿°

3

(1)	(答)________________
(2)	(答)________________
(3)	(答)________________

4

(1)	(答)______________cm³
(2)	(答)______________cm³

5

(1)	
(2)	(答)________位
(3)	(答)________通り
(4)	(答)________通り

千葉明徳中学校(一般入試①)　2022年度

◇理科◇

※ 141%に拡大していただくと，解答欄は実物大になります。

1	(1)		(2)		(3)	
	(4)		(5)			
	(6)		(7)		(8)	
	(9)		(10)			
2	(1) A		(1) B			
	(2) C		(2) D		(2) E	
	(2) F		(2) G		(3)	
	(4) C		(4) D			
	(5)					
3	(1)	反応	(2)			
	(3)	と				
	(4) 記号	と	(4) 気体名			
	(5) 記号		(5) 気体名		(6)	

千葉明徳中学校（一般入試①）　2022年度

◇社会◇

※ 159％に拡大していただくと，解答欄は実物大になります。

1

(1)		(2)		(3)		(4)		(5)		(6)		(7)		(8)	
(9)		(10)		(11)		(12)		(13)		(14)		(15)		(16)	
(17)		(18)		(19)		(20)									

2

(1)					
(2)					
(3)		(4)		(5)	
(6)					
(7)		(8)		(9)	
(10)		(11)		(12)	

◇国語◇

千葉明徳中学校(一般入試①)　２０２２年度

※１５２％に拡大していただくと、解答欄は実物大になります。

【一】

問一　①　②　③　④　⑤　⑥　⑦　⑧　⑨　⑩

問二　①　②　③　④　⑤　⑥

問三　①　②　③　④　⑤

【二】

問一　Ⅰ　Ⅱ

問二　A　B

問三

問四

問五

問六　アサガオのタネに

問七

【三】

問一

問二

問三

問四

問五

問六

問七

千葉明徳中学校（適性検査型本校会場）　2022年度　◇適性検査Ⅰ◇

※ 122％に拡大していただくと，解答欄は実物大になります。

1－Ⅰ

（1）	あ	10	15	
（2）	い		う	
（3）	え			
（4）	お	30	40	
（5）	1	60	70	

1－Ⅱ

（6）	2	特徴の番号		
			30	40

1 − Ⅱ

(7)	**3**	

2 − Ⅰ

(1)	**1**					年
(2)	**あ**					
(3)	**い**					
(4)	**う**					
(5)	**え**					

2 − Ⅱ

(6)	**2**	**ア**		**イ**		**ウ**		**エ**								
(7)	**お**															15

千葉明徳中学校（適性検査型本校会場） 2022年度　　◇適性検査Ⅱ◇

※ 172％に拡大していただくと，解答欄は実物大になります。

1

（1）ア		（1）イ		（2）ウ	
（2）エ	記号＿＿＿＿ 理由				
（3）オ		（3）カ		（3）キ	
（4）（i）	ウイルス＿＿＿＿ 理由				
（4）（ii）	ウイルスA： ウイルスB： ウイルスC：				

2

<table>
<tr><td>（1）
ア</td><td colspan="5">cm</td></tr>
<tr><td>（2）
工夫</td><td colspan="5"></td></tr>
<tr><td>（2）
平均
の値</td><td colspan="5">cm</td></tr>
<tr><td>（3）</td><td colspan="5"></td></tr>
<tr><td>（4）
イ</td><td>cm</td><td>（4）
ウ</td><td>なり</td><td>（4）
エ</td><td>なる</td></tr>
<tr><td>（5）</td><td colspan="5"></td></tr>
</table>

千葉明徳中学校（適性検査型本校会場）　2022年度　◇適性検査ⅢA◇

※ 172％に拡大していただくと，解答欄は実物大になります。

1

（1）		（2）		（3） B	
（3） C		（4）		（5）	
（6） Ⅰ					
（6） Ⅱ					

2

（1）		（2）		（3）	
（4）		（5）		（6） A	
（6） B		（6） C			
（6） D					

◇適性検査Ⅲ B◇

千葉明徳中学校（適性検査型本校会場）　２０２２年度

※１５９％に拡大していただくと、解答欄は実物大になります。

一

（１）

（２）

二

（１）

（２）

三

（１）

三

(2)

千葉明徳中学校(適性検査型本校会場)　2022年度　◇適性検査ⅢC◇

※ 120%に拡大していただくと，解答欄は実物大になります。

1

(1)		(2)		(3)		(4)		(5)	
(6)	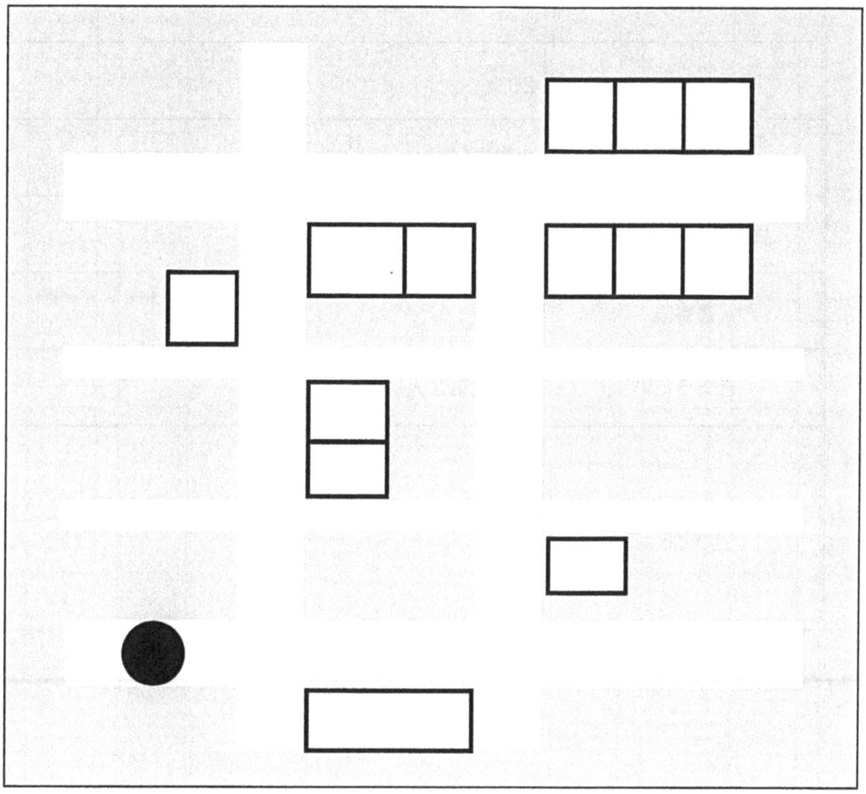								

（7）

事前にもらっているメモ

名前（英語）	
名前（日本語）	ジェイコブ・ブラウン
年齢《ねんれい》	20歳《さい》
職業	大学生
住んでいるところ	習志野《ならしの》市
最寄《もより》駅	津田沼《つだぬま》
きょうだい	男の兄弟２人
趣味《しゅみ》	

※ 167%に拡大していただくと，解答欄は実物大になります。

2

(1)

(2)

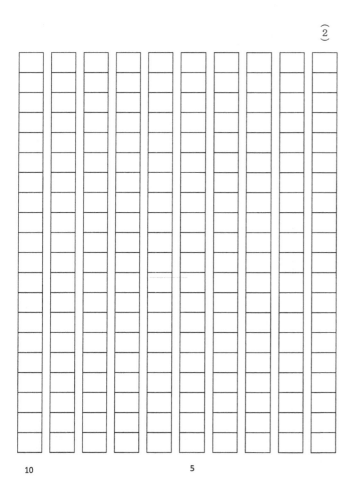

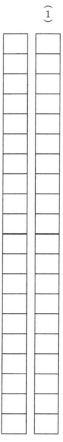

千葉明徳中学校(一般入試①)　2021年度

◇算数◇

※ 125%に拡大していただくと，解答欄は実物大になります。

1

(1)		(2)	
(3)		(4)	
(5)			

2

(1)	(答)＿＿＿＿個	(2)	(答)＿＿＿＿円
(3)	(答)＿＿分＿＿秒	(4)	(答)＿＿＿＿通り
(5)	(答)＿＿＿＿度	(6)	(答)＿＿＿＿cm^2

3

(1)	(答)＿＿＿＿＿
(2)	(答)＿＿＿＿＿ cm²
(3)	(答)＿＿＿＿＿ cm²

4

(1)	(答) 表面積＿＿＿＿＿ cm²
(2)	(答) 体積＿＿＿＿＿ cm³
(3)	(答)＿＿＿＿＿ cm

5

(1) ア		(1) イ	
(1) カ			
(2) ウ		(2) エ	
(3)			
(4)			

千葉明徳中学校(一般入試①)　2021年度

◇理科◇

※ 107%に拡大していただくと，解答欄は実物大になります。

1	(1)		(2)		(3)	
	(4)		(5)			
	(6)		(7)		(8)	
	(9)		(10)			
2	(1) ①		(1) ②			
	(2)		(3)			
	(4)					
	(5)					
3	(1) A		(1) B		(1) C	
	(1) D		(1) E		(1) F	
	(2) ア		(2) イ			
	(3) ①		(3) ②		(4)	
	(5) ①		(5) ②		(5) ③	

千葉明徳中学校(一般入試①)　2021年度

◇社会◇

※ 129%に拡大していただくと，解答欄は実物大になります。

1	(1)		(2)		(3)		(4)		(5)		(6)		(7)		(8)	
	(9)		(10)		(11)		(12)		(13)		(14)		(15)		(16)	
	(17)		(18)		(19)		(20)									

2	(1)		(2)		(3)		(4)		(5)							
	(6)		(7)		(8)		(9)		(10)							
	(11)		(12)	フランス	文		場所		ロシア	文		場所				

3	(1)		(2)		(3)		(4)					
	(5)		(6)									
	(7)		(8)		(9)		(10)		(11)		(12)	

2021年度
千葉明徳中学校（一般入試①）
※117%に拡大していただくと、解答欄は実物大になります。

◇国語◇

【一】

問一 ① ② ③ ④ ⑤ ⑥ ⑦ ⑧ ⑨ ⑩

問二 ① ② ③ ④ ⑤

問三 ① ② ③ ④ ⑤

【二】

問一 Ⅰ Ⅱ

問二

問三

問四

問五

問六

問七

【三】

問一

問二

問三 A B C

問四

問五 (一) (二)

問六

千葉明徳中学校（一般入試①）　2021年度　　◇英語◇

※ 117%に拡大していただくと，解答欄は実物大になります。

第1問	A	No.1		No.2		No.3		No.4		No.5			
		No.6		No.7		No.8		No.9		No.10			
	B	例題	1	No.1		No.2		No.3		No.4		No.5	
	C	例題	4	No.1		No.2		No.3					
	D	例題	1	No.1		No.2		No.3		No.4			
第2問	A	No.1		No.2		No.3		No.4					
	B	No.1		No.2		No.3							
	C	No.1		No.2		No.3		No.4					
	D	No.1		No.2		No.3							
第3問	A	No.1											
		No.2											
		No.3											
	B	No.1		No.2		No.3							
	C	No.1											
		No.2											
		No.3											
		No.4											
第4問	A	No.1											
		No.2											
		No.3											
	B	No.1											
		No.2											
第5問													

２０２１年度

千葉明徳中学校（適性検査型）

※１０５％に拡大していただくと、解答欄は実物大になります。

◇適性検査Ⅰ◇

1

（１）

（２）

A		B		C	

（３）

2

（１）

A		B	

（２）

2 (3)

千葉明徳中学校（適性検査型）　2021年度

◇適性検査Ⅱ◇

※ 115％に拡大していただくと，解答欄は実物大になります。

1

（1）					
（2）①		（2）②		（2）③	
（3）ア		（3）イ			
（4）					

2

（1）		（2）		（3）	
（4）		（5）		（6）	
（7）					

千葉明徳中学校（適性検査型本校会場）　2021年度　◇適性検査Ⅲ◇

※ 114％に拡大していただくと，解答欄は実物大になります。

1

（1）（ア）		（1）（エ）		（1）（オ）	
（2）（イ）		（2）（ウ）		（2）（カ）	
（3）					
（4）					
（5）					
（6）（ⅰ）					
（6）（ⅱ）					

2

(1)			
(2)			
(3)			
(4)	ア		イ	
(5)			
(6)			
(7)			

3

(1) ア					
(2) イ		(2) ウ		(2) エ	
(3)					
(4)	【 増加し続ける ・ ある値に近づいていく ・ 減少していく 】(一つ選び, ○をつける)				

千葉明徳中学校（適性検査型市川会場）　2021年度　◇適性検査Ⅲ◇

※ 114％に拡大していただくと，解答欄は実物大になります。

1

（1）（ア）		（1）（エ）		（1）（オ）	
（2）（イ）		（2）（ウ）		（2）（カ）	
（3）					
（4）					
（5）					
（6）（ⅰ）					
（6）（ⅱ）					

2

(1)				
(2)				
(3)				
(4)	ア		イ	
(5)				
(6)				
(7)				

MEMO

大切なことはメモしておこうネ！

〈ダウンロードコンテンツについて〉

本問題集のダウンロードコンテンツ、弊社ホームページで配信しております。現在ご利用いただけるのは「2025年度受験用」に対応したもので、**2025年3月末日**までダウンロード可能です。弊社ホームページにアクセスの上、ご利用ください。
※配信期間が終了いたしますと、ご利用いただけませんのでご了承ください。

中学別入試過去問題シリーズ
千葉明徳中学校　2025年度
ISBN978-4-8141-3219-5

[発行所] 東京学参株式会社
〒153-0043　東京都目黒区東山2-6-4

書籍の内容についてのお問い合わせは右のQRコードから　⇒

※書籍の内容についてのお電話でのお問い合わせ、本書の内容を超えたご質問には対応できませんのでご了承ください。

2024年6月6日　初版